CARLO BERGMANN

DER LETZTE BEDUINE
MEINE KARAWANEN ZU DEN GEHEIMNISSEN
DER WÜSTE

ROWOHLT

Redaktion Karin Schneider
Umschlaggestaltung Barbara Hanke
(Foto Carlo Bergmann)
(Fotos Tafelteile Carlo Bergmann,
außer Tafelseite 21 unten: Uwe George)

1. Auflage März 2001
Copyright © 2001 by Rowohlt Verlag GmbH,
Reinbek bei Hamburg
Alle Rechte vorbehalten
Satz aus der Minion und Stone PostScript PageMaker
bei Pinkuin Satz und Datentechnik, Berlin
Druck und Bindung Clausen & Bosse, Leck
Printed in Germany
ISBN 3 498 00616 9

Die Schreibweise entspricht den Regeln
der neuen Rechtschreibung.

FÜR ALEXANDER, LIANE UND JACOB

INHALT

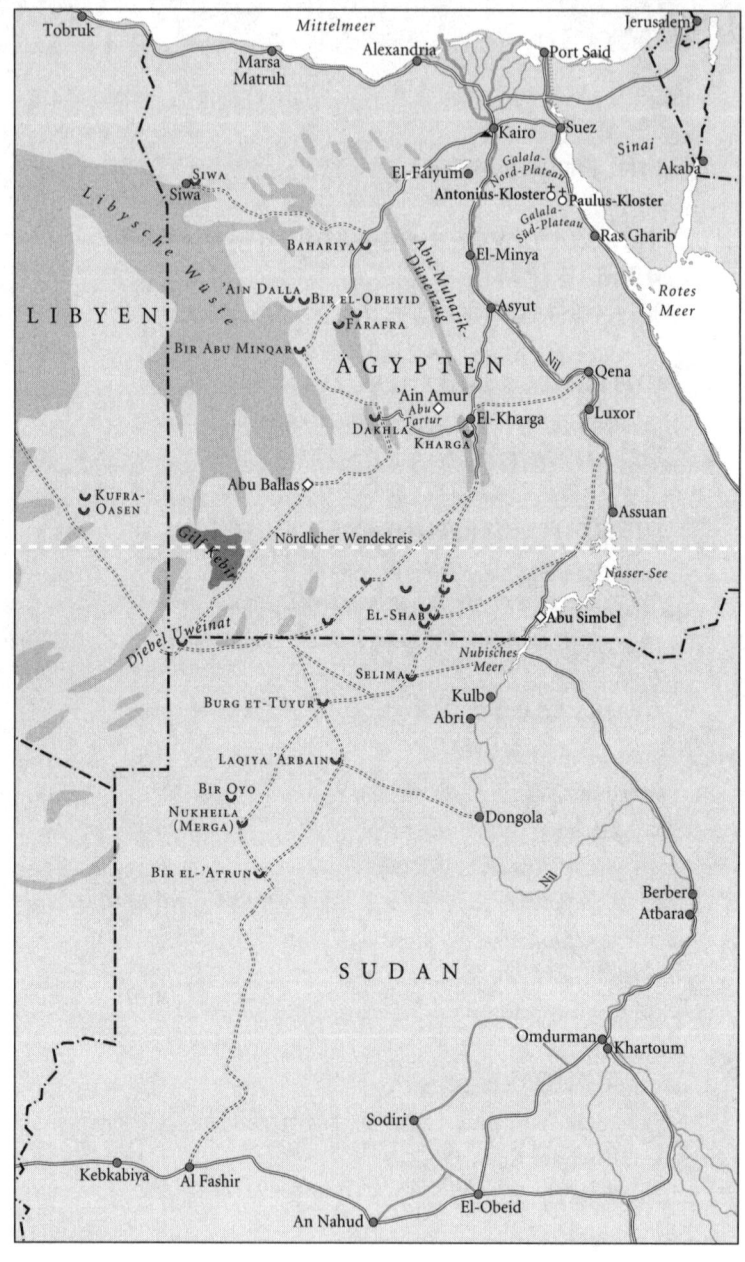

EINLEITUNG

Es war im März 1979, als mich die Wüste in ihren Bann schlug. Ich befand mich zusammen mit meiner damaligen Freundin auf einer «Schnäppchenreise». Wir saßen im Flugzeug und waren voller Erwartung auf den einwöchigen Segeltörn in Ägypten – mit einer Feluke von Luxor nach Assuan. Dafür hatten wir jeder 299 Mark hingeblättert. Als Kreta überflogen war und die Küste Nordafrikas auftauchte, sah ich erstmals die Wüste. Wie gebannt schaute ich auf das zum Erdenrund hin zerfließende stumpfe Gelb, bemerkte darauf zartes Gestrichel von Pisten, sah keine einzige menschliche Ansiedlung. So viel Platz! Je mehr ich von der eintönigen Weite erblickte, umso mehr begeisterte sie mich. Diese Wüste erschien nicht als unwirtliche Ödnis, sondern zeigte sich mir wie längst vertrautes Land. Als wäre sie schon immer meine Heimat gewesen.

Als wir dann auf dem Boot mit dem gewaltigen Lateinsegel stromaufwärts an stillen Feldern, Lehmziegelgemäuer und Tempeln vorbei in Richtung Süden glitten, war ich überwältigt von der uns umgebenden Lautlosigkeit, die nur manchmal durchbrochen wurde von leisen, gedämpften menschlichen Tönen. Die Stille lag feierlich über dem großen Strom.

Schweigende Flusslandschaft und menschenleere Wüste – beides passte nicht zu dem Bild, das ich mir von Ägypten gemacht hatte. So etwas hatte ich noch nicht erlebt, und ich hätte es vielleicht ganz und gar verpasst. Denn wäre die Reise nicht so preiswert gewesen, wäre ich nie auf den Gedanken gekommen, zum Land am Nil zu fliegen. Ägypten war für mich das Synonym für Überbevölkerung, Ineffizienz, Korruption und Edeltourismus, der sich in speziellen Enklaven mit der Betrachtung von antiken Baudenkmälern, Bauchnabeln und den Auslagen der Boutiquen zufrieden gab. Vom Segelboot aus sichtete ich nichts von alledem; schaute stattdessen auf erdverbundenes, in wohltuender Erstarrung verharrendes, vorindustriell geprägtes Leben und auf einen in weiten Teilen unberührten Fluss. Wenn das Boot anlegte, wanderte ich in die Felder, sah Wasserheberäder

9

(saqiya), archimedische Schrauben und Waagebalken *(shaduf)*, mit denen Mensch und Tier das lebensnotwendige Nass mit bloßer Muskelkraft auf die Felder hoben – wie zu biblischen Zeiten. Bauern hockten im Klee und schnitten das Grün mit der Sichel – als käme es auf jeden einzelnen Halm an. Außer Eselsgeblöke und dem Ruf des Muezzins kein einziges Geräusch.

Von Anhöhen aus spähte ich über das stille Land in Richtung Wüste, die kaum wahrzunehmen war. Dass sie da war und welche Macht sie über das grüne Tal hatte, merkten wir, als in der Höhe von Idfu ein Sandsturm aufzog. Innerhalb einer Stunde brachte er Farben und Konturen zum Verlöschen und überzog Palmen, Gärten, Felder und den Fluss mit Staub.

ICH hatte Betriebswirtschaft nicht aus Neigung, sondern aus der Notwendigkeit zum Gelderwerb studiert. Schon in den ersten Semestern merkte ich, dass ich im falschen Fach gelandet war. Ich wäre gerne zu Philosophie, Theaterwissenschaft und Kunstgeschichte gewechselt, wusste aber nicht genau wozu. Diese Ratlosigkeit ließ es nicht angeraten erscheinen, mein Studium abzubrechen. Ich suchte mir einen ruhigen Platz zur Anfertigung meiner Diplomarbeit, fand ihn an einem Institut, dessen Leiter, habilitierter Chemiker sowie promovierter Betriebswirt, mir Zeit ließ. Schließlich gab ich meinen Text zum Thema «Haftfestigkeit und innere Stabilität von Metallklebstoffen» ab und wurde mit einer Null-Komma-null belohnt, seinerzeit die beste Note in der Fakultät seit Kriegsende. Als der Lehrstuhlinhaber emeritiert und das Institut auf Produktmarketing ausgerichtet wurde, fiel mir auf, dass ich mich eigentlich nie für Produkte, sondern allenfalls für Dinge interessiert hatte. Das macht einen großen Unterschied, und so zog sich meine Dissertation quälend lang hin. Ich hätte aufgeben und sie unvollendet lassen können. Doch ich hielt durch.

Der Promotion folgte ein kurzer Aufenthalt in der Automobilindustrie. Dann las ich eine Anzeige des Deutschen Akademischen Austauschdienstes, der Interessenten suchte für ein Auslandsstudium in Ägypten – an der Amerikanischen Universität in Kairo (AUC). Während ich den Anzeigentext ein zweites Mal überflog, traten die Stille des Flusses und die Weite der Wüste deutlich aus meiner Erinnerung. Ich bewarb mich und wurde angenommen.

Das Post-Graduate-Studium war für Diplomingenieure und Wirtschaftswissenschaftler konzipiert, um deutsche Akademiker auf berufliche Aufgaben im Orient vorzubereiten. Von Absolventen der AUC wurde erwartet, dass sie gegen die internationale Konkurrenz antreten, Aufträge für die deutsche Wirtschaft hereinholen und damit zum Wohlergehen der Bundesrepublik beitragen.

Die AUC entpuppte sich als ein Hort für die Kinder der ägyptischen Oberschicht. Inmitten der ringsum herrschenden Armut führte die schwer bewachte Studentenschaft ein privilegiertes Dasein. Und wenn einmal ein Problem im eigenen Land beim Schopf gefasst werden sollte, dann wurde, wissenschaftlich bemäntelt, eine Hilfsaktion für den Geburtsort eines Dozenten daraus; beispielsweise die Einführung von Solarenergie zum Betreiben von Nähmaschinen in einem Deltadorf, das wie alle Siedlungen im Niltal seit langem voll elektrifiziert war. Das Projekt in einer kleinen, fernab des öffentlichen Stromversorgungsnetzes gelegenen Oase zu realisieren, wurde mangels persönlicher Beziehungen gar nicht erst in Erwägung gezogen. Auch meine Bekanntschaft mit der farblosen, bürokratischen deutschen Business-Community ließ mich an meinem beruflichen Weg zweifeln. Statt klassische arabische Sprache studierte ich Hieroglyphen. Statt Erdölökonomie hörte ich Mafejes Vorlesung über Revolutionssoziologie. Ich schrieb eine Arbeit über Technologietransfer und wurde zusammen mit einer anderen Stipendiatin in die zweite Runde geschickt. Alle anderen wollten kein weiteres Jahr in Kairo bleiben und kehrten nach Deutschland zurück.

Ich war nicht der Einzige unter meinen Kommilitonen, der das Bedürfnis verspürte, sich dem Menschengewimmel der Millionenmetropole am Nil, dem ewigen Gehupe und den Verkehrsstaus von Zeit zu Zeit zu entziehen. Meist packten wir zu zweit unsere Rucksäcke und wanderten durch die Wüste. Ein Bibliothekar der AUC hatte mir ein zerschlissenes Kartenblatt des *Survey of Egypt, Dakhla 1:500 000 – provisional issue*, aus dem Jahre 1935 geschenkt, auf dem fast der gesamte Weg durch die Sandsee zwischen Farafra und Dakhla eingezeichnet war. Anlass für meinen Zimmergenossen Bob und mich, die fast 200 Kilometer lange Strecke als Erstes zu versuchen. Nach vier Tagen kamen wir vollkommen erschöpft in Farafra an. Dieser strapaziöse Marsch war mir eine Lehre. Ich nahm mir vor, größere Distanzen durch die wasserlose Wüste nur mit Hilfe von Packtieren zu wagen. Die Schultern frei, schauen und verweilen können, solange man will; nicht besinnungslos durchhetzen, um lebend am Ziel anzukommen, davon träumte ich.

In den Weihnachtsferien unternahm ich eine Reise per Schiff, Bahn, Bus und Lkw in den Sudan. In meiner Hand ein Aktenkoffer mit Unterlagen für eine Unternehmerbefragung zur Auslotung von Motivation und Initiative sowie zur Ermittlung des Potentials zur Produktivitäts- und Absatzsteigerung; eine empirische Erhebung, die ich in Jordanien bereits abgeschlossen hatte. Die Ergebnisse der Untersuchung sollten die Datenbasis für eine längere Abhandlung im Bereich des Auslandsmarketings liefern.

Wenn schon ein Blick auf das ägyptische Dorfleben den Betrachter in eine andere, in eine vorindustrielle Welt zurückzuversetzen scheint, so sieht er sich im ländlichen Westsudan mit einer Lebensweise und Traditionen konfrontiert, die sich in den vergangenen Jahrhunderten kaum verändert haben. Nur wenige Tage, und das Archaische der Gebärden und Gebräuche hatte mich vollständig vereinnahmt. Als mich mein Weg zum Nil nach Ed-Debba und auf den dortigen Kamelmarkt führte und ich sah, wie die Kababish mit ihren Tieren auf das Areal des Marktes zuritten – anders als in Kairo, wo die Kamele per Lkw oder Eisenbahn ankommen –, traf es mich wie ein Blitz. Ich ließ meinen Koffer stehen und versuchte, mich einem Kababshi anzuschließen, der nach erfolglosen Verkaufsbemühungen mit seinen Kamelen wieder davonziehen wollte. Vergeblich. Ich sah dem Menschen nach, bis er mit seinen Tieren hinter dem Horizont verschwunden war. Man gab mir den Tipp, es weiter im Westen zu versuchen. Meinen Aktenkoffer tauschte ich noch am selben Tag gegen eine aus einem Teufelsrochenschwanz gefertigte Kameltreiberpeitsche ein. Erst im darauf folgenden Winter sollte der Anschluss an eine Karawane gelingen. Ab da ließen mich die Wüste und die Kamele nicht mehr los.

Als ich nach dem 32-Tage-Marsch mit der Sudankarawane (erstes Kapitel) nach Deutschland zurückkehrte, hatte ich Schwierigkeiten, mich in das enge, geordnete Leben wieder einzufügen. Zu viele banale Eindrücke stürmten zu schnell und folgenlos auf mich ein. Ich verspürte eine Leere. Alle Versuche, sie aufzufüllen, schlugen fehl. Und dann merkte ich, dass das, was sich rein zufällig in Ägypten und im Sudan ergeben hatte, mich festhielt und lockte. Manchmal ging ich frühmorgens in den Kölner Zoo. In seinem rückwärtigen Teil befindet sich das Dromedargehege. Ich wand mich durch die Absperrung, streichelte die Tiere und redete ihnen zu. Einmal erwischte mich ein Tierpfleger.

«Was machste da? Komm' Se sofort da raus!», hörte ich ihn schimpfen, und als ich seiner Anweisung nicht folgte, stand er alsbald neben mir und legte die Hand hart auf meine Schulter.

«Ich hab auch Kamele …», versuchte ich, mich zu rechtfertigen, aber der Mann, der mich ganz entgeistert anschaute, rief nur:

«Sie ham' wohl 'nen Schuss weg! Gehn Se nach Hause und streicheln Se Ihren Teddybär!»

Ich wollte einen Menschenauflauf vermeiden und gab zur Antwort:

«Bitte mäßigen Sie sich. Ich bin doch nicht in den Löwenkäfig eingebrochen. Die hier kennen mich, weil … denn …!»

Mein Kontrahent würgte meinen Einwand mit erhobener Stimme ab.

«Haun Se ab, sonst ruf' ich die weißen Mäuse! Die bringen Sie schon auf Normalnull; und wenn's mit 'ner Spritze iss. Und dann ab ins Irrenhaus!»

Der Pfleger rieb sich die Augen, als ich kaum einen Monat später mit Professor von Lehmann, einem Scheckenforscher vom Bonner

Museum König, wieder auftauchte und mit Erlaubnis des Zoodirektors ein zweihöckriges Trampeltier griff. Von Lehmann benötigte ein Foto von Auge und Wimpern des Tieres für seinen Vortrag auf dem Säugerkongress in Berlin.

AUF dem langen Marsch durch die Wüste hatte ich etwas kennen gelernt, das mir Freude bereitete und meinem eigenen Zeitmaß entgegenkam. Damit bot sich erstmals eine Alternative zu dem eingegrenzten, in engen Bahnen verlaufenden bundesdeutschen Alltag, zu dem ich immer mehr Distanz empfand. Ich hatte mich schnell entschieden: war in eine billige Wohnung gezogen, hatte meine Lebenshaltungskosten auf das Notwendigste reduziert und allen überflüssigen Schnickschnack, von der Lebensversicherung bis zum Bausparvertrag, abgestoßen. Als ich wieder in Ägypten war und meine Kamele um mich hatte, wusste ich, dass ich richtig gehandelt hatte. Und auch die Wüste, diese totenstarre, auf Sand und Steine reduzierte Landschaft, hatte nur eine Botschaft für mich: In der Reduktion liegt die Freiheit, nicht in der Akkumulation. Denn die Dinge, die man anhäuft und ohne die man glaubt, nicht auskommen zu können, beschweren und nehmen einem die Fahrt.

In den ersten Jahren lief ich umher und suchte die Weite zu erkunden, hatte Freude am endlosen Laufen ohne rechtes Ziel (siehe zweites Kapitel). Einmal wanderte ich mit meiner Karawane von Oberägypten durch den Sudan und in den Tschad, hatte ab der sudanesischen Grenze nur eine Karte im Maßstab 1:4 000 000 dabei. Auf der ganzen, langen Strecke nicht eine einzige Asphaltstraße. Auch wenn mich manchmal Ängste überfielen, die Wüste und die wenigen Menschen, denen ich in ihrer Weite begegnete, wurden mir immer vertrauter. Zum Navigieren verließ ich mich auf den Kompass und die Sterne.

Einmal schloss ich mich einer Karawane an. Wir gerieten in einen Überfall; das erste Mal, dass ich dem Mündungsfeuer einer Kalaschnikow ausgesetzt war. Die Banditen, einer von ihnen keine 15 Meter vor mir, schienen absichtlich an uns vorbeizuschießen; dennoch wurden Kamele an meiner Seite in den Hals und in den Bauch getroffen. Und was machte ich? Ich lachte, behielt ansonsten die Nerven. Da wusste ich, wie ich in Extremsituationen reagiere.

Die Ruhe behalten; keine Haken schlagen. Das half mir auch, als ich auf einem Fußmarsch beinahe verdurstet wäre. Während eines langen und schmerzhaften Krankenhausaufenthaltes infolge eines Attentats hatte ich mir geschworen, wenn ich je wieder imstande wäre zu laufen, als Erstes den Weg des heiligen Antonius zum Paulus-Kloster in der Bergwüste östlich des Nils entlangzupilgern.

Ich lag auf der Intensivstation, nachdem ich im Sommer 1996 in meinem Geburtshaus, auf unserem Erbhof bei Leipzig, nachts von drei Maskierten an der Wohnungstür gestellt wurde. Sie stießen mir ein Eisenrohr gegen die Stirn und misshandelten mich mit einem Elektroschockgerät. Als ich schon längst bewusstlos war, brachen sie mir mit einem Baseballschläger die Knochen. In einem kurzen Moment der Besinnung nahm ich wahr, wie einer mit arierblond gefärbtem Kurzhaar breitbeinig und hasserfüllt über mir stand und weiter erbarmungslos auf mich eindrosch. Die Totschläger hebelten Bücherregale von der Wand, kippten Schränke um und zerstörten meinen Computer. Bevor sie verschwanden, äußerten sie unmissverständlich: «Du Schwein, wenn du jetzt nicht stirbst, ziehst du aus. Sonst holen wir dich beim nächsten Mal.» Vertreibung auf neudeutsche Art; Szenario wie gehabt, erprobt an Hunderttausenden bei den Judenpogromen; im Schutze einer Kulisse aus klammheimlicher Gewaltbejahung und Biedersinn, der wegschaut und schönredet.

Ich solle froh sein, dass ich überlebt hätte, sagte die Polizei, die, unter dem Hinweis auf zu hohen Verwaltungsaufwand, nicht einmal ein Aufzeichnungsgerät installieren ließ, als ich sogar noch im Krankenhaus telefonische Morddrohungen erhielt. Bekannte, die meinen Eltern Unterschlupf gewährt hatten, wurden eingeschüchtert mit der Ankündigung, Sympathisanten von Bergmann werde es genauso ergehen. An den Kosten wird es wohl auch gelegen haben, dass mich die Polizei nicht schon im Krankenhaus, sondern erst Monate später, nach Verlassen der Rehaklinik, in der Verbrecherkartei blättern ließ, als meine Erinnerung an das Gesicht des Totschlägers schon beinahe verblasst war.

Als mir dann am Krankenbett berichtet wurde, die Hälfte der Dorfbevölkerung hätte der auf mich verübte Anschlag in Hochstimmung und Schadenfreude versetzt, wusste ich, trotz der Anteilnahme einiger weniger: Herkunft, Wurzeln und Familientradition – in diesem Augenblick waren sie dahin.

Ich lag mit Nierenverletzungen, zahllosen Knochenbrüchen und beinahe verblutet im Krankenbett und sah vor geschlossenen Augen die Wüste, sah die Kamele, meinen Sohn und unser Beduinenleben im Wadi Karawein.

AN dem Tag, an dem ich endlich meinen im Schmerz gefassten Schwur einlösen wollte, war ich ohne Essen unterwegs. Im Daypack Wasser für neun Stunden. Als die Steilklippe des Galala-Süd-Plateaus erklommen war, sah ich unter mir meine beiden Gefährten mit dem Restwasser und dem Proviant umkehren. Ihnen war der Aufstieg zu gefährlich. Ich ging weiter, suchte für das nächste Mal nach einer einfacheren Passage und verstieg mich in der Backofenhitze steiler Schluchten. Im Auf und Ab verlor ich meine Kraft. Ich schob mich auf einem schmalen, glänzend-glatt geschliffenen Steinbockpfad durch eine Steilwand und verpasste den Weg zum Kloster. An einem verlassenen Beduinencamp vorbei und dann im großen, nach Westen führenden Bogen abwärts. Das Tal, das bald zur Schlucht wurde und mir kleinere Kletterpartien über steile Trockenwasserfälle abverlangte, wollte kein Ende nehmen. Immer wieder metallisches Klirren in den Geröllhängen und Steinschlag; von Gazellen und Steinböcken verursacht, die ich aufgescheucht hatte und vor mir her trieb. Als die Sonne unterging, war ich dreizehn Stunden unterwegs. Das Ende der Schlucht war erreicht. Mitte September, kein Wind, kein Wasser. Es blieb heiß. Ich wusste ungefähr, wo ich war. Die Zunge lag wie ein Brett im Mund, der Rachen aufgerissen; er schmerzte. Zum Kloster waren es noch vier Stunden in östlicher Richtung, wenn ich keinen Fehler machte. Irgendwann passierte ich Bir Abu Haleifi, sah Wasser in vier Meter Tiefe, kam nicht heran. Taumelnd lief ich weiter. Bis mir die Beine wegknickten. Fast eine Stunde lag ich da, kam nicht mehr hoch. Ameisen krabbelten über meine Haut. Dunkelheit, laue Nacht; über mir die Sterne. Ich achtete auf ruhigen Atem, wusste, dass ich eine Chance hatte, solange eingedicktes Blut das Hirn nicht verrückt spielen ließ. Ich kam auf die Beine, wankte weiter. Und ging wieder zu Boden. 15 Minuten blieb ich liegen. So steht's in meinem Streckenheft; Stundenbuch bis zum endgültigen Kollaps? Viertelstunde auf Viertelstunde – im Wechsel von Vorwärts und Zusammenbruch. Im fahlen Licht der Nacht ein flacher Hügelzug. Ich brauchte zwei Anläufe, um den sanften Hang zu nehmen. Dann sah ich die Lichter des Klosters in der Ferne. Der Anblick setzte ungeahnte Energien frei. Bis zum Konvent des heiligen Paulus hielten sie mich auf den Beinen. Ich traf auf einen Mönch, der auf dem Weg in seine Zelle war, röchelte. Er nahm mich an der Hand und brachte mich zur Quelle. Und dann kniete er an dem kleinen Rinnsal, das überbaut und abgeschirmt von der Welt durch einen Raum fließt, und gab mir Wasser. Man führte mich zu einer Pritsche. Den Rest der Nacht quälten mich Fieber, Muskelkrämpfe, Kopfschmerzen und Brechreiz. Ab und zu ein Schluck Wasser. Erst nach der Rettung kommt die Qual. Anderntags schleppte ich mich zur Andacht in die Klosterkapelle. Ich hatte mein Gelöbnis eingehalten. Die Wüste hatte mich wieder.

TRÄUME verflüchtigen sich. Besonders in der Gluthitze der Sahara. Den meisten wird die Ödnis irgendwann langweilig. Mir blieb sie ein Quell der Freude. Woran das lag? Zum einen an meinen Kamelen. In der menschenleeren Weite, in der ich manchmal sechs Wochen niemanden zu Gesicht bekam, tat es gut, lebendige Wesen, Geschöpfe, die atmeten und deren Herzen schlugen, in der Nähe zu wissen. Zum anderen lernte ich allmählich, die Zeichen und Spuren der Wüste zu lesen, in denen sich ihre Geschichte mitteilt. Dieser Teil der Ost-Sahara gehört zu den trockensten Gebieten der Erde. Der Wind, der über sie hinwegstreicht, ist seit Jahrtausenden die einzige landschaftsformende Kraft. Weil er Humus und weiche Sedimentschichten abgetragen und mit sich fortgeführt hat, liegen Knochen urzeitlicher Lebewesen, versteinerte Meerestiere und Artefakte unserer Vorfahren offen da. Daher gleicht jede Wanderung durch das totenstarre Land einem Gang durch ein riesiges Freilichtmuseum. Ich brauchte nur loszugehen und zu schauen. Und je mehr ich schaute, umso mehr verwuchs ich mit der Vergangenheit dieser Landschaft. Bis ich mich schließlich systematisch und mit logistischer Unterstützung der Wissenschaft auf die Suche machte (drittes Kapitel). So könnte ich immer wieder losziehen und schauen. Und ich wüsste nicht, wann ich damit aufhören sollte.

KARAWANE VON NORD-KORDOFAN NACH OBERÄGYPTEN

WINTER 1982/83

«Wenn Sie sich an die Natur halten, an das Einfache in ihr, an das Kleine, das kaum einer sieht, und das so unversehens zum Großen und Unermeßlichen werden kann; wenn Sie diese Liebe haben zu dem Geringen und ganz schlicht als ein Dienender das Vertrauen dessen zu gewinnen suchen, was arm scheint: dann wird Ihnen alles leichter, einheitlicher und irgendwie versöhnender werden, nicht im Verstande vielleicht, der staunend zurückbleibt, aber in Ihrem innersten Bewußtsein, Wachsein und Wissen ... Forschen Sie jetzt nicht nach Antworten, die Ihnen nicht gegeben werden können, weil Sie sie nicht leben könnten. Und es handelt sich darum, alles zu leben. Leben Sie jetzt die Fragen. Vielleicht leben Sie dann allmählich, ohne es zu merken, eines fernen Tages in die Antwort hinein.»

(Rainer Maria Rilke an Franz Kappus im Juli 1903)

SUDAN, Dezember 1982. Durchgerüttelt und verdreckt klettere ich von dem kleinen Bedford-Lkw, auf dessen Ladung ich zusammen mit einem Dutzend Passagiere ausgeharrt hatte. Zweieinhalb Tage war das Gefährt, voll bepackt und in seinen Abmessungen höher als lang, auf seinem Weg von Omdurman nach Al Fashir durch die Halbwüste geschaukelt. Erleichterung. Wieder fester Boden unter den Füßen. Schwarzbraun ist er, motoröldurchtränkt und von unzähligen Reifen hart gewalzt. Es muss einmal reiner, gelber Sand gewesen sein.

Der Lkw-Hof von An Nahud. Ich recke meine Glieder und schaue mich um. An einer Seite des Platzes Imbiss- und Teestände, von denen weiche, melodische Musik aus dem Kassettenrekorder herüberdringt. Daran anschließend die Bude eines Autoreifenreparateurs, Baracken und mit grauer Patina überzogene, baufällige Häuser. Rechts und links davon niedriges Mauerwerk. Akazien und Palmen dahinter. Viel ist hier nicht los. Mittagshitze. Ein paar Lastwagen stehen verloren auf der tristen Fläche; als wären sie für immer abgestellt.

Sadik Zackaria, mein Reisegefährte, ist verschwunden. Auch der Fahrer, der Mechaniker und alle anderen sind wie vom Erdboden verschluckt; wahrscheinlich in der Kulisse aus Bretterwerk und Wellblech untergetaucht, die, von weiß gekleideten Gestalten in ihrem Inneren belebt, kantig vor dem Grün der Palmen steht. Aus einem der Unterstände ruft jemand:

«*Ja Misju!*»

Meint er mich? Der Mann zeigt lachend seine makellosen Zähne, winkt mir zu. Ich greife meinen Rucksack und gehe rüber zu ihm.

Dass An Nahud mein Reiseziel werden würde, hatte sich zufällig im Gespräch mit Sadik ergeben. Mein Ticket war bis zur Endstation gelöst. Doch nun befinde ich mich fünf Tage vor Al Fashir in dieser Stadt in Nord-Kordofan. Während der zermürbenden Fahrt waren wir auf den Grund meiner Reise nie recht zu sprechen gekommen. Wir mussten ständig auf der Hut sein, um von dem dornigen Geäst nicht erwischt zu werden, das gegen den Wagen peitschte und von Zeit zu Zeit mit schrillem Kreischen bis zu uns hinaufschlug. Erst heute Morgen fragte mich mein Gegenüber danach. Und so hatte ich ihm von meinem Traum erzählt. Von einer langen Reise mit Kamelen; tief in die Wüste hinein; allein, mit eigenen Tieren. Von meiner Sehnsucht nach autarkem Leben, wenigstens für eine Zeit lang. Und von meinem Wunsch, einmal alles Überflüssige über Bord werfen zu können, um, ganz auf mich gestellt, herauszufinden, wie ich im Vakuum der Wüste mit mir selbst auskommen würde.

«Dieser Traum soll kein Traum bleiben. Darum suche ich Anschluss an eine Karawane, um das zu lernen, was ich für solch einen Versuch brauche … verstehst du das, Sadik?»

Sadik hielt mein Vorhaben nicht für wirklichkeitsfremd und auch nicht für undurchführbar. Er erzählte mir, dass von An Nahud Karawanen in Richtung Ägypten gesandt würden. Vom Lkw aus hatte ich hin und wieder an niedrigem Buschwerk weidende Kamele beobachtet. Das Bild vom Kameltreck, der sich lautlos durch das Gewoge der Dünen bewegt, schien sich in diesen Landstrichen in einen ganz alltäglichen Vorgang zu verwandeln.

«Warum versuchst du es nicht in An Nahud, Carlo? Ich kenne Leute, die laufend Kamele aufkaufen. Wenn sie ein-, zweihundert Tiere zusammenhaben, schicken sie die auf die Reise. Ich helfe dir, wenn du als Treiber anheuern willst.»

Das war Musik in meinen Ohren gewesen. Doch wo ist jetzt mein Helfer? Es hat keinen Sinn, nach ihm zu suchen. Ich lasse mich auf ein Gespräch ein. Was anderes hätte ich tun sollen? Radebrechen auf Englisch und Arabisch.

«Touristen kommen selten hierher», sagt einer. Wir sitzen auf niedrigen, mit Tierhaut bespannten Holzschemeln. Bald kennt jeder meine Geschichte. Sie wird weitergereicht. Leute begrüßen mich und verabschieden sich wieder. Kinderaugen schauen mich an. Eine Frau gibt mir ein Fladenbrot mit irgendetwas darauf. Es schmeckt. Ich lausche der Musik und den Stimmen, höre Lachen und sporadisches Geschrei, gebe Antworten und stelle Fragen, während Tee in meinen Körper fließt.

Ein Landrover braust ins Bild. Staub wirbelt auf. Wieder diese offenen, lachenden Gesichter. Einsteigen soll ich. Der Junge hinterm Steuer heißt Achmed. Er ist ein Sohn von Hassan el-Mak, einem der Großen im Kamelhandel in Nord-Kordofan. Wir fahren zu seinem Haus.

Der Wagen hält im Inneren eines von Mauern umgebenen Gevierts. Die Steinwände sind roh behauen. Breite, bunt eingefärbte Mörtelstreifen durchziehen sie in schwungvollem Kreuz und Quer. Über das Areal verteilt sich ein knappes Dutzend Gebäude: das Haus des Händlers, ein weiteres für seine unverheirateten Söhne, der Frauenbereich – durch zusätzliches Mauerwerk vor den Blicken der Besucher abgeschirmt –, ein Gästehaus und zwei Gebäude, in denen Hassans verheiratete Söhne mit ihren Familien leben. Neben dem Eingangstor steht ein Turm, auf den eine Treppe führt – die Männertoilette. Sie ist nicht überdacht. Notdurft unter freiem Himmel mit Blick auf die Stadt. Gegenüber dem Turm ist ein Magazin in die Außenmauer eingelassen. Es ist mit einem Metallrollladen verschlossen. Für die Errichtung weiterer Gebäude gibt es genug Platz. Er wird sich füllen, *incha'allah*; mit den Häusern von Hassan el-Maks männlichen Nachkommen.

Ein Mann mit Esel kommt durch das Tor. Barfuß. Er ist in

schmutzig gelbe Lumpen gehüllt. Das Lasttier schleppt zwei Girbas, Schläuche aus Kuhleder, die der Mann mit einem Handgriff an der Verschnürung öffnet. Eingefahrene, von tausendfacher Wiederholung abgeschliffene Bewegungen. Während das Wasser in eine zementverschalte Zisterne schießt, hebt sich der Rücken des von seiner Last befreiten Tieres.

Dann nähert sich ein Mann auf einem zierlichen Falben dem Gästehaus, auf dessen schmaler, überdachter Terrasse ich Platz genommen habe. Er hält einen Speer mit breit geschwungener Spitze in der Hand und trägt an der Seite, über dem zerschlissenen Gewand, ein kurzes Schwert in einer Scheide aus rotem Leder. Der Reiter steigt vom Pferd und bindet den Zügel an einen Holzbalken. Jemand bringt dem Tier Stroh und uns beiden gekühlten Limonensaft. Neugierige Blicke der Frauen über die Mauer des Harems hinweg. Neben mir der fremde Mann, dem auch ich ein Fremder bin. Flaches Schuhwerk aus roh gegerbtem Rindsleder an seinen Füßen. Handgefertigt. Seine Waffen hat er hinter sich gelegt. Mein Blick gleitet über sein scharfkantiges, von einem angegrauten Bart gesäumtes Gesicht, schweift ab zu den in der Vorhalle aufgestapelten Kamelsätteln, dem Sattelzeug, den Decken und den Säcken; bis mein Auge wieder auf das Antlitz meines Nachbarn zurückfindet. Was für ein Anblick! Als wäre die Gestalt geradewegs aus dem Mittelalter auf mich zugeritten. Der erdverschmutzte Überwurf, der Ernst und die Schlichtheit seiner Gebärden; wie der Beginn einer geheimen Offenbarung, auf deren erste Sätze man unversehens gestoßen ist, wohl ahnend, man werde sie nicht eher aus der Hand legen, bis der letzte Satz gelesen und das Geheimnis enträtselt ist.

Leben und Treiben am Hofe Hassan el-Maks. Noch eben schien es, als sei ich fest eingepasst in eine Zivilisation, in der Autos, Generatoren, Pumpen und Antennen als unverrückbare Eckpfeiler ins Bewusstsein aller eingerammt sind; allgegenwärtiger Auswurf einer weltumspannenden Produktion, vor der es kein Entrinnen gibt. Ich hatte mich weit vorgewagt; in einen der äußersten Randbezirke unserer Welt. Und dennoch: die Hoffnung in mir war geschwunden, von all dem Künstlichen und Banalen je loszukommen, das die Gegenwart für den durchschnittlich Strebsamen bereithält und das Denken und Handeln diktiert. Doch nun mit einem Male solche Szenen. Unvermittelt treffe ich auf Bilder, nach denen ich mich gesehnt hatte. Nahtlos fügen sie sich ein in meine Seele. Zurückversetzt in der Zeit fühle ich mich und: nach langer Reise an ein Ziel gelangt zu sein. Wer solch eine Welt um sich versammeln kann, braucht nichts mehr zu beweisen. Noch ehe ich Hassan el-Mak gesehen habe, bin ich von ihm angetan.

D E R Herr des Anwesens ist sechzig Jahre alt, energiegeladen, untersetzt und dunkelhäutig, Scheik einer Sektion der Kawachla, Vater von fünf Söhnen und acht Töchtern. Er hat sich vor einem Jahr die dritte Frau genommen und ihr am anderen Ende der Stadt ein Haus gebaut. An mir ist er vor allem als Geschäftsmann interessiert. Nachdem er den Reiter empfangen hat – es war ein Bote, der ihm eine Nachricht überbringen sollte –, wendet er sich mir zu. Achmed steht neben ihm und übersetzt.

«Nach Ägypten willst du?»

«Ja, mit Kamelen.»

«Das ist nicht umsonst. Du musst dafür bezahlen. Fürs Kamel und für deine Verpflegung.»

«Ich weiß. Wie viel willst du?»

«300 Pfund», sagt der Händler.

Das ist ungefähr die Hälfte des Kaufpreises für ein Kamel. Eine stolze Summe dafür, dass mein Reittier nur ein Leihkamel ist, denke ich und antworte:

«Ich gebe dir, was du verlangst.»

Das Aushandeln des Preises ist keine Privatsache zwischen den Beteiligten. Wir sind von einem halben Hundert Leuten umringt, und nach altem Brauch kann jeder, der sich dazu berufen fühlt, ein Wort mitreden. Ein Knirps tritt vor.

«Hassan, das ist zu wenig. Der Weiße soll mehr zahlen.»

Seine Worte werden genauso ernst genommen wie die Einwürfe

der Älteren, und der Scheik setzt ihm auseinander, warum 300 Pfund gerade der richtige Betrag sei. Es bleibt dabei. Mehr als die Preisverhandlungen hatte ich die Frage gefürchtet, die jetzt kommt:

«Kannst du reiten?»

Es macht keinen Sinn zu schwindeln. Und so gebe ich ein Allerweltstouristenerlebnis in Giza zum Besten; einen Ritt von der Cheopspyramide zur Sphinx. Damals wurde das Kamel, auf dem ich saß, von einem Treiber wie ein Hund an der Leine geführt. Der Scheik ist mit den Örtlichkeiten an den Pyramiden vertraut. Jetzt staunt zum ersten Mal mein Gegenüber. Seine Gedanken kreisen. Schließlich sagt er mit einem Anflug von Lächeln:

«Das macht nichts, Fremder. Die Künste, die du für diesen Ritt brauchst, bringe ich dir in zwei Stunden bei. Morgen geht's los.»

Ich habe nur meinen Rucksack dabei. Die Utensilien für den langen Ritt muss ich erst noch besorgen. Vor allem einen guten Sattel. Denn auf dem Lastsattel, den mir eine hilfreiche Hand sogleich zuschiebt, würde ich die 1300 Kilometer bis zur Quarantänestation in Oberägypten kaum durchstehen.

Der Händler zeigt Verständnis.

«Gut, wenn du dich erst noch ausrüsten musst, gehst du eben in vier Wochen mit – incha'allah.»

Das lästige Wort *tasrir* kommt nicht über seine Lippen. Ohne dieses Formular darf man im Lande der Pharaonen keinen Fuß in die Wüste setzen. Auch im Sudan sind *travel permissions* erforderlich. Doch das Land ist groß. Der Scheik und einige seinesgleichen bestimmen, was in An Nahud Gesetz ist. Und weil es im Interesse des Händlers liegt, mich mitziehen zu lassen, entfallen der Papierkrieg und das Klinkenputzen.

Zur vereinbarten Zeit steige ich wieder von einem Lastwagen, stehe auf derselben, von Altöl voll gesogenen klebrig-glatten Erde wie bei meiner ersten Ankunft. Wieder Musik. Wieder begrüßt mich träges Treiben, umschmeichelt mich frei dahinschwebende Heiterkeit. Händeschütteln. Wo ich gewesen sei? Das Ritual der Fragen beginnt. Woher der Sattel sei?

«Vom Kamelmarkt in Mellit.»

Ich schlürfe Tee und erzähle von meiner Reise.

«Den ganzen Westen habe ich abgeklappert. Und einige Orte im Tschad – immer auf brechend vollen Lkws unterwegs.»

Man will die Namen der Kamelmärkte hören, die ich besucht hatte. Hände gleiten prüfend über meine Ausrüstung. Man öffnet die Taschen, will alles sehen, betasten und begutachten. Einhellig schließlich die Meinung, dass Mellit der beste Ort für den Erwerb meiner Sachen gewesen sei, auch wenn alle in der Runde wissen, dass der wahre Sohn der Wüste sich dank eigener Fingerfertigkeiten auch ohne Markt zu helfen weiß.

«Ich hab noch was mitgebracht. Hört das Rezept für ein Schnellgericht. Man nehme: zwei Teile Hirsemehl, einen Teil Bohnenmehl, einen halben Teil Zucker; Wasser dazu, umrühren, fertig. Ein Mann aus Geneina hat's mir verraten.»

Die Leute lachen.

«Das hättest du auch von uns erfahren können.»

Außer mit dem Rezept ist mein Tagebuch mit Namen von Brunnen, Rast- und Weideplätzen, mit Beschreibungen wichtiger Wegmarken, mit Entfernungs- und Richtungsangaben sowie Mitteilungen über Karawanenwege nach Ägypten, Libyen und Nigeria gefüllt. Diese Informationen behalte ich wie Kostbarkeiten unter Verschluss.

Auf den Märkten hatte ich den Erzählungen der Kameltreiber gelauscht. Ihre Worte: aus eigener Erfahrung geschöpftes, in melodischem Singsang vorgetragenes präzises Wissen, das ein Zuhause hat in all den Dingen, die mir neu und wichtig waren; Wissen, das mit der Fragilität des Daseins umzugehen versteht und das – auch schweigend – mir praktische Handhaben zur Verwirklichung meines Traumes aufzeigte. Worte wie leise durch ein kuppelüberwölbtes Labyrinth hallende Klangfolgen, welche nach ein paar unentschiedenen Augenblicken einen Weg weisen. Bedachtsam suchten sie Begegnung mit mir. Zauber der Annäherung. Würde einmal Freundschaft daraus werden?

Als Bekräftigung des Gehörten schließlich in der Polizeistation von Mellit eine an die Wand gepinnte Geheimkarte des *War Office* von Nordafrika aus dem Jahre 1933. Ein Überbleibsel aus britischer Kolonialzeit. Gekritzel der Polizeibeamten entlang der alten Wege gibt Auskunft über die Anzahl der Marschstunden von Brunnen zu Brunnen. Selbst in dieser Amtsstube ist das Zeitalter der Karawanen noch lebendig.

Eine Weile lang träumen die Leute mit mir, ehe sie sich anderen Attraktionen zuwenden. Ich lade meine Sachen auf einen Eselkarren und zockele über stille Wege zu Hassan el-Maks Haus.

Der Händler dämpft meinen Vorwärtsdrang. Er habe noch nicht genügend Tiere beisammen. Ob ich Lust hätte, ihn beim Kamelkauf zu begleiten? Wir fahren zum Viehmarkt vor der Stadt. Hassan el-Mak begrüßt Händlerkollegen und Gehilfen mit Handschlag, mustert den Auftrieb. Nichts Neues darunter; kein Kamel, das für den Marsch nach Ägypten in Betracht gekommen wäre. Dann gibt er einen tags zuvor erworbenen Hengst zur Schlachtung frei. Die Vorderhand des Tieres ist geschwollen.

«Fehlkauf», sagt Achmed, «das kommt vor.»

Wenig später hängt das Kamel mit den Hinterläufen zuoberst an einem auf einer Bodenerhebung errichteten hölzernen Galgen. Der Rumpf des Tieres ist aufgespalten und ausgeweidet.

Im fernen Gelbgrau tauchen dunkle Punkte auf. Blicke durch den Feldstecher, der von Hand zu Hand gereicht wird. Wortwechsel. Schließlich ist man sich einig: ein Züchter, der ein paar Kamele zum Markt treibt. Hassans Söhne springen in den Geländewagen und steuern auf die kleine Karawane zu. Verkaufsverhandlungen vor den Toren der Stadt, während der Mann mit seinen Tieren weiterzieht. Das Auto fährt nebenher. Noch ehe die Stände erreicht sind, haben die Kamele den Besitzer gewechselt.

Immer näher rückt der Mann mit den Tieren. Aus dem weiten, leeren Raum, aus dem Nichts löst er sich. Schritt für Schritt. Alleine. Hirtenexistenz in einer archaischen Landschaft. Die Szene zieht mich in ihren Bann. Woher kommt dieser Mann? Wo ist der Mutterboden für sein Glück? Das Leben, das ich suche, ist es das? Beginnt es hinter den flachen Wellen aus Sand, die sich nach Nordwesten hin im Himmelsblau verlieren? Die Kamele, die nicht mehr sein sind, umspielen seinen Körper. Um seine Hüften hat der Mann einen Wollschal geschlungen, und an seinem linken Oberarm hängt ein Dolch, Handwerkszeug und Waffe zugleich. Leinen über bronzefarbener Haut. Mit wachem, verhaltenem Blick betrachtet er all das, was er vielleicht zwei-, dreimal im Jahr zu Gesicht bekommt. Was wird er von dem gerade erhaltenen Geld kaufen? Er sieht nicht so aus, als habe er viele Wünsche.

Wir fahren von Markt zu Markt, bis Hassan el-Mak zufrieden ist. 104 Tiere hat der Händler für den Treck nach Ägypten aufgekauft.

In der Nacht vor unserem Abmarsch wird ein Kamel aus der Herde gestohlen. Die Tiere weiden im Buschland vor der Stadt. Nachdem man Benzin aufgetrieben hat, nehmen Hassan und seine Leute die Verfolgung auf. Die Chancen des Diebes stehen gut. Ein kräftiger Wind weht. Sandtreiben. Es wird alle Spuren verwischen. Wahrscheinlich hat er dieses Wetter abgewartet.

Ich frage einen, der zurückgeblieben ist, wie der Mann es wohl anstellen werde, seinen Verfolgern zu entkommen.

«Willst du nicht die ganze Geschichte hören – von Anfang an, Fremder?»

«Ja, erzähle.»

«Der Kniff besteht darin, ein Kamel, ohne Lärm zu machen, aus dem gut bewachten Pulk herauszulösen.»

«Wie schafft man das bei dem starken Herdentrieb, der die Tiere zusammenhält? Das Kamel wird sich sträuben und Geräusche machen. Dann ist es um den Dieb geschehen.»

«Das weiß auch der Bandit. Er schleicht im Dunkel der Nacht an das Tier und löst ihm und einigen danebenruhenden Kamelen die Kniefesseln. Dann zieht er sich ins Gebüsch zurück und wartet. Irgendwann wird eins der Tiere aufstehen und fressen gehen. Die übrigen werden folgen. Das ist die Chance des Diebes. Er treibt die grasenden Tiere behutsam in Richtung seines Reitkamels. Das hat er außerhalb der Hörweite des Wächtercamps angebunden. Damit es keinen Laut von sich geben kann, ist sein Maul zugeschnürt. Will er einen Hengst stehlen, wird er mit einer Stute angerückt sein. Mit ihr lockt er den Hengst. Dann legt er ihm ein Seil um den Kopf, koppelt ihn an seine Stute und trabt davon. Weil der Hengst auf die Stute neugierig ist, folgt er an kurzer Leine – brav wie ein Lamm.»

«Dass das so einfach ist! Wie geht's weiter?»

«Das Wichtigste ist, möglichst viel Vorsprung zu gewinnen und die Spur verschwinden zu lassen. Die Verfolger sind keine Anfänger. Sie werden alles daransetzen, dem Dieb die Beute abzujagen. Wenn sich der Bandit in Sicherheit wähnt, lässt er den Hengst niederknien, fesselt ihn und verzurrt seinen Kopf dicht am Boden mit Seilen und Pflöcken. Dann schlägt er Holz, schichtet Geäst über das Tier und reitet davon. Diese Tarnung macht es schwer, das Kamel zu finden und den Dieb zu entlarven.»

«Wie lange kann der Hengst diese Tortur überstehen?»

«Ein frisch getränktes Kamel kann fünf Tage gefesselt ausharren, während der Dieb in aller Ruhe seine Felder bestellt. Wenn die Luft rein ist, kehrt er zurück, befreit das Tier, macht ein Feuer und erhitzt ein Stück Eisen.»

«Eisen? Wozu?»

«Damit ändert er das Brandzeichen. Und dann zieht er mit dem Tier zum nächsten Markt und verkauft es.»

«Doch wohl nicht in An Nahud.»

«Nein, der Mann wird schon wissen, wo er bei der Abwicklung des Geschäfts unbehelligt bleibt.»

«Das Kamel ist doch nach der langen Fesselung völlig steif. Er wird nicht sofort losreiten können.»

«*Kalam masbut khawaja* – gut gesprochen, weißer Mann. Eine Weile lang muss der Gaul vorsichtig herumgeführt werden, damit er wieder beweglich wird.»

Mein Informant scheint einschlägige Erfahrungen zu haben. Und mich überkommt eine Ahnung davon, auf welch eigentümliche Weise die Grenzen zwischen Gut und Böse in diesem Land gezogen sind. Wer ist Opfer? Wer ist Täter? Jeder hier könnte die eine oder die andere Rolle übernehmen. Mit einer Frage erhebt sich mein Gegenüber.

«Ist es nicht auch bei euch so, Fremder, dass derjenige, der ein Gesetz befolgt, immer zugleich auch ein Übertreter ist, ein Brecher eines anderen, eines älteren Gesetzes – vielleicht?»

Während ich noch über eine Antwort nachsinne, verschwindet er zwischen den Sattelstapeln, den Taschen und den Säcken.

ERST in der Dunkelheit kehrt Hassan el-Mak mit seinen Leuten zurück. Wir werden mit einem Kamel weniger als vorgesehen nach Ägypten ziehen. Trotz der Schlappe gibt der Scheik ein Festmahl, lädt auch mich dazu ein; in das Haus seiner dritten Frau.

Sie ist dreißig Jahre jünger als er, dunkelbraun, schön und selbstbewusst, mit weichem Gesicht und vornehmem Auftreten; ein Eindruck, der durch ihre teuren Gewänder betont wird. Geschmeidig wie eine Katze streicht sie zwischen den auf dem Boden hockenden derben Gestalten umher. An der Tafel ist sie nicht zugegen. Dennoch bleibt unergründlich, warum sie – entgegen der Landessitte – nicht auf den Harem des Hauses verwiesen ist.

Wir sitzen im *mandara*, dem Empfangszimmer für männliche Besucher. Zwei Petroleumlampen verbreiten einen scharfen Geruch, den die Dame des Hauses von Zeit zu Zeit mit Duftwolken aus einem Parfumzerstäuber bekämpft. Wir lassen uns davon nicht den Appetit verderben; wir, die Gäste: Hassans Arbeiter und ich.

Zwei von Hassans Männern servieren Fleischhäppchen und Hühnersuppe; der Auftakt des Mahles. Und wenn ich geglaubt hatte, der Herr werde vor dem Knecht bedient, so sehe ich nun den Händler, der am weitesten vom Durchgang zur Feuerstelle in der Tiefe des Raumes Platz genommen hat, lange warten, bis er an der Reihe ist. Wartet er überhaupt? Auch für ihn folgt die umständliche Prozedur einem ganz selbstverständlichen Ablauf. Der Scheik pocht auf kein Vorrecht. Und auch die Kreisform, zu der sich die Männer beim Hauptgericht zusammenschließen, weist auf die Gleichheit unter den Speisenden hin.

Das Essen: verschiedene Reisgerichte, Rind- und Hammelfleisch, Hähnchenschenkel und gefüllte Tauben, Gazellenfleisch, Auberginen,

Okra, Oliven, eingelegte Zitronen, Pfeffer und glasige Zwiebeln, Bohnen, Mais, Tomatensalat, Joghurt, zwei Sorten frisches Brot, Honig, Milchreis, eine Schale voller Obst, Kuchen … Mit all dem ist der niedrige Tisch, um den wir hocken, beladen. Jeder nimmt sich, wonach sein Herz begehrt, und manch einer greift mit blanken Fingern zuerst in den Kuchen, wühlt und tunkt darin herum, ehe er sich den Mund mit Hammelbratenstücken voll stopft. In diesem Haus herrscht kein Mangel, und wenn eine Schüssel halb leer ist, wird sie weggeschafft, um gleich wieder durch eine volle ersetzt zu werden.

Nach dem Mahl ein vielstimmiges «*Alhamdulilah*». Wasserkanne und Schüssel kreisen um den Tisch. Händewaschen, Mundspülung – mit Seifenlauge. Wir lehnen uns zurück und trinken Tee.

Diskussionen über das verloren gegangene Kamel flammen auf, und man geht den Fall in allen Einzelheiten noch einmal durch. Der Scheik muss viel Überzeugungsarbeit leisten, damit die immer hitziger werdenden Wortgefechte nicht außer Kontrolle geraten. Jeder hier ist König, und ist er auch sonst nur der Geringste, so will er doch wie ein gekröntes Haupt behandelt werden. Das Land ist herrenlos, ist frei, ist groß. Es steht jedem offen. Und wer mit seinem Schicksal unzufrieden ist, der schnürt sein Bündel und sucht sich einen seinem Stolz und seiner Würde angemessenen neuen Platz.

27. JANUAR 1983. Proviant und Ausrüstung sind auf einen Pick-up geladen. Ich springe auf; das Fahrzeug saust los. Bald liegt die Stadt hinter uns, und nach einer Weile sehe ich auf einer Lichtung mitten im Buschland die Herde und die Männer, die für die kommenden fünf Wochen meine Arbeits- und Reisegefährten sein werden. Auch die vier sind Angehörige der Kawachla. Sie stammen aus Umm Badr. Unter dem Weiß der in vielen verwegenen Windungen um ihre Köpfe geschlungenen Turbantücher erscheinen ihre Gesichter tiefschwarz. Der *khabir*, der Wegekundige und Führer der Karawane, ein zäher, draufgängerisch wirkender, stolzer Mittdreißiger, heißt Abdallah. Cheir, der sein genaues Alter nicht kennt, ist sein Stellvertreter. Mit seinen etwa fünfzig Jahren ist er der Erfahrenste in der Mannschaft. Cheireddein ist Koch und Mädchen für alles. Er begegnet mir etwas zugänglicher als die anderen. Während er mir die Hand schüttelt, huscht ein Lächeln über sein Gesicht. Und dann ist noch Rhageb da, eine ärmliche Gestalt, die vom anderen Ende der Herde, auf einen Stock gestützt, langsam zur Feuerstelle humpelt. Um sie herum liegen die wenigen Utensilien der Treiber: ein rußgeschwärzter Topf, eine Blechschüssel, eine Teekanne und vier emaillierte Tassen. An dem einzigen Baum, der nicht der Axt zum Opfer gefallen ist und der wie ein dürres Skelett in den Himmel ragt, hängen zwei Wasserschläuche. Zwischen seine Äste hat man eine Plane gespannt. Sie dient als Sonnenschutz. Darunter ein paar notdürftig zusammengenähte, leere Säcke. Die Lagerdecke. An ihrem Saum sind die Sättel und die schmalen Taschen mit den Habseligkeiten der Treiber aufgereiht.

Kamele. Eine Weile lang habe ich Blicke nur für sie. Manche von ihnen liegen nahe am Lager, dösen vor sich hin oder käuen wieder. Andere stehen in Gruppen um ein Gebüsch, reißen an den Ästen und zermalmen sie mit lautem Knacken. Weiter weg kämpfen zwei Hengste. Brunftzeit. Sie beginnt, sobald der Winter naht. Die sonst das ganze Jahr über sanftmütigen Lastenträger verwandeln sich in wilde Bestien und tragen ein Duell nach dem anderen um die Vorherrschaft in der Herde aus. Gespannt schaue ich zu. Kampfpause. Die beiden Hengste lassen voneinander ab, werfen die Köpfe zurück, verdrehen die Augen und stoßen gurgelnde Laute aus. Ein schleimiger Hautsack stülpt sich aus den weit geöffneten Mäulern, die Schlundblase. Schwarzer Hengstschweiß tropft aus dem Nackenfell. Sie sind in höchster Erregung. Nicht für eine Sekunde wenden sie die Blicke voneinander ab, stehen mit gespreizten Hinterbeinen da, pinkeln unablässig und peitschen mit dem Schwanz Urin in die Landschaft. Bis sie sich wieder aufeinander stürzen. Ich sehe, wie die Tiere nach dem Kopf, nach den Flanken und den Kniegelenken des Gegners schnappen, wie sie mit dem Hals versuchen, den Nebenbuhler in den Staub zu drücken. Ehe Schlimmeres passiert, gehen Cheireddein und Rhageb mit ihren Knüppeln dazwischen und trennen die Rivalen. Dieser Zwischenfall macht mich beklommen. Was, wenn ich mit solch wilden Gesellen ganz alleine klarkommen müsste? Ich nehme mir vor, von der ersten Stunde an auf der Hut zu sein.

103 Kamele. Das ganze abgeholzte Areal ist von ihnen in Beschlag genommen; belebt von ihren Bewegungen, ihren Geräuschen und Gerüchen. Ammoniakhaltige Ausdünstungen des Kamelurins vermischen sich mit säuerlichem Wiederkäuerbrodem, der aus den bedächtig mahlenden Mäulern aufsteigt. Kameldung, unzählige bräunliche Kötel sind über den Boden verstreut. Mir gefallen die Tiere. Jedes von ihnen scheint einen eigenen, unverwechselbaren Charakter zu besitzen. Ein bunt zusammengewürfelter Haufen ist das. So verschiedenartig wie ihre Persönlichkeiten sind auch die Färbungen ihres Fells. Braune, rötliche, gelbe, graue, weiße, schwarze und gescheckte Kamele schieben sich durch das Hin und Her der Leiber. Manch eines der Tiere ist geschoren, und in sein Fell sind Striche, Linienmuster, Symbole und, gelegentlich, fein ausgearbeitete Bilder einrasiert: Häuser, tanzende Frauen, Lastwagen und Kamele – Träume der Beduinen. Auf dem Hals, der Wange oder der Hinterhand das *wasm*, das über die Herkunft des Tieres und wem es gehört Auskunft gibt. Dazu, ganz frisch noch, eine ٦, die Nummer der Händlerlizenz des Scheiks.

Wehmut überkommt mich, wenn ich daran denke, dass der Großteil der Tiere nach der Ankunft in Ägypten zur Schlachtbank geführt wird. Kamelfleisch ist begehrt. Nach dem Marsch wird man die Tiere auf den Märkten zu trostlosen Pulks zusammenpferchen. Ihr Lebendgewicht ist das Einzige, was dann noch interessiert. Und während die Hände der Metzger prüfend Höcker, Rücken und Flanken betasten und ihre Körper nach Fleisch absuchen werden, wird noch einmal Geschrei an ihre Ohren dringen, wenn – wie eh und je – das Gefeilsche um ihren Preis anhebt.

Der Pick-up wird abgeladen. Ein Sack Kraftfutter, zwei Säcke mit Hirsemehl, ein Sack Zucker, ein Sack getrocknete Okra, ein Beutel mit schwarzem Tee, eine Tüte mit Zwiebeln und vier pralle Ziegenlederschläuche. Dazu mein Gepäck.

Auf der Ladefläche zappelt eine Ziege. Sie ist an den Füßen gefesselt.

«*Lachm* – Fleisch», freut sich der Koch. Das Abschiedsmahl für die

Treiber. Cheireddein wendet den Kopf des auf den Boden gedrückten Tieres in Richtung Mekka. Ich höre ihn «*bi sm Allah … Allah akbar* – im Namen Allahs … Allah ist groß» murmeln; rituelle Worte, Vorschrift des Islam bei der Schächtung. Schon ist die Kehle des Tieres durchschnitten, und mit zunächst kräftigem, bald schwächer werdendem Strahl spritzt das Blut im Rhythmus des Pulsschlages auf die Erde, speist eine Lache, aus der wie verstreute Inseln Buckel aus Kameldung herausragen. Ausfluss aus einem totgeweihten Leib; abgeschieden von allem Lebendigen als etwas Eigenständiges, als etwas Unantastbares. Als sei ein Zeitsplitter über die Jahrtausende von Moses selbst zu uns hinübergeworfen worden: «*Allein merke, dass du das Blut nicht essest, denn das Blut ist die Seele; darum sollst du die Seele nicht mit dem Fleisch essen, sondern sollst es auf die Erde gießen wie Wasser.*»

Cheireddein hängt den toten Körper an einen Ast, zieht das Fell ab und zerlegt ihn. Leber, Lunge, Herz, Milz und Nieren werden zerstückelt und in die Schüssel geworfen; Salz und Pfeffer darüber gestreut. Hassan el-Mak kramt eine Limone aus der Tasche seines Gewandes und träufelt den Saft auf die Innereien. Während die in die Glut gesteckten Ziegenrippchen, von der geübten Hand des Koches gedreht, in der Hitze rösten, genießen wir die köstliche Vorspeise aus rohem Fleisch.

Abdallah legt das Brandeisen in die Glut. Zwei der Treiber trennen die wenigen Kamele, die die schmerzhafte Prozedur noch über sich ergehen lassen müssen, von der Herde und fesseln sie. Währenddessen spült Cheireddein das Ziegengedärm mit Wasser ab, hält ein Ende an seine Lippen und bläst den Inhalt heraus. Halb flüssiger, grünlicher Kot schlabbert zu Boden. Eine Fußbewegung bedeckt ihn mit Sand. Der vom Gröbsten gereinigte Schlauch wird in Stücke geschnitten und landet im Topf, in dem das Muskelfleisch brutzelt. Cheireddein verwertet alles von dem Tier; bis auf die Augen, die Hörner und die Hufe. Das Fell bestreut er mit Salz und faltet es zusammen. Später wird er daraus eine Girba machen.

Drei Männer halten das sich trotz seiner Fesseln wehrende Kamel.

In dem Moment, in dem sich das Eisen ins Halsfell brennt, erschrecktes Aufstoßen und Gurgeln. Dann Gebrüll. Wiederkäuergebräu schießt aus dem Maul. Die Flanken des Tieres beben. Bald folgt nur noch herzerweichendes Blöken. Geruch von versengter Haut schwängert die Luft, verbindet sich mit den Ausdünstungen der Herde und dem bläulichen Qualm des Lagerfeuers zu einem unergründlichen Gemisch, das nach Abenteuer riecht und nach freiem Leben in der Natur – ohne Lärm, ohne Mauern und Zäune.

Kaum ist das Tier freigelassen, scheint die Tortur schon vergessen. Als wäre nichts geschehen, schaut es sich um und bewegt sich gemessenen Schrittes auf seine Kameraden zu. Die Wunde ist schwarz und schorfig. An den wulstig aufgeworfenen Rändern perlen Blutströpfchen. Noch ein paar Mal wiederholt sich der Vorgang.

Wir haben wieder im Schatten des Baumes Platz genommen und nehmen das Hauptgericht ein. Ziegenfleisch mit Hirsebrei und Soße. Danach Tee.

«Die ist für den Fremden. Ihr seid ja jetzt zu fünft», sagt Hassan el-Mak zu Cheireddein, der gerade die Emailletässchen mit dem dunkelbraunen Trank füllt, und stellt eine weitere Tasse in den Sand. Der Händler schreibt einen Brief an Hadj Bugazim in Kairo-Imbaba, für den die Herde bestimmt ist. Dann greift er ins Innere seines Gewandes und zieht ein Bündel Banknoten hervor. Auszahlung der Löhne. Es ist nicht viel, was ein Kameltreiber für die Beaufsichtigung der Herde im Buschland von An Nahud und für den wochenlangen Marsch bekommt. 210 Sudan-Pfund, ungefähr 300 Mark. Der Khabir erhält das Doppelte. Die Kosten der Heimreise müssen die Männer aus eigener Tasche bezahlen.

Hassan el-Mak schickt Achmed zum Pick-up. Er soll ein Ziegenfell aus der Fahrerkabine holen. Abgetreten ist es; an zwei Stellen bis aufs blanke Leder abgewetzt. Hell schimmern gelbe Unterhaarsträhnen durch das ausgedünnte, schwarze Oberfell. Ich erkenne es wieder. Es ist das Fell, auf dem die Besucher des Händlers ihre Gebete verrichteten. Von ungezählten Bitten und tausendfachen Litaneien derer ist es durchtränkt, die in endloser Reihe ihre nackten Füße darauf setzten;

trocken-harte, lauferprobte Sohlen, mit denen sie, die gläubigen Erben des Paradieses, während sie sich mit zum Himmel erhobenen Händen unter die Aufsicht ihres Gottes stellten, so deutlich ihre Spuren hinterließen.

Hassan el-Mak wendet sich mir zu.

«Nimm, Fremder. Möge dich Allah auf deiner Reise schützen.»

Es ist keine Kleinigkeit, die der Scheik vor den Augen der Seinen weggibt. Alle wissen: Dieses Geschenk ist die Bekräftigung seines Wunsches und der Aufforderung, dass man mich, den Ungläubigen, als Weggefährten aufnehmen und mir Schutz und Hilfe gewähren möge. Ich rolle das Fell zusammen. Als sei es ein Firman, die mit Siegeln versehene Urkunde eines Herrschers, die für jeden, dem sie vorgelegt wird, wichtige Anweisungen enthält.

Hassan el-Mak nimmt mich bei der Hand und führt mich zu einem schmal gebauten, mausgrauen Hengst.

«Das ist dein Reitkamel. Das Tier ist klein und brav. Genau das Richtige für einen Anfänger. Es wird dich sicher nach Ägypten tragen.»

Ich lasse das Tier niedersitzen, lege ihm die Kopfleine an und befestige den Reitsattel auf seinem Rücken. Achmed hilft mir. Der Hengst, schon in den Jahren, kennt das alles und lässt die Prozedur ohne Protest über sich ergehen. Schließlich führe ich ihn dem Händler vor.

«Hassan, ich will ihm einen Namen geben.»

«Du weißt, das ist bei uns nicht Brauch.»

«Ja, aber das Tier gehört doch jetzt zu mir.»

«Gut, welchen Namen soll es tragen?»

«Hassan; so, wie du heißt.»

Hassan el-Mak runzelt die Stirn und sagt:

«Weil ich schon vierzig Jahre mit Kamelen zu tun habe und weil ich die Tiere liebe, bin ich dir nicht böse.»

Später machte ich es mir zur Gewohnheit, den ersten Hengst einer jeden Karawane, die ich zusammenstellte, zu Ehren des Mannes aus An Nahud auf den Namen Hassan zu taufen.

Der Aufbruch kommt für mich unerwartet. Man hatte die Herde

zusammengetrieben und mir geraten, meinen Hengst abseits davon niedersitzen zu lassen. Damit das Tier nicht unversehens aufspringt, sind ihm zwei Agale angelegt, Kniefesseln aus Hanfseil, einfache Schlingen, in die ein hölzerner Knebel eingeflochten ist.

Cheireddein und Rhageb reiten auf ihren Tieren, treiben die Herde durch ein Nadelöhr, das von Abdallah, Hassan el-Mak und Achmed gebildet wird. Durch diesen Engpass defiliert jedes Kamel an Händler und Khabir vorbei.

Zählung. 103 Tiere. Es bleibt dabei. Vier Kamele sind mit Brennholz, Wasserschläuchen und unserem Proviant beladen. Der Rest läuft ohne Lasten. Hassan el-Mak trägt die Zahl in das an Hadj Bugazim gerichtete Schreiben ein und steckt Abdallah den Brief zu. Damit ist die Verantwortung für die Herde auf den Führer der Karawane übergegangen. Die beiden Männer umarmen sich. Dann springt Abdallah auf sein Kamel. Aus der Zählung heraus setzt sich die Karawane in Bewegung. An ihrer Spitze reitet Cheir, der, solange Abdallah noch nicht den traditionellen Führungsplatz an der rechten, vorderen Flanke der Karawane eingenommen hat, den Tieren den Weg durch das Buschland weist. Hinterdrein, peitschenschwingend und zungenschnalzend, Rhageb und Cheireddein. «Ho, ho, ha! … Ho, ho, ha! … Ho, ho, ha! …», ertönen die rhythmischen Rufe der Männer, während der Khabir mit ein paar Nachzüglern langsam zu ihnen aufschließt.

Ich habe Mühe, meinem Kamel die Kniefesseln abzunehmen und es niederzuhalten. Der schwierigste Part ist das Aufsitzen. Sobald das Tier Druck auf seinem Rücken verspürt, will es aufspringen. Es schert sich wenig darum, ob man schon im Sattel sitzt oder nicht. Ist dieser Moment der Unsicherheit überstanden, braucht man nur noch das ruckartige Hoch abzufangen. Es gelingt – im zweiten Versuch. Schon werde ich von meinem Reittier in die Lüfte gehoben und schaukele davon. Der lange Treck hat begonnen. Während ich sachte mit dem Fuß gegen seinen Hals klopfend in das «Ho, ho, ha» der Treiber einstimme und gewahr werde, dass Hassan meine Kommandos annimmt, will es mir vorkommen, als pulsierten bereits die ersten Tropfen Beduinenblut in meinen Adern.

Umschauen kann ich mich nicht. Von Beginn an muss ich darauf achten, dass mir keine Äste ins Gesicht schlagen. Acht Jahre später werde ich Hassan el-Mak auf dem Kamelmarkt in Kairo wieder sehen, und als Erstes wird er mich fragen:

«Erinnerst du dich, Fremder … damals … das Ziegenfell … hast du es noch?»

Welten liegen zwischen dem Scheik und mir. Nach wenigen Tagen des zufälligen Aufeinandertreffens driften sie mit jedem Schritt, den ich auf dem schwankenden Kamel zurücklege, weiter auseinander. Aus der Tat schöpft Hassan el-Mak seine Kraft. Darin gleichen wir uns. Als Stadtmensch ist dem Scheik das Aufeinander-angewiesen-Sein Inbegriff des Daseins. Mit selbstsicherer Gebärde und ohne jeden Schaueffekt verkörpert er seine Rolle, die in An Nahud tonangebend ist. Ich, von dem Wunsch beseelt, auch davon loszukommen, frei zu sein und ohne Fesseln, endlos zu gehen durch Meere von Sand und Sonne, bis in den bläulichen Abendnebel hinein; um all die Dinge hinter mir zu lassen, die süß und angenehm sind. Wer außer den Nomaden könnte je begreifen, dass solches Gehen Glück ist?

BLICK nach vorn. 32 Tage, eine nur mit meiner Sehnsucht besetzte Strecke Zeit, breiten sich wie ein leeres Blatt vor mir aus. Mit nichts anderem wird es beschrieben werden als mit den sanften Tritten, dem Schaben und Schleifen der Kamelfüße und dem Knirschen des Sandes unter ihren weichen Sohlen, mit dem Glucksen des Wassers in den ledernen Schläuchen, mit dem hölzernen Geklapper der Agale, die zu Bündeln verschnürt an den Sätteln der Treiberkamele baumeln; mit dem Wehen des Windes … 32 Tage, so lange werden wir brauchen, bis wir ägyptischen Boden bei Abu Simbel betreten.

Ich lerne ein hartes Leben kennen; von Männern, die tagein, tagaus von ihren Frauen singen. Und von Umm Badr, ihrem Heimatort. Kameltreiberlieder; melancholische Klänge, zaghaft über das Gewoge der Tierleiber gehaucht; in der Leere des Raumes dazu bestimmt, ohne Widerhall zu verstummen. Nur die Kamele lauschen dem Gesang. Er offenbart Begehren und Heimweh. Er gewährt Zerstreuung von der Arbeit und schenkt Ablenkung von der Monotonie der Wüste. Immer gleiche, einfältige Verse, ganze zwei Zeilen lang. Ein und dieselbe Melodie während des Marsches.

Meine Gefährten sind zähe Gestalten, deren Gespräche beständig um die Tiere kreisen, um Weidegründe und Wasserstellen. Und um Preise für Dinge, von denen sie träumen. Ich verlebe die Tage mit Männern, die sich mit Sand waschen und die ihre Gebete verrichten, während die Karawane weiterzieht. Die nachts unter dünner Decke frieren, wenn eisiger Nordost über das Lager fegt. Weitere Pulks schließen sich unserer Herde an, und die Karawane wächst allmählich. Bis sie mehr als 1200 Tiere zählt. Die ausgehungerten Kamele reißen die mit Stroh gefüllten Polster der Lastsättel auf und vertilgen den Inhalt, während mein eigener Magen knurrt und nach Essen verlangt, das tagein, tagaus das gleiche ist. Ich trinke vom trüben Wasser der Brunnen und dem des Nils. Ich leide darunter, dass mich der Khabir aus der gemeinsamen Runde ausschließt und dass ich tagtäglich seine tief sitzende Verachtung ertragen muss. Für ihn bin ich nichts anderes als eine der schwächlichen Männergestalten des Okzidents, denen die Kraft fehlt, ihre Frauen im Haus zu halten. Die sie stattdessen in die Welt ausschwärmen lassen und sie zum Abschuss für andere freigeben. Ich weigere mich, den nach Fleisch gierenden Männern eine Ziege zu spendieren, denn durch Geschenke will ich mir keine Bequemlichkeiten erkaufen. Ich gerate in Gefahr, weil an der Grenze zu Ägypten Soldaten auf mich schießen. Aber auch in völliger Erschöpfung bin ich glücklich. Weil ich zum ersten Male erfahre, dass ich einen Platz in dieser Welt habe, dass ich irgendwohin gehöre, eben hierhin, zu dieser wogenden Masse von Tierleibern, die, von einfachen Gesängen begleitet, ihrem Tod entgegenzieht.

«Darb el-'Arbain» – die Straße der vierzig Tage, so nennen die Kameltreiber den Karawanenweg nach Oberägypten. Vierzig Tage. Wörtlich zu nehmen ist diese Zeitspanne nicht. Sie ist die Metapher für einen langen Weg. Im Laufe der Jahrzehnte ist der Darb el-'Arbain immer wieder verlegt worden. Zur Zeit des Sklavenhandels, als Wegelagerer und Banditen das Land unsicher machten und Potentaten in

Dongola, Nubien und Oberägypten Wegezölle erpressten, führte der Darb von Al Fashir über El-'Atrun, Selima und Kharga nach Asyut. Heutzutage meiden die Karawanen die tiefe Wüste, streben von der Grenze zum Tschad am Südrand der Sahara entlang nach Osten und biegen auf der Höhe von Sodiri zum Nil bei Ed-Debba ab. Von da aus geht's in gehörigem Abstand vom Fluss an Dongola, Mushu, Kulb, Abu Simbel und Assuan vorbei nach Daraw, der kleinen Stadt wenige Kilometer südlich von Kom Ombo, dem Hauptumschlagplatz für Kamele in Oberägypten. Dort treffen jedes Jahr zwischen 60 000 und 70 000 Höckertiere aus dem Sudan ein.

WIR kommen nicht weit am ersten Tag. Nachdem die Karawane aus dem Gestrüpp herausgefunden hat, stoßen wir auf die Piste nach Sodiri. Entlang des Weges reiht sich dürftiger Ackerbau: Melonen-, Hirse- und Erdnussfelder. Reisigverhaue umzäunen die Äcker. Sanft hügelig und weit ist das Land. Wenn es bergab geht, ist es nicht leicht, die Kamele unter Kontrolle zu halten. Dann dauert es nicht lange, bis eins der Tiere in Galopp fällt. Signal für alle anderen, es ihm gleichzutun. Und schon wälzt sich eine Tierlawine donnernd den Hang hinab, reißt auch den letzten Unentschlossenen mit sich fort. Wehe dem, der jetzt im Wege stünde! Die Tiere sind voller Bewegungslust. Sie werfen ihre Beine in alle Richtungen, bocken und schlagen aus. Ihre Hälse halten sie waagerecht, lang gestreckt wie im Schwanenflug. In solchen Momenten bin ich froh, dass ich Hassan im Trab und ein wenig abseits halten kann und dass mein Sattel nicht von seinem Rücken rutscht.

Wettlauf, bis sich die Kamele irgendwo sammeln; an einer Baumgruppe, an der sie mit Heißhunger an den Ästen reißen oder in einem Melonenfeld. Es folgt das Geschrei der Bauern. Ich weiß: Es gibt keine Tiefbrunnen in dieser Gegend, und während der Trockenzeit muss manch einer seinen Durst von der Ernte stillen; mit nichts anderem als dem Verzehr von Wassermelonen. Knüppelschwingen. Doch die Ackersleute sind machtlos gegenüber den Tieren, die, sobald sie die grünen Früchte entdeckt haben, mit vorgestreckten Köpfen darauf zuschießen. Mitten im Lauf ein kurzes Schnappen. Der Schädel scheint für einen Sekundenbruchteil suchend zurückzubleiben, während das Tier mit seinen Vorderläufen schon seitlich an der Frucht vorbei ist. Schließlich klemmt die Melone im Maul, wird hoch erhobenen Hauptes davongetragen, um an anderem Ort wie eine heiße Kartoffel in der Schnauze gedreht zu werden, bis die Stelle gefunden ist, an der die Zähne ansetzen können, und die saftige Kugel zwischen den Kiefern zerkracht. Wir haben alle Hände voll zu tun, die Herde aus den Feldern zu halten. Die Karawane bewegt sich weiter, und die Proteste der Bauern verhallen hinter uns im Wind.

Wir ziehen nach altem Brauch. Cheireddein, Rhageb und ich treiben mit Rufen, Stockschlägen und Peitschengeknall die Herde von hinten an *(jaab)*. Cheir reitet vorne in halblinker Position *(makhruja)*, während Abdallah am Kopf der Karawane, von der rechten Flanke aus *(maddaja)* die Kamele in die gewünschte Marschrichtung drückt. Hin und wieder löst sich dieses Arrangement auf, weil die Herde sich zerstreut oder weil Ausreißern der Weg versperrt werden muss. Zwei Reiter nehmen dann die Verfolgung auf, und mit dem Zurückbringen der Flüchtigen stellt sich die alte Marschordnung wieder ein.

Teepause am Nachmittag. Erste Blessuren vom schief sitzenden Sattel. Zweimal war er in Hassans Nacken gerutscht, und wir hatten anhalten müssen. Während des Treibens war mir die Peitsche aus der Hand gefallen. Cheireddein sprang von seinem Kamel und holte sie mir. Anfängerprobleme. Die Männer tragen es mit Fassung. Mein Anorak ist von Dornen zerrissen.

Wir sitzen am Feuer im Schatten eines Baumes. Die Tiere sind im Gelände verstreut und stillen ihren ewigen Hunger. Mahl- und Kaugeräusche, Nagen, Knacken und Grunzen von dorther, wo Dornengebüsch und Akazien in der abgeweideten, braunen Landschaft stehen. Ein Baobab reckt sein blattloses, knorriges Geäst wie ein Mahnzeichen in den Himmel und ruft Endzeitstimmung hervor. Gegen seinen Stamm lehnt ein Langholz. Es gewährt Zugang zu einem dreieckig ausgeschlagenen Loch oben im Baum. Der hölzerne Koloss dient den Ziegenhirten des Dar Hamar als Zisterne. Aufgefüllt wird sie nach den Regenfällen am Ende des Sommers. Dann scharen sich Hirten mit ihren Schöpfgefäßen um den Stamm und hieven das Wasser in das Reservoir. Ein ganzes Jahr lang vermag der Baum es in seinem hohlen Inneren für den aufzubewahren, der einen Besitzanspruch hat.

Wie wenig wir für die Rast brauchen. Einen Topf, fünf Tassen, Zucker, Tee, ein paar Schluck Wasser und ein Feuer, das schnell entfacht ist. Ich sehe es, und dennoch kann ich kaum glauben, dass das, was ich erblicke, wirklich alles ist. Und ich ertappe mich dabei, wie ich unsere Siebensachen mustere.

Cheireddein säubert die Tassen mit Sand, bläst sie aus. Dann schenkt er mit weit ausholender Hand Tee ein. Blick in die Gesichter. Ich betrachte die abgewetzten Gewänder meiner Kameraden, lausche den Worten und versuche, hinter das Geheimnis der schönen, ernsten Gesten zu kommen, aus denen so viel Halt und Hoheit sprechen. Alles, was ich wahrnehme, scheint im Einklang mit sich selbst. Nichts, was überflüssig wäre. Sparsamer Umgang auch mit der Sprache. Wie ein Brennglas fokussiert sie unser Kameltreiberleben. Beschnittene Lebensperspektiven? Armut? Hier in dieser Runde? Einfaches Dasein und die Wüste selbst sind es, die diesen zähen Menschenschlag herangezüchtet haben; Menschen, deren schlichte Würde die Kargheit um sie herum in Reichtum zu verwandeln scheint, der Zufriedenheit und Behagen jenseits von materiellem Wohlstand vermittelt.

Der Tee ist getrunken. Die Männer treiben die Tiere aus dem Gehölz. Wir sitzen auf, lassen ein schwelendes Feuer zurück.

Landschaft, vom Kamelrücken aus betrachtet. Von unirdischer Ruhe ist sie. Langsam gleitet sie an mir vorüber. Gras-, Busch- und Baumland in wechselnder Folge, in gelben und braunen Schattierungen. Und in mattem Grün. Wolkenloser Himmel spannt sich darüber. Kräuterduft. Hier und da brandgerodete Areale. Verwüstungen der Sesshaften. Wie übel riechende, schwärende Wunden bedecken sie den Leib der Erde, künden von Verschwendung und Missbrauch jener, die die Feuer legten. Ob sich die Savanne je davon erholen wird?

Nordwind bläst in mein Gesicht. Ich höre das anfeuernde «Ho, ho, ha», die einzigen drei Noten im Treiberchor der Kawachla, in den das

Zähnequietschen der brünftigen Hengste wie der Flöten- und Violinenpart eines imaginären Orchesters einfällt. Peitschengeknall, Rufe. Stöcke klatschen gegen Höcker und Flanken. Sie schlagen den Takt zu der vom stelzigen, fast schwerelosen Gang der Kamele, vom hundertfachen Getrommel ihrer Hufe erschaffenen Symphonie und entlocken der Karawane das Allegro con moto des Marsches.

Vor mir das Höckergewoge. Staub steigt aus ihm auf. Er ist mit Haskanitpollen vermischt, klettenartigen Flugsamen, die aus dem Grasgebüsch zu uns heranwehen. Sie haken sich an alles, womit sie in Berührung kommen, und lassen sich, weil ihre Stacheln bei leisester Berührung durch die Haut dringen, nur mit großer Mühe entfernen. Bald sind Haut und Haare damit übersät. Meine Begleiter sind für solche Fälle gewappnet. In der ledernen Scheide ihrer am Oberarm baumelnden Dolche steckt eine Pinzette. Unentbehrliches Werkzeug für jeden, der durch das Grasland zieht. Haskanit ist allgegenwärtig. Erst in der Wüste sind wir von diesem Martyrium der Savanne befreit.

Kurz nach Sonnenuntergang rücken Cheir und Abdallah zusammen. Die Blicke der beiden gleiten prüfend über Grasbüschel, Bäume und Sträucher. Allabendliches Ritual. Die Karawane ist auf der Suche nach einem Lagerplatz. Cheir deutet auf kniehohes Haskanit. Einverständnis zwischen den beiden Männern. Wir lenken die Herde zu dem Flecken und machen im Windschatten eines Gebüschs Halt.

Kehliges «Chchrr … chchrr» scharrt wie ein Rechen über Kieselsteine. Befehl an die Reit- und Lasttiere niederzusitzen. Kaum sind die Kamele von ihren Sätteln befreit, kippen sie zur Seite und wälzen sich im Staub. Abdallah und Rhageb haben sich je ein Bündel Kniefesseln über die Schulter geworfen. Sie tätscheln die grasenden Tiere an der Vorderhand und schnalzen beruhigend mit der Zunge. Ein Kamel nach dem anderen hebt den Fuß, um den ein Agal gelegt wird. Mit der Peitsche in der Hand halte ich die Herde zusammen, bis das Geklapper der Fesselhölzer verstummt ist. Längst ist es dunkel geworden. Ich taste mich zurück zum Lager. Ruhe ist eingekehrt. Nach und nach lassen sich die Tiere niederfallen. Cheireddein hat Holz geschlagen und ein Feuer entfacht. Während abwechselnd einer von uns die Herde bewacht, sitzen wir im Halbkreis um das Lagerfeuer. Das Gespräch dreht sich um die Karawane und um den Weg, der vor uns liegt. Und um Preise für Dinge des täglichen Bedarfs. Gerade bei den Preisen möchte jeder auf dem Laufenden sein.

«Was kostet bei euch in Deutschland ein Sack Hirsemehl? … Wie viel ein *ratl* [ca. 500 Gramm] Bohnen? … Der Meter Stoff für eine Djalabeja? … Eine Petroleumlampe? … Ein Paar Herrenschuhe aus Schlangenleder?», will Abdallah von mir wissen und wundert sich, dass ich darüber nicht detailliert Auskunft geben kann.

Cheireddein sitzt neben mir. In Reichweite seiner Hand zwei Lastsättel. Daran hängen unsere Girbas. Sie dürfen den Boden nicht berühren.

«Sonst trinkt die Erde das Wasser», sagt er. Der Küchenmann schnitzt Holzknebel für neue Kniefesseln. Froh gelaunt ist er. Ein Lächeln huscht über sein Gesicht, während er mir eine Geschichte vom Höckertier beizubringen versucht. Wieder einmal geht es um das gute Gedächtnis des Kamels. Vor staunendem Publikum berichtet er, dass das Kameljunge bereits vor seiner Geburt die Orte abspeichere, an denen seine Mutter saufe.

«Später findet das Tier die Wasserstellen ganz von allein», fügt Abdallah, von der Erzählung mitgerissen, bekräftigend hinzu. Für die Dauer der Märchenstunde ignoriert der Khabir den ausgeprägten Geruchssinn der Kamele. Er befähigt sie, kleinste Dosierungen der von den Hinterläufen tropfenden Urinausscheidungen ihrer Artgenossen auch unter längst verwehten Spuren aufzunehmen. Diesem Duft folgen die Tiere und gelangen so irgendwann zu einer Tränke.

Rhageb flicht Schlingen aus Hanfsträngen und dreht Seile. Weil immer wieder Stricke reißen, muss der Vorrat an Fesseln ständig ergänzt werden. Cheir zurrt seinen ausgeleierten Sattel zurecht. Die Welt der Karawane: Durch bloßer Hände Arbeit wird sie zusammengehalten. Holz, Hanf, Tierhaut und Stein sind die Werkstoffe, aus denen sie sich erhält und erneuert. Jetzt wie ehedem. Auch wenn ein blecherner Topf und Streichhölzer hinzugekommen sind – und hin und wieder eine Plastikschnur. Seile, Sättel, Taschen, Agale … selbst gefertigt, nicht gekauft; hergestellt aus dem, was die Landschaft, durch die die Karawane zieht, hergibt. Und weil so vieles, was gebraucht wird, unmittelbar aus der Natur stammt, wird, wenn wir unser Lager abbrechen, so wenig von uns zurückbleiben. Eine Hand voll Asche vielleicht und drei Steine. Kein Unrat, keine Abfälle, kein Papier, keine Konservendosen und auch keine Plastiktüten.

Salat el isha – die Zeit für die Abhaltung des Nachtgebets ist längst überschritten. Rituelle Waschungen. Leere Zuckersäcke als Gebetsteppiche. Verbeugungen und Gemurmel gen Osten. «*Allahu akbar ... ashadu anna lahilaha illa'llah ... lahilah il allah Muhamed ressul allah ...*» Der Gebetsaufruf des Muezzins und zwanzig Worte aus dem Koran, ständig wiederholt. Ein klarer Sternenhimmel beleuchtet die Szene. Er ist vom Mondlicht im Umkreis des Erdtrabanten ausgewaschen.

Cheireddein rührt mit einem Ast im Hirsebrei. Wir rücken näher an die Flammen. Die Kamele ebenso. Über unseren Köpfen bald dumpfes Gurgeln, raues Mahlen. Magensaft und Futter quellen aus der Tiefe der Mägen in die halb geöffneten Mäuler und werden noch einmal gründlich durchgekaut. Von diesem emsigen Zerkleinern geht eine Faszination aus; ein Pendeln, bei dem die oberen Reißzähne (immer erwartet man den Zusammenstoß) passgenau wie der Schlüssel ins Schloss durch die Gebisslücken im Unterkiefer gleiten. Flackernder Feuerschein umflutet das prallbackige Gewiege. Zähne schimmern im matten Gelb. Darüber stülpen sich die gespaltenen bärtigen Oberlippen. Weich leuchten dunkle Mandelaugen unter hohen Brauen ... Spiel von Licht und Schatten auf bewegten Tierschädeln. Als wären die Kamele an unseren Gesprächen beteiligt.

Das Essen. *Kissera.* Cheireddein kippt den Hirsebrei in die Schüssel und gießt eine farblose Tunke darüber. Wir hocken im Kreis, greifen und kneten mit der rechten Hand. Anschließend süßer Tee. Es ist schon nach Mitternacht.

Wasser zum Waschen gibt es nicht. Ich krieche in meinen Schlafsack. Wie fernes Wellenschlagen klingen die Stimmen der Männer, die, während der Sternenhimmel langsam über uns hinwegrollt, Wache schieben. Hin und wieder werfen sie einen Blick in die funkelnde Pracht. Ihre Art, die Zeit zu lesen.

Salat el subh. Das Morgengebet. Danach Hirsebrei mit Soße. Erste Sonnenstrahlen tauchen die grasende Herde in rotes Licht. Wir sind nicht in Eile. Irgendwann setzt sich die Karawane in Bewegung.

Abdallah und Cheir sind in einem Strohhüttendorf abseits des Weges verschwunden. Gegen Mittag tauchen sie mit einer am Sattel festgezurrten Ziege auf. In einer Girba schwappt *merissa*, Hirsebier. Das Gebräu ist von trüber Farbe. Ich rühre keinen Tropfen davon an.

Mittagsrast. Wind fegt heran. Staubschleier umwirbeln die Herde. Sie grast unruhig im hohen Haskanit. Ein paar Hengste sind in Kämpfe verwickelt. Andere machen Jagd auf Stuten. Im Galopp donnern sie über den Grasboden und versuchen, die Flüchtenden mit den Schultern niederzudrücken. Die Stuten geben sich rasch geschlagen und setzen sich hin. Die Hengste besteigen sie sofort. Bei Kamelen beträgt die Tragezeit zwölf Monate. Nachwuchs wird das nicht mehr geben. Ungehemmt bricht der Lebenstrieb sich seine Bahn – als wolle er das Nahen des Todes nicht zur Kenntnis nehmen. Immer wieder muss ich mit der Peitsche zwischen die streitenden Kolosse. Bis Abdallah mir zu Hilfe kommt.

Kaum brutzelt das Ziegenfleisch im Topf, finden sich drei Fremde ein. Abdallah und die Seinen erheben sich und stellen sich gegenüber den Ankömmlingen auf. Die Begrüßung beginnt mit sanftem Händedruck.

«*As'salamu aleikum.* – Friede sei mit euch.»

«*W'aleikum as-salam warahmet Allah wabarakatu.* – Und mit dir sei Gesundheit, Gottes Gnade und Segen.»

«*Kefal halkum?* – Wie geht es euch?»

«*Allah as'salimak ...* – Gott schütze dich ... der Himmel erhalte euch gesund ... Allah segne euer Kommen ...»

Begrüßungsformeln in feierlicher Wechselrede, während man sich mit der Rechten gegenseitig an den Schultern berührt. Minutenlang geht das. Bis die Zeremonie schließlich mit dem Austausch von

Wangenküssen ihr Ende findet und Abdallah die Fremden zum gemeinsamen Mahl einlädt. Fleisch mit Hirsebrei und Soße.

Teilen des Wenigen und des Immergleichen. In der Wüste wird es mit unerschütterlicher stiller Andacht vollzogen. Absichtslos, gelöst von Kalkülen und Hintergedanken des Einzelnen folgt die Zeremonie uralten Bräuchen, und die Würde, die im schlichten Ernst der Gesten liegt, ist das einzige Geschenk, das sich Gast und Gastgeber machen. Wo ist das Äquivalent?, fragt zweifelnd der auf das «Do-ut-des» programmierte Verstand. Besteht der Ausgleich für das gewährte Mahl darin, dass man uns nachts in Ruhe lässt und keine Tiere raubt? Uneingeschränkte Teilhabe an Speise und Trank. Ein überliefertes geheiligtes Recht scheint das zu sein; so wie das Atemholen. Und läuft einer mit ausgezehrtem Gesicht durch die Steppe, so ist ihm doch eins sicher: dass er an jedem Lagerfeuer wie ein Bruder aufgenommen und bewirtet wird.

«Carlo, hier, iss das zu Ende.»

Rhageb reicht mir einen Knochen, den ich weggeworfen hatte. Fleisch ist nicht mehr dran.

«Was soll ich damit?»

Statt einer Antwort bricht Abdallah einen Knochen durch und saugt das Mark heraus. Ich wische den Sand von meinem Stück und mache es ihm nach. Nach dem Tee sind die Fremden verschwunden.

Am nächsten Tag leere ich meine Satteltaschen und übergebe die für den Notfall eingekauften Lebensmittel an meine Kameraden. Kein Wort des Dankes. Weder Überraschung noch Freude spiegelt sich in ihren Gesichtern. Mit verschlossener Miene nimmt Abdallah meine Schätze entgegen. Dann wendet er sich ab und lässt mich wie einen Bittsteller stehen. Neue Erfahrungen. Doch der Khabir hat Recht. Warum ein Aufheben machen? Was bedeuten schon meine Geschenke gegen die Pracht seines zerschlissenen Gewandes, in dem sich Wind und Sonne fangen. Diese Art des Nehmens gefällt mir: stolz und schweigsam, ohne den Rücken zu beugen, ohne die Last des Danksagens auf sich zu nehmen; dieses Joch, das die Beschenkten niederdrückt und den Gebenden ebenso.

So vergehen die ersten vier Tage, und jeder dieser Tage ähnelt dem vorangegangenen: immer gleiches Ritual von Aufbruch, Reiten und Treiben der Tiere, von Mittagsrast und Hüten der Herde, von Marsch bis in die Dämmerung hinein, von Ausschauhalten nach einem Lagerplatz, von Arbeit und Gespräch im flackernden Schein des Feuers, von Bewachung der Herde während der Nacht. In all das eingewoben die Gebete – fünfmal täglich. Und während die Karawane langsam und geduldig durch eine Landschaft zieht, über die Jahrhunderte hinweggestrichen sind, ohne eine einzige Spur darin hinterlassen zu haben, ist mir so viel gewiss: Jeder kommende Tag wird sein wie der heutige, und sie alle werden sich zu einer Linie, zu einem Weg in der pfadlosen Wildnis meiner Seele reihen; zu einem Weg, der mich dem erhofften Ziel näher bringen wird.

Verlangen nach Abwechslung, nach Neuem und nach Nervenkitzel, nach Variation der Kulissen? Ich verspüre keine Langeweile, und nach etwas anderem als dem Gestampfe und Geschnaube der hundert Tiere, den Rufen und den melancholischen Treibergesängen sehne ich mich nicht. Die gleichmäßige Abfolge der Eindrücke erfüllt mich voll und ganz. Was brauche ich mehr als die dichte Atmosphäre der Karawane; was sonst als die Bilder und Töne, die mich umgeben. Ich vermisse nichts, fühle mich wie auf eine Woge gehoben, die auf ihrem Weg nach Norden über das weite Land hinwegrollt, die mich trägt, mich schauen und staunen lässt, immerfort, tagsüber und während der Nacht.

Nördlich von uns sichten wir schwachen Feuerschein in der Dunkelheit.

«Das sind Fadlala und seine Leute», ruft Cheir.

Anderntags werden wir einen aus mehreren Abteilungen bestehenden Konvoi einholen, und die Karawane wird auf 600 Kamele anwachsen.

Rhageb weckt mich pünktlich. Es ist eine Stunde nach Mitternacht. Wie immer hatte er nichts mit Zeiger und Ziffernblatt meiner Armbanduhr anfangen können, sie beiseite gelegt und sich stattdessen auf den Stand der Sterne verlassen. Wachablösung. Ich muss für zwei Stunden Posten stehen. Die Nachtkälte lässt die Kamele dicht aneinander rücken. Sie sitzen mit dem Hinterteil gegen den Wind, manche im großen Bogen gestaffelt um das Lagerfeuer. Friede liegt über der von Mondmilch überfluteten Herde. Einige Tiere haben die Köpfe zusammengesteckt, berühren einander mit den Lippen. Austausch von Zärtlichkeiten nach den Balgereien während des Tages. Stille, nur von den Kamelen unterbrochen, die mit dem Wiederkäuen beschäftigt sind. Das Geräusch hat etwas Beruhigendes. Andere Tiere haben den Hals in flacher Wölbung ausgestreckt. Nur mit der Spitze des Unterkiefers berührt der Schädel den Boden. Hier und da ein halb auf die Seite gekippter Körper, in Schwebe gehalten durch das aus angehobenem Kopf und Hals gebildete Gegengewicht. Die Ruhestellung wird durch die staksigen, zum Schädel gereckten Hinterläufe vervollständigt. Massige Leiber, im Halbkreis um sich selbst versammelt. Die Augen der Tiere sind geöffnet. Ihre Blicke scheinen vollkommen nach innen gerichtet. So schauen sie unablässig in sich hinein. Nur wenn für einen Moment Bewegung durch die Körper fährt, kommt Leben in ihre Lichter, spähen sie in die Welt, um bald wieder in ihrer Ruhe zu versinken. Die Tiere kennen mich. Wenn ich durch ihre Reihen schreite, hebt keins von ihnen den Kopf. Hassan sitzt neben meinem leeren Schlafsack. Während ich ihn kraule, bläst er mir warmen Atem ins Gesicht, klopft mit dem Schwanz: seine Art mitzuteilen, dass er eine Leckerei möchte. Vom Abendessen ist Hirsebrei übrig geblieben. Den schiebe ich ihm ins Maul.

Wind fängt sich in den Ästen. Im Feuer knistert Holz und zerfällt zu rot gerippter Glut. Sporadisches Schnarchen, kurze, nicht zu Ende geführte Fanfarenstöße; vorzeitig abgebrochen wie die knappen Zweizeiler der Treiberlieder tagsüber. Ich kauere am Feuer, schaue in das milchig verschwommene Land. Nichts regt sich. Gefühl, in diesen Augenblicken ganz allein für das Wohl und Wehe der Karawane verantwortlich zu sein.

Zur Mittagszeit holen wir Fadlala und seine Treiber ein. Sie stammen auch aus Umm Badr. Freudenrufe. Während sich die Männer begrüßen und die neuesten Nachrichten austauschen, hüte ich die

Herde. Dann ziehen wir zusammen weiter. Unser Konvoi befindet sich mitten in Banditenland, und mit vereinten Kräften lassen sich Kameldiebe leichter abschrecken.

Die Karawane marschiert in getrennten Gruppen. So ist es Brauch. Wir als letzte. Die erste Abteilung bestimmt das Tempo und zieht alle anderen nach.

«Abdallah, warum bewegen wir die Tiere nicht in einem Pulk gemeinsam voran?», frage ich den Khabir.

«Wegen der Seuchen und der Krankheiten. Sie sollen sich nicht von einer Herde auf die andere übertragen», antwortet er und gibt damit einen Teil der Wahrheit preis. Niemand hat Arzneien oder Impfstoff dabei, ja nicht einmal eine Spritze, um Räude, Maul- und Klauenseuche oder den Trypanosomiasis-Erreger zu bekämpfen.

Allah karim – Allah ist großmütig.» Allah, die einzige Hoffnung der Treiber und, solange nichts passiert, der Garant, dass es zu keinen Ausfällen unter den Tieren kommt.

Ohne besondere Absprache wechselt die Führung, und jeden Morgen rückt der Pulk an die Spitze, der tags zuvor an zweiter Stelle marschierte, während sich der bis dahin voranreitende Trupp ans Ende fallen lässt. Wir gleiten dahin. Kein Gebrüll, kein Knüppelschlagen, auch keine Verfolgungsjagden mehr. All das spielt sich weit vorn ab, unhörbar für mich. Die Laufgeräusche der Kamele, Gesprächsfetzen meiner Kameraden und immer wieder Gesang sind die einzigen Klänge, die an mein Ohr dringen. Versuch, mit Karte und Kompass den Punkt zu finden, an dem wir uns gerade befinden. Rhageb beäugt mich argwöhnisch. Für ihn sind das Peilen und das Kartenstudium verdächtige Beschäftigungen.

«Spion … warum … was will der herausfinden?», höre ich ihn herumrätseln.

«Na, hast du's?», fragt mich Abdallah schließlich.

«Ich glaube ja.»

Doch der Khabir nennt andere Namen als die, die auf meiner Landkarte angegeben sind.

Ich ziehe meine Kamera aus dem Patronengurt und halte sie auf die Tiere. Was anderes als die Kamele und immer wieder die Kamele hätte ich ablichten sollen; sie, die viel besungenen Schiffe der Wüste, die sich wie eine breit ausufernde Masse unübersehbar vor den leeren Horizont schieben. Die Tiere ziehen mich in ihren Bann, und keine Stunde vergeht, in der ich nicht ihre Bewegungen und ihr seltsames Aussehen untersuche. Ihre Schädel, die stets horizontal in die Welt gegen ein fernes Ziel gerichtet sind; die kleinen affenartigen Ohren obenauf; der schön geschwungene Hals; die staksigen, mit tellergroßen Polsterhufen bestückten Füße, mit denen sie auf dem ausgedörrten Parkett der Steppe ihren wundervollen Gang in Szene setzen. Sie scheinen zu schweben, einen Augenblick lang, ehe die Zehen weich auf den Boden setzen. 600 Tierleiber; in gleichförmiger, fließender Bewegung voller Grazie.

Wir reiten durch eine sterbende Landschaft. Die Überweidung der ausgezehrten Grasflächen, das Abholzen und Brandroden: nicht zu übersehende Vorboten des Untergangs. Lautlos vollzieht sich ein gewaltiger Todeskampf in dem ungeheuer weiten Areal. Unsere Kamele tragen ihren Teil dazu bei, die Verödung zu beschleunigen. Bis in die Spitzen der Bäume fressen sie das Blattwerk ab, rupfen auch am letzten bisschen Grün. Und was sie nicht mit ihren Greiflippen erreichen, ziehen sie mit ihren Kiefern heran, nehmen dicke Äste mit den Zähnen in die Zange und, indem sie ihr Körpergewicht ans Maul hängen, schälen sie vom Stamm ab. Ganze Baumgruppen machen sie auf diese Weise nieder. Zurück bleibt eine in Fetzen gerissene Natur, über die die Ziegen herfallen. Sie sind die Nachhut des Raubzuges der Menschen.

«*Overgrazing* – Überweidung.» Seit Tagen gehen mir die Expertenmeinungen aus Khartoum über das Weltbankprojekt zur Ankurbelung der sudanesischen Fleischproduktion durch den Kopf. Mit Schlachtviehexporten soll dem heruntergekommenen Land auf die Beine geholfen werden. Die Deviseneinnahmen aus dem Geschäft braucht man zur Bezahlung der aus dem Ausland bezogenen Waren … und so weiter. Hier draußen zeigt das Projekt seine Wirkung. Die fragile Steppe verträgt nicht den Viehbestand, den die Fachleute errechnet haben. Es gibt auch keine Garantie dafür, dass Jahr für Jahr Regen vom Himmel fällt und das Land in eine grüne Weide verwandelt.

Seit dem Zusammenschluss zu dem großen Konvoi werden die Tiere nach jeder Rast gezählt. Wie beim Start in An Nahud defilieren sie an Abdallah und den anderen Khubara vorbei, und man tauscht die Überläufer aus.

Frühlingswetter. Laue Luft. Wir lassen uns treiben. Sandverwehungen reihen sich rechts und links des Weges. Dazwischen sprießt das Grün hoher Strauchgewächse. Die Kamele scheuern sich mit Inbrunst daran. Weiter entfernt blassgelbe, grasbesetzte Flächen. Manchmal sind sie aschfahl. Ich sichte Gazellenherden auf der Flucht. Es gibt keinen einzigen Baum mehr. Doch die Männer haben vorgesorgt. Am sechsten Marschtag waren sie in ein Waldstück eingedrungen, hatten Holz geschlagen und gebündelt und die zentnerschweren Packen auf die Kamele gewuchtet. Genug Brennstoff für die Zubereitung der Mahlzeiten bis Kairo.

Wir erreichen weidend einen Höhenrücken. Wie ein Ölfleck auf dem Wasser breitet sich die Herde aus. Die Männer bewachen sie in geräumigem Abstand. Sie sitzen auf ihren Reittieren. Jeder von ihnen lauscht seinem Lied. Endlos ausgestrecktes Land. Nirgendwo eine Grenze für das Auge, wenn der Blick von den Kamelen abschweift und sich in den Hügelwellen vor dem Horizont verliert. Im wolkenlosen Blau ziehen Geier reglos ihre Bahn. Ihr Gefieder ist braun. Den ganzen Nachmittag kreisen sie über der Karawane. Sie haben Zeit, warten auf ein erstes Opfer.

Ich blicke auf die grasende Herde. Vom Futter gefüllte, pralle Bäuche. Fettbuckel stemmen sich aus dem Rückgrat der Tiere. Zeichen der Fresslust und Symbol der Unabhängigkeit, auf natürliche Weise genährt und organisch gewachsen. Sie signalisieren mir die Möglichkeit der Abkehr, der sofortigen Loslösung aus eigenem Entschluss und des rechtfertigungslosen Abschiednehmens. Weil sie, für sich genommen, ausreichende Erklärung sind. Kamele sind dank ihrer Höcker immer reisefertig, bereit zu gehen, und ihr Instinkt drängt sie, die schönste Weide bald wieder zu verlassen, hineinzuwandern in die Morgenröte und sich auf die Suche zu machen nach neuem, fernem Grün. Die Höckertiere werden es mir ermöglichen, meine Schritte tief hineinzulenken in die Ungewissheit der großen, leeren Räume.

Abdallah und Cheir sind weggeritten. Langsam rücken wir mit der Herde nach Norden. Wind aus Südwest. Wolken ziehen auf. Am Abend sind wir von einer Gewitterfront eingeschlossen. Keiner der Männer verliert ein Wort darüber. Während wir auf plattem Grasland unser Lager aufschlagen und nach dem Hirsebrei Tee mit Ziegenmilch schlürfen, zucken Blitze durch das Dunkel. Ferner Donnerschlag, der allmählich näher kommt. Die Kamele suchen Schutz bei uns und ihresgleichen. Eine braune Stute robbt zu mir. Ganz dicht neben meinem Schlafsack liegt sie, als mich um Mitternacht eine Hand voll schwerer Regentropfen für einen Moment aus dem Schlaf reißt. Dann, mit dem ersten Augenaufschlag in der Früh, blicke ich in Hassans Gesicht. Er hat das fremde Tier verdrängt und neben mir Posten bezogen. Dem Hengst entfährt wohliges Grunzen, als ich ihm, noch im Schlafsack liegend, ein paar Datteln ins Maul stecke. Dunkle Tropfen perlen aus seinem Nackenfell. Hengstschweiß. Ich streiche ihn ab und schnuppere daran. Er riecht beinahe so wie mein Achselschweiß. Werde ich mich auch damit anfreunden können? Ich wische meine Hand am Ärmel meiner Djalabeja ab. Ein dunkler Fleck bleibt zurück. Farbe und Geruch der Freiheit. Die Färbung wird nicht mehr aus meiner Kleidung weichen.

Die Weite lockt und zieht mich weg von der Karawane. Sich alleine diesem Vakuum aussetzen, wenigstens einmal. Jetzt! Alles in mir drängt danach. Schließlich fasse ich mir ein Herz. Es klappt. Mein Reittier geht brav am Zügel. Irgendwann halte ich Hassan an und lausche. Wind flüstert in den Gräsern. Als wäre es das Wellenlied eines unendlichen Ozeans. Stimmen der Steppe. Sie tragen mein Glück von Halm zu Halm und versichern mir mit ihrem Gewisper, dass ich meinen Durst nach Freiheit hier, in diesem Land aus Sand und Sonne, werde stillen können.

Als ich wieder zur Karawane aufgeschlossen habe, reitet Abdallah mit versteinertem Gesicht heran. Der Khabir hat für meine Eigenmächtigkeiten nichts übrig.

«Das ist nicht gut, was du machst», sagt er, nachdem er meine Erklärungen vernommen hat und gehört hat, dass ich das gerade durchgeführte Manöver wiederholen möchte.

«Tu, was du nicht lassen kannst. Du wirst dir das Genick brechen. Warum, meinst du, reiten wir immer zu zweit, wenn ich etwas zu besorgen habe? Du kennst die Kamele nicht!»

«Eben, die will ich ja verstehen lernen, Abdallah.»

Weit komme ich bei meinem zweiten Ausflug nicht. Hassan dreht plötzlich bei, und sosehr ich auch am Leitseil ziehe, er hält starrsinnig auf die Karawane zu. Mit der Peitsche versuche ich, ihn durchzuparieren und ihn zum Stehen zu bringen. Doch das Tier nimmt meine Befehle nicht an, wechselt in den Trab und, Sekunden später, in den Galopp. Dann geht alles Hals über Kopf. Der Hengst krümmt sich im vollen Lauf, dreht abrupt über die linke Vorderhand und bricht ein, während die rechte Hinterhand in die Höhe schnellt. Mein Reitkamel katapultiert mich aus dem Sattel. Leere im Kopf während des Fluges. Ein Reflex hilft, das Schlimmste zu verhüten. Instinktiv umklammert meine Hand das Führungsseil. Während ich über Hassans Kopf einen Salto vollführe, ziehe ich mich bis dicht unter sein Kinn. So gelingt es, die Rolle zu vollenden und in der Hocke auf der Erde zu landen. Hassans Schädel wird von meinem Gewicht nach unten gezogen. Das bremst den Hengst ab. Ich lande vor seinen Läufen und reiße beide Arme hoch. Nur eins von Hassans Beinen erwischt mich. Mein Kamel hat im letzten Augenblick Rücksicht genommen. Wie hätte es mich zusammentreten können!

Hassan trabt aus. Ich taste meine Knochen ab. Abdallah und Cheireddein fangen den Hengst ein. Das Gebetsfell ist aus dem Sattel gefallen. Ich lese es auf und gehe in Richtung der beiden.

«Das war deine erste Lektion. Vielleicht wirst du klug daraus», fährt mich der Khabir an, und Cheireddein erkundigt sich, ob mit mir alles in Ordnung sei.

«Wo ist eigentlich ein Krankenhaus?», frage ich den Küchenmann.

«In Dongola», ruft mir Abdallah im Wegreiten zu. Die Karawane war für einen Augenblick stehen geblieben. Bis Dongola sind es vierzehn Marschtage. Am Wegesrand hin und wieder ein Grab. Flache Steinhaufen. Sie sind nach Mekka gerichtet – Tribut, den die Wüste unerbittlich fordert. Ist das der Preis der Freiheit?

Nordwind vertreibt das Frühlingswetter. Kälteeinbruch. Blass und dunstverhangen ist die Sonne. Wir haben das Grasland hinter uns gelassen und beschleunigen das Tempo. Die Tiere ahnen, dass die Zeit der vollen Mägen vorüber ist. Ein ganzer Trupp bricht aus und trabt zurück in Richtung der Haskanitweiden.

Wir holen einen weiteren Pulk ein. Abdallah führt. Bis tief in die Nacht dauert der Ritt. Irgendwann hatte mich der Khabir zu sich gerufen und auf einen Stern gedeutet. Darauf zuhalten solle ich, mit Hassan an die Spitze rücken und der Karawane den Weg durch die Dunkelheit weisen. Ich lasse den glitzernden Punkt nicht aus den Augen. Abdallah ersetzt ihn von Zeit zu Zeit durch einen neuen.

Hinter mir die Herde; für mich unsichtbar. Nur das Stieben des Sandes dringt an mein Ohr. Geräusch auf breiter Front. Vertraut ist es mir, und doch kommt bald ein Gefühl von Hilflosigkeit auf. Was ist das: «An der Spitze reiten»? Der Anführer dieses Haufens bin ich nicht. Eher ein Gehetzter, der von einer knirschenden Walze durch das Dunkel gejagt wird. Abstand halten, nur nicht unter die Hufe geraten. Das sind meine einzigen Gedanken. Ich treibe Hassan an, bis meine Kraft erlahmt ist. Als mich das Geräusch zu verschlucken droht, lasse ich mich seitlich an der Herde ins hintere Glied zurückfallen. Der Ritt geht weiter. Rhageb übernimmt die Führung.

Der beschwerliche Marsch zeigt Folgen. Ich spüre, wie die Arbeit bleischwer auf mir lastet und dass der wenige Schlaf mir die Spannkraft geraubt hat. Vermindertes Reaktionsvermögen, Schwindelgefühle. Das ehedem gleichmäßige Wiegen und Schwanken meines Kamels: Mit jedem Schritt wird es zu einem bisher ungewohnten Schlingern und Straucheln. Ich suche Halt an den im Nachtdunst verschwimmenden Silhouetten der Kamele. Und an den über mir tänzelnden Sternen. Die Rufe der Treiber dringen von weit her an mein

Ohr. Wie der letzte Passagier auf einem in desperates Dümpeln geratenen, führerlos den Wellen preisgegebenen Schiff fühle ich mich. Endlich das Signal zur Rast. Kaum ist Hassan abgeladen, sinke ich in den Schlaf.

Cheireddein weckt mich irgendwann nach Mitternacht. Einladung zum Essen. Während ich schlief, hat jemand Ziegenfleisch besorgt. Auf den dunklen Gesichtern liegt der Schein des Feuers. Meine Kameraden warten auf mich, hocken um die Schüssel. Abdallah hat eine braune Manteljacke würdevoll über seine Schultern geworfen. Erst als ich in der Runde Platz genommen habe, kippt Cheireddein Soße über den Hirsebrei und wischt das Innere des Kochtopfs mit der Handkante sauber. Anschließend wringt er seine Hand über dem Brei aus. Und dann fallen wir über *kissera* und Ziegenfleisch her. Nach dem Tee pfriemelt der Koch den Satz aus der Kanne, kaut ihn durch und spuckt die Blätter ins Feuer. Anderntags gibt es zum Frühstück das vom Ziegenbraten übrig gebliebene Fett. Jeder bekommt ein Stück davon in seine Tasse. Darüber gießt der Koch süßen Tee.

Cheireddeins Verrichtungen haben etwas Bedeutungsvolles an sich und erscheinen wie Versatzstücke kultischer Handlungen, der Welt unserer Altvorderen entlehnt. Als lasse der Koch mosaische Wortfetzen auferstehen: «*Und sie sollen das Fleisch essen in derselben Nacht, am Feuer gebraten … und sollen es … mit Kopf, Schenkeln und inneren Teilen … essen. Und sie sollen … nichts davon übriglassen bis zum Morgen; wenn aber etwas übrigbleibt bis zum Morgen … sollen sie es im … Feuer verbrennen.*»

Jeder Trupp unterhält sein eigenes Küchenfeuer. Kommt einmal jemand während der Essenszeit zu uns, werden dem Besucher die Hände mit ein paar Tropfen Wasser gewaschen. Wir selbst nehmen mit Sand vorlieb.

AN einem dieser Tage verliere ich meine Kartentasche. Ich setze zehn Sudan-Pfund Finderlohn aus. Wenig später drückt mir jemand aus der hintersten Linie die Landkarten in die Hand. Der Khabir sieht, wie ich den ausgelobten Betrag überreiche, und fragt:

«Was ist mit uns, Fremder? An deinem Glück solltest du uns teilhaben lassen.»

«Abdallah, der da hat die Karten gefunden, und deswegen ist die Belohnung für ihn.»

Versuch einer Erklärung. Doch der Khabir will in die Belohnung einbezogen werden. Schiere Begehrlichkeit scheint es nicht zu sein, was ihn treibt. Ich spüre, es ist eine feste Überzeugung, auf die er seinen Anspruch baut. Als nähme er Anstoß an der Verletzung eines uralten moralischen Gebots; eines althergebrachten Brauchs, der nur unter den Seinen gilt? Etwas in mir sträubt sich, aus diesem Anlass alle zu beschenken. Ich habe nicht mehr genug sudanesisches Geld. Schon Hassan el-Mak musste ich in Deutscher Mark und Dollar bezahlen.

«Gut, Abdallah, ich werde eine Ziege kaufen; aber erst, wenn Dongola hinter uns liegt», sage ich schließlich, froh darüber, eine Lösung gefunden zu haben. Solchen Sprüchen glaubt der Khabir nicht. Dongola. Das ist für ihn das Stichwort fürs Aussteigen. Er hatte von einem Briten und zwei Deutschen gehört, die vor Jahren einmal mitgeritten waren. Bis dorthin und nicht weiter.

«Sobald ihr den Nil vor Augen habt, gebt ihr doch auf. Auch du, Fremder, wirst in Dongola vom Kamel steigen!»

Will mich Abdallah zum Kniefall zwingen? Meinen Proviant hatte ich den Männern abgeliefert – außer den Datteln, die ich zur Belohnung meines Reittieres benötige. Doch selbst das ist Rhageb ein Dorn im Auge. Jedes Mal, wenn er mich Hassan füttern sieht, hadert der bettelarme Mann mit seinem Schicksal. Ich kann ihn begreifen. Aber ich brauche die Früchte für die Erkundung des Charakters meines Kamels. Ich kann nicht immer nachgeben, bleibe bei meinem Entschluss. Abdallah wird ruppig, und ab der nächsten Mahlzeit erhalte ich mein Essen in einer gesonderten Schüssel.

Ausgeschlossen aus der Runde; ein unerhörter Eingriff in das Ritual des gemeinsamen Mahles. Selbst ein Feind, käme er in friedlicher Absicht ans Lagerfeuer, hätte Anrecht darauf. Brüderliches Verhältnis durch gemeinsamen Zutritt zur Tafel konstituiert sich so – wenigstens für eine Zeit lang. Das verlangt das Gesetz der Wüste. Während ich meine Portion Hirsebrei herunterschlucke, schaue ich auf die Gestalten, die sich, um die große Schüssel versammelt, von mir abgewandt haben. Suche nach Trost. Hatte ich je Schicksalsgefährten? Außer der Überlieferung eines merkwürdigen Brauches aus dem Niltal gibt mein Gedächtnis nichts her. Auch im alten Ägypten setzte man sich nicht mit einem Ausländer an einen Tisch. Er galt als unrein. Ihm, dem Fremden, verwehrte man den Zugang zu den Tempeln. An heiligen Handlungen durfte er nicht teilnehmen.

Was für ein nichtiger Anlass für die Aufkündigung aller Gemeinsamkeit. Doch was wäre jetzt noch daran zu ändern? Nur einen Wunsch habe ich: Weiter will ich mit der Karawane – unter allen Umständen. Denn sie ist mein Schicksal.

DER zehnte Marschtag. Unter den Khubara ist eine lange Nacht im Sattel verabredet. Wir reiten in die Finsternis. Kamele schieben sich schwankend durch fahles Dunkel. Stunde um Stunde. Nordwind, sternenübersäter, klarer Himmel. Kälte lässt mich im Sattel zusammenkauern. Dass es so eisig werden würde! Fernes Peitschenknallen, ab und zu ein Ruf. Lange bevor der Mond aufgeht, bricht Tumult in einer der Herden aus. Ein paar Hengste sind sich wahrscheinlich zu nahe gekommen und keilen sich. Ich höre das Klatschen der Knüppel und die Schreie der Treiber, die für Ruhe sorgen wollen. Das Getrampel wird stärker. Ein Wirbel von keilenden, trommelnden Hufen saugt uns ein, erfasst schließlich den gesamten Konvoi. Stampede. Die Hengste befinden sich in einem Zustand zügelloser Raserei. Kreuz und quer jagen die Tiere durch das Dunkel. Wer wen verfolgt, wer kopflos flüchtet: nichts davon ist mehr auszumachen. Die Karawane hat sich in ein wildes Chaos aufgelöst. Wenn Hassan mitmacht, bin ich verloren. Runter vom Kamel, ist mein einziger Gedanke. Der Boden bebt. Stuten auf der Flucht. Hilflos klingt ihr Gejammer. An mir vorbei. Ich halte Hassan fest am Seil. Er ist mein Schutzschild in diesem Getümmel. Von irgendwoher donnern Hufe auf mich zu. Hengste! Zähnefletschend, tobend, schnaubend, während der Galoppade miteinander raufend. Abschätzen, wie viele es sind; wer könnte das jetzt?

Dumpfes Aufschlagen, wenn eins der Tiere zu Boden geht. Ich brülle, will die Kampfhähne mit meiner Stimme von ihrem Kurs abbringen, den ich doch nur ahnen kann. Und wieder habe ich Glück. Eine Stimme neben mir. Es ist Cheireddein.

«Komm, hilf mit. Wir müssen Licht in das Dunkel bringen.»

Er hat Geäst herangeschafft. Schon lodert die Flamme auf. Andernorts tut man es uns nach. Feuer wie Positionslampen. Sie markieren das Areal der Bedrohung. Als höben die Flammen spaltbreit einen riesenhaften Bühnenvorhang. Er gibt den Blick auf ein spärlich ausgeleuchtetes Gemenge frei. Ich mittendrin. Die Herden sind in Dutzende miteinander kämpfender Meuten von Hengsten auseinander gefallen. Dazwischen, mit hoch erhobenen Köpfen ängstlich aneinander gedrängt, die Blöcke der Stuten. Sie werden vom Kampfgetümmel mal hier- und mal dahin geschoben. Umherjagende Tierleiber. Für Sekundenbruchteile streift sie Licht. Dann tauchen sie wieder ins Dunkle, aus dem sie an anderer Stelle Hals über Kopf ins Helle schießen. Jetzt wenigstens sehe ich die Gefahr, ahne die Richtung, die die in Kämpfe verstrickten Hengste einschlagen werden. Treiber beruhigen die von Panik erfüllten Stuten. Es gelingt ihnen, einer nach der anderen Kniefesseln anzulegen. Ihr Kamel sicher im Griff, versuchen andere Männer, die Hengste auseinander zu treiben und in die Dunkelheit abzudrängen. Wir fangen die Lasttiere ein und laden das ab, was noch auf ihren Rücken ist. Brennholz vor allem. Damit füttern wir die Feuer. Endlich ist es geschafft. Das Gros der Tiere ist beruhigt und gefesselt. Herdeninstinkt. Als wäre nichts geschehen, kommen die in die Wüste gejagten Kampfhähne von selbst zurück und legen sich zu ihren Gegnern. Ich bin schweißgebadet und friere. An einem der Feuer suche ich Zuflucht. Irgendwann Abendessen. Hirsebrei mit Soße.

Am anderen Morgen besehen wir uns die Schäden. Zwei Sättel sind zu Bruch gegangen. Sie sind schnell repariert. Eine unserer Girbas ist geplatzt, das Wasser ausgelaufen.

«Nicht schlimm», meint Cheir, «wir haben genug Ziegenbälge. Notfalls können wir noch Girbas machen.»

Keiner der Treiber hat einen Kratzer abbekommen. Bisswunden

bei einigen Tieren. Ich schneide Fell- und Hautfetzen ab und trage Antibiotika auf. Die an den Fußgelenken Verletzten werden humpelnd zur Schlachtbank gehen müssen. Zählappell. Kein einziges Kamel ist während des nächtlichen Tumults verloren gegangen.

ZWEI Tage später erreichen wir nach scharfem Ritt die Brunnen von Umm Qurein. Seit der Stampede hatten wir nur noch wenig Wasser, und heute musste das Mittagessen ausfallen, weil der letzte Tropfen aufgebraucht war. Unser Trupp hatte sich von der Karawane abgesetzt und war im Eiltempo durch eine Landschaft marschiert, die aus nichts anderem als aus Sand und Steinen bestand. Bis sich unter dem staubverhangenen Himmel ein schmales Band dunkler Tupfer abzeichnete. Es trat nach und nach die Herrschaft über die allseits dominierenden stumpfen Gelbtöne an. Irgendwann riefen die Männer wie aus einem Munde «Wadi el-Milk», und Cheireddein stieß vor Freude einen Triller aus.

In den 200 Meter breiten Baumstreifen, der den Oberlauf des Wadi el-Milk durchzieht, ist eine Lichtung geschlagen. Auf ihr befinden sich ein Dutzend Wasserlöcher, dreieinhalb Meter tief, gefüllt mit undurchsichtiger Flüssigkeit. Mehrere Männer bewachen den Platz. Abdallah handelt die Tränkgebühr aus. Man einigt sich auf 15 Piaster pro Kamel. Nach einer Weile stehen mit Lendenschurz bekleidete, sehnige Gestalten breitbeinig über den Bodenöffnungen. Sie werfen ledernes Schöpfgeschirr hinab und ziehen mit weit ausgreifenden Armspannen prall-schwabbelnde Beutel empor. Anmutige, scheinbar mühelose Bewegungen, die mit einer leichten Drehung des Oberkörpers ihren Abschluss finden, während sich das Nass in die aus Brunnenschlick geformten Tränkbecken ergießt.

In der Nähe ziehen zwei junge Kababish-Frauen Wasser für ihre Ziegen. Sie tragen bunt bedruckte Umhänge und hölzerne Halsketten. Blick in die von stolzen Gebärden umrahmten Gesichter; bildschöne Antlitze, die nicht gefangen halten. Sie lenken immer wieder auf die Bewegungen und Gesten der Körper, aus denen jeder Anflug von Theatralik verbannt ist. Gebärden eines zähen Menschenschlages, die nichts von ihrer ursprünglichen Geschmeidigkeit verloren haben. Ich spüre es: In ihnen hat sich die Ekstase der alten Tänze erhalten. Weil es dem Islam so tief in der Wüste an Kraft fehlte, zu den Quellen des Lebens vorzustoßen? Weil es, anders als in den Städten, nur dazu reichte, einen brüchigen Firnis über die alten Sinnbilder zu legen? Mit jeder Bewegung schaffen die beiden Frauen, eingeführt in die unsterblichen Rituale und dennoch ahnungslos, wie sie sind, neue vergängliche Bilder. Ein jedes von ihnen ist so alt wie die Menschheit; geheimnisvolle, lockende Metaphern – als wollten sie mir den Weg in ein verlorenes Paradies weisen. Nomadinnen, stolz und schön. Weil sie mir so fern und fremd sind?

Gerne hätte ich meine verdreckte Wäsche gewaschen. Abdallah vertröstet mich auf später.

«Zuerst die Tiere», das ist seine Devise.

Während ich die um die Tränke versammelte Herde zusammenhalte, walkt Cheir in aller Ruhe seine Kleider im Wasser. Der Khabir hockt neben ihm und rasiert sich. Beide beteiligen sich nicht an der Tränkarbeit.

Die Kamele drängen zum Wasser. Wir haben ihnen je eine Kniefessel angelegt. Jeweils zu sechst lassen wir sie in Richtung Beckenrand, an dem Rhageb, auf seinen Knüppel gestützt, zusammen mit einem der Wasserschöpfer steht. Der Kabashi stimmt ein Tränklied an. Mit federndem Vorderbein hopsen die Tiere zum Becken. Sie saufen nicht sofort. Ein jedes beäugt seinen Nachbarn und die trübe Lache. Erst nachdem eins von ihnen die Lippen ins Nass gesenkt hat, folgen die anderen mit ihren Mäulern nach. Und weil den Tieren die Tränke nicht vertraut ist, halten sie durch ständiges Berühren mit den Nüstern engen Kontakt zueinander; wollen sie alle genau von der Stelle saufen, an der das Leittier seinen Durst löscht. Zwölf Tage sind seit der letzten Tränkung vergangen. Mit lang gestreckten Hälsen ziehen sie das Wasser in sich hinein, das Schluck für Schluck glucksend und in sichtbaren Wellen in Richtung Rumpf gurgelt. Saufen, ein lang andauernder Vorgang. Regungslos und ganz hingegeben an ihre Freude verharren die Tiere vor dem Bassin. Dann lassen sie ihre weichen Greiflippen laut schlappend gegen Kiefer und Zahnreihen schlagen. Überschüssiges Wasser wirbelt aus dem faltigen Gehäute ihrer Mäuler – wie schwungvoll übereinander hinweg geworfene Garben silbrig glänzender Perlen. Sprühregen nieselt herab und kühlt meine schweißüberzogene Haut. Unermüdlich gießt der Wasserschöpfer nach.

Es ist später Nachmittag. Die Gesänge sind verstummt. Wir füllen die braune Brühe in unsere Girbas. Mit prallen Bäuchen beäugen die Kamele das Schirmwerk der Akazien. Neue Gelüste sind in ihnen erwacht. In der Nähe der Brunnen sind die Äste abgenagt. Calleotropis procera, ein hoch wachsendes Kraut mit fleischigen Blättern und rosaroten Blüten, rühren die Tiere nicht an. Wir müssen weiter – noch ehe Dunkelheit über die Tränkstelle fällt.

Nach einer knappen Marschstunde schlagen wir unser Lager zwischen Ginsterbüschen auf. Erste Mahlzeit nach dem Frühstück. Das Mittagessen wird nachgeholt: mit einer doppelten Portion Hirsebrei und Soße. Derweil stürzen sich die Tiere auf das Strauchwerk. Das Reißen und Knacken hält die ganze Nacht über an.

Abdallah ist in Geschäften unterwegs. Während wir auf die anderen Abteilungen der Karawane warten, nutzt der Khabir die Zeit. Er will auf eigene Rechnung ein Kamel mit nach Ägypten nehmen und für den Erlös Waren kaufen, die er im Sudan gewinnbringend umzusetzen hofft. Rechnen mit kleiner Münze. Abdallahs Versuch, der Rolle des Abhängigen zu entrinnen. Auf einen seiner Streifzüge nimmt mich der Khabir mit, führt mich zu einem Verhau, über den ein Dach aus Durrastängeln gelegt ist. An der windgeschützten Seite steht eine Tür offen. Sie ist mit Dosenblechen beschlagen. Wir betreten einen fensterlosen Raum. Durch das Flechtwerk fallen Sonnenflecken. Getänzel der Staubkörnchen, hundert kleine, im Raum schwebende Schauspiele erstrahlen im Licht. Als ob ein jedes eigens von einer Mannschaft Bühnenbeleuchter in Szene gesetzt worden sei. Vor mir ein Holztisch mit einer Waage. In der Ecke Zuckersäcke, Hirse und getrocknete Datteln aus Dongola. Dann ein aufgebrochener Karton mit norwegischen Sardinendosen. Daneben ein paar Motorölkannen, gegen die zerbeulte ICI-Kanister lehnen. Pestizide aus Großbritannien meldet das verbliebene Etikett. Ein Geschäft. Gefüllt mit Irrläufern aus einer fernen, kaum noch vorstellbaren Welt.

Kinderlachen. Der Händler fragt nach knapper Begrüßung:

«Was willst du, Fremder?»

Abdallah ist gespannt auf das, was ich einkaufen werde. Mit wenigen Sätzen hat er dem Händler erzählt, woher ich komme.

«Sieben Kilo Datteln», sage ich. Der Khabir hat mehr erwartet. Als wir draußen sind, übergebe ich ihm die Hälfte der Früchte. Den Rest behalte ich für mich und Hassan. Abdallah lässt mich wortlos zurück.

Noch am Vormittag führt er einen dreijährigen, prächtig im Futter stehenden Hengst aus dem Dickicht.

«170 Pfund», ist seine Antwort auf Rhagebs Frage nach dem Preis. Der Khabir schaut zufrieden drein. Er hockt sich neben den Hengst, scharrt eine Mulde und legt einen Stofffetzen darüber. Dann schüttet er Hirse aus dem Sack, den Hassan el-Mak als Kraftfutterbeigabe für schwächliche Tiere mitgegeben hat, und lässt den Hengst zuschauen, wie einer seiner neuen Kameraden Korn für Korn mit den Greiflippen aufnimmt. Lernen durch Nachahmung. Der Neue begreift rasch. Abdallah wird ihn von nun an nicht mehr aus den Augen lassen.

Die Karawane ist vollzählig. Wir reiten aus der Grünzone des Wadis in die offene Wüste. Wieder Gesang, die Lieder der Treiber. Wieder Lockrufe und Zungenschnalzen, wieder Peitschenknallen. Wieder Weite, die kompromisslos fordernd nach all meinen Sinnen verlangt; und nach der Hingabe all meiner Kraft. Aufatmen. Weg von der stickigen Treibhausluft kleinlicher Kalkulationen, weg vom Zweckdenken. Zu viel davon machte sich in diesem Wadi breit; für meinen Geschmack wenigstens. Ich weiß es: Die Karawane selbst ist das Produkt kurz greifender Zahlenspielereien. Ihnen verdankt sie ihre Existenz. Und sie schleppt zusätzlich welche mit sich herum. Viele sind es nicht, die in unseren Köpfen kreisen. Zum Glück. Das Wichtigste: In der Wüste kommen sie nicht zur Entfaltung, bleiben Träume und verflüchtigen sich in monotonen Liedern. Sie nehmen keine feste Form an. Weil es keine Gelegenheit für die Treiber gibt, sich in der Positur des Käufers und der des Verkäufers gegenüberzutreten und um den kleinen Vorteil zu feilschen. Das ist der Unterschied. Leichtes Gepäck also. Und Labsal für die Seele.

Ich brauche die Karawane. Dass sie trotz ihres strengen Reglements so viel Freiraum gewährt, dass sie Platz schafft für große Gefühle und Spielraum für den Flug der Gedanken! Was mag der Grund dafür sein? Liegt es an der Karawane selbst, oder ist es die stille äußere Welt, durch die wir uns mit der Tiere Kraft bewegen? Welch ein Glück, dass man mich mit ihr ziehen lässt und dass sie groß genug ist, um in ihr zu verschwinden. Um irgendwann mit Freude im Herzen wieder aus dem Gewoge aufzutauchen und Abdallah und den anderen die Hand zu reichen.

WIR folgen in weitem Abstand dem Lauf des Wadi el-Milk. Nach Osten wird die Vegetation spärlicher. Manchmal driftet die Karawane auf eine Biegung des trockenen Flussbettes zu, in Richtung kümmerlicher Wassermelonenfelder. Kein einziger Mann ist auf den Äckern. Kein Kamel streift umher. An den Hütten stehen Esel verloren herum. Und immer wieder zeigen sich, stolz und selbstbewusst, junge Frauen. Ihre Bewegungen sind sparsam. Worte fliegen hin und her, und ich frage mich, was diese schönen Menschen hier hält. Endlos könnten sie laufen. Und dennoch begnügen sie sich mit dem immer gleichen Blick auf ihre Felder; magere Böden, denen die Kraft fehlt, das Nötigste hervorzubringen. Was machen die Frauen den ganzen Tag; und was des Nachts? Wovon leben sie? Ist es Hoffnung, ist es Gewohnheit, die sie, die Freiinnen der Wüste, zu Gefangenen des Alltags macht?

Wir reiten in die Nacht hinein. Auf schwankendem Kamel durch das Dunkel. Schemenhaft die Umrisse der Tiere. Bald ist alles nur noch verschwommene Bewegung. Wieder überkommen mich Schwindelgefühle. Hassan stapft durch bodenlose, holprige Tiefe. Sie führt manchmal unvermittelt steil bergan, um ohne Vorwarnung wieder abzufallen. Auf dieser Achterbahn vertraue ich mich meinem Hengst vollkommen an. Manche Kamele käuen wieder. Als wollten sie sich damit der Monotonie des Marsches entziehen. Säuerlicher Wiederkäuerbrodem liegt über der Karawane, vermengt sich mit dem Körperschweiß der Tiere. Schweigen. Nur das Knirschen und Mahlen des Sandes vermischt sich mit der Stille. Es kommt von überall her. Hin und wieder ein Stöhnen und Schnauben, zwischen das jäh ein Peitschenknall fährt. Es wird ein langer Ritt. Auf meine Uhr schaue ich nicht, als der Konvoi endlich hält. Hassan geht ganz von selbst in die Knie. Ich breite meinen Schlafsack neben ihm aus. Die Müdigkeit überkommt mich wie eine Ohnmacht. Allmählich beginne ich zu begreifen, was es heißt: sich auf einen «langen Weg» machen – auf den «Darb el-'Arbain».

Im Streiflicht des Morgens ein lichtgrüner Schimmer. Wie feinstgesponnene Seide über dem nackten Körper einer Frau bestreicht er mit schleierdünnen Schattierungen das sanft ansteigende Terrain und verwandelt es in eine Weide. Verzerrung der Wahrnehmung? Dispersion des Lichts? Irgendetwas stimmt nicht. Befürchtung, mein Hirn krame ungeniert in alten, längst abgelegten Bildern und zaubere, nach Tagen der Entbehrung außer Rand und Band geraten, aus den Vorräten der Phantasie insgeheim Vermisstes zwanghaft herbei. Ich versuche, mich von dem Trugbild zu befreien, halte Ausschau nach Tatsachen. Doch wo gerade sie finden, auf diesem kahlen, windgerippten Sandmeer, das zur Sonne hin ohne Ufer ist? Ein erstes Indiz. Die Kamele reagieren nicht auf das von mir gesichtete Grün. Blick auf den Boden, der unter den Schritten meines Reittieres hinwegrollt. Sand, nichts als das schattenlose Gelb des Sandes, das einzige, zu unumstößlicher Gewissheit gewordene Fatum des Marsches.

Mit einem Male springen mir die streichholzlangen Halme ins Auge. Grünlich gelb sind sie. Meterweit der eine vom anderen entfernt. Einzeln greift sich die frühe Sonne dieses ganz für sich stehende bisschen Leben heraus, als wolle sie es einrahmen. Beim Blick gegen den Horizont wächst das matte Gestrichel zusammen und verdichtet sich zu einem Belag, der all das, was weit weg ist, mit seinem Kolorit überzieht. Wie viele Regentropfen mag es gebraucht haben, um die spärlichen Halme sprießen zu lassen? So viele, wie es Silben gibt im Koran? Schnitte einer das Gras und bündelte es, so hielte er nach endlosem Lauf durch die Wüste vielleicht ein kompaktes Bündel in der Hand. Grün, an das er glauben könnte.

Wir überqueren das Wadi el-Milk und folgen ihm in Richtung Nordost. Linker Hand die Klippe des Djebel el-'Ein, mächtig und schroff. Eine undurchdringliche, endlose Mauer. Irgendwann stoßen wir auf einen Hain Krüppelakazien. «Halt»-Rufe ertönen, lang gezogenes Hooo. Die Karawane stoppt. Im Nu sind die Bäume niedergemacht, zu Holzbündeln verpackt und auf die Kamele geladen. Zurück bleiben blutende Baumstümpfe. Und Wüste. Sie breitet sich vor uns aus. Leblose Natur bis zum Horizont. Ihr Anblick schmerzt nicht. Anders der eben vollzogene Kahlschlag. Warum will der nicht aus meinem Kopf? Weil wir selbst und nicht irgendein herbeigerufenes, lange vor der Zeit liegendes Ereignis Endgültiges schufen. Wir hatten eine Wahl. Mit dem Allernotwendigsten hätten wir uns zufrieden geben können. Doch wir wollten das Ganze, fällten das, was sich in jahrzehntelangem Ringen an diesem öden Ort behauptet hatte.

ZUR Mittagspause endlich das Ereignis, auf das ich lange gewartet hatte. Während der letzten Tage waren die gleichförmig dahinfließenden Laufbewegungen der Kamele immer wieder unterbrochen worden, und manchmal kam es vor, dass ein Tier über einen winzigen Stein stolperte. Andere Kamele, die zuvor elegant einherschritten, zogen plötzlich ein Bein nach. Rhageb hatte mich auf die rötlich violetten Verfärbungen an den wie Zinnteller glänzenden Unterseiten der Polsterhufe aufmerksam gemacht. Durchgewetzte Laufsohlen. Für Abdallah ist die Zeit gekommen, mit der Verarztung der lahmenden Schwielensohler zu beginnen.

Während Cheireddein Hirsebrei kocht, kramt Rhageb ein Stück Kuhleder aus seiner Satteltasche. Mit dem Dolch schneidet er Streifen davon ab, gut einen halben Zentimeter breit, und spitzt sie an beiden Enden zu. Dann weicht er sie in Seifenlauge ein. Abdallah hat in der Zwischenzeit die beiden Kamele, die besohlt werden sollen, in die Nähe unseres Lagers gebracht. Cheir übernimmt eins davon. Es lahmt auf der rechten Vorderhand. Er lässt es niedersitzen. Kurz bevor es vollends zu Boden geht, zieht er den Huf des Tieres nach außen. So gelangt die Sohle, die sonst unzugänglich für die Behandlung neben dem Brustkorb an der Innenseite des Unterschenkels ruht, ins Freie. Der Huf wird mit einem Agal und einem zwischen die beiden Zehen gezurrten Strick fixiert. Die wund gelaufene Stelle zeigt jetzt nach oben. Das Kamel bleibt vollkommen ruhig. Cheir beginnt mit der Behandlung. Mit der *muchris*, einer eisernen Ahle, dringt er ein in einen Riss, der den handtellergroßen, rosaroten Bereich durchzieht, und entfernt den Schmutz. Das Kamel zuckt ein wenig. Nach der Säuberung setzt Cheir das Stecheisen außerhalb der Wunde an und drückt es flach durch die Laufsohle. Ich sehe das Eisen unter der Hornhaut etwa zwei Zentimeter weit vordringen. Dann fährt es wieder heraus. Der erste Stichkanal für den Nähriemen ist angebracht. Kein einziger Tropfen Blut ist geflossen. Während dieser Prozedur lässt Cheir das Tier nicht aus den Augen. Das Kamel scheint keinen Schmerz zu verspüren.

«Wenn du nicht aufpasst, ist der Hengst über dir. Dann hast du keine Zeit mehr für ein letztes Gebet», kommentiert Cheireddein vom Lagerfeuer aus. Ich reiche Cheir einen Lederriemen. Der Alte führt eine Drahtschlinge durch den eben gebohrten Kanal, fädelt das Leder ein und zieht die Schlinge mit dem Riemen hindurch.

«Wenn du die Enden auf gleiche Länge bringst, kannst du vom ersten Loch aus nach beiden Seiten um die wunde Stelle arbeiten. Gib mir jetzt den Lederflecken», sagt Cheir und deckt die Verletzung mit dem Flicken ab. Dann hebt er eine Ecke an und sticht zwei Löcher hinein, durch sie zieht er die Enden des Riemens.

«Die Brücken zum nächsten Loch sollen kurz sein. Je kürzer desto besser. Denn das sind die Stellen, die zuerst durchscheuern», ist Cheirs nächster Kommentar.

Ich brauche meine Zeit, bis ich alles verstanden habe, schreibe mit, was er sagt. Durch zwei weitere, dicht neben dem ersten ins Leder gestochene Löcher führt Cheir die Riemenenden wieder in Richtung Hufsohle und bohrt, die Naht fortsetzend, weitere Stichkanäle. Bald ist der Kreis um die Wunde vollendet und der Flecken ist, ohne Falten zu werfen, angenäht. Zum Abschluss ein doppelter Knoten. Überstehendes Leder wird dicht um die Naht abgeschnitten. Cheir befreit das Tier. Es gibt im Aufstehen einen tiefen Seufzer von sich. Mit neuer, maßgeschneiderter Sohle schreitet es in tadellosem Gang zu seinen Kameraden. Der Flecken wird eine Woche halten.

Die Besohlung eines Hinterhufes geht nicht so einfach vor sich. Während Cheir beschäftigt war, hatte Abdallah das zweite Tier zu einem Paket verschnürt. Ich blicke in die angstverdrehten Augen des Hengstes. Seine Vorderbeine sind mit Kniefesseln blockiert. Sein Kopf ist am Schwanzansatz festgezurrt, sodass der Hals flach am Körper anliegt. Das Tier hat Schaum vor dem Maul und stößt markerschütternde Laute, manchmal auch wildes Gefauche aus. Wenn ihm die Luft ausgeht, wird das Gebrüll von einem Gurgelton abgewürgt. Doch sein Protest hilft wenig. Der Hengst kann sich kaum bewegen, weil auch seine Hinterbeine gefesselt und mit Hilfe eines über seinen Rücken geführten Taues an den Unterleib herangezogen sind. Trotzdem braucht es drei Männer, um ihn auf die Seite zu werfen. Fast auf dem Rücken liegt er nun und wimmert. Seine Hinterhufe frei obenauf. Abdallah grätscht über dem Tier, das trotz beruhigender Worte von Zeit zu Zeit strampelt und sich wie ein Lindwurm krümmt. Momente der Gefahr. Würde Abdallah von den auskeilenden Bewegungen des Tieres getroffen, bliebe nicht viel an ihm heil. In Erwartung der Attacke springt der Khabir leicht wie eine Feder ab und bringt sich in Sicherheit, um sich bald danach wieder an die Arbeit zu machen. Sie ist nach einer halben Stunde beendet. Wir hieven das Kamel wieder in Sitzposition. Dann wird sein Kopf vom Schwanz losgebunden, und die Hinterläufe werden befreit. Schon sitzt es auf allen vieren, steht, nachdem die Kniefesseln gelöst sind, auf und schaut sich mit gekränkter Miene um. Dann sucht es, als sei nichts geschehen, mit erhobenem Haupt Anschluss an seine Gefährten.

Die Kamele brauchen an diesem Mittag keine Beaufsichtigung. Die meisten sind erschöpft, liegen in Gruppen um das Lager. Schattenlose Leere kreist uns ein. Weißes Licht zerfrisst die Farben, überschwemmt das Niemandsland, wird schlierig zurückgeworfen und lässt die Ebene zusammenschrumpfen. Grellgelbes Einerlei, ringsum in Auflösung begriffen; ohne Tiefe, ohne Entfernung. Zwei Hengste fegen im Galopp auf und ab. Ihren Hufschlag verschluckt die Wüste.

Mittagessen. Hirsebrei mit Soße. Von nun an sind die Männer fast jeden Tag mit der Besohlung verletzter Polsterhufe beschäftigt.

Solch eine Behandlung einmal alleine ausführen! Nur wenn ich jeden dazu erforderlichen Handgriff beherrsche, werde ich ohne die Hilfe anderer in der Wüste bleiben können. Ich hatte den Khabir um Erlaubnis gebeten, mit der *muchris* ein Nahtloch bohren und den glitschigen Lederriemen hindurchziehen zu dürfen. Ich wollte wenigstens ein Gefühl bekommen für das Führen des Eisens durch die zähen Häute am Fußballen des Kamels. Doch Abdallah erfüllte mir den Wunsch nicht. Es blieb beim bloßen Zuschauen. Und doch haben, wie sich später herausstellen sollte, meine auf dem Papier festgehaltenen Beobachtungen ausgereicht. Als ich ein Jahr später allein mit drei Kamelen von Daraw durch die Bergwüste östlich des Nils in den Sudan zog und nach tagelangem Marsch über scharfkantiges Geröll bei Bir Umm Shof einem lahmenden Hengst den Hinterhuf besohlen musste, holte ich meine Notizen hervor, fesselte das Tier und warf es um. So, wie es mir Cheir und Abdallah vorgemacht hatten, stach ich in die Laufsohle – zum ersten Mal. Zu flach! Die Hornhaut platzte beim Durchziehen des Nähriemens auf. Beim zweiten Versuch führte ich die *muchris* tiefer in den Huf. Es klappte. Und dann war meine erste maßgeschneiderte Kamelsandale angebracht.

ABDALLAH hebt seinen Stock, an dem ein heller Stoffstreifen flattert. Das Signal zum Aufbruch. Treiberrufe ertönen. Langsam setzen sich die Abteilungen der Karawane in Bewegung. Richtung Nordost. Stunde um Stunde. Bis blutig roter Abendhimmel das Tageslicht auslöscht. Wir reiten schweigend in die Dunkelheit hinein. Nicht lange. Denn bald erzwingt Unruhe unter den Kamelen ein vorzeitiges Ende des Marsches.

War es die ungewohnte Stille, die die Tiere im Dunkeln aufhorchen und schließlich erschrecken ließ? Sind es die Treiberlieder, die den ausgeprägten Fluchtinstinkt der Kamele besänftigen und die Angst und Panik in den Herden auffangen? Monotone Lieder und Rufe von Abdallah und den Seinen – auch zur eigenen Sicherheit, ohne dass die Männer selbst davon wissen? Nie ist ihnen ein Wort über das Warum ihres Gesanges über die Lippen gekommen, außer – ich erinnere mich an die Teepause am ersten Tag – Abdallahs strenger Zurechtweisung am Lagerfeuer, mit der er mein freudiges Nachträllern des «türkischen Marsches» aus Beethovens Neunter unterband:

«Schweige! Am Lager herrscht Ruhe. Wenn wir unterwegs sind, kannst du singen, soviel du willst. Wir alle tun das!»

Endlos dahinfließender Gesang, ohne nachzudenken. Ist er die Klammer, die, mehr als jeder Stockschlag, die Karawane während des Marsches zusammenhält?

Das Intermezzo im Chorfinale von Beethovens Neunter lässt mich während der gesamten Reise nicht los. Marschmusik gepaart mit Freude. Hauchzart naht sie heran und markiert die Rosenspur der Karawane. Akzentschläge im Sechsachteltakt. Sie füllen sich mit Klang, wachsen aus der Tiefe des Raumes und – laufet, Brüder, eure Bahn! – reißen mich schließlich mit sich fort. Als sei die Musik für unseren Treck geschrieben. In den Darfur-Karawanen früherer Tage wurde der Khabir von Trommlern, Hornbläsern und Flötenspielern begleitet, und am Schluss des Konvois tönte eine große Glocke.

«Türkischer Marsch», so hat er für mich einen Bezug: Es war ein osmanisches Söldnerheer, das im Jahre 517 unter Selim I. Ägypten eroberte. Seine bosnischen Kontingente rückten mordend und brandschatzend bis Dongola vor, bauten Garnisonen entlang des Nils und behaupteten sich dort bis zur Eroberung des Sudan durch Muhamed Ali im Jahre 1821. Die Nachkommen der Söldner leben noch heute unter den Nubiern. Man erkennt sie an ihren bosnisch-madjarischen Gesichtszügen und an ihrer hellen Haut.

BLICK auf die Landkarte. Trotz der zeitaufwendigen Besohlung haben wir fast fünfzig Kilometer zurückgelegt.

So zieht die Karawane dahin. Tag für Tag. Begleitet vom Knirschen des Sandes, gelenkt und geleitet von einförmigem Gesang und von den Rufen der Treiber. Immer gleicher Rhythmus von Laufen und Reiten, unterbrochen von Gebet und Mittagsrast. Nur kurz der Schlaf während der Nacht. Manchmal weckt mich lang gezogenes Blöken. Eine Stute ist uneins mit ihrem Schicksal. Es klingt wie das Quietschen einer in rostigen Scharnieren hängenden Tür, die vom Luftstrom, der leise durch die Totenstille verlassener Gemäuer streicht, hin und her bewegt wird. Dann wieder schrecke ich aus traumlosem Schlaf, weil dicht neben mir ein Hengst blubbert, sich im Staub wälzt und mit seinen Hufen Sand auf meinen Schlafsack schaufelt. Ein andermal lässt mich eisige Morgenkälte zähneklappernd zum Lagerfeuer taumeln.

Das Feuer. Kein Weg, der nicht an ihm vorbeiführt, wenn die Karawane rastet. Es ist der Dreh- und Angelpunkt unseres Lagers. Weil es Wärme und Licht spendet, weil an ihm das Essen zubereitet wird, weil es Ort ist für Begegnung und Gespräch. Hatte mit der kontrollierten Nutzung der Flammen einst die Zweiteilung der Welt begonnen – ihre Aufspaltung in ein Drinnen und ein Draußen? Das Feuer verwandelte die Lagerplätze unserer Vorfahren in vom übrigen Kosmos abgetrennte kleine Universen. Ihr kreisförmiger Grundriss und die sich darüber wölbenden Kuppeln aus Rauch und Licht reichten jeweils so weit wie der mit dem Auf und Ab des Feuers fluktuierende Widerschein der Flammen. Fragile Grenzziehungen, in oszillierender Bewegung gehaltene, halb durchsichtige Trennschleier – jetzt wie ehedem. Sie sind Teil des über 200 000 Jahre alten Mysteriums, in das ich eintrete, ohne dass eine Schranke gehoben oder ein Tor aufgestoßen werden müsste, wenn ich am Feuer meine steif gefrorenen Glieder wärme. Nicht weit von unserem Lagerplatz hat jemand einen unscheinbaren, flachen Haufen rötlich violetter Steine zusammengetragen. Hitzegesprengt sind manche von ihnen, und mittendrin, unter einer dünnen Sedimentkruste verborgen, lagern Holzkohlenreste und eine kantenretuschierte Klinge; eine Feuerstelle aus dem Neolithikum. Eine Beschwörung – gegen das Sesshaftwerden, gegen die Verfestigung von Wünschen und gegen das Ansinnen nach dauerhafter Aufrechterhaltung von Distanz zur Außenwelt? Während ich die Steine drehe und nach Scherben Ausschau halte, ertappe ich mich dabei, wie ich mir das Dasein unserer Vorfahren in den schönsten Farben ausmale.

DIE frostigen Temperaturen treffen mich unvorbereitet. Das wenige, was ich an Kleidung dabeihabe, ziehe ich nachts an, wickele mich zusätzlich in mein Moskitonetz und binde mir Hassan el-Maks Ziegenfell um den Leib. Wie kommen meine in dünne Fetzen gekleideten Gefährten mit der Kälte zurecht? Auf Kosten ihres Schlafes halten sie sich die halbe Nacht über am Lagerfeuer auf. Und in der Früh wärmen sie sich lange vor mir an den Flammen, schlürfen heißen Tee. Abdallah, Cheir und Cheireddein besitzen einen Mantel. Und als Unterlage für das Nachtlager dienen den Männern leere Zuckersäcke aus Plastikgewebe. Darauf liegen sie, dicht nebeneinander, zugedeckt mit einer dünnen, einlagigen Plane aus dem gleichen Material. So halten sie Winter für Winter aus. Beinhart sind diese Leute.

So ein Kameltreiberleben könnte ich nicht lange durchstehen. Meine Nebenhöhlen sind vereitert. Ausgelaugt von der Krankheit, von harter Arbeit und vom wenigen Schlaf bin ich. Und heftiger Durchfall raubt mir das letzte Quäntchen Kraft. Ich schleppe mich dahin, verliere mich in der Hoffnung, dass die eintönigen Mahlzeiten mir wieder die Energie verschaffen werden, die ich für den Marsch benötige. Hirsebrei mit immer gleicher Soße; aufgekochte Okra, ein paar Zwiebelstücke und Salz. Grüngrau und schleimig sieht die Tunke aus. Hundert Schwüre, das Zeug nicht mehr anzurühren, habe ich bereits gebrochen. Es gibt nichts anderes, und sosehr es mir auch widerstrebt, mein Magen treibt mich immer wieder zu der blechernen Schüssel, kaum dass sie mit dampfendem Brei gefüllt ist. Manchmal jedoch, nach einem langen Nachtritt, fallen mir vor lauter Müdigkeit die Augen zu. Gelähmt vor Schwäche liege ich neben Hassan und zähle die Tage bis Dongola. Das sind die Stunden, in denen Cheireddein Mitleid mit mir hat. Er stellt mein Essen neben den Schlafsack und weckt mich.

«*Kissera, ja Misju ... kissera ...*», ruft er und wacht sorgend wie ein Vater darüber, dass ich mich aus dem Schlafsack winde und etwas zu mir nehme.

WIEDER unterwegs. Schneidend kalter Nordwind weht. Ich schwitze und fröstele zugleich. Denn während die nach Süden gerichtete Hälfte meines Körpers vom Glutofen am Himmel aufgeheizt wird, friert die andere, windzugewandte Hälfte bis auf die Knochen durch. Deckung vor dem frostigen Wind gibt es nur im Lee der Karawane. Die Tiere sind ein vollkommener Windbrecher, wenn ich zu Fuß gehe. Doch schon bald treibt mir die Sonne den Schweiß auf die Haut. Wohin jetzt noch flüchten? Es gibt nur Kälte oder Hitze, kein Entrinnen ins mittlere Maß. Ich muss aushalten – bis Dongola, wo ich Medizin kaufen kann. Nur dafür brauche ich die Stadt.

Rhageb ist nicht weit weg von mir. Er hat es sich im Sattel bequem gemacht, reitet im Windschatten und singt. Sein Lied wird von den Tierleibern zurückgeworfen. Ich lausche dem Echo seines Gesanges, der vom sanften Schaben der Polsterhufe untermalt wird. Kameltreiberlieder, abgefangen und reflektiert von einer Mauer aus Fleisch und Blut. Als wolle das Leben selbst noch einmal etwas zu bedenken geben, Rhagebs Sehnsucht für einen Moment aufhalten, um in Zwiesprache mit dem nach Heimat strebenden Verlangen seiner Seele zu treten, zu lauschen und sich darin zu spiegeln, ehe die Melodie unwiederbringlich, von den Launen des Windes davongetragen, zwischen fernen, über dem Wüstensand schwebenden Hügeln verklingt.

Die Kamele sind ruhiger geworden. Kein Gerangel, keine Keilereien mehr. Friedlich ziehen die Herden, von wenigen Treiberrufen geleitet, durch das wegelose Land. Kaum kommt der Konvoi zum Halt, lassen sich die Tiere in den Sand fallen. Sie bleiben zusammen, gehen nicht auf Wanderschaft. Überall gleiches, unterschiedsloses Nichts. Die Herde selbst ist der einzige Bezugspunkt, der verblieben ist. Abends sind die Tiere rasch gefesselt. Wegen der Kälte sitzen sie Leib an Leib und schenken sich gegenseitig Wärme.

Hassan sucht Anschluss – bei mir. Welch ein Trost angesichts meines Zustandes. Der Hengst ist zutraulich geworden, und weil ich ihm ab und zu ein paar Datteln ins Maul schiebe und ihm die Essensreste zukommen lasse, hat er immer wieder Grund, mich aufzusuchen. Ganz gleich, wohin ich Hassan nachts setze, er robbt mit gefesselten Vorderbeinen durch die Herde und handelt sich so manchen Biss ein. Ist er endlich am Ziel, macht er es sich dicht neben meinem Schlafsack gemütlich. Zuweilen geschieht es, dass er seinen wuchtigen Schädel sanft auf meine Brust legt und an meinem Ohrläppchen schnuppert. Auf diese Weise weckt er mich manchmal nachts. Dann kraule ich ihn eine Weile, betrachte seinen Kopf und den Sternenhimmel. Diese klaren Wüstennächte mit ihrer lautlos glitzernden Pracht, die grenzenlose Weite der Landschaft und der sich darüber wölbende große Himmel geben mir innere Ruhe, Frohsinn und Kraft und stärken meine Zuversicht.

Auch Hassan hat Gefallen an den stillen Nächten. Er schläft wenig, beschäftigt sich mit sich selbst und seiner Umgebung und versucht, das Dunkel mit seinen Sinnen zu durchdringen. Ansonsten käut er das Futter wieder, das er vor langer Zeit einmal heruntergeschlungen hat und das er jetzt aus den tiefsten Winkeln seines Vormagens zaubert. Das Schmatzen und Glucksen vermitteln mir Geborgenheit und lassen mich ruhig neben seinem Riesenkörper schlummern. Hassan scheint meine Zuneigung zu spüren. Wenn ich während des Marsches vom Laufen müde werde und in den Sattel will, lässt er sich brav wie ein Lamm aus der Herde herausgreifen, und als mich während des Nachtmarsches der Durchfall zum Halt nötigt und die Karawane in der Dunkelheit verschwindet, bleibt der Hengst bei mir. Ich brauche lange, um in der Finsternis wieder den Anschluss zur Herde zu finden, von nichts anderem umgeben als von meiner Einsamkeit und vom Wehen des Windes. Über mir die Sterne.

Abdallah ist mein Zustand nicht verborgen geblieben. Nach der zermürbenden Aufholjagd dreht der Khabir mit seinem Kamel bei und kommt an meine Seite.

«*Mabruk* – Glückwunsch. Du kennst jetzt deinen Hengst, und er kennt dich.»

Ich fühle mich, als hätte ich, der Lehrling, gerade meine Gesellen-prüfung bestanden. Über meine Krankheit verliert Abdallah kein Wort. Tagein, tagaus fordert er von mir vollen Einsatz. Bei der gemeinsamen Arbeit seinen Mann stehen, das verlangt er von all seinen Leuten. Manchmal, kurz vor dem Aufbruch der Karawane, ruft er mich herbei, weil er zusammen mit mir die schweren Brennholzbündel aufs Kamel laden will. Bin ich nicht rasch genug zur Stelle und springt niemand für mich ein, stemmt er die Zentnerlast alleine hoch, trägt sie über den Weichsand und wuchtet sie aufs Kamel. Machogehabe? Abdallah ist einer, der nicht bittet und der sich von niemandem aufhalten lässt. Und wenn nach seinem Geschmack die Herde zu zaghaft vorangetrieben wird, macht er spätestens beim Mittagessen eine abfällige Bemerkung. Ihr schiebt er manchmal noch die Überlegung nach, Reittier und Sattel mit mir zu tauschen. Einen wunden Hintern solle ich mir holen und mir beim Sturz von seinem ungestümen Hengst die Knochen brechen. Drohung und Aufforderung zugleich, mehr zu tun.

Gefühle auf des Messers Schneide. Bei diesem Mann fehlen die Zwischentöne. Liebe und Hass, Gleichgültigkeit und Anteilnahme am Schicksal des anderen, des Fremden, desjenigen, der nicht sein Bruder ist; Härte und Milde, Zuneigung und Abweisung. All das liegt so dicht und übergangslos zusammen, dass nichts dazwischenzupassen scheint. Es gibt nur das eine oder das andere, und keins von beiden ist dosierbar. Woran das liegt? An dem Einfluss der Wüste? Wird mich das schweigende Land ebenso formen, diese Welt aus Sand und Stein, später, wenn ich allein in ihr umherschweifen werde? Wenn Bedürfnisse und Begierden ausgetrocknet sind, reduziert auf das Allernotwendigste.

Die Karawane hat das Ende der Steilstürze des Djebel el-'Ein erreicht und schwenkt auf Nordkurs. An die Stelle endloser Teppiche aus geriffeltem Gelb tritt zerklüftetes Hügelland; dunkles Felsgestein, umspült von ockerfarbenem Sand. In ihm versinken die Tiere mit jedem Schritt bis über die Zehen. Hier und da ein Kamelgerippe, aufgerichtete Steine und pyramidenförmig übereinander getürmtes Geröll: *alamat*, die Wegweiser einer Karawanenstraße. Unser Konvoi folgt einem zertretenen alten Pfad. Man nimmt an, dass er seit frühpharaonischer Zeit eine der Transkontinentaltrassen war, über welche die Reichtümer Innerafrikas an den Nil strömten. Ein Jahr später, im Februar 1984, wird der Archäologe Rudolph Kuper im Rahmen des Ost-Sahara-Projekts der Kölner Uni hundert Kilometer westlich des Nils, am Unterlauf des Wadi Howar, auf eine antike Festungsanlage (Gala Abu Ahmed) stoßen, das einzige, bisher bekannt gewordene Großbauwerk in der Tiefe der sudanesisch-libyschen Wüste. Die Kölner Forscher werden Gala Abu Ahmed als eine Hinterlassenschaft des nubischen Königreiches Makuria (570–1323 n. Chr.) einordnen, das seine Residenz in Old Dongola hatte, bzw. als Relikt des meroitischen Reiches (400 v. Chr.–350 n. Chr., mit dem Königssitz in Dongola el-'Ordi). Gala Abu Ahmed sei entweder Relaisstation auf einer Ostwestpassage vom Niltal (Old Dongola) zum Tschadbecken gewesen oder habe als Kontrollpunkt auf einem Verbindungsweg von Dongola el-'Ordi nach Nord-Kordofan gedient, wo kürzlich weitere meroitische Stationen gefunden worden sind. So oder so belegt die Existenz der monumentalen Anlage die strategische Bedeutung dieses Wüstenstriches für die Erschließung der Schätze Afrikas durch die Mächtigen am Nil bis ins Mittelalter hinein.

WIR kommen nur langsam vorwärts. Die Tiere stauen sich vor engen Felspassagen, durch die sie freiwillig nicht gehen, drängen sich am Fuße hoher Dünen. Sand riegelt manche Täler ab und zwingt die Karawane in beschwerliches Zickzack. Cheireddein steigt auf eine Felsbank und repariert einen Alam. Andere Treiber folgen seinem Beispiel.

«Gesetz der Wüste», sagt der Küchenmann, «für die, die nach uns kommen.»

Behutsam dirigieren die Männer den Konvoi durch das Felswirrwarr. Kein einziger greift zu Stock und Peitsche. Wir holen einen weiteren Trupp ein, und wenig später schließen zwei Trupps zu uns auf. Die Karawane hat sich in eine endlose Schlange verwandelt. Unsere

Abteilung steckt mittendrin. Der Treck ist so lang geworden, dass ich weder seinen Anfang noch sein Ende ausmachen kann.

Auf einer Anhöhe hebt sich ein weißer Kasten gegen das Himmelsblau ab. Als wir näher herangekommen sind, erkenne ich einen Lkw. Ungewohnt ist dieser Anblick. Als sei das Gefährt von einem anderen Stern gefallen. Das Fahrzeug gibt kein Geräusch von sich, steht einfach da.

«Was macht der hier, Abdallah?»

«Das ist der Polizeiposten von …»

Den Rest seiner Antwort zerstreut der Wind. Er und die anderen Khubara müssen sich registrieren lassen.

«Was soll ich der Polizei von dir sagen, Carlo?», fragt der Khabir.

«Am besten nichts. Das kann am wenigsten schaden.»

Abdallah lacht, fordert mich auf, meinen Schal ins Gesicht zu ziehen und meine Hände zu bedecken. Dann reitet er zu den Hütern des Gesetzes. Keiner der Schwerbewaffneten verlässt das Fahrzeug.

«Warum trinken die keinen Tee mit uns?», will ich von Cheireddein wissen.

«Die Polizisten haben Angst.»

«Wieso? Ihr habt doch nur Knüppel und Peitschen?»

Während Abdallah sich einen Zettel ausstellen lässt, erzählt Cheireddein die Geschichte eines Kameldiebs aus den Meidob-Bergen. Fünf Polizisten seien dem Mann auf den Fersen gewesen. Doch der Bandit hatte Glück und erreichte seinen Clan. Die Seinen machten mobil, gruben ihre automatischen Waffen aus und streckten alle Verfolger nieder. Durch solche Vorfälle gewarnt, wagen sich die Uniformierten nur dann aufs flache Land, wenn sie sich in haushoher Übermacht wähnen. Was könnten sie auch in einer Gegend ausrichten, in der jeder selbst das Gesetz in die Hand nimmt.

Wir erreichen Bir Ma'atul in der Dunkelheit. Ein alter Mann kommt ans Lagerfeuer, das Cheireddein unter einer Akazie entfacht hat. Ihre weit ausladende Krone spannt sich in immer feiner werdender Fächerung über den Himmel und schiebt sich, von dem flackernden Licht der Flammen in allen Schattierungen des Kamelhaares beleuchtet, zwischen uns und die Sterne. Leise spielt der Wind mit den Ästen. Der fremde Mann hat sich gegen den Baumstamm gelehnt und erzählt von besseren Zeiten. Gab es sie je? Ich blicke auf seinen hageren Asketenleib, auf die erloschene Kraft seiner Gebärden und staune, wie er dennoch eine Zeitspanne von mehreren Jahrtausenden mit den Händen zu umfassen vermag. Hirsebrei mit Soße. Gemeinsam mit uns nimmt der Mann die Abendmahlzeit ein. Nach dem Tee greift er seinen Stab und geht hinaus in die Nacht. Wir tränken die Tiere nicht, verlassen den Ort noch vor dem Morgengrauen.

EIN breiter Dünengürtel liegt vor uns. Sandgebirge voller weich fließender Linien schieben sich bis zum Horizont. Darin eingebettet sind messerscharfe Kanten und Stürze aus Sand. Ihre Strenge wirkt inmitten des allseits sanften Gewelles wie eine Anomalie. Bis kräftiger Wind aufkommt und über das Gelb fegt. Die Dünen rauchen. Gläserne Nebelschwaden gleiten über den Grund und verwischen die Kontraste. Bald sind wir von Sandschleiern umschlossen. Nach einer Weile scheint es, als hätten sich die strähnigen, winddurchkämmten Schwaden in eine reglos schwebende Substanz verwandelt. Nur die Schritte der Kamele durchdringen die flüchtige Schicht, und dort, wo sie von den Tritten durchlöchert wird, gerät das glatte, flächenfüllende Fließen durcheinander. Weißliche Wolken steigen an den Tierbeinen empor, umwirbeln die Leiber und durchstoßen die Karawane, die wie ein von milchiger Gischt umhülltes Schiff einsam auf weitem, lichtflirrendem Ozean dahinzieht.

Die Karawane verliert an Geschwindigkeit, bleibt in Feldern aus Weichsand stecken – zur Freude der Kamele, die darin wie in Neuschnee einsinken. Ein Erlebnis für jene Tiere, die aus den Waldgebieten im Süden stammen. In Gruppen stehen sie an den Leeseiten der Dünen, schnuppern mit schräg gehaltenem Schädel an dem unbekannten Stoff. Als wollten sie seine Tragkraft durch Nasenabdruck ermitteln. Ein zögerlicher Schritt. Schließlich tappen sie im Sand umher und erproben mit vorsichtigen Wendungen die Balance ihrer Körper. Um wieder innezuhalten, sich zu vergewissern und nach den

Nachbarn Ausschau zu halten. Plötzlich ein Stakkato von Freudensprüngen. Beine fliegen nach allen Richtungen, Tiere preschen umher. Lange dauert das Rennen nicht. Wieder senken sie ungläubig die Köpfe, um die geblähten Nüstern prüfend an das fremde Element zu halten. Kamele, in neugieriges Tasten und Erproben vertieft. Komplizierte Vorgänge sind das für sie. Zwei Schwalben ziehen ihre abgehackten Bahnen um die Herde. Erste Sendboten vom Nil.

Die Dünen sind überwunden, und der Wind hat sich gelegt. Vor uns flache Sandfelder. Hitzeseen wabern auf der endlosen Fläche; zitternde, wellenschlagende Luft, ausgeblichenes Blau. Als gösse der Himmel seinen Inhalt über das Land.

Sonnenuntergang. Die Karawane hält. Abendgebet, während die Tiere die Hinterläufe auseinander stellen und Urin in den Sand plätschert. Hier und da flämt ein Hengst. Mit vorgeschobener Unterlippe nimmt er einen Fingerhut Urin von einer Stute auf, zieht die Lippen auseinander, bleckt die Zähne und wirft seinen Schädel verzückt in den Nacken. Die Männer stehen in kleinen Gruppen. Gen Himmel erhobene Hände, tiefe Verbeugungen; Gebärden voller Inbrunst. Im Westen tauchen die schmalen Sichelhörner des neuen Mondes in lichtes Rot. Rechter Hand, in der Ferne, der Djebel Muzraq und seine Nachbarn. Als hätten sie Kinderhände mit einer Kuchenform auf das tellerflache Land gestülpt. Von Osten zieht Dunkelheit auf. Stumpfes Grau legt sich über die Ebene und löscht die Farben. Dann steigt es langsam an der in rötlichen Schimmer getauchten Hügelgruppe empor. Und mit einem Male, umspült vom Gebetsgeraune, erblicke ich, über das Wogen der Höcker hinweg, am Fuß der Berge ein schwaches Flimmern. Momente vergehen, bis es zu einem langen, fast ununterbrochenen Band zusammenwächst; zu einer fragilen Kette tänzelnder Punkte, die, in fortwährender Bewegung gehalten, zerrissen und wieder zusammengefügt wird von einem vom Boden aufsteigenden See warmer Luft. Es sind die Lichter der Dörfer und Städte am Nil.

In dieser Nacht, in der meine Kameraden früh in den Schlaf gesunken sind, schaue ich lange dem Reigen der Lichtpunkte zu. Mit dem sich immer klarer in der Dunkelheit abzeichnenden Lichterband ver blasst etwas in mir: mein Traum vom Ankommen. Wenn man aus einer Weite kommt, die bis zu den Enden des Himmels reicht, will man da nicht bis in alle Ewigkeit gehen? Unaufhaltsam wie ein Gestirn auf seiner Bahn?

DIE Karawane eilt nicht geradewegs zum Wasser. Sie folgt dem grünen Streifen entlang des Stromes in gehöriger Distanz zu den Siedlungen. Gelbe, graue und weiß getünchte Häuser, Palmgärten, Zuckerrohr- und Kleefelder gleiten rechts an uns vorbei. Schließlich müssen wir unter einer Telegrafenleitung hindurch. In den Kabelsträngen flattern Staubzöpfe, Stofffetzen und Papier. Wir stoßen auf einen Fahrweg, und bald darauf schließt ein weißer Pick-up zu uns auf. Wieder Polizei. Abdallah reicht vom Kamel aus einen Zettel und erhält ein neues Stück Papier.

«Kontrolle, zu eurer Sicherheit!», ruft mir der Mann hinterm Steuer zu. Er wird in Dongola Meldung machen.

Eselsgeblöke. Wir passieren die ersten Häuser. Die Leute räumen die Straße. Abstand. Man meidet uns, wir meiden sie. Zwischen den Fellachen und den Männern der Wüste gibt es kaum Verbindendes. Wie ein Fremdkörper wälzt sich die Karawane den plötzlich menschenleeren Fahrweg entlang, der sich hinter unserem Rücken wieder mit weiß gewandeten Gestalten füllt. Vor manchem Haus ein aus Lehmziegeln gemauerter Unterstand. Darin, auf hölzernem Gestell, ein, zwei wassergefüllte Tonkrüge. Ein metallener Schöpfbecher liegt daneben. Das *maah el-sabil* – das Wasser des rechten Weges. Einladung an jedermann, seinen Durst zu löschen. Wir nehmen nichts davon.

Windstill ist es und heiß. Winzige Fliegen umschwirren die Herde. Sie sind eine der Plagen am Fluss. Kleine Quälgeister, die in Augen, Ohren und Nasenlöcher schlüpfen und die Kamele nervös machen. Unablässiges Schnauben. Die Tiere ziehen ihre Nüstern zusammen, atmen durchs offene Maul, bremsen mitten im Lauf ab und scheuern ihre Köpfe an den Flanken. Erst als wir am späten Nachmittag wieder in die Wüste abdrehen, atmen Mensch und Tier auf. Fünfzig Kilome-

79

ter legen wir an diesem Tag zurück, ohne ein einziges Mal den Strom gesehen zu haben.

Anderntags, gegen Mittag, dringen wir erneut in die Vegetationszone ein. Wieder Windstille, wieder diese unerträglichen Temperaturen. Schmutzerstarrt klebt meine Djalabeja am Leib. Schweiß steht auf meiner Stirn. Schweiß perlt an meinem Hals und an den Beinen. Jede Hautstelle sondert unentwegt Flüssigkeit ab. Schweiß; eine nicht erkalten wollende Legierung, in der meine Anstrengung und das Fieber mit der Glut der Sonne verschmolzen sind.

Es ist nicht leicht, mit der Riesenherde einen Weg zum Wasser zu finden, und, ehe es so weit ist, die ausgehungerten Tiere vom Sturm auf die Felder abzuhalten. Ich trabe mit Hassan an der Herde entlang. Kuhreiher steigen in Scharen von den Feldern auf, segeln, für einen Flügelschlag dürftigen Schatten werfend, in weißen Wolken herbei, lassen sich auf den Kamelen nieder und durchjäten ihr Fell. Wir sind auf der Höhe von Teiti angelangt. Vor uns ein Dorf, auf das die Karawane in breiter Staffelung zuhält. Abdallahs Abteilung ist im ersten Drittel. Der Weg wird enger, und bald sind wir von Lehmziegelmauern umgeben. Vom Kamelrücken aus gleitet der Blick über das Mauerwerk. Verlassen die Straße. Auch in diesem Dorf sind Mensch und Tier in die Innenhöfe der Häuser geflüchtet. Staub von unzähligen Hufen hängt in dichten Schwaden über der Gasse, die vollkommen mit Tierleibern gefüllt ist. Sie drängeln durch den Hohlweg.

Niemand ist in meiner Nähe, der mir eine Antwort geben könnte, warum wir diesen gefährlichen Weg nehmen, statt am Ort vorbeizureiten. Der Anfang des Trecks liegt in undurchsichtigen, nach Kot und Urin riechenden Schleiern verborgen. Unser Zug gerät ins Stocken. Unaufhörlich drängen Tiere nach. Die Enge wird immer bedrohlicher. Dann bricht irgendwo hinter mir Panik unter den Tieren aus. In Minutenschnelle wird die ganze Herde davon erfasst, und wir fegen in wildem Galopp durch den Engpass. Als säße ich in einem Schnellzug und schaute unbeteiligt aus dem Fenster: Rechts und links fliegen Türen und Tore in rascher Folge vorbei; hohe und niedrige Mauerstücke, jedes davon nicht mehr als Sekundenbruchteile lang; Zickzacklinien und fliehende Fluchten; die Karrees der Innenhöfe, mal groß, mal klein, allesamt voller Haustiere und gestikulierender Menschen. Sie beobachten den ungestümen Ritt, der sich halb verborgen vor ihren Mauern abspielt. Was sie rufen, wird vom Getrampel übertönt. Staubschwaden verschlucken Augenblicke später die Gestalten. Wir rasen über einen Platz, auf dem ein Baum steht. Ich ducke mich in den Sattel, damit mich die Äste nicht vom Kamel schlagen. Wieder auf ein Nadelöhr im Mauerwerk zu. Zum Glück kann ich Hassan am kurzen Zügel halten, bis wir durch den Engpass und aus dem Ort heraus sind. Die Kamele traben aus. Der Schrecken weicht aus ihren Augen, und ihre angstvoll angehobenen Köpfe senken sich. Auf einem abgeernteten Zuckerrohrfeld sammelt sich die Herde.

«Macht ihr das immer so?», frage ich Abdallah.

«Das kommt vor. Wir müssen zum Fluss, und wenn die Bauern alle Zugänge zum Wasser mit Feldern abriegeln und überall Mauern hochziehen, dann geht's eben nicht anders. Es ist ja nichts passiert, *alhamdulilah*.»

Erkauftes Weiderecht. Jemand reicht einem am Rand des Feldes stehenden Fellachen Geldscheine. Der Mann macht ein zufriedenes Gesicht, und so dürfen die Kamele die von der Zuckerrohrernte übrig gebliebenen Reste auflesen. Die erste Nahrung für sie seit Tagen.

Die Karawane gleitet über eine Bodenwelle, und plötzlich glänzt vor dem Gewoge der Tierleiber der in majestätischer Ruhe dahinfließende Strom. Kein Laut unterbricht die Stille, während die Tiere in langsamer Prozession darauf zuhalten. Ich bin von Hassan gesprungen, laufe zum Ufer. Die Tiere senken ihre Lippen ins Nass. Wasser aus dem Herzen Afrikas, das von einem Spalier 1200 in langer Reihe ausgestreckter Hälse begrüßt wird. Seit der Tränkung in Umm Qurein sind zehn Tage vergangen.

WÄHREND die Tiere die an ihren Mäulern vorbeiströmende Flüssigkeit einsaugen, stellen sich Bilder vergangener Zeiten ein. Früher hatte es Invasionen von Abertausenden von Kamelen gegeben. Einfälle ins Bauernland, die selten friedlich verliefen. Der Vorbeimarsch der gewaltigen Horden dauerte manchmal einen ganzen Tag. Kaum war der Durst gelöscht, zogen die von waffenschwingenden Beduinen umschwärmten Herden weiter und verwandelten Gärten und Getreidefelder in Staub. Die Sesshaften feuerten Schüsse ab, und als das nichts half, flüchteten sie in ihre Dörfer. Vergeblich sandte man Soldaten aus, um die Raubzüge zu stoppen. Solche Szenen spielten sich noch im ersten Drittel des 20. Jahrhunderts ab.

Zur Wende vom 19. auf das 20. Jahrhundert plünderten Beja-Beduinen Korosko (1887) und Kalabsha (1888) und besetzten vor dem Eintreffen der von Lord Kitchener geführten angloägyptischen Armee die Stadt Berber (1891). Weil sie sich nach jeder Attacke schnell wieder in ihre Heimatregion, die Bergwüste östlich des Nils, zurückzogen, blieb ihnen das Schicksal der Hawara, die im Jahre 1412 Assuan dem Erdboden gleich gemacht und das Niltal bis hinauf nach Asyut unter ihre Kontrolle gebracht hatten, erspart. Erst Ibrahim Pacha zerschlug deren Macht (1813). Er hatte leichtes Spiel. Die Hawara waren sesshaft geworden und hatten der Wüste den Rücken gekehrt. Gefesselt an ihren Besitz lieferten sie sich in blutigen Gemetzeln den überlegenen Truppen des Prinzen aus und gingen unter.

Die Freien der Wüste gegen die Bewohner des Flusstals – ein über die Jahrtausende hinweg mit wechselndem Erfolg ausgetragener Kampf. Er ist so alt wie der ägyptische Staat. Schon die elfenbeinerne Plakette des Königs Udimu aus der 1. Dynastie kündet vom Sieg des Pharaos über Banden, die aus den Bergen der Ostwüste ins fruchtbare Niltal eindrangen. Heute sind die Würfel endgültig gefallen. Der Sieg der Sesshaften manifestiert sich im reglementierten Zugang zum Fluss und in der Abneigung der Bauern gegen die Karawanen, die wie eine Horde Aussätziger abgeschoben und fern der Dörfer und der Ackerflächen gehalten werden.

WASSER in Hülle und Fülle. Nach den Tagen, an denen jeder Schluck zählte, nun dieser Überfluss. Vom Ufergrün löst sich das weiße Lateinsegel eines Fährbootes. Wellengekräusel auf strömendem Blau, gläserne Locken und silbrige Streifen. Unermüdlich malt der

Fluss seine geheimnisvollen Zeichen auf die bewegte Fläche, die Welt und Himmel spiegelt.

«Was ist, Carlo!?» Cheireddeins Stimme reißt mich aus meinem Schauen. Mein Gefährte steht mit Rhageb bis zu den Knien im Wasser und füllt die Girbas. Will er, dass ich helfe? Sie sind doch zu zweit. Ich reiße meine Kleider vom Leib und schwimme hinaus in den Strom, tauche unter und trinke. Und dann stoße ich wieder hinauf, durch zum Licht. Die Schwäche ist für einen Moment gewichen, und die Kamele sind das Erste, was ich erblicke.

Wir müssen wieder hinaus in die Wüste. Kräftiger Nordwind treibt Staubfahnen und Papierfetzen vor sich her und hüllt das Land in Schleier. Gestalten tauchen daraus auf, schweben lautlos vorüber. Wir sind auf einem belebten Pfad. Aus dem Dunst löst sich eine Phalanx vermummter Männer. Sie sind weiß gekleidet, reiten auf weißen Eseln, deren trippelnde Schritte vom Sandtreiben verwischt werden. Die Reiter halten lederüberzogene Schlagstöcke schräg voraus nach oben. Als wären es Lanzen. Ihre Gewänder sind vom Wind gebläht. Wie ein in voller Beseglung durchs Schneegestöber rauschender Flottenverband gleitet die Schwadron vorbei. Sekunden später lösen sich ihre Konturen im milchigen Fluidum auf. Kurz darauf eine Polizeipatrouille. Wieder erfolgt ein Zetteltausch.

Als die Dunkelheit hereinbricht, stehen wir vor Qasr Wad Nimir. Das Licht der Stadt frisst ein Loch in den Nachthimmel und bringt den Glanz der Sterne zum Erlöschen. Wir umgehen den Ort und schlagen außerhalb der Lichtkegel unser Lager auf. Später in der Nacht Stimmengewirr und Geblöke. Eiskalter Wind pfeift. Ich luge aus meinem Schlafsack und entdecke ein auf der Seite liegendes Kamel, umringt von Männern mit Taschenlampen.

«Die Stute fohlt, Fremder», sagt einer von ihnen. Er zieht sachte an den aus dem Mutterleib ragenden Vorderläufen der Geburt, setzt ab und gibt der Stute eine Verschnaufpause. Mit flach aufgelegter Hand streicht ein anderer über ihren Bauch. Nach einer Weile hebt das Tier den Hinterlauf und streckt ihn; ein Zeichen, dass es wieder mit dem Pressen beginnen will. Schließlich drückt es das Junge, dessen Kopf schlaff nach unten baumelt, aus dem Leib. Wie ein Seehund, nass und schlüpfrig, landet das Kleine auf der Erde. Ein Schwall Fruchtwasser hinterdrein. Die Stute steht auf, schwenkt herum, gurrt und beschnuppert ihr Junges. Mutter und Kind. Sie beäugt es, und in dem Blick liegt ihre ganze Seele. Immer wieder nimmt sie Witterung von dem zitternden Bündel auf, stupst es, beißt schließlich sanft in sein Fell. Dann endlich der Augenblick, in dem das Junge mit unbeholfenem Maul nach den Zitzen tastet. Sauggeräusche. Das Kleine trinkt. Sein Rumpf erscheint winzig auf den überlangen, kräftigen Beinen. Wie auf Stelzen steht es, und in seinen Läufen zuckt da und dort ein Muskel. Und wenn es auch seine Balance bald verliert und mit blökendem Aufschrei auf den Boden plumpst, so vermittelt doch seine ganze hohe Statur, die fast nur Bein ist, vor allem einen Eindruck: Laufmaschinen sind diese Tiere, vom ersten Tage an.

Am anderen Morgen erfahre ich, dass das Baby ein Stutfohlen ist. Man packt es in ein Tragetuch und hängt es an einen Sattelknauf. Dort schlummert es während der ersten Stunden des Marsches. Den Blick auf den Boden geheftet, läuft die Mutter wehklagend umher und versucht vergeblich, die Spur der Kleinen aufzunehmen. Mehr als ein Trinkgeld werden die Männer für das Junge nicht erhalten.

ABDALLAH kommt auf mich zu.

«Du reitest mit Cheir in die Stadt.»

Kurz angebunden wie immer ist er. Als hätte er vor langer Zeit den Entschluss gefasst, mit der geringstmöglichen Anzahl von Worten auszukommen.

Es war abgemacht, dass mein Gepäck bei der Karawane bleiben sollte. Doch der Khabir will davon nichts mehr wissen. Dass ich nur deswegen nach Dongola will, weil ich Geld umtauschen und Arzneimittel besorgen muss, hält er für einen billigen Vorwand. Ich nehme keinen Abschied von ihm und trabe zusammen mit Cheir davon. Zwei Reiter schließen sich an, während die Karawane, die bald von einer flachen Dünung aus Sand und Steinen verschluckt wird, weiter nach Norden zieht.

Ein rot-weiß gestreifter Sendemast ragt spielzeugklein in den Himmel. Ob er mitten im Ort oder an seiner Peripherie steht, ist aus der Ferne nicht auszumachen. Dongola. Flach und breit, ohne klar umrissene Begrenzungslinien, dehnt sich die graubraune Masse der Stadt aus. Wohin der Blick schweift, Häuser und Mauern sind fast alle gleich hoch, und nichts außer ein paar Bäumen hebt sich aus dem monotonen Gewürfel; kein einziges Minarett, nur eben dieser Pfahl aus Stahl und Draht. Meine Begleiter kennen den Weg. Sie halten auf eine Lücke zu, die das gestaltlose Einerlei einen Spaltbreit öffnet. Ein beklemmendes Gefühl kommt auf, während wir auf dieses uferlos ausfächernde Etwas zusteuern; auf diese Ansammlung von Bauten, die fremd und abgestorben daliegt; die sich auf nichts außerhalb ihrer selbst zu beziehen scheint; die ihr Inneres verbirgt, obwohl, man ahnt es, diese Innenwelt ganz profan ist und außer dem landläufigen Inventar der Gesten und Begierden keine kostbaren Schätze enthält; die sich ratlos zusammenballt und mit ihrem schwächlichen Nachinnengerichtetsein dennoch keinen Halt und keine Mitte finden kann. Von diesem retortenhaften Gebilde, voller gegenläufiger Übergänge und Absichten, geht eine Wirrnis aus, die ich auf Anhieb nicht entschlüsseln kann. Umkehren, die Gefolgschaft aufkündigen und der Anhäufung ewig gleicher Gemäuer und Gassen den Rücken wenden? Ausbrechen und zurückreiten in das vertraute Gewoge aus Licht und Sand? Allein mit Hassan? Dafür ist es zu spät.

Bald geraten wir in ein Netz schmaler, verwinkelter Wege, die nirgendwohin zu führen scheinen und die, wenn sie auf einen Platz münden, das Gefühl des Gefangenseins, das mich seit dem Betreten dieser Stadt beschlichen hat, verstärken. Weil die den Blick versperrenden Lehmziegelwände entlang der Straßen und Karrees nur einen Teil des Himmels freigeben? Weil sie sich – wie die Mauern eines Gefängnishofes – nicht erklimmen und auch nicht niederreißen lassen? Verirrt in der freiheitsraubenden Enge eines Labyrinths, aus dem von überall her die Ausdünstungen eng zusammengepferchter Menschen dringen; Geruch von Kot, Urin und Abfällen, vermischt mit den Kochdünsten von tausenderlei Speisen.

Geborstenes Mauerwerk, hitzegesprengte Ziegelornamente über Trümmerhaufen. Auf ihnen haben halb verhungerte Hunde Posten bezogen. Als wäre ein Kommando ertönt, setzen sie sich in Bewegung. Sie drücken sich scheu an den Wänden entlang; sie, die Wachmannschaften der in höchster Verlassenheit daliegenden Straße. Stille; unterbrochen von leisem Gegurre der Tauben, die im Lehm der Hausgerippe nisten. Staub und Sand dämpfen unsere Tritte. Die Kamele sind ängstlich. Sie vertrauen sich ganz und gar den Reitern an.

Menschenleere Straßen. Die wenigen Gestalten, die uns begegnen, nehmen kaum Notiz von uns. Ich habe jegliche Orientierung verloren. Erst tiefer drinnen, nachdem uns irgendeine Gasse ausgespuckt hat, beginnt sich ein Zentrum anzudeuten, ertönen Eselsgeschrei und das Brummen eines Lastwagens.

Halt vor einem Haus. Ein Baumstamm, Glasscherben und Dosenblech liegen längs einer Mauer. Ich schiebe den Unrat beiseite und binde Hassan an das Holz. Kinder lachen. Jemand meldet unsere Ankunft. Zwei Männer werfen Stroh vor die Mäuler der Kamele.

Drinnen ein freundlicher Empfang. Auf blank geputzten Serviertellern wird Tee gereicht. Makellos die Gläser. Ich lasse mich in die Blumenmuster weicher, auf dem Boden ausgelegter Kissen fallen, sinke tief hinein und beobachte, als wäre ich noch weit weg, die Begrüßungszeremonie. Grelles, von Dampfbügeleisen geglättetes, faltenfreies Weiß begegnet dem zerschlissenen Tuch der Kameltreiber; Lumpen, die, von Licht und Sonne ausgeblichen, sich während des langen Marsches ganz allmählich mit den Tinten der Wüste gefärbt haben. Schon bald werden sie von der fleckenlosen Frische der Stadtgewänder übertönt und auf den zweiten Rang verwiesen. Farben der Wüste, der Schlichtheit und des Verzichts, vereinnahmt vom keimfreien Weiß der Stadt.

Die Anwesenden scheinen sich zu kennen. Während ich gegen Müdigkeit und Erschöpfung ankämpfe, gewahre ich das Übermaß an Licht. Im alten Ägypten hausten die Götter im dämmrigen Dunkel der Tempel. Nur über wenige schmale Schächte wurde die blendende Helligkeit ins Innere des Sanktuars gelassen, um etwa das goldene

Dekor an einer Säule, ein Relief oder Teile eines Opferaltars aus dem mysteriösen Halbdunkel zu lösen. Die so erzeugte Atmosphäre rätselhafter Vieldeutigkeit bekräftigte die Vorstellung von leibhaftiger Präsenz der Götter und stärkte den Glauben an die Unerforschlichkeit ihrer Ratschlüsse. Auch bei Profanbauten war es üblich, die Haupträume mittels kleiner vergitterter Maueröffnungen, die sich unmittelbar unter der hohen Zimmerdecke befanden, zu beleuchten; eine Bauweise, die für moderates Raumklima und für angenehm gedämpfte Tagesbeleuchtung in den Gemächern sorgte. Licht. Zu viel davon ist eingesperrt in dem Zimmer, in dem man uns empfängt. Es passt gar nicht hier hinein. Unterwürfig umschmeichelt es die Gesten, hängt sich an die Gebärden und hebt die banalen Dinge, die hier versammelt sind, zu stark hervor. Und bleibt, obwohl es doch die Hauptsache für denjenigen ist, der von draußen kommt, nur Rahmen, Hintergrund und Vorwand für beliebig wechselnde Kulissen. Licht. Man sollte die Fenster öffnen, es herauslassen, es wieder der Weite und dem Wind übergeben.

Der Raum: weiß getünchte Wände, die sich zum Deckenblau hin strecken. Blau, das Himmelsblau ersetzt? Stimmen im Kreis. Mit sich selbst beschäftigtes Gemurmel. Worte? Wirklich Worte? Ich lausche, versuche zu verstehen, was gesagt wird.

Mittendrin stummes, in Falten gelegtes Rot. Hibiskusblüten. Geruchlos. Abgestellter Liebreiz im Wasserglas. Stiller Schrei; gegen die Überhandnahme des Künstlichen? Blüten, frisch und voller Kraft – an diesem Morgen. Ausdunkeln und welken werden sie heute noch.

Streifzug durch die Gesichter. Ein Problem taucht auf. Der Alltag. Eingemeißelt ist er in den Mienen. In jeden Satz mischt er sich ein, in jede Frage. Warum begnügt er sich nicht mit beiseite stehender, stiller Betrachtung? Warum liegt er nicht mit sich zufrieden in der engen, geordneten Welt, zu der er gehört – so wie ein prall gefüllter, im dämmrigen Winkel einer Kornkammer abgestellter Getreidesack, zu dem ein Schwarm gurrender, nie Ruhe gebender Tauben Freundschaft sucht? Der Alltag, unduldsam ist er. Er interveniert, gibt sich nicht mit dem zufrieden, was er hat, drängt sich auch meinen Leuten auf – hier in der Stadt – und drückt sich ihnen ins Gepräge, verändert Zug um Zug ihr Antlitz und macht sie zu Sklaven kleiner Wünsche und Begierden.

Gespräche. Ästhetischer Vorwand zum Rechnen? Zahlen und nackte Buchstaben füllen den Raum. Irgendwann hat man sich eingelassen damit. Und ihnen allzu große Bedeutung beigemessen. Durch Nubien, so heißt der bis nach Ägypten reichende schmale Landstreifen am Nil, flossen über Jahrtausende hinweg die Warenströme zwischen den großen Handelszentren im Mittelmeerraum und Schwarzafrika. Und Dongola? Die Stadt wurde im Jahre 1811 aus Anlass des Feldzuges Muhamed Alis gegen die Mamelucken nahe dem traditionsreichen Umschlagplatz El-'Ordi als befestigte Anlage gegründet. Dongola el-'Ordi ebenso wie das 110 Kilometer stromaufwärts gelegene Old Dongola und das benachbarte Ed-Debba waren Ausfalltore zur Plünderung des Kontinents und für Überfälle auf die Länder der «Barbaren». Zu Pharaonenzeiten nannte man diese Völker Rebellen, Grenzverletzer und «Angehörige des Chaos». Wenn das so war: Seit Urzeiten ist es geübt worden; das Drehen und Wenden kleiner Münzen. Wie mag es begonnen haben, einst? Vielleicht ganz unbedacht; als ein Spiel? Als Austausch von Geschenken? Wer weiß? Vielleicht hatte man – unwissend, wie man war – aus einer Laune heraus der vereinbarten, harmlosen Welt der Krämerseelen die schwarze Hand gereicht. Zur Suche nach gemeinsamen Nennern. Man wollte nicht alleine stehen und seine Sehnsucht nicht mehr selbst bewirten, mit kärglicher Kost. Der Wunsch nach eigenem, nach selbst bestimmtem Leben? Selten wurde er. Der innere Kompass: allmählich eingestellt und abgerichtet, auf Selbstverständliches und Vorgegebenes. Auf die Zwecke der Zeit. Das Vorübergehende und Abwechselnde der Gedanken, Modelle und Systeme … zur Mode erhoben. Heimatloses Umherschweifen? Lebenskunst? Das Staunen; es wurde verlernt. Angewiesensein: auf Chancen, Rat und Rahmendaten, von anderen gesetzt. Gierende Blicke nach dem, was verfolgt und ausgenutzt werden kann. «Den Tatsachen Rechnung tragen» nennt man das. Rechnung tragen. Womit? Mit gemeinsamer nützlicher Arbeit, durch Handel und alltägliche Gescheitheiten. Da hindurch! Und reicher werden. Das Handwerkszeug dafür? Algebra! Zum Rechnen mit Buchstaben. Zum Wörterpressen. In Gleichungen. Ein Ergebnis all dieser Prozeduren: diese Stadt, Dongola, die am Nil liegt und die dennoch ist wie jede andere. Die Stadt: Zwangsvereinigung von Wort und Zahl. Fing es so an? Damals?

Ein Bild taucht urplötzlich auf. Das «Amerikanische Bauernhaus» von Mies van der Rohe; eine Provokation für einen, der nach Halt und Wurzeln sucht. Auch in Dongola hätte man den Bau errichten können. Und wenn nicht hier, dann eben anderswo. Rohe hatte die Zeichen der Zeit erkannt. Und sich danach gerichtet. Er fand die Form, die den unter der Herrschaft der großen Zahl stehenden Massen gemäß war, prägte mit einer Hand voll anderer unsere Stadtansichten, diese unverrückbare, monumentale Welt aus Stahl, Beton und Glas; Materialien, mit denen sich der Untergang der Individualität angemessen zelebrieren ließ.

Während die ägyptischen Pyramiden als Stein auf Stein gesetzte Sammlungszeichen, als Mahnmale ewiger Ordnung und als Ausdrucksmittel für politische Identität wirkten, reduziert die Moderne die gigantische Umsetzung eines nicht mehr personalisierten Herrschaftswillens in einer universalen Baukunst. Flächenfraß, darauf Bauten als nüchterne Fakten. Ihre Fassaden, Hallen, Gänge, Räume erdrücken nicht, schüchtern nicht ein. Und dennoch verweisen sie – ohne eine genaue Richtung anzugeben – ins Kleine, in enge, vorgegebene Areale. Der ägyptische Tempel war gebaute Erinnerung. Er bildete die Welt als sinnerfülltes göttliches Ganzes ab. Worauf zielen unsere Neubauten? Was teilen sie uns mit? Dass Zeit und Ursprung, Erinnerung und Identität als quasi irrationale Restgrößen beseitigt sind? Dass es für die massenhafte Betriebsamkeit keine Abklingbecken gibt? Nivellierung, Domestizierung des Willens, Ablenkung, Gleichzeitigkeit sämtlicher Stile und aller eingetakteten Vorgänge auf dieser Welt ... die einzigen Auswege?

Das Individuum, aufgelöst in einer von rationalistischen Nützlichkeitskalkülen in Schwung gehaltenen Masse Mensch. Tag und

Nacht ist sie damit beschäftigt, ihr gleichförmiges Funktionieren zu üben, reibungslos und effizient. Immerfort. Stumpfsinnig wächst und wächst sie und will den letzten Winkel unserer Erde füllen. Sie wird – auf ihre nervöse Art – ein riesiges Zuhause schaffen. Bis es kein Draußen mehr geben wird.

Gefühl des Verlorenseins in der Masse. Van der Rohes Antwort darauf war bejahend. Er akzeptierte die Notwendigkeiten. Das Resultat seiner Überlegungen fiel gediegen aus. Keine Spur von Verzicht. Nur groß angelegte, klare Linien im Überfluss. Doch was ist die «klare Linie» anderes als Verzicht aufs nackte Ich; was anderes als ein Meiden, in dem selbst Hunger liegt? Ich will diesen Hunger leben. Ich stemme mich dagegen: gegen das Unwichtigwerden des Einzelnen, gegen seine Austauschbarkeit, gegen seine ins Beliebige herabgezogene Existenz, gegen sein reduziertes, eigentlich gar nicht mehr notwendiges Leben. Das Faktum der eigenen Nichtigkeit akzeptieren? Das könnte ich. Doch nicht in der Form eines tagtäglich neu von einer gefühllosen Zivilisationsmaschine abverlangten Geständnisses. Die Bankrotterklärung des Individuums: Unruhe beschleicht mich jedes Mal, wenn in meiner Nähe die Versklavung einen Etappensieg feiert. Muss man das aushalten können? Wie Gelassenheit vortäuschen, wenn man nicht hart genug ist, so etwas zu ertragen?

Meine Gedanken tragen mich fort. Warum schweifen sie ab in längst Gewesenes und scheinbar Abwegiges? Warum erliege ich dem Zauber der Entfernung und der Vergangenheit? Ist mir die Realität, die mich umgibt, nicht geheuer? Das steht fest: Lieber würde ich sie meiden. Mein Weg führt draußen an der Stadt vorbei. Dort, nicht hier muss ich die Steine für m e i n Mosaik der Welt zusammentragen.

Ich blättere in meinem Tagebuch, lausche weiter dem Gemurmel. Klänge: rhythmisches Geratter. Aus Registrierkassen. Unglückliche Verkettungen. Von glücklichen Umständen? Auf der Durchreise. Viel Zeit zum Spekulieren bleibt nicht. Gefühle: unterwegs bewältigt, durch Niederschreiben. Stilisiert zu Stationen des Lebens. Beerdigt und von anderen mit Preisschildern versehen. Die Zeilen in meinem Tagebuch: gewundene Wege zwischen Gräbern und

Kreuzen. Auffangbecken für Zwischensummen, für nicht erhobene Forderungen? Verse: durch Bruchstücke zum Bersten gebracht. Klaffende Wunden. Leere. Fauliger Geruch. Übelkeit. Ist das die bullige Wucht der Stadt?

MAN ist sehr aufmerksam zu mir.

«*You want to make a pass?* – Möchten Sie auf die Toilette?», fragt mich jemand in einwandfreiem Oxford-Englisch. Ich habe den Tee ausgetrunken, stehe am Fenster und schaue in den Innenhof des Anwesens. Andere kommen, reden mit mir, als wären sie eine Stimme. Und dann: ausruhen solle ich mich. Krank und heruntergekommen wirke ich auf die Leute. Man führt mich zu einer Pritsche im Nachbarraum. Ein Junge bringt Obst und einen mit Tomatenscheiben belegten Teller. Weiße Käsestücke obenauf. Lang entbehrter Genuss. Doch die Leckerbissen schmecken fade. Sinnenreiz allein fürs Auge. Mein Gaumen kann mit der Verwöhnung nichts anfangen. Er ist auf kärgliche Karawanenkost eingestellt.

Durch die offene Tür betrachte ich das Hin und Her der Gestalten. Und während ich teilnahmslos, im leichten Fieber und in meiner Erschöpfung gefangen, in eine Decke gewickelt vor mich hin döse und vollkommen entspannt mit halb geschlossenen Augen durch die Bewegungen hindurchblicke, die keine Ruhe finden wollen und die sich nach und nach von den Menschen abziehen, sich suchend miteinander vermengen und schließlich im Weiß der Zimmerwände verlaufen, um dort ihr Eigenleben zu führen, werde ich ganz allmählich gewahr, dass diese Regungen einen Rhythmus annehmen. Eine Gangart, die mir vertraut ist, löst sich aus dem kalkigen Dämmer und formt sich zu einer auf federnden Polsterhufen dahinziehenden Karawane. Schritte. Bewegungen voller Gleichklang, wie ruhiger, steter Pulsschlag. Während ich mit heißem Kopf die Melodien der melancholischen Zweizeiler leise vor mich hin summe, die einförmigen Treiberlieder meiner Kameraden, reihen sich im Takt der immer gleichen Schritte Worte. Sie bleiben bei mir und formen sich zu meinem Lied. Worte; der Ersatzstoff für die vergebliche Suche nach irgendeinem Sinn?

MUHAMED YASID EL-UMERI, der Hausherr, ist nicht anwesend. Er residiert tagsüber in seinem Laden am Markt. Wir sind nicht zufällig zu seinem Anwesen geritten. El-Umeri unterhält die einzige Karawanserei auf dem Darb el-'Arbain, und sein Haus ist Anlaufstelle für die Kameltreiber; ein ruhiger Ort, geeignet, um die Tiere, von denen manch eines bei der Begegnung mit Eselkarren oder Lkw scheuen würde, abseits der Betriebsamkeit des Marktes verschnaufen zu lassen. In seinem Geschäft wickelt el-Umeri die Formalitäten ab, prüft Bücher und Dokumente, gewährt Kredite, hält Proviant und Kraftfutter für die Karawanen bereit. Cheir und die anderen brechen zu Fuß auf, um dem Händler ihre Aufwartung zu machen. Ich schließe mich an.

Ein Feuer lodert drinnen neben dem Eingang. El-Umeri, um die sechzig Jahre alt, beleibt, mit wachem, offenem Gesicht, betrachtet uns mit verhaltener Neugier, behält dabei das Treiben vor dem Laden im Auge. Begrüßung. Bewegungen ohne Hast. Wie zu Hause fühle ich mich in der düsteren, rauchgeschwärzten Höhle, in deren Tiefe Mehl-, Zucker- und Hirsesäcke gestapelt sind. Dazwischen Kannen mit Speiseöl, Lederstücke, Stricke, Girbas, bräunlich gefärbtes *atrun*, das Steinsalz der Wüste, und Körbe mit Zwiebeln, getrockneten Datteln und Gummi arabicum. Manche Behältnisse sind umgefallen und halb ausgeschüttet. Dinge, die verstreut herumliegen und doch miteinander verbunden sind, weil sie die wenigen elementaren Bedürfnisse der Karawane ganz und gar erfüllen. Dinge in vertrautem Nebeneinander; als wären sie auf Wüstenboden ausgelegt. Und doch ist es nur der Staub der Stadt.

Ich lese eine Strähne Gummi arabicum auf, betrachte sie. Verfestigter Tränenfluss aus der Rinde von Akazien, durchsichtig, gelblich. Die besten Qualitäten kommen aus Darfur. Größter Umschlagplatz war einmal El-Obeid. Dort trafen die mit Baumharz beladenen Karawanen ein. Auf täglichen, von europäischen Handelsagenten kontrollierten Auktionen wurde der Preis ermittelt; dann reinigte man den «Kordofan-Gummi», verpackte ihn in Säcke und brachte ihn nach Port Sudan, von wo aus er nach Europa verschifft wurde. Man verwandte ihn für Arznei- und Kosmetikrezepturen, bei der Likör- und Süßwarenherstellung, als Klebstoff auf Briefkuverts sowie beim Zeugdruck. In El-Obeid vergütete man damit die Oberfläche der Tenniscourts der Europäer. Es gab genug Restposten, sodass man es sich leisten konnte, Gummi arabicum mit fein gemahlenem Ton zu mischen. Der Handel mit dem Baumharz lässt sich bis ins erste nachchristliche Jahrhundert zurückverfolgen.

ESSEN wird aufgetragen. Bohnen, Salat und Brot. Wir hocken im Kreis, greifen mit der rechten Hand in die Schüssel. Ich fühle mich am rechten Platz. Ausgerechnet im Laden eines Händlers. Nach der Mahlzeit sind meine Kameraden verschwunden. Der Alte, seine beiden Gehilfen und ich trinken Tee, und während sie Wasserpfeife rauchen, die *shisha*, die reihum von Mund zu Mund gereicht wird, erzählen sie in knapp bemessenen Worten von den großen Trecks durch die Wüste. Ich höre Berichte über Märsche nach Kufra in Libyen und zu den Salzlagerstätten bei El-'Atrun in der sudanesischen Wüste. Weitergereichte Geschichten. Die drei kennen sie nur vom Hörensagen. Und dennoch klingt ihr Vortrag wahr, als wäre er durch eigenes Erleben beglaubigt. Weil das, was sie sagen, nicht das Gerede von Kaufleuten ist, weil sie Mitwissende und verbunden sind mit der Karawane, der sie genau das wenige bereitstellen, was sie braucht. Und weil sie mit ihren Stimmen eine Welt verkörpern, die auch die meine ist.

El-Umeri reicht mir ein Schaffell.

«Geh, leg dich eine Weile hin. Das wird dir gut tun», sagt er.

Als ich die Augen wieder aufschlage, sitzt der Alte immer noch auf seinem Hocker. Er fragt, warum ich weiterziehen wolle.

«Hast du eine Genehmigung?», möchte er schließlich wissen.

Ich hatte das Wort aus meinem Vokabular gestrichen.

«Eine Genehmigung für den Grenzübertritt», fährt er unbeirrt fort.

«Nein. Bisher gab's keine Schwierigkeiten.»

«Dann wirst du bald welche bekommen.»

Ich mache mich auf den Weg zum Krankenhaus. Schon von weitem sehe ich die Schlange der Wartenden.

«Wo ist der Doktor?», will ich von den Leuten wissen.

«Der ist nicht da. Vielleicht kommt er heute noch.»

Ein Pfleger macht sich auf einer Veranda bemerkbar. Er trägt einen fleckigen Kittel. Ich bin der einzige Weiße in der Menge. Er kommt zu mir, wiederholt, was ich schon weiß.

«Mach es dir bequem», sagt er.

«Ich muss um vier aus der Stadt, bin selber Doktor. Habt ihr keine Medikamente?», frage ich ihn.

Der Mann führt mich einen Korridor entlang, bleibt vor einer Tür stehen und klopft.

«Die Krankenhausapotheke», erklärt er mir einen mit Bleistift auf rissiges Papier gekritzelten arabischen Schriftzug, und als sich drinnen nichts rührt, ruft er:

«*Ja* Abd el-Rachman!»

Eine halbe Minute vergeht. Dann hämmert er gegen das Holz. «*Ja* Abd el-Rachman, so öffne doch!»

Hinter der Tür rührt sich etwas. Es quietscht. Jemand richtet sich auf; hebt seinen Hintern schwerfällig von einem Bettgestell. Dann ein lang gezogenes Gähnen und schließlich schlurfende Schritte. Fingernägel kratzen suchend übers Holz. Ein Schlüssel dreht sich im Schloss, die Tür öffnet sich, und ein verschwitztes Gesicht schaut uns an.

«Allah sei Dank, *ja* Abd el-Rachman, da bist du ja. Ich bin krank und brauche deine Hilfe», rufe ich und schüttele dem Mann, den ich nicht kenne, die Hand.

Viel ist nicht in dem Zimmer. Eine Theke, Gummischläuche, ein paar Reagenzgläser und Erlenmeyerkolben, verstaubt und leer. Und die Drahtpritsche.

«Was hast du für ein Problem?»

«Sinusitis und Amöbenruhr – wahrscheinlich.»

«Dagegen haben wir ein Mittel.»

Abd el-Rachman zieht an zwei Griffen. Schubladen reißen ihr Maul auf, die einzigen in einer hölzernen Kiste, aus der der Arzneimittelschrank besteht. Beide sind je zur Hälfte mit weißem Schüttgut gefüllt.

«Was ist das?»

«Tabletten, Penicillin.»

«Beides?»

«Nein, nur das hier.»

Abd el-Rachmans Hand greift in eines der beiden Schubfächer, rührt darin herum, hebt wieder an. Granulat rieselt durch seine gespreizten Finger. Eine Pille hält er im letzten Augenblick fest und reicht sie mir. Wie stark sie sei, und wogegen sie genau helfe? Er weiß es nicht. Ich drehe sie zwischen Daumen und Zeigefinger. Ein Buchstabe ist eingestanzt.

«Hast du nichts Schriftliches vom Hersteller. Wie viel am Tag muss ich davon schlucken?»

«Dreimal eine oder zwei. So, wie du willst.»

«Und was ist in dem anderen Kasten?»

Wieder durchsiebt er das Schüttgut und wirft schließlich ein Dutzend der anderen Sorte auf den Tisch. Sie sehen genauso wie die ersten aus.

«Die sind beide gut. Nimm von jeder Sorte eine Hand voll. Jeder schluckt sie. Was anderes haben wir nicht», sagt der Apotheker.

Ich lasse mir die Hand füllen und bezahle.

UNTER einer Arkade am Markt hat ein Schmied seinen Stand aufgeschlagen. Ich versuche, mit dem Mann am Amboss ins Gespräch zu kommen, schiebe meine Worte zwischen hellen Hammerschlag. Der Mann lässt nicht ab von seiner Arbeit. Eine *muchris*? Die könne er mir anfertigen. Wenig später hockt er an der Feuerstelle, klemmt einen ziegenledernen Blasebalg zwischen die Knie und entfacht die Glut. Während ich bei der Herstellung des Stecheisens zuschaue, des Arbeitsgeräts, das ich für die Besohlung der Kamele benötige, verwickelt mich ein kaum Zwanzigjähriger in ein Gespräch. Der Mensch hat viele Fragen. Ein Polizist in Zivil? Ich beantworte alles, was er wissen will.

Der Schmied ist mit seiner Arbeit fertig und verlangt seinen Lohn. Wie den lästigen Frager loswerden? Wir passieren einen Imbissstand.

Blau gestrichene Holztische und eisernes Gestühl. Schatten. Ich bestelle für uns beide Essen und erzähle meine Geschichte.

«Wo ist dein Kamel?»

«Vor el-Umeris Haus.»

Der Kerl, der sich selbst nicht ausweisen kann, verlangt meinen Pass und behält ihn ein.

«Du bekommst ihn in einer Stunde wieder … zu deiner Sicherheit.»

Er tritt mit einem Male ganz bestimmt auf.

Die Kamele sitzen noch neben dem Eingang, tasten den Boden nach Strohhalmen ab. Drinnen ein Menschenauflauf. Polizisten haben die Kameltreiber verhört und auch die übrigen Anwesenden befragt. Hat Cheir meine wahren Absichten preisgegeben? Ich muss meine Geschichte noch einmal von vorn erzählen und mein Vorhaben erläutern. Dass ich nach Ägypten will, erwähne ich mit keinem Wort. Schließlich serviere ich einen Happen zum Anbeißen:

«Warum so viele Fragen? Ihr nehmt doch sonst niemanden in die Mangel, nur weil er nach Abri und zurück will?»

Der Trick hilft. Ein Offizier nimmt mich zur Seite. Er macht mir das Hindernis, das meiner Weiterreise im Weg steht, klar. Man befürchte, dass ich ausgeraubt oder gar getötet werde. Die Wüste sei ein Platz für Gesetzlose. Vor denen müsse man mich schützen.

«Captain, mit den Leuten, die Sie für gefährliches Gesindel halten, bin ich seit über zwanzig Tagen unterwegs. Wenn das Banditen sind, wäre ich nicht heil in Dongola angekommen. Die Männer haben mir geholfen. Warum sollten sie mich, ihren Weggefährten, ausgerechnet jetzt, nach all den Kontrollen, verschwinden lassen?»

Ich spüre, dass noch einige Worte vonnöten sind, um das Blatt zu wenden. Was könnte ich noch vorbringen? William George Browne, der 1792 als erster Europäer den Darb el-'Arbain entlanggezogen war, hatte fast drei Jahre in Darfur warten müssen, ehe ihn Sultan Abd el-Rachman Achmed Bakr zurück nach Ägypten reisen ließ. Ich taste mich vor:

«Captain, diesen Männern ist die Person ihres Gastes heilig. Sie

Mit der Karawane unterwegs

Kamele in Akazien: Die Kamele
weiden im Buschland nördlich von
An Nahud, vierter oder fünfter
Wandertag.

Vor Dongola: Ein Kamel wird
geboren und mit in die Stadt
genommen – zum Verkauf.

Die Karawane durchquert Sandfelder in der Höhe von Abri.

Fußreparatur

In Richtung ägyptische Grenze. Der Konvoi marschiert in Blöcken.

Nahaufnahme – über flachen Sand

Kamelkauf auf dem Markt in Kairo-Imbaba. Ein Kauf ist geglückt.

Ich prüfe durch gutes Zureden und Streicheln die Sanftmütigkeit und den Charakter der Tiere auf dem Markt.

Der Start ist geglückt. Die Karawane zieht in die Berge der Ostwüste, nach Arab el-Saff – bis nach Sonnenuntergang.

Das Antonius-Kloster

Die Mönche ziehen mit uns. Sie wollen zum Paulus-Kloster. Doch mit dem Schuhwerk?

Allein mit den Tieren in den Sanddünen – auf dem Kalksteinplateau westlich von Luxor

Der Tempel von 'Ain Amur

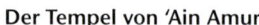

werden mit ihrem Leben für das meine einstehen. So, wie es seit Jahrhunderten in diesem Land Brauch ist. Lassen Sie mich mit meinen Freunden bis Abri ziehen. In einigen Tagen, so Allah will, werden Sie mich gesund wieder sehen.»

Dass ich die in hohem Rufe stehende Gastfreundschaft mancher Beduinen des Sudan in die Waagschale geworfen habe, hat den Offizier für mich eingenommen. Er bespricht sich mit seinen Kollegen. Cheir und die beiden anderen stehen wartend etwas abseits. Sie können es kaum glauben, als man mir meinen Pass zurückgibt und verkündet, meiner Weiterreise stünde nichts im Wege.

Wagentüren schlagen zu. Motoren heulen auf, und die Polizei-Jeeps wühlen davon. Im Nu sind die Kamele gesattelt und beladen. Umarmungen, Küsse auf die Wangen. Die männlichen Bewohner und Gäste des Hauses haben sich zum Abschied eingefunden. Wir machen die Tiere los, führen sie aus der Gasse. Keiner ahnt, dass es ein Jahr später ein Wiedersehen mit dem Händler geben wird. Auf meiner Wanderung von Daraw durch die Ostwüste und in den Tschad werde ich bei Dongola über den Nil setzen, die Kamele an der Polizeistation zurücklassen und el-Umeri in seinem Geschäft am Markt einen Besuch abstatten. Der Alte wird wieder auf seinem Hocker an der Tür sitzen und mir beim Abschied ein Mahnschreiben an einen seiner Schuldner im West-Sudan mitgeben.

Wir reiten in die westlichen Außenbezirke der Stadt und halten vor einer Lehmziegelmauer. Abgewetzte Musik ertönt aus einem knarrenden Lautsprecher. Müllhaufen. Die Männer steigen ab.

«Nur zehn Minuten, Carlo», rufen sie. Ich bleibe im Sattel, schaue über den Mauerrand in einen Innenhof. In seiner Mitte steht eine Wellblechbaracke. Eine in zerrissenes, buntes Tuch gewickelte, pockennarbige Frau tritt aus dem Sichtschutz der Mauer. Sie nestelt an ihrem Haarband. Sie hat an der Wand uriniert, und ein siebter Sinn meldet ihr, dass sie beobachtet wird. Im Laufen dreht sie sich um. Ein zerschlissenes Gesicht, das ganz von großen, leeren Augen und von einer flachen Nase beherrscht wird, schaut mich an.

«*Want fuck?*», dringt es zwischen alkoholverzogenen Mundwinkeln hervor. Eine Halbzerschlagene, die hier ihr Dasein fristet; in trüber Gemeinsamkeit mit anderen Elenden, die um das Haus verstreut liegen. In Lumpen gehüllte Menschenhaufen, aus denen hier und da ein Ellenbogen ragt. Ich gebe keine Antwort, sehe der Frau nach, registriere, wie sie mühsam darauf bedacht ist, ihr Gleichgewicht zu halten, und wie sie auf die Bude zusteuert, in der meine Kameraden verschwunden sind.

Omer, der Khabir aus einem anderen Trupp, kommt als Erster zurück. Schweißperlen stehen auf seiner Stirn. Hilflos wirkt er. Was mag er auf die Schnelle in sich hineingekippt haben?

«Wenn du was von den Frauen willst, musst du sie wie Kinder behandeln. Dann geben sie dir alles, Fremder», ermahnt er mich. Ratschläge vom Fachmann. Ich stelle keine Fragen. Cheir und der andere helfen ihm beim Aufsitzen. Kaum ist er oben, sitzt er wie ein Fürst im Sattel und schwingt seine Peitsche mit sparsamer Gebärde, während er mit der anderen Hand den Kopf des Tieres, das voller Vertrauen zu ihm ist, am kurzen Seil hält. Wir reiten hinaus. Frischer Wind durchweht unsere Kleider, und mit ihm fällt der Geruch der Stadt wieder von mir ab. Abwechselnd im Trab und im Schritt folgen wir mit unseren schwer beladenen Kamelen den Spuren der Karawane. Ritt in die Nacht hinein. Bald wirft Mondlicht unsere Schatten auf die Buckelbahn der Hufabdrücke. Das Gespräch verebbt. Schweigen. Wir reiten nebeneinanderher. Unablässig pfeift der kalte Wind.

In der Ferne der schwache Schein der Lagerfeuer. Bald umfangen uns die Gerüche der Herden und das brünstige Gurgeln der Hengste; lieb gewordenes Getöne, das unseren kleinen Trupp begrüßt. Wieder bei den Tieren. Cheir und ich reiten an den Abteilungen vorbei, bis wir Abdallahs Lager erreicht haben.

Meine Glieder sind steif gefroren. Kaum bin ich aus dem Sattel, steht der Khabir neben mir. Abdallah hilft beim Abladen von Hassan, trägt die Satteltaschen rüber ans Feuer, sagt kein einziges Wort.

Cheireddein hat mit dem Essen gewartet. Hirsebrei mit Soße. Getrennte Schüssel für mich. Ich schütte die aus Dongola mitgebrachten Fischkonserven in die Küchentasche, schlucke Tabletten und krieche in den Schlafsack. Hassan sitzt dicht neben mir; müde, wie zu ewigem Schlaf hingestreckt. Den Kopf hat er sogleich flach auf den Boden gelegt. Kraftlos hängt sein Hals durch. Er käut nicht wieder.

Wir folgen der ausgetrockneten Uferebene des Nils, umgehen eine Anpflanzung und schlagen spätabends, dicht am Wasser, das Nachtlager auf. Die Herden weiden im Mondlicht. Unter uns das Rauschen des Flusses, der hier eine starke Strömung hat. Später holen wir die Tiere aus dem Gebüsch und legen ihnen die Agale an. Während der Nacht treibt mich heftiger Durchfall aus dem Schlafsack. Ich habe keine Kraft mehr, fühle Abdallahs Blick auf mir lasten, merke, wie er mich missbilligend mustert. Endgültig dahin scheinen die kurzen Augenblicke seines Wohlwollens. Vielleicht zerrieben in den kleinen Abweichungen vom Reglement, die ich mir leiste und die er nicht dulden will. Zum Beispiel beim Tränken der Tiere auf der Höhe des 3. Kataraktes. Als ich, ohne Abdallahs Erlaubnis einzuholen, meine verdreckte Unterwäsche im Fluss wasche, treibt er die Herde davon und lässt mich mit den nassen Sachen unterm Arm zu Fuß hinter der Karawane herhetzen.

Der Khabir macht mir absichtlich das Leben schwer, drängt mich vom Feuer, beansprucht meinen Platz, wenn ich mich nach getaner Arbeit an den Flammen wärme. Gerangel. Überflüssig ist es. Warum macht er das? Warum lacht er mich beim Wasserlassen aus und ruft lauthals zu den anderen:

«Seht, wie der pinkelt! Der ist kein richtiger Mann!»

Nur weil ich im Stehen uriniere und mich dazu nicht wie die anderen hinhocke oder auf die Knie fallen lasse. Liegt es daran, dass die versprochene Ziege auf sich warten lässt? Abdallah hatte darauf gesetzt, dass ich *lachm* – Fleisch – aus Dongola mitbringe. Wegen der Verhöre durch die Polizei hatte die Zeit dafür nicht mehr gereicht. Woher jetzt eine Ziege nehmen?

An einem dieser anstrengenden Tage ziehen wir in forciertem Marsch bis gegen Mitternacht. Der Khabir will die Nilschleife bei Delgo in einem Zug hinter sich bringen. 68 Kilometer bis Sulb in gerader Linie durch die Wüste. Der Ritt will kein Ende nehmen. Weil ich vor Erschöpfung kaum noch weiterweiß, bitte ich um vorzeitigen Abbruch des Marsches.

«Schweig, Fremder. Zuerst die Tiere, dann wir mit unseren Wünschen!»

Das ist alles, was dem Khabir über die Lippen kommt. Er zieht den Schal vors Gesicht und treibt sein Kamel mit einem Peitschenschlag an – weg von mir. Wie ich in jener Nacht vom Kamel und in den Schlafsack gekommen bin, dazu fehlt mir jegliche Erinnerung.

Was hält mich noch zusammen? Was lässt mich die Nächte schlapp und schwitzend, von Schüttelfrost gepackt und vor Kälte zitternd überstehen? Was ist es, das mich in der Eiseskälte des Morgens zum Vorwärts und zum Weiter antreibt? Ist es der Rhythmus der Karawane oder die Freude beim Anblick der Tiere? Ist es die Landschaft, die ab dem Tempel von Soleb immer großartiger wird? An diesem von Amenophis III. (1388–1351 v. Chr.) errichteten Bauwerk zieht die Karawane vorüber. Wir treiben die Herden vorwärts, ohne dass die Männer ein Wort über das Heiligtum verlieren. Als unterlägen sie dem Richtspruch einer gütigen Gottheit, die die Kultstätte auf ewig vor der Berührung durch Menschenhand bewahren will.

Johann Ludwig Burghardt, eine der Lichtgestalten unter den Forschungsreisenden des frühen 19. Jahrhunderts, hatte am 15. März 1813 auf der anderen Seite des Nils vergeblich auf ein Floß gewartet, das ihn zum Tempel übersetzen sollte. Er, der Wiederentdecker von Petra, der barfuß und in schlichtester Kleidung im Auftrag der Londoner *African Association* unterwegs war, hatte sich – wie ich – ohne romantische Verklärung der Strapazen dem Traum von einer Wanderung durch die Wüste verschrieben. Er setzte schließlich bei Kulb über, zog am Westufer des Nils stromabwärts und stieß fünf Tage später auf den im Sand versunkenen Felsentempel Ramses' II. in Abu Simbel. Nach diesem sensationellen Fund kehrte der Forscher nach Oberägypten zurück, schloss sich einer Sklavenkarawane nach Sennar an und pilgerte dann nach Mekka. In Medina streckte ihn die Ruhr für ein Vierteljahr aufs Krankenlager. Burghardt, einem kurz aufflammenden Licht in der Ewigkeit des Sternenhimmels gleich, lebte, geschwächt durch die Krankheit, noch zwei Jahre in Kairo und starb dort – erst 32 Jahre alt – an den Folgen der Ruhr.

Abri gleitet vorüber. Kahlschläge im Grün, gefüllt mit weiß getünchten Häusern. Vielleicht ein schöner Ort. Er liegt auf der anderen Seite des Flusses; dessen Ufer sind vom Gefieder der Palmenhaine gesäumt. Sturm kommt auf und verwischt das Bild mit kräftigen Pinselstrichen. Die Karawane verschwimmt im grauen Gewölk. Über mir ein schmales Himmelsoval. Die Helligkeit ist kaum gedämpft. Bald haben wir mehrere nach Selima führende Pisten überquert. Von dieser menschenleeren Oase 120 Kilometer westlich des Nils sollen die besten Datteln des Sudan kommen. Sie war Wasserstelle und Rastplatz am Darb el-'Arbain der Alten. Gedankenspiele in meinem Kopf. Die Karawane bei Nacht und Nebel verlassen? Über Selima nach Ägypten? Im Alleingang mit Hassan? Etwas zieht mich hinaus in die Wüste, treibt mich weg von meinen Gefährten. Anders als sie, die unablässig von «daheim» singen, kenne ich kein Lied vom Vaterland. Heimatlos will ich sein. Wie könnte ich mich je frei fühlen, wenn ich fremdem Willen unterworfen bliebe? Dem Willen des Khabirs, dem Ritual der Karawane, mit der ich ziehe, die ich liebe und zu der ich wegen irgendeines belanglosen Umstandes nicht gehören kann. Erst Einsamkeit wird mir die Freiheit geben, die ich suche. Die Ferne lockt und auch das Wagnis. Meine Spuren würde der Wind rasch verwehen, und Hassan würde mir folgen. Vollkommen fügsam ist das Tier geworden.

Gegen Abend lässt der Wind nach, und die Sicht klart auf. Kälte fällt vom Himmel. Mondschein, vages Licht. Die Karawane gleitet durch schneeweiße, fast durchsichtige Sande, durch eine wie von Raureif verzauberte Winterlandschaft.

Der Konvoi biegt vom Flusstal ab und schiebt sich in die Wüste. Auf einem Plateau schlagen wir das Nachtlager auf. Wind pfeift über die öde Fläche. Kaum fünfzig Meter entfernt ein paar dunkle Felsen. Hat der Khabir sie übersehen?

«Abdallah, warum schlafen wir nicht im Schatten der Steine?», frage ich, als wir eng um das Feuer geschart aufs Essen warten. Der Khabir antwortet nicht. Während sich die Männer in ihre Decken hüllen, versuche ich, ihm beizubringen, dass ich den Windschutz brauche. Abdallahs verächtlicher Blick sagt mehr als tausend Worte. Mit Hassan am Seil gehe ich zu dem windgeschützten Platz, der mit vertrockneten menschlichen Exkrementen übersät ist. Die Kameltreibertoilette. Über mir die Sterne. Ich schiebe Kothaufen beiseite und kaue dann zusammen mit meinem Hengst Datteln. Hassan bleibt bei mir. Während der Nacht robben weitere Tiere zu meinem Lager und suchen an den Felsen Zuflucht.

Als die Morgendämmerung blass und bleiern aufsteigt, sehe ich die Karawane davonziehen. Abdallah hatte es so gewollt. Seine Strafe für mein Entfernen während der Nacht. Änderung der Lagerordnung, Sprengung des Camps; das darf niemand ohne die ausdrückliche Zustimmung des Khabirs. Wie auf einem Segelschiff ist jeder in der Karawane bis auf den letzten Handgriff mit den anderen verzahnt. Sich aus diesem Verbund mit irgendwelchen Ausflüchten zu verabschieden, verstößt gegen das Gesetz, solange die Karawane unterwegs ist. Denn jeder der Männer muss für die allzeit möglichen Momente der Bedrängnis verfügbar sein. Zum Glück schaut Cheireddein im letzten Moment vorbei und hilft mir beim Beladen. Ehe er Hassan einen Hieb mit der Peitsche versetzt und ihn in Richtung der Herden treibt, drückt er mir einen Ballen *kissera* in die Hand. Ich schlinge den Kloß runter und nehme die Verfolgung auf. Erst am Mittag habe ich zur Karawane aufgeschlossen.

Wie soll ich mich gegenüber Abdallah verhalten? Wie den anderen gegenüber? Die vier sind von derselben Sektion der Kawachla. Wie ein Mann halten sie zusammen. Und bei aller Sympathie, die mir Cheireddein entgegenbringt, er kann es sich nicht leisten, sich gegen Abdallah zu stellen.

Wir erreichen den Nil am Dal-Katarakt. Eine Burgruine aus der Zeit der türkischen Herrschaft; Lehmziegelhäuser zwischen schwarzrot gesprenkelten Granitblöcken. Stille Flusslandschaft: bizarr und zauberhaft. Durch sie bewegt sich die Karawane. Geier kreisen hoch über ihr. Schwarzweiß leuchtet ihr Gefieder. Wir halten Abstand zu den Häusern, durchqueren grauen Granit, ziehen weiter bis Kulb. Weit schweift der Blick über sandbestreute Felshügel, über vereinzeltes, fernes Ufergrün, das hier und da – gleich einem flüchtigen Begrüßungskuss – vom Wasser berührt wird. Wir lassen die Tiere an einer steilen Uferböschung weiden, bleiben über Nacht am Ortsrand. Die Antibiotika beginnen zu wirken. Ein junger Bauer lädt mich zur Besichtigung seiner Felder ein. Achmed Muhamed Ali Jasif heißt er. Er besitzt vier *feddan* Ackerland und spricht perfekt Englisch.

«Du lebst an einem paradiesischen Flecken», sage ich zu ihm, nachdem wir unseren Rundgang beendet haben.

«Ja, so ist es. Das hier ist der Garten Eden. Es gibt Arbeit und Mühe, aber davon lasse ich mich nicht täuschen.»

«Ich habe alles, was ich brauche», fährt er fort, «und was mir die Erde nicht gibt, das schenkt mir der Fluss. Fische in Hülle und Fülle.»

«Hast du ein Boot?»

«Ja. Manchmal rudere ich für einen halben Tag hinaus. Der Fluss, er gibt mir Welt und Weite.»

Er sei viel gereist, habe in England studiert, sei auch in Deutschland am Rhein gewesen. Mehr, als er habe, brauche er nicht. Seine Augen leuchten. Er ist ein glücklicher Mensch.

Niltal und Wüste. Üppige Fruchtbarkeit; eng eingefasst, von schroffem Fels, von Sand und Geröll. 2500 Kilometer lang, von Kairo bis Khartoum. Allgegenwärtiger Kontrast. Nirgendwo sonst sind die Grenzlinien zwischen Leben und Tod schärfer gezogen als hier. Heißtrockene Lüfte, gelb-fahle Sturmschleier im Grün der Gärten und Felder. Die Wüste. Sie weht ihr beständiges Memento mori, ihren trostlosen Atem ins Tal; zu denen, die vom Wasser des Flusses trinken.

Wir haben das Nubische Meer erreicht. Der Fluss ist zum Stillstand gekommen. Ein paar Felsbrocken im stehenden Wasser erinnern an das im Stausee versunkene Katarakt. Man hat den Strom ruhig gestellt und seiner Stärke beraubt. Wadi Halfa liegt einen Tagesmarsch entfernt auf der anderen Seite des Sees.

Dieses Bild gezähmter Kraft beschäftigt mich. Träges, trübes Wasser, das nicht weit von mir auf breiter Bahn nach Osten schwenkt, über das Wind und Morgensonne mit glitzernden Kräuseln streichen. Dass der Mensch so sehr nach Nutzbarmachung strebt. Dass er Wasser zum Stehen bringen kann – durch eine in seinen Lauf gestellte Mauer; 350 Kilometer von hier entfernt; Ausmaße, die schwer zu begreifen sind, solange man an dem unberührten Rand einer derart großen Fläche steht und sich zu Fuß bewegt. Der See ist das Ergebnis einer absichtlich herbeigeführten Sintflut. Sie wurde – von Debod bis Semna-Süd – zum nassen Grab für die schönsten Teile Nubiens, für altägyptische, meroitische, ptolemäische und römische Tempelplätze und Befestigungsanlagen. Friedhof und Vorbote einer Zivilisation, die ihre innere Triebkraft aus der totalen Umgestaltung der Natur zieht. Es gibt keine Ausflucht vor dieser Tatsache. Und nur der silbrige Glanz der Wellensprenkel auf der bis zum Horizont gegen die aufgehende Sonne reichenden Fläche versöhnt mit dieser Einsicht – durch Täuschung? Weil er dem ruhenden Wasser den Eindruck des Fließens aufprägt?

Unter mir wird der Hang gerodet. Äxte schlagen gegen weiches Holz. Bäume fallen. Bald wird Ackerland, in schmale Terrassen gelegt, neu hinzugeborene Münder füttern. Im Schilfrohrsaum am Ufer schieben sich zwei schwarze Gestalten durch das Dickicht. Lendenschurze aus Schilfgras sind um ihre Hüften gewickelt. Ein jeder steht auf einem winzigen Floß; wankende Schilfrohrmatten, die bei Gewichtsverlagerung nachgeben und dort, wo der Fuß eindrückt, voll Wasser laufen. Die beiden rudern und staksen umher, halten inne und schlagen mit ihren Stöcken auf das Wasser. Fischer, die den Fang in ihre Netze treiben. Alles, was sie bei sich haben, entstammt dem Fluss. Jäger im Tanz mit ihrer Beute.

V O R dem Überqueren der imaginären Linie, die Ägypten vom Sudan trennt und die, wie alle mit dem Lineal gezogenen Grenzen, in der Gleichförmigkeit der Landschaft nicht die geringste Berechtigung findet, fällt ein entkräftetes Kamel immer weiter zurück. Die Karawane hält. Zwei Männer reiten hin. Das Tier, das niedergestürzt ist, will nicht wieder auf die Beine. Es muss aufgegeben werden. Während Cheireddein und ich auf die Szene zureiten, sehe ich, wie der Kopf des

Kamels zurückgebogen wird und wie sich ein Dolch am Halsansatz in die Schlagader senkt. Blut schießt aus der Wunde und benetzt den Boden. Es wird von einem heranwehenden Sandschleier zugedeckt. Während Cheireddein das Fleisch, das wir für die nächsten Tage brauchen, aus dem geöffneten Korpus schneidet, halte ich unsere Reittiere. Männer aus anderen Abteilungen eilen herbei und tun es uns gleich. So wird ein Teil des Kamels doch noch mit der Karawane fortgetragen. Der andere Teil bleibt Geiern und Hyänen überlassen. Und danach werden Wind und Sonne den abgenagten Körper zum unwirklichen, über Leben und Tod erhabenen Zeichen erheben; zu einem Mahnmal, das die Reihe der Skelette, die unseren Weg säumt, auffüllen wird.

Mittagsrast. Das Fleisch brutzelt im Kochtopf. Zäh ist es. Es schmeckt wie Rindfleisch. Das, was wir nicht brauchen, schneidet Cheireddein in Streifen und hängt sie zum Trocknen an den hinteren Holm seines Sattels. Ein Hauch von Verwesung haftet dem Geschlinge an, der sich auch durchs Kochen nicht verflüchtigen wird. Als wolle jemand über olfaktorische Signale den mosaischen Gesetzen über reine und unreine Tiere Nachdruck verleihen: «*Nur diese dürft ihr nicht essen von dem, was wiederkäut und gespaltene Klauen hat: das Kamel, denn es ist zwar ein Wiederkäuer, hat aber keine gespaltenen Klauen ... Vom Fleisch ... dürft ihr weder essen noch ihr Aas anrühren: denn sie sind euch unrein ... wer ihr Aas anrührt, der wird unrein sein bis zum Abend; und wer ihr Aas trägt, soll seine Kleider waschen und wird unrein sein bis zum Abend.*»

Wir essen es dennoch.

Kaum ist die Karawane wieder in Gang gekommen, will eine Stute fohlen. Zehn Minuten Zeit bekommt sie für die Geburt. Das Junge hat glattes, nasses Fell. Es sitzt auf dem Sand, schaut neugierig in die Welt. Ein prachtvolles Tier. Die Mutter beschnuppert es und wird mit einem Peitschenschlag davongetrieben. Die Karawane setzt sich wieder in Bewegung. Das Füllen bleibt zurück, während die Kamele in trauriger Prozession an dem wimmernden Bündel Leben vorbeiziehen, den Kopf nach ihm wenden, und – manch eines – für einen Moment im Laufen innehält. Bis eine Stute nach der anderen zu maunzen beginnt. Klagelied der Kamele. Im Himmelsdunst kreisen Geier. Sie haben die Beute erspäht. Eine halbe Stunde später absolviert die Stute mitten im Lauf die Nachgeburt, die, ehe sie zu Boden fällt, eine Zeit lang, vom Wind gebläht, wie ein Trauerflor aus ihrem Leibe weht.

Wir reiten über monotone Schotterflächen. Eiskalter Wind fegt uns entgegen. Bald peitscht Sand in mein Gesicht. Ein Unwetter bricht mit voller Wucht los. Es wird auch den darauf folgenden Tag anhalten. Die Tiere sind von Sandwirbeln umtost. Der Sturm zaust in ihren Barthaaren, an ihrem Nacken- und Höckerfell. Weiter weg löst sich die Karawane in bleichen Nebeln auf. Die matte Scheibe der Sonne ist verschwunden. Wie die Herde zusammenhalten?

Unser Trupp stoppt. Warten. Ich suche Deckung bei den Tieren. Sie sitzen mit dem Hinterteil gegen den Wind, drücken sich dicht aneinander und rühren sich nicht von der Stelle. Wie von Geisterhand herbeigezogen taucht der Rest der Karawane aus dem Nebel auf. Als der Wind eine Atempause einlegt, setzen wir uns in Marsch. Kaum sind wir in Fahrt gekommen, peitschen orkanartige Windstöße Sand gegen die Breitseite des Konvois. Die Karawane wird nach Osten abgedrängt. Und bald brechen die Tiere, weil sie dem Weg des geringsten Widerstandes folgen, mit dem Sturm nach Südosten aus. Wir versuchen, sie auf Kurs zu halten, schaffen mit Mühe siebzig Grad. Bis nichts mehr geht und die Kamele sich zu Boden fallen lassen. Wir müssen warten, bis der Sturm vorüber ist.

Gegen Nachmittag legt sich der Wind, und die Sicht wird besser. Bald lösen sich die Umrisse eines Hügels aus dem Dunst, und wenig später erkenne ich Baum- und Buschwerk. Wir sind wieder am See. Als wäre nichts geschehen, weiden die Kamele im Ufergehölz.

Blick auf die Landkarte. Trotz des Unwetters hat die Karawane die Spitze der Ausbuchtung des Nubischen Meeres östlich des Djebel Siri punktgenau getroffen; eine Leistung, die mir Respekt abverlangt. Männer der Wüste; ihnen ist das Gefühl für den leeren Raum, für Entfernungen und für das Richtunghalten im Nichts angeboren. Den eigenen Standort in der Drift des Sandes, im Wind und im Wegbrechen der Herden nicht aus den Augen verlieren, das erfordert Instinkt, geschult und sensibilisiert durch jahrelanges Umherziehen. Hätte ich den Fleck in solch einem Sturm allein je erreicht?

Am Nachmittag des 32. Marschtages taucht auf einer Anhöhe ein weißes Zelt auf. Daneben ein Jeep in Tarnfarben. Ägyptisches Militär. Die Karawane hält und wartet. Wir sind am Kontrollposten Bab Sarra angekommen.

Die Soldaten brauchen ihre Zeit, bis sie sich zur Abfertigung des Konvois organisiert haben. Ich hatte mir den Grenzübertritt anders ausgemalt; als ein Willkommenheißen, das dem Begrüßungszeremoniell unter den Bewohnern der Steppe ähnelt. Doch der Posten kündet mit Macht von der Gegenwart staatlicher Gewalt in einem Teil der Welt, den ich für vollkommen leer gehalten hatte. Wie sonst wäre es möglich, dass unser riesiger Treck von sechs Gestalten zum Halt gezwungen werden kann?

Trotz der absurden Szene bin ich zufrieden. Auch wenn der Weg bis zu den Pyramiden noch weit ist: ich habe das Land der Pharaonen auf Kamelrücken erreicht. Ich krame meinen Pass heraus und schreite froh gelaunt auf die Soldaten zu. Kaum erblicken mich die Uniformierten, bricht unter ihnen Hektik aus. Gebrüll. Alles stürzt durcheinander und sucht nach den Waffen. Ich bleibe stehen. Und dann sehe ich, wie einer sein automatisches Gewehr auf mich richtet. Ich reiße die Arme hoch. In der Rechten mein Pass.

«Das ist ein Ausweis! Habt keine Angst!», rufe ich.

Ein, zwei, drei kurze Feuerstöße, trockenes Gebell aus einer Kalaschnikow. Ich höre das Sirren der Querschläger, bin wie zu Stein erstarrt. Dreißig Meter liegen zwischen mir und der außer Rand und Band geratenen Soldateska. Mit erhobenen Händen drehe ich mich um und kehre ihr den Rücken. Vor meinen Augen die Herden. Kein einziger Kameltreiber ist zu sehen. Meine Kameraden sind in Deckung gegangen. Ist dies mein letzter Blick auf die Karawane? Im rechten Augenwinkel eine Gestalt. Ich sehe den Lauf einer Maschinenpistole. Es folgt ein Schlag ins Kreuz, der mich zu Boden wirft. Ich lande mit dem Gesicht auf dem Sand, spüre eine Stiefelsohle zwischen meinen Schulterblättern. Leibesvisitation im Liegen. Man findet nichts. Die Stimmen über mir werden ruhiger, und die Last in meinem Kreuz vermindert sich. Man erlaubt mir aufzustehen. Blick in junge, aufgeregte Gesichter. Ein Unteroffizier nimmt meinen Pass entgegen, steckt ihn weg. Noch einmal werde ich durchsucht.

«Der Mann hat nichts», sagt der Soldat zu seinem Vorgesetzten.

«Dann ist er unser Freund.»

Die turbangekrönten Gesichter meiner Kameraden tauchen hinter Kamelen und Felsgestein auf. Ich will zu ihnen. Jemand hält mich fest. Zum Zelt oben auf dem Hügel soll ich folgen. Barsche Einladung zum Tee. Man zwingt den gesamten Konvoi, an Ort und Stelle zu kampieren. Kein Grashalm, nichts, was den Tieren als Futter dienen könnte.

Eigentlich ist es kein Zelt, sondern Lehmziegelwände, über die eine Plane gespannt ist. Im Inneren des etwa drei mal vier Meter großen Wachhäuschens saugt ein Kamelbaby Zuckerwasser aus einer Glasflasche. Längs den Wänden Pritschen und Deckengeknäuel. In der Ecke neben dem Eingang ein Kerosinkocher und eine Teekanne. Gläser liegen über den Boden verstreut. Auf einem Holztisch ein olivfarbenes Sprechfunkgerät. Man hat Nägel in die fensterlosen Wände geschlagen. Uniformjacken und eine blaue Turnhose hängen daran.

Funksprüche wechseln hin und her, und schließlich blättert der Unteroffizier in meinem Pass, lässt sich, als er nicht weiterkommt, Namen und Nummer vorlesen. Die gibt er dann durch.

«*Howa alman* – er ist Deutscher», höre ich. Das Fragen und Rückfragen will kein Ende nehmen.

Zurück zur Karawane darf ich nicht. Ich muss in der Bude übernachten. Der Chef des Grenzabschnitts will persönlich mit mir sprechen.

Am anderen Morgen weckt mich das Maunzen und Blöken der Kamele. Die Karawane wartet. Es dauert ewig, bis zwei Jeeps heranrumpeln. Ein Mann in Uniform steigt aus. Er ist so alt wie ich. Die Soldaten salutieren. Wieder weht eiskalter Wind. Man beordert die Khubara der Reihe nach in das Postenhäuschen. Dann blättert der Offizier in meinem Pass. Bab Sarra sei nur für den kleinen Grenzverkehr geöffnet, sagt er schließlich. Ob ich eine Beteiligung am Tierbestand der Karawane halte, will er wissen. Ob Hassan mein Eigentum sei?

«Nein, ich habe ihn gemietet.»

Worauf er verkündet:

«Du kannst nicht weiter. Du musst mitkommen. Wir werden dich nach Abu Simbel bringen und von dort aus nach Assuan.»

Es hat keinen Sinn, zu versuchen, den Mann umzustimmen.

«Commander, darf ich mich wenigstens von meinen Leuten verabschieden?»

«Wenn es nicht zu lange dauert.»

Ich gehe runter zur Herde, tätschele Hassan, der zwischen den Steinen sitzt und mich anschaut. Das Tier gähnt, reißt sein Maul weit auf und zeigt die Reihen schwarzer Backenzähne. Dann legt es seinen Kopf auf den Boden und lässt sich kraulen. Es rumort in seinem Magen. Die Oberlippe liegt breit ausgefächert auf den Steinen. Als wolle sie sich über etwas stülpen, es festhalten und behüten. Sporadisches Klopfen mit dem Schwanz. Einen Rest Datteln habe ich noch für ihn. Damit nehme ich von meinem Reittier Abschied.

Abdallah, Rhageb, Cheir und Cheireddein haben begriffen, was los ist. Ich krame mein Restgeld aus dem Brustbeutel.

«Abdallah, das ist für die Ziege.»

Der Moment des Abschiednehmens. Dutzende Male hatte ich ihn in der Wüste miterlebt. Nun bin ich derjenige, der geht. Umarmungen. Wir machen keine großen Worte.

«Wann werdet ihr in Kairo sein?», frage ich den Khabir.

«Ungefähr in 14 Tagen.»

Händedruck und das Versprechen, sie auf dem Kamelmarkt in Imbaba zu besuchen.

Ein Soldat trägt meinen Reitsattel. Ich folge ihm mit den Satteltaschen hinauf zur Bude. Endstation nach einem langen Marsch. Mein Blick schweift über Felsen und Sand und über die mehr als 1200 Tiere, die, durch Kniefesseln in ihren Bewegungen gehemmt, vor dem winzigen Wachposten Schlange stehen. Endgültigkeit des Abschieds.

Herausgerissen aus dem Rhythmus von Laufen und Reiten, abgetrennt von der Karawane, jenem schmiegsamen Gebilde, das im Licht der klaren, stillen Tage, in Sandhagel und in lautloser, sternenübersäter Nacht auf seiner Bahn dahinzog, herausgerissen aus dem Rauch der Lagerfeuer und den Gerüchen der Tiere; gewaltsam entfernt aus dem Gewoge der Leiber, das mich wie eine Welle trug. Weil irgendein Stück Papier fehlt.

Idealisiere ich das Erlebte? Flüchte ich in die Illusion, es gäbe Völker und Räume auf diesem Planeten, die von der Moderne noch unberührt geblieben sind? Wahrscheinlich gibt es sie nicht mehr. Und dennoch habe ich sie mit eigenen Augen gesehen. Hier und da existiert es noch, jenes unangetastete, von unpassierbaren Weiten beschirmte Dasein, das der Beduine nichts anderem verdankt als seiner Zähigkeit. Und seinen Kamelen. Auch wenn die Soldaten gerade ein Bild zerbrochen haben, dessen Teil ich war: ich bin fest entschlossen, es wieder zusammenzufügen, es zu leben.

Man ruft die Khubara und Treiber und befiehlt ihnen, sich unterhalb eines Felsvorsprungs in Reih und Glied aufzustellen. Rechts und links vor ihnen bezieht je ein Soldat mit Gewehr und aufgesetztem Bajonett Posten. Schließlich betritt der Offizier mit einer Eskorte den Felsen und hebt zu großer Rede an. Dass es verboten sei ... dass auch sie bestraft werden würden, wenn noch einmal ein Ausländer in einer Karawane erwischt werden würde ... und so weiter. Wie eine Bergpredigt mutete diese Szene an, wäre der Vortrag nicht von Drohungen und Überheblichkeit durchsetzt. Der Redner, ich spüre es deutlich, ist von seinen guten Manieren überzeugt. Als wären den Männern Handschellen angelegt, lassen sie mit auf dem Rücken verschränkten Armen den Wortschwall über sich ergehen, während die wenigen Kleidungsstücke, die sie am Leibe tragen, im eisigen Nordwind flattern. Die Rede endet schließlich in väterlichem Tonfall. Und mit der Erlaubnis zur Weiterreise. Was sonst? Man kann die Tiere nicht einfach zurückschicken. Beifall von Seiten der Treiber. Ich sehe, wie Abdallah all seinen Stolz fahren lässt und er wie die anderen in die Hände klatscht. Ovationen für den Commander.

Man wirft meine Sachen in einen Jeep, und dann geht's in rasender Fahrt nach Abu Simbel. In der Nähe des Flughafens befinden sich die Baracken für die Unteroffiziere der Grenzschutztruppen. Dort werde ich einquartiert. Smalltalk in der Kaserne. Ich darf das Gelände nicht verlassen.

Ein Wachposten lehnt mit geschultertem Gewehr gegen eine Lehmziegelwand. Er hält eine flache, halb mit Reis gefüllte Aluminiumschüssel in der Hand. Mit der anderen sortiert er Steine aus. Auf einem von leeren Petroleumfässern umstellten Karree sind Uniformierte zum Strafexerzieren angetreten. Lachende Gesichter bei Vorgesetzten und Soldaten. Bei der Abrechnung der Dienstfahrtenkilometer hatte es Unregelmäßigkeiten gegeben. Ich durfte den Verhandlungen mit den Ertappten beiwohnen.

Leben an der Leine. Ich sehe Soldaten die Hacken zusammenschlagen, die Beine hochreißen; und denke an das Gehen, an das freie Laufen, an die selbstsicheren, in sich ruhenden Gestalten voller Harmonie und zäher, sehniger Kraft, deren Gesten und Gebärden so viel Instinkt und Willen offenbaren; an die erprobten, von Hunger und Durst, von Hitze und Kälte geprüften elastischen Körper, die mit gymnastischer, entschlossener Gradheit ihren Weg wandeln; an die gewandten, tänzelnd schwingenden Schritte der Beduinen, die nicht aufhören können zu laufen. Als wäre Gehen das Leben. Und während ich diesen Bilderreigen in mir schaue, dringt der Stechschritt der Soldaten wie ein Messer ins Herz.

Drei Tage später bin ich in Assuan. Man hatte mich auf einen Fährkahn gebracht. Dreißig Stunden dauerte die Fahrt mit dem klobigen Boot, das, von einem dröhnenden Diesel angetrieben, wie ein Fossil aus einer längst untergegangenen Welt über den See tuckerte. Irgendjemand hatte mir erzählt, der Kahn sei ein Truppentransporter gewesen; Überbleibsel aus den Tagen Lord Kitcheners. Abgaswolken umwehten das Schiff, auf dessen Holzplanken im Oberdeck ich gelegen und versucht hatte, die zwei Soldaten zu übersehen, die den Befehl hatten, mich dem Militär in Assuan zu überstellen.

Mitten in der Nacht beginnen die Verhöre. Ich werde von Büro zu

Büro gereicht, sitze auf Fluren, trinke Tee. Kommen und Gehen der Uniformen. Irgendwann verebben die Fragen. Man lässt mich laufen. Und dann stehe ich mit meinem Sattel und den rindsledernen Taschen in dem kleinen, fensterlosen Zimmer in Garden City in Kairo, das ich in einer Wohngemeinschaft angemietet hatte. Ich versuche, mich zwischen platzraubenden Kleinmöbeln, Kühlschrank und Butangaskocher an die Geräusche in der Wohnung zu gewöhnen. Und an den Lärm der Stadt. Nach einer Weile dann sporadische Fahrten zum Kamelmarkt.

BARAGIL-IMBABA ist ein heruntergekommener Stadtteil. Blick aus dem offenen Fenster des Taxis, während ich durch die Innenstadt in Richtung Markt fahre. Verkehrsstau in der Kehre zu einer Brückenauffahrt. Es stinkt nach der Fäulnis verdorbener Früchte, nach Urin und Abgasen. Über dem Wagendach rauscht der Verkehr auf einer Hochstraße. Hupkonzerte hallen durch die Häuserschluchten; durchdringendes Geheul, zwischen das sich ein Stakkato schriller Triller schiebt. Ein bettelnder Invalide nebenan auf dem aufgerissenen, müllübersäten Gehsteig. Er hat keine Beine, turnt auf den Händen neben der sich ruckweise bewegenden Fahrzeugschlange. Auf einem Müllhaufen ein Mädchen. Ungefähr fünf Jahre alt. Barfuß. Es hat die Hände hochgestreckt und schwingt seine mageren Hüften. Bauchtanz inmitten von Gestank und Verwesung. Zwei Knäblein klatschen im Rhythmus dazu. Ein Stück weiter der aufgeblähte Leib eines toten Wasserbüffels. Dann aufgeputzte junge Frauen. Sie steigen mit ihren Stöckelschuhen über Müll, stolzieren – als flanierten sie durch eine Einkaufspassage – einen Bahndamm entlang, an dessen Fuß ein umgestürzter Waggon wie eine gefledderte Leiche zur letzten Ruhe gebettet liegt. Neben einer offenen Kloake ein fahrender Händler mit seinem Karren. Fische liegen auf verwaschenem Rot brüchiger Holzplanken. Goldglänzende Leiber, überzogen von Fliegenschwärmen. Die Ware wird gekauft. Ein Kind hebt sein Kleid. Noch ist es nicht ganz in der Hocke, spritzt schleimig gelber Kot aus seinem Körper. Im jauchigen Wasser des Kanals nebenan treiben Plastiktüten – wie

Sprechblasen aus der Unterwelt. Ein Kutschpferd wird über eine Müllhalde hinab zum Wasser geführt. Der halb nackte Mann und das Pferd nehmen gemeinsam ein Bad.

Der Markt ist ein einziges Gewoge von Kamelleibern. Mitte März. Noch hat die Sommerhitze den Strom der Schlachtviehkarawanen aus dem Sudan nicht zum Versiegen gebracht. Die meisten Tiere bieten einen erbärmlichen Anblick. Als wäre das Leben in ihnen bereits erloschen, harren sie ihres Schicksals. Nur gelegentlich kommt Bewegung in die Herden. Wenn aufgekauftes Vieh für den Gang zur Schlachtbank abgesondert wird. Dann ertönen die Rufe der Treiber. Und das Klatschen der Knüppel schreckt die Tiere aus ihrer Lethargie. Staub wirbelt auf, vermischt sich mit den Rauchschwaden eines schwelenden, benzinübergossenen Kadavers, legt sich wie ein Leichentuch über die todgeweihten Leiber.

Die sudanesischen Kameltreiber. Augen ohne Härte. Melodischer Sprechgesang. Ihre Fragen, ihre kurzen Kommentare: als wären es die Strophen eines Trost spendenden Liedes. Geduldig erwidern sie die immer wiederkehrenden Begrüßungsformeln. Im rußgeschwärzten Gemäuer der Baracken am Rande der Freiflächen haben die Männer bis zum Verkauf der von ihnen betreuten Tiere Quartier bezogen. Einladung zum Essen. Hirsebrei mit Soße. Blick in ihre Gesichter. Manch eines ist von glühenden Klingen gezeichnet. Wundmale auf Schläfen und Wangen. Zeichen ihrer Herkunft und Insignien ihrer Würde, die sie aus dem gewöhnlichen Geschehen und dem Gezeter herausheben. Wie auch der Adel, der in ihren schlichten Gesten liegt. Ruhige, selbstsichere Bewegungen von Männern, die wissen, wie man in der Wüste überlebt.

Ich brauche Kamelhaut. Die Verspannung meines Sattels hat sich gelockert, und mit Plastikschnüren möchte ich die hölzernen Holme nicht festzurren.

«Dafür nimmst du am besten ein Stück vom Hals. Geh zu Farag. Der kann dir helfen», sagt Hag Said Muhamed Abd el-Asis und setzt sein Teeglas wieder an die Lippen. Farag Abu Asis ist Metzger im städtischen Schlachthaus in Saida-Zeinab.

Das Kollektivtaxi hält auf einem Platz, dessen Südflanke fast gänzlich von den Mauern und Hallen des Schlachthofes eingenommen wird. Nebenan die Buden der Fleischverkäufer. Menschengewimmel. Es hat geregnet. Matsch, breiig, knöcheltief, bedeckt die Freifläche, die Gehwege zwischen den Verkaufsständen. Niemand stört sich daran. Kinder laufen barfuß umher, bieten mit blanker, hochgehaltener Hand Stücke von Milz, Leber oder Muskelfleisch an. Ganz frisch sind die Schnipsel. Blut rinnt in roten Streifen an den dünnen Ärmchen herab. Wohin ich auch schaue, überall Schmutz und Spuren von Blut.

Ein Mann verlässt das von Soldaten gesicherte Schlachthofgelände. Rot befleckt ist seine Schürze, blutverschmiert die Gummistiefel. In einer hölzernen Scheide am Gürtel ein blutiges Messer. Er zeigt mir den Weg zu Farags Stand. Ich betrete das Labyrinth der Buden. Über einer Ladentheke, am geschälten Schaft des gestreckten Halses, hängt der Kopf eines Kamels. Das Maul, aus dem die Zungenspitze herauslugt, ist leicht geöffnet. Totenstarre Augen unter langen Wimpernsäumen. Groß und glasig schauen sie mich an, blicken überall hin; auf abgespeckte, nackte Schädel, Gedärme, Rippenstücke, Höckerfett und Schenkelfleisch.

Ich verrenne mich in den Gassen. Beklommenheit, Ohnmacht. Schließlich Bestürzung und Schrecken. Als hätte jemand eine Tür aufgestoßen, die den Blick auf ein bislang verborgenes, entsetzliches Geschehen freigibt. «Marktmechanismus», «Fleischversorgung», «Armut», «Unterentwicklung». Es ist nicht leicht, die durch die unmittelbare Nähe des bisher Verdrängten aufgeschreckten Sinne mit banalen Erklärungen zu betäuben. Aufschrei der Seele. Er lässt sich nur schwer durch das Vorgaukeln gängiger, folgenloser Bilder zum Verstummen bringen. Doch unabänderlich ist die Verkettung meines Tuns mit den Ereignissen an diesem Ort.

In der Wüste hatte der Tod manchmal eine eigentümliche Anziehung auf mich ausgeübt. Grausige Faszination des Sterbens. Doch hier in dieser von Gestank und Dreck überzogenen Maschinerie hat er seinen Zauber verloren.

Hinter dem Gewirr der Stände ein Abstellplatz. Kamele. Ihre Bäuche und Hälse sind mit Farbe bestrichen. Wie Weihezeichen von Opfertieren. Hier: die Markierungen der Metzger. Niemand bewacht die Tiere. Hassan el-Maks Brandzeichen finde ich nicht darunter.

Ein Eselkarren rumpelt durch den Matsch. Auf seiner Ladefläche blutige Hufstümpfe, jeweils im unteren Bereich des Fußwurzelzwischenknochens von Beilhieben durchtrennt. Knochensplitter auf samtigem Fell. Reih an Reih sind die Stümpfe gesetzt; alle ungefähr gleich hoch. Der Karren ist damit voll gestellt; wie ein fein säuberlich mit Champagnergläsern besetztes Tablett. Zählversuch in der Vorüberfahrt. Kamelhufe einer vierzigköpfigen Herde; vielleicht. Sie trippeln auf den Holzplanken des dahinholpernden Gefährts, vollführen zum letzten Mal einen gemeinsamen Tanz. Anders als in der Wüste. Als wären sie durch eine ungeheure, lähmende Angst außer Tritt geraten und zu einem stotternden, auf der Stelle tretenden Zappeln verdammt.

An der Rückwand des Schlachthofes nimmt mir bestialischer Gestank den Atem. Abfallberge der Schlächtereien vermischen sich mit Schutt und Hausmüll, der nie abtransportiert wird. Ein Kind sitzt mit nacktem Hintern im Unrat und spielt mit aufgeblasenem Gedärm. Jemand hat die Innereien zum Trocknen zu einer Halde aufgetürmt; als wären es bläuliche, rötliche und violette Luftballons. Farbenspiel des Todes; zur Freude und zum Zeitvertreib des Kleinen. Dies also ist die letzte Station vor dem Messer des Metzgers. Ich bin am Ziel der Karawane angelangt.

Farag ist nicht an seinem Stand. Drinnen im Schlachthof soll er sich aufhalten. Ein Wachposten stoppt mich. Man schiebt mich vor einen Schreibtisch. Und dann führt mich jemand zu einem Pferdefuhrwerk, das neben dem offenen Tor einer Schlachthalle parkt. Ein Stapel Kamelhäute ist darauf. Nur ein kleines Stück davon will ich kaufen. Ich bin umringt von blutverschmierten Gestalten. Jeder erklärt sich zum Besitzer der Ladung. Ein Metzger kommt durch das Tor, pinkelt gegen die Hallenwand. Unverrichteter Dinge verlasse ich den Ort. Als ich das Taxi bezahlen will, entdecke ich rote Fingerabdrücke auf meinem Portemonnaie. Ein Taschendieb hat mir im Gedränge alle Geldscheine abgenommen und die leere Börse wieder in die Innentasche meiner Jacke gesteckt. Nur eine Quittung ist noch drin. Auf ihr kleben Kamelfleischfasern.

ENDLICH eine Nachricht von Abdallah und seinen Leuten. In aller Früh bin ich auf dem Markt, laufe umher und suche. Und dann sehe ich sie. Ich gehe auf die Kamele zu, die in Gruppen entlang einer Backsteinmauer um verstreutes Grünfutter stehen. *Badates*, Schlinggewächse und Wasserpflanzen aus Imbabas Bewässerungskanälen. Das Billigste, was sich an Nahrung für die Tiere auftreiben lässt. Hassan el-Maks Nummer prangt auf den Hälsen der Kamele.

Metzger sind damit beschäftigt, Schlachtvieh zusammenzukaufen. Ich sichte graues Fell. Hassan! Er sitzt am äußersten Ende der Mauer, lehnt fast gegen die Ziegelwand. Vor seinem Maul eine Schüssel mit Kraftfutter, die er nicht beachtet. Zeichen, dass das Tier am Ende ist.

Ein Schlächter mit blütenweißer Djalabeja tritt zusammen mit Rhageb an meinen Hengst. Der Metzger inspiziert ihn, prüft Höcker und Flanken. Hassan fletscht mit den Zähnen, stößt gurgelnde Laute aus. Ein Gehilfe des Händlers eilt in die Szene, und die übliche Lobhudelei hebt an. Der Mann wird nicht lockerlassen.

Ich rufe Hassan beim Namen. Das Kamel wendet den Kopf, erblickt mich, steht auf. Sein linker Vorderlauf ist kniegefesselt. Auf drei Beinen kommt es auf mich zu, trippelt um mich herum und sucht Deckung hinter mir.

Wohin mit dem Tier? Ich kenne niemanden, bei dem das Kamel über den Sommer bleiben könnte. Hassan schnüffelt an meinen Händen. Freudiges Brummen, als ich die Hand öffne und ihm Datteln an die Greiflippen halte. Ich beschäftige mich lange mit dem Tier. Bis der Metzger sich abwendet und andere Kamele ins Visier nimmt. Auch noch am nächsten Tag sehe ich meinen geschundenen Hengst. Mit müden Augen zermahlt er Kraftfutter.

Abdallah, Cheir und Cheireddein sind neben mich gerückt.

«Sieh, was aus deinem Hengst geworden ist. Dein Gepäck war zu schwer», sagt der Khabir. Recht hat er. Ich hatte Sattelzeug und Ausrüstung für künftige Wanderungen mit mir geführt.

Abdallah bringt mich zu ihrem Quartier, lädt mich zum Mittagessen ein. Wir sitzen in einem öden Raum, der voller feuchter Kälte ist. Gleiche Sitzordnung wie in der Wüste. Die Nordwand des Zimmers ist mit Sätteln zugestellt; als bildeten sie eine Barriere gegen den Wind. Davor die wenigen Habseligkeiten. Glutreste glimmen in der Asche. Cheireddein nimmt Äste von einem Stapel und entfacht das Feuer. Ich kenne das Holz. Am Rande des Wadi el-Milk hatten wir es geschlagen. Bald dampft Hirsebrei im Topf. Die Männer erzählen. Mit der Eisenbahn seien sie und die Herde von Oberägypten gekommen. Einen Teil der Tiere hatte man in Daraw verkauft. Ungefähr eine Woche würden sie bleiben und helfen, den Rest der Kamele an die Metzger zu bringen. Der Khabir hat sein Tier schon losgeschlagen. Jetzt ist er auf der Suche nach preisgünstigen Waren. Lange Wollschals, Stoffballen und Aluminiumtöpfe hat er bereits eingekauft. Abdallah redet mehr als sonst. Doch er bleibt unnahbar wie immer.

Das Essen ist fertig. Wir sitzen im Kreis. Keine gesonderte Schüssel mehr für mich. Ich greife in den heißen Brei, in den auch die anderen Hände fahren. Wieder vereint mit den Männern der Karawane. Ich spüre den Sog der Wüste. Sie ist wieder da – inmitten dieses kahlen Gemäuers. Der Alltag dieser Männer hat sich nicht geändert. Auch auf dem Markt leben sie so, als wären sie unterwegs, und ihr Lager bleibt das gleiche. Ob sie hier, eingeschlossen von Beton und Steinen, oder unter sternenübersätem Himmel kampieren, das Lager behält seine Form, stemmt sich gegen den rechten Winkel des Mauerwerks. Sättel, im flachen Halbkreis aufgestellt, eine zählebige Anordnung. Chiffre für eine sich auf geheimnisvolle Weise immer wieder neu erschaffende Kraft, der es leicht fällt, sich mit dem Nichts der grenzenlosen, leeren Räume zu verbrüdern, die sich aber beharrlich gegen die Begrenzung eines Zimmers wehrt. Der Halbkreis; ein Gefüge, das wie eine geöffnete Hand empfängt und gibt: Geborgenheit und Freiheit, Gemeinschaft und Raum; Berühren, Halten und Loslassen in einem.

Eine Form, die offen hält und öffnet und die Wände dieses dunklen Verlieses, das den Männern als Bleibe dient, sprengt.

Wir trinken Tee. Draußen herrscht Tumult. Staub wirbelt durch die Türöffnung.

«Abdallah, ich hatte versprochen, euch zum Essen einzuladen. Jetzt ist die Zeit dafür gekommen.»

«So ist es, bei Allah», antwortet der Khabir.

«Warum kommt ihr morgen nicht alle in meine Wohnung nach Garden City zum Mittagessen?»

Die Männer drucksen herum. Lieber wäre es ihnen, ich würde in einer der Garküchen auf dem Markt Speise und Trank bestellen.

«Ich hole euch ab. Wir fahren zusammen hin», sage ich schließlich.

Eine seltsame Schar abenteuerlicher Gestalten bewegt sich vom Midan Tahrir im Zentrum Kairos zu meiner Unterkunft in der Sharia Saad Zaghlul. Abdallah und die Seinen, die beiden Treiber der Geneina-Karawane und zwei aus Fadlalas Trupp, im ganzen acht Männer mit ihren Peitschen, Schlagstöcken und Dolchen. Davon hatten sie sich nicht trennen wollen. Und während wir uns durch den Verkehr und das Menschengewühl drängen, halten sie sich daran fest. Ihre Werkzeuge und Waffen, das einzige Vertraute in einer Welt, die ihnen unberechenbar erscheint. Rhageb ist zum ersten Mal in der Stadt. Er folgt mir dichtauf.

Ohne viel Umstände zu machen, nehmen die Männer auf Sesseln und Sofas Platz. Verwunderung ist in ihre Gesichter geschrieben. Nicht einmal Hassan el-Mak hat so eine Einrichtung. Die Welt der Karawane macht sich im Raum breit. Die Männer wollen rauchen, Wasser trinken und fernsehen, kaum dass sie es sich auf den Chaiselongues bequem gemacht haben. Mit ihren drahtigen Körpern fläzen sie sich in die Polster, spucken aufs Parkett, als wäre es der Wüstenboden. Ich bin als Gastgeber gefordert.

Mein Mitbewohner Werner und ich tragen das Essen auf. Zehn Kilo Hammelbraten, Reis, Pommes frites, Gemüse, Obst, Joghurt, zwei Sahnetorten von Groppi. Und Fruchtsäfte.

«Wo können wir uns die Hände waschen, Carlo?», fragt Abdallah.

Ich zeige ihm das Waschbecken im Flur. Die anderen folgen. Dann geht's los.

«Bi smilah rachman el rachim ...», murmeln die Männer und hauen rein. Eine festgelegte Speisefolge gibt es nicht. Wie damals beim Festmahl im Hause von Hassan el-Mak greift eine Hand in die Torte, zwackt eine cremige Ecke mit Schokoladenbesatz heraus und reißt hernach ein Stück vom Hammelbraten ab. Zusammen verschwindet beides im Mund. Werner sieht's mit Staunen. Schnell ist das Mahl beendet. Außer Reis ist nichts übrig geblieben.

Nach dem Verzehr von Fleisch ist es Brauch, den Mund mit Wasser und Seife zu spülen. Einen nach dem anderen drängt es zum Waschbecken im Flur. Ich höre Gurgeln, Spucken und Platschen. Man entleert die vollen Münder nicht ins Becken, sondern auf den blanken Boden. Und dann sind die Füße an der Reihe. Einseifen, waschen, massieren, in gleicher unbekümmerter Weise.

Abdallah kommt mit dem Wasserklosett nicht zurecht. Ich erkläre ihm die Funktion der Kloschüssel und der Sitzbrille, mache eine Trockenübung. Die Männer haben sich im Bad versammelt, nehmen meine Vorstellung zur Kenntnis. Als ich später ins Bad komme, sehe ich ihre Fußabdrücke auf der Klobrille. Keiner hatte sich getraut, meinem Beispiel zu folgen.

Nach dem Tee bleiben sie noch eine Zigarettenlänge.

«Carlo, wo liegt Mekka?»

Die Männer wollen beten. Ich hole meinen Kompass und zeige, wo Osten ist.

Im Flur löst sich ein Stück Tapete neben dem Waschbecken, und an anderen Stellen wird die Wand von Handabdrücken geziert. Überall, wo die Männer hingefasst haben, bleibt ein Stück Erinnerung zurück.

Meine Leute wollen wieder zum Markt. Wir steigen in einen Linienbus. Auf der Fahrt fallen Cheir die Augen zu. Nachdem wir in Imbaba angekommen sind, strebt jeder zu seinem Schlafplatz. Cheireddein zieht die Decke über den Kopf. Auch die anderen legen sich lang. Außer Abdallah. Der Khabir hat seine Spannkraft behalten. Mit einer

Handbewegung fordert er mich auf, am Feuer Platz zu nehmen. Er setzt den Teetopf in die Flammen. Zum ersten Mal nimmt er die Zubereitung des Tees in die eigenen Hände. Schweigend sitzen wir uns gegenüber. Als wir die Gläser geleert haben, sagt er:

«Carlo, ich komme mit dir, wenn du losziehst.»

Unterwegs hatte ich davon gesprochen, dass ich für den nächsten Winter eine Expedition in den Tschad plane.

Ich bin überrascht, drücke dem Khabir die Hand.

«Danke, Abdallah, das geht nicht. Ich habe viel von dir gelernt, und es war gut, dein Schüler zu sein.»

«Gehe in Frieden. Allah sei mit dir», antwortet der Khabir, als setze er mit diesen Worten den Schlussstein in ein Mauerwerk.

Ich schreite durch das Spalier der Tiere, die nur noch Schlachtvieh sind, und verlasse den Markt. Abdallah und die Karawane in meinem Kopf. Im Begriff, zu bloßer Erinnerung zu verblassen? Wenn es auch wahr ist, dass die Zeit alles Begehren, Wünschen, Lieben und Hoffen, alles Fürchten, Fliehen und Widerstreben, allen Zorn und alle Freude unaufhaltsam in den Abgrund der Vergangenheit stößt, umarbeitet und verfremdet, so reiht sie doch Augenblick an Augenblick, lässt sie das Gewesene wie die hölzernen Kugeln einer muslimischen Gebetskette mit den Fingerkuppen der Seele ertasten, Glied um Glied in immer währender Runde, bis sie anlangt. Am mitten im Kettenrund verborgenen Ursprung. Gedächtnis und Phantasie bemächtigen sich der Wirklichkeit, noch ehe ich sie verstanden habe. Wiederkäuend wie die Kamele mahlen sie das letzte Quäntchen Süße aus ihr heraus. Entsteht so Zuckerwerk, das nur noch losen Kontakt mit der Wirklichkeit hält? Werde ich je davon ablassen können, Märchen zusammenzureimen? Es mag Dinge und Begebenheiten geben, die ihre Schönheit erst im Nachhinein gewinnen. Die Karawane und die Männer, mit denen ich zog, besaßen sie von Anfang an. Abdallah, dieser harte, stolze Mann, hat mir einen Weg gewiesen; einen, der für ihn selbst nicht gangbar war.

UNTERWEGS IM FEUEROZEAN

EXPEDITION ZUM DJEBEL UWEINAT IM WINTER
1986/87

«Den trifft ein bitteres Los ... den man als Sieger feiert ... Bald
wird er sich in gemeiner Anmaßung aufblähen und seine
Sternennächte gegen Handelsware austauschen ... Und warum
unterwirft er sich der Meinung der Seßhaften, da er in seiner
Einsamkeit ein Herr war? Für den ... Zimmermann liegt der Lohn
seiner Arbeit in dem Glanz des Brettes, das er poliert hat. Für
den anderen liegt er in der Stille der Wüste.»

(Antoine de Saint-Exupéry)

IM äußersten Südwesten des Pharaonenlandes, im Länderdreieck
Ägypten, Sudan und Libyen, erhebt sich das Felsmassiv des Djebel
Uweinat. Dieses beinahe kreisrunde Gebirge, das eine Fläche von
1400 Quadratkilometern bedeckt und dessen Plateau bis zu einer
Höhe von 1892 Metern inselhaft und steil wie ein uneinnehmbares
Bollwerk aus einem Gürtel dunkler Hügel und der flachen Wüste
emporragt, liegt so abgeschieden, dass es nur selten Regenfälle vom
tausend Kilometer entfernten Mittelmeer anzieht.

Zu diesem Bergmassiv, das erst im Jahre 1923 von Hassanein Bey,
einem ägyptischen Forschungsreisenden und Diplomaten, entdeckt
wurde, wagten sich in der Vergangenheit nur wenige Expeditionen,
und heute ist die gesamte Region zum militärischen Sperrgebiet erklärt. Nur wer eine Sondergenehmigung hat, darf den Berg aufsuchen
und die grandiose Fülle prähistorischer Felsbilder und Ritzzeichnungen an seinen Wänden in Augenschein nehmen; ein Reichtum an Artefakten, der den Uweinat als bedeutende kulturelle Drehscheibe für
die Hirtenvölker der Ost-Sahara während der vergangenen 10 000
Jahre ausweist.

Ich will dorthin, will die Felsbilder sehen. Ist es das alleine?
Was zieht mich zu dieser hoch aufgetürmten Masse aus nubi-
schem Sandstein und Granit, die abgetrennt von der Welt und
ganz und gar ohne Zusammenhang mit ihr in einsamer Ferne
existiert; einfach da ist und mit nichts anderem beschäftigt zu sein

scheint als mit sich selbst und den Jahrmillionen ihrer eigenen Geschichte?

Mich reizen Ferne und Unerreichbarkeit des Gebirges. Der leere Raum, der sich wie eine unüberwindliche Hürde zwischen den Berg und die Oasen in der Westwüste Ägyptens legt; der auf strapaziösem Marsch durchquert werden muss – um anzukommen, an einem Ziel, das zu längerem Bleiben nicht einlädt. Die Mutmaßung schließlich, der Djebel Uweinat sei die Gegend, in der nach den Erzählungen aus *Tausendundeiner Nacht* die 25 unsichtbaren Tore der Messingstadt sich all jenen öffneten, die zu den Auserwählten unter den Nachkommen des Propheten zählten. Musa Ibn Nusair, Statthalter des Damaszener Kalifen Abd el-Malik Ibn Merwan, war einer von ihnen. Er fand die Stadt. Sämtliche ihrer Einwohner waren verdurstet. Er fand auch die Schätze, die sie in ihren Mauern barg. Im Auftrag seines Herrschers nahm er alle Kostbarkeiten mit. So ist es überliefert. Ob die Geschichte stimmt, die Scheherezade von der 566. bis zur 578. Nacht zum Besten gab? Vage Andeutungen im Text nähren die Vermutung, an dem Märchen sei ein Körnchen Wahrheit. Doch gerade weil die verschollene Siedlung bis heute ein Phantasiegebilde geblieben ist und weil die Erzählung in der Wüste spielt, ist sie mir ein lohnender Bestimmungsort für meine Karawane – auch deswegen, weil es dort nichts zu holen gibt.

Gering ist die Zahl derer, die die Strecke zwischen dem Berg und den bewohnten Gebieten in Ägyptens Westwüste mit dem Kamel zurückgelegt haben. Die Letzten, die sich auf den Weg über die 650 wasserlosen Kilometer machten, waren die von den Italienern Ende Januar 1931 im Süden Libyens geschlagenen «Rebellen» von Kufra. 500 Männer, Frauen und Kinder flüchteten mit ihren Kamelen und Ziegenherden Hals über Kopf zum Djebel Uweinat. Über längere Zeit waren Niederschläge ausgeblieben, und so reichte das Wasser in den drei Regenquellen am Rande des Gebirgsstockes nicht für alle. Man musste weiter. Eine Hundertschaft lief nach Süden in den Sudan. Der Rest marschierte in Richtung Nordost zur Oase Dakhla. Da man keinen Führer hatte, folgte man den Spuren des Prinzen Kemal el-Din, der das Uweinat-Massiv im Jahre 1925 mit seinen Kegresse-Citroën-Raupenschleppern aufgesucht hatte. Zwanzig Tage dauerte die Odyssee. Als die Flüchtlinge Dakhla erreichten, waren fast einhundert von ihnen verdurstet. Manch einer hatte nur deshalb überlebt, weil er sein Kamel abgestochen und das Blut getrunken hatte – letzte Zuflucht eines Beduinen zur Verlängerung seines Lebens.

Zu der aus dem Stande erfolgten Flucht der Bewohner von Kufra gibt es in der Geschichte der Sahara-Trecks keine Parallele. Fehlende Vorbereitung, kein Wasser und kein Futter – außer am Gebirge. Nur ihre verzweifelte Lage hatte die Flüchtlinge, unter denen viele Verwundete waren, überhaupt auf diesen Weg getrieben. Dem Hörensagen nach soll ein weiterer Trupp von Kufra direkt nach Farafra gezogen sein.

Einfach losgehen in die Richtung des Berges? Ist dieses Wagnis alleine zu bestehen? Ich habe keine Genehmigung. Soll ich es darauf anlegen, von einer Wüstenfernpatrouille aufgegriffen und verhaftet zu werden? Man würde meine Kamele auf der Stelle töten. Und dann würde ein Rattenschwanz weiterer Strafen folgen, bis hin zur Ausweisung aus dem Land. So viel will ich nicht aufs Spiel setzen. Der gerade Weg von Kairo über Dakhla zum Djebel Uweinat ist mir verwehrt. Doch es gibt Umwege, um ans Ziel zu gelangen. Lange brütete ich über den Landkarten, bis ich die Lösung hatte: zunächst von Kairo durch die Bergwüste östlich des Nils bis Qena. Dann nach Luxor und zur Oase Kharga und von dort illegal über die Grenze in den Sudan. In sicherem Abstand vom 22. Breitengrad wäre der Vorstoß zum Djebel Uweinat kein unüberwindliches Problem mehr. Der Weg zurück? Der würde sich von selbst ergeben.

Die ausgewählte Route machte auf dem Papier einen guten Eindruck. Ihr wasserloses Teilstück tief in der Libyschen Wüste ist allerdings wesentlich länger als der Fluchtweg der Vertriebenen von Kufra.

Was bei dieser Ausgangslage mehr als jede Schreibtischweisheit zählte, waren brauchbare Kamele; Lasttiere, die einem 4000-Kilometer-Marsch gewachsen waren. Solche Kamele sind rar. Und dennoch musste ich sie finden.

In meinem Reisetagebuch sind die für das Gelingen der Expedition entscheidenden Fakten festgehalten: Bewältigung eines 1360 Kilometer langen, brunnenlosen Streckenabschnitts von Bir Oyo über Burg et-Tuyur, Djebel Uweinat und Regenfeld nach Bir Abu Minqar. Das war die eigentliche Extremmarschstrecke. Sie verkürzte sich durch das Ergraben von Wasser bei Burg et-Tuyur auf 1010 Kilometer. Dort schaufelte ich mit meinem Essnapf ein Wasserdepot frei, das mir der Kölner Prähistoriker Rudolph Kuper für den Notfall überlassen hatte. 300 Liter kostbares Nass in zehn soliden Mauserkanistern. Ein nicht mit Gold aufzuwiegender Schatz inmitten der Wüste. Nach dem Auftanken in Burg et-Tuyur brachte ich die bis zum Brunnen bei Bir Abu Minqar verbliebene 1010-Kilometer-Distanz in 26 Marschtagen hinter mich, wobei meine drei Lasttiere anfangs mit folgenden Gewichten beladen waren:

Hassan: 120 Kilo Kolbenhirse, 110 Kilo Wasser für meinen Bedarf; Kambyses: 90 Kilo Wasser fürs Abtränken der Kamele unterwegs, 60 Kilo Küche, Proviant etc.; Atma: 90 Kilo Kolbenhirse, 60 Kilo Kleidung, Karten, Literatur, Medizin, Werkzeug, Ersatzsattel usw., 20 Kilo Wasser (Notreserve), 5 Kilo Brot.

Gesamtlast: 555 Kilo. Hinzu kommt das Eigengewicht der Sättel. Meine Kamele waren handverlesene Kraftpakete. Diesem Umstand und der guten Fütterung, solange es eben möglich war, ist es zu verdanken, dass die Hengste im Vollbesitz ihrer Kräfte mit mir in Bir Oyo zum Extremmarsch nach Bir Abu Minqar an den Start gehen konnten, nachdem sie, von Kairo kommend, bereits 2630 Wüstenkilometer zurückgelegt hatten. Nur eins von vieren, Iskander, war krank geworden und hatte in Kharga zurückbleiben müssen. Ich kenne keinen Fall, weder vom Hörensagen noch aus der Literatur, wo nahezu ununterbrochen im Einsatz stehende Kamele Ähnliches geleistet hätten.

KAIRO, 6. Oktober 1986, Staatsfeiertag. Der Sieg über Israel wird gefeiert. Heroische Filme im Fernsehen. Panzer fahren über den Bildschirm. Zwischendurch immer gleiche Kommentare zu den Geschehnissen des Jahres 1973. Auf dem Kamelmarkt ist von der Feststimmung in den Medien nichts zu spüren. Die Geschäfte gehen ihren gewohnten Gang. Uwe ist bei mir. Ich hatte ihn eingeladen, mich ein Stück Wegs zu begleiten und zu helfen, die Tiere auf den geplanten Marsch durch die Libysche Wüste vorzubereiten. Um mit Kamel, Karte und Kompass auf der Trainingsstrecke durch die Berge zwischen Nil und Rotem Meer dabei sein zu können, hatte Uwe seinen Installateurbetrieb in Krefeld für zwei Monate dichtgemacht und sich von Lehrling und Freundin verabschiedet.

Wir sitzen mit unserem Gepäck im Schatten eines Betonbaus und bringen unsere Ausrüstung in Schuss, bespannen die Sättel, flicken Satteltaschen und stopfen Baumwolle in die Sattelkissen. Vor uns vier Kamelhengste, kniegefesselt, wiederkäuend. Unsere Tiere. Es hatte Tage gedauert, bis wir sie gefunden hatten. Immer wieder waren wir frühmorgens zum Markt gefahren und hatten nach brauchbaren Lastkamelen Ausschau gehalten, bis Mittagshitze und Staub unser Treiben vorübergehend zum Erliegen brachten. Endloses Feilschen, Zetern, Schimpfen und Fluchen, mühsame Verhandlungen zwischen den von Stockschlägen mal hier-, mal dahin getriebenen, sich ständig neu formierenden Blöcken der Tiere – ein Härtetest für Nerven und Kreislauf. Schweißtriefend und in Vorfreude auf die Wanderung hatten wir uns in die Wagnisse und die Beschwerlichkeiten orientalisch-merkantilen Tatendranges, in winkelzügige Hökerei und Rosstäuscherei hineinziehen lassen, viel Tee getrunken und schließlich staunend und beinahe ein wenig überrascht darüber, dass es geklappt hatte, vor unseren Kamelen gestanden. Besitzerstolz. Freude – sogar in den Gesichtern der Schelme und Spitzbuben, die mit großen Gesten und wortreichen Schwüren versucht hatten, uns Schindmähren und abgehalfterte Klepper aufs Auge zu drücken.

Der Markt leert sich. Die Geschäftemacher sind müde. Draußen auf der Straße herrscht *sachma* – Verkehrsstau. Kamele warten beidseits der Autoschlangen auf den Abtransport. Den ganzen Tag über sind wir nicht zum Essen gekommen. Jetzt bringt Salim, unser Helfer, Tee von einem der wenigen Stände, die noch offen sind. Lauwarm ist er. Und Dafallah Abd el-Kasim, der mir bei den Kaufverhandlungen zur Seite gestanden hatte, steuert mit Bohnen belegte Sandwiches bei.

Salim führt unsere Tiere in ein geschlossenes Geviert, in dem sie über Nacht bleiben. CARLO steht in grünem Farbspray auf ihren Bäuchen; provisorisches Besitzzeichen – für alle Fälle. Wir packen zusammen, gehen rüber zu den Hengsten. Ihre Augen, Mäuler und Nüstern sind fliegenübersät. Von Zeit zu Zeit wälzen sich die Tiere im Schmutz; hilflose Manöver, der Plage Herr zu werden.

«Was haben die Kamele zu fressen bekommen, Salim?»

«*Batada.*»

«Warum kein Stroh? Dafür habe ich dir doch Geld gegeben.»

«Wenn sie *batada* vertragen, kannst du sicher sein, dass sie gesund sind. Ich kriege noch fünf Pfund von dir, Carlo.»

Nach getaner Arbeit wollte ich keine bohrenden Fragen stellen. Warum auf lückenloser Rechnungslegung bestehen? Was sind schon 15 oder 20 Pfund? Der Betrag ist nicht wirklich verloren. Er ist Teil des Eintrittsgeldes in die Welt, die mich lockt; das Entgelt dafür, dass ich mitten im Leben stehen und in ihm wirken kann und dass es nicht nur episodenhaft wie ein fernes Schauspiel am Hotelzimmer vorüberzieht. Ich will keine schön verpackten Impressionen. Ich will hinein in das Gequirle auf Märkten und Gassen. Um schließlich auch diese Bilder hinter mir zu lassen und mich dem Eigentlichen zuzuwenden: der Leere und der Kargheit der großen, weiten Räume. Und weil ich mich von den Letzteren nicht mehr lösen kann, bin ich jetzt wieder damit beschäftigt, eine Karawane zusammenzustellen und in die Wüste zurückzukehren; in die Landschaft, der ich den größten Teil meiner Möglichkeiten zu verdanken habe.

«Meinst du, die könnten noch eine Portion Kraftfutter vertragen?», fragt Uwe neben mir und lenkt meine Aufmerksamkeit wieder auf die Kamele. Wir schütten Kolbenhirse in Plastikeimer. Die Tiere senken ihre Mäuler hinein.

«Das ist die beste Vorbereitung für die Wüste, Salim. Ich brauche Kamele, keine Bäuche auf Beinen. *Batada*, das Blätterzeug aus dem Kanal, kannst du deinen Ziegen verfüttern.»

Es ist dunkel geworden. Uwe und ich laufen zurück. Der Boden ist weich und von Kamelurin durchtränkt. Gestalten begegnen uns. Sie murmeln eine Begrüßungsformel und sind schon vorüber. Wir schließen unser Gepäck in Dafallahs Büro.

Unter der Überdachung, im offenen Vorraum des Händlerbüros, knien vier Männer auf einer Decke. Sie beten gemeinsam. Sprechgesang. Immer wieder die gleichen, wenigen Sätze aus dem Koran. Wir setzen uns auf eine niedrige Mauer und lauschen den Rezitationen. Im Halbrund die Schattenrisse der Kamele, die auf dem Markt verblieben sind. Zu ihnen fließt das Gemurmel der Treiber, verschmilzt mit den Wiederkäuergeräuschen zu einem einzigen Klang, der für die Anstrengungen des Tages entschädigt.

«Carlo, wo bleibst du? Eure Djalabejas sind fertig», ruft anderntags Ibrahim aus seinem Verschlag. Er stammt aus dem Sudan und hat sich mit seiner Singer-Nähmaschine als Schneider auf dem Markt niedergelassen. Früher war er Kameltreiber gewesen; jetzt tritt er des besseren Verdienstes wegen tagein, tagaus in die Pedale. Während wir die neuen Gewänder anprobieren, kommt Hussein Harun aus Umm Badr auf mich zu. Seiner Karawane hatte ich mich vor zwei Jahren in El-Geneina angeschlossen. Bei Kebkabiya waren wir in einen Hinterhalt geraten. Banditen hatten uns mit Kalaschnikows attackiert und ein Dutzend Kamele geraubt. Erinnerungen an damals, während wir uns umarmen. Auf dieser Reise hatte ich alle meine Tiere verloren. Unser Gespräch währt kurz. Noch heute will Hussein zurück in die Heimat. Ehe er geht, fragt er:

«Carlo, wozu brauchst du vier Kamele? Ihr seid doch nur zu zweit.»

Auf dem Kamelmarkt in Dongola-Chelewa läge das Preisniveau mehr als die Hälfte unter dem des Kairoer Marktes.

«Warum kaufst du nicht dort nach, falls du mit zweien nicht auskommen solltest?»

Niemand kennt meine Pläne, und daher konnte sich manch einer keinen rechten Reim auf unsere aufwendigen Vorbereitungen machen.

Ein Mann, ein Kamel? Ich hatte mich für doppelte Sicherheit entschieden. Vom ersten Schritt an mit Tieren losziehen, die aus der Verunsicherung des Marktes zueinander finden. Das ist – wenn man auf sich allein gestellt ist – sinnvoller, als später durch Zuerwerb die einmal entstandene Rangordnung unter den Hengsten in Frage zu stellen.

Sudanesische Kameltreiber umstehen uns, als wir den vier schwer beladenen Hengsten die Agale abnehmen. Ratschläge und gute Wünsche fliegen zu uns herüber. Muhamed Achmed Adim, ein Treiber aus An Nahud, tritt hervor und sagt:

«Die beiden Weißen sind die besten, Carlo. Die laufen mit dir bis Al Fashir», womit er Iskander und Hassan meint. Von Atma und Kambyses hält er nicht viel. Es sollte anders kommen. Die Tasche mit dem Fotostativ hängt an Iskanders Sattel. Er ist das älteste Tier und der Leithengst der Karawane. Gut, zu wissen, dass das Stativ, weil die Abmessungen stimmen, für eine «Kalash», eine russische Maschinenpistole, gehalten wird.

«Benötigt ihr Hilfe? Braucht ihr einen Führer?» Fragen aus dem Kreis der Treiber.

Ich brauche keinen Wegkundigen. Die entscheidenden Strecken auf dieser Wanderung werde ich alleine laufen. Denn wenn es um solche Entfernungen geht, kann vernünftigerweise keine Vereinbarung mit einem anderen getroffen werden. Das ist eine Sache, die man ganz allein mit sich selbst ausmachen muss. Schließlich setzt Dafallah den Erkundigungen ein Ende.

«Dieser Mann braucht eure Hilfe nicht. Er selbst ist der Khabir.»

Wir schreiten durch die Gasse, die zum Ausgang des Marktes führt. Sie wirkt enger als sonst. Wie aus dem Häusermeer herauskommen, ohne Schaden zu nehmen? Wir müssen durch den Verkehr und raus aus der Stadt. Mit viel Glück gelangen wir nach Giza. Einen Steinwurf von den Pyramiden entfernt schlagen wir unser Lager auf und kochen die erste Mahlzeit unter freiem Himmel. Vor uns die Kamele. Dahinter die monumentalen Trümmer einer untergegangenen Kultur. Welch ein geschichtsträchtiger Ort als Ausgangspunkt für die bevorstehende Wanderung! So wie wir haben zu Zeiten der großen

Trecks Karawanen im Schatten der gigantischen Grabmäler gelagert, ehe sie zur Durchquerung der Libyschen Wüste ansetzten. Und während unsere Kamele geräuschvoll Zuckerrohr, Stroh und getrocknete Bohnen zermalmen, gleitet der Blick über die himmelhoch getürmten Steinblöcke, bis er sich im würfeligen Gefüge verliert; schweift schließlich über dunstblasses Grün der Nilgärten und tastet sich an den Sand- und Schotterwällen entlang, die gleich neben den Pyramiden den Auftakt zur Wüste bilden.

Die Wüste. Ihre Leere übt einen eigentümlichen Sog aus. Sie drängt mich beständig, nach fernen Horizonten zu greifen. Sofort loslaufen könnte ich, hineinstürmen in dieses Vakuum.

Bis wir loskommen, dauert es noch zwei Tage. Unser erstes Etappenziel ist das Kloster des heiligen Antonius. Es liegt 265 Kilometer von den Pyramiden entfernt in den Bergen zwischen Nil und Rotem Meer.

Von den Wegen, die bis zu Beginn dieses Jahrhunderts den Kontakt zwischen dem Kloster und der Außenwelt herstellten, gibt es nur noch einen, der nicht asphaltiert ist. Er zweigt südlich von Kairo bei El-Saff vom Nil ab und steigt auf die Höhen der nördlichen Galala, um dann hinab ins Wadi 'Araba und zum Kloster zu führen. Diesen beschwerlichen, aber für Lastkamele zugänglichen Pfad wollen wir begehen. Denn überall sonst rauscht der Verkehr.

Spätnachmittag, die traditionelle Aufbruchzeit der Lastkarawanen. Im Licht der tief stehenden Sonne mischen wir uns mit den Tieren unter die wenigen Touristen und laufen eine Ehrenrunde um die Pyramiden, ehe wir in die Wüste entschwinden.

Wir müssen über den Nil. Es ist Donnerstag. *Jom el gumma*, der Sonntag der Muslime, steht bevor, als wir aus der Stille der Felder treten und uns der Brücke bei Mahariq nähern. Autolärm umbrandet die Karawane. Die Tiere sind nervös. Und dann passiert das Malheur. Atma scheut, und mit einem Knall reißt der Sattel von Hassan, an dem Atmas Kopfseil befestigt ist. Glück im Unglück. Ein Mann ist zur Stelle und lädt uns ein, auf der Freifläche vor seinem Haus zu kampieren.

«Zwischen zwei und drei Uhr nachts könnt ihr versuchen, rüber auf die Ostseite zu kommen. Dann ist wenig Verkehr», rät er uns. Unser Gastgeber wohnt seit zwanzig Jahren an der Brückenauffahrt. Während ich neue Längsstreben in Hassans Sattel einziehe, spielt Uwe auf seiner Ukulele Stimmungslieder vom Rhein. Bis der Hausherr und seine Familie mitsingen.

Kein Auto weit und breit, als wir uns zur empfohlenen Stunde auf den Weg machen. Uwe führt die Karawane. Ich gehe neben den Tieren und rede beruhigend auf sie ein. Sie haben Angst vor den Bögen aus Stahl, die sich über unseren Köpfen spannen. Die Brückenmitte ist erreicht, als ein Polizeikrad, vom Postenhäuschen auf der anderen Seite kommend, auf uns zubraust.

«Verboten, ah – Ausländer», entfährt es dem Fahrer. Er macht kehrt. Gleich darauf ist er mit einem Offizier auf dem Sozius wieder da. Begrüßung, Belehrung und die obligatorische Passkontrolle. Sie verläuft glimpflich. Ausnahmsweise dürfen wir weiter.

Vor uns liegt Heluan, das Industriegebiet Ägyptens. Wir ziehen durch verödete Straßen, vorbei an rauchspeienden Schloten und gespenstisch quietschenden Förderbandanlagen. Dampffontänen zischen aus undichten Ventilen und defekten Rohrleitungen. Karawanenromantik will beim Anblick der in trübes Neonlicht getauchten Produktionsanlagen nicht aufkommen. Doch irgendwann wird die unwirtliche Zone aus Beton und Eisen aufhören und die Wüste beginnen. Seit unserer Ankunft in Kairo träumen wir: von stillen Brunnen, kahlen Schluchten und Tälern, von lauen Nächten und dem Glanz der Sterne, von Zeitlosigkeit und vom Licht, das von allen Seiten aus dem ungeheuren Himmel fließt.

Wir laufen bis Sonnenaufgang, immer Richtung Süden, nilaufwärts, die Landstraße entlang. Auf einem abgeernteten Zuckerrohrfeld neben der Straße machen wir Frühstückspause. Zwei Burschen aus Arab Aeiba begrüßen uns. Dorfnamen mit dem Vorsatz «Arab» lassen auf Beduinenansiedlungen schließen. Ja, zur Sektion der Amirat würden sie gehören. Ihr Familienclan habe vor 35 Jahren das Leben in der Bergwüste aufgegeben und sei im Niltal sesshaft geworden.

Abkömmlinge von Beduinen. Uwe kann kaum glauben, dass er am Rande eines Bewässerungskanals seine ersten Wanderhirten zu Gesicht bekommt. Ihren Wasserbüffel haben die beiden keine zehn Kamellängen vor uns angepflockt.

Lange können wir nicht rasten. Wollen wir nicht von Moskitos zerstochen werden, muss bis zum Abend der Einstieg in die Wüste geschafft sein. Wir verlassen die Straße und bewegen uns auf Eselpfaden nach El-Saff. Dort fassen wir Wasser, und Uwe kauft Zuckergebäck in einem Laden. Die Karawane wartet derweil vor dem Geschäft. Sie ist von Kindern umringt. Alle betteln, wollen Bakschisch. Es sind zu viele, um auch nur einen zu beschenken. Nach einer Weile fliegen Steine. Erwachsene schreiten schließlich ein. Hilfe im rechten Moment. Ein paar der jungen Unholde verfolgen uns bis Arab el-Saff.

Die Beduinensiedlung liegt außerhalb der Vegetationszone. Zwischen den Lehmziegelhäusern ist auffallend viel Platz. An einer Wasserstelle drängen sich Ziegenherden. Wir sichten Kamele und sehen Frauen vor den Häusern. Sie tragen schwarze Überkleider, die den Blick auf grellfarbene Röcke und Blusen darunter nicht verhindern. Silbernes Geschmeide hängt um ihren Hals. Hier und da blinken Ohrringe, Armreifen und Nasenringe aus Gold. Kein einziges Gesicht ist verschleiert. Nirgendwo eine Mauer, hinter der sich eine weibliche Gestalt verbirgt.

«*Fadalu, aschrab shaij*», rufen die Männer; Einladung zum Tee. Noch ganz unter dem Eindruck der gerade überstandenen Attacke lehnen wir dankend ab und ziehen geradewegs auf die Berge zu. Kaum liegt das Dorf hinter uns, muss Hassans Ladung gerichtet werden. Das zwingt zum Halt.

«Sieh mal, wir bekommen Besuch!», ruft Uwe. «Dort, ein halbes Dutzend Männer auf Kamelen, im Trab. Bewaffnet sind die auch!»

Alles, was Beine und Bart hat, eilt herbei. Bald sind es fünfzig freudestrahlende Gesichter. Nach ihrem Dafürhalten hatten wir uns vollkommen korrekt verhalten: offener, «furchtloser» Vorbeimarsch mit anschließender Wahl eines Lagerplatzes abseits der Hütten und Herden – zur Vermeidung von Unruhe und Ansteckung unter den Tieren der Gastgeber. Unser «Nein» auf ihre Einladung war gar als Beduinenstolz ausgelegt worden.

Schon sitzen wir auf der Erde und sind mitten im Palaver. «Woher, wohin, weshalb … ?», wollen die Männer wissen. Und als die Abendsonne zum Aufbruch mahnt, verabschieden sie uns mit dem Satz:

«Nehmt die Wüste Ägyptens als unser Geschenk!» Wörtlich gemeint ist das und ein schönes Geleit für unsere ersten Schritte in die Berge. Im letzten Licht des Tages sinken wir erschöpft auf unsere Lagerdecke. Seit Überquerung des Nils haben wir 45 Landkartenkilometer zurückgelegt.

Gerade will ich mich hinlegen, da wenden wie auf ein Kommando alle vier Höckertiere ihre Köpfe in die Richtung, aus der wir gekommen sind. Zunächst sehe ich nichts; dann ein Kamel, das einen Steinwurf entfernt an uns vorbeistapft. Auf dem Tier sitzen zwei Männer. Ich will nicht unhöflich sein, rufe:

«*Fadalu!*»

Darauf hatten die beiden gewartet. Sie wenden sich uns zu. Es sind Leute aus Arab el-Saff. Wir hatten ihnen noch vorhin die Hände geschüttelt. Der Dorfälteste schicke sie – zu unserem Schutz. Mit verhaltenem Stolz wickeln sie eine großkalibrige Pistole aus einem Lappen. Schnell hat einer der beiden ein Feuer entfacht und bereitet Tee. Und dann bricht der andere Brot und bestreut es mit Salz, um es mit uns, den Fremden, zu teilen. Stille Übereinkunft zwischen Gast und Gastgeber, dass Friede herrscht und der eine unter des anderen Obhut steht. Wie hätte ich gleich nach dieser Zeremonie in meinen Schlafsack kriechen können? Die beiden bleiben die ganze Nacht. Während Uwe neben uns schnarcht, erzählen die Männer von ihrem Leben. Und von der Bergwüste, die sie *biladna* nennen – «unser Land». Die Berge seien ihr Besitz, der ihnen von Allah zugewiesen wurde, sagen sie. Er sei ihr gemeinsames Erbe, und Fremde dürften Land, Pflanzen, Tiere und Wasser nur mit ihrem Einverständnis nutzen.

Diese Wüste hat unsichtbare Grenzen. Jeder Winkel in ihr ist vergeben, einem bestimmten Clan zugewiesen und mit dessen Wasm markiert, in den Fels geritzten Eigentumsmarken, an Brunnen, an

Weideplätzen und an markanten Wegstellen angebracht. Selbst auf einzelnen Bäumen lasten von Generation zu Generation übertragene Rechte. Jeder Beduine kenne sie, und wann immer er sich im Gebiet eines anderen Clans aufhalte, sei er zu sparsamem Umgang mit Wasser und Weide gehalten.

In Arab el-Saff hatten wir sesshafte Beduinen gesehen. Sind sie es wirklich? Die beiden wehren sich gegen meine Frage. Auch wenn sie nicht mehr in schwarzen Ziegenhaarzelten lebten, seien sie doch Beduinen. Und ein Kamel hätten sie auch.

Nomaden werden sesshaft, weil die Zeitläufte gegen sie arbeiten. Bei den beiden ist zu spüren, dass sie der Wüste noch nicht vollständig den Rücken gekehrt haben. Sie stehen zwar auf verlorenem Posten, halten aber dennoch, wie all ihre Brüder, mit Stolz an der Bezeichnung «Arab» oder «Bedu» fest. Und so schlagen sie sich durchs Dasein:

«Die meisten von uns, auch wenn sie Getreide und Gemüse anbauen, Wasserbüffel, Kühe und Schafe zur Tränke führen, hüten ihre Kamele am Rande der Wüste, reiten damit regelmäßig in die Berge, sammeln Samen, Kräuter und *fachm buchur* …», geköhltes Geäst der Artemisia judaica, dessen Rauch Ungeziefer vertreiben und gegen den bösen Blick helfen soll.

«Manchmal gehen wir auf Jagd oder besuchen Verwandte, die noch in der Wüste wohnen», versichern sie und fügen hinzu: «Wir führen ein freies Leben. Wenn wir kein Geld haben, gehen wir eine Weile als Tagelöhner arbeiten.»

«Ist das wirklich Freiheit?», frage ich.

«Freiheit – *el-hurrejja*, die ganze Freiheit hast du nur, wenn du in der Wüste lebst, wenn du nicht zu lange an einem Ort bleibst und wenn du all die Dinge, die du besitzt, auf dein Kamel laden kannst, wann immer du willst», erläutern sie. «Wir hausen jetzt in Arab el-Saff. Wir sind zu viele geworden, und für alle von uns ist draußen kein Platz. Doch die Berge – sie sind unser Königreich.»

Als ich Jahre später, im März 1998, einen Abstecher nach Arab el-Saff mache, um die beiden Männer zu besuchen, ist der Ort nicht wieder zu erkennen. Die Freiflächen zwischen den Lehmziegelhäusern sind zugebaut und von Mauern umstellt. Nahe dem Ortsrand qualmen die Schlote von Ziegeleien und trüben die Sicht in Richtung Wüste. Ich sehe nur ein einziges Kamel. Es ist an ein ausgeschlachtetes Autowrack gebunden. Man erkennt mich wieder, geleitet mich zu einem Haus, zeigt mir das Bild, das ich von einem jungen Kamelreiter gemacht und nach Ägypten geschickt hatte. Der Bursche von damals, jetzt ein Erwachsener, hat das Großformat in Gold rahmen lassen. Er sagt, die Beduinen seien zu einer Minderheit im Dorf geworden.

UWE und ich brauchen keinen Begleitschutz. Am anderen Morgen reiten die Männer zurück. Wir laufen zu Fuß, um die Tiere zu schonen, folgen einem Kamelpfad, der uns in gehörigem Abstand an wild übereinander gestürzten Felsmassen vorbei durch ein Wirrwarr von Hügeln führt. Der Weg steigt schließlich ins Wadi Rishrash ab. Das trocken liegende Flussbett schlängelt sich breit und ohne Liebreiz in Richtung der langen, das Niltal begrenzenden östlichen Steilstufe aus Nummulitenkalk. Zwei Akazien stehen in seinem Lauf. Von dort nähert sich ein halbes Dutzend Kamelreiter. Wieder Männer aus Arab el-Saff. Begrüßung. Einladung zum Tee.

«Wir sind in Bewegung, können nicht anhalten», erkläre ich den Männern. Sie verstehen.

«Schließt das Tor in der Schlucht», rufen sie uns nach.

Bald schneidet das Wadi in die pittoreske Front des Nummulitenkalkplateaus ein, das, steil wie eine Wand, sich von hier bis Qena erstreckt. Wir erreichen den Tariq Faruk, einen gut ausgebauten Schotterweg, der zum Jagdschlösschen des letzten Königs von Ägypten führt. Davor ist ein Stacheldraht mit Tor quer durch das Wadi gezogen. Er soll die in den Bergen herumstreunenden Kamele davon abhalten, in die Grünzone am Nil einzufallen. An den ehemaligen Pferdeställen des Schlösschens satteln wir ab, tränken die Tiere am Brunnen nebenan und nehmen ein Bad. Mittagessen: Nudeln mit Käse.

Unsere Karawane ist in das östliche Kalksteinplateau eingetreten, das die einst in diesem Gebiet verstreut lebenden Hirten «Galala» nannten. Rechts und links lotrecht in die Höhe strebendes, helles Sedimentgestein, etwa hundert Meter hoch. Aus seiner Deckschicht sind Felsbrocken herabgestürzt und bis in das Trockenflussbett gerollt. Manche der Felsstücke sind mit Jäger- und Kameldarstellungen verziert. Einfachste Beduinen-Graffiti. Dass die meisten Bildnisse jüngeren Datums sind, erklärt sich aus dem Duktus der Ritzzeichnungen.

Wir haben keine Eile. Die Kamele weiden mit dicken Wasserbäuchen in abgestorbenem Gebüsch. Dunkelheit bricht herein. Wir lauschen dem Blubbern und Schnaufen der brünftigen Hengste, sporadisches Geräusch, das die Beduinen *jahdurr* nennen. Nachdem sich Uwe in seinen Schlafsack verkrochen hat, betrachte ich noch lange die stille Schlucht, über deren hoher Felskante der Mond gemächlich entlanggleitet. Manchmal unterbrechen Steinschlag und Klirren von Geröll das Schweigen. Gazellen und Steinböcke steigen durch die Steilwände und stoßen kehlig bellende Schreie in die Nacht. Später hole ich die Kamele nahe ans Lager. Den Blick auf unsere Tiere gerichtet, liege ich im Mondschein und betaste mein Glück. Immer wieder anders und neu kommen die Hengste für mich ins Bild. Wundersame Geschöpfe. Allah selbst, so sagen die Beduinen, habe über das von ihm geformte Schiff der Wüste im Nachhinein gestaunt, als er zum Schluss der Schöpfung sein Werk überschaute. Endlich bin ich wieder in der Wüste.

Fast eine Woche bleiben wir in der Schlucht. Wir lassen uns treiben, genießen den Stillstand der Zeit. Viel passiert nicht. Manchmal ein Schaukampf am Morgenhimmel. Raben fordern einen Bergfalken heraus. Bis er aus dem Bild flattert.

Im Mündungsbereich von Seitentälern haben Akazien, Strauchwerk und Kameldorn bevorzugt Wurzeln geschlagen. Wir wandern von Weideplatz zu Weideplatz. Der gleißende Glutofen am Himmel hält Farben, Formen und Konturen in unaufhörlicher Bewegung. In ständigem Wandel lässt er Schatten schrumpfen und dehnt sie wieder in die Endlosigkeit hinein, gießt seinen Glanz übers stille Land, bis die Nacht kommt und alle Bilder zusammenstreicht – für einen neuen Anfang. Pulsschlag des Universums. Er spiegelt sich in langsamen Rhythmen, im ewig gleichen Lauf der Gestirne und in den ruhigen Bewegungen der weidenden Kamele. Ihre Kau- und Mahlbewegungen haben das Gleichmaß eines Pendels. Das stete Auf und Ab von Hals und Kopf und das eintönige Geschäft des Wiederkäuens, das die Tiere so ernsthaft betreiben, liefern mir ein natürliches Maß für die Erfassung der Zeit. Verstand und Sinne: um wenige Wahrnehmungen, Eindrücke und Erlebnisse tänzelnd. So verrinnen die Stunden, ziehen die Tage vorüber.

Die Kamele haben einen Verband geformt. Herdentrieb hält sie zusammen, und dank der Kraftfuttergaben kommen sie von selbst zum Lager. Sie haben den täglich wechselnden Platz als Zentrum für ihre Bewegungen angenommen. Hirtenleben. Die Tiere um mich geschart. Ich weiß es: Der lose Bund beruht auf Konditionierung. Schon auf dem Kamelmarkt hatten wir mit regelmäßigen Kraftfuttergaben dafür gesorgt, dass dieser Mechanismus in Gang kam. Und doch kann ich mein Glück kaum fassen, wenn die Tiere von weit her auf mich zustapfen.

Zeitlosigkeit. Erlebnisse der Stille und des Schweigens. Wieder bestimmen sie mein Leben. Es ist wie tiefes Atemholen, nachdem eine große Belastung von einem abgefallen ist. Wie hatte ich mich im lauten Europa danach gesehnt. Was geht in Uwe vor? Überschwängliche Freude hatte ich bei ihm bisher nicht bemerkt.

«Zu wenig Abenteuer», sagt er lapidar, als ich ihn frage. Und dann klaubt er die Stunden und Tage zusammen und rechnet das Verhältnis aus reiner Wanderzeit, Vorbereitungszeit und Warten aus. Bei Allah, er hat tatsächlich einen Doppelpunkt in sein Hirn gesetzt und rechts und links davon Zahlen und Zeiten postiert. Unterm Strich kommt heraus, dass sich die Reise nach Ägypten bisher nicht gelohnt habe. Ich kritisiere ihn nicht, versuche, mich auf ihn einzustellen. Er braucht vor allem ein gemütliches Frühstück.

SEIT dem Eintritt in die Berge wandert die Karawane einen Pilgerpfad entlang. Auf den Spuren jener, die sich als Fremde in der Welt betrachtet hatten und die darauf hofften, wieder an ihren Platz im

136

Himmelreich – ihrer eigentlichen Heimat – zurückzukehren; Sehnsucht, die die ausgemergelten Gestalten antrieb. Sahen sie doch ihre Himmelsschlösser schon zum Greifen nahe, während sie noch auf Erden wallten. In sicherer Erwartung paradiesischer Freuden waren sie. Deswegen, noch im Diesseits, stießen sie sich ins Exil und nahmen für die Reise in Richtung Gott – als diese wollten sie ihr ganzes Erdenwallen verstanden wissen – alle Entbehrungen und Strapazen auf sich.

Durch das Erdulden der Qualen des Marsches erhofften sie sich Purifikation, spirituelle Erleuchtung und Wandlung: ein inneres In-Gang-Setzen, stimuliert durch eine äußere Bewegung. Am Ende aller Mühen winkte eine Belohnung: die mystische Vereinigung mit Gott. Die ersten Schritte auf diesem Wege waren Verzicht und Abkehr von der Welt. Der wahre Pilger entledigte sich aller Reichtümer und zog in Lumpen gewickelt los. Loslassen können. Darin war er Meister. Dieses Aufgeben bezeugte die Bereitschaft zur inneren Wandlung. Entsagung, so hofften Pilger und Eremiten, sollte den Weg bahnen, hin zum Teilhaftigwerden der göttlichen Liebe. Bis ins späte Mittelalter hinein trieb solches Verlangen die Menschen dazu, Haus, Hof und Familie zu verlassen. Massenhaft drangen sie in die Wüste, suchten als Eremiten Glückseligkeit und innere Heilung in Selbstanklagen, Geißelung und Martyrium. Sie kämpften um Spitzenleistungen der Askese. Aus dem Lebensgleichgewicht geworfene Dörfler und Städter waren sie allesamt. Ein frei in der Bergwüste lebender Beduine käme nie auf den Gedanken, so seinem Gott zu huldigen. Weil er darauf achtet, die göttlichen und die weltlichen Dinge nicht durcheinander zu bringen. Nach dem Verständnis der Wanderhirten sind die Welt und alles Sichtbare in zwei Kategorien geteilt: in die menschengemachten Dinge *(swajt beni adam)* und in Gotteswerk *(swajt rabbina). Swajt rabbina* besitzt für die Beduinen die höchste Wertschätzung. Dazu zählen Berge, Wasser, Bäume, Tiere, der Mensch selbst. Und die Wüste. Ihr karges Leben ist nicht erst durch Kunstgriffe entbehrungsreich gemacht worden. Es ist ein Leben voller Mühsal und Gefahr. Und dennoch ist es nicht mit Entsagung gespickt, weil diese Menschen das

Land, das sie das Ihre nennen, aus der Hand Gottes entgegennahmen; ebenso wie all das Übrige, das er ihnen gab. Sie nahmen es, ohne seine Geschenke *(swajt rabbina)* abzulehnen und, um ihm zu gefallen, sich selbst zu verstümmeln. Noch heute führen manche von ihnen ein biblisches Dasein; voll des Lobes für ihren Gott, doch ohne alle unterwürfige Inbrunst. Ist es da ein Wunder, dass sie, die im dünn besiedelten Bergland von Weide zu Weide ziehen, fast ganz ohne Hierarchie auskommen? Dass sie ihre Tage ohne religiöse Strenge verbringen?

DER Cañon ist enger geworden, und Felsbrocken versperren den Pfad. Wir bahnen uns den Weg durch die Schlucht. Manchmal besteht er nur aus einer Spur, und wenn ein Felsabsatz, über den er führt, zu schmal wird, verweigert Iskander die Gefolgschaft. Dann übernehmen Hassan und Atma die Führung. Sie sind mit solchen Schwierigkeiten vertraut. Wie Bergziegen steigen sie die Hänge hinauf, den beiden Sudankamelen zum Vorbild.

Uwe und ich sind krank. Er hat fürchterliche Hustenanfälle, Schüttelfrost und Fieber. Wir vermuten eine Kamelhaarallergie. Mich plagt Durchfall. Meine Tabletten wirken nicht.

Schließlich erreichen wir das Hochplateau der Galala. Steine und Geröllwellen bis zum Horizont. Rechter Hand die Schluchten des Wadi Kharuf, an dessen östlichen Ausläufern wir entlangziehen. Unverstellter Blick über das rollende Hochland. Nordwind zaust an den Kleidern. Voraus, in Laufrichtung, Hügelrücken – blau, fern. Zugvögel schrauben sich über uns in den Himmel. Die Vögel kreischen; das einzige Geräusch während der Wanderung über das Plateau. Der Wind treibt Uwes Beschwerden fort. Abends greift mein Kamerad zur Ukulele und spielt Schunkellieder vom Rhein.

Hassan steht die ganze Nacht über im Mondlicht und käut wieder. Das Tier strotzt vor Kraft. Will es sich deswegen nicht setzen? Gegen Morgen zerreißt der Hengst eine Provianttasche. Sie enthält getrocknete Brotfladen. Einen Großteil des Inhalts können wir vor seinen Zähnen retten.

Dann stehen wir am Abgrund und blicken in die Ebene des Wadi

'Araba, das sich, zehn Stunden breit, vom Golf von Suez bis zum Niltal streckt. Felsen in freiem Fall, 300 Meter in die Tiefe. Darunter Geröllstürze und Schutthalden, Trümmerberge und Felsabsenkungen in unregelmäßiger Rippung. Bis ins Tal sind es noch einmal knapp 300 Höhenmeter. Der Palmenhain von Bir Bereida liegt zum Greifen nahe. Und vierzig Kilometer südlich zeichnet sich das Karree des Klosters vom heiligen Antonius im Dunst ab. Lange bleibe ich an dem Steilabfall sitzen, schaue an den Felsstürzen entlang und in die Ebene; bis über das Meer und zu den Bergen des Sinai.

Anderntags rückt die voll beladene Karawane an den Steilsturz. Kamele sind für die Ebene geschaffen. Steilem Auf und Ab weichen sie am liebsten aus. Schließlich finden wir den Abstieg nach Bir Bereida. Einzeln ziehen wir die Kamele den Pfad hinab, vor dessen engen Hohlwegpassagen abgeladen werden muss. Wir schultern Gepäck, laden es auf und wieder ab. Fast einen halben Tag dauert es, hinunterzukommen. Schließlich sind wir am Brunnen.

Die Tiere umstehen eine mit kristallklarem Wasser gefüllte Pfütze und saufen in langen Zügen. In einer Felsspalte gluckst Wasser. Ein rußgeschwärzter Aluminiumtopf liegt an einer Feuerstelle. Sie qualmt noch. Zigarettenkippen und frischer Eseldung dicht daneben. An einer Palme hängt Kleidung zum Trocknen. Kurz vor unserem Eintreffen hat ein Beduine Reißaus genommen.

Sonnenuntergang. Ein Vogelschwarm lässt sich zwitschernd in den Palmen nieder. Als der Mond hinter einer Klippenstufe emporsteigt, wirft er ihre Schatten wie Scherenschnitte auf die hell erleuchteten Felsen. Weil sich dort etwas bewegt, verhalten wir uns mucksmäuschenstill. Bald tritt ein Steinbock aus der Deckung. Kaum eine Karawanenlänge von uns entfernt hebt er sich in voller Größe gegen den hellen Nachthimmel ab.

Anderntags folgen wir einem Pfad, der uns hinab nach Bir Barda führt. Wir passieren Reste von Mauerwerk, Scherben und aufgegebene Felder und lagern dann im Schatten einer Akazie. Stille. Unterbrochen von Fliegengesumm. Und von Uwes Husten. Die Tiere liegen reglos in der Sonne.

Schreie in der Ferne. Im Feldstecherrund erblicke ich mehr als ein Dutzend Kamele. Zwei von ihnen sind beladen. Hinter dem Pulk läuft ein einziger Mensch. Aufrecht, gewandt und stolz. Er lenkt die Tiere mit seiner Stimme durch die wegelose Wildnis. Zum wievielten Male sehe ich solch ein Bild? Es schlägt mich immer wieder in seinen Bann. Hirtenleben. Der Mann: Er ist an seine Tiere gebunden; und sie an ihn. Wahrscheinlich sind sie sein ganzer Besitz. Und besäße er nichts, hier wäre er dennoch ein König.

Ich schaue der Karawane nach, bis von den Rufen nichts mehr zu vernehmen und sie hinter einer Bodenwelle verschwunden ist. Etwas in mir drängt mich, dem Mann zu folgen. Doch zwischen seinem Leben und dem meinen steht eine über Jahrtausende gewachsene Barriere.

Am Abend erreichen wir das Trockenbett des Wadi 'Araba, und tags darauf läuten wir die Glocke am Eingangstor des Klosters. Schwarz bekuttete Mönche strömen herbei, begutachten uns und die Kamele. Sie tragen Hauben mit Nackenschutz. Die Kopfbedeckungen sind mit gelben Kreuzmotiven bestickt. Unter den Klosterbrüdern herrscht eine heitere, fast ausgelassene Stimmung. Eintragung ins Gästebuch, Willkommenstrunk: eine eiskalte Mixtur aus Pfirsich- und Grapefruitsaft. Wir werden in die Residenz für Erste-Klasse-Gäste gebeten. Auch die Tiere erhalten Einlass. Man führt sie in den Olivenhain.

«SELTENER Besuch seid ihr. Die meisten reisen mit dem Omnibus an», sagt Abuna Musa und schmunzelt, «ja, früher, da kam die Pilgerkarawane aus Beni Suef. Doch diese Zeiten sind längst vorbei.»

Arbeiter biegen Moniereisen zurecht. Um den massenhaften Ansturm der Besucher – Gläubige und Touristen – zu bewältigen, ist der Ausbau des Konvents in vollem Gange. Im Speiseraum überlässt man uns dem Koch und seinen Künsten.

«Sieh dir das an!» Uwe stöhnt, als sei er vom Kreuz gefallen: «Corned Beef. Aus Argentinien. Dieselbe Marke! Die könnten glatt aus unserer Provianttasche sein!» Auf jedem Teller steht eine Dose.

Seit er das Küchenkommando übernommen hat, ist nur noch dieser Braten auf unsere Lagerdecke gekommen, liebevoll garniert mit Träumen – von frischem Salat und Gemüse.

Kabel und Wasserleitungen winden sich in planlosem Zickzack über gelb gefleckten Putz. Ich merke, wie Uwes zweite Natur durchzubrechen droht, wie es ihm in den Fingern juckt. Als Klempnermeister sind sauber ausgeführte Installationen sein Gütezeichen.

«Für die nächsten hundert Jahre hätte ich hier Arbeit», murmelt er, während er Corned Beef mit Reis in sich hineinschaufelt. Gut, dass er seinen Werkzeugwagen nicht dabeihat.

Abuna Discoros bringt uns handgroße, runde Brotlaibe mit Siegel: Kreuze, in Quadraten angeordnet, umschlossen von einem ornamentverzierten Kreis. Die Laibe sind vom koptischen Patriarchen gesegnet. Wir essen davon. Einen verstaue ich in meiner Satteltasche. Er wird den langen Marsch unversehrt überstehen und später in meinem Arbeitszimmer einen Ehrenplatz erhalten.

Die Mönche wollen unsere Landkarten sehen. Gemeinsam beugen wir uns über die Blätter. Den Pilgerweg über El-Saff zum Kloster kennen sie nicht.

«Wo ist der Konvent zum heiligen Paulus?», fragt Abuna Aisak. Und dann rücken sie mit ihrem Wunsch heraus. Sie wollen mit uns bis dorthin durch die Berge ziehen.

«Wie viel seid ihr?»

«Vier oder fünf. Eigentlich wollen alle mit, aber wir können das Kloster nicht leer stehen lassen», ruft Abuna Musa lachend in die Runde.

«Ich brauche Stroh und Kraftfutter für den Weitermarsch.»

«Kein Problem, das kann dir Malak mit dem Lastwagen besorgen.» Die Hilfsbereitschaft der Mönche scheint grenzenlos. «Malak» heißt Engel; genau der richtige Name für den klösterlichen Dienstboten. Mit seinem 5-Tonner versorgt er die Mönche mit Nachschub vom Nil.

Es ist Abend geworden. Der Generator brummt. Ein Teil des Stromes wird zur Illumination der neuen Klosterkirche verwandt; ein Bau vom Anfang des 20. Jahrhunderts. Auf ihren beiden Türmen strahlt je ein gelbes Neonkreuz. Im Verhältnis zur Baumasse sind sie übergroß; weithin leuchtende Markenzeichen des Christentums. Auch der Wasserturm, der Taubenschlag und andere profane Nebengebäude sind mit Kreuzen gekrönt.

Und während ich schaue und das sporadische Läuten der Glocken an mein Ohr dringt, sehe ich, wie letztes Licht die Steilstürze der Süd-Galala mit violetten Tinten überzieht. Augenblicke später bringt die Dämmerung das unwirkliche Hellgrau, das die ganze Breite des Wadi 'Araba beherrscht, zum Verlöschen. Erst als der Mond still über dem Sinai aufgeht, nimmt das Werkeln der Arbeiter auf den hölzernen Gerüsten entlang der Klostermauer ein Ende. Dort wird ein neuer Schlafsaal für Pilger errichtet. Der Generator lärmt bis Mitternacht.

WIE im Zeitraffer ziehen an diesem Abend die 1600 Jahre an mir vorüber, die seit dem Wirken des heiligen Antonius verstrichen sind. An der Quelle dieses Klosters wurde der Grundsatz «Bete und arbeite» zum ersten Male formuliert. Antonius, damals bereits ein angehender Greis, hatte aus zwanzig Jahren selbst gewählten Kerkerdaseins die Erkenntnis gewonnen, dass körperliche Untätigkeit und pausenlose Rezitation immer gleicher Sprüche den Geist schwächen. Um die Grenzerfahrungen extremer Askese und Meditation psychisch unbeschadet zu überstehen, ersann er mit dem Prinzip «Ora et labora» einen Weg. Ohne das Ideal der anachoretischen Askese und ihren Kern, die *humilitas* (Demut, Erniedrigung), aus den Augen zu verlieren, unterwarf er sich einem strengen Reglement mit strikter Zeiteinteilung. Er flocht Matten aus Palmblättern und trennte sie wieder auf. Nicht irgendeine Arbeit, die Ertrag abwerfen sollte, sondern nutzlose Arbeit wollte er verrichten, die als zweckfreie Fron alle Wirkungsmöglichkeiten des Ich durch Gleichförmigkeit und äußerste Anstrengung auf ein einziges Ziel, die göttliche Gnade, fokussieren sollte.

Je mehr Nachahmer sich dem Heiligen anschlossen, umso stärker wandelte sich das asketische Loslösen von der Welt zu einer Übung im Massenbetrieb. Die Bravourstücke des religiösen Virtuosen wurden zu methodischem Regelwerk; das Eremitendasein in der Wüste veränderte sich zu einem Leben in enger Mönchsgemeinschaft. Die Grundlagen der anachoretischen Askese – einsame Gebete und Arbeit, Zelle – wurden um gemeinsame Mahlzeiten und Gebete erweitert; der gesamte Tagesablauf durch eine Vielzahl von Vorschriften reglementiert. Ausgehend vom Vermögen des Durchschnittsmenschen, setzte man die Vorgaben so hoch an, dass Regelverstöße unvermeidlich blieben, aus denen ständige Überforderung und Schuldgefühle resultierten. Weiteres Werkzeug der inneren Landnahme war die Pflicht zum Gehorsam, welche bald die für den Massenbetrieb ungeeignete *humilitas* der Anachoreten ablöste. Regelgebundenheit und Gehorsam, die Mittel, auf denen jede Disziplinierung beruht, wurden zu Grundlagen der Institution Kloster, die sich von Ägypten aus verbreitete. Der heilige Benedikt schuf die Grundsätze des abendländischen Mönchtums. Er verschärfte die totale Kontrolle und ersetzte «Bete und arbeite!» durch «Bete oder arbeite!». Von nun an gab es Mönche, die arbeiteten, und solche, die nur beteten. Mit der Einführung der Hierarchie ins Klosterleben wurde der Übergang von der Selbst- zur Fremddisziplinierung vollzogen. Man erzog die Klosterinsassen zu Gehorsam, Zurückhaltung, Ordnung, Regelmäßigkeit, Ehrlichkeit und innerer Zucht; Erziehungsziele, die man später zu allgemein gültigen Werten erhob. Und so waren die religiösen Orden dank der Vorreiterrolle des heiligen Benedikt jahrhundertelang die anerkannten Experten des Rhythmus, der Ökonomie der Zeit und der gleichförmigen Beschäftigung.

Wenn nicht die Feuerhüter, Schreiber, Sterndeuter, Steinmetze, Töpfer, Bäcker und Einbalsamierer, die in den antiken Hochkulturen für das Funktionieren arbeitsteiliger Großorganisationen gesorgt hatten, dann waren – im Abendland – Mönch und Nonne die ersten lebenden Berufsmenschen; jener merkwürdig deformierte Typus des Homo sapiens, der die Arbeit als absoluten Selbstzweck betrachtet, der sich mit steter Selbstkontrolle und eingeteilter Zeit seiner kleinen Aufgaben entledigt und mit methodischen, rationalen Mitteln rigoros seine Pflicht erfüllt.

Das «Ora et labora» der anachoretischen Askese hatte sich mit einem Leben in Einfachheit und Armut begnügt. Im Kloster emanzipierte es sich nach und nach von seiner Ärmlichkeit. Die persönliche Armut des Mönchs wandelte sich in eine gesicherte Existenz und ging schließlich in Wohlstand über. Der war zwar nicht beabsichtigt, aber bei der methodischen Art, in der das Beten und Arbeiten hinter den Klostermauern vollzogen wurde, unausweichlich. Die klösterliche Disziplinierung erwies sich, obwohl nicht unter dem Gesichtspunkt profaner Nützlichkeit erfunden, als ökonomisch erfolgreich. Weil man dem Wohlstand nicht entsagen wollte, entstand Rechtfertigungszwang. Dieser Druck sorgte für eine Umwertung und für eine Moraltheologie, die seit den Reformen des heiligen Benedikt von utilitaristischem Gedankengut durchsetzt ist. Die frühe Sinngebung des klösterlichen Lebens hatte sich in ihr Gegenteil verkehrt. Später schrieb die protestantische Ethik den Wertekanon fort. Sie bewirkte, dass sich die Vorstellungen der Massen im Westen über das, was ein gottgefälliges Leben sei, den ökonomischen Bedingungen, unter denen sie lebten, anpassten.

Zur Morgenmesse finde ich mich mit den Mönchen in der Kapelle des heiligen Antonius ein, lausche dem monotonen Sprechgesang, der im Wechsel zwischen zwei in Andacht versunkenen Gruppen hin- und herwallt. Gelegentlich erklingen Triangeln, schallt metallisches Klappern und Reiben durch den dunklen, weihrauchgeschwängerten Raum. Liturgie auf Koptisch. Hinter ihm verbirgt sich die Sprache der Pharaonen. Ich verstehe nichts. Und lasse mich dennoch wegtragen – vom Strom der Worte. Kerzenlicht. Meditation. Zu früher Stunde. Ich komme jeden Morgen wieder.

«CARLO, da ist einer draußen am Tor … für dich», meldet Abuna Musa übers Klostertelefon.

«Wer ist es?»

«Einer mit Kamelen. Er will mit dir reden.»

«Gut, ich bin gleich da.»

«*Salam* – Friede», verabschiedet sich der Mönch und legt auf.

Der Mann heißt Gumaa' Abd el-Salame. Er lehnt gegen das Fundament der Klostermauer. Zwei Ausflugsbusse sind gerade vorgefahren, und Touristen strömen ins Klosterinnere. Den Eindruck unfertiger Menschen machen sie auf mich. Als fehle ihnen etwas; etwas, das sie für immer versäumt oder weggegeben haben; etwas, das dieser Mann im Übermaß hat: Zeit und inneres Gleichgewicht. Keiner der Ausflügler nimmt Notiz von der schmächtigen Gestalt, die doch ihr genauer Gegenpol ist.

Gumaa' ist Beduine. Er bettelt nicht, wartet einfach ab. Was ihn zu diesem Rummel treibe, frage ich und hocke mich zu ihm.

«Ich hole Brotreste für die Kamele und Medizin für mich und meine Leute. Alle 14 Tage kommt einer von uns», sagt der Mann. Er beruft sich auf altes Recht, auf eine Vereinbarung seiner Vorfahren mit den Mönchen, die ihnen die Quelle genommen hätten. Das wenige, was sie vom Kloster verlangten, sei die Entschädigung für die Wegnahme des Wassers.

«Wo bist du zu Hause?», möchte ich wissen. Er lebe im Wadi 'Araba, sagt er. Er hatte unsere Tiere gesehen, fragt, wohin ich wolle.

«Zum Paulus-Kloster und dann weiter nach Süden.»

«Dann musst du über Bir el-Dakhal. Alle anderen Wege sind für Kamele unpassierbar.»

Er glättet den Boden und zeichnet eine Landkarte, erklärt mir den Weg.

Ein Mann ohne Hast. Eine Tasche aus Gazellenleder hat er bei sich. In ihr ist alles untergebracht, was er für den täglichen Gebrauch benötigt: ein Wetzstahl und Feuersteine zum Funkenschlagen, eine Hand voll Zunder, ein Dolch, ein Ausweis und eine Berechtigungskarte zum Einkauf von Grundnahrungsmitteln im Regierungsladen, Aspirin, ein Stück Draht, eine Wasserpfeife, die *shisha*, die er sich aus einer Fliegenspraydose gebastelt hat, in die ein Bambusrohr eingelassen ist, und eine Blechzange, um die Wasserpfeife mit glühenden Kohlestückchen versorgen zu können.

«Draußen bei den Kamelen ist mein Sohn», sagt er. Sie hätten noch Decken und einen Sattel dabei, einen Topf und eine Teekanne, Tee,

Zucker, Mehl und *mulukhiya* (Corchorus olitorius, eine spinatartige, bereits während der Antike aus Pakistan eingeführte Gemüseart).

Gumaa's Freiheit ist fern jeder Idylle. Sie ist keine leicht genießbare und gründet nicht auf schwärmerischen Vorstellungen. In den Minuten unseres Gesprächs ist der Beduine für mich der eigentliche Antipode zu all den Zuchtmeistern der Kirche. Weil er noch immer so wie zu biblischen Zeiten lebt, als man ohne Heilige auskam. Als Freier unter Freien, nur seinem eigenen Willen und dem Lauf der Gestirne unterworfen, will er das Umherschweifen einfach nicht verlernen. Und in dem wenigen, was er besitzt, und in dem Land, das noch nicht parzelliert und zerstückelt ist, spiegelt sich seine Unabhängigkeit und die von vielleicht hundert Seelen, die im Umkreis von drei Tagesmärschen um das Kloster leben. Menschen, deren Tage noch nicht in Stücke gebrochen sind und deren Augen, weil sie die Resultate einer durch die Diktatur der Pünktlichkeit und des Erwerbssinns veränderten Welt nur sporadisch und von weitem gewahren, ihren Glanz noch nicht verloren haben. Das aus jahrtausendealten Wurzeln genährte Leben der Hirtenvölker zeichnet mir meinen Weg vor. Unabhängigkeit – nicht wie die Anachoreten durch Ablehnung, sondern durch Teilnahme an der Welt; an einer, die fast menschenleer ist; an einer, in der ich einen Platz habe; Platz, der mir Luft zum Atmen lässt. Verzicht auf das, was die meisten schätzen. Und: Ablehnung dessen, was durch Ablehnung der Welt und durch Selbstverleugnung über uns gekommen, weiterentwickelt und verfeinert worden ist. Ist das nicht Bejahung? Des Lebens? Das Vakuum, das dabei entsteht? Füllen – mit eigenen Werten!

ABUNA MUSA übergibt zwei Säcke Brot und ein paar Tabletten. Dann verabschiedet er Gumaa'. Der Mönch blickt auf die Landkarte im Sand.

«Du wirst den doch wohl nicht als Führer angeheuert haben, Carlo?»

«Warum nicht?»

«*Arab fii, garab fii* – wo Araber sind, da ist auch Krätze», sagt er.

Der einzige Anachoret, den die Beduinen in ihrer Folklore verehren, heißt Poseidernius. Er starb lieber, als dass er sich unterdrücken ließ.

Uwe war nach Kairo gefahren, um sich untersuchen zu lassen. Als er wiederkommt, packt er Teegeschirr für vier Personen aus dem Rucksack. Auch kleine Löffel, ein Sieb und drei verschiedene Sorten dunklen Gekrümels hat er besorgt.

Wegen der Zecken, die Abuna Samweil, der Agraringenieur des Klosters, an unseren Kamelen entdeckt hatte, waren die Tiere aus dem Klostergarten verwiesen worden.

«Das ist die Vertreibung aus dem Paradies, Abuna.» Mein Protest blieb ungehört.

«Wegen der Ansteckungsgefahr, Carlo. Wir können es uns nicht leisten, dass Hühner, Tauben und Esel befallen werden», hatte der Klostermann entgegnet.

Er hatte ein Buch aufgeschlagen und mir aus dem Arabischen übersetzt. Danach können Kamelzecken vier bis fünf Jahre ohne Wirt überleben und in dieser Zeit eine Entfernung von ungefähr fünfzig Kilometern zurücklegen.

«Na, wenn die geradeaus laufen, dann seid ihr vor dem Ungeziefer nie sicher. Im Wadi 'Araba gibt's genug davon», gab ich zu bedenken.

«Wir haben unsere Gegenmittel», sagte der Mönch und schaute prüfend auf die Packung *Diazinon*, ein Kontaktgift, mit dem ich die Tiere abgewaschen hatte. Das sei viel zu schwach. Bald darauf sah ich ihn mit einer Giftspritze jeden Quadratmeter des Areals, auf dem die Tiere gestanden hatten, einnebeln.

Bei den Vorbereitungen für den Aufbruch legen die Mönche Hand an, tränken die Kamele und erteilen ihnen ihren Segen. Uwe spielt auf seiner Ukulele *La Bamba* und *Ice-Cream*. Wir kommen in Fahrt. Los geht's, zusammen mit vier Mönchen in voller Ordenstracht: Musa, Bafnotios, Makarios und Surial. Wir laufen über die dem Galala-Süd-Plateau vorgelagerten Geröllhalden. Abuna Makarios stimmt eine religiöse Melodie an, und seine Brüder fallen mit dreifachem Refrain ein:

«Kyrie eleison, Kyrie eleison, Kyrie eleison – Herr erbarme dich.»
Fröhlich ziehen sie dahin und machen ihre Späße, genießen den freien Tag vom Klosterleben.

Mittagessen im Schatten einer Geröllwand. Uwe und ich kochen Zwiebeln, Reis und Corned Beef. Nach dem Tee weisen die Mönche bedeutungsvoll auf ihr Schuhwerk.

«Carlo, viel weiter können wir nicht. Sieh dir unsere Schlappen an.»

Ihre Plastiklatschen machen einen ramponierten Eindruck. So trennen sich unsere Wege. Die frommen Brüder zieht's zurück ins Kloster.

Wir folgen dem Schotterbett des Wadi Askar. Schließlich führt uns ein steiler Anstieg auf das Plateau.

«Nichts als Berge», ruft Uwe, als wir schließlich am Rande einer Schlucht stehen. Hügel bis zum Horizont. Durch ihre welligen Rippungen ziehen sich tiefe Schluchten – in alle Himmelsrichtungen. Der Pfad verliert sich. Ich mache mich alleine auf die Suche. Ein halber Tag vergeht, bis ein Durchkommen gefunden ist. Als ich den Rastplatz der Karawane wieder erreicht habe, bin ich mit den Kräften am Ende. Uwe kocht Tee, während ich auf den Boden gestreckt unter der Lagerdecke liege. Dann übernimmt er die Führung. Der Tag bleibt heiß. Fast November ist es. Durchfall, Hitze, Kopfschmerz, Schwindelgefühle. Irgendwann sinke ich zu Boden. Mein inneres Koordinatensystem ist durcheinander geraten. Das Gefühl dafür, was mir möglich ist und was ich mir zutrauen kann; diese Einschätzung scheint verloren; weggespült von Schwächeanfällen, die plötzlich aufkommen, mich vollkommen beherrschen und mir jede Kraft rauben, um dann wieder – als wäre nichts gewesen – zu verschwinden.

«Was sind das für Wege?», fragt Uwe.

«Weidewege. Ein paar von ihnen habe ich versucht, sie gehen nirgendwohin; wahrscheinlich führten sie irgendwann einmal zu grünen Flecken, die es lange nicht mehr gibt.»

Ich tröste mich damit, dass die abergläubigen Beduinen gute und schlechte Wandertage kennen. Am schlimmsten sollen jene sein, an denen der Mond im Sternbild Skorpion steht. Heute ist der 28. Oktober 1986. Abends fallen mir die Augen zu, noch ehe ich nach dem Erdtrabanten und den Sternen Ausschau halten kann.

WIR stoßen auf eine breite Karawanenstraße, die, von Westen kommend, auf den Pass bei Bir el-Dakhal zuhält. Und dann sehe ich nur noch Himmel. Einige Schritte weiter, und von Wadis zerfurchtes Land dehnt sich tief unter uns aus. In einem Einschnitt, auf halber Höhe, der Brunnen von Bir el-Dakhal. Mehrere Palmen, wie zu einem Blumenstrauß gebunden, ragen aus der Felswand. Dunkle Felsadern schlängeln sich an Flanken abwärts und verlaufen in der Ebene. In der Ferne die roten Zacken des Djebel Gharib. Staunend stehe ich vor diesem Urbild an Größe und Kraft, das Ehrfurcht erweckt und einschüchtert; hingerissen von der Macht der Naturgewalten, die die Felsmassen und das sich bis zum Meer erstreckende, zerklüftete Becken formten. Längst erloschen sind die Gewalten. Nur der Wind streicht über die schroffen Kanten und entlockt ihnen einen schneidend säuselnden Klang.

Hassan bemerkt als Erster das Wasser, schiebt mich beiseite und stapft hin. Noch ehe wir abladen können, senken die Tiere ihre Mäuler in den veralgten Tümpel. Sie saufen, wollen gar nicht mehr aufhören damit. Erst vor drei Tagen hatten wir sie abgetränkt. Nachdem sie gesoffen haben, kippen wir uns gegenseitig eimerweise Wasser über die verschwitzten Körper. Freude darüber, dass die Karawane auf halsbrecherischen Serpentinen die fast 500 Meter lotrecht in die Tiefe fallende Felswand bewältigt hat. Mit diesem Abstieg sind alle Klippen auf dem Weg durch die Ostwüste umschifft. Ohne Havarie. Unsere vier Wüstenschiffe stehen unbeschadet beisammen und rupfen am Blattwerk der Palmen.

Am Kloster des heiligen Paulus steht das Kraftfutter verabredungsgemäß bereit. Ein Novize verwöhnt uns mit Marmelade, Corned Beef, Käse, Brot und frischem Obst. Dazu Mangosaft in Dosen – eiskalt. Vom Himmel beschenkt fühlen wir uns, und als wir die

Tiere noch einmal getränkt haben, drücke ich den jungen Mönch im Wartestand an meine Brust.

Vier Tage brauchen wir bis zum Djebel Gharib. Das Felsmassiv aus rotem Granit ist 1751 Meter hoch. Die Maaze nennen es geheimnisvoll «Berg des Lebens und des Todes». Sie haben ihm ein männliches Geschlecht gegeben.

Ein Kamelpfad bringt uns an die Nordostflanke des Gebirges. Rubinfarbene Grate aus Urgestein zerschneiden das dunkle Gewölk, das im Lee des Berges festhängt. Der Berg wirkt wie ein Bündel blutiger Messerklingen, die die äußere Hülle der Erde gerade durchstoßen haben. In seiner Nähe werden die Beduinen leise. Es stimmt, was sie sagen: Dieser Berg ist männlich. Keine einzige Rundung ist an ihm.

Nach Osten gleitet der Blick hinab zum Golf von Suez, auf dem zwergenhaft Schiffe durchs Wasser pflügen. Dünne Rauchfahnen der Ölbohrplattformen färben die dicht über dem Wasser liegende Himmelsschicht grau. Dahinter die Küstenlinie und die gezackten Rücken des Süd-Sinai. Das Meer liegt schmal wie eine mit hellblauer Tinte gefüllte Badewanne zu unseren Füßen. In der Dunkelheit leuchten von dorther Lichter und gelber Fackelschein.

DAS alte Leiden ist wieder ausgebrochen. Mager und knochig bin ich geworden. Ich schlürfe Hühnerbrühe mit Reis. Wäre nicht der Durchfall, ich hätte kein einziges Problem.

Es gibt nur einen, der den Berg besteigen kann. Uwe steht voll ausgerüstet vor mir. Djalabeja, Rucksack, Bergsteigerschuhe. Er hat Handschuhe übergezogen.

«Hier, jede Stunde melden!», sagt er und drückt mir ein Sprechfunkgerät in die Hand. Dann stapft er auf den Berg zu. Die Kamele grasen in einem von Granitmassen eingefassten Wadi. Es ist mit frischem Kameldorn, Tundub-Bäumen und Akazien bewachsen.

Gegen Abend gibt Uwe Nachricht.

«Windstärke hundert ka em ha. Ich übernachte in einer Höhle. Morgen versuche ich es nochmal.»

Er hatte sich verstiegen. Am nächsten Tag deutet er auf den Berg und zeigt mir, wie hoch er gekommen war. Wir beide sind enttäuscht über sein Missgeschick. James Burton, dessen unveröffentlichtes Tagebuch sich im *British Museum* befindet, hatte den Gipfel im Jahre 1823 erklommen. 1937 war G. W. Murray, ein Kartograph des britischen *Survey of Egypt*, seiner Aufstiegsroute gefolgt. Barfuß, in viereinhalb Stunden, hatte er in Begleitung seiner Frau und Miss Vivien Jennings Bramly den Berg bezwungen. Seinen Bericht haben wir dabei.

Am Abend ziehen dunkle Wolken auf, und kaum ist unsere Regenplane über ein zufällig gefundenes hüfthohes Steinkarree ausgebreitet, schüttet es wie aus Kübeln. Später geht der Sturzregen in leichten Niesel über, und wir hören die rhythmischen Mahlgeräusche der wiederkäuenden Tiere. In stoischer Ruhe haben sie den Guss über sich ergehen lassen.

Richtung Ras Gharib. Die Wolken sind weggeblasen. Wir verabschieden uns vom Berg. Freier Blick nach vorn. Glasklare Fernsicht auf flaches, streifiges Grauweiß, das nach Osten in die bläulichen Dünste des Golfes überläuft. Die Berge des Sinai, der Golf von Suez; alles Land und das Meer liegen wie aufgerollt zu unseren Füßen. Wir schreiten in dieses phantastische Bild hinein. Kein Mensch weit und breit, den wir um Einlass bitten müssen.

Ein Kamelpfad führt an Bunkern, Stacheldraht und Radaranlagen vorbei. Wir überqueren das brüchige Asphaltband der Küstenstraße. Von den Abfackelungsanlagen auf den Erdölfeldern weht fauliger Gestank zu uns herüber. Irgendwie schaffen wir es, ein Kollektivtaxi aufzutreiben, das Uwe mitnimmt. Abschied von einem Freund. Fast sechs Wochen waren wir Tag und Nacht zusammen gewesen. Uwe hatte oft von einer komfortableren Tour geträumt.

«Hat's dir denn gefallen?», frage ich ihn zum Schluss.

«Spaß war es nicht. Eher Kamel-Laub mit Lagerrodeo.» Anspielung auf «Urlaub mit Kamelen» und auf die Bockigkeiten und Beißereien unter den Hengsten während der Nächte, in denen sie kniegefesselt vor unseren Schlafsäcken lagen.

Dass Uwe mir auf die Beine geholfen hatte, dafür will er keinen Dank. Nur noch einmal mit der Karawane wandern, später einmal, wenn ihm danach sei. Ich verspreche es ihm. Händedruck. Dann sehe ich ihn davonfahren.

Wo bleibt Herbert, mein Begleiter für die kommenden Wochen? Uwes Taxi hatte noch einmal eine Runde durch Ras Gharib gedreht, um Passagiere einzuladen, und da war er an der Telefonzentrale zufällig auf ihn gestoßen. Herbert ist Arzt. Ich hatte ihn vor einem Jahr in Dakhla kennen gelernt. Damals war er beim Anblick der Tiere Feuer und Flamme gewesen. Nun ist er aus Israel gekommen. Dort hatte er einen Vortrag auf einem Ärztekongress gehalten. Er schwärmt von der Schönheit der Israelinnen, erzählt von seiner Frau in Deutschland und berichtet von seiner Rede. Der Mann ist zwar physisch anwesend, ansonsten aber befindet er sich noch irgendwo zwischen Jerusalem, Düsseldorf und Kairo; in einer Art Bermudadreieck, in dem er – Allah weiß warum – während des ganzen Marsches verschollen bleiben wird.

«Herbert, du kannst Deutsch mit mir reden», unterbreche ich die Rezitationen aus seiner Jerusalemer Ansprache, «über Krebszellen können wir später sprechen. Ich habe wahrscheinlich Amöbenruhr. Aber jetzt erst einmal die Kamele. Wir müssen weg. Das hier ist eine Müllkippe.»

Er räumt seinen Seesack aus. Noch ehe ich sie richtig gesehen habe, greife ich nach der Salami und schneide ein Stück davon ab. Tagelang hatte ich mich fast nur von Reis ernährt.

Wie Uwe wollte sich auch Herbert an den Kosten der Wanderung beteiligen. Eine Anzahlung hatte er bereits geleistet. Jetzt ist Geld kein Thema mehr. Er sei im Urlaub. Dass die Tiere teurer als geplant gewesen waren, mag er nicht glauben.

«Das hättest du wissen müssen, Carlo, du bist der Reiseveranstalter», sagt er, nachdem er die Kaufverträge über die Kamele eingesehen hat.

«Uwe hat seinen Teil bezahlt, wirst du es auch tun?», frage ich ihn schließlich.

Er will mit dem Geld nicht herausrücken.

«Das kriegst du, wenn wir am Nil sind.»

Die Stimmung ist verdorben. Der Gedanke, sofort einen Schlussstrich zu ziehen und den Mann einfach stehen zu lassen, kommt mir nicht. Wir verlassen die Stadt, laufen in das verlöschende Licht des Tages. Bald sind die Spuren vom Hinweg gefunden. Ihnen folgen wir und machen nach dreistündigem Lauf Nachtrast. Zu Abend gibt es Hühnerbouillon mit Salami-Einlage.

Während die Karawane am nächsten Tag weiter auf den Djebel Gharib zuhält, zwingen mich ruhrartige Durchfälle immer wieder zum Halt. Herbert sieht's, runzelt die Stirn und ruft aus der Entfernung:

«Dich hat's aber schlimm erwischt.»

Dann geht er seines Weges. Da hatte ich nun einen Arzt dabei, und dieser Jünger des Hippokrates kann oder will mir aus Gründen, die er für sich behält, nicht helfen. Ich lasse den Mann laufen, bettele nicht. Mehr als 3000 Kilometer liegen vor mir. Mit Reis und schwarzem Tee allein ist diese Distanz nicht zu schaffen. Ab sofort wäscht sich Herbert vor jeder Mahlzeit die Hände.

Das Gebiet des Djebel Gharib hat weder Brunnen noch Quellen. Nach Regenfällen sammelt sich Wasser in Felsaushöhlungen. Immerhin ist es so viel, dass die im Umkreis lebenden Beduinen drei, vier Jahre davon zehren können. Wir erreichen eine der Wasserstellen am Berg, füllen die Kanister und tränken die Kamele. Vögel kreischen über uns. Einige stürzen mit rauschendem Gefieder herab. Als wollten sie uns, die Eindringlinge, von hier verscheuchen.

Iskander will nicht saufen. Ich lege ihm Agale an und reiße sein Maul auf. Herbert schüttet dreißig Liter mit dem Eimer in den rosaroten Schlund.

«Wie machst du das, wenn du alleine bist?», fragt er. Dann geht er für eine Weile spazieren. Ich genieße das Alleinsein, lausche dem Fliegengesumm und dem Rauschen des über mir in den Felsen sich fangenden Windes; Geräusch, das von überall her kommt. Ein paar helle Wolken verhüllen die drei Gipfel des Massivs. Von ihnen reißen in schneller Folge Nebelschwaden ab.

Wir verlassen den Berg und halten auf den Einschnitt des Wadi

Uyun zu. Rechter Hand zwei schwarz gekleidete Frauen, ein paar Ziegen und Schafe. Zwischen Granitblöcken ein Kamel. Es steht reglos neben einem schwarzen Zelt. Hunde bellen.

«Wo ist Lafi Muhamed?», rufe ich. Die Frauen wenden sich scheu zur Seite.

«Er ist nicht da», sagt die ältere der beiden.

«Ja, verstanden, aber wo ist er hin?»

«Er ist weggegangen.»

Mehr als das ist nicht aus ihnen rauszukriegen. Vor zwei Jahren hatte ich den Beduinen besucht. Waren es seine Siebensachen gewesen, die in einer Decke zusammengeknotet und verschnürt in einer Akazie an der Nordflanke des Berges gehangen hatten? Diese Frauen! Manchmal leben sie ein halbes Jahr oder länger ohne männlichen Beistand, weil das Familienoberhaupt auf Reisen ist oder irgendwo arbeitet. Allein ziehen sie die Kinder groß und hüten die Herden.

Ab Bir el-Uyun ist die Bergwüste menschenleer. Herbert und ich wandern wie zwei Fremde durch die Landschaft. Ich komme mit ihm nicht zurecht und er nicht mit mir. Eine Zeit lang folgen wir einem Passweg, der über den Rücken des Urgesteinblocks der Arabischen Wüste in das Wadi Qena führt. An der Wasserscheide zwischen Nil und Rotem Meer, abseits vom Pfad, auf einer von Schotter geräumten Lehmfläche, die mit kleinen Steinen fein säuberlich ausgelegte Reise eines Beduinen: Lkw, Schiff, Autobus, Kamel und Kaaba. Die Darstellung einer Pilgerfahrt nach Mekka. Blick von der Passhöhe auf ein Meer schroffer, rotbrauner Hügel. Ihre Basis ist von anthrazitfarbenem Geröll umsäumt. Dahinter, blau-fern, die drei Höhenabstufungen der Klippe, die das westliche Ufer des Wadi Qena begrenzt. Neuland. Wie von unsichtbarer Hand hineingezogen fühle ich mich. Hinter uns der Djebel Gharib. In lichtem Hellrot ragt er aus schwarzem Schotter empor. Verkohlte Akaziengerippe unterstreichen die Unwirtlichkeit der Landschaft.

Was ist mit Herbert? Ihn überkomme Beklemmung, sagt er. In dieser schroffen, menschenleeren Landschaft sei ihm unheimlich. Sich diesem Gefühl aussetzen – für Stunden, für einen Tag und eine

Nacht? Verweilen, schauen und staunen; das kann er nicht. Und es dauert nicht lange, da macht er sich laut Gedanken über unser langsames Vorwärtskommen, setzt mir Termine. Am Soundsovielten müsse er in Qena sein. Einen Stempel brauche er noch in seinem Pass.

In der Gegend, durch die wir jetzt ziehen, sind vor drei Monaten Regenfälle niedergegangen. An manchen Stellen ist der Lehmboden aufgeplatzt. In den ausgetrockneten Wasserrinnen steht zartes Grün. Zaghaft lugt es aus dem Anthrazit flacher Schuttwellen. Weiter talwärts Büsche und Krüppelakazien.

Eine Gazellenherde schnellt aus dem Schwarz. Erschrockene, ziellose Sprünge in die Höhe, ehe sich die Tiere orientiert haben und mit leichten, weiten Sätzen auf und davon jagen. Mit jedem Hufschlag löst sich ein helles Lehmwölkchen ab, bleibt hinter den Flüchtenden zurück und wird vom Wind fortgehoben. Als habe ein Jäger die Tiere aufs Korn genommen und die ihr Ziel verfehlenden Kugeln schlügen dicht hinter ihnen in den Boden; ein Beschuss, der erst aufhört, nachdem das Rudel das lehmige Gelände durchquert hat und über schwarzen Schotter fliegt. Wenig später sichte ich die frischen Spuren. Herzförmige Abdrücke. In ihnen paaren sich Liebe und Freiheitssinn.

Nach Südosten hin erstreckt sich der Kamm des Gebirgsrückens der Arabischen Wüste. Vor uns immer wieder grüne Flecken, die von Gazellen und frei grasenden Kamelen durchstreift werden. Nachts kommen die fremden Kamele ans Lager. Dann wecken mich das Zähnequietschen und Jahdurren der Hengste. Schlundblasen stülpen sich aus den Maulwinkeln. Höchste Zeit, aus dem Schlafsack zu kriechen und die Fremdlinge zu verjagen.

Meistens suchen sich unsere Kamele einen Platz für die Nacht ganz in unserer Nähe. Die beiden kurzhaarigen, aus der Hitze des Sudan stammenden Hengste, Iskander und Kambyses, verkriechen sich gewöhnlich in den Windschatten eines Gebüschs und sitzen dort Seite an Seite, während Hassan und Atma, die Regen, Wind und Kälte vom Sinai gewöhnt sind, mit jedem Platz vorlieb nehmen, der frei von Ameisen ist. Iskander leidet unter dem kalten Wind. Morgens steht er

mit auseinander gestellten Hinterläufen da und versucht, Urin abzu-
lassen. Auf dem wenigen, das in den Sand tröpfelt, steht Schaum.

«Nierenbeckenentzündung», diagnostiziert Herbert. Wir schlit-
zen zwei Jutesäcke auf und machen daraus einen Umhang, den der
Hengst von jetzt ab während der Nacht und auf der Morgenweide
trägt. Wie das gepanzerte Ross eines mittelalterlichen Ritters sieht er
damit aus. Atma, der sich durch die Verkleidung provoziert fühlt,
fordert das kranke Tier des Öfteren zum Kampf heraus.

Mit Iskander scheint es bald aus zu sein. Er frisst nur noch wenig
Raufutter, läuft nur, wenn man ihn zieht. Um ihn voranzubringen,
lege ich ihm schließlich einen Knebel um den Unterkiefer. Bald hilft
auch diese unter den Beduinen erprobte Maßnahme nicht mehr. So
wird Atma, an Jahren der Jüngste, das Leitkamel der Karawane.

Manchmal schläft der Wind über Mittag ein. Dann verflüssigt sich
die Landschaft im Hitzegeflimmer. Die Tiere lassen vom Fressen ab
und ruhen – bis der Wind wieder anhebt und sie sich erneut am Grün
zu schaffen machen. Wind – was für ein Geschenk er ist!

Je weiter wir das Wadi Qena hinabkommen, desto spärlicher wird
der Bewuchs. Wir legen jeden Tag zwischen 35 und 40 Kilometer zurück und passieren eine Reihe von Militärposten. Mit klammem Gefühl spähen wir auf Metallgitter, Stacheldrahtverhaue und Bunker.
Nicht eine einzige Stellung ist besetzt.

Drei Stunden sind es von der Mündung des Wadi Raqaba bis zu
der Stelle, an der wir die Festung von El-Heita erblicken. Der Gebäudekomplex liegt auf einem Hügel am Rande des Wadi Qena und diente in römischer Zeit als Hydreuma, eine durch Wachmannschaften
geschützte Wasserstation. Solide gesetzte Grundmauern aus Stein,
auf die Lehmziegelwände gemauert sind. Obenauf ein Turm, der Ausguck zur Kontrolle der Via Porphyrites – der Porphyrstraße. Drei
Jahrhunderte lang, von der Regentschaft des Kaisers Tiberius bis zu
der des Kaisers Konstantin, wurde rund um die Gipfellagen des Djebel Abu Dukhan, 170 Kilometer vom Nil entfernt, der seltene rote
Stein gebrochen, der während der römischen Kaiserzeit überaus begehrt war. Aus ihm fertigte man Säulen, Statuen, Brunnenbecken und

Sarkophage. Über ganz Europa sind die Kunstwerke aus dem purpurfarbenen Granit Ägyptens verstreut.

An der Abbaustelle in den Bergen liegt noch eine ansehnliche Zahl roh behauener Säulen, Zylinder und Becken zum Abtransport bereit. Das hatte ich im Vorjahr mit Staunen betrachtet: An manchen Objekten sind die Versandnummern der Alten für das tonnenschwere Frachtgut, das von hier aus seinen Weg nach Rom oder nach Byzanz antrat, noch deutlich zu lesen. Der Transport erfolgte mittels Wagen oder Schlitten, die von Ochsen und manchmal auch von Kamelen gezogen wurden. Die Spuren, die die Schlittenkufen mancherorts hinterlassen haben, sind bis heute erhalten. Man hievte die tonnenschweren Lasten zunächst über den Scheitel des Gebirges. Dann schleppte man sie den langen Weg durch die Wüste nach Qena. Von dort wurden sie nilabwärts nach Alexandria verschifft und auf seegängige Schiffe umgeladen. Wenn es um die Befriedigung der Launen und Gelüste eines Herrschers ging, war kein Aufwand zu groß, kein Berg zu hoch, kein Weg zu weit.

Sechs Wasserstationen gibt es an der Via Porphyrites. An diesen Plätzen fanden die Gespanne nach jeder Tagesetappe Aufnahme. Einer der befestigten Posten ist der Brunnen von El-Heita. El-Heita ist trocken. Im Quadrat um das Brunnenloch sind Badehäuser, Vorratsräume und Unterkünfte für Wachmannschaften und Fuhrleute gereiht. All das ist noch gut erhalten.

Eine arg ramponierte Asphaltpiste verbindet El-Heita mit der Straße zwischen Qena und Safaga. Herbert hat es eilig, und so brechen wir noch am Abend auf, ziehen die Piste entlang. Bald ist um uns Finsternis. Hier und da ein Flecken Asphalt. Und dann ertaste ich mit den Füßen einen Kamelpfad, der von der Piste ins Gelände führt. Wir folgen ihm. Nach einer Weile hebt sich etwas Schwarzes in der Dunkelheit ab. Es ist nicht weit von uns. Herbert sagt, er höre Stimmen. Wir haben eine Flugente aufgescheucht. Wir lauschen in die Nacht, und dann vernehme ich Grillenzirpen. Kurz danach spiegelt sich der Lichtkegel meiner Taschenlampe in einer Wasserlache. Als der Mond aufgeht, schwimmen wir in einem schilfgrasumsäumten

Betonbassin, in das warmes Wasser aus einem Rohrstutzen sprudelt. Neun Kilometer von dem Ort, an dem die Fuhrmänner der Porphyr-Gespanne den Schweiß von ihren Körpern wuschen, kommen wir an diesem Tag zu einem Bad.

Vom Djebel Qreiya aus öffnet sich das Wadi Qena, und die Palmen von Bir Aras tauchen auf. Wir hören das Geräusch einer Motorpumpe. Zwei Beduinen sind bei der Gartenarbeit. Die Karawane umgeht den Ort, und zu Sonnenuntergang erblicken wir die dunklen Schleier über dem Niltal. Dahinter das Plateau der Libyschen Wüste mit seinen Steilstürzen. Nur wenige Gebäude und ein hoher Sendemast markieren die Stelle, an der sich Qena ausbreitet.

Nach vierzig Tagen bin ich wieder in Sichtweite des Niltals, und als wir unser Lager aufgeschlagen haben, sehen wir die sich durch die Nacht bewegenden Lichter auf der Straße von Qena zu den Häfen am Roten Meer, hören fernen Verkehrslärm.

Die Gegebenheiten sind nicht mehr so wie anno 1701, als P. F. Theodoro Krump, Mönch, Arzt und Missionar, durch die Wüste Ägyptens und des Sudan nach Äthiopien reiste. Damals war es alltägliche Übung, Kamele schwimmend auf die andere Seite des Flusses zu treiben. Damit sie nicht ertranken, vertäute man luftgefüllte Girbas beidseitig an ihren Bäuchen, band Tier an Tier, und einer, der sich am Hals des ersten Tieres festhielt, dirigierte die in der Strömung treibende Karawane. In seinem Buch *Hoher und fruchtbarer Palmbaum des Heiligen Evangelij* berichtet Krump weiter:

«Den 14. [Februar, C. B.] habe ich ein verwunderliche Schiff-Fahrt gesehen; auß Mangel deß Holz hat man in diesen Ländern keine Schiff, außgenommen an jenigen Orten, allwo die Carawana über den Fluß setzen müssen, sondern sie machen Flöß auf diese Manier. Erstlich nemmen sie zwey Bäum bey anderthalbe Manns-Läng, samt etlichen starcken Zwerchhölzern, binden alsdann in die Mitten derselben 6. oder 8. halbe Manns-dicke Büschl Canne … folglich setzen sich bey 10. oder noch mehr Persohnen darauf, und beladeten über das noch den Floß von etlich Centner schwär, damit sie aber über den Fluß desto füglicher (absonderlich weilen sie keine Ruder, ausser Stecken, an welchen sie ein

Spann-langes, und Hand-braites Bredl binden, umb mit selbigen den Floß zu dirigieren) übersetzen, und passieren können, spannen sie an disen Wasser-Wagen ohne Räder 1. 2. biß 3. Pferdt, welche den Floß über das Wasser schemmend, ziehen müssen, auf daß aber die Pferdt Schnurgerad über den Fluß den rechten Weeg nemmen, schwembt allwegen einer, oder zween neben den Pferdten daher.

Es ist zu wissen, daß in diesen Ländern groß und kleines wie die Budlhund über den Fluß mit über den Kopf gebundnen Kleydern setzen. Sie haben weit ein andere Manier zu schwimmen, als wir Teutsche; indem sie die Füß niemahlen außschlagen, und einen Armb nach den andern ober dem Wasser außstrecken, und solches unter sich ziehen ... bißweilen geschieht es auch, daß sich einer an den Schwaiff [eines Kamels, C. B.] *hänget, auff daß er desto besser möge fortkommen. Dergleichen Schiff-Fahrt sahe ich zum öftern im Tag.»*

Wir können die Kamele nicht ins Wasser treiben, und Qena umgehen können wir auch nicht, weil die Straße zur Brücke über den Nil durch die Stadt führt.

Das Licht der Stadt hat etwas Expandierendes, etwas über sein unmittelbares Bezugsfeld Hinausgreifendes an sich, das die Inbesitznahme weiter Landstriche in der Bergwüste ankündigt. Ich kann die Gefühle der Beduinen nachempfinden. Ihre Lebensform steht kurz vor dem Kollaps, und dennoch haben sie sich ein feines Gespür für alles Übertriebene und Überflüssige bewahrt. Deswegen, aber auch weil sie versuchen, mit der Natur in Einklang zu leben, haben sie eine Abneigung gegen das Städtische, das ihnen den Platz im Freien streitig zu machen beginnt. Freiraum, fühlbare Weite, Stille, die für sie Offenbarung ist – das kann ihnen nur die Wüste geben. Die Begleiterscheinungen des urbanen Lebens halten sie für unnötig, wenn nicht gar schädlich. Denn, um mit ihren Worten zu sprechen, sie veranlassen den Menschen zu Handlungen, zu denen er von Allah nicht geschaffen wurde. Jeder, der mit städtischer Trivialkultur in Berührung kommt, gerät unweigerlich in Abhängigkeit; kann nicht mehr voll für sich selber sorgen, wird anlehnungsbedürftig an jene, die für die Erfüllung der künstlich geschaffenen Bedürfnisse zuständig sind. In jemandes

Schuld zu stehen, weil man für sich selbst nicht mehr aufkommen kann, ist für die Freien der Wüste Diebstahl von Leben, das man sich selbst genommen hat, und Sklaverei. Und deswegen sehen sie auf das kleine, regelmäßige, hunderttausendfach gleich geführte, undurchschaubar miteinander verklammerte und an so viel Zwänge gebundene Dasein hinter den Mauern der Stadt mit Abstand und Verachtung.

So formt sich Gegnerschaft und erhält sich, ohne dass offener Kampf ausbrechen müsste. Weil das Land groß genug ist; weil es spärliche Weiden hat; und weil es noch Platz lässt zum Ausweichen und Raum für andere Formen der Gestaltung des Daseins; eines Lebens, das sich an Freiheit und Hoffnung ausrichtet.

HERBERT will zur Meldebehörde, und ein Telefon braucht er auch. Er fährt per Anhalter nach Qena. Den Weg zur Brücke sei er abgefahren. Viel Verkehr, sagt er, als er zurück ist.

Im Einzugsbereich der Stadt ist der Lauf des Wadi Qena mit Müll verfüllt. Wir bleiben im betonierten Flussbett, unterqueren zwei Brücken. Uringeruch. Am Rande einer Abfallhalde hockt eine Gestalt und verrichtet ihre Notdurft. Sie weist uns den Weg zur Straße, die zur Nilbrücke führt. Die Straße ist auf einen Damm gelegt. Schwerlastverkehr umbrandet uns. Gehupe, Druckwellen vorbeidonnernder Containertrucks, kein Gehweg, kein Standstreifen. Niemand nimmt den Fuß vom Gaspedal, und ausweichen können wir nicht. Die Tiere laufen brav in Reih und Glied. Ununterbrochene, ohrenbetäubende Fanfarenstöße bringen die Karawane schließlich ins Schlingern. Ein Lkw drückt Hassan beinahe vom Asphalt.

Ein Eselpfad führt uns aus der Gefahr. Wir ziehen über Berge von trockenem Schlick an einem Kanal entlang. Rauchfahnen steigen über den Feldern auf. Geruch von Holzfeuern. Auf palmenumsäumtem Klee weiden Wasserbüffel. Dazwischen bewässern Fellachen schwarze Erde. Mit hochgebundener Djalabeja waten sie durch Wasser und Schlamm. Kuhreiher stolzieren rastlos umher – weiße Tupfer im satten Grün. Die Idylle wird von der Abenddämmerung begraben, und mit der hereinbrechenden Dunkelheit betreten wir die Stadt.

Neonlicht überschwemmt Häuserfronten und Verkehr. Wir ziehen mitten durch eine Autoreparaturwerkstatt, die sich über die gesamte Breite der Straße ausgedehnt hat. Schließlich ist die Auffahrt zur Brücke erreicht. Vorbei an bewaffneten Soldaten, Sandsackbarrikaden und rotweiß bemalten Petroleumfässern. Angler stehen am Brückengeländer. Hinter ihren Silhouetten Linien und Zusammenballungen von Licht. Sie lassen den Lauf des Nils erahnen. Am Westufer des Flusses angelangt, biegen wir nach Süden ab. Eineinhalb Tage brauchen wir bis Luxor.

Unterwegs, auf abgelegenem Fahrweg am Rande des Grüns ein Kontrollposten. Kamelberittene Polizei. Nach dem Verhör lässt uns der Kommandant passieren.

«Der hat sie durchgelassen», staunen zwei Fellachen und geben die Neuigkeit weiter. Abseits des Asphalts geht für Ausländer normalerweise nichts ohne schriftliche Genehmigung. Wir überqueren die Zufahrtsstraße zum Tal der Könige, und dann stehen wir mit unseren Kamelen vor den Memnonkolossen.

Herbert hatte das kleine Hotel gegenüber den antiken Monumenten als Basislager für unsere Besorgungen vorgeschlagen. Man ist bereit, uns mitsamt den Tieren aufzunehmen. Mein Gefährte geht in die Stadt Geld wechseln, telefonieren und wieder zur Meldebehörde. Ich bin bei den Kamelen. Sie grasen einen Steinwurf von den Kolossen entfernt im Agul, rupfen an Akazienzweigen. Das bunte Gewürfel der Häuser von Al Gurna erhebt sich über erntereifes Zuckerrohr, und hinter dem Dorf ragen die Felswände des Libyschen Kalksteinplateaus in den Himmel. Ich sitze im Schatten einer der beiden Großstatuen, lehne gegen ihren Sockel und betrachte das Farbenspiel vor meinen Augen. Sanft streicht der Wind über meine Haut und die schmutzigen Kleider.

Ein Touristenbus stoppt. Japaner steigen aus. Jemand hält einen Vortrag, und dann schwärmen sie über das Gelände. Einer von ihnen kommt zu mir in den Schatten, schaut nach oben. Ob er die Inschriften lesen will? Der Mann tritt mir zu nahe. Merkt er nicht, dass ich mich unwohl fühle? Ich versuche, ihn zu ignorieren. Er weicht nicht

161

von meiner Seite. Er knipst nicht. Fast lehnt er sich mit seiner Hüfte gegen meine Schulter. Mit einem Male ein leises Zischen. Urinspritzer landen in meinem Gesicht. Der Mann pisst, benutzt den Sockel des altehrwürdigen Kolosses als Latrine; als sei ich nicht vorhanden.

Wo kann man sich noch unbehelligt aufhalten? Ich finde Unterschlupf beim Wächter der antiken Stätte, lege mich zu ihm in den Schatten einer Akazie. Er zürnt mir wegen der ungefragt in Anspruch genommenen Weide. Mit einem Geldschein ist er besänftigt. Und dann trinken wir Tee miteinander.

Am nächsten Morgen untersucht ein Veterinär die Kamele, verschreibt Iskander Vitamine und beruhigt mich, sagt, bei warmem Wetter ließen die Beschwerden des Hengstes nach. Dann ziehen wir los, bis auf die Höhe von El-Rizeiqat, von wo aus mehrere Pässe den Aufstieg auf das Kalksteinplateau der Libyschen Wüste ermöglichen. Herberts und mein Verhältnis verschlechtert sich immer mehr. Er dringt darauf, die Führung der Karawane zu übernehmen. Ungeübt in der Handhabung von Karte und Kompass, bringt er uns, dem Darb el-Gallaba – der alten Handelsstraße von Farshut über Isna in den Sudan – nach Norden folgend, nach Hajar Sheikh Salim anstatt nach Kharga, unserem eigentlichen Ziel. Als er seinen Irrtum einsieht, ist es zu spät. Der Abstieg vom mühevoll erklommenen Plateau würde die Kamele zu sehr belasten. In Hajar Sheikh Salim verabschiedet sich Herbert vorzeitig.

Ich tränke die Tiere, die kein Wasser saufen wollen, indem ich ihnen gut zurede und sanfte Gewalt anwende. Und dann mache ich mich auf den Weg zurück. Endlich allein! Freier Flügelschlag. Nur die Tiere und ich. Erlöst von den Fesseln der Konvention, von Lärm und von Stimmengewirr. Nicht mehr reden, nicht mehr antworten, nichts mehr erklären müssen! Hin und wieder leises Schlurfen. Manchmal ein heller Schlag, wenn ein Fuß gegen einen Stein stößt. Laufgeräusche. Die Kamele: damit beschäftigt, schwere Lasten federnden Schrittes in der Schwebe zu halten. Sie folgen mir willig, ohne einen Laut von sich zu geben. Über die Stille scheinen sie sich ebenso zu freuen wie ich.

Vollkommen eingetaucht in die Wüste. Wie sehr hatte ich mich danach gesehnt. Früher Nachmittag. Auf den ersten Kilometern. Umspült von heiß-trockener Luft, eingehüllt in scharf-säuerlichen Wiederkäuergeruch, durchnässt von Schweiß. Während ich meinen Laufrhythmus zu finden suche, ziehen vergangene Zeiten in mir auf, werden die Winter wieder lebendig, die ich in diesem Land verbrachte, lösen sich aus dem Nebel des Gewesenen Bilder und Sehnsüchte und nehmen mit jedem Schritt tiefer hinein in die Wüste deutlichere Konturen an. Bilder von damals. Unabänderlich. Bis heute sind sie dieselben geblieben.

Schritte
hinaus ins Endlose und Unbegrenzte
Erlebnisse der Stille und des Schweigens
Natur
unbewegt, ewig und ernst
entrückt zu erhabener Strenge
Weite
Vakuum der Fläche
Gefühl, an dem ich wachse
mit ihr umhüllt sie mich, die Wüste
leise und mit langem Atem
führt mich hinein in ihre Helligkeit
beschaut mich
und lässt mich schauen ....
Allseitiges Ergreifen und Ergriffensein
durchströmt von der Kraft und der Ruhe der Flächen
so wachsen wir und werden ....
Die Wüste
flach und ausgebreitet liegt sie vor mir
Zeichen und Symbol
und Zeichen setzend
aus sich heraus
hineingestellt in i h r e Wirklichkeit

bin ich
so lässt sie sich begreifen
als etwas Vorbildliches
als Wahrhaftiges und Unerschöpfliches ....
Alles an ihr ist bedeutsam
Der große Kreis des Horizonts
der eigentümliche Sog der wenigen Dinge
die einsam und wichtig vor dem Himmel stehn ....
Der Himmel
lichtdurchtränkter Äther
blaugetränkt und sonnengleißend,
staubverhangen, leuchtpastell
in ungeheurer Wölbung gießt er seinen Inhalt über die Couleurs
der Flächen ....
Farben, Formen und Konturen
bestimmt nach seinem Willen
jede Stunde neu ....
Und wenn es Nacht wird
und die Bilder schwinden
dringt aus seiner Tiefe neuer Raum ....
Der Glanz der Sterne
Millionen Jahre alter Schimmer ....
Blick ins Grenzenlose, ins Entfernte
Stillstand der Zeit ....
Geräumigkeit und Zwischenräume
umgeben sein
von Offenem, von fühlbarem Raum ....
Platz
Flug der Gedanken
Die Wichtigkeiten der Welt?
Sie fallen von mir ab
Sammlung
Klarheit
Freiheit

Stern unter Sternen
auf Wanderschaft, in freudiger Bahn
zu meinem Selbst ....

In die Nähe ekstatischer Zustände bin ich gerückt. Ich falle erst aus meinem Glück – geradewegs in ein anderes –, als mich Atma mit den Nüstern anstupst und ins unmittelbare Dasein zurückholt. Ich spreche leise zu den Tieren. Sie lieben schweigendes, unbewegtes Land. Dafür sind sie geschaffen. Und weil sie in der Karawane untrennbar mit mir verbunden sind und weil jedes Tier einen eigenen, unverwechselbaren Charakter hat, bleibe ich beim «Wir», wenn ich über den weiteren Fortgang der Dinge berichte.

Eineinhalb Tage später sind wir wieder an der «Weggabel», am Pass des Darb el-Gallaba. Während ich am Okular des Fernglases drehe und das unter uns liegende Gelände absuche, ist mir, als könnte ich für einen Augenblick die Zeit zurückspulen und alte Geschehnisse wieder lebendig werden lassen. Wie das Ereignis, das um das Jahr 525 v. Chr. stattfand. Damals hatte sich ein Heer des Perserkönigs und Eroberers von Ägypten, Kambyses, auf den Marsch von Theben, dem heutigen Luxor, nach Siwa gemacht und war irgendwo in der Libyschen Wüste verschwunden. Hier, unter uns, schlängelt sich einer der möglichen Wege, den der berühmte Heereszug, von dem bisher kein einziges Überbleibsel gefunden worden ist, genommen haben könnte.

Was über das untergegangene Heer bis heute bekannt ist, wurde von Herodot, dem Vater der Geschichtsschreibung, überliefert. Als Kambyses, der einen Feldzug gegen Äthiopien beabsichtigte, *«... nach Theben kam, sonderte er aus dem Heer etwa 50 000 aus, denen er auftrug, die Ammonier* [die Bewohner Siwas, C. B.] *zu unterwerfen und als Sklaven zu verkaufen und das Orakel des Zeus zu verbrennen ...* [Von denen], *die gegen die Ammonier ausgesandt waren und von Theben aus mit Wegführern dorthin aufbrachen, weiß man nur, daß sie Oasis* [das heutige Kharga? C. B.] *erreicht haben, eine Stadt, die von den Samiern bewohnt wird ... Die Stadt erreicht man von Theben in siebentägiger Wanderung durch lauter Sand. Die Ge-*

165

gend dort heißt in unserer Sprache ‹Inseln der Seligen›. Bis dorthin soll das Heer gekommen sein; von da weiter weiß kein Mensch etwas von ihnen zu berichten … die Ammonier wissen nur folgendes …: Als das Heer von jener Stadt Oasis aus durch die Sandwüste gegen sie vorrückte und etwa bis zur Hälfte des Weges gekommen sei, hätte sich zu der Zeit, da sie das Frühmahl nahmen, der Südwind mit unmäßiger Heftigkeit erhoben und sie unter den Sanddünen, die er vor sich hertrieb, begraben, und so sei das Heer verschwunden.»

Hat Herodot fabuliert oder die Wahrheit erzählt? Eins meiner Kamele ist nicht ohne Grund auf den Namen des persischen Herrschers getauft. Der Bericht Herodots lässt mich nicht mehr los. Wie oft habe ich in Gedanken alle Möglichkeiten durchlebt. Auf dieser Reise möchte ich Licht in das dunkle Schicksal des Heeres bringen.

Für denjenigen, der von Theben nach Kharga gelangen wollte, bot dieses nach Südwesten in die Front der Felsstürze einschneidende Tal die erste Möglichkeit eines sanften Anstiegs auf das Kalksteinplateau der Libyschen Wüste. In meiner Phantasie male ich mir das Waffengeklirr der 50 000 aus, das sich einst an den Felsen gebrochen haben mag. Und mein Auge möchte die Reihen der marschierenden Soldaten, der Esel und Ochsen, die als lebender Proviant dienten, und der Kamele, die mit diesem Heerzug nach Ägypten eingeführt worden waren, ins Rund des Feldstechers ziehen. Doch vorerst bleibt nichts als der verwaiste Weg und die Kadaver verendeter Höckertiere auf dem Darb el-Gallaba.

Wir steigen hinab ins Tal. Die Kamele haben Angst vor den Gebeinen ihrer Artgenossen, weil sie noch Form und Gestalt erkennen lassen und sie, die Lebenden, auf Verwandtschaft und Ähnlichkeit des Selbst mit dem leblos Erstarrten hinweisen; eine Eingebung, die in ihnen, die, voll in der Gegenwart verhaftet, ein geschichtsloses Dasein führen, für wenige Momente die Ahnung des eigenen Endes aufblitzen lässt.

Bald folgen wir dem langen Einschnitt nach Westen hinauf. Der Sand ist von unzähligen Autoreifen zerfahren. Spuren, die längst verweht sind. Doch unter den geriffelten Schichten gibt das Gefüge der

Körner wie Morast nach. Vor diesem unsichtbaren, kräftezehrenden Brei gibt es kein Entkommen.

Gerhard Rohlfs war im Jahre 1874 unweit von hier entlanggezogen. Unter der Leitung von Rohlfs, dem neben Barth, Vogel, Nachtigal und Schweinfurt hervorragendsten Vertreter der deutschen Afrikaforschung des 19. Jahrhunderts, reisten drei Gelehrte und der Landschaftsfotograf Philipp Remelé. Sie zogen von Oberägypten über Farafra nach Dakhla, um von dort die Kufra-Oasen zu erreichen. Man reise in denkbar größtem Luxus. Jeder hatte einen deutschen Diener zu seiner persönlichen Verfügung. Hinzu kamen einheimische Gehilfen, Führer, Wächter, Kamelfütterer und deren Helfer sowie teilweise gewaltsam verpflichtete Treiber. Insgesamt neunzig Personen und hundert Kamele, die außer mit eisernen Wasserkisten mit wissenschaftlichen Gerätschaften, Kamelfutter und Dingen des Wohllebens beladen waren, wie Rohlfs in seinem Bericht *Drei Monate in der Libyschen Wüste* schildert:

«Man kann sich denken, von welchem Tross wir begleitet waren ... Da war aber auch alles Nötige um auf der Reise mit allem europäischen Confort zu speisen. Ein ganzes Silberservice, Porzellan, Glas und Krystall und eine vollkommene Küche. Da waren Schafe, Puter und große Käfige mit Hühnern, da waren Hunderte von Büchsen mit eingemachten Pasteten, Gemüsen und Leckereien, da waren Champagner, französische, deutsche und spanische Weine, Liqueure und Bier, da waren Kaffee, Thee, Chokolade und Cigarren und endlich der Befehl, alles zu erneuern, falls es verbraucht sei ... Fast bedauerte ich diesen ... Aufwand ...»

Auch Rohlfs und seine Begleiter hatten in der Nachlese zur Expedition Überlegungen zum Schicksal der persischen Soldaten angestellt, und das Spektrum aller Möglichkeiten wurde im Beisein des Ägyptologen Brugsch am 18. April 1874 auf einer Sitzung in Kairo erörtert, um es mit den Berechnungen von Vivien de St. Martin und Parthey, den damaligen Koryphäen historischer Geographie, in Deckung zu bringen.

Brugsch verlegte die Oase der «Ammonier» nach Dakhla. Nach

Vivien de St. Martin, der dazu neigte, die geographischen Entfernungsangaben Herodots und seiner Gewährsleute wörtlich zu nehmen, wäre der Untergang des persischen Heeres halbwegs zwischen Oasis und den Ammoniern irgendwo auf dem Plateau zwischen Tineida und 'Ain Amur erfolgt. In dieser Gegend befinden sich aber keine nennenswerten Sandanhäufungen. Ascherson, der Botaniker der Rohlfs'schen Expedition, beließ die Stadt der Ammonier da, wo sie hingehört, in Siwa, und Parthey folgend, befand er das Dünenmeer zwischen Dakhla und Bir Dikka als den für eine derartige Katastrophe geeigneten Schauplatz. Andere wiederum vermuteten den Untergang der Armee in den Dünen zwischen 'Ain Dalla und Siwa. Auch dass Kharga Herodots «Oasis» sei, wurde von manchen in Frage gestellt und stattdessen auf die Oasen Bahariya und Farafra verwiesen. Nur Farafra, nicht aber Kharga, sei vom Nil aus in sieben Tagesmärschen zu erreichen.

Verwirrspiel um Entfernungen und Namen. Die Angaben widersprechen sich. Denn über die Jahrtausende haben sich für die Orte keine durchgängigen Bezeichnungen erhalten. Ansichten ohne feste Wegmarken. Wir sind auf der Trasse, der das Perserheer in Richtung Kharga gefolgt sein könnte.

Kambyses war kein Hasardeur. Planvoll stieß er vor, um sein Weltreich zu vergrößern und brachte Ägypten unter seine Kontrolle. Was aber bezweckte er mit der Einnahme Siwas? Sicherlich mehr, als die Oase zu brandschatzen und die Schätze des weltberühmten Orakels, zu dem später Alexander der Große zog, in seinen Besitz zu bringen. Wenn der Marsch zu dem fernen Flecken überhaupt Sinn macht, dann war Siwa nur ein Knotenpunkt in einem Wegenetz, das der persische Eroberer zerstören wollte.

Außerhalb der damaligen Reichweite ägyptischen Herrschaftseinflusses hatte sich entlang der Oasenkette in der Libyschen Wüste ein Netz von Handelswegen etabliert. Darüber wurde ein beträchtlicher Teil des Warenaustauschs zwischen den Ländern im Inneren Afrikas und dem Mittelmeerraum abgewickelt. Der Feldzug gegen Siwa konnte daher nur den Zweck verfolgt haben, alle Oasen in der Libyschen Wüste unter Kontrolle zu bringen, um den an den Zollstationen im Niltal vorbeiströmenden, höchst profitablen Verkehr an sich zu reißen.

Spekulationen und Ereignisse der Geschichte vermischen sich bis heute, ohne dass sich handfeste Beweise im Sand ablesen ließen. Rechter Hand, in 500 Meter Entfernung, eine Aushöhlung in der Felswand. Soll ich die Tiere stehen lassen, nachschauen, scharren, Steine drehen und wenden? Meine Landkarte stammt aus dem Jahre 1939. Darin ist die Höhle vermerkt. Ich bin zu entkräftet, um einen Abstecher zu machen. Wieder ernähre ich mich nur von gekochtem Reis und Salz.

Wir gelangen auf das Plateau. Schroffe Felsflächen, Hügel und Sand; dahinter Dünen. Mit dem Betreten des gelben Gewelles verstummt jedes Geräusch. Die Karawane gleitet dahin; lautlos wie ihre auf die Sandriffelungen geworfenen Schatten, und das durchhängende Seil, das ein Tier mit dem anderen und mit mir wie eine Nabelschnur verbindet, legt mir ans Herz, den Kamelen ihren Lauf zu lassen, nicht zu ziehen und mich ihrem Tempo anzupassen.

Bald sichte ich einen Kamelpfad. Er hält genau nach Westen, besteht nur aus einer einzigen hauchdünnen Linie. Nach der Karte haben wir den Punkt erreicht, an dem wir die Rohlfs'schen Spuren kreuzen müssen. Ihnen will ich folgen. Rohlfs hatte keine besonderen Beobachtungen auf diesem letzten Teilstück seiner Expedition gemacht. Er vermerkt lediglich: «*Ich wüßte sonst gar nichts von Interesse zu berichten, es waren die langweiligsten Märsche, welche man sich nur denken kann. Es war in der That gut, daß die Expedition ihrem Ende entgegenging.*»

Weil der Forscher seinem ersehnten Ziel, dem Nil, entgegeneilt war und keinen Blick mehr für Details hatte, macht es für mich Sinn, seinen Weg noch einmal zu begehen und die Augen offen zu halten.

Am 31. März 1874 war die Rohlfs'sche Karawane wohlbehalten in Isna/Oberägypten eingetroffen. Ein Meilenstein in der Geschichte der wissenschaftlichen Erkundung der Ost-Sahara war gesetzt. Eines der vielen herausragenden Ergebnisse der Rohlfs'schen Expedition war die von Jordan erstellte topographische Karte für den ägyptischen Oasengürtel westlich des Nils; ein Werk, das wegen seiner Qualität lange unerreicht blieb. Bis das britische Militär vor dem Ausbruch des Zweiten Weltkriegs moderne Landkarten für ganz Ägypten anfertigen ließ. Die Rohlfs'sche Karte, in der einige Karawanenwege nur vom Hörensagen mit erstaunlicher Präzision eingetragen sind, bildet die Grundlage für meine Wanderungen in der Libyschen Wüste mehr als hundert Jahre danach.

Fast vierzig Jahre nach Achmed Fahkry, dem ägyptischen Archäologen und letzten kamelreisenden Gelehrten, der sich besonders um die Forschung in den Oasen der Westwüste verdient gemacht hat, griff ich diese altbewährte, sanfte und geräuschlose Methode der Fortbewegung wieder auf. Alleine, im langsamen Reiserhythmus der Kamele, ohne Führer und ohne Helfertross auf den Wegen des deutschen Gelehrten versuchte ich manchmal, mir den Lärm und das Chaos vorzustellen, die Rohlfs und seine Begleiter bei dem aufwendigen Zug durch die Wüste umgeben hatten. Wie hatten sie das ertragen können? Wie viel schöner schien es mir doch, auf Geselligkeit, auf Luxus und Überfluss zu verzichten und mir für dieses freiwillig erbrachte «Opfer» die Stille der Wüste einzuhandeln. Zu Fuß; tagelang durch monotones, nach allen Seiten hin gleich aussehendes Land. Den im Gelände verstreuten, wenigen Kleinigkeiten Bedeutung und Gewissheit abgewinnen. Wie empfand Rohlfs dieses jedes Mal neue, spannende Spiel? Beispielsweise so: *«Kann man sich etwas Trostloseres denken, etwas Langweiligeres, als die Gegend, welche wir jetzt zu durchziehen hatten? Rechts und links 80–100 Meter hohe Sanddünen, etwa ½ Stunden von einander entfernt. Und in dieser von den beiden Sandketten gebildeten Thalrinne bewegt sich unsere Karawane. Da ist kein Fels, kein Gor (Hügel), kein Berg, um etwas Abwechslung in die Scenerie zu bringen. So wie die Gegend hier aussieht, so sieht sie nach 4-, nach 8-, nach 10-stündigem Marsche noch aus.»*

Rohlfs, der Landschaft überdrüssig. Wüste, vom Kamelrücken aus wahrgenommen. Durchkommen wollte er und die fernen Ziele erreichen, die er sich gesetzt hatte. So nutzt sich Weite psychisch ab, wird zu endlosem Einerlei, in dem schließlich nur die großen Höhepunkte zählen. Der Rest wird von der Monotonie der Schritte zu mühevollem Erleben zermahlen. Umsonst vollführen dann Licht und Schatten auf eintöniger Schotterfläche ihr subtiles Spiel.

Warum folgte ich den Rohlfs'schen Spuren, wenn dieser Mann doch so verschieden von mir war? Was verband mich dennoch mit ihm – außer seiner, wenn auch anders gearteten Liebe zur Wüste? Was wollte ich beweisen, in Frage stellen, was bestätigt finden? Zunächst war es pure Faszination, die mich auf seine Wege zog. Sie als Basis für die Erstellung einer Landkarte nehmen, in der – möglichst vollständig – die Karawanenwege der Antike eingetragen sind. Niemand interessiert sich dafür. Brotlose Kunst. Genau die richtige Beschäftigung für mich. Sie ist nutzlos, sie bringt nichts ein und stimmt mich gerade deshalb zufrieden.

Der Kamelpfad ist kaum auszumachen. Nur gelegentlich erblicke ich ihn, wenn er nach langen Sandpassagen im Auf und Ab des Hügellandes hervortritt. Wir laufen bis in die Nacht hinein.

Während des Abladens wenden die Kamele die Köpfe nach mir. Aufmerksam verfolgen die Tiere jeden meiner Handgriffe. Sie lecken beständig ihre Lippen, ziehen sie hoch, als wollten sie Honig von ihrer Oberkieferplatte schlecken. Noch ist der Futtersack nicht geöffnet, und schon robben sie heran. Sie jetzt noch zurückzuhalten, geht nicht. So schnell ich kann, setze ich ihnen die Futtereimer vor den Bug und stoppe damit den Sturm aufs Lager. Nach dem Fressen ein Sandbad; dann setzt seelenruhiges Wiederkäuen ein, dem ich, vor dem Spirituskocher hockend, zuschaue. Bald verliere ich mich im Gependel der Mäuler. Beim Wiederkäuen, dem sich die Tiere mit großem Ernst und tiefer Nachdenklichkeit widmen, sind alle Schädelpartien in Bewegung; Kiefer, Wangen, Hirnplatte, Ohren und Hals. Das Maul halten sie dabei geöffnet. Dort, wo sich die Kieferknochen verjüngen, scheint es eingedellt. Die Unterlippen sind nach innen gezogen; Vorkehrung der Evolution, um Futter und Magensaft im hinteren Maulbereich und in Reichweite der schwarz gefärbten Mahlzähne zu halten. Auf geheimnisvolle Weise ist das Ohrenspiel mit dem Hin und

Her der wiegenden Unterkiefer gekoppelt. Blick auf Hassan. Er schaut mich mit aufgeblasenen Wangen an. Der Hengst behält die Antwort auf mein Staunen für sich.

Anderntags kreuzen wir mehrere Karawanentrassen. Kalt fährt die Morgenluft durchs Gesicht. Meine Djalabeja flattert wie ein Fahnenfetzen am Mast. Laufen im Wind. Ich singe mein Lied. Meine Schritte und der Laufrhythmus der Kamele geben den Takt dazu an. Atma folgt willig und lauscht meinem Gesang; die anderen Tiere ebenso. Die lockeren Leinen und Atmas Nüstern, die nahe neben meinem Kopf schweben, enthüllen mir eine Botschaft: Gesang ist es – nicht Peitscheneinsatz und Schreie –, der die Karawane in Gang hält und der die Kamele ermuntert, mir ihre Kraft anzuvertrauen.

Allmählich öffnet sich das Hügelland. Wir betreten flachwelligen Schotter. Sandfahnen treiben darüber. Der Pfad verliert sich. Wegeloses Gelände. In diesem Terrain musste ein jeder seinen Kurs selbst abstecken. Die Opfer dieser Beherztheit: Wo waren sie einst niedergegangen? Aufgegebene Ladungen, Skelette verendeter Lasttiere, Gräber und Scherben. Der Wille und seine ihm Halt gebenden Kalkulationen: selbst auf Irrfahrt in der ringsum zerfließenden Leere. Er erzwang auch die unwahrscheinlichsten Passagen. Manchmal bleibe ich stehen und halte mit dem Feldstecher Ausschau. Die Landschaft ist ohne jeden Blickfang. Wind pfeift und umhüllt mich mit Einsamkeit.

Der Mensch mit sich allein. In solchen Gegenden wird er auf seine Größe reduziert. Rausch der Weite. Er setzt ein, wenn all das Aufgesetzte und all die kleinen Kompromisse von mir abgefallen sind und wenn aus dieser Reduktion das Ich herausströmt, wenn es aufbricht zu fernen, hellen Ufern; wenn es bei jedem Atemzug mit vollem Bewusstsein expandiert – tief hinein in die glücklichen Zustände der Ekstase. Und sich dort hält. Wie in Trance laufe ich dann; bin ganz Rhythmus; schwinge; bin ein Takt von vielen, die in der Karawane miteinander verschmelzen; Frequenzen, die sich aufschaukeln hoch hinein ins Glück. Manchmal stundenlang. Vollständiges Verlorensein in unendlicher Freude. Bis die äußere Welt und die gewohnten Bilder wieder Oberhand gewinnen und der Rhythmus in sich zusammenfällt. Ist das der Auf- und Niedergang der Willensfreiheit, umhüllt von Lotusblüten transzendentalen Glücks? Der ungeheure leere Raum und die Karawane sind das Mysterium, in dem diese Freiheit für mich aufgehoben ist.

Es gibt nichts anzupeilen. Wir marschieren geradeaus nach Westen. Zweimal stoßen wir auf Fußspuren von Menschen, auf frischen Kuhdung und auf Rinderfährten. Schmuggler treiben gehörntes Vieh durch die Wüste zum Niltal. Jeden Winter geschieht das. Weil die Fleischpreise in den Oasen per Gouverneurserlass auf Kosten der Bauern gedrückt werden, gibt es einen Anreiz, den «gerechten Preis» für das aufgezogene Vieh am Nil einzufordern. Wer beim Kuhschmuggel erwischt wird, landet im Gefängnis.

Null Grad zeigt das Thermometer. Handschuhe über kältesteifen Händen; die Jacke zugeknöpft. Wir passieren zwei Kamelgerippe und sind wieder auf dem Karawanenweg. Fünfzehn Gleise schlängeln sich durch ein *battikh*-Feld, ein Gelände, das von rundlichen Felsbrocken übersät ist, die durch extreme Temperaturschwankungen und Winderosion aus dem Kalkstein, in dem sie eingeschlossen waren, herausgetreten sind. Dann ein Hügel, zu dem eine Spur der Trasse abzweigt. An seiner Südseite Scherbenhaufen. Manche Bruchstücke lassen sich zusammenfügen. Ovale, ellenlange Gefäße mit Hals und Öffnung am stumpfen Ende. Ein antikes Wasserdepot. Zwei weitere sind in seiner Nähe. Von Herodot ist überliefert, dass jedem Ortsvorsteher im alten Ägypten aufgetragen war, leere Weinkrüge einzusammeln. Sie wurden mit Wasser gefüllt und unter der Regie des Vorstehers von Memphis in der Wüste als Vorrat für Patrouillen, Karawanen und Heereszüge gestapelt. Ich zähle ab. Der Inhalt der an diesem Hügel deponierten Krüge hätte nie und nimmer ausgereicht, den Durst von auch nur zwei Hundertschaften Soldaten zu löschen.

Wir geraten in eine flache Senke. Sie ist mit bläulich schimmerndem Kalkstein gefüllt. *Kharafish* nennen die Kameltreiber solches mit messerscharfen Graten und Furchen übersätes Gelände, in dem sich die Laufsohlen der Kamele rasch abnutzen. Vorsichtig tastet sich die Karawane durch den Kalkschliff. Metallisches Klirren, wenn ein Polsterhuf Gestein abbricht. Ein bunter Schmetterling flattert vorüber und spendet Trost. Wir winden uns durch mannshohe, in Nordsüdrichtung vom Sandstrahl des Windes in jahrtausendelanger Arbeit gefräste Kanäle aus Kalkstein. Im wirren Durcheinander der Schollen, Falten und Zacken entdecke ich unscheinbare Steinsetzungen. Wieder tritt der Karawanenweg wie aus dem Nichts hervor. In der Ferne erhebt sich ein Tafelberg.

Durch dieses Gelände soll sich das Heer des Kambyses gewälzt haben? Wäre es denn so gewesen: Der Marsch der Perser hätte schon hier vor einer Zerreißprobe gestanden. Ich sichte keinen einzigen größeren Alam, nicht eine einzige Pyramide aus Stein, die dem Heereszug den Weg gewiesen haben könnte; kein noch so winziges Relikt auf dem Boden. Doch: Könnte ein einziges Augenpaar irgendeine Winzigkeit in dieser Landschaft überhaupt ausfindig machen? Eine Streitaxtklinge, ein Messer oder eine Speerspitze, abseits unserer Schritte. Es scheint aussichtslos, in diesem Gelände nach etwas zu suchen. Nur erkennen kann man einen derartigen Fundort, wenn er sich als solcher darbietet. Und wenn der Zufall hilft.

Während wir einen Ausweg aus dem Kalkschliff suchen, kreisen meine Gedanken um den Feldzug des Kambyses, um Gerhard Rohlfs und die Vermutungen der Gelehrten seiner Zeit. Sturm kommt auf. Sandnebel überziehen das Gelände. Und so, wie ich in der wüsten Landschaft nach Orientierung Ausschau halte, so taste ich mich durch das angehäufte Wissen der Alten, wäge ab. Der Heereszug des Kambyses: Ob er überhaupt stattgefunden hat? Ob es stimmt, dass die 50 000 in einem Sturm umkamen? Vielleicht wurden sie von ihren Führern verraten und in die Irre geleitet. Was spricht gegen Brugsch und gegen Dakhla? Die Oase liegt, wenn man einen Ruhetag zulässt, sieben Tagesmärsche vom Niltal entfernt. Rohlfs schreibt, dass in Dakhla die Kenntnis von einer alten Karawanenstraße, die nach dem fernen Südwesten führte, noch lebendig war. Auf ihr wurde einst der Handelsverkehr mit den Königreichen Darfur, Wadai und Bornu abgewickelt. Doch als sich, hundert Jahre vor Rohlfs, die Überfälle räuberischer, vom Tibesti einfallender Beduinen auf Dakhla mehrten, verlegte die Mamelucken-Regierung Militär in die Oase. Man sei acht Tage auf der alten Trasse vorgerückt und habe alle Wasserstellen zerstört. Daraufhin hätte es mit den Überfällen ein Ende gehabt. Nur einmal danach sei eine Karawane aus Bornu in Dakhla eingetroffen.

Spärliche Nachrichten liegen über eine vom Sultan von Wadai, Abd el-Karim Sabun, um das Jahr 1810 nach Dakhla gesandte Karawane vor. Mit ihr sollte der Handelsverkehr zwischen Wadai und Ägypten unter Umgehung von Darfur wieder aufgenommen werden. Die Karawane verirrte sich. Menschen und Lasttiere kamen um. Dass Dakhla das Ziel der Karawane gewesen war, lässt darauf schließen, dass eine alte, durch überliefertes Wissen gesicherte Strecke beschritten wurde. Sie soll über den Djebel en Nari (das Uweinat-Massiv) geführt haben. Schließlich fand Jordan, der Geograph der Rohlfs'schen Expedition, westlich des Djebel Edmonstone Überreste eines nach Südwesten zielenden Karawanenweges. Diese Entdeckung wurde durch den Briten W. J. Harding King ergänzt, der um 1910 drei Winter mit der Erkundung alter Karawanenwege in der Libyschen Wüste zugebracht hatte. Der von der *Royal Geographical Society* und dem *Survey of Egypt* unterstützte Forschungsreisende spürte weitere Trassenstücke auf. In der Karte Harding Kings sind diese Wegstücke vermerkt. Desgleichen ist eine als Darb el-Terfawi bezeichnete Strecke eingetragen, die Dakhla über Bir Terfawi und Selima auf direktem Wege mit Dongola sowie mit Kordofan und Darfur verband. Douglas Newbold fand in den zwanziger Jahren heraus, dass noch zu mittelalterlicher Zeit eine Karawanenroute zwischen Dakhla und dem Niger in Betrieb war. Laut alter Quellen war dieser Weg fünfzig Tage lang.

Nimmt man die Karawanenwege hinzu, die Dakhla mit Kufra und – über Farafra und Bahariya – mit dem Faiyum bzw. über Bir Abu Minqar und 'Ain Dalla mit Siwa verbanden, und vergegenwärtigt man sich die Überlieferungen der Tuareg, denen zufolge es Handelsverbindungen zwischen dem Aïr-Gebirge und dem Nil in Ägypten gegeben hat, so wird die Stellung deutlich, die Dakhla als die Zentralafrika nächstgelegene ägyptische Oase über viele Jahrhunderte hinweg gehabt haben muss und die sie zu einem der bedeutendsten Knotenpunkte für den Fernhandel in der Ost-Sahara machte. War das zu Zeiten der Perserherrschaft auch so gewesen? Was ist davon zu halten, dass Herodot von «Oasis» als einer von Samiern – Einwanderern aus Samos – bewohnten Siedlung spricht? Wurde der Warenfernverkehr durch die Wüste damals von Griechen dominiert? Niemand vermag eine präzise Antwort darauf zu geben. Wo ist der Beweis? Liegt er, zu meinen Füßen vergraben, irgendwo in diesem tosenden Meer aus Sand?

So schnell, wie der Sturm aufgekommen ist, legt er sich wieder. Mittagslager im Windschatten eines Hügels. Neben mir eine ovoidförmige Steinplatte, eine *murhaka*. Reibschalen wie diese werden noch heute in abgelegenen Gegenden des West-Sudan zum Getreidemahlen benutzt. Diese hier stammt aus dem Neolithikum. Eine Kamellänge weiter rotviolett verfärbte Steine. Rissig und zersprungen sind sie, in flacher Wölbung gehäuft: Feuerstellen. Einige hat der Wind freigelegt. Zwischen Lehmkrusten und Steinen kommt Holzkohle zum Vorschein. Davon nehme ich ein paar Krümel mit. Sie werden später in Deutschland untersucht.

«Akazie», lautet das Urteil der Experten, «5800 +/– 50 Jahre alt.» Der Messwert ist ein Steinchen im großen Mosaik, das den Einfluss der spätsteinzeitlichen Kulturen in der Libyschen Wüste auf die Formierung des ägyptischen Staatswesens offenbaren soll. Die archäologischen Fakten um mich herum belegen es: Es hatte hier einmal ganz anders ausgesehen. Offenes Baum- und Buschland und grasbedeckte Flächen. Auf ihnen versuchten Fallensteller und Jäger ihr Glück. Nomadisierende Viehzüchter zogen umher. Der Wind hat den Mutterboden abgetragen. Doch die Geschichte von einst liegt mit Händen zu greifen auf der Erde, unberührt – als wären die vielen Feuer erst gestern erloschen. Feuer: Die alten Ägypter sahen in ihm ein beseeltes Tier, das alles frisst, was es an sich reißt. Und wenn es gesättigt ist, erstirbt es zusammen mit seiner Speise.

Noch einmal durchqueren wir ein *battikh*-Feld, und dann stehen wir am östlichen Ufer der Kharga-Senke. Die Sonne ist gerade untergegangen. In der Dämmerung die schmale Sichel des neuen Mondes.

Unter mir das Geschiebe des Gesteins. Schroffe Kanten. Felsbrocken sind in die Tiefe gestürzt und bohren sich in Geröllhalden. Im Tal von der Masse des Gesteins abgelöste Plateauhügel. Und Wadis. Ihre Quellarme greifen bis zu mir hinauf. Im Hintergrund ein blassgelber Streifen, der sich über das gesamte Bild zieht. Die Ausläufer der Abu-Muharik-Düne, der längsten Dünenformation Ägyptens.

Die Tiere wollen ihre Lasten loswerden. Wir laufen die Abbruchkante entlang und finden einen Einschnitt ins Plateau. Er führt zehn Höhenmeter abwärts zu einem Felsvorsprung. Dort hat sich Sand angesammelt. Ein idealer Lagerplatz. Bald köchelt Reis im Kochtopf. Unser Camp liegt wie ein Adlerhorst in der Felswand, die an dieser Stelle gut hundert Meter in die Tiefe abfällt. Scherben ragen aus dem Sand. Beleg dafür, dass an diesem Ort schon andere Zuflucht gesucht hatten. Später sehe ich die Lichter von Kharga auf 302 Grad. Kaum einen halben Kilometer südlich unseres Lagers muss der Abstieg sein.

Waha el-Kharga, die südlichste der großen Oasen in der ägyptischen Westwüste. Kesselartiger Einschnitt im einförmigen Grau des libyschen Kalksteinplateaus. 195 mal 35 Kilometer sind die Maße der Senke. Sie wird an drei Seiten von jäh aufragenden Felsfronten begrenzt. Nur zum Sonnenuntergang hin zerfließen Himmel und Erde in leerer Ferne, lösen sich auf im Sandgewoge, das von lotrechten Wänden im Norden herabstürzt und in sanften Wellen Richtung Süden fließt.

Sand bedeckt den größten Teil des für den Ackerbau nutzbaren Landes. Seit der Zeit, als die bronzene Kuh hoch oben auf der Klippe im Norden verschwunden ist, treibt er sein Spiel mit denen, die auf den fruchtbaren Sedimenten im Tal sesshaft geworden sind. Die Kuh, so geht die Sage, hätte – viele Menschenalter sei das her – mit aufgerissenem Maul den herandriftenden Sand geschluckt. Damals hätte Kharga zu Recht den Namen «Insel der Glückseligen» getragen.

Woher kommt der Sand? Die Dünen Ägyptens beginnen in großen Senken, die sich von Siwa bis zum Wadi Natrun erstrecken. Fast alle Sandgebirge sind von Nordnordwest nach Südsüdost ausgerichtet und tragen arabische Namen. Das bedeutendste ist der Abu-

Muharik-Dünenzug. Er hat eine Länge von rund 500 Kilometern und bewegt sich zwischen 10 und 15 Metern pro Jahr in südliche Richtung. Für die Fachleute gilt als ausgemacht, dass der Nordteil der Libyschen Wüste, mit Ausnahme des mediterranen Küstenstreifens, seit einer drei viertel Million Jahre nicht mehr regelmäßig von Niederschlägen bestrichen wurde, sodass als einzige landschaftsprägende Kraft der Wind in Frage kommt. Wind hat die großen Senken ausgehoben, wobei G. W. Murray die Erosionsrate mit 36 Millimetern pro Jahrhundert angibt. Zur Aushebung der 270 Meter tiefen Kattara-Depression hätte es demnach 750 000 Jahre gebraucht; ein Vorgang, der mit dem Erreichen der Grundwasserschicht weitgehend zum Erliegen gekommen ist. Die Menge an Sediment und Gestein, die allein aus der Kattara-Senke durch den Wind bis zu tausend Kilometer in Richtung Süden verfrachtet worden ist, schätzte der britische Geologe Beadnell im Jahre 1910 auf Hunderte von Kubikkilometern. Weil die Feuchtigkeit der Salzpfannen und -sümpfe *(sabakha)* den Abtragungsprozess gestoppt hat, nahm John Ball, *Director of Desert Surveys, Egypt*, an, dass nunmehr weiche Sedimente der im Norden der Kattara-Depression aufsteigenden Steilstufe angegriffen, durch Leewirbel in die Höhe und über die *sabakha* hinweg getragen würden, um dann die Dünenköpfe weiter im Süden zu füttern. Diese Hypothese scheint mir ziemlich gewagt. Und ob die im Vergleich zur Kattara-Senke kleinflächigen Depots an Verwitterungsrückständen aus Mineralkörnern, die sich am Beginn der Dünenzüge befinden sollen, ausreichen, das mächtige Gewoge zu füttern, ist bei einem Abrieb von 0,36 Millimetern und einer Dünenwandergeschwindigkeit von 15 Metern pro Jahr nur schwer vorstellbar. Wurde daher der Sand über längst verschollene, von Süd nach Nord abfließende Gewässer als Erosions- und Abriebmaterial aus höher gelegenen Regionen des nubischen Sandsteins in riesige, flache Senken gespült und abgelagert, um später, nach der Austrocknung Nordafrikas, vom Nordwind ergriffen und wieder in Richtung Sudan transportiert zu werden? Dann wäre das Gewoge der Dünen nichts anderes als die Momentaufnahme eines von Wasser und Wind hervorgerufenen, in jahrtausendelangen Gezeitenrhythmen sich vollziehenden Wellen-schlages, und die großen Walrücken wären stehen gebliebene Reste vordem geschlossener, zig Meter hoher Sedimente aus Silizium, in die der Wind Täler gefräst hat, während er im gleichen Atemzug Myria-den abgetragener Sandkörner zu Schwert- und Sicheldünen model-lierte. Vermutungen, Meinungen, Fragen. Mit ihrem Weggang hat die bronzene Kuh die Antworten darauf mit sich fortgetragen.

300 Meter vom Rand der Klippe entfernt steht ein Alam; am Ab-grund zwei weitere. Vollkommen unscheinbar sind sie. Wir sind am Naqb Bulaq angekommen. Rohlfs hatte von einer *«künstlich gebauten Straße»* berichtet, *«die sicher spätestens aus römischer Zeit stammt»*. Davon ist nicht viel übrig geblieben.

Hinab in die Tiefe. Hier und da Gebeine verendeter Kamele und Krugscherben. Erst als die mächtigen Kalksteinschichten durchstie-gen sind und die weichen Sedimente darunter beginnen, wird der Abstieg mühelos. Bis schließlich der Passweg in offenes, vereinzelt mit Barchanen, Sicheldünen, besetztes Gelände tritt.

«Du bist in Bir Tamania», sagt der Mechaniker an der Pumpsta-tion. Ich schöpfe warmes Wasser aus einem rostrot gefärbten Bewäs-serungskanal und tränke die Tiere. Sie fallen nicht sofort über ihr Lieblingsfutter her, das Agul, das am Rande des Kanals wächst. Auch sie sind entkräftet.

Ein Junge auf einem Esel reitet auf uns zu. Muhamed Abd el-Ha-mid heißt er. Er ist 15 Jahre alt.

«Willkommen. Unser Dorf liegt eine halbe Stunde im Westen. Es heißt Khartoum», ruft er.

«Wie die Hauptstadt des Sudan?», frage ich.

«Ja.» Er lädt mich in das Haus seines Vaters ein.

«Du wirst uns finden», sagt er zum Abschied. Dann ist er auf und davon.

Wir gehen in Richtung der Ansiedlung. Sie besteht aus ein paar niedrigen Häuserzeilen, hinter denen der Betonquader einer Schule aufragt. Schnell errichtete Gebäude im Spalier, unverputzt und ohne Zier; alle von ein und demselben Typ. Muhamed kommt uns entgegen. Und dann halten wir vor einer tristen Lehmziegelmauer. Wären nicht die wallenden Gewänder und die strahlenden Gesichter, ich käme mir vor wie in einem Flüchtlingscamp.

Muhameds Vater empfängt mich mit breit ausladender Geste. Glanz ist in seinen Augen. Man wirft den Tieren Klee vor die Mäuler. Abd el-Satar Renem Mubarak, der einzige Autobesitzer im Ort, wird beauftragt, Hirse für die Kamele zu beschaffen.

Meine Ankunft soll mit einem Festessen gefeiert werden. Abd el-Hamid verschwindet, um ein Schaf zu schlachten. Währenddessen führt mich Muhamed ins *mandara*. Der Raum war vor vielen Jahren einmal getüncht worden. Palmstammhälften dienen als Deckenträger. Quer darüber sind Palmzweige gelegt. Ein Geschnür aus Plastikfäden hält sie leidlich in Reih und Glied. Entlang der Zimmerwände stehen Bänke, ein kleiner Holztisch und Stühle. Am Kopfende, über Augenhöhe, dem Brauch entsprechend, um den Gast nicht in die Antlitze der Frauen blicken zu lassen, befindet sich die Durchreiche zur Küche. Eine verstaubte Glühbirne hängt von der Decke. Generatorenstrom gibt es von Sonnenuntergang bis kurz vor Mitternacht.

Jemand hat Zahlen und Namen in den Putz geritzt.

«Telefonnummern. Und hier, das ist der Tag, an dem Achmed aus Harb el-Meihub da war», erklärt Muhamed.

Kaum kann ich's glauben, dass ich als Fremder derart herzliche Aufnahme gefunden habe.

Spät in der Nacht das Begrüßungsmahl. Ich hocke mich zu den Männern auf die Bodenmatte. Muhamed reicht Schüssel, Seife und Handtuch, gießt Wasser aus einer Aluminiumkanne, der *ibrikha*, über die Hände. Dann ist es so weit.

«Bism milah Allah rachman rachim.»

Brotfladen werden mundgerecht zerrissen, tänzeln zwischen den Fingerkuppen der Esshand, um anschließend in Soßen und Suppen getunkt zu werden oder Gemüse und Fleisch aufzunehmen. Nach dem Mahl wieder Händewaschen; Mundspülung und Gebete. Dann Tee und Wasserpfeife. Immer wieder muss Muhamed aufs Neue berichten, was er von mir weiß.

Irgendjemand hatte die Polizei verständigt, und bald hören wir vor dem Haus ein Auto. Zwei Männer in Zivil betreten den Raum. Händeschütteln. Ob sie meinen Pass sehen könnten. Und die Genehmigung. Ich zeige ihnen ein auf Arabisch abgefasstes Empfehlungsschreiben, auf dem irgendwo mein Name steht. Das genügt. Ich erhalte meinen Pass zurück.

«Hast du eine Waffe», fragt mich der Ältere von beiden.

«Nein, aber durchsucht mein Gepäck, wenn ihr wollt.»

Statt das zu tun, stellen sie Frage auf Frage. Ich erzähle ihnen von meiner bisherigen Reise. Sie glauben mir. Als sie gegangen sind, fallen mir vor Müdigkeit die Augen zu.

Zwei Tage in Abd el-Hamids Haus vergehen. Viel Abwechslung gibt es für die Bewohner nicht. Das Leben scheint sich seit alters nach festgelegten Regeln zu vollziehen. Brotbacken, Füttern des Federviehs, das im Haus umherläuft, Arbeit auf den Feldern und Einkauf in den beiden Geschäften des Ortes: alles, was sich draußen vor der Tür abspielt, ist Männersache. In der Früh werden die Kinder mit den Ziegen, Schafen und Rindern hinausgeschickt, auf Ödland und abgeerntete Felder. Die Kamele treiben die Männer ins Agul. Das Umherziehen von Weide zu Weide scheint der Vergangenheit anzugehören. Achmed Renem Mubarak setzt sich gar jeden Morgen mit dem Henkelmann in den Bus und steigt auf der Höhe von Genah aus, um dort seine Kamele, die er nachts angepflockt und sich selbst überlassen hat, tagsüber als Teilzeithirte zu betreuen.

Weil es für die Frauen unschicklich ist, sich auf der Straße zu zeigen, müssen die beiden Kühe Abd el-Hamids von der Weide geholt werden, damit die Frauen sie in der Küche melken können. Aus der Milch machen sie Käse.

Eine Toilette gibt es nicht. Gleich zu Anfang hatte ich Abd el-Hamid danach gefragt. Er habe keine, hatte er geantwortet und mich auf die Freifläche östlich des Dorfes verwiesen. Irgendwann morgens sehe ich ihn auf der noch unbelebten Straße hocken und Wasser lassen.

Wenn am Abend Kinder und Tiere – in eine Staubwolke gehüllt – heimkehren und das Vieh in den Stallungen und Innenhöfen untergebracht ist, wird das Ende der Tagesmühen eingeläutet – für die Männer. Die Frauen müssen die tägliche Hauptmahlzeit zubereiten und danach ständig Tee und kleinere Speisen für die sich regelmäßig zum Palaver einstellenden Besucher bereithalten.

Abendstimmung. Ich sitze mit dem Alten vor dem Haus. Der Dieselgenerator beginnt zu rattern. Muhamed trägt den Fernseher vor die Tür, pfriemelt am Verlängerungskabel.

«Was sollen wir damit, Abd el-Hamid?»

«Fernsehen, zu deinem Belieben», antwortet er und freut sich, dass er mir einen Gefallen tun kann.

«Abd el-Hamid, sieh nach Osten. Die Felder, die Dünen, die Klippe … Und dort, die ersten Sterne. Ich bin zufrieden. Ich brauche kein TV.»

«Ah, wie du willst», sagt er. Zur Erleichterung der Frauen verschwindet der Apparat wieder im *harim*.

Abd el-Satars klappriger Toyota stoppt. Es ist die Zeit, zu der sich die Männer des Ortes bei Abd el-Hamid einfinden. Wir ziehen den Durrasack von der Ladefläche. Licht aus ramponierten Straßenlaternen legt sich wie Patina auf die um das Fahrzeug versammelten, in Schals und Turbane gehüllten Gestalten. Trotz der auch nach Khartoum vorgedrungenen Requisiten der Moderne fühle ich mich wie in vergangene Jahrhunderte zurückversetzt.

Noch einmal wiederholt sich die Begrüßungszeremonie. Alle kennen sich. Und trotzdem wird das Ritual bei jeder Begegnung mit freundlichem Ernst gefeiert – als wolle jeder Grüße und Gebärden erhalten wissen.

Gespräche bei Tee und Wasserpfeife. Einige der Männer haben familiäre Bindungen in den Sudan, und zwei von Abd el-Hamids Neffen leben in der Nähe von Kassala. Allesamt zählen sie sich zu den Ar-Raschida, die mehrheitlich in der östlichen Bergwüste des Sudan und in Nord-Erithrea beheimatet sind. Vor langem hatte sich ein kleiner Teil abgespalten und seine Zelte im Raum Sohag aufgeschlagen. Dort, am Rande des Niltals, hatten Abd el-Hamid und seine Nachbarn Ziegen und Schafe gehütet, bis Gamal Abd el-Nasser ihnen anbot, nach Kharga umzusiedeln. Das war 1959 gewesen. Seit damals ist Abd el-Hamid in Kharga. Zunächst als Tagelöhner. Bis er zu seinem Stück Land in Khartoum kam. Das zahlt er bis heute ab.

«*El dunja saab* – das Leben ist hart», sagt er zu mir. Seit 1959 ist er auf der Stelle getreten, weil er sich Zeit nahm – für jeden, der in seinem Haus ein und aus ging – und weil die Pflege der Gastfreundschaft den größten Teil des Geldes, das er verdiente, verschlungen hat.

«*Ragil karim* – freigebiger Mann», nennt man ihn im Dorf. Er sah, wie sich die Welt um ihn herum veränderte, wie auch in seinem Dorf die alten Bräuche abbröckelten. Abd el-Hamid wollte sich den Neuerungen im Umgang miteinander nicht anschließen. Er blieb der, der er war. Der Einfachheit verschrieben und den alten Werten. Die hält er hoch, weil er sie lebt; wie einige wenige andere der Ar-Raschida in seinem Dorf.

Es herrscht ein ständiges Kommen und Gehen. Und tritt einer neu herein, dann rauschen die Gewänder. Alle erheben sich. Als schritte ein König auf sie zu. Jeder wird so empfangen. Auch wenn er der Jüngste im Kreis ist. Und jeder wird so verabschiedet.

Muhamed Suleman Dauwar setzt sich zu uns. Er ist mit seiner 18 Köpfe zählenden Herde der zweitgrößte Kamelzüchter im Ort. Das Thema wechselt – zu den Höckertieren. Erzählungen über das Wanderhirtenleben früher, über den Sudan und den Darb el-'Arbain machen die Runde. Zwei der Männer behaupten, sie seien von hier aus nach Dongola geritten. Ich kann es kaum glauben, denn das Gebiet südlich der Oase ist streng überwachter militärischer Sperrbezirk.

«Was wolltet ihr dort?», frage ich erstaunt.

«Wir haben eine Ladung Zigaretten hingebracht.»

«Hat es sich gelohnt?»

«Ja, bei Allah. Mit dem Verdienst kauften wir uns neue Kamele.»

Mit einem Male habe ich viele Fragen.

Anderntags zeigt man mir Sättel, Reitzeug und zylinderförmige, aus Palmblättern geflochtene Packtaschen. Sie sind mit Plastikstreifen verstärkt. Man nimmt mich mit zu den Kamelen. Mehr als hundert zähle ich.

«Wofür braucht ihr die vielen Tiere? Die Sättel? Die Taschen?»

«Für den Transport von Salz. Das holen wir aus der Wüste.» Salz-karawanen in Ägypten! Davon höre ich zum ersten Mal. Zum Wadi Atrun, sagen die Männer, würden sie reiten. Zwanzig Tagesmärsche in südwestlicher Richtung, davon 15 Tage auf dem Darb el-'Arbain; bis Laqiya. Und von dort noch einmal fünf Tage Richtung Westsüdwest.

«Atrun». Ein gleichnamiges Wadi existiert für die Geographen nicht. Auf der Karte ist der Fleck als Bir Oyo eingetragen. Er liegt nordwestlich von Nukheila/Merga, 240 Kilometer von der Tschad-grenze entfernt.

Browne, der erste und bisher einzige Forschungsreisende, der den Darb el-'Arbain in seiner gesamten Länge begangen hat, berichtete über solche Salzlagerstätten. Schon zu seinen Zeiten wurde das weiße Gold gebrochen und nach Ägypten verkauft. Beimischung zum Kau-tabak, zur Seifenherstellung und zum Bleichen von Stoffen, wie heute noch. Der Darb el-'Arbain: von den Karawanen der Kharga-Bedui-nen auf einer Teilstrecke noch immer begangen. Unter anderem Na-men, des Salzes wegen. «Darb el-'Atrun» nennen sie ihren Weg. Er ist 850 Wüstenkilometer lang. Und in einer Woche würden sie wieder ziehen – *incha'allah*.

Sich den Männern anschließen? Das wäre eine Möglichkeit, wenn ich mich beeile, doch meine Krankheit lastet bleischwer auf allen meinen Plänen. Schnellstens muss ich nach Kairo und die Ruhr los-werden. Wohin mit den Tieren? Eine Einladung kommt mir in den Sinn. Bohnenberger hatte gesagt, er würde sich freuen, wenn ich ein-mal bei ihm vorbeischauen würde. Das war in Deutschland bei einem Zusammentreffen an der Kölner Uni gewesen. Ob er sich daran noch erinnern wird? Bohnenberger ist Beratungsingenieur am *New Valley Phosphate Project – Abu Tartur* der ägyptischen Regierung, und bis zur Mine sind es 45 Kilometer. Wir legen die Strecke in einem Tag zurück.

Bohnenbergers Haus steht am Rande einer Obstplantage, die sich ein paar hundert Meter entlang der Straße nach Dakhla hinzieht. Wir erreichen die Bäume in der Dunkelheit.

«*Fen* Bohnenberger – wo ist Bohnenberger?», frage ich einen Mann, der am Straßenrand sitzt und sich an einem Feuer wärmt. Er passt auf Kabeltrommeln auf. Bohnenberger ist ihm ein geläufiger Name.

«Geh die Asphaltpiste entlang. Zehn Kilometer nach Nordwesten. Da ist die Mine. Dort findest du den Ingenieur», sagt er.

«Das ist mir zu weit.»

«Du kannst hier übernachten.» Einladung zum Bleiben.

«Die Tiere brauchen was zu fressen», entgegne ich.

Schließlich führt er die Karawane in die Plantage, lässt mich auf einer Schneise zwischen Apfelsinenbäumen das Lager aufschlagen. Kaum zu glauben. Im Lichtkegel der Taschenlampe das Gelb der Orangen und auf dem Boden, hier und da, ein wenig Stroh. Keine Moskitos. Ein Garten Eden inmitten der Wüste.

Stimmen dringen zu mir. Die Kunde von meinem Eintreffen war schnell zu Bohnenberger gedrungen, und drei Minenarbeiter fordern mich auf, zum Haus des Ingenieurs zu kommen.

«Es geht nicht. Ich kann die Tiere nicht alleine lassen!», antworte ich, und als die Männer nicht lockerlassen, schreibe ich ein paar Zeilen auf einen Pappdeckel. Zehn Minuten später steht Bohnenberger vor mir. Zwei seiner Leute bleiben bei Kamelen und Gepäck.

Ich betrete ein blitzsauberes deutsches Heim. Auf der Kommode im Wohnzimmer ein Adventskranz. Eine Kerze brennt. Weihnachtsmusik. Frau Bohnenberger setzt mir sogleich einen Teller mit gefüllten Paprikaschoten und Reis vor. Sie interessiert sich vor allem für die Motive meines einsamen Umherschweifens. Und als ich spät in der Nacht zurück zu den Tieren gehe und die Wächter entlohne, bin ich doch ein wenig besorgt darüber, ob ich Frau Bohnenberger mit meinen Bekenntnissen nicht überfordert habe. Was hatte sie mit einem Anflug von Seufzen zum Abschied gesagt? Auch sie hätten einen schwierigen Sohn.

Morgens ist das Haus der Bohnenbergers für Gäste geschlossen. Bis Herr Bohnenberger zur Mine fährt, will das Paar für sich sein. Ich mache mir nichts daraus, warte und bewundere den Garten, in dem dank der phosphathaltigen Erde Blumen und Gemüse prächtig gedeihen. Ordnung auch hier. Kohlrabi, Bohnen, Küchenkräuter und Weißkohl in Reih und Glied, und auch die Geranien, Nelken und Gladiolen haben wenig Chancen, über das ihnen zugewiesene Areal hinauszuwuchern.

Frau Bohnenberger steht neben mir. In ihren Armen Hans, der Rauhaardackel. Man merkt sofort, dass sie ihn über alles liebt. Auf dem Flachdach flattert die Bundesfahne.

«Frau Bohnenberger, was für ein ordentlicher Garten!»

«Das meinen alle unsere Freunde. Doch niemand sieht die viele Arbeit, die darin steckt!» Die Unterhaltung droht gleich zu Beginn kompliziert zu werden.

Zwei Tage bleibe ich am Haus des Ehepaares, schlafe nebenan bei meinen Tieren. Nachmittags und abends Gespräche mit dem Ingenieur. Das Projekt, das er betreut, interessiert mich.

«Es steckt noch in der Anlaufphase», antwortet mein Landsmann auf die Frage, warum die Eisenbahnlinie noch nicht bis zum Abu Tartur verlängert worden sei. Seit mehr als sieben Jahren wird in der Mine gewerkelt, ohne dass bisher eine einzige Tonne Phosphat abtransportiert worden ist. Nur die Zahl der Arbeiter und Ingenieure hat sich erhöht, von ehemals 400 auf nunmehr 600. Und die Zahl der Hochhäuser, die zu ihrer Unterbringung erforderlich sind.

Eine kleine Bergarbeiterstadt ist entstanden. Man hat den Arbeitern abseits der Wohnblocks Parzellen zugewiesen und betreibt ihre Ansiedlung wie jene der polnischen Bergarbeiter im Ruhrgebiet Ende des vorigen Jahrhunderts. Auf jeweils einem halben *feddan* halten die Leute ihr Vieh und bauen Grünzeug an. Dünger brauchen sie nicht. Der steckt in den Halden der Mine, die Monat für Monat höher in den Himmel wachsen.

Ob ich mir den Betrieb einmal anschauen könne, frage ich Bohnenberger. Er lehnt ab. Zu viele Führungen habe er schon veranstalten müssen. Zu sehen gäbe es in der Grube ohnehin nichts – ein ganz normales Bergwerk eben. Ob ich eine Vorstellung vom Umfang der «Operation Phosphat» habe, fragt er mich im Gegenzug und will eine

Zahl hören. Wir sitzen, jeder einen Drink in der Hand, im Wohnzimmer bei Kerzenschein und klassischer Musik.

«250 Millionen?», rate ich.

«Dollar oder Pfund?», will er wissen.

«Dollar.»

Ein Lächeln huscht über Bohnenbergers Gesicht: Eine volle Milliarde sei hier bereits verplant worden.

«Ist denn ein Ende des Anfangs abzusehen? Irgendwann einmal muss man doch den Schritt wagen und das Phosphat verkaufen», hake ich nach.

Staatswirtschaft in Ägypten. Bei dieser komplizierten Beschäftigung beißt sich mancher Fachmann die Zähne aus, und auch Bohnenberger ist nahe dran, das Handtuch zu werfen. Er schweift ab, in den Niger. Dort habe er den Bau eines Kraftwerks samt Erschließung der dazugehörigen Steinkohlegrube betreut. Das Unternehmen sei nach vier Jahren gelaufen – vom ersten Spatenstich an gerechnet. In Ägypten könne man nur mit Beratung Geld verdienen. Dann erzählt er von einem Bergwerk in Tunesien. Dort würde seit siebzig Jahren ausländischer Rat eingeholt. Hilfe zur Selbsthilfe? Ein Eigeninteresse an der Beendigung der Abhängigkeit? Bei der Regierung? Bei wem? Der Ingenieur zuckt mit den Schultern.

«Gesetzt den Fall, am Abu Tartur würde eines Tages richtig produziert», frage ich, «wer soll die Mengen abnehmen? Wenn die auf den Weltmarkt gelangen, sinkt der Preis ins Bodenlose.»

Bohnenberger denkt nicht an Preise. Er will nur eins: den Absatz für «sein Phosphat» sichern. Wie das gehen soll? Der Ingenieur holt zu einem längeren Exkurs aus: Ägypten brauche jede Menge Tee. Und Indien beispielsweise brauche Phosphat. Was liege näher als der Abschluss eines bilateralen Handelsabkommens: soundsoviel Tonnen Tee gegen soundsoviel Tonnen Phosphat. Und solche Verträge schließe Ägypten auch mit Sri Lanka und allen anderen Staaten, die am Nil etwas verkaufen wollen.

«Ja, aber … die Tonne Phosphat … zu welchem Preis? Der Weltmarktpreis wird fallen, wenn …», werfe ich ein.

Wieso? Der Preis werde zwischen den Regierungen ausgehandelt, unterbricht mich Bohnenberger. Er spricht wie der Verhandlungsleiter der ägyptischen Delegation in spe. Mit Hilfe solcher Verträge sei die Produktion am Abu Tartur so gut wie verkauft. Er ist zuversichtlich, dass Gewinn gemacht werde. Auch Ägypten brauche eines Tages dieses Phosphat.

Wir lassen den Fall auf sich beruhen und wenden uns dem Abendessen zu. Anschließend zeigt mir Bohnenberger die Mikrolithensammlung eines seiner Mitarbeiter; Relikte aus der Jungsteinzeit, deren Fundorte sorgfältig vermessen und auf Millimeterpapier festgehalten sind. Über die Jahre ist eine Menge zusammengekommen. Ehe ich mich für die Nacht verabschiede, sagt der Ingenieur:

«Sie können die Kamele hier lassen, wenn Sie für Futter sorgen und jemanden finden, der sie betreut.»

Seine Frau runzelt die Stirn. Anderntags gestattet sie mir, meine Wertsachen im Gästezimmer zu deponieren. Ich hätte die beiden umarmen können.

11. DEZEMBER 1986: Ankunft in Kairo. Mein Rücken schmerzt von der Nachtfahrt im Bus. Ich schnappe mir ein Taxi und fahre zum *Golden Hotel* in der Sharia Talaat Harb. Vier Uhr morgens ist es, kaum Verkehr. Straßenkehrer bewegen Müll und Unrat in den Häuserschluchten. Rote, grüne, gelbe Ampellichter, Stoppschilder. Der Fahrer kümmert sich nicht darum, lauscht dem Sprechgesang des Imam aus dem Kassettenrekorder. Nur vor Schlaglöchern bremst er ab. Lautsprecherrauschen verstümmelt die Rezitationen. Korangesang in weltentrücktem Gleichklang. Willkommensgruß für den ungläubigen Ankömmling.

Das *Golden Hotel* liegt im dritten Stockwerk eines heruntergekommenen Hauses aus der Kolonialzeit. Der Aufzug ist schon seit Jahren defekt. Ich schließe die Tür meines Zimmers und werfe mich auf die vom Schweiß und von der Liebe anderer durchtränkte Pritsche. Geruch von der Toilette, die sich nicht zusperren lässt. Ein Wasserhahn tropft. Bedrängende Enge zwischen abgewetzten Tapeten. Es ist noch zu früh, um irgendetwas zu erledigen. Warten. Auf den Beginn des Tages in einer Stadt, die nie zur Ruhe kommt.

Vom Ramses-Bahnhof her dröhnt das lang gezogene Hupen der Lokomotiven – wie verstümmelte Klagerufe aus einem Totenlied. Wenn es verstummt, höre ich wieder den Hahnenschrei und das Gemecker der Ziegen auf irgendeinem Dach. Die Geräusche nähren die Vorstellung von gewaltsamer Landnahme. Als habe man die Ureinwohner Kairos einst zwangsweise mit ihrem Hab und Gut auf die Flachdächer der Hochhäuser verfrachtet. Hier am Nil leben die Verlierer frei und fern der bürgerlichen Gerichtsbarkeit auf den Dächern, begnügen sich mit Tagelöhnerarbeit, während wesenlose Stimmen immer gleiche Berichte über den Stand der Äcker und der Ernten aus nie verlöschender Erinnerung herunterleiern.

Türen schlagen, ein Name wird gerufen, ein Motor springt an. Eine Stimme biegt um die Ecke: «*Achdar ja girgir* – frisches *girgir* ———— *achdar ja figl* ———— *rabtah bi shillin* – das Bündel zu fünf Schilling — *lemun* – Limonen ———— *el ashera bi rial* – zehn für einen Rial ————»

Abrupte Unterbrechung der Litanei, als etwas Metallisches auf den Asphalt knallt. Knirschend rollt es davon – bis ein Hauseingang sich die Bewegung einverleibt. Was das war? Ich tippe auf eine Butangasflasche. Autos hupen, immer mehr. Der Motorenlärm verwandelt sich in allgemeines Rauschen.

«SIE haben Amöbenruhr», sagt Frau Dusoki und schaut von ihrem Mikroskop auf.

«Sehen Sie selbst!»

Und dann zeigt sie mir die Zellmembranen meiner Peiniger in 200facher Vergrößerung. Ihr Mann verschreibt *Flagyl*. Endlich, nach zwei Monaten und zwölf Tagen ist das Ende meines Leidens in Sicht.

In der deutschen Botschaft drückt mir Herr Winkelbauer eine Genehmigung in die Hand: Marsa Matruh – Siwa, mit dem Auto, hin und zurück. Über mehr hatte das ägyptische Militär nicht mit sich reden lassen.

«Hauptsache ein Stück Papier», sage ich und verstaue das Dokument in meinem Brustbeutel.

«Zu irgendetwas wird es nütze sein», tröstet mich mein Gegenüber und lädt mich für den Abend zur Feuerzangenbowle ein. Anderntags überreicht mir Oberst von Plüskow im olivgrünen Gefechtspullover der Heeresoffiziere ein Empfehlungsschreiben an den Militärattaché der deutschen Botschaft in Khartoum – für den Fall, dass ich nach dem Grenzübertritt im Sudan in Schwierigkeiten geraten sollte.

Kurzausflug in eine andere Welt. Es wird Zeit, in die meine zurückzukehren. Mit 500 auf dem Schwarzmarkt am Ataba eingetauschten Sudanpfund und neuem Proviant treffe ich mit dem Zug in Asyut ein.

Warten, dass sich ein Kollektivtaxi mit Passagieren füllt, während bunt gemischte Bilder wie in einem Stummfilm an mir vorüberziehen. Altertümlich muten die meisten an, durchsetzt mit Einblendungen der Moderne. Menschen, unterwegs, bei der Arbeit, im Streit und im Gespräch miteinander. Die Musik aus der Teestube, vor der ich sitze, übertönt jedes Geräusch. In der Menschenmenge sind nur wenige Inseln der Ruhe und des Stillstandes auszumachen. All das Bewegen und Bewegtwerden vollzieht sich, als sei es auf eine riesige vergilbte Leinwand in einem baufälligen Filmtheater projiziert, in dem ich als einziger Zuschauer sitze und wo ein außer Rand und Band geratenes Orchester mit seinem Höllenlärm beziehungslose, schrille Tonfolgen zu einem Zelluloidstreifen liefert, der nur mich interessiert. Und ich ertappe mich dabei, wie ich an den Bildern, die ich sehe, zu retuschieren beginne; wie ich versuche, sie vom störenden Einfluss des Heute zu reinigen und sie sauber wieder zusammenzusetzen. Wie ich mich bemühe, die Verbindungslinien zwischen einst und jetzt, das Charakteristische und Durchgängige in den Handreichungen und Gebärden zu ergründen und sie mit den Konturen und den Zeichen auf den alten Tafeln in den Gräbern und Tempeln zu vergleichen. Die Zeit vergeht wie im Fluge.

Ein Hufschmied hat sein Bündel aufgeschnürt. Durch bloßes Vorzeigen der Werkzeuge bietet er seine Dienste an. Man führt einen Esel zu ihm. Worte werden gewechselt, und Einverständnis stellt sich ein. Der Schmied greift zu Hammer und Klinge und beschneidet die ausgetretenen Hufe. Ich sehe das Bocken des Lasttieres und die Männer, die es niederdrücken; heftig bewegte Lippen – ohne Geschrei; ein weit aufgerissenes Eselsmaul – ohne Geblöke, Schläge auf das Metall der Schneidklinge – ohne Klang.

Am Essstand nebenan warten drei vermummte Fellachen, bis der Koch Holzschemel für sie besorgt hat. Ich sehe, wie sich Witz und Wohlsein grinsend ausbreiten, während der Koch mit langem Messer Fettstücke von einem am dicken, fasrigen Strick baumelnden Batzen säbelt. Und während die vier Körper einander zugewandt bleiben und sich nach jedem unbeabsichtigten Wegwenden wieder suchen – als gäbe es ohne diese Fühlungnahme kein Gespräch –, spüre ich, wie das Selbstverständliche an dieser Szene eine aus meinem Gedächtnis verloren gegangene Erfahrung der frühen Kindheitstage wachruft. Bis die Empfindung verlöscht, weil das Bild von den sich grüßend nähernden Gesichtern zweier gebückter Alter verdeckt wird.

Mein Glas ist leer. Neben mir hat ein Junge Platz genommen. Er macht keinen Versuch, gegen die Musik anzureden, wickelt sein Sandwich aus einem Stück Zeitungspapier und isst. Ich bestelle noch eine Limonade. Im Vorübergehen schiebt der Kellner ein randvoll gefülltes Wasserglas zu dem Jungen, der nichts geordert hat. Der Junge trinkt, wischt sich mit der Hand über den Mund und taucht in der Menge der Männeraugen unter. Sie weichen dem Blick des anderen nicht aus, suchen ihn – zum gegenseitigen Gruß. Die Blicke der Frauen sind gesenkt.

Mit mildem Licht setzt die Dämmerung ein. Der Limonadenstandbesitzer entfacht ein Feuer. Von irgendwoher kommt eine nackte, jugendliche Gestalt – mit wirrem Haarschopf, dreckig und verschwitzt. Als sei sie gerade einer warmen Erdhöhle entstiegen. Kein Mensch kümmert sich um den Jungen. Etwas Schönes ist an ihm; am Ebenmaß seines Körpers, an seiner Unkontrolliertheit, an seinem wilden, konfusen Blick. Er hockt sich ans Feuer und reibt sich die

Hände. Speichel fließt aus seinen Mundwinkeln, und – als wäre der Vorspann zum Hauptfilm zu Ende – plötzlich verstummt die Musik. Ich höre zusammenhangloses Lallen. Ein roher Kerl geht zu dem Nackten, stellt ihm Fragen und gibt selbst die Antworten darauf, während er mit seiner Pranke über die nackte, braune Haut streicht. Dann fordert er den Verwirrten unter allgemeinem Gelächter auf, sich ans Glied zu fassen und zu masturbieren. Als der Penis steif steht, schließlich das Kommando, zu dem Fremden zu gehen und ihm – mir – die Hand zu schütteln. Derbe Späße mit einem, der zum Leidwesen der Schaulustigen nicht rasch genug kapiert. Der Limonadenmann weiß Abhilfe, kippt Kerosin ins Feuer. Die Flammen schießen hoch. Fast versengen sie den Jungen. Der ist von Panik ergriffen, springt auf und wankt Hilfe suchend geradewegs auf mich zu. Noch eine Zeit lang hetzt man den Nackten wie einen Hund auf mich, bis ich zu schimpfen beginne und man ihn schließlich in eine Ecke drängt. Die Menge verläuft sich, und jemand ruft:

«*Tal hena, ja chawaga, err rakab maugudiin* – Komm her Fremder, wir sind komplett.» Los geht die Fahrt, und kurz vor Mitternacht erblicke ich meine Kamele im Scheinwerferlicht. Ich betaste sie, als wolle ich feststellen, wo ihre Verletzungen sind.

Bei Bohnenbergers rührt sich nichts. Ich gehe hinter das Haus. Sättel, Gepäck, Kameras und Landkarten liegen wie hingeworfen neben der Mauer – alles auf einem Haufen. Zum Glück fehlt nichts, und auch die Kameras funktionieren noch.

Grenzen der Gastfreundschaft. Bei meinen Landsleuten am Abu Tartur sind sie schneller gezogen als bei irgendeinem Beduinen, dessen Haus ich unangemeldet betrete. Anderntags stellt mir Frau Bohnenberger eine Schüssel Möhreneintopf mit Würstchen auf den Tisch. Weil sie neues Linoleum verlegen wolle, hätte sie gründlich Hausputz gehalten. Deswegen sei mein Kram draußen vor der Tür gelandet. Dass die Kamele die an ihrem Heim stehenden Tamarisken abgefressen haben (wahrscheinlich das Ärgernis, das sie zum Rauswurf meiner Sachen veranlasst hatte), erwähnt sie mit keinem Wort.

Das gewöhnliche Leben; bedenkenlos nimmt es seinen Lauf, und

Unter einem Felsüberhang die Darstellung einer ländlichen Szene, das einzige Bildrelikt bei 'Ain Amur, das die landwirtschaftliche Nutzung während der Antike im Umfeld der Ruinen illustriert.

Darstellung von männlichen Figuren unter einem Felsüberhang östlich von 'Ain Amur. Sind es Soldaten? Sind es persische Krieger aus dem Heer des Kambyses, das gegen Siwa zog?

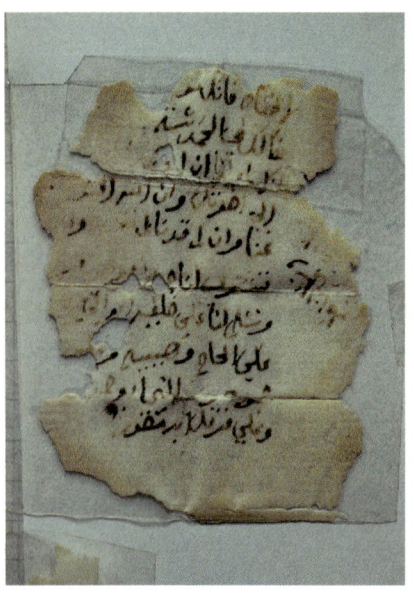

Westlich von 'Ain Amur treffe ich auf
die sterblichen Überreste eines
Verdursteten. Ehe er starb, schrieb er
sein Testament. Mit seinem Blut?

Die Waffen, Werkzeuge und Schuhe
des Verdursteten

Das Römerkastell in Umm Debadib

Petroglyphe an einem ausgetrockneten See östlich von Umm Debadib. Darunter die
Darstellung eines Bohor Reedbuck – er liebt sumpfiges Gelände mit hohem Gras.

In unmittelbarer Nachbarschaft die Petroglyphe eines Nilpferds. Ist das ein Hinweis auf
Seen und Sümpfe während der Steinzeit und des frühen alten Ägyptens?

Der Brunnen von Bir Nakheila. Er ist versandet.

In Laqiya 'Arbain: Die ägyptische Salzkarawane ist eingetroffen.
Die Männer stimmen Tränklieder an. Die Tiere saufen.

Neolithische Artefakte:
Straußeneiperlen, Pfeilspitze

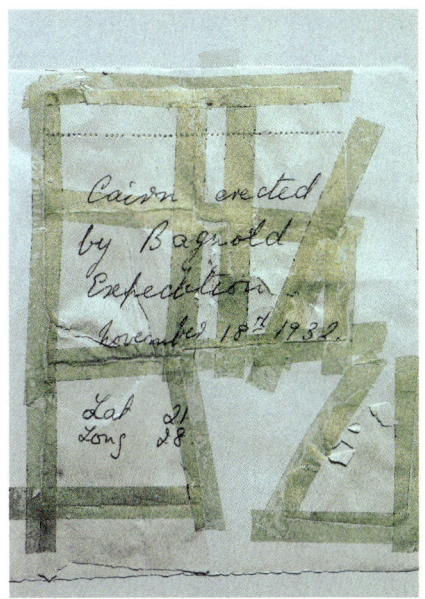

Cairn erected
by Bagnold
Expedition
November 18th 1932.

Lat 21
Long 28.

Eine Notiz aus dem Marmeladenglas
von Bagnolds Expedition im Jahre 1932,
nordöstlich von Laqiya 'Arbain

Die Salzkarawane hat ihr Ziel erreicht: die Steinsalzfelder bei Bir Oyo.

In den Dünen nordwestlich von Burg et-Tuyur

Mein Lager in den Dünen, während die Dünen «rauchen»

«Kamel und Mann»: Petroglyphe in Karkur Talh/Uweinat

In Abu Ballas. Blick vom Hauptscherbenhügel (mit Petroglyphen) auf den
Nachbarhügel und ins Nichts

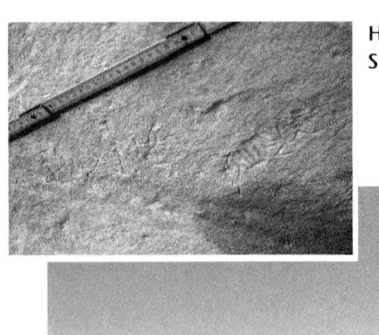

Hieroglypheninschrift aus dem Mittleren Reich.
Sie kündet von einer militärischen Bewegung.

Das ägyptische Militär unter
Oberst Muhamed Hedeija stellt mich am Abu Ballas.

kein Dichter, kein Denker, kein abseits der breiten Heerstraßen Wandelnder wird es je aufhalten können. Doch ich, der weder zu den einen noch zu den anderen gehört, muss ich mich darauf einlassen? Manchmal ist es unvermeidlich. Und geradezu beschlossene Sache scheint es zu sein, dass sich die überspitzte Meinung dem durchschnittlichen Urteil zu stellen habe. Der «gesunde Menschenverstand» verlangt nach Wertung und nach raschem Urteil. Er will nicht erkennen, wie zugespitzt seine eigenen Anschauungen und sein Handeln sind. Ich helfe mit bei der Verlegung des neuen Linoleums, das aussieht wie das alte, und streichele Max, den Rauhaardackel.

LETZTER Abend bei den Bohnenbergers. Wir sitzen auf der Veranda. Der Ingenieur zeigt mir die Fotografie eines Faustkeils, der in der Gegend von Bir Terfawi gefunden wurde.

«Über 80 000 Jahre alt», sagt Bohnenberger. In dem Werkzeug, an dem einer meiner namenlosen Vorfahren deutlich sichtbare Bearbeitungsspuren hinterlassen hat, offenbart sich der lange Atem, den die Natur mit einem Geschlecht wie dem unseren hatte. Um es in Ruhe reifen zu lassen. Bis unsere Art die Geduld verlor und mit ihrem Raubzug gegen die Zeit begann.

«Auf der anderen Straßenseite sind Felsbilder. Die meisten fahren daran vorbei.» Bohnenbergers Hand weist in Richtung Süden. Winkler, ein Schweizer Kunsthistoriker, hatte in den dreißiger Jahren über die Felsbilder entlang des Darb el-Ghabari ein zweibändiges Werk verfasst.

«Weiter im Norden», sagt Bohnenberger, «ist Winkler nicht gewesen. Dort habe ich einen in den Fels geritzten Elefanten gefunden.»

Wo das sei? Der Ingenieur gibt eine blumige Antwort. Ich möchte ein Foto von der Petroglyphe und nehme mir vor, nach dem Elefanten Ausschau zu halten.

Wir parlieren bis tief in die Nacht. Nachdem zwei Flaschen Rosé geleert sind, stellt der Ingenieur Cognac auf den Tisch. Und dann erzählt er von seinem Freund, einem ägyptischen Oberst, dem Chef der Grenzschutztruppen. Das lässt mich aufhorchen. Bohnenberger erwähnt die Patrouillenfahrten des ägyptischen Militärs zum Djebel Uweinat. Schon in fünf Tagen werde turnusgemäß wieder eine Streife nach dorthin aufbrechen. Er freue sich schon darauf, einmal mitfahren zu dürfen. Ich frage nicht nach dem Namen des Kommandeurs, notiere, als ich bei den Kamelen bin, das Aufbruchdatum und die Zeitintervalle zwischen den Patrouillen, überlebenswichtige Informationen für meine Karawane. Der Ingenieur hat mir damit den Rückweg vom Bergmassiv zu den Oasen geöffnet.

MIT neuen Kräften ist bald das Abu-Tartur-Plateau erklommen. Phantastische Fernsicht. Kein Höhenzug hemmt den Blick in Richtung Sudan, und erst jenseits des Horizonts scheinen sich die wenigen Erhebungen in der Weite der Flächen zu verlieren. Majestät der Landschaft. Ein seit Jahrtausenden fertiges Bild, in das der Mensch mit seinem Herumgeschiebe, mit Bulldozern und mit dem Bau von Hochhäusern einzugreifen beginnt. Ich sehe die Gebäude; Behausungen für die Arbeiter, die darin ihren ewig gleichen Alltag wiederholen. In Enge und Beklemmung. Massenmenschenhaltung. Schon längst wäre sie in sich zusammengefallen, wenn es nicht immer wieder gelänge, beschönigende Worte dafür zu finden. Sisyphus eingefangen – zwischen Beton, Klo und Kleiderschrank. Die einmal einstudierten Bewegungen behält er bei, auch wenn das Heroische und Schicksalbedingte seines Wütens längst vermasst und abgenutzt sind. Froh bin ich, all dem entrückt zu sein, wieder hineinwandern zu können in die Stille, ins Ewige und Zeitlose. Das Erhabene im Herzen.

Über das hügelige Plateau. Hier und da Lehmpfannen und glasig geschliffener Kalkstein. Die Kamele haben sich verändert. Sie sind ruppiger geworden, und es kommt vor, dass mitten im Lauf eins nach dem anderen schnappt. Paarungszeit. Es gibt keine Stuten, um deren Gunst die vier Hengste buhlen könnten, und dennoch hat sie der Trieb gepackt. Ich habe meine Mühe mit ihnen. Manchmal gelingt es nur mit lautem Gebrüll und Peitscheneinsatz, sie in Reih und Glied zu halten. Bis Atma Hassans Satteltaschen in Stücke reißt. Mitten im Abstieg nach 'Ain Amur rieselt Proviant unaufhaltsam zu Boden.

Zum Glück ereignet sich der Zwischenfall in der Nähe von Wasser und Weide. Genügend Muße also, um die in Fetzen gerissenen Tragetaschen zusammenzuflicken.

Wir sind wieder auf den Rohlfs'schen Spuren. Seine Karawane erreichte den Brunnen am 22. März 1874. Er liegt auf halber Klippenhöhe inmitten einer römischen Befestigungsanlage. Neben ihm ein kleiner Tempel. Auch Rohlfs hatte sich über den Brunnen gewundert. Die «*Quelle ist jetzt fast versiegt … Aber immerhin merkwürdig ist es, dass hier in so beträchtlicher Höhe ein Quell entspringt. Oder soll man annehmen, dass er künstlich erbohrt wurde? Jedenfalls musste es von jeher von Wichtigkeit sein, auf halbem Wege zwischen Chargeh und Dachel eine Wasserstation zu haben*», schreibt er und führt eine Stelle bei Olympiodoros an. Danach wurden im Raum Kharga Brunnen in eine Tiefe von 200 bis 500 Cubitus gebohrt (104 bis 262 Meter).

Das Brunnenloch hat einen Durchmesser von ungefähr zwei Metern. Drei Meter tief ist es und von Schilfgras umstanden. Auf seinem Grund schimmert blauschwarzer Ton. Das Wasser ist kalt. Nebenan ein steinerner Trog, der allem Anschein nach seit den Tagen der Römer benutzt wird. Das ist alles, was man auf den ersten Blick sieht. Für die britischen Geologen Ball und Beadnell war das genug, um über die Herkunft des Wassers Bescheid zu wissen. Sie erkannten ein Vierteljahrhundert nach Rohlfs in 'Ain Amur eine jetzt fast versiegte Schichtquelle, die von lokalen Regenfällen gespeist wird. Nachdem der auf dem Abu Tartur gefallene Niederschlag durch Risse im Kalkstein gesickert und damit vor Verdunstung sicher ist, leiten undurchlässige Mergel- und Tonschichten das Wasser in Richtung Klippenrand und lassen es in 'Ain Amur ans Tageslicht treten.

Auf den umliegenden Kalksteinplateaus stehen heute noch Akazienhaine. Und auch das Bachbett, das einst sein Wasser durch eine Öffnung in der Festungsmauer auf Felder und Gärten ergoss, wo heute scherbenübersätes Gelände ist, zeugt davon, dass vor 2000 Jahren die Regenfälle in diesem Teil der Libyschen Wüste ergiebiger waren als in unseren Tagen.

Ich inspiziere die Anlage, die auf einer Gesteinsscholle von 350

mal 250 Metern, der einzigen ebenen Fläche im Geschiebe des Steilabfalls, errichtet worden ist; drehe und wende Tonscherben und Stücke hellblauer Fayence aus der Römerzeit; sehe geplünderte Gräber,
auseinander gerissene Mumien und die Verwüstungen am Tempel,
die Grabräuber und Schatzsucher angerichtet haben. Ihr Lager befindet sich im hinteren Teil des Heiligtums in den beiden noch verbliebenen, überdachten Kammern des Sanktuars. Frische Spuren. Plastiktüten mit Salz und getrockneten Datteln hängen an den Wänden.
Ein Geschirr zur Teezubereitung ragt aus der Asche, und auf dem
Boden liegen leere Tomatenmark- und Sardinendosen.

Ich fertige eine Skizze vom Tempel und von den Bruchstücken
des ihn umschließenden Mauerwerks an – als wäre es die letzte Gelegenheit. Die Umwallung, deren Stärke 2,75 Meter beträgt, ist bis
zu elf Meter hoch und formt ein ungleichseitiges Viereck von achtzig bis neunzig Metern. Der Haupteingang befindet sich in Verlängerung der Tempel-Längsachse, nahe der Ostecke des Gevierts. Er
ist 2,70 Meter breit. Der steinerne Türsturz liegt noch im Durchgang. Von hier aus strebt ein Karawanenweg, die Höhe des Plateau-
Absatzes haltend, in Richtung Osten. Ein zweiter Weg biegt nach
Süden ab, passiert die Nekropole und erklimmt, einer felsigen
Schlucht aufwärts folgend, die Höhe des Abu Tartur. Ein dritter hält
in nordöstlicher Richtung ins Tal. An der Westseite der Festung sind
spärliche Überreste mehrerer Lehmziegelbauten zu erkennen. Und
die Spuren zweier Karawanenwege, von denen der eine hoch auf den
Abu Tartur und der andere, der sich bald in zwei Stränge gabelt, hinab in die Senke führt. Und während ich peile, messe und zeichne,
will mir immer weniger einleuchten, warum 'Ain Amur nicht mehr
als nur ein auf halbem Wege zwischen Kharga und Dakhla gelegener
Platz zum Wasserfassen gewesen sein soll. Zu vieles von dem, was
ich auf meinem Skizzenblatt festhalte, steht dazu in Widerspruch.
Die hohen Mauern, der Tempel, die Grundrisse weiterer Bauten und
die Grabhöhlen weisen darauf hin, dass der Ort einst Siedlungsplatz
für eine größere Anzahl Menschen gewesen war. Wovon lebten sie?
Vom Karawanenverkehr allein?

Die um die Quelle liegende Anbaufläche misst circa sieben Hektar. Zu wenig für vierzig bis fünfzig Sesshafte; eine Einwohnerzahl, die unter Berücksichtigung der Größe der Befestigungsanlage als Minimum zugrunde zu legen wäre. Gab es Bergwerke in der Nähe, etwa Lapislazuliminen oder Türkisgruben, zu denen einer der Pfade führte? Ich blättere im Buch von Gerhard Rohlfs. Was hat er zum Tempel und zu den übrigen Bauwerken zu sagen?

Viel ist es nicht, was der Forscher berichtet. Er hatte es eilig, hielt seine Karawane nur für einen kurzen Rundgang an, und die Existenz eines Tempels an dieser abgelegenen Stelle warf für ihn keine größeren Fragen auf. Der französische Reisende Frédéric Cailliaud hatte im Jahre 1820 in der Nähe der Festungsanlage Aushöhlungen im Fels und Hausruinen entdeckt. Seine Angaben waren indes wenig präzise. Weder der britische Wissenschaftler Sir Gardner Wilkinson, der 1825 intensiv danach gesucht hatte, noch der amerikanische Ägyptologe H. E. Winlock, im Mai 1908, fanden davon auch nur eine einzige Spur. Was hatte Cailliaud gesehen? Gab es in der Nähe noch eine weitere Siedlung? Der Franzose gehört zu den wenigen, die sich in 'Ain Amur Zeit gelassen hatten.

Palmen rauschen im Wind. Über Nacht ist eine kräftige Brise aus Norden aufgekommen. Ich fotografiere und zeichne, während die Kamele im Agul westlich der Kultstätte grasen. Immer wieder Blick hinab in das 160 Meter tiefer gelegene, sich nach Osten hin öffnende Tal, das nach den anderen drei Himmelsrichtungen von bis zu 250 Meter hohen Klippen umgrenzt ist. Und auch am folgenden Morgen beobachte ich das Schauspiel, mit dem sich in der Stille des Sonnenaufgangs die Schatten und Farben auf der Talsohle und in den ringsum aufstrebenden Felswänden unter der hohen Wölbung des Himmels verändern, bis die Strahlen der Morgensonne den Tempel berühren. Hin und wieder ertönt das dünne Fiepen schwarzweiß gefiederter Vögel – sonst nichts.

An den Tempelwänden die Namen von Reisenden, die vor mir hier Station gemacht hatten. Manche sind tief eingemeißelt, andere nur in flüchtiger Ritzung hingekrakelt; Sir Archibald Edmonstone und Bernardino Drovetti sind darunter. Zwei Namen, die für einen Wettlauf stehen. Im Jahre 1819 kam Edmonstone, der Brite, dem Franzosen Drovetti um wenige Tage zuvor. Er hatte als erster Europäer die Oase Dakhla erreicht.

Links unten, neben dem Eingangsportal, eine schon von Harding King und anderen gesichtete thamudenische Kritzelei. Die Schriftart war unter den Beduinenstämmen im Norden der Arabischen Halbinsel verbreitet. Ein Mann namens Sayyar berichtet, er sei alleine, zu Fuß, durch die Wüste gezogen, bis er besinnungslos vor Durst in 'Ain Amur angelangt sei.

«Er kam im letzten Teil der Nacht zum Wasser. Und es rettete sein Leben.»

Ein schöner Beleg dafür, dass die Strecke zwischen Dakhla und Kharga von Fußgängern, die nichts anderes als ihr Bündel trugen, begangen wurde. Und ein Indiz, so folgert Winlock, dass 'Ain Amur in frühchristlicher Zeit nicht mehr permanent bewohnt war. Denn hätte Sayyar jemanden am Brunnen angetroffen, hätte er seinen Stoßseufzer auch mündlich loswerden können. Ob er wohl richtig geschlossen hat?

Was tun? Wie vorgehen bei der Erkundung dieser in jahrhundertelangen Schlaf versunkenen Gegend, in der so vieles vage und unbestimmt geblieben ist? In der es, ich wittere es, noch manches Geheimnis zu lüften gibt? Ich bin allein und muss vier brünftige Hengste im Zaum halten. Das dämpft meinen Entdeckerdrang, lässt mir nur eine dürftige Palette von Möglichkeiten, um all den Fragen nachzugehen, die in diese Landschaft gestellt sind.

Doch andererseits: Ich habe eine Karawane. Und diese Karawane, dieses fragile, mit Leben erfüllte, stille Vehikel, das nichts anderes braucht als trockenes Gestrüpp und Wasser – und viel Platz, leeren, endlosen Raum –, ist m e i n e Chance. Was also liegt näher, als die Gegend gründlich abzusuchen?

Blick auf die Landkarte. Seit den Tagen von Winlock und Harding King sind zwei Streckenführungen bekannt, die die Oasen Dakhla und Kharga miteinander verbinden. Ein nördlicher Weg führt über das Abu-Tartur-Plateau und 'Ain Amur. Diese Strecke strebt in direkter Linie nach Kharga, besitzt aber einen Abzweig, der auf Umm Debadib zuhält und von dort aus ebenfalls nach Kharga führt. Der Darb el-Ghabari, der südliche Weg, ist um einiges länger. Er umgeht in weitem Bogen das Kalksteinplateau und vermeidet den mühsamen Auf- und Abstieg auf den Abu Tartur. Nach Winlocks Vermutung wurden beide Trassen schon in prähistorischer Zeit begangen, und wenn der Ägyptologe auch keine Artefakte am Wegesrand identifizieren konnte, die aus der Periode vor der römischen Herrschaft über Ägypten stammen, so ist seine Einschätzung, dass die beiden Wege während des Alten Reiches, lange vor der Einführung des Kamels, mit Eseln bereist wurden, nicht zu widerlegen. Dakhla war schon in der 5. und 6. Dynastie Sitz ägyptischer Oasengouverneure. Und anders als auf Eselsrücken ist die Abwicklung des Verkehrs zwischen der fernen Oase und dem Niltal während dieser Zeit schwerlich vorstellbar. Was Esel zu leisten vermögen, ist durch die Berichte der frühen Wüstenreisenden, vom bayrischen Franziskanerpater Theodoro Krump bis Ewald Falls, einem Mitglied der unter der Leitung von Monsignore Carl Maria Kaufmann stehenden, dreijährigen Frankfurter Menas-Expedition, in eindrucksvoller Weise belegt.

Bohnenberger hatte erzählt, auch in 'Ain el-Deir, 'Ain el-Labakha und Umm Debadib gäbe es Römerfestungen. Das passt gut zu Winlocks Mutmaßungen, denen zufolge einmal ein Eselpfad existiert haben müsse, der Dakhla auf direkter Route – über 'Ain Amur – mit dem Niltal verband. Umm Debadib liegt 45 Kilometer östlich von 'Ain Amur, gefolgt von 'Ain el-Labakha nach nur 15 Kilometern. Von dort aus sind es 25 Kilometer nach 'Ain el-Deir, dem größten aller Römerkastelle in der Kharga-Depression. Es kontrolliert einen wichtigen Aufstieg auf das Kalksteinplateau in Richtung Nil. Bis zum Abstieg bei Diospolis Parva bzw. in der Nähe von Abydos sind es 140 Kilometer durch die Wüste; eine, wie es scheint, mit Eseln zu bewältigende Strecke. Ob Winlock Recht hatte? Die Ritzzeichnung eines Esels an einer Felswand, zusammen mit ein paar Hieroglyphen zum Beweis – das müsste man finden!

Sechs Wege stehen zur Auswahl. Ich entscheide mich für den in Richtung Osten. Auch Rohlfs hatte ihn eingeschlagen. Der Pfad hält seine Höhe, biegt nach kaum einer halben Stunde um einen Felsvorsprung und überquert einen nach Südwesten gerichteten, cañonartigen Einschnitt. Dann strebt er auf einem von Felsbrocken geräumten Absatz in ostsüdöstlicher Richtung nach Kharga. Rechter Hand schartige vom Abu Tartur fallende Fels- und Schutthalden. Nach links, am Fuße des Kalksteinabsatzes ansetzend, weiche Ton- und Mergelschichten, deren terrassenförmige Lagen mit Gras und Agul bewachsen sind.

Nur wenige Meter nach dem Felseinschnitt führt ein breiter Aufweg auf das Abu-Tartur-Plateau. Wie eine verlassene, längst nicht mehr begangene Heeresstraße mutet die Trasse an. Als kurz darauf ein weiterer Passweg zu meiner Rechten auftaucht, halte ich an und lade ab.

Ein flaches Wadi zieht sich unterhalb des Aufweges entlang und endet vor einem trockenen Wasserfall. Links an der Felswand eine Ruine. Das Gebäude ist zur Hälfte in eine Höhlung hineingebaut, und viel mehr als ein paar Mauern und Scherben sind nicht übrig geblieben. Der noch erhaltene Raum misst 5,10 mal 3,60 Meter. An seiner Stirnwand haftet Putz. Es ist nur ein kleiner Rest, aber auf ihm leuchtet eine zerrissene Buchstabenfolge in kräftigem Blau. Griechische Schriftzeichen. Das Textfragment ist 45 Zentimeter hoch und 42 Zentimeter breit. Es war von einem gelbbraunen Rahmen eingefasst. Dessen oberes Stück ist noch erhalten. Unter den Scherben befinden sich gerippte, braune Amphorenreste. Römerzeitliche Keramik.

Der Fund lässt mich nicht ruhen. Ich suche das Terrain nach weiteren Überresten aus der Vergangenheit ab. Bereits der erste Rundgang bestätigt, dass die beiden bewachsenen Terrassen von Menschenhand angelegte Feldflächen sind. Mehrfach unterteilt sind sie und von Bewässerungsrinnen durchzogen. An ihren zum Tal hin abfallenden Rändern erheben sich Reste brusthoher Stützmauern, die zum Berg hin waagerecht mit Erdreich verfüllt sind. Erdaufschüttungen, Mauerreste, ein paar Ton- und Glasscherben sowie ein Felsunterstand, der möglicherweise als «Gartenhaus» diente, sind vom Karawanenweg aus kaum zu erkennen. Deshalb sind sie wohl auch von Wilkinson, Rohlfs und Winlock übersehen worden. Nach Westen hin lässt sich die Grenze des landwirtschaftlich genutzten Areals nicht genau abstecken. Gleichwohl kann davon ausgegangen werden, dass eine gute halbe Stunde östlich von 'Ain Amur einst eine Anbaufläche von circa 15 Hektar zur Verfügung stand. Addiert man zu diesem Wert die sieben Hektar in unmittelbarer Nähe des Tempels, ergeben sich insgesamt 22 Hektar. Wie wurde dieses Land genutzt? Ob sich darauf eine Antwort finden ließe?

Während meines Ganges über die Felder war mir 500 Meter entfernt im Südosten eine Vertiefung im Kalkstein aufgefallen. Das Loch sieht aus wie hundert andere, die ich vergeblich untersucht hatte. Ich gebe mir einen Ruck, und dann stehe ich, kaum achtzig Meter südlich der alten Karawanenstraße, vor einer Felsnische. Auch hier Scherben; gedrehte, rote Krugstücke. Wer mag an diesem Ort gelagert haben?

Ich krieche in die Vertiefung. Ein Teil des Deckengewölbes ist abgebrochen und zu Boden gestürzt. Auf der glatten Oberfläche des Bruchstücks ein Felsbild. Figuren; Tier- und Menschendarstellungen in brauner Farbe.

Das Bild misst 190 mal 60 Zentimeter. Auf seiner Linken ein Mann, der einen Apis-Bullen oder ein langgehörntes, afrikanisches Angoni- bzw. Nguni-Rind hinter sich herführt. Der Mann hält Pfeil und Bogen in seinen Händen. Rechts, unterhalb von ihm, hütet eine Frau fünf Enten und eine Gans. In der Bildmitte die ohne eindeutige rassetypische Charakteristika ausgeführte Darstellung eines Hundes. Es ist ein Jagdhund, ein *tesem* vielleicht. Neben dem Hund befinden sich eine Hütte und die übergroße Abbildung einer negroiden Männergestalt in einem Soldatenschurz mit Phallustasche. Mit der herabhängenden linken Hand hält der Mann ein dreieckiges Gefäß. Daneben ein «kleiner Mann mit Hut und Lederhose». Und am rechten Bildrand das Rudiment eines Huftiers. Von ihm sind nur die beiden Hinterbeine und ein Vorderbein zu erkennen. Über das Wandgemälde ziehen sich ein paar jüngere Kratzer, die – bis auf eine Vulva –

nichts zu erkennen geben. Sie verunstalten die dargestellte bukolische Idylle nicht.

Die für das Bild verwandte Farbe gibt einen ersten Hinweis auf seine Entstehungszeit. Das Pigment besteht aus erdigen Ockertönen, ein Indiz, das es – zusammen mit den abgebildeten Enten – erlaubt, die Felsmalerei auf die griechisch-römische Periode zu datieren.

Während des Abendessens male ich mir die Szenen aus, die sich einst auf dieser Weide abgespielt haben. Alles passt ins Bild: der Mann mit dem Soldatenschurz und das Kastell in 'Ain Amur; die Frau mit den Enten, das gehörnte Rindvieh und die Felder; die Hütte und das «Gartenhäuschen». Gerhard Rohlfs, Wilkinson und Winlock hatten die mit dem griechischen Schriftzug verzierte Hausruine und das Felsbild übersehen. Winlocks Reisebericht *Ed Dakhleh Oasis. Journal of a Camel Trip Made in 1908* habe ich dabei. Er vermeldet: «*In the neighborhood Cailliaud saw some excavations in the rocks and some ruins of habitations – searched for vainly by Wilkinson and equally missed by us.*» Von dem Wandgemälde kein Wort. Man glaubt, die Schritte des berühmten Ägyptologen zu hören – oben auf der harten Kalksteinscholle, aber eben nur dort. «*A wadi originating SW. was crossed, below which was a shelf smaller but similar to 'Ain Amur and covered with the same plants, all living. Water could probably be obtained here by digging.*»

Er hätte mal herabsteigen und graben sollen. Dann hätte er das gefunden, wonach er suchte, denke ich mir und notiere in meinem Tagebuch: «*Cailliaud war am 28./29. Februar 1820 hier gewesen. So ist denn mit dem heutigen Tage eine vor 166 Jahren von dem Franzosen aufgenommene und vor 78 Jahren von Winlock ergebnislos abgebrochene Suche zu einem Erfolg gebracht worden. Ein Kreis in der Ägyptologie hat sich geschlossen.*»

Wie viele Leute haben hier gewohnt? Kann man das rausfinden? Ich habe eine Anbaufläche und ein Felsbild, das eine ländliche Szene zeigt. Das muss für eine erste Schätzung reichen. Sicher ist: Die auf dem Wandgemälde abgebildete Begebenheit stammt nicht aus einer fernen Welt. Trotz der Idylle, die es vermittelt, ist es keine Jenseitsvorstellung. Das dargestellte Geschehen spielt zweifellos in Ägypten; auch wenn das Haus bzw. die Strohhütte in der Bildmitte fremd anmutet und dieses Motiv in solch einem Kontext bisher noch nicht in der Literatur erwähnt worden ist. Allem Anschein nach handelt es sich um eine Selbstdarstellung derer, die einst an diesem Ort lebten. Und so wie vor fast 2000 Jahren spielt sich diese alltägliche Szene heute noch in den ägyptischen Oasen der Libyschen Wüste ab. Fast jeder Kleinbauer besitzt ein Rind und ein, zwei Esel, hält Ziegen, Schafe und Geflügel auf dem Stück Land, das er sein Eigen nennt. Nur die Hundehaltung ist aus der Mode gekommen.

Was baut der Durchschnittsfellache auf seinen drei *feddan* Land an? In Khartoum hatte ich Abd el-Hamid dazu befragt und Folgendes notiert:

Feldbestellung im Sommer:

1,5 *feddan*: Kolbenhirse (Sorghum vulgare; Aussaat im Juni, Ernte im September)

1 *feddan*: Mais (Aussaat im Juni, Ernte im September)

0,5 *feddan*: Gemüse: *mulukhiya* (Mai/Juni – Oktober), *bammiah* (Hibiscus diversifolius, Hibiscus esculentus; Mai/Juni – Oktober), *kosa* (Zucchini; Mai/Juni – Oktober), Auberginen (Mai/Juni – Dezember), grüner Pfeffer (Mai/Juni – Dezember), Tomaten (Mai/Juni – Dezember) und Wassermelonen (Anfang Februar/Mai – September)

Feldbestellung im Winter:

1,5 *feddan*: *ghom* (Weizen; Aussaat Anfang November, Ernte im April), alternativ Hafer (Aussaat im Oktober, Ernte im März)

1/3 *feddan*: Bohnen (Aussaat Anfang Oktober, Ernte im März)

2/3 *feddan*: Zwiebeln (September/März), Tomaten (Oktober/Dezember – März), *bersim balladi* (Klee; Aussaat im September/Oktober, Ernte Dezember – März), *bersim hegasi* (Klee; Aussaat im Dezember/Januar, Ernte von Anfang Juni, fünf Jahre lang). Wer wenig Land besitzt, bevorzugt *bersim balladi*, weil nach dessen Aberntung eine andere Feldfrucht angebaut werden kann.

ZUR Bereicherung des Speiseplans kommen beim einfachen Landmann Oliven und Datteln hinzu – wenn er den entsprechenden Baumbestand hat. Die Früchte werden im September und Oktober geerntet. Und das sagte mir mein Informant, nachdem wir eine lange Liste weiterer Erzeugnisse wie Feigen, Aprikosen, Limonen und *kakadé* (Hibiskusblüten) durchgegangen waren: Von den Erträgen, die sich auf drei *feddan* erzielen ließen, könne eine fünfköpfige Familie gut leben. Drei *feddan*. Das sind ganze 1,2603 Hektar. Bei der Landarbeit, als Zugtiere und zum Umpflügen des Feldes, machen sich (abwechselnd) Abd el-Hamids Kühe nützlich. Sie werden zusammen mit den Eseln auch zum Dreschen über die Getreidegarben getrieben. Zwei, drei Liter Milch liefern die beiden Kühe pro Tag. Sie werfen jedes Jahr ein Kälbchen. Das Kleine werde sechs Monate großgezogen und dann, weil nicht genügend Grünfutter da sei, verkauft – wie auch die eine oder andere Ziege. Der daraus erzielte Erlös stelle, neben dem Verdienst aus gelegentlicher Tagelöhnerarbeit, das einzige Geldeinkommen der Familie dar.

Bilder aus Ägypten. Wie sie sich gleichen, heute und damals. Außer dem Anbau von Mais, einer neuen Kleesorte und dem Einsatz von Kunstdünger und Pestiziden ist in den letzten zwei Jahrtausenden wenig Neues hinzugekommen. Und während ich in meinen Notizen blättere, will es mir vorkommen, als hätte ich eine Reise in die Vergangenheit gemacht und die Alten von 'Ain Amur höchstpersönlich befragt. Rückschlüsse auf das Leben von damals. Der Wert dessen, was mir Abd el-Hamid aus seinem bäuerlichen Alltag mitteilte, liegt vor allem in seiner Zeitlosigkeit.

Geringfügige Abstriche sind dennoch von Abd el-Hamids Angaben zu machen. Um den abgeernteten Böden Zeit zur Regeneration zu lassen, wurde der Getreideanbau in der Antike in Zwei-Felder-Wirtschaft betrieben. Die tatsächliche, für einen fünfköpfigen Haushalt benötigte Fläche muss daher mit ungefähr fünfeinviertel *feddan* angenommen werden. Wegen ihrer hohen Hitzeverträglichkeit war wahrscheinlich Gerste die bevorzugte Getreideart; wohl auch deswegen, weil es in 'Ain Amur keine Probleme mit der Bodenentwässerung gab.

Wieder gehe ich mit mir zu Rate, bis alles auf einen einfachen Nenner gebracht ist: 22 Hektar sind 52,37 *feddan*. Teilt man dieses Areal in Parzellen zu je fünfeinviertel *feddan*, so kommt man auf fünfzig Personen, denen das Anbaugebiet von 'Ain Amur einst Unterhalt gewähren konnte. Falls es damals genügend Wasser gab. «Enten brauchen keinen See. Aber besser ist es schon, wenn sie eine Pfütze haben, in der sie herumplanschen können», hatte mir der Alte aus Khartoum gesagt, und auch die gefiederten Wesen auf dem Felsbild werden in einer solchen umhergeschwommen sein – Hinweis darauf, dass die Quellen von einst ausreichend Wasser lieferten.

Wenn ich den für die Antike ermittelten durchschnittlichen täglichen Getreideverbrauch von 500 Gramm pro Person meinen Berechnungen zugrunde lege, komme ich unter Berücksichtigung der geringen Ertragskraft der Böden bei 'Ain Amur auf nur circa 15 *feddan* (sechseinhalb Hektar), die zur Selbstversorgung der entlegenen Oase mit Gerste bestellt werden mussten. Selbst wenn man sich mit der kleinstmöglichen, durch Mauerziehungen und durch Relikte des ehemaligen Bewässerungssystems markierten Ausdehnung der landwirtschaftlichen Nutzfläche begnügt hätte, wäre das Areal immer noch groß genug gewesen, um die «Fünfzig von 'Ain Amur» während der Spätantike mit allem Notwendigen zu versorgen. Diese Einwohnerzahl stellt die untere Grenze für einen weitgehend autarken Lebensraum dar, dessen Möglichkeiten wohl erst bei einer doppelt so großen Bevölkerung voll ausgeschöpft gewesen wären.

'Ain Amur war mehr als eine Kleinstansiedlung in der Bergwüste, deren Bewohner den durchreisenden Karawanen Schutz für die Nacht gewährten, Tee reichten und sonstige Dienste geboten haben. Es war ein Ort, der seine eigene Versorgung sicherstellen konnte und dessen Landwirtschaft so viel abwarf, dass eine Garnison unterhalten und, vermutlich, Handel mit den Reisenden getrieben werden konnte. Und wenn es irgendwo das Paradies, jene «Inseln der Seligen», als welche die Griechen die Oasen der ägyptischen Westwüste gerne bezeichneten, je gegeben haben sollte, dann nicht in den allesamt in abflusslosen Becken gelegenen und von gefürchteten Fiebersümpfen umgebenen Oasen Kharga, Dakhla oder Siwa, sondern hier in 'Ain Amur. Das Selbstbildnis seiner Bewohner gibt eine authentische Vorstellung davon.

Das Felsbild ermutigt mich, noch einmal auf die Suche zu gehen. Unterhalb der Stelle, an der die «alte Heeresstraße» auf das Abu-Tartur-Plateau führt, befindet sich ein unterhöhlter, «trockener» Wasserfall. An ihm werde ich fündig.

In dem Moment, in dem ich an seiner Stirnwand die farbigen Abbildungen von Kriegern im Pharaonenlook erblicke, spüre ich, wie sich ein stiller Schrei in mir ausbreitet und sich Luft zu verschaffen versucht, während meine Phantasie bereits auf und davon geeilt ist: zu Herodot, zu dem ungarischen Grafen Ladislaus E. Almásy, zu Hansjoachim von der Esch, seinem deutschen Vermessungsingenieur, und all den anderen, die das Heer des Kambyses auf dem Papier oder auf endlosen Autofahrten durch die Wüste vergeblich gesucht hatten. Das, was ich sehe, könnte der erste konkrete Hinweis auf den Feldzug der Perser sein. War hier bei 'Ain Amur, einen Tagesmarsch von Herodots «Oasis» entfernt, eine der Etappen für die fußmüden antiken Truppen? Die Soldaten an der Felswand, der breite Aufweg aufs Plateau: Warum führt er gerade hier hinauf und nicht am Tempel? Handelt es sich wirklich um eine Heeresstraße? Stammt sie aus der Zeit vor der Errichtung des Heiligtums, dessen Bauweise eine römische Handschrift verrät? Wenn ja, dann könnte sie von den Persern angelegt worden sein. Fragen, Mutmaßungen, Argumente, die sich überschlagen und ein unentwirrbares Knäuel aus Dichtung und Wahrheit bilden.

Ich mache mich an die Vermessung der Figuren. Sieben sind es; vier davon reliefartig aus dem Stein herausgearbeitet. Ihre nackten Körperpartien und ihre Haarschöpfe sind rotbraun ausgelegt; ockergelb die trapezförmig geschnittenen Röcke. Farbreste um die kriegerische Vierergruppe bezeugen, dass die gesamte Wand einmal mit gelber Tünche überzogen war.

Keine der Figuren ist größer als achtzehn und breiter als neun Zentimeter. Sie haben eine negroide Physiognomie. Eine blasse Erinnerung an einen Besuch im Ägyptischen Nationalmuseum lässt mich sogleich Parallelen zu den nubischen Bogenschützen und Lanzenkämpfern aus dem Grab eines Gaufürsten ziehen, die in Saal 37 unter einer Glasabdeckung zu bewundern sind. Doch im Vergleich zu den musealen Truppen sind die stummen Helden hier nur spärlich bewaffnet. Einer hält einen Speer oder eine Standarte in der Hand. Links von ihm befindet sich ein keulenartiger Gegenstand. Die Hand einer anderen Figur umfasst einen zweigabeligen Spieß. Nicht weit davon sind zwei Schilfblätter in den Fels geritzt. Wo bloß haben die Männer ihr kriegerisches Werkzeug gelassen? Wo sind die Hieroglyphen, die von ihren Taten künden? Sosehr ich auch danach suche, ich finde keinen einzigen Text. Stattdessen, über mir, an einem schmalen Felsspiegel, ein braunes höckerloses Kamel. Es misst 15 mal 10 Zentimeter. Etwas weiter links davon zwei weitere höckerlose Tiere, ohne Farbe, im Halbrelief. Wurden sie vom gleichen Künstler gefertigt? Unterhalb der Bilder, fast ganz von Sand und Schutt begraben, Scherben und eine Feuerstelle. Schließlich stoße ich doch auf etwas, das Relikt eines waffenstarrenden Zuges durch die Wüste sein könnte: Hinter einem Steinblock, der zusammen mit der Felswand einen natürlichen Sarkophag bildet, liegt ein menschliches Schädelfragment. Es scheint von einer Waffe lädiert.

Hatte man hier einen Soldaten, der an diesem Ort zu Tode kam, auf die Schnelle beerdigt? Die Ausgestaltung der Bilder spricht von Zeitnot, von wenig Sorgfalt und von geringer künstlerischer Begabung. Während ich Fundstelle und Bilder aufnehme und nach weiteren Artefakten Ausschau halte, klingt die Euphorie ein wenig ab und Rationalität stellt sich wieder ein. So viel ist klar: Ein sicherer Nachweis, dass es die Perser waren, die sich auf den Steinen unter dem Überhang verewigten, wird sich nicht erbringen lassen. Weil die Kartusche mit dem Namenszug des Kambyses fehlt. Doch ungeachtet aller Zweifel, eins bleibt: mein Glaube daran, dass das Perserheer hier entlanggezogen ist. Dass es hier auf dieser Agulweide und nicht am Tempel gelagert hat.

Weil es das Heiligtum als Attraktion, die alle Besucher wie ein Magnet anzog, im Jahre 525 v. Chr. nicht gegeben hat.

Weil gemäß den klimatologischen Befunden zur Perserzeit ergiebigere Regenfälle als heute auf das Abu-Tartur-Plateau niedergingen und infolgedessen um das Jahr 525 v. Chr. mehr Wasser als jemals danach aus den Quellen sprudelte. Daher können die Weideflächen als groß genug angenommen werden, um zeitweise als Futterlieferant für Hunderte von Lasttieren gedient zu haben.

Weil es sich bei der hinter dem Steinblock bestatteten Person kaum um einen «Römer» gehandelt haben kann. Warum hätte man ihn hier beerdigen sollen, wo doch die römische Nekropole von 'Ain Amur so nahe war. Der Tempel deutet darauf hin, dass in 'Ain Amur ein regulärer Totenkult nach altägyptischer Sitte vollzogen wurde und die Grabstätten einer dauernden Aufsicht unterlagen.

Weil die «Gebirgsstrecke» zwischen Kharga und Dakhla, der Tariq 'Ain Amur, nicht jene beschwerlichen Auf- und Abstiege aufweist, wie Winlock und Harding King glauben machen wollen. Denn wenn der Passweg von meinen schwer beladenen Kamelen gemeistert werden konnte, dann musste er auch von einer Armee zu bewältigen gewesen sein.

Weil aus der Sicht eines jeden Militärs beim Marsch durch die Wüste dem Wasser die erste Sorge zu gelten hat. Wasser gibt es nur bei 'Ain Amur und nicht auf dem Darb el-Ghabari.

Weil die Bilder der Soldaten unmittelbar am Rande der potentiellen «Heeresstraße» in den Fels graviert worden sind.

Weil ... weil ... weil! Zu frappierend ist die Übereinstimmung der Indizien mit dem Szenario eines Heereszuges während der alten Zeit, wie ich es mir ausmale. Ich gehe noch einmal zur Felsnische, versuche, meine Argumente mit dem, was ich sehe, zur Deckung zu bringen. Eine Etappe ist keine Etappe, sage ich mir schließlich. Erst wenn ich einen zweiten Rastplatz finde, am besten mit Texten bestückt; oder eine beschriftete Scherbe, die von ruhmreichen Taten kündet; oder eine Felswand voller Bilder der gleichen Machart, wie sie hier zu sehen sind; erst dann habe ich den Weg entdeckt, den das Heer genommen hat.

Ich mustere die Bilder, stehe schließlich vor den Kameldarstellungen. Gerade weil die Tiere höckerlos sind, spricht manches dafür, dass es sich um persische Heereskamele handeln könnte. Denn nach allem, was wir von den Kriegszügen des Kambyses wissen, konnten solche Kamele nicht in guter Verfassung gewesen sein. Von Herodot ist überliefert, dass zur Zeit des Siwa-Feldzuges eine andere Armee des persischen Pharaos in Richtung Sudan aufbrach, «*ohne für ihre Verpflegung Sorge zu tragen*». Als die von Hunger geplagten Soldaten in «*die Wüste kamen, verfielen sie auf einen furchtbaren Ausweg: Sie erlosten aus ihrer Reihe je einen von zehn und aßen ihn auf*». So verlor der Herrscher einen großen Teil seines Heeres. Derjenige, der die Felsmalereien angefertigt hatte, kannte womöglich aus seiner alltäglichen Erfahrung Kamele nicht anders als abgemagert und höckerlos.

Trotz der dramatischen Berichte, die Herodot über das Scheitern der beiden Feldzüge des Kambyses verfasste, spricht vieles für die Annahme einer besonnenen, Vernunftgründen zugänglichen persischen Generalität; eine Heeresführung, die danach trachtete, Risiken auszuschalten, und die es verstand, eine geänderte Faktenlage in ihre Strategien einzubinden. Wie sonst wäre zu erklären, dass Kambyses – laut Herodot – einen Vertrag mit dem arabischen König schloss, der daraufhin alle seine Kamele mit Wasserschläuchen belud und das Heer des Persers «*an der Wüste*» erwartete, um es für eine drei Tagesreisen weite, brunnenlose Strecke mit Wasser zu versorgen? Wo sind die Kamele des arabischen Königs geblieben? Spurlos verschwunden sein können sie nicht. Hier unter dem Felsvorsprung sehe ich drei davon an der Wand.

Andererseits: Kambyses hatte einen Treuebund mit dem König von Arabien geschlossen. Er musste bei seinem Angriff auf Ägypten, in der Schlacht gegen Psammetich III. am pelusischen Nilarm, auf Rückendeckung bedacht sein. Deshalb konnte er die Kamele des arabischen Herrschers nicht einfach beschlagnahmen. Doch außer dass sicherer Durchzug für das Perserheer vereinbart wurde, vermeldet Herodot nichts über den Inhalt des persisch-arabischen Bündnisses. Vielleicht umfasste dieses Abkommen auch die Überlassung von Kamelen für weitere Kriegszüge.

Und wenn nicht? Warum hätte Kambyses, ein Herrscher, der alle Grenzen überschritt, ein Weltreich eroberte und der sich zur Zeit seines Einfalls in Ägypten mit weiter reichenden Okkupationsplänen trug, die Kamele des Arabers ausgerechnet dann ziehen lassen sollen, als er deren Nützlichkeit für das weitere Vordringen erkennen musste? Es ist einfach nicht vorstellbar, dass er die genügsamen Lasttiere mit einem Seufzer zurück ins Innere Arabiens schickte, wo er sie doch für seinen Vormarsch nach Westen bitter nötig hatte. Er wird die Tiere behalten haben, mit oder ohne Kontrakt.

Wenn die mageren Schwielensohler des Felsbildes persische Kamele sind, wäre wenigstens die Frage, wie das Heer des Kambyses nach Siwa gezogen ist – mit Eseln oder Kamelen –, an dieser Wand entschieden. Und damit bin ich wieder am Ausgangspunkt meiner Spekulationen. Die negroiden Soldaten passen ins Bild. In den Heeren des Kambyses dienten nicht nur Perser, sondern auch Assyrer, Skythen und Krieger anderer Ethnien. Es wäre nicht verwunderlich, wenn dieses Vielvölkergemisch auch durch schwarze, frisch in Oberägypten eingezogene Kämpfer verstärkt worden wäre. Bleibt nur noch eins: Was ist, wenn die Abgebildeten gar keine Soldaten sind? Vielleicht sind sie nur die Fortsetzung der bukolischen Idylle, die auf dem ersten Felsbildfund wiedergegeben ist? Doch: dort das Gruppenbild der Glücklichen und Satten. Und hier, einen Kilometer davon entfernt, die Porträts der Vereinzelten und Abgemagerten. Macht das Sinn?

Das Alter der Felsbilder wird sich mit den derzeit zur Verfügung stehenden Methoden nicht bestimmen lassen. Das des Schädelfragments schon. Besteht zwischen den Bildern und dem Knochen ein Fundzusammenhang? Nahe genug beieinander liegen sie.

Es wird dunkel. Ich muss zurück zu den Tieren. Später liege ich in meinem Schlafsack und komme doch nicht zur Ruhe. Kambyses' Griff nach Siwa und das spurlose Verschwinden einer ganzen Armee beschäftigen mich weiter. Das meiste, was mir als Grundlage für meine Spekulationen dient, stammt aus Büchern. Nicht vorzustellen, wenn, von Herodot an, einer des anderen Phantastereien abgeschrieben hätte. Aber ich habe etwas Reales: die Felsmalereien. Hier passt ein Mosaiksteinchen zum anderen. Mein Bild ist zwar noch lange nicht komplett, aber seine Umrisse sind zu erkennen. Um all dem auf den Grund zu gehen, was mir an diesem Abend durch den Kopf geht, habe ich zu wenig Literatur im Gepäck.

Später, bei einem Besuch in der Dependance des Deutschen Archäologischen Instituts in Kairo wird Klaus Peter Kuhlmann meine Begeisterung dämpfen. Über lange Perioden der ägyptischen Vergangenheit sei der trapezförmige Schürzenschnitt Mode gewesen – vom Alten Reich bis in die Römerzeit hinein. Das Kleidungsstück allein habe daher wenig Aussagewert für die Datierung der Bilder. Und warum die von mir entdeckten «Soldaten» keinen Zipfel am Rock trügen – das typische Merkmal der kriegerischen Tracht der damaligen Zeit –, sei schwer zu verstehen. Schließlich das Fazit des Ägyptologen: Bei der Anfertigung der Felsbilder habe kein Steinmetz seine Hände im Spiel gehabt. Handwerker wie diese seien aber üblicherweise im Tross der Armeen des Altertums mitgezogen.

«Bring mir Texte, Carlo, dann kann ich dir sagen, wie alt dein Fund ist. Der einzige Anhaltspunkt, den es bisher gibt, ist das Kamel. Und deswegen tippe ich – nach dem jetzigen Stand der Dinge – auf römisch.»

Noch ist nichts endgültig entschieden. Warum sollten die persischen Soldaten ägyptische Kleidung getragen haben? Warum sollte im Perserheer ein Steinmetz mitgezogen sein? Peter hat Vermutungen und ich auch. Erst wenn das Alter des Schädelknochens bestimmt ist und eine römische Zahl herauskommen sollte, werde ich mich der Macht der Fakten beugen. Doch ich kenne keinen, der den Knochen testen würde.

NOCH ein paar Tage verbringe ich mit der Suche nach alten Wegen. Bis meine Landkarte mit Teilstücken der Karawanenstraßen überzogen und mein Notizbuch mit den Positionen der Wegzeichen und Windschirme – niedrige, im Halbkreis gegen den Nordwind aufgeschichtete Steinreihen – gefüllt ist. Bedeutungslos gewordene Überbleibsel, weil die Straßen von einst nicht mehr begangen werden.

In einer Schlucht westlich des Tempels finde ich eine weitere Agulweide, die dritte Grünzone am Nordabfall des Abu-Tartur-Plateaus. Schließlich kreuzen wir den verschollenen Karawanenweg von 'Ain Amur nach Abu Gerara, der römischen Wegezoll- und Brunnenstation tief in der Wüste, an der Harding King und die ihn als Führer begleitenden Schatzsucher einst eine ptolemäische Kupfermünze ausgegraben hatten. Später sollte ich auch die am Rande dieses Weges gelegene Agulterrasse von 'Ain Embarres finden, nach der der Brite vergeblich Ausschau gehalten hatte. Am zweiten Tag seines Marsches vom Niltal nach Abu Gerara sichtete er zwar einen Abzweig vom Karawanenweg, verzichtete jedoch darauf, ihm zu folgen.

Vom Hörensagen wissen und sich damit zufrieden geben oder selbst dem Gerücht auf den Grund gehen? Mit 'Ain Embarres war die letzte Station der Kette der Wasserstellen wieder entdeckt; Brunnen und Quellen, die es auch Eselkarawanen ermöglichten, auf direktem Weg zwischen dem Niltal und Balat/Dakhla sowie zwischen Kharga und Farafra/Siwa zu verkehren.

Marsch nach Osten. Ich finde flüchtig in die Felsen geritzte arabische Namenszüge. Bestätigung dafür, dass durchaus das Bedürfnis bestanden hatte, seinen Namen zu hinterlassen. Die Kartusche des Kambyses an einer Felswand? Die finde ich nicht.

Auf halbem Weg Richtung Umm Debadib erhebt sich ein markanter Felsblock vor dem senkrecht abfallenden Kopf einer Sandsteinbank. Ein idealer Rastplatz. Auch hier liegen Scherben, und an seinen glatten Flächen ist das Gestein mit Piktogrammen und Texten überzogen. An der Nordseite des Monolithen Dreiecksmotive – bis hinauf in sieben Meter Höhe. Fruchtbarkeitssymbole sind das, menschliche Vulven; Zeichen für den Durst nach Fleisch und Leben. Nahebei drei Hieroglyphen. Sie gehören zusammen. «*Meine Schöne*» hat jemand vor etwa zweieinhalbtausend Jahren mit zarter Hand in den Stein geritzt. Als ich von dem Text aufschaue, lese ich über den Köpfen meiner Kamele die Aufforderung: «*Opfert!*» Der Befehl schallt aus einer mysteriösen pharaonischen Szene, die von einem «dicken Mann», Barbarischafen (Ammotragus lervia), Schakalen,

Dorcasgazellen und *tesems*, den altägyptischen Jagdhunden, belebt wird. Ist es eine Jagdszene? Wie bezieht sie sich auf die Personengruppe, die mit sorgfältig frisiertem Haar ein Opferritual zu vollziehen scheint? Ein paar in Ziegelform behauene Kalksteine liegen unter dem Bild. Überreste eines ehemals komfortablen Lagers? Relikte einer Kultstätte zu Füßen des Wandbildes, an dem pharaonische Jäger einst ihr Jagdglück beschworen?

Ich fertige ein Inventar der Inschriften und der Felsgravuren an, die ich am Monolithen und in seiner Umgebung gefunden habe. Über dreißig Darstellungen kommen zusammen, dazu sechs Hieroglyphentexte, einer davon in beträchtlicher Länge. Er ist in hieratischer Schrift abgefasst. Irgendwann wird sich jemand finden, der die aus winzigen Schriftzeichen geformten altägyptischen Nachrichten übersetzt. Möglicherweise werden sie Antwort auf meine Fragen geben.

Die meisten Petroglyphen stammen aus der Zeit vor den Pharaonen. Jäger und Gejagtes; eine Galerie voller Giraffen, Gazellen und Vögel. Um das Ufer eines noch deutlich auszumachenden, längst ausgetrockneten Sees die Ritzzeichnungen von Fischen und ein in Lauschstellung verharrendes Flusspferd. Vor dem Koloss haben vier Oryxantilopen und ein Redunca redunca in Habtachtstellung Position bezogen; scheues Wild, das mit erhobenen Köpfen und aufgestellten Lauschern nach Westen schaut. Der Redunca redunca, eine rehähnliche Antilope, die heute noch in Tansania, Uganda und dem südlichen Kenia vorkommt, ist in Sumpfgelände mit üppigem Graswuchs heimisch. Oryxantilopen sind über den gesamten Sahel verbreitet, bis tief in die Zentralsahara hinein. Und so nimmt es nicht wunder, dass sie, die typischen Bewohner der ägyptischen Westwüste während des frühen Holozäns, an den Felswänden vertreten sind. An dem See hat sich ein kleiner Tierpark versammelt. Mendesantilopen, Dorcasgazellen und Steinböcke fesseln das Auge ebenso wie die ungewöhnliche Abbildung einer Kuh; ein geschlechtsloses Wesen, das vom Fachmann schließlich als Giraffe bestimmt wird. Das Tier ist so dargestellt, als würde es die Spitzen niedrigen Gebüschs abäsen, und der Strick, den es um den Brustkorb trägt, ist – wenn sein Ende nicht von einem menschlichen Wesen gehalten wird – an einem Stein festgemacht. Beleg für die Domestizierungsversuche der Giraffe während der Steinzeit.

Bilder voller Leben in einem totenstarren Land. Ist die Fülle der Petroglyphen nicht ein Indiz dafür, dass es einst in dieser Gegend – mehr als anderswo – üppige Weide- und Jagdgründe gegeben hat? Noch vor etwa 5000 Jahren war in Teilen der Ost-Sahara eine Tier- und Pflanzenwelt beheimatet, die dem Menschen ausreichend Nahrung bot. Sie entfaltete sich besonders am Fuße hoher Steilstufen, an denen bis in die geschichtliche Zeit hinein ein Klima mit höheren Niederschlägen herrschte. Die lokal begrenzten Regenfälle speisten Tümpel und Bäche an der Basis der Schichtstufen und sorgten so für ein Biotop, das auch Großsäuger anlockte. Gingen an den Ufern auch Flusspferde spazieren? Wo ist der Elefant, von dem mir Bohnenberger erzählt hatte? Statt seiner sichte ich die Ritzzeichnung eines Pavians. Daneben mehrere Schilfblätter. Der Duktus der Gravierungen verrät eine altägyptische Hand. Nicht weit davon entfernt endlich das Tier, nach dem ich in 'Ain Amur vergeblich Ausschau gehalten hatte: ein Esel, daneben ein Mann. Doch dass es wirklich eines jener zähen Tragtiere ist, auf deren Rücken einst ein Großreich erbaut wurde, bestätigt mir erst später der Paläozoologe Rufus Churcher, dem ich ein Foto von der Zweiergruppe nach Toronto schickte.

Der Mann, schrieb mir der Professor, halte einen Stock mit einer Schlinge, die er über den Kopf eines Esels oder eines Maultieres zu streifen versuche. Entweder will er das Tier fangen, oder es soll geschirrt werden. Auch wenn die Abbildung schlecht erhalten ist, so erkennt doch das Auge des Sachverständigen den geraden Rücken, den langen Schwanz, den durch parallele Linien konturierten Hals und die durch einen Kreuzstrich auf dem Bauch angedeutete Schattierung. Diese Eigentümlichkeit ist auch heutzutage bei manch einem grauen oder weißen Esel zu beobachten.

Zu guter Letzt doch noch ein Esel. Kaum einen drei viertel Meter entfernt könnte der Schlüssel zur Antwort auf sein Alter liegen. Dort befindet sich der Anfang eines altägyptischen Textes, dessen unteres

Stück weggeschmirgelt ist. Gerade noch das Determinativ, eine sitzende Dreiergruppe und, darunter, ein Hase, Zeichen fürs Gehen, ist verschont geblieben.

Das Leistungsvermögen eines Esels liegt beträchtlich unter dem des Kamels. Kambyses hätte den Feldzug gegen Siwa zwar mit Hilfe von Eseln als Lasttieren durchführen können, doch wäre er wesentlich verlustreicher und schwieriger verlaufen. Und die ausweglose Lage, in die die Armee aufgrund der Distanz und der schwierigen Geländeverhältnisse zwischen 'Ain Dalla und Siwa unweigerlich geraten wäre, hätte – nachdem alle anderen großen Oasen in der ägyptischen Westwüste bereits in persischer Hand gewesen wären – eine umsichtige Heeresführung zur Aufgabe des letzten Teils des Eroberungszuges bzw. zur Umkehr veranlassen müssen, anstatt alles auf eine Karte zu setzen und weiterzumarschieren.

Ich durchstreife die Gegend, entdecke weitere Petroglyphen aus der Epoche des Neolithikums und aus dynastischer Zeit. Da und dort in den Fels geritzte Inschriften – Hieroglyphentexte und kurze Meldungen in griechischer Schrift. Manche sind vom Zahn der Zeit stark angegriffen. Bei einer knappen Mitteilung habe ich Glück. Klaus Peter Kuhlmann übersetzt später: «*Der Besteuerungsschreiber der Rinder des Amun mit Namen Usakat.*» Ein Finanzbeamter aus dem Neuen Reich.

WECHSELHAFTES Wetter. Mal pfeift der Wind aus Norden und treibt Sandfahnen von den Steilstürzen des Plateaus. Dann wieder setzt Flaute ein. Die Kamele schwitzen. Während der Mittagsrast flüchten sie in den Schatten der Felsen. Obwohl wir mehr als acht Kilometer von der Klippe entfernt sind und kein Luftzug weht, ist fernes Rauschen zu hören. Wind fängt sich in den zerklüfteten Höhen der Felsfront. Wann wird sich eine stetige Brise aus Norden durchsetzen und das Fenster zum Sudan öffnen? Es ist noch zu früh, um in Richtung Sonne aufzubrechen.

Wir machen am Fuße eines Hügels Halt. Ich steige zu einem Überhang auf halber Höhe. In der Höhlung liegen die Gebeine eines Menschen. Unbedeckt. Neben dem Skelett Überkleider, zwei versprödete Ziegenlederschläuche, Schuhe, Speer, Schwert und Taschenmesser. All das ist wohl geordnet. Vor etwa hundert Jahren muss der Mann verdurstet sein. Seine Sachen sind seitdem unberührt. In Reichweite seiner Hand ein zusammengefaltetes Stück Papier, das ich vorsichtig öffne. Vergilbt und ganz brüchig ist es; arabische Schriftzüge, halb verblasst. Das Fragment eines Testaments. Einige Zeilen sind noch zu entziffern. Ein Mann namens Ali el-Taj... schreibt:

> *«... man kann es ihm nicht verheimlichen ...*
> *... ich setze ihn als Erben für mein Besitztum ein ...*
> *... und ich muss dich für immer verlassen ...»*

Von welchem Pfad war dieser Mensch abgekommen? Ist es der meine? So viel Gefasstheit klingt aus seinen Worten. So viel Ruhe, die aus dem Arrangement seiner Habe spricht. Alleine sterben. In Selbstbeherrschung angesichts des Unabänderlichen. Kein Davonlaufen, kein Hilferuf, kein Hakenschlagen im Augenblick der Todesahnung. So ein Ende fasziniert. In Würde untergehen, einsam. Nur wenige sind dazu auserwählt.

Bald stoßen wir wieder auf die Karawanenstraße, die 'Ain Amur mit Umm Debadib verbindet. Und während wir den Weg entlangstapfen, kreisen Theorien und Geschichten in meinem Kopf; alte Spekulationen, die zu erklären versuchen, warum in den Oasen der Libyschen Wüste Grundwasser aus scheinbar unerschöpflichen Reservoiren hervorquillt. Ich hatte Abbildungen von Fischen gefunden. Eines deutlicheren Hinweises auf die Existenz eines stehenden Gewässers bedarf es nicht. An anderer Stelle entdeckte ich einen Horus, Hoheitszeichen aus dynastischer Zeit. Er befindet sich an einer Wasserschöpfstelle in einer Mulde, die voller Scherben ist. Beleg dafür, dass der Ort seit früher Pharaonenzeit auf dem Weg von Kharga nach Dakhla auch von Eselkarawanen frequentiert wurde.

Falls den in den Fels geritzten Fischen mehr als nur Symbolcharakter zukommt und sie zusammen mit den Giraffen und den Oryxantilopen ein vorgeschichtliches Szenario darstellen, dann kann es sich bei den Seen nicht nur um Auffangbecken für sporadischen

Niederschlag gehandelt haben. Woher kam das Wasser, das sie unablässig speiste und das dafür sorgte, dass sie nicht durch Verdunstung trockenfielen?

Mein Blick fällt auf den Sandstein. In dieses Material sind auch die Felszeichnungen eingeritzt. Hatte der neolithische Mensch, indem er seine Bilder und Zeichnungen gerade in diesem Gestein verewigte, bereits eine Ahnung davon, dass die allenthalben aus dem Wüstenboden hervorbrechenden Sandsteinschichten das Reservoir bilden, dem Pflanzen, Tier und Mensch ihr Dasein zu verdanken haben? Zum Vergleich die Rohlfs'sche Tropfsteinhöhle, die ich 1988 wieder entdeckte. Dort sah das Auge des vorgeschichtlichen Menschen das Leben spendende Nass von den Stalaktiten tropfen. Und ebendort hatte man Piktogramme in den spröden Kalktuff der Höhle gepunzt – auf einen Stalagmiten und dessen Unterbau. Gemäß den aus den beiden Besiedlungsschichten im Umfeld der Höhle stammenden C-14-Daten war dies gegen 6500 bzw. 5700 v. Chr. geschehen. Es kann kein Zufall sein, dass man Wasserstellen mit Felsbildern verziert hatte. Unterstreichen sie eine symbolisch-religiöse Praxis, die sich in ihrem Kern um die Bedeutung des Wassers für Jäger, Sammler und Nomaden in einer mit schütterer Vegetation begrünten Landschaft rankte?

Der Weg schlängelt sich durch Reihen ineinander verschachtelter Barchane, überquert Hügelstreifen aus Sandstein und Flächen rotbrauner, trockenrissiger Erde. Kaum fünf Kilometer von den Steilabfällen entfernt stoßen wir auf eine Agulweide. Sie wird im Osten und Westen von Hügelbänken aus Sandstein flankiert. Dieser Weide folgt nach wenigen Kilometern eine zweite, und noch ehe Umm Debadib erreicht ist, treffen wir auf ein drittes Agulfeld. Alle diese Flecken, deren Grün im Abstand von vier bis sieben Kilometern südlich der Steilstürze unwirklich aus dem lehmigen Boden sprießt, legen eins nahe: dass ich nicht bis zu den Sümpfen im Sudan oder bis zum Tibesti abzuschweifen brauche, um mir die Seenbildung hier in der Gegend zu erklären.

Die Topographie jeder dieser Weiden weist außer der alleeartigen Begrenzung durch Sandsteinfronten eine Eigentümlichkeit auf: dass nämlich vom Fuße der Steilstürze im Norden das Gelände allmählich abfällt, um dann, nach Süden hin, sanft anzusteigen. Nahe dem Scheitel des Anstiegs befinden sich die Weiden, an deren Südende das Gelände wieder absinkt. Die auf den grünen Flächen vereinzelt hervorsprießenden Tamarisken, deren Alter über 600 Jahre betragen mag, belegen, dass die Weiden nicht das Ergebnis sporadischer Regenschauer sind. Nach dem Versiegen der Quellen und der Absenkung des Grundwasserspiegels kann das Nass, das dem Grün über die Jahrhunderte hinweg zum Leben verholfen hat, nur von den Höhen des Kalksteinplateaus im Norden kommen; Wasser, das aus lokalen Regenfällen stammt und seit urdenklichen Zeiten durch die Spalten und Risse des Kalksteins in die Sandsteinschichten sickert und dort Stauhorizonte bildet. Seit Ewigkeiten ist dieser Mechanismus in Gang. Gegenwärtig ist er die einzige verbliebene Wasserressource. Er pumpt im langsamen Rhythmus der Natur noch heute jahrhundertealtes Regenwasser auf die Weiden, dorthin, wo meine Kamele ihre Mäuler bedächtig ins Agul stecken.

WIR erreichen Umm Debadib. Das Auge schweift über die von Sanddünen und steilen Felshängen eingerahmte kleine Siedlung, über das ganze grandiose Panorama, aus dessen Mitte in blauen Dunst getauchtes Grün, Palmen, Mimosenbäume und, wie ein Klotz, das römische Kastell ragen. Die Häuser sind verlassen. Mauern aus luftgetrockneten Lehmziegeln. Portugiesische Ölsardinendosen künden davon, dass sich hier vor nicht allzu langer Zeit ein paar Familien zu einer kleinen Kolonie zusammengeschlossen hatten. Und noch immer sind die vier unterirdischen Wasserleitungen zu erkennen, die in einer Länge von insgesamt 14,3 Kilometern und bis zu 53,5 Meter tief unter der Erde durch den Sandstein getrieben worden sind. Kein einziges Graffito – weder an den von Meißelspuren übersäten Tunnelwänden von trapezförmigem Querschnitt noch an den schulterbreiten Löchern, die in Abständen von zwanzig Metern zum Zwecke der Lüftung und Reinigung hinabgetrieben worden sind. Und so bleibt es der freien Spekulation überlassen, wer das Kommando zu ihrem Aushub gegeben hat. Fest steht nur, dass die Verfahren zur Optimierung des Wasserertrags und zur Anlage weit verzweigter, unterirdischer Kanäle *(foggara)* auf persische Ingenieurskunst zurückgehen. Diese aufwendige Technik hat daher frühestens mit der Eroberung Ägyptens durch Kambyses Einzug in den Oasen gehalten.

Beadnell gibt die Gesteinsmenge, die beim Vortrieb des *foggara*-Systems von Umm Debadib auszuheben war, mit über 20 000 Kubikmetern an. Von der Präzision der Arbeit unter Tage zeugt, dass die Wasserleitungen auf eine Länge von 2,5 Kilometern nur ein Gefälle von einem Meter aufweisen. Wie lange mag es gedauert haben, Stollen und Schächte anzulegen? In einen zwänge ich mich hinein. Er ist so eng, dass zu seiner Aushöhlung nur jeweils ein Arbeiter mit Hammer und Meißel antreten konnte. Von dem Zeitaufwand kann ich mir keinen Begriff machen; ebenso wenig davon, ob der Wasserausstoß je in einem vernünftigen Verhältnis zum Arbeitsaufwand gestanden hat.

Das Römerkastell erhebt sich am Rande einer Lehmfläche. Die Relikte der Bewässerungskanäle und Wasserrinnen reichen fast zwei Kilometer nach Süden. Die Größe der ehemaligen Felder zeugt von der Selbstversorgung der Garnison. Während die Kamele grasen, begehe ich die Festung. Sie ist gut erhalten. In das Mauerwerk aus ungebranntem Lehm sind Geheimgänge eingelassen. Alexandrinische Kaisermünzen liegen auf dem Boden verstreut. Kein Mensch scheint sich in den vergangenen zwei Jahrtausenden für das kupferne Kleingeld aus den Regierungszeiten von Augustus bis Trajan interessiert zu haben. Und doch hat man gewühlt, hat man Löcher und Gänge in die umliegenden Hügel nordöstlich der Festung getrieben. Nicht alles davon geht auf das Konto von Grabräubern. Was hat man gesucht?

Berichte in der spätantiken wie auch in der früharabischen Literatur bezeichnen «die Oasen» als Lieferanten für wertvolle, blaue Halbedelsteine. Sandstein ist typisches Muttergestein für Türkis. Bei den Löchern, die in dieses Gestein getrieben worden sind, könnte es sich um kleinere Schächte zur Erschließung von Türkis gehandelt haben. Solche Lagerstätten könnten zumindest für einen Teil des Reichtums, der sich in Form stattlicher, römerzeitlicher Ruinen in der Kharga-Senke zeigt, eine Erklärung geben.

In einem aus dem 15. Jahrhundert stammenden Schatzsucherbuch beschreibt ein arabischer Astrologe den Weg zu den «*Minen des Königs Kambyses*», deren verschüttete Schächte und Gruben sich in den Oasen befunden haben sollen: «*Gehe nach Deir el-Ain, westlich von Esna. Dort gibt es eine Heilquelle. Gehe von dort 5 Farasangen nach Norden. Du wirst auf einen roten Hügel treffen, auf dessen Spitze ein Alam steht. Ersteige den Hügel und schaue in Richtung Osten. Du wirst einen in zwei Hälften gespaltenen Pfeiler erblicken. Grabe dort!*» Nur Kharga kann gemeint sein. Die Kleinode seien gelblich, fährt der Astrologe fort, sie seien in einer Gesteinsschicht eingelagert. Nur einen halben Cubit tief unter der Erde stoße man auf die ersten bohnengroßen Nuggets. Grabe man tiefer, kämen schließlich Klumpen von der Größe einer Melone zum Vorschein. Dies sei das «*Gold von Ägypten*».

Alte Träume vom schnellen Geld. Diesem Spiel sind keine Grenzen gesetzt, und an Erfindungsgabe hat es den arabischen Geschichtenerzählern nie gemangelt, wenn es um das Herbeireden von Reichtümern und ungehobenen Schätzen ging. Für das Ohr des einfachen ägyptischen Mannes, der sich zur Vollmondzeit zusammen mit seinesgleichen auf den Esel schwingt, um in der Wüste nach den sagenhaften Schätzen zu graben, der unbewachte Nekropolen plündert und der auf der Suche nach Gold selbst vor antiken Tempeln nicht Halt macht, klingen solche Wunschbilder alle wahr.

Vermutungen, Formulierungen im Konjunktiv treiben ihre Blüten, weil außer den Löchern im Boden, den Scherben und den alten Mauern nichts Handgreifliches festzumachen ist. Ich schiebe die alten Legenden beiseite, betrachte die mehr als zwanzig Münzen, die ich auf dem Kalksteinplateau im Norden an einer Abbaustelle für Steinsalz gesichtet habe. Sie stammen aus der Zeit der Vandalen, aus dem 5. Jahrhundert n. Chr. Salz, Alaun, Vitriol und eine geringe Menge wertvoller Steine, vor allem Türkis und Lapislazuli: das sind die Produkte, die während der Spätantike von den Oasen ins Niltal exportiert wurden und die neben dem über den Oasenweg und den Darb el-'Arbain abgewickelten Handelsverkehr und der Landwirtschaft das Rückgrat des in Kharga und den anderen Oasen der Libyschen Wüste beheimateten Wohlstandes begründeten.

Die Tiere haben Durst. Einen der unterirdischen Stollen vom Treibsand befreien und feststellen, ob dort noch Wasser fließt? Das übersteigt meine Kräfte. Wir müssen weiter, die Karawanenstraße entlang in Richtung 'Ain el-Labakha.

DÜNENBARRIKADEN versperren den Weg. Als ich nach ermüdendem Marsch halb nackt in der lauen Luft liege und an einem Kanten Brot nage, fällt mein Blick prüfend auf Iskander. Der Hengst ist das schwächste Glied in der Kette lebender Leiber, die meine Karawane bilden. Krankheit hat die allmähliche Verminderung seiner Kräfte herbeigeführt. Sein Leiden würde auf dem langen Weg zum Djebel Uweinat verlängert werden. Trotz täglicher Vitamingaben würde das Tier immer schwächer werden. Noch ist es nicht so weit. Iskander wirft sich mit einem Ruck auf die Seite, streckt alle viere von sich und nimmt, wohlig durch die Nüstern schniefend, ein Sandbad. Von seiner Atemluft getrieben, wirbeln Staubwölkchen auf über dem Nasenloch, das dem Erdboden am nächsten ist.

Gegen zwei Uhr nachts bin ich wach, belade die Tiere und laufe. Blick auf eine von Mondlicht übergossene Landschaft, in der – später – still und verlassen, eine Burg auftaucht: das Römerkastell von 'Ain el-Labakha. Von den lichtschimmernden Sandflächen setzen sich schwarze Palmtupfer und die Schattenrisse des Aguls ab, verschmelzen mit dunkel getönten Schuttrücken, die von den Steilstürzen herabschwingen. Wie in einer Winterlandschaft komme ich mir vor.

In der Nähe des Kastells befinden sich Hausruinen und die Überreste zweier Tempel. Die meisten Gebäude sind restlos verschüttet, und nur an wenigen Stellen zeigt sich ein von glatt geschliffenen Lehmziegeln markierter Grundriss. Die Siedlung, die sich von der Festung bis zu einem gut tausend Meter im Norden gelegenen Gebäudekomplex erstreckt, steht in ihrer Bedeutung Umm Debadib nicht nach. Das weitläufige *foggara*-System, dessen unterirdische Kanäle von der Klippe zu den Feldern führen, und die Aushübe der Grabräuber bezeugen, dass hier vor 2000 Jahren einmal eine große Anzahl Menschen in beträchtlichem Wohlstand gelebt hat. Kein Archäologe hat sich dieser Stätte angenommen, und nur frische Esel- und Motorradspuren künden davon, dass der Ort von Schatzsuchern heimgesucht wird.

Wieder lichte ich auf blankem Boden verstreut liegende Kupfermünzen ab. Schließlich machen wir uns auf den Weg zum Hibis-Tempel. Wir marschieren auf festem Grund. Rechts und links unseres Weges liegt römisches und byzantinisches Gemäuer; ein Fort, einzelne Gehöfte und Landhäuser; aus Lehmziegeln errichtet, voller Spuren der Zeit. Rundbögen und Reste von Putz, auf den einmal bunte Wanddekorationen aufgetragen waren. Um die Ruinen die Schachbrettmuster der Felder. Scherbengesäumte Kanäle und Bewässerungsrinnen streben aus trockengefallenen Brunnen. Über die gesamte Senke sind die antiken Latifundien verstreut. Ihre große Zahl verwundert, und ich habe den Eindruck, als sei die Oase zu Römerzeiten weitaus dichter besiedelt und intensiver kultiviert worden als heute. Strabo berichtet von reichen Wasservorkommen, ausgedehnten Gärten und Feldern. Sie brachten Getreide, Datteln, Wein und Baumwolle im Überfluss hervor. War dies das Land, in dem einst Milch und Honig flossen?

Die Einwohner arbeiteten in der Landwirtschaft, schufteten in den Bergwerken, verdingten sich beim Brunnenbau und beim Ausbau des Bewässerungssystems, zogen Befestigungsanlagen hoch und errichteten Wasserstationen für die Karawanen. Für Letzteres fanden kanadische Archäologen einen schönen Beleg: Sie entdeckten einen auf einer beschrifteten Holztafel festgehaltenen Befehl, der den Kommandanten einer römischen Festung anwies, entlang des Karawanenweges von Dakhla zum Nil Arbeitskräfte zum Ausheben von Brunnen zu beordern. Mit der Außenwelt blieb die blühende Oase über ein Netz von Trassen verbunden; Karawanenwege, die noch heute deutlich zu erkennen sind.

Nach den Römern setzte Verfall ein, und der große Exodus zum Nil begann – nach dorthin, von wo die Massen einst gekommen waren. In den darauf folgenden Jahrhunderten fristeten diejenigen, die blieben, ein karges Dasein. Bis moderne Technik den alten Traum der Landnahme wieder erblühen ließ. Ich blicke auf den Sand. Er wird alles Menschenwerk zersieben. Wind streift über meine schweißnasse Haut, während ich Schritt vor Schritt setze. Wind aus Norden. Seit Ewigkeiten weht er und kühlt das Land, spielt mit dem Gestrigen und mit dem Sand. Schützend legt er sich vor die Sonne. Lebensquell wie das Wasser. Er ist der Baumeister dieser Landschaft.

In der Ferne steigt Rauch auf. Davor die Masten einer Starkstromleitung. Manchmal blitzt eine Windschutzscheibe. Die Morsezeichen des motorisierten Verkehrs auf dem Darb el-'Arbain. Unmissverständliche Sequenzen vom äußersten Saum der heutigen Welt, die sich zu einer banalen Nachricht formen.

Am Hibis-Tempel kommt ein Wächter auf uns zu. Er trägt eine hellblaue Djalabeja. Nach heftigem Wortwechsel lässt er die Karawane durch die Allee steinerner Sphinxen in Richtung Tempelportal ziehen. Ich betrete das Heiligtum. Inmitten der Libyschen Wüste, in Kharga, und nicht im Niltal, dem Zentrum der Macht, befindet sich das bedeutendste Zeugnis der Perserherrschaft in Ägypten.

Am Rand des Gebäudekomplexes die Überreste eines Quais. Einst hatten der Tempel und Hibis, die antike Stadt, am Ufer eines Sees gelegen. Auf ihm glitten die heiligen Barken zum Tempel. Über die Größe der Wasserfläche ist nichts Genaues mehr in Erfahrung zu bringen. Wieder ein See. Seine Wellen schlugen nicht irgendwo in der Wüste an ein Ufer, sondern mitten in ehemals kultiviertem Gebiet an eine Anlegestelle.

Der Großteil des Heiligtums ist den Göttern Amun-Re und Osiris gemeinsam gewidmet. Er wurde zwischen 660 und 565 v. Chr. errichtet. Dareios I. vollendete um 500 v. Chr. die Dekoration. 150 Jahre später erweiterte Nektanebos II. das Bauwerk um ein Portal. An den Tempelwänden angebrachte Hieroglyphentexte geben Auskunft über die Ausstattung des Bauwerks. Die Portale waren mit dem Holz libyscher Akazien verkleidet. Die Bronzebeschläge stammten aus Asien. Nichts davon ist übrig geblieben. An die 500 Gottheiten sind dargestellt. Diese verwirrende Fülle ist Teil des Rätsels, das den Tempel noch heute umgibt.

An den Namen der Könige Psammetich II., Hakoris, Nektanebos I., Nektanebos II., Dareios und Ptolemaios II. vorbei. Sie waren die Bau- und Schutzherren des Tempels. Die Kartusche des Dareios befindet sich inmitten einer in brillanten Farben schimmernden Szene, die ihn, den König, bei der Darbringung von Opfern an Amon-Re zeigt. Dareios war der Thronnachfolger von Kambyses. Warum fehlt der Name des Eroberers von Ägypten in der Reihe der verewigten Pharaonen, wenn dessen Heer doch unmittelbar an diesem damals bereits existierenden Heiligtum vorbeimarschiert war? Nirgendwo findet sich eine Erinnerung an die Eroberung des Pharaonenlandes und an die Inbesitznahme von Kharga durch die Perser.

Bis in die römische Zeit nutzte man das Bauwerk als Kultstätte. Erst als Ägypten sich zum christlichen Glauben bekannte, wurden seine Pforten geschlossen. Der Tempel geriet in Vergessenheit, bis ihn Cailliaud im Jahre 1818 in seine fünfbändige Reisebeschreibung aufnahm. Manch einer nach ihm hat sein Signum im weichen Sandstein des Bauwerks hinterlassen; auch Gerhard Rohlfs und seine Begleiter.

Wir wandern östlich an El-Kharga vorbei. In den Niederungen breiten sich Seen und Sümpfe aus. Soldaten mit dem Gewehr im Anschlag stellen Fischreihern, Wasserhühnern, Enten und Flamingos nach. Ich atme auf, als das Sumpfland hinter uns liegt und die Hänge des Djebel el-Qarn erreicht sind. Zwei Stunden später stehe ich vor Abd el-Hamids Haus.

Die Tür ist verschlossen. Schließlich öffnet sich ein Fensterladen.

«Willkommen, mein Sohn», begrüßt mich Abd el-Hamids Frau. Ihr Gesicht ist verhüllt.

«*Bachri*» – ihr Mann sei im Norden, sagt sie. Sie gibt keinen Straßennamen, kein Gebäude und auch keinen Feldweg an, damit ich den Alten finden kann. Ihr genügen die Worte «nah» und «fern», *sharg*, *harb*, *gubli* und *bachri* – östlich, westlich, südlich und nördlich –, um sich zurechtzufinden. Wie bei den anderen, ehemals unter freiem Himmel lebenden Beduinen sitzt das in Khartoum noch in Fleisch und Blut. Das Firmament, über dessen Horizont sich leise die Gestirne heben, auf deren Stand kaum noch ein Städter achtet; all das dient hier noch immer als Bezug, als Orientierung in Zeit und Raum.

Abd el-Hamids Esel ist unter der Ladung grünen Klees kaum zu erkennen. Ein Ruck an einem Strick, die Verschnürung löst sich, und Klee fällt zu Boden, direkt vor die Mäuler meiner Kamele. Der Alte hatte mich von weitem kommen sehen.

Wir tragen das Gepäck ins *mandara*. Gäste treffen ein. Teegläser werden geleert und wieder gefüllt. Gespräche bis spät in die Nacht.

«Ist Muhamed Suleman Dowar schon weg?», frage ich irgendwann.

«Nein, ich glaube nicht», antwortet einer. Später betritt der, nach dem ich mich erkundigt hatte, das Zimmer, sagt, er stecke mitten in den Vorbereitungen für den Aufbruch.

«In zehn Tagen werden wir losziehen, Carlo!»

Zehn Tage! Was hat er das letzte Mal gesagt? Eine Woche bis zum Abmarsch der Salzkarawane. Das war vor 18 Tagen gewesen. Vielleicht ist das Ganze doch nur ein Märchen. Der Mann sieht nicht so aus, als könnte er, ohne müde zu werden, von hier bis zu seinem Haus laufen, denke ich mir. Überhaupt: Was mag mein Gegenüber von mir halten? So schwach, wie er mich vor kurzem erlebte, wird er mir die 1700 Kilometer zu den Salzlagern bei Bir Oyo und zurück nicht zutrauen. Ich spüre es. Wir sind nicht voneinander überzeugt. Und jeder scheint darauf bedacht, seine Geheimnisse für sich zu behalten. Bis ich die Landkarten herausziehe und sich eine Schar neugieriger Gesichter über die Blätter beugt. Hin und Her der Worte. Jeder will es besser wissen, wo entlang die Route zum Salz verläuft. Und dann rechnen sie mir vor, wie gering der Verdienst sei, der mit dem weißen Gold zu erzielen ist. Heutzutage sei es lohnender, Ochsen zu mästen und an die Metzger zu verkaufen. Die Fleischpreise hätten angezogen, und auch sonst sei alles teurer geworden. Nur fürs Salz bekämen die Männer immer noch das Gleiche wie vor drei Jahren, sagt Muhamed Achmed Muhamed Massaud in das zustimmende Gemurmel der Anwesenden hinein und fährt fort:

«Doch wir wollen uns diese Einnahmequelle erhalten. Das Salz lässt uns ein Stück Freiheit.»

«ABD EL-HAMID, ich möchte dir Iskander zum Geschenk machen», sage ich zu meinem Gastgeber am anderen Morgen. «Ich kann den Hengst nicht länger mitnehmen. Er ist krank, und ich möchte nicht, dass er unterwegs verendet.»

«Er wird durchhalten, wenn du kurze Strecken gehst. Wo willst du überhaupt hin?», entgegnet der Alte.

«Ich weiß es noch nicht. Raus aus den Oasen; vielleicht zum Nil; vielleicht zum Roten Meer, vielleicht …»

«Ist schon gut.»

Muhamed trägt das Frühstück auf. Tee, Milch und trockenes Brot.

Beratung unter den Männern. Der Hausherr nimmt das Geschenk an, ergreift meine Hand und erklärt mit feierlicher Miene, dass er mir in zwei Tagen ein Gegengeschenk machen wolle. 180 Kilo Kolbenhirse und zwei Ballen Stroh. Ob er das Futter nach El-Dush, ganz im Süden der Kharga-Depression, expedieren lassen soll? Der Alte geht hinaus und packt den kranken Hengst in eine Schafwolldecke. Wenig später lotst mich Muhamed aus dem Dorf und stellt uns auf Südkurs. Wir ziehen in großem Abstand östlich der Asphaltstraße entlang. Rechter Hand reihen sich grüne Flecken, aus denen hier und da der klobige Bau einer Schule ragt. Staubtrichter rotieren über das wegelose Land. Ich habe meinen Frieden, wandere fernab der Gerüche und der Stimmen über den weichen Grund. Die Sonne steht fahl am Himmel. Vorzeichen eines Sturmes. Ideales Wanderwetter, solange der Wind aus Norden kommt.

Abendbrot: Milchreis mit Apfelsinen. Ich blättere noch einmal nach, was mir Muhamed Suleman Dowar und die anderen in Abd el-Hamids *mandara* über «ihren Darb el-'Atrun» mitgeteilt hatten.

Die Armee habe den Darb bis Bir Hussein asphaltiert und alle zehn Kilometer einen Beobachtungsposten aufgestellt. Der Befehl an die Soldaten laute, den Himmel nach libyschen Kampfflugzeugen abzusuchen. Ein lebendes Radar zum Schutz des Assuan-Staudammes. Ab Bir Hussein gäbe es keine Wachposten mehr, doch bis El-Shab müsse mit häufigen Militärpatrouillen gerechnet werden.

Und so lange dauere der Marsch bis zu den Salzlagerstätten: von El-Maks bis Kuseiba fünf Tage; von Kuseiba bis Selima dreieinhalb Tage; von Selima bis Laqiya 'Arbain vier Tage; von Laqiya 'Arbain bis Bir Oyo fünf Tage. Knapp fünfzig Kilometer pro Tag würde man zurücklegen. Für einen wie mich, der zu Fuß geht, ist das ein beträchtliches Pensum.

Kartenstudium im Schein der Taschenlampe. Wo ist Wasser? Wo ist Deckung im Gelände? Ich schmiede Pläne und verwerfe sie wieder. Zu viele Unbekannte sind in meinen Berechnungen. Ich bleibe bei meiner in Deutschland ausgetüftelten Route: im Alleingang in den Sudan; über steinige Plateaus östlich des Darb durch ein Gebiet, das für die motorisierten Patrouillen der Ägypter schwer passierbar ist. 435 Kilometer Einsamkeit bis Selima, der ersten Oase hinter der ägyptisch-sudanesischen Grenze. Dort werde ich auf die Karawane aus Khartoum warten.

Auf der Strecke sind nur zwei Brunnen. Ob sie Wasser führen? Danach fragen, hieße Pläne offenbaren. Meine Landkarten stammen aus dem Zweiten Weltkrieg. Bis heute kann sich viel geändert haben. Ich entschließe mich für doppelte Sicherheit: Wasser für fünfzehn Tage; ausreichend bis Selima, für mich. Und für die Kamele? Die drei Hengste haben eine gewaltige Last zu schleppen. Auf einer Strecke von 2145 Kilometern befindet sich kein einziges Geschäft. Bis aufs Wasser muss alles vom ersten bis zum letzten Kilometer mitgenommen werden.

Wir passieren 'Ain Tafnis. Die Quelle befindet sich 180 Meter über dem Talgrund in den Hängen der Steilstürze der östlichen Klippe. Sie soll versiegt sein. Ab hier schieben sich die von artesischen Brunnen bewässerten Felder dicht an den Rand der Depression. Nirgendwo ein Winkel, an dem wir uns vor dem Lärm der Motorpumpen in Sicherheit bringen könnten. Am Himmel strichelt fliegendes Gerät Kondensat übers Blau. Das Leuchtfeuer des Flughafens von El-Kharga leitet den Flugverkehr von Europa über Ägypten in Richtung Kenia.

Wir treffen auf kilometerlange parallele Steinreihen; Markierung eines alten Karawanenweges in Richtung El-Dush. Neben der Trasse kegelförmige Steinhaufen auf einem Hügelrücken. Wie Wegzeichen sehen sie nicht aus. Die Tiere sind bissig und schwer im Zaum zu halten. Ich kann nicht anhalten und die Steinsetzungen untersuchen.

WIR halten auf das antike Cysis zu. Ein Tempel mit Befestigungsanlage aus der Römerzeit. Das Kastell war der südlichste Pfeiler im Verteidigungs- und Überwachungssystem, mit dem das römische Militär die Westwüste Ägyptens kontrollieren wollte. Der Limes ist erreicht. Tempelwächter laden mich zum Tee ein. Ich will nicht wie ein Tagedieb vorbeischleichen und ihren Argwohn wecken, nehme die Einladung an. Sie wollen Geschenke. Ich gebe irgendetwas, höre neue Wünsche.

Der Tempel wurde unter Trajan erbaut und dem Gott Osiris gewidmet. Von seinen Mauern sichte ich das Plateau, das wir erklimmen müssen. Wer hat die Kultstätte zerstört? Waren es die Christen? Waren es die Blemyer, die die Festung überrannten? Gebete und Lobrufe, bis nomadisierende Kohorten den religiösen Ritualen ein Ende bereiteten? Seit 1976 suchen französische Archäologen im Schutt nach Antworten. Cysis liegt am Schnittpunkt dreier Handelsrouten. Eine davon hatten wir vor Tagen in Höhe des antiken Krugdepots auf dem Kalksteinplateau gekreuzt. Sie scheint aus Richtung Abydos bzw. Farshut zu kommen und strebt in den Sudan.

Drei Jahre später wird Michel Reddé den Tempelschatz von Cysis in dem nebenan gelegenen Kastell entdecken. Eine Krone, ein Collier und Armbänder aus purem Gold; Pretiosen, die einst die Statue des Gottes schmückten. Das Geschmeide ist eines der Prunkstücke im Ägyptischen Nationalmuseum. Wenn ich ins Museum am Tahrir gehe, bestaune ich jedes Mal diese im Stil der Spätantike schwülstig überladenen Kostbarkeiten. Der Wüste entzogen, lagern sie hinter Panzerglas. Auf Einladung des französischen Professors hatte ich auf der Stelle gestanden, an der der Fund gemacht wurde. Dieser Umstand verbindet, gibt mir das Gefühl der Teilhabe bei der Entschlüsselung alter Geheimnisse – wenn auch nur als Zaungast.

I C H muss Abd el-Hamid treffen und den Nachschub in Empfang nehmen. Und ich muss eine Erklärung für die schweren Lasten finden, die ich meinen Tieren in El-Dush aufbürden werde. Damit niemand zum Telefonhörer greift und die Polizei verständigt. Ankunft im Dorf. Ein Einäugiger hat es auf meine Armbanduhr abgesehen. Er heißt Ali.

«Ich habe etwas Besseres für dich», sage ich und lade die Tiere vor seinem Haus ab. Mein Gastgeber breitet eine Decke aus. Wir setzen uns und trinken Tee. Ich verteile Taschenmesser an jeden, der sich einfindet. Und damit auch der Hausherr strahlt, bekommt er eine Armbanduhr als Draufgabe.

«Wie teuer war die?», will Ali wissen und beäugt misstrauisch das Geschenk.

«Wenn ich einmal reich bin, bekommst du die, von der du träumst», tröste ich ihn.

Das macht den Mann zufrieden, und nach der Tränkung hilft er mir, jedem Kamel zwangsweise noch einmal drei Eimer Wasser in den Schlund zu kippen. Acht oder neun Tage werden sie bei diesem Wetter ohne einen Schluck zum Trinken auskommen.

Kaum sind wir mit der Prozedur fertig, fährt Abd el-Satars Toyota vor. Ranem, Abd el-Hamids Ältester, ist bei ihm. Sie haben Kraftfutter, Stroh und Lebensmittel geladen.

«Alhamdulilah», rufe ich vor Freude, «ihr seid auf die Minute pünktlich.»

«So sind wir nun mal», brummt Ranem, «ein Mann, ein Wort.»

Er reicht mir einen zerknitterten Zementsack.

«Hier nimm. Ein Geschenk von meinem Vater. Alles Gute auf deiner Reise wünscht er dir. Geh mit Allah.»

Der Sack enthält frisches Brot und Datteln, allesamt zementgepudert, Salz und ein Dutzend hart gekochter Eier.

Abd el-Satar weist den Lohn für seine Dienste zurück. Rituelle Ablehnung, ein Relikt aus alter Beduinentradition. Sie setzt stilles Einverständnis zwischen Schuldner und Gläubiger voraus, mit dem Drängen fortzufahren, bis genügend Worte der Freundschaft ausgesprochen sind und das Geld entgegengenommen werden kann. Ranem tritt ganz dicht heran, flüstert mir noch einmal die Reihe der vom ägyptischen Militär besetzten Brunnen entlang des Darb el-'Arbain ins Ohr und rät zur Vorsicht.

«Wo will der Fremde hin?», wollen die Umstehenden wissen. Eine Weile höre ich sie tuscheln. Bis meine Freunde in den Wagen steigen und sich hupend aus dem Staub machen.

EIN halber Tag vergeht, bis sich drei schwer beladene Kolosse in Bewegung setzen und in Reih und Glied hinaus in die Wüste stapfen, an dünnem Seil von mir geführt. Es ist Samstag, der 27. Dezember 1986, fünf Uhr nachmittags. Mein «Sahara-Solo» hat begonnen. Bald sind wir an 'Ain Gohar vorbei. Die Karawane hat sich von der Großen Oase gelöst.

Wir kommen gut voran, und nachdem es dunkel geworden ist, peile ich einen Stern am Südhimmel an. Lautlos zieht die Karawane dahin. Mit den Füßen ertaste ich ein schmales, gewundenes Band. Es setzt sich merklich gegen den weichen Grund ab. Ein Kamelpfad. Drei oder vier Spuren in Richtung Süden sind es. Sein Lauf lässt sich im Auf und Ab des Geländes treffsicher erfühlen. Alle Sinne sind an seiner Aufspürung beteiligt. Ist dies eine der alten Trassen, die über Dunqul oder Nakhlai in Richtung Nubien führten? Die Wege der Alten: unzählige geschlängelte Linien sind es; gebündelt zu einer Vielzahl von Haupt- und Nebenpfaden, die die Oasen in der Westwüste Ägyptens untereinander, mit dem Niltal, dem Sudan und Zentralafrika verbinden. Nur ein Bruchteil davon, einige der wichtigsten Trassen, wurde bisher kartographisch erfasst. All diese Handels-, Schleich- und Schmuggelwege aufzuspüren, würde ein Menschenleben ausfüllen. Und doch habe ich mir diese Suche zur Aufgabe gemacht; auch jetzt, auf diesem Marsch.

Finsternis. Unterwegs mit drei Kamelen. Umfächelt von kühl-trockener, seidiger Nachtluft und säuerlichem Wiederkäuergeruch, der aus den Mäulern der Tiere strömt und mir nachweht. Wandern. Froh und zufrieden; erfüllt von dem Bedürfnis, die Hände nach weit entfernten Ufern auszustrecken, aufzubrechen in eine andere Welt; der eigenen Stärke und den Kräften der Tiere vollkommen vertrauend.

Der Pfad verliert sich. Eine Weile lang versuche ich, die Gleise wieder zu finden. Vergebens. Später stoße ich wieder darauf. Er hält weiter schnurstracks nach Süden.

An einer sandeingewehten Stelle erklimmen wir das Kalksteinplateau am Südrand der Kharga-Senke. Atma ist mit geblähten Nüstern dicht an meiner Seite. Freude über den gelungenen Start, als die Höhe schließlich genommen ist. Von El-Dush bis hierhin sind es 37 Kilometer.

Der Gewaltmarsch hat Kraft gekostet. Aus Hassans Nackenhaaren tropfen schwarze Schweißperlen. Kambyses plumpst mit fliegenden Flanken in den Sand. Abladen der Lasten. Ich verteile eine Sonderration Kraftfutter. Rast bis Nachmittag.

Das Plateau ist mit scharfkantigem Fels übersät. Schollengeschiebe, als wäre es Packeis. Dazwischen, wie abgesoffen, formloses Gelb. Behutsam tasten sich die Kamele durch das Terrain. Helles Klirren, wenn ein Polsterhuf gegen Späne und Schollen stößt und sie in Bewegung versetzt. Ab und zu ein Alam aus übereinander geschichtetem Kalkstein. Kein Pfad.

Nach Stunden kommt Ordnung in das Chaos. Kilometerlange Windkanäle lösen das Durcheinander der Scheiben und Scheite ab. Der Flugsand hat in jahrzehntausendelanger Arbeit die Rinnen in das glasharte Gestein geschliffen. Vor uns, in den mit Sand gefüllten, schnurgerade nach Süden gerichteten Riefen sichte ich Spuren. Sie sind keine Woche alt, stammen von zwei Männern und vier Kamelen.

Bir Nakheila ist der erste Brunnen auf unserem Weg. Palmen stehen im Halbkreis um ein Wasserloch. Es ist vollkommen verschüttet und mit Binsengras überwachsen. Auf salzverkrustetem Boden sprießt ein dünner Teppich sukkulenter Pflanzen. Er erstreckt sich eine halbe Stunde nach Südosten bis zu einem mit Tamarisken besetzten Platz. Gazellenspuren. Ich lasse die Tiere weiden, schneide Gras und bündele es – Vorsorge für später. Wir sind erst zwei Tage unterwegs. Es gibt keinen Grund, den Brunnen auszuheben.

Ab Bir Nakheila ist die Landkarte leer. Ich habe unseren Kurs abgesteckt, will 200 Grad laufen. Auf den vor uns liegenden 140 Kilometern sind von den Briten nur zwei Einträge gemacht worden: «*Tropic of Cancer*» und sechzig Kilometer südlich des Wendekreises, kurz vor dem Abstieg vom Plateau: «*Uneven plateau of very sharp rough limestone*». Mit *kharashif*, dem scharfkantigen, kristallinen Kalkstein, haben wir schon zweimal auf dieser Expedition unsere Mühe gehabt. Das weiß ich aus der Literatur: Nach Meinung der Experten gibt es in solch einem Gelände kein Vorwärtskommen; weder für Autos noch für Kamele.

Planungen auf dem Papier. Werden sie sich realisieren lassen? Gerade wegen des *kharashifs* hatte ich die Gegend ausgewählt. Mit gemischten Gefühlen, mit Mut und Bangigkeit, wandere ich in das unbekannte Terrain hinein und wundere mich, dass die Tiere folgen. Tag für Tag tragen sie ihre Lasten, ohne einen Mucks von sich zu geben. Sie könnten einfach sitzen bleiben und wie störrische Esel den Dienst verweigern. Doch sie stapfen brav in Reih und Glied, als verlange ihr tragsamer Geist danach, Schweres und Schwerstes auf sich zu nehmen.

Nach dreieinhalb Stunden ist die Steigung erklommen. Wüstes Wirrwarr; Windkanäle, von bizarren Kalksteinformationen flankiert, drängen uns vom Kurs ab. Bereits 120 Kilometer vor dem Eintrag auf der britischen Karte beginnt das *kharashif*.

Auf einem Kalksteinfelsen sichte ich einen Alam. Am Boden deutet sich ein Pfad an. Freie Bahn wohin? Mit dem Fernglas suche ich das Geschiebe der Felsen und Schollen ab. Nirgends ist etwas auszumachen, das uns helfen könnte. Es gibt keine Steinlinie, die die Richtung weist. In dieser Wüstenei komme ich mir bedroht vor; als habe das Gestein seine Messer und Speerspitzen gegen mich erhoben. Was, wenn dieser Abwehrriegel auf den nächsten 150 Kilometern bestehen bleibt?

Anderntags um sechs Uhr setzt sich die Karawane in Gang. Bald stoßen wir auf ein verlassenes Camp, auf Dieselfässer, Cognacflaschen und auf eine Piste. Keine Frage, dass wir ihr folgen. Sie führt im Zickzack durch das Schollenmeer. Irgendwann durchbrechen wir eine Hügelfront und betreten eine Schuttfläche. Sie ist mit Sand versetzt. Die Piste schwenkt nach Westen ab.

Die Angst weicht von mir. Schmale Sandbänder bedecken das scharfkantige Gestein; überschwappendes, gelbes Gewoge aus dem Oasenbecken von Kharga. Wie Verbandszeug legt es sich über die Zacken und Grate und ebnet den Weg durch das Chaos.

Kräftiger Nordnordwest kommt auf. Er setzt den Sand in Bewegung. Bald sind wir von millionenfachem Schleifen, Knistern und Rieseln des feinen Gekörns eingehüllt. Flach fließendes Federgewölk umspült die silbrig in der Sonne glänzenden Felsen, die an manchen Stellen von Einlagerungen braun verfärbt sind. Fragmente von Meerestieren aus einem urzeitlichen Ozean treten daraus hervor. Als wollten sich die Lebewesen nach Jahrmillionen ihrer Gefangenschaft aus den versteinerten Fallen befreien. Wenn der Flugsand für eine Weile zur Ruhe kommt, setzt sich das allseits schwebende, bleiche Weiß und verwandelt sich wieder in Riffelungen aus reglosem Gelb.

In dieser Urwelt, von der kein Pulsschlag ausgeht, versinke ich ins Kleine. Ich fülle keinen Platz aus. Ich besetze nichts, halte nichts und hinterlasse keinen bleibenden Eindruck. Ich bin Bewegung, durchschreite ein Vakuum. Während des Laufens lässt sich Atma am Kopf kraulen, lauscht meinem Gesang. Ich bin mit ihm, mit Hassan und Kambyses verbunden – durch mein Lied. Unmerklich hält es die Karawane zusammen und erzeugt unser Vorwärtskommen.

Wir durchqueren eine Senke voller Sicheldünen. Die Größe der Ausblasung lässt die steten, ungeheuren Kräfte ahnen, deren es bedurft hat, um die Depression in den kristallinen Kalkstein zu schmirgeln. Nur langsam kommt die Karawane voran. Richtung 175 Grad.

Das *kharashif* verhindert jeden anderen Kurs. Den ganzen Tag wühlt sich unser Konvoi durch Dünen und scharfkantigen Schliff.

Nachtrast, längst nachdem die Sonne untergegangen ist. Abladen, Kraftfutterverteilung, Lager aufschlagen, kochen, essen. Dann die Errechnung der Kompasstraverse und das Ermitteln der Position im Lichtschein der Taschenlampe. Tagebucheintrag: «*Am Wendekreis des Krebses. Wasserverbrauch: 9 Liter, Entfernung von El-Dush: 127 Kilometer; dritter Wandertag.*»

Alltägliche Routinen. Sie gleichen dem Ritual in Abdallahs Karawane. Wie hatte ich mich damals vom Reglement eingeengt gefühlt, und wie notwendig kommt es mir jetzt vor! Es ist das Scharnier, das uns beweglich mit dem leeren Land verbunden hält. Das Ritual macht mich zum Diener der Karawane, auch wenn es so scheint, als sei ich ihr Anführer. Längst habe ich meine Rolle verinnerlicht. Auch weil die Anweisungen aus mir selbst kommen und nicht mehr aus Abdallahs Mund.

Dreimal zuvor hatte ich den Wendekreis des Krebses mit Kamelen gequert. Nun liege ich wieder unter der imaginären Bahnkurve des Schalentieres, schaue in den Himmel und versuche, das Tierkreiszeichen im lichten Gewölk der Galaxien zu finden. Für mich ist der Wendekreis das Tor zum Süden. Es öffnet sich jedes Mal verheißungsvoll und neu. Wie ein verspäteter, von seiner Schar abgetrennter Zugvogel fühle ich mich; einer, der als Einziger nicht in Eile ist. Trotz seiner Langsamkeit hat er die Pforte seines Winterreiches erreicht. Bilder von fernem Grün trägt er als Traum in seiner Seele. Froh mit allem, was ich habe, bin ich. Die Kamele ruhen am Fußende meines Schlafsacks. Sie geben mir Schutz und Geborgenheit.

Weiter geht es über das zerklüftete Kalksteinplateau. Felsbarrikaden, tiefe, geröllbedeckte Taleinschnitte, scharfkantiger Windschliff und Züge ineinander verschachtelter Sicheldünen verlegen uns den Weg. Das Gelände hält uns im Zangengriff. Psychisch ermattet bin ich vom Kampf gegen scharfkantige, flache Rinnen und gegen die Dünen, in deren Auf und Ab sich die Kräfte der Karawane verzehren. Immer näher rückt der gefürchtete Karteneintrag. Irgendwann gebe ich es auf, gegen das Land anzukämpfen, nehme es hin, wie es ist. Warum dagegen antreten? Ich will doch in ihm leben. Versuche, Wunsch und Wirklichkeit miteinander in Deckung zu bringen. Wir kreuzen zwei Pisten, die uns ein paar Kilometer nach Westen helfen. Das gefürchtete Gelände lässt auf sich warten. Nach allen Richtungen türmt sich *kharashif*. Doch zwischen dem gratig geschliffenen Gestein rollen schmale Sandfahnen nach Süden. Meine Spekulation ist aufgegangen; dass sich nämlich die Abu-Muharik-Düne auf ihrem Weg in den Sudan irgendwo auf diesem Plateau verfangen muss. 33 000 bis 50 000 Jahre hat es gedauert, bis dieser gewaltige Dünenzug seine gegenwärtige Länge erreichte. Das meinen die Geologen.

Am Spätnachmittag des Neujahrstages heben sich drei markante Hügel gegen das unbewegte Blau des Himmels ab. Leerer Raum dehnt sich davor. Wir sind am Südabfall des Kalksteinplateaus angelangt. Weit schweift das Auge über flaches Land. Die Klarheit des späten Lichts lässt den Horizont in unendliche Fernen rücken, öffnet freien Blick bis in den Sudan. Über eine Sanddüne steigen wir in die Ebene und lagern inmitten eines *yardang*-Feldes; zwischen Hunderten, parallel zu den vorherrschenden nördlichen Winden ausgerichteten, aerodynamisch geformten Abtragungskörpern aus rotbraunen, erdigen Sedimenten. Manche dieser Gebilde sind vom Sandstrahlgebläse des Windes dünnwandig geschliffen. Sie ragen wie Haifischflossen aus einer glatten See.

Niemandsland durch den Feldstecher betrachtet. Ich brauche Zeit, bis ich mich orientiert habe. Schließlich erkenne ich die Höhe 275. Wir sind richtig gegangen. Gefühle in Aufruhr. Eine Melange aus Überschwang, Ergriffenheit und Dankbarkeit lässt mich zu Boden sinken. Mit Karte und Kompass einen fernen, tagelang im Verborgenen liegenden Fleck zu Fuß erreichen. Dass das möglich ist! Punktgenau laufen. Leicht gesagt ist das, wenn man mit einem Stück Papier im Maßstab 1:500 000 durch ein Labyrinth irrt, das auf dem Zettel nicht vermerkt ist. Bir Nakhlai liegt südsüdwestlich unseres Lagers hinter flachem Land.

Marsch zum Brunnen. Schon von weitem heben sich die Silhou-

235

etten zweier Ruinen gegen den Himmel ab; ein verlassener Militärposten, der von flachen, grasbewachsenen Hügeln, von Tamarisken und von Palmgebüsch umgeben ist. Wir stoßen auf einen breiten Karawanenweg. Er hält auf den Brunnen zu.

Bir Nakhlai war eine Wasserstation auf dem «Darb el-Gallaba», der «Straße der Händler», die bei El-Shab vom Darb el-'Arbain abzweigt und über Dunqul und Kurkur bei Kubbaniya, einem Dorf nördlich von Assuan, den Nil erreicht. Von dort führt sie über Isna nach Farshut. Auf dem nördlichen Teil dieser Straße, von deren Existenz schon französische Quellen aus dem Jahr 1750 berichten, war ich mit Herbert entlanggegangen. Mehr als einen Monat ist das her. Jetzt kreuzen wir die Trasse wieder.

Bei Bir Nakhlai hatten sich einst räuberische Verbände aus dem Sudan mit Männern aus Kubbaniya ein blutiges Gefecht geliefert. Und im Jahre 1893 waren es Derwischtruppen gewesen, die den Brunnen als Basislager für ihre Überfälle auf Kharga und Dakhla wählten. Angriffe aus der Tiefe der Wüste wie eh und je. Um 1775 hatte die Mamelucken-Regierung eine Militärkolonie in Qalamum, Dakhla, gegründet. Womöglich war das Fort von Bir Nakhlai zusammen mit dem bei El-Shab ein Baustein in der Abwehrfront gegen Überfälle aus dem Süden gewesen; eine Art arabischer Limes. Jedenfalls diente es den Briten in den Jahren nach Gordons Tod als Militärposten gegen marodierende Derwischverbände. Von El-Shab bis Wadi Halfa wurde damals häufig patrouilliert.

Ich schaue nach Westen. Dort vermischen sich die Geleise des Darb el-Gallaba mit den Spuren des motorisierten Verkehrs, verlieren sich schließlich im Hitzedunst, der über der endlosen Fläche wabert. Dieser Weg war Mühsal für diejenigen, die, von der Aussicht auf Reichtümer getrieben, auf ihm entlang in ferne Länder Afrikas zogen.

Ein Brunnen, Wasser … was mag das für die Vielgereisten bedeutet haben; für die, die nicht aus Freude liefen? Die Wasserstelle: lediglich ein Loch im Boden, das von Sand zu räumen war, damit trübes Nass daraus gehoben werden konnte? Um es dann ohne rechte Hingabe in die Girbas zu füllen; mit den Gedanken voraus; fixiert auf das Ziel, das es zu erreichen galt.

Die meisten Berichte stellen die Güter heraus, die die Händler und Reisenden aus Schwarzafrika zum Nil brachten. Sie verlieren wenig Worte über das Land. Man war auf der Durchreise. Und die Waren, die man zusammenraffte, waren Mittel zum Zweck. Muss einer zum Fußvolk gehören oder beinahe verdurstet sein, um Wasser als Gabe anzunehmen; als etwas, dessen Wert man mit jedem Schluck schätzt?

So viel ist bekannt: Die Alten zogen überwiegend im Sommer durch die Wüste. Aus Angst vor den eiskalten Winterwinden nahm man trockene Kehlen in Kauf. Der Winter brachte Bronchitis und Lungenentzündung und raffte oft mehr als die Hälfte der Mannschaft dahin. Im Sommer wurde nachts marschiert und tagsüber gerastet. Unvorstellbar der Durst, den solche Karawanen zu stillen hatten.

Die Kette der Brunnen auf dem Darb el-Gallaba ist eng genug gereiht, sodass der Weg vor der Einführung des Kamels in Ägypten von Eseln bewältigt werden konnte. War dies die Wüstenroute des Herchuf, des Karawanenführers aus fürstlichem Stand, der unter Pepi II. (6. Dynastie) viermal von Abydos oder von Assuan nach Jam in Nubien unterwegs war? Murray hatte im Jahre 1939 versucht, etwas darüber herauszufinden. Er entdeckte nichts; keine Inschrift und auch keine auf der Strecke verstreuten alten Artefakte. Kein Wunder nach 4200 Jahren.

Mich lässt die Trasse nicht mehr los. Vier Winter später werde ich zusammen mit Arita Baaijens auf einem Teilstück des verwaisten, antiken Weges südlich von Dunqul fündig. Wir werden auf würfelförmig geschichtete, steinerne Alamat der Größe 1,30 mal 1,20 mal 1,40 Meter stoßen, die typische Bauweise regierungsoffizieller Wegzeichen im alten Ägypten. Und bei einem Erkundungsgang abseits der Trasse werde ich eine bronzene Streitaxtklinge finden; eine Waffe, die, ihrer Form nach, seit Anfang der 18. Dynastie bis in das Zeitalter Alexanders des Großen hergestellt wurde. Hatte sie einst ein Soldat aus dem Begleitschutz einer Handelskarawane liegen lassen? Mir ist sie stummes Zeugnis für eine Expedition der Alten, die – möglicherweise – zu Beginn des Neuen Reiches stattgefunden hat – 900 Jahre nach Herchuf.

Es kann sein, dass Herchuf in Bir Nakhlai Rast gemacht hatte. Einmal kam der noble Karawanenführer mit 300 voll beladenen Eseln aus Jam. Mit Stolz vermeldet er, womit die Tiere beladen waren: mit Weihrauch, Ebenholz, Getreide, Pantherfellen, Elfenbein, Wurfstöcken und «*jedem schönen Erzeugnis*». Die Liste der Produkte, die Handelskarawanen aus Schwarzafrika in Richtung Nil schleppten, ist – mit Ausnahme von Getreide und Sklaven – bis in die arabische Zeit die gleiche geblieben.

DEN Tieren zuliebe gehe ich schnurstracks auf die Vegetation zu. Rast auf spärlicher Weide. Viele frische Fahrzeugspuren. Wo ist der Brunnen? Karteneintrag von 1944: «*quality: good, must be dug for*». In welcher Tiefe? Mit dem Klappspaten in der Hand mache ich mich auf die Suche. An manchen Stellen haben Gazellen den Boden aufgescharrt. Ich folge ihren Spuren. Sie führen mich zurück in die Nähe unseres Lagers. Neben einem Tamariskenbusch hebt sich ein Flecken mit dunklem Sand ab. Nach gut einem halben Meter bin ich am Wasser angelangt. Es ist ein spärlicher Brunnen. Vier-, fünfmal schöpfe ich das Loch leer, bis die brackige Flüssigkeit klar ist. Schöpfen mit dem Essnapf. Stundenlang zieht sich die Tränkung hin. Einen Eimer nach dem anderen reiche ich den Tieren. Es ist das Weiterreichen eines Geschenks, das ich eben selbst erst empfangen habe. Langsam sammelt sich das Wasser auf dem Grund und steigt im Erdloch empor.

Der Brunnen ist für mich nicht nur eine bloße Vertiefung im Boden, die ein bestimmtes Quantum Wasser liefert. Er ist Insel eines Glückseligen inmitten einförmiger Leere; Eiland im stillen Raum. Erfüllt von Ruhe, durchdrungen von Freude angesichts des Leben spendenden Rinnsals; in sinnlicher Nähe zu allem, was ich tue; dem Schicksal ergeben und vollkommen durchtränkt von meiner Einsamkeit bin ich. Nachdem die Tiere gesoffen haben, räkeln sie sich in der Sonne, strecken alle viere von sich und nehmen ein Staubbad. Später gehen sie wieder auf Futtersuche.

Was für eine Freiheit! Mitten im Nichts Eimer auf Eimer mit Wasser füllen. Vielleicht ist es das Nichts, von dem eine geheimnisvolle Kraft ausgeht; das Nichts, das die Hauptrolle in meinem Leben spielt. Unsagbare Schönheit geht von diesem vollkommen entblößten Etwas aus. Stiller Reiz der Gleichförmigkeit in einer leeren Welt, in der jeder Schutz und alles Gewohnte fehlen.

Mit mir und meinem Schicksal beschäftigt. Was ist das, was mich hinaustreibt? Hinaus in die Wüste. Ist es Wanderlust? Ist es der Durst nach selbst in die Hand genommenem Leben? Ist es der Wunsch, nur dem Schicksal unterworfen zu sein und nicht den Menschen? In dieser Weite ist Freiheit für mich greifbar. Hier ist sie lebbar; hier in diesem leeren Raum, der so spürbar mit Unendlichkeit gefüllt ist. Was mich beflügelt und wegführt von den Behausungen der Menschen, ist Sehnsucht. Sehnsucht nach einem unbestimmten Schicksal, nach einem offenen Ausgang der Partie, die ich spiele und die mein Leben ist. Und die einzige Anleitung zu diesem Spiel erdichtete einer, der frei war. Er blieb dennoch Sklave seines Willens: der einsame Nietzsche. Wie ein Pilger schritt er die Stationen seiner beschwerlichen Wallfahrt ab und versenkte sich tief in den Urgrund der Sprache. Sie gab ihm Raum zum Atmen. Wie mir die Wüste.

Nietzsche starb in Weimar und wurde im sachsen-anhaltinischen Röcken bestattet. Das Röckener Rittergut gehört dem Vetter meines Vaters. Familiäre und geographische Zufälle. Sie verbinden mich mit dem Werk des Dichter-Philosophen. Als wäre einer des anderen Weggefährte.

Nietzsche rieb sich an Kant, der die Frage nach der Freiheit im Namen von Vernunft und Nützlichkeit stellte. Kant wollte Ordnung, Sinn und Symmetrie in eine Welt bringen, die sich mir als bizarr und chaotisch darstellt. Nur in der Leere der flachen Wüste hat das allgegenwärtige Chaos des Daseins kein Zuhause. In ihr gibt es nichts zu arrangieren. In ihr herrscht seit langem das «a priori» des Philosophen. Gehe ich deswegen so gerne durch dieses Land? Kant fragte nicht, ob es überhaupt wünschenswert sei, dass der Einzelne bei seinem Streben nach Freiheit nur der Vernunft folge. Er zog kühl seine

Kreise. Seine Freiheit ist aufs Funktionieren, nicht aufs Experimentieren, nicht auf Versuch und Irrtum, ausgelegt. Schopenhauers Antwort darauf? Er hat seine Leser überlistet, indem er ihnen einen schwärmerischen Weg zur Freiheit wies; mit einer einzigen Andeutung am Ende seines Traktats zum gleichen Thema. Der Ratschlag läuft darauf hinaus, sich aus ursprünglich subjektiven Stimmungen in die der «objektiven» Kontemplation zu versetzen. Das Mittel dafür? Die Kräfte der Einbildung zu den seltsamsten Illusionen zu zwingen; zum Beispiel: man sei gar nicht gegenwärtig, sei nicht an dem Ort, an den man angebunden ist, sondern b l o ß e Umgebung sei da. Das ist sein Pfad, dem Automatismus der Determiniertheit zu entrinnen.

Erdachte Konstrukte und Rezepte. Einer, der ausprobiert hat, in einsamer Freiheit zu leben, war der Amerikaner Henri David Thoreau. Hätte er nicht so penibel Buch geführt, die Preise für Backsteine, Latten, Bretter, Schindeln und Nägel, die er für den Bau seiner Hütte benötigte, bis auf den Cent genau festgehalten, die Bohnen, die er aussäte, abgewogen und mit dem Ernteertrag verglichen, um gegenüber jedermann die Nützlichkeit seines *Walden*-Experiments zu beweisen – ich könnte seinem Vorstoß eine gute Seite abgewinnen.

Könnte der Freiraum, den ich gefunden habe, meine Sehnsucht nach einem Leben in grandioser, unberührter Natur überhaupt in einer nüchternen Verhandlung erschlossen werden? Wenn man das täte (man hat es getan!), träfe man dann nicht Verabredungen zum Aderlass einer bereits blutleer vorgestellten Welt?

«[Ich] *fuhr ins freie Wasser hinaus. Der Augenblick, da ich vom Ufer abstieß, erfüllte mich jedesmal mit einer Freude, die mich schier erheben machte, ohne daß es mir zu sagen oder zu begreifen gegeben wäre, welcher Ursache sie entsprang, wenn es nicht etwa das heimliche Glücksgefühl war, nun allem Bösen unerreichbar zu sein*», bekennt der gealterte, von Schicksalsschlägen niedergedrückte Rousseau in seinen *Confessions* und sagt mir mehr als all das, was zum Thema Freiheit zu Papier gebracht wurde. Befreiung und Freiheit: Sie werden in der Bewegung, im Durchstreifen der Natur geboren.

Wir mögen tun und lassen, was wir wollen, wir gehen doch die uns vorgeschriebenen Wege, sagt die etwas über dem Durchschnitt stehende Menge. Das drückt denjenigen, der sich einbildet, die Natur belauschen und ihre filigranen Schönheiten ertasten zu können, auf artige Weise mit ein paar Worten, die leicht auszusprechen sind, ins Nutzlose. Ich bin allein. Und um ehrlich zu sein, ich habe kein einziges Talent. Ich selbst bin Teil des Durchschnittlichen, solange ich mich mit Alltäglichkeiten zu versöhnen trachte. Das ist kein Eingeständnis, das mir schwer fiele. Doch: Wo ist der Ausweg für den Durchschnitt? Sich Hervorheben durch ein Mehr an Einsatz, um dadurch wieder nur Durchschnittliches zu ernten? Das kann nicht die Antwort sein. Sich – unbewusst – als Welt fühlen; wenigstens beim Gehen. Sich – beim Laufen – zu den Dingen emporheben und schließlich eins mit ihnen werden. Nach vielen Schritten ist das der Zustand, in dem die Grenzen gesprengt sind und ich genießen kann, wie ich möchte. In der Glückseligkeit des Umherschweifens bin ich vereint mit meinem Traum.

DER Wind hat nachgelassen. Über Mittag schläft er ganz ein. 24 Grad sind es im Schatten. Draußen, auf gleißender, hitzeüberfluteter Weide suchen die Kamele nach Futter. Blick durch den Feldstecher, als die Sicht aufklart. Irgendwann nicke ich ein. Als ich aufwache, liegt Hassan keine fünf Schritte neben mir und käut wieder. Wir bleiben einen Tag am Brunnen. Kambyses begnügt sich mit drei, Hassan mit dreieinhalb und Atma mit vier Eimern Wasser.

Ich mache einen Rundgang, stoße auf steinzeitliche Artefakte. Seit dem Abstieg vom Plateau hatten wir mehrere auffällige Konzentrationen von Schabern, Klingen, Spitzen und Reibplatten passiert; physischer Beweis, dass die Ebene von hier bis zur Klippe im Norden in vorgeschichtlicher Zeit einmal besiedeltes Gebiet gewesen war. Werkzeuge und Waffen von damals: Formteilchen einer ewig wechselnden Einheit. Sie zeigen mir an, dass ich auf einer uralten Weide spaziere. Immer wieder sprießen aus ihr die gleichen Gräser hervor. Nur der Geruch, den ihre Blüten verströmen, ändert sich über die Zeiten.

Frische Autospuren mahnen zum Aufbruch. Noch sind es siebzig

Kilometer bis zur Grenze. Wir laufen über flache Bruchkanten und niedrige Hügelrücken. Zur größten Tageshitze ist die *«smooth sandy plain»* der Karte erreicht. Vollkommene Leere dehnt sich vor uns aus – flach und endlos, vom Perlmuttschimmer gläserner Hitzeseen überzogen. Ihr Anblick bringt mich zum Halt. Es ist wie ein in ein Vakuum sich ausbreitendes Nichts; immer gleich, immer nackt. Ohne Vordergrund. Ein seidenbleicher Horizont verschleiert den Blick auf das, was dahinter liegt. Beklommenheit überkommt mich jedes Mal, wenn ich weit weg vom Wasser am Rande solcher Flächen stehe, in ihre strukturlose Ferne schaue und weiß, dass ich durch sie hindurch muss. Mit diesem Nichts gibt es kein Kokettieren.

Nichts als flacher Sand. Kaum etwas, das den Blick fesselt. Und dann doch die Schritte hineinlenken – in diese flache Leere, Ausschau halten nach Peilpunkten. Mit dem Kleinsten, mit den geringsten Andeutungen zufrieden sein. Hauptsache irgendetwas, das sich von der stumpfgelben Helle unterscheidet. Und gebannt späht das Auge nach vorn, klammert sich an jedes Steinchen, an jede Farbschattierung, will Halt, will Sicherheit, will Gewissheit. Tasten. Von Stein zu Stein. Alle naselang überprüfe ich den Kurs. Angst, im Kreis zu laufen.

Magenschmerzen zwingen mich zum Aufsitzen. Das erste Mal. Für zwei Stunden kauere ich auf Atmas Rücken. Bis der Anfall vorüber ist und es mich wieder zum Laufen drängt. Wie weit wir in dieser Zeit gekommen sind? Nur im Gehen liefert der Rhythmus meiner Schritte ein Maß für die Entfernung.

Weiter über das in wabernder Hitze sich verlierende Land. Ein Schatten taucht auf. Die Höhe 294. Sie steht genau auf Kurs. Der graue, zerfließende Fleck gibt mir Halt.

Monotonie der Schritte. Sie formen sich zu unserem Weg. Eine unscheinbare Spur bleibt zurück. Vor mir der Berg. Er will nicht näher rücken. Zu uns heranziehen möchte ich ihn, während ich gehe. Im Ebenmaß ihres Schreitens zieht die Karawane dahin. Meine Sehnsucht gilt dem Rot der untergehenden Sonne. Als sie versinkt, liegt der Hügel noch weit voraus.

Laufen. In den Abendhimmel hinein, gegen dessen blutig rote

Tinten sich der Berg abhebt. Als das Farbenspiel verblasst ist, arbeitet das Neumondlicht seine Konturen wieder aus. Der Berg ist mit einem zylindrisch gesetzten Alam gekrönt. Trotz meiner Schwäche haben wir heute 55 Kilometer zurückgelegt.

Noch 15 Kilometer bis zum 22. Breitengrad. Dahinter lockt Land, in dem wir unbehelligt unseres Weges ziehen können. Im Sudan ist der Treibstoff knapp, und deshalb gibt es fast keine Patrouillenfahrten des Militärs. Vor dem ersten Morgengrauen bin ich wach, und bald darauf stehen die Kamele aufgereiht gegen den lichten Himmel. Doch wir können nicht starten. Hassan lahmt. Abladen. Eine Weile führe ich den Hengst im Kreis. Endlich wird sein linkes Vorderbein wieder beweglich. Wahrscheinlich hat ein Agal zu straff gesessen. Ich weite es noch während der Laufübung.

Eine Stunde später kreuzen wir die auf der Karte eingetragene Piste. Hunderte von Spuren zähle ich; einige davon sind neueren Datums. Ich singe, beschleunige meinen Schritt. Die Tiere folgen mir. Rechter Hand die Höhe 312. Dann ein leeres Dieselfass.

Weiter. Durch flaches Hügelland. Noch ehe es Mittag wird, breche ich den Marsch ab, atme auf, weil die Grenze hinter uns liegt. Keinen Schlagbaum habe ich gesichtet, keine einzige Markierung an der schnurgeraden Trennlinie zwischen Ägypten und dem Sudan. In mir kehrt Ruhe ein. Tagebucheintrag: *«7 ½ Wandertage + ein Rasttag – 330 Kilometer von El-Dush. Temperatur: + 4 Grad morgens; 26 Grad mittags; umlaufender Wind. Wasserverbrauch: 32 Liter.»*

Seltsam kommt es mir vor, wie akribisch ich all das notiere. Wir laufen in gebührendem Abstand zur Grenze nach Westen. Der Nordwind frischt auf. Es wird kalt. Spätnachmittags ziehe ich den Anorak über. Das Wechselbad zwischen Hitze und Kälte tut gut.

Wir laufen, bis wir auf den Darb el-'Arbain stoßen.

Im Sudan! Es ist wie nach Hause kommen. Auch wenn niemand auf mich wartet. In diesem Land, in dessen menschenleerem Nordwesten ein Terrain von 300 000 Quadratkilometern nahezu unberührt daliegt, wird eine harte Freiheit gelebt. Zu ihr zieht es mich. Es ist eine Freiheit, die in Gefahr umschlägt, sobald man sich den belebten Brunnen und den Siedlungen nähert. Denn dort lauern die Banditen und ihre Informanten. Der Menschen wegen in Angst und Schrecken leben? Diesmal muss ich es nicht. Diesmal muss ich keinen Bogen um die Dörfer machen. Ich kann draußen bleiben, denn auf dem Rücken der Kamele befindet sich alles, was die Karawane für die nächste Zeit braucht. Und wenn doch einmal einer käme? Wie im Januar 1984 auf Höhe des Djebel Teganor, als sich inmitten des Nichts ein Mensch in flatterndem Gewand auf dem welligen Sand hinter mir zeigte? Damals war ich beigedreht und auf die Gestalt, die mir den Weg abschneiden wollte, zugeritten. Und dann, als wir uns bis auf hundert Meter einander genähert hatten, sah ich, wie sich mein Verfolger bückte, sein in einen Schal gewickeltes Gewehr auf den Sand legte und nur mit der Peitsche in der Hand auf mich zukam. Kloß im Hals, Sturm der Gefühle, während wir uns umarmten und Begrüßungsformeln über unsere Lippen kamen. Austausch des *aman*, der feierlichen Friedensbeteuerung. Der Mensch, den ich in den Armen hielt, war ein Kabashi aus dem Wadi el-Milk. Bobo hieß er. Ich gab ihm zu trinken, beschenkte ihn, der barfuß lief, mit dicken Wollsocken, füllte voller Dankbarkeit Zucker, Reis und Tabak für ihn ab. Er hätte mich ausrauben und töten können, unbewaffnet, wie ich war.

Seit eh und je ist der West-Sudan Karawanen- und Banditenland. Noch im Jahre 1926 überfielen räuberische Goran aus dem Tibesti eine ägyptische Salzkarawane und machten alle bis auf den letzten Mann nieder. Ich selbst war bei Kebkabeja in einen Überfall geraten.

Wir passieren die Höhe 316. Bald ist eine Bodenwelle überquert, und vor uns liegt die Ebene, in der der Darb el-'Arbain verläuft. Ein Bild ohne Tiefe. In ihm vermischt sich Himmelsweiß mit braunen Hügelflecken und Sand zu trüber Eintönigkeit.

Ab 1563 wurde über den Verkehr auf dem Darb el-'Arbain Buch geführt. Zwischen 45 und 90 Tage waren die Karawanen damals unterwegs. Die größte jener endlosen Reihen von Mensch und Tier, die je erfasst wurde, zählte 24 000 Kamele. Sie kam schwer beladen aus Darfur. Das war im Jahre 1782 gewesen. Karawanen wie diese brachten Wohlstand. Man tauschte Gold und Sklaven gegen Waffen und andere Güter. Die Bewohner von Dakhla und Kharga bauten Weizen, Reis und Bohnen an, verkauften Nahrungsmittel und alles, was sonst noch benötigt wurde, an die Durchreisenden. Jedes Mal, wenn ein Konvoi am Südzipfel der Kharga-Oase eintraf, veranstaltete man ein Feuerwerk. Dem Khabir und den mitreisenden Großhändlern wurde ein feierlicher Empfang bereitet. Auf Kosten des Staates erhielten sie festliche Gewänder. Dann ließen sich die Herren zusammen mit den Zöllnern nieder und verfertigten Verzeichnisse über die eingeführten Waren. Zölle, Steuern und Gebühren kamen drauf, noch ehe der Kaffee getrunken war.

DIE Trasse ist verweht. Ab und zu ein in sich zusammengefallenes Kamelgeripppe und einzelne morsche Knochen. Im Abstand von eineinhalb Stunden markieren Eisenstangen den Weg. Bis Selima zwei Hinweisschilder mit Entfernungsangaben. Vom Zauber der Wüste losgelöste surreale Zeichen; Außenposten der Zivilisation in der Leere zwischen den Welten. Wir versinken im Weichsand der Autospuren. Unsichtbar sind sie und doch überall.

Das Zeitalter des Automobils begann in der Libyschen Wüste während des Ersten Weltkriegs, als die Briten die «3rd Armoured Car Company» und die «Light Car Patrols» gegen den nördlichen Flügel der aus Libyen vordringenden Senussi-Kampfverbände in Siwa und Sollum in Stellung brachten. Von dort aus unternahmen die Engländer erste längere Exkursionen. Nicht lange danach wagten sich motorisierte Abenteurer und Forscher in die Libysche Wüste, und mit ihnen drangen Motorenöl und Benzindünste bis in ihre letzten Winkel. Der Zweite Weltkrieg bescherte ihr die großen Konvoirouten der Alliierten. Eine von ihnen ist die Selima-Piste.

Wie von dieser Strecke runterkommen? Allein die Stränge des alten Darb, als er noch ausschließlich mit Kamelen begangen wurde, ufern manchmal kilometerweit aus, um sich an anderen Stellen auf weniger als hundert Meter aneinander zu drängen. Mit jedem dritten oder vierten Schritt brechen die Füße ein. Wie ein Schwamm saugt der Weichsand meine Kräfte auf.

Immer mehr Knochen und Gerippe tauchen auf. Ich gebe es auf, die lange Linie des Todes in meinem Streckenheft niederzuschreiben. Zu viele Gebeine sind es. Sie flößen Beklemmung ein. Mahnmale des Leidens sind sie – auf Schritt und Tritt. Auf dem Weg verendeten die Tiere in Massen. Und die Menschen? Hunderttausende gingen mitten im Gehen zu Boden. Niemand begrub sie.

Im März 1825 traf Wilkinson auf eine Karawane. Sie bestand aus 600 Sklaven und ebenso vielen Kamelen. Die Händler erzählten ihm, dass sie mehr als die Hälfte der menschlichen Fracht durch Hunger und Kälte verloren hätten. Überlebende seien fast nur Frauen und Kinder gewesen. Auch Napoleon trat auf der Nachfrageseite beim Sklavenhandel auf. Nach der Eroberung Ägyptens im Jahre 1798 schrieb er einen Brief an den Sultan von Darfur und bat um Lieferung von 2000 männlichen Sklaven. Über 16 Jahre alt und kräftig sollten sie sein. Zur Ausführung der Bestellung kam es nicht, weil sich der Feldherr aus Ägypten absetzte und das französische Expeditionskorps sich im März 1801 den Engländern ergab.

Zwischen den Knochen sternförmig angeordnete Steine. Die Lagerfeuer der Karawanen. Etwas Grausiges geht von diesen Kochstellen aus. Inmitten von Tod und Verwesung hatte man die Mahlzeiten eingenommen. Inmitten der Toten legte man sich schlafen. Gestank tausender Kadaver und Leichname. Wie hatte man das aushalten können, in einer Landschaft, die ansonsten ohne jeden Geruch ist?

Ich bin schweißüberströmt. Sand knirscht unter unseren Füßen. Hin und wieder wird das Geräusch vom Schnauben der Tiere unterbrochen. Dazwischen liegen Phasen unwirklicher Stille. Sie ist anders als sonst. Das Lautlose spiegelt sich nicht in meinem Inneren. Dort hämmert das Herz, und schwerer Atem drückt gegen die zermürbende Macht der leblosen äußeren Welt. In diesen Stunden beschäftigt mich nichts als das Laufen. Leere im Kopf. Trotzdem registriere ich alles. Wir sind an Sheikh Ambigol und an der 5. Eisenstange vorbei. Und an einer Reihe Benzinkanister. «Shell Motor Spirit – Asiatic Petroleum Company Limited – highly inflamable» steht auf den Behältern.

Abseits unseres Kurses erheben sich ein paar unscheinbare Hügel.

Sie geben keinen Halt fürs Auge, lösen sich vom Boden ab und schweben in der nach allen Seiten hin zerfließenden blassblauen See. Hoffnungslose Leere, flach und ohne Ende ist sie. In ihr verdunstet das Leben. Die Helligkeit brennt in meinen Augen. Flächenbrand bis an die Grenze von Himmel und Erde. Große Seen bilden sich und verschwinden wieder. Manchmal schwimmt etwas in ihnen. Stunde um Stunde vergeht, ohne dass es näher rückt.

Die blassen Wasser und hellen Streifen täuschen die durstigen Tiere. Sie wollen hin zu den imaginären Tränkplätzen, über die sich der Himmel wie eine Käseglocke wölbt. Das flache Land spannt den Äther kreisförmig ein, zieht ihn zum Sand und hält ihn dort fest. Es ist ein Halt, den es für mich nicht gibt. Ich suche den Horizont ab. Er zerfließt im gelben Einerlei. Irgendwann merke ich, dass ich nach Osten abdrifte, dass ich schräg zu unserem Kurs laufe; muss schließlich die Richtung korrigieren. Oft passiert das.

Gleißendes Sonnenlicht verwischt die Konturen und den Horizont. Gleichgewichtsstörungen setzen ein. Taumeln wie im Schneetreiben. Wo sind die Koordinaten für den aufrechten Gang? In diesen Stunden sind Himmel und Erde eins. Ist das die Bewährungsprobe für meinen Traum?

Die Tiere müssen leichter beladen werden. Sie schwitzen stark, stöhnen unter ihren Lasten. Kraftfutter kann ich nicht über Bord werfen. Auch keinen Proviant. Aber weniger Wasser? Ich brauche nicht so viel Reserve.

Wir laufen Schritt für Schritt auf eine Gegend zu, in der selbst die Berge durstig genannt werden. «Djebel Selima Atshan» steht auf der Karte. Atshan heißt durstig. Als Name für einen Berg ist das eindeutig.

Trotz des kräftezehrenden Gehens hat die Karawane das Tempo gehalten. Die Sicht klart auf. Flach fließen wässrige Linien von Westen in Richtung Piste. Vom ersten Moment an heften sich die Augen daran. Nach einer Wanderstunde füllen sich die Konturen. Eine Hügelkette deutet sich an.

Seit Jahren hatte ich von Selima geträumt. Die Sonne ist untergegangen. Wir stehen am Rand eines Steilhanges. Spätes Abendlicht taucht die Wüste in rotviolette und gelbe Tinten. Vor uns breiten sich zwei mit Palmen und Gras besetzte Teppiche aus. In der wild zerklüfteten Nordostecke der großen, sandsteinernen Senke nehmen sie sich winzig aus. Willkommensgruß nach zehn Wandertagen.

Selima ist der Name einer Amazonenprinzessin. So jedenfalls berichten es die Märchenerzähler. Gegen wen – wenn sie denn musste – war sie angetreten, um zu kämpfen? Wir steigen hinab in die Niederung und lagern in der Nähe eines kleinen Hügels. Auf ihm befinden sich Reste von Mauerwerk. Es besteht aus unbehauenen Steinen. War dies der Palast der Prinzessin? Am Fuß der Ruine hat man Graffiti angebracht. Unentschlüsselbare Zeichenfolgen auch im Gestein ringsumher.

Die Oase ist menschenleer. Gazellen und Wüstenfüchse sind ihre einzigen Bewohner. Der Nil ist 120 Kilometer entfernt. Ich lasse den Tag verstreichen. Die Weide ist üppig, und im Palmdickicht leuchten Dolden sonnengereifter Datteln. Klein sind die Früchte, manche schon schimmelig; willkommener Kraftfutternachschub für die Tiere, von der Natur frei Haus geliefert. Zwei Säcke davon sammele ich ein, schneide Gras und verstaue es in den leeren Strohtaschen. Keiner kann mir sagen, wie viel davon am Rand unseres Weges noch wachsen wird. Ein Kuhreiher lässt sich auf der Weide nieder. Die Kamele rupfen am Gras und beäugen mein Tun. Der altvertraute Weidezyklus hat sich wieder eingestellt. Das Lager ist Mittelpunkt ihrer Bewegungen. Zu ihm kehren die Tiere mittags und abends von ihren Rundgängen heim. Dann sehe ich sie in Erwartung der Kraftfuttergabe mit hochgezogenen Oberlippen auf mich zukommen; ein Anblick, der für alle Mühen entschädigt.

Manchmal packt mich ein unergründliches Verlangen nach Nähe zu den dreien. Dann mache ich mich auf, gehe hinaus auf die Weide und schaue ihnen beim Fressen zu, rede mit ihnen und streichele sie, während sie ruhig und zufrieden am Binsengras reißen. Wenn sie dann mit dem Futterfassen innehalten und ihre Nüstern sachte an meinen Schultern reiben, weiß ich, dass sie mit ihrer Art von Zärtlichkeit meine Zuneigung erwidern.

248

ERWACHEN in der Eiseskälte eines glasklaren Morgens. Die Hügel leuchten wie von innen heraus in einem pastellenen Rotbraun, gegen das sich das Gestrichel der Palmfächer abhebt. In Almásys Tagen hatte Prinz Ferdinand von Liechtenstein eine halbe Woche in Selima ausgeharrt, aus Langeweile die Bäume gezählt und eine Skizze von der Oase gefertigt. Das war im Juni 1929 gewesen. Windstille, kein Laut. Minus sieben Grad ist es. Ich stelle den Teetopf aufs Feuer, verschließe den Wassertank, aus dem ich den Topf gerade gefüllt habe. Die Kappe will nicht mehr passen, denn die Kälte hat den Wasserfilm am Ausguss in Eis verwandelt. Mittags messe ich 25 Grad im Schatten.

Lange können wir nicht bleiben. Die Kamele beginnen ängstlich zu werden. Sie fürchten sich vor jedem Rascheln im Gebüsch, zucken zusammen, wenn kehlige Gazellenschreie ertönen. Als ein Fennek nahe dem Lager durchs Gras huscht, gehen die Tiere durch und rennen wie vom Teufel besessen davon – kilometerweit in die Wüste. Zum Glück treten sie während der Galoppade auf die langen Enden ihrer Kopfseile. Die Stricke sind mein Rettungsanker, der ihre Flucht bremst. Aus Vorsicht hatte ich die Leinen nicht um ihre Hälse gebunden.

Renem Mubarak und sein Sohn Abd el-Satar, der Pick-up-Fahrer aus Khartoum, hatten in Selima 17 Kamele verloren – all ihre bewegliche Habe. Die Tiere hätten ungefesselt auf der Weide gestanden, ging die Rede in Abd el-Hamids *mandara*, und dann hätten sie plötzlich das Weite gesucht. Ein halbes Dutzend von ihnen sei am Nil bei Abri angekommen. Weil den beiden das Geld zum Auslösen der Tiere gefehlt habe, waren die Kamele im Besitz der Leute am Fluss verblieben. Renem Mubarak und Abd el-Satar ernährten sich zwei Wochen lang von Datteln und Wasser, bis sie eine Salzkarawane sichteten, die sie mit nach Hause nahm. Nach diesem Erlebnis hatte Abd el-Satar das Karawanenhandwerk an den Nagel gehängt und war Kraftfahrer geworden.

Es dauert Stunden, bis ich meine Tiere eingefangen und beruhigt habe. Weidetage: für den Hirten sind sie meist kräftezehrender als das Wandern.

Zweieinhalb Tage warte ich vergeblich auf die Salzkarawane aus Khartoum. Ob sie kommen wird oder Gerücht bleibt? Im Niemandsland des Lebens spielt das keine Rolle mehr.

Wir ziehen in Richtung Laqiya 'Arbain. Der Brunnen liegt 220 Kilometer entfernt. Bruchstücke versteinerten Holzes entlang der Piste künden von uralten Wäldern. Nach drei Stunden ist der Rand der Selima-Senke erreicht. Vor uns Sand. Er ist hart. Auf einem Geröllstreifen erblicke ich die Wellenlinien des Darb el-'Arbain. Wie ein verbogener Schienenstrang spannt er sich von einer Seite der Zeit zur anderen und weitet den Augenblick. Durch alle Zeitalter hindurch war er dem Wanderer Zeichen und Begleiter. Zaghaft winden sich die Wegstränge hin zum Sand, der sie bald wieder begräbt.

Ein Spalier weit auseinander stehender *Shell-Benzine*-Kanister kommt in Sicht. Die metallenen Wegmarken leiten uns über von Felsen durchsetzten Wellsand. Wir sind auf der «*Convoy route 1934 (Selima to Sand Dune Gaps)*»; Nachschub- und Sicherungslinie der Briten gegen Italiener und Deutsche während des Zweiten Weltkriegs. So viel Blech! Es stört mich. Ich versuche, die Kanister zu übersehen. Irgendwann merke ich, dass ich den Abzweig nach Laqiya 'Arbain verpasst habe. Die Karawane ist im Nichts gestrandet.

Durch pfadloses Land. Ich versuche, 240 Grad zu halten, schwenke dann nach Westen und schließlich nach Süden, bis ich mich beim Zickzackschlagen ertappe. Laqiya ist noch 140 Kilometer entfernt. Für Zeit raubende Tüfteleien im Gelände reicht das Wasser nicht. Niedrige Horizontlinien umzingeln die Karawane. Sie zieht über schuttdurchsetztes, welliges Land. Ist eine Anhöhe erreicht, folgt die nächste. Im Kilometerabstand geht das, und statt des erhofften Blicks auf etwas, das der Karte ähnelt, wieder nur Steine und Sand. Enttäuschung und dennoch weiter – zur nächsten Höhenlinie, um Ausschau zu halten – nach Alamat und dem Darb el-'Arbain.

Abgerissene Gedanken. Ungewissheit zerrt an meinen Nerven. In diesen Stunden ist die Karte, das Stück Papier in meiner Hand, eine immense Stütze. Sie transformiert flatternde Ängste in ruhiges Erdulden. Was ist aus meinem «Cave civitatem!» geworden? Das Städtische meiden, weil es das Individuum unabänderlich zur Konfektionsware abstempelt? Was geschieht gerade mit dem Gegenbild, das ich zu leben versuche? Zerbricht es bei der ersten Irritation? Ist jetzt die Leere drauf und dran, ein Nichts aus mir zu machen?

Nur kein Hakenschlagen! Ich versuche, die Unruhe in mir mit Erinnerungen zu beschwichtigen. 1982 waren der Amerikaner Bob Jackson und ich durch das Sandmeer zwischen Dakhla und Farafra marschiert. 195 Kilometer in vier Tagen. Das war meine erste Begegnung mit der Wüste gewesen. Wir hatten keine Kamele. Wir trugen Essen und Trinken im Rucksack. Wir kamen zerschunden in Farafra an. Ob ich solch eine Distanz je wieder so bewältigen könnte? Ich bin durchtrainiert. Doch: Wohin mit 195 Kilometern, wenn das Gefühl für die Richtung verloren gegangen ist?

Welchen Kurs einschlagen? Ein siebter Sinn sagt mir, der Darb verlaufe ein wenig weiter südöstlich.

Endlich rollt sich das Land nach allen Seiten auf. Eine Laufstunde entfernt erhebt sich ein flacher Hügel. Seine Umrisse zerfließen in wabernder Hitze. Dennoch sieht es so aus, als wären Steine auf seinen Kamm gestellt. Ich brauche eine Verschnaufpause. Mittagsrast. Aus dem Gekritzel des Vormittags erarbeite ich die Kompasstraverse und ermittle unsere Position. Gut, dass ich seit meinem ersten Schritt in die Wüste an der Anfertigung von Notizen während des Laufens festgehalten habe. In solchen Stunden der Unsicherheit werden meine Aufzeichnungen zu Trostworten.

Warten auf die klare Fernsicht des Spätnachmittags. Mit dem Feldstecher suche ich das Terrain ab. Auf dem Scheitel des flachen Schotterrückens im Süden befindet sich tatsächlich etwas. Es könnte ein Alam sein. Der Druck, der von den schwindenden Wasserreserven ausgeht, treibt mich hin. Und dann stehe ich mit den Kamelen oben auf der Hügelwelle an dem auseinander geblasenen Steinhaufen, in dessen Mitte ein Marmeladenglas versteckt ist. In dem Glas schimmert vergilbtes Papier. Der Verschluss geht nicht auf. Als ich das Behältnis entzweischlage, bricht auch das Papier. Ein paar Schnipsel trägt der Wind weg. Den Rest begrabe ich unter meiner Djalabeja.

Dann klebe ich die geborgenen Bruchstücke mit Tesafilm zusammen. Der Notizzettel ist mit Bleistift beschrieben. Jemand hat mit energischer Hand eine Nachricht hinterlassen:

«*Cairn errected*
by Bagnold Expedition
November 18 th 1932
Lat. 21 …
Long 28 …»

Hinter den Gradangaben ist das Papier abgerissen.

Bagnold hatte zusammen mit Ball, Shaw, Newbold, Clayton und Prendergast zu den britischen Eliteoffizieren der ersten Stunde gehört, die mit ihren Model-A-Fords tief in die Libysche Wüste vorgedrungen waren. Im Zweiten Weltkrieg kommandierte er die «Long Range Desert Group», eine Sabotagetruppe mit Stützpunkten in den Oasen der ägyptischen Westwüste. Ihr Aktionsradius reichte bis Murzuk in Libyen. Ganz auf sich gestellt, griff die Einheit militärische Objekte hinter den Linien der Achsenmächte an, während zu gleicher Zeit der ungarische Graf Almásy auf deutscher Seite aktiv war.

Bagnolds Route ist in meiner Landkarte vermerkt. Auch wenn die Minutenangaben gerade vom Wind weggetragen worden sind, ich bin auf der Spur, die er 1932 hinterlassen hat, und stehe exakt auf der Höhe 370. Hier hatte er, nachdem er am Nachmittag des 17. November in Laqiya aufgebrochen war, mit den Mitgliedern seiner Expedition übernachtet (*«Camp 52»*).

Die Karawane hat wieder einen Fixpunkt im Gelände. Vorsichtig bette ich das Fragment zwischen die Seiten meines Tagebuches, richte den Alam und mache mich auf den Weg. Auch wenn wir während des Irrlaufs zu keiner Zeit mehr als sechs Kilometer vom Darb el-'Arbain entfernt gewesen waren, so haben mich doch die Schriftzüge eines der Großen der Wüstenforschung aus dem Dunstkreis der Ungewissheit herausgeführt. Der Djebel Hadada, der einzige, auf meiner Landkarte im Maßstab 1:250 000 verzeichnete Höhenrücken in der Nähe des Darb, ist nicht auszumachen. Und die langen Dünenreihen westlich unseres Kurses haben die Kartographen ganz und gar unberücksichtigt gelassen.

Lieutenant Colonel Ralph Bagnold lebt noch. 1987 werde ich ihm eine Kopie meines Fundes nach London-Blackheath schicken. Keiner kennt mich. Ein merkwürdiger Schriftverkehr zwischen Vance Haynes, einem amerikanischen Wüsten- und Klimaforscher, Rudolph Kuper und Bagnold setzt ein, in dem ungläubiges Staunen über die von mir zurückgelegte Strecke zum Ausdruck gebracht wird. Die Irritation legt sich, als Stefan Kröpelin, damals Doktorand am Geomorphologischen Laboratorium der Freien Universität Berlin, eine Nachricht von mir präsentiert, die ich in Burg et-Tuyur zurückgelassen hatte. Schließlich erbringt die Befragung von Shaws in Amerika lebender Tochter den Nachweis, dass die Notiz im Marmeladenglas aus der Hand von Lieutenant Rupert Harding Newman stammt, einem Mitglied der Bagnold'schen Expedition. Den Briefwechsel der Experten werde ich erst Jahre später zu Gesicht bekommen.

IRGENDWANN geht der Sand in Schotter über, in dem sich in filigraner Schönheit die dahinschlängelnden Geleise des Darb el-'Arbain abzeichnen. Einen Tag später erreichen wir Laqiya 'Arbain: einen Brunnen am Fuße eines Steilabfalls. Von hier sind es 320 Kilometer bis zum Nil. Windzerzauste Palmen, zu ein paar kleinen, kreisrunden Inseln zusammengedrängt, umstehen in großräumigem Abstand eine modrige, schilfgrasüberwucherte Wasserstelle. Fragile Phalanx des Lebendigen gegen eine erdrückende Übermacht aus Sand und Stein.

Hier lagerten einst die Sklavenkarawanen. An manchen Stellen sind die Relikte der Elenden noch zu sehen. Ein ungeheurer Verkehr, der über die Jahrhunderte hinweg den schattigen Flecken passierte. Heute ist der Brunnen kaum frequentiert. Nur das Kreuz und Quer frischer Gazellenspuren kündet davon, dass die Tränke noch aufgesucht wird.

Erschöpft würge ich an Käse, Thunfisch und Brot. Zwischendurch ein Schluck Wasser. Schal schmeckt es. Die Kamele sind auf und davon, stehen reglos im leeren Land. Gleich nach dem Abladen, kaum dass sie von ihren Sätteln befreit waren, krabbelten Heerscharen von Kamelzecken aus den Palmstämmen und marschierten auf sie zu. Das schlug die Tiere in die Flucht. Geschützt unter dem grünen Dach streifiger Blätter, abgeschirmt gegen die sengenden Strahlen der Sonne. Und dennoch kein Entspannen. Draußen, um mich herum, blendende Helle, gelb gleißendes Geflimmer, Luftspiegelungen und Hitzeseen. Plattes Ödland, in flirrenden Dunst gehüllt, aufgelöst und überschwemmt von blassblauen Wellen – als gösse der Himmel seinen von weißem Licht verbrannten Inhalt über die Erde. Vereinzelt ragen Felsen aus der glasigen Flut. Steine werden vom Flackerfeuer der dampfenden Brandung umzüngelt. Verwischte Formen und flammenzerlaufene Grenzen zwischen Körper und Raum, vom Hammer der Hitze in ständiger Umbildung gehalten, zusammengeschmiedet zu endlosem Reigen flüchtiger Gebärden und Gesichter. Nur nach Norden staut sich die Hitze zu regloser See, schwappt greller Äther träge gegen Hügelfronten und sandige Anstiege. Von dort waren wir herabgekommen.

Ich bin schweißdurchnässt. Wie gerne würde ich eine Pause einlegen. Doch wegen der Zecken können wir nicht bleiben.

Eine halbe Stunde Richtung Nordwest betupft schütteres Binsengras zwischen vereinzelten Akazienbüschen den rissigen Lehmboden. Nebenan haifischflossenförmige Abtragungskörper aus rostbraunen Sedimenten. Dort schlagen wir unser Lager auf.

Sonnenuntergang. Die Farben vibrieren. Transparente Luft verstärkt die Kontraste. Töne und Nuancen im Wettstreit miteinander. Das Rotgelb der Sandfluten umspielt blaugraue Hügel, wogt gegen dunkles Violett der Geröllbrocken, erklimmt die Flanken der Hänge. Die Schatten wachsen, lassen die sandige Brandung von Minute zu Minute stärker anschwellen. Dann die Dämmerung. Schwindendes Licht. Konturen und Farben verblassen. Und seidiger Schimmer glättet Wirbel und Kaskaden.

Kräftiger Westwind kommt auf. Gegen 22 Uhr ist es immer noch 19 Grad warm, und am anderen Morgen, vor Sonnenaufgang, messe ich 18 Grad. 25 Grad wärmer ist es als in Selima. Ist der Winter schon vorbei?

Sanddunst steht wie Rauch über der Landschaft. Die Wüste liegt still und verlassen da. Ich mache einen Rundgang durch die Oase, stoße auf leere *Gereons-Kölsch*-Dosen; Bier aus dem Rheinland. Eine Büchse hebe ich auf. Es ist, als würde ich einem guten Freund die Hand schütteln. Kölner Prähistoriker hatten hier vor zwei Jahren gegraben.

Während meiner Abwesenheit hat Atma Satteltaschen aus der Lagerwand gezerrt, Säcke zerrissen und sich am Kraftfutter gütlich getan. Als mich der Hengst mit der Peitsche anrücken sieht, galoppiert er mit gefesselten Vorderläufen davon. Wie viele Kilometer mag das Tier durch diese Fressattacke von unserer Reichweite abgezwackt haben? Noch während ich darüber nachgrübele, fällt mein Blick auf zwei zylinderförmige Taschen am Akaziengebüsch. Sie stehen aufrecht, sind in der Mitte eingeknickt. In Khartoum hatte ich zum ersten Mal solches Gepäck zu Gesicht bekommen – die Satteltaschen der Salzkarawanen.

Die Transportbehältnisse sind je zur Hälfte mit Kolbenhirse gefüllt. Wie gut das tut, mit den Händen durch das Gekörn zu fahren! Es ist etwa ein Jahr alt, flugsanddurchsetzt und noch vollkommen brauchbar. Ein Griff in die Vollen und: greifbarer Beleg dafür, dass Kameltrecks aus Kharga zu den Salzlagerstätten im Sudan nicht nur Gerücht sind. Kein Nagetier hat das Getreide angerührt.

Mit diesem Fund ist der Rückweg nach Ägypten geebnet. Gewissensbisse plagen mich nicht, während ich Sand und Staub aussiebe und den Schatz in Plastiksäcke umfülle. Es gibt kein Gesetz, das sich meinem Handeln in den Weg stellen könnte; auch kein Gesetz der Wüste. Weil ich niemandem etwas wegnehme. Weil ein Depot, auf das jemand hätte zurückgreifen wollen, anders aussieht als diese auf die Schnelle abgestellte, nicht einmal durch einen Stein beschwerte Fracht. Karawanen wie die zum Salz pflegen auf der Hinreise Stapelplätze mit Futter für den Rückweg anzulegen. Bei meinem Fund kann es sich nur um einen nicht verbrauchten Rest handeln, und es wäre töricht, ihn nicht mitzunehmen. Der Vorrat befreit meine Karawane aus dem Schraubstock der Zwänge und öffnet ihr den Weg zum Uweinat. Ohne den zusätzlichen Proviant hätte ich kaum eine andere Wahl, als dem Darb el-'Arbain bis Al Fashir zu folgen. Vorerst lasse ich die Säcke an Ort und Stelle.

Das Thermometer zeigt 33 Grad im Schatten. Das Blätterwerk, das sich nicht über mein Lager wölben will, ist zu dürftig, als dass es mir Schutz vor den sengenden Strahlen der Sonne gewähren könnte. Ich zwänge mich ans Akaziengebüsch, flicke die von den Hengsten angenagten und zerrissenen Gepäckstücke und versuche, mir einen Reim auf das Wetter zu machen. Später frischt Wind aus Osten auf. Ich greife zum Klappspaten und grabe mitten im Gras ein Loch in den steinharten Boden. Als das Erdreich nach einer Armeslänge immer noch trocken bleibt, gebe ich mich geschlagen. Am anderen Morgen hat sich klares, gut schmeckendes Wasser in der Vertiefung gesammelt; Grundwasser, das den wenigen Halmen auf der Weide Leben spendet. Das Gras ist bald abgeweidet.

Zwei Reiter nähern sich. Ihre Gesichter sind verhüllt. Einer hält mit ausgestrecktem Arm den Lauf seines Gewehrs in meine Richtung. Losgelöst vom pendelnden, leichten Trab der Kamele, den die Männer mit ihren Oberkörpern abfangen, schwebt die Waffe wie im Gleitflug auf mich zu. Ist das ein Überfall? Beim Nahen der Gefahr ist die Schlichtheit des Augenblicks für den, der alleine ist, über die Jahrhunderte dieselbe geblieben.

Blick durch den Feldstecher. Diese Schemen kommen mir bekannt vor. Zweifellos sind es Ägypter; im Hintergrund eine Karawane. Sie marschiert in vier Abteilungen und hält auf die Brunnenpalmen zu. Es kann sich nur um ein friedliches Spektakel handeln. Ich gehe den beiden Reitern entgegen. Was sonst hätte ich tun sollen?

«Salam, echna quaisin – Friede, wir sind gute Leute», rufen die mir entgegen und sitzen ab. Der eine übergibt dem anderen sein Gewehr und kommt auf mich zu. Umarmung, Austausch von Begrüßungsformeln. Auch wenn der Mann seine Tücher nicht einen Spaltbreit öffnet, erkenne ich ihn an seiner Stimme. Es ist Muhamed Achmed Muhamed Massaud aus Khartoum. Mir fällt ein Stein vom Herzen.

Erst als wir im Kreis sitzen und gemeinsam Tee trinken, lassen die Männer die absurde Maskerade fallen. Zur Entschuldigung erklären sie, dass sie nur eine Genehmigung zum Salzbrechen in El-Shab, aber keine Erlaubnis für den Grenzübertritt hätten.

Schon das mittelalterliche Schrifttum weist El-Shab als Alaunabbaustätte aus. Von dort nahmen die Sklavenkarawanen kleinere Mengen mit, um sie in Asyut zu Geld zu machen. Man zwang die Entrechteten und Beladenen, die Fußgefesselten und Vergewaltigten, die zusätzliche Bürde zu schultern und barfuß durch die Wüste zu tragen. Straße der Qual und des Wahnsinns. Gab es für die Geschundenen je Hoffnung, daraus auszubrechen? In der Nähe von Asyut hatte sich ein ganzes Dorf auf die Kastration schwarzer Sklaven spezialisiert. Nach den Strapazen des Marsches überstand nicht jeder den grausam-stümperhaft durchgeführten Eingriff. Ein Handwerk wie jedes andere war das gewesen. Diejenigen, die die Entmannung vornahmen, waren in einer eigenen Innung zusammengeschlossen.

MUHAMED SULEMAN ACHMED DOUWAR, der zweite Reiter, berichtet, dass Iskander wohlauf sei; eine gute Nachricht; von reitenden Boten zu mir in die Wüste getragen. Sie interessiert mich mehr als die Geschäfte ums Salz.

Ich gestehe schließlich, dass auch ich illegal die Grenze überschritten habe und gerne mit ihnen zum Wadi Atrun ziehen würde.

Die Männer halten sich bedeckt. Schließlich laden sie mich ein, mit dem Gepäck und den Tieren zu ihrem Lager am Brunnen zu kommen.

Ich bin erleichtert. Die Zeckenplage an den Palmen ist vergessen. Bei so vielen Höckertieren verteilen sich die Blutsauger gleichmäßig auf die Kamele, womit die Pein für jedes einzelne Tier geringer ist.

Nun bin ich doch noch bei der Karawane, nach der ich so lange Ausschau gehalten hatte. Suleman Hamid Massaud ist ihr Khabir. Er stammt aus Bagdad, einem Dorf südlich von Khartoum. Ein außergewöhnlich schöner Mann ist er; etwa 35 Jahre alt, mit weicher Stimmlage, sanftem Blick und selbstsicherem Auftreten.

Sie hatten meine Spur südlich der ägyptischen Grenze aufgenommen. Seit meinem Abmarsch von Khartoum habe jeder im Dorf gewusst, dass ich auf dem Darb unterwegs sei, und alle hätten mir die Daumen gedrückt und gehofft, dass ich nicht vom Militär geschnappt werden würde. Suleman sagt ohne Zögern ja, als ich darum bitte, mich der Karawane anschließen zu dürfen.

Aufforderung zum Essen. Gerade sind frische Brotlaibe aus der Glut gezogen worden. Nebenan brennt ein Feuer. Es wird von abgestorbenem Palmgeäst genährt, das rasch verbrennt. Immer wieder muss nachgelegt werden. Zum Brot gibt's Thunfisch, gekochte Linsen und frische Zwiebeln.

Die Männer haben das Wasserloch von übel riechendem, schwarzem Schlick befreit. Sie stimmen ein Tränklied an. Nach und nach hüpfen die Kamele zum Brunnen. Je ein Vorderlauf ist durch ein Agal gehalten und eingeklappt.

«Ho, ho … ho, ho … hej … … … … … … … … … …

ho, ho … ho, ho … hej … … … … … … … … … … …

asherab aturtub min ataif asifi – trinkt von der schönen Traufe …

… … … … … … … … … …

asherabu – trinkt … … … … … … … … … … … … …

ja Madam ja ralie' haija, ebscheri bereja … … – o Frau, begib dich zum Überfluss und du wirst zufrieden sein … …

Khalbi chut – komm her, mein Herz … … … … … … … …

Ta'l chut ja khalbi; ala fen? Ta'l igeri! – Komm, komm, mein Herz; wohin willst du? Komm, eil herbei … … … … …»

Trotz der Scheu, die sie anfangs vor einer fremden Herde haben, lassen Atma und Kambyses sich von dem Gesang anstecken und senken bald ihre Lippen in das trübe Nass. Nur Hassan verschmäht die Brühe.

Ich bin ergriffen; überwältigt von dem Gefühl, wieder in einer Karawane Aufnahme gefunden zu haben; aufgehoben zu sein in einer unüberschaubaren Menge prächtiger Tierleiber. Der Treck zum Salz besteht jetzt aus fünf Blöcken.

Einen Steinwurf von den Palmen entfernt heben die Männer ein neues Loch aus. Es liefert glasklares Trinkwasser. Hassan Achmed Massaud geht währenddessen auf Gazellenjagd. Ich treffe auf ihn, als ich das liegen gelassene Durra mit Kambyses abholen will. Der Jäger sieht es mit Wohlwollen. Die Tragetaschen, sagt er, hätte einer der Ihrigen im letzten Jahr zu jedermanns Verfügung deponiert. Da ich der Erste sei, könne ich über die Verwendung des Vorrats nach meinem Belieben entscheiden. So sei es unter den Ar-Raschida Brauch. Im Übrigen führe ihre Karawane genügend Kraftfutter mit sich. Für den Fall, dass meine Reserven nicht reichten, bietet er mir Hirse seines Trupps an. An solch ein zweites Wunder möchte ich in diesem Moment nicht glauben.

Abendessen, als die Sonne in milchigen Nebeln untergeht. Wir lehnen gegen die aus Dattelpalmblättern geflochtenen, zylindrischen Packtaschen, die im Halbkreis um die Glut des Feuers gestellt sind. Dahinter lagern die Kamele. Sie käuen wieder. Eine Wolldecke dient als Tisch. Auf ihr liegt frisch gebackenes Brot. Muhamed Suleman stellt Schüsseln mit *adds* (Linsen), *bammiah* und Corned Beef dazu.

«Biismilah», der Auftakt zum Essen. Elf Hände greifen in die Speisen. Nach dem Tee wollen die Männer das Neuste aus der deutschen Landwirtschaft und aus der Welt hören. Ich erzähle von Butter- und Fleischüberschüssen in der EG, von Zuckerrüben und dem Import von Äpfeln aus Neuseeland. Dann erkläre ich ihnen, die von Adolf Hitler als starkem Führer angetan sind, die Schrecken des Zweiten Weltkrieges. Zum aktuellen Stand der Weltpolitik kann ich, wohl wissend, dass ich darüber weniger Bescheid weiß als sie, kaum mehr beitragen als den Rat, sich durch Regierung und Medien nicht manipulieren zu lassen.

Erinnerungen an meine erste Karawane stellen sich ein. Mit Suleman und seinen Leuten ist es anders als unter Abdallahs Führung. Man respektiert mich als Khabir eines eigenen Trupps. Meine Spur, der die Männer seit Sheikh Ambigol gefolgt sind, legitimiert mich. Sie flößt den Leuten Achtung ein; auch deswegen, weil keiner von ihnen solch einen Weg allein begehen würde. Niemand bürdet mir

Laufburschenarbeiten auf, und die Einladung zum Essen erfolgt erst, wenn der Tisch gedeckt ist.

Zum Frühstück gibt es *fatir shab*, hauchdünnes Fladenbrot mit Fetakäse und Marmelade.

Zum Beladen werden die Kamele jeweils zwischen zwei Tragetaschen gesetzt. Die Männer legen ihnen Wülste aus Palmfasern auf, die die Höcker U-förmig umschließen. Diese Konstruktionen, Sattel und Sattelkissen zugleich, sind an den Scheuerstellen mit einem Bezug aus aufgeschlitzten Jutesäcken oder mit Plastikbahnen versehen. Die meisten Sättel haben nur ein Joch. Es hält den Wulst vorn, am offenen Teil zusammen. An dem Rahmen sind Längsstreben angebracht. Sie werden hinter dem Höcker mit einem über den Sattelwulst geführten Strick waagerecht gehalten. Wenn, was weniger häufig vorkommt, das Traggerüst des Lastsattels zwei Joche hat, sind die Querhölzer kurz ausgeführt und liegen vor dem Höcker. An diesem Gestänge werden die Satteltaschen mit Schlingen und Holzknebeln festgemacht. Schnell geht das.

Solange das Tier sitzt, belastet nichts außer dem Sattel seinen Rücken. Erst wenn es aufsteht, hebt es die Ladung an. Eine geniale Arbeitsvereinfachung ist das, verschafft sie doch den Kamelen im Augenblick des Niedersitzens Entlastung und erspart dadurch das Abladen während der Rastpausen tagsüber. Die Taschen reichen mir bis an die Rippen und haben eine Ellenlänge Durchmesser; Maße, die mich, verkleinert auf das «Transportmittel» Esel, an eine Szene in der Grabkammer des Amenhotep-Hui erinnern. Seine Ruhestätte in der Bahariya-Oase stammt aus der frühen Ramessidenzeit. Ein Schüttgut, Salz oder Getreide, wird abgewogen und in zylindrische Transportbehältnisse gepresst. Die Taschen von damals sind hüfthoch. Nachdem sie verschnürt und paarweise mit Stricken verbunden sind, stehen sie zum Versand bereit. Offenbar sollen sie jeweils rechts und links vom Esel herabhängen; so wie jetzt die Satteltaschen der Kamele. Ob den antiken Lasttieren während der Rast Erleichterung von ihrer Bürde verschafft werden konnte, ohne sie abzuladen, darüber gibt die Abbildung in der Grabkammer keine Auskunft.

WIE anders ist doch die Wüste, wenn sie von einer Kamelherde und Treibern belebt ist. Die in Blöcken ziehenden Tiere machen die Weite griffig und geben dem Auge Halt. Gleich zu Beginn der Wanderung passieren wir Reste versteinerter Wälder, und bald danach erreicht die Karawane dürftige Ansammlungen von Akaziengebüsch. Während die Männer Brennholz schlagen, erlegt Hassan Achmed eine Gazelle; Anlass, schon jetzt die Mittagsrast einzulegen. Wir lagern zehn Kilometer westlich des Darb el-'Arbain.

Jemand hat sich beim Holzhacken einen Kratzer zugezogen. Er will von mir verarztet werden. Das habe ich schon öfter beobachtet: Unter diesen Leuten wird Beistand nicht nur wortreich versichert und für den Fall der Not aufgespart, sondern bei der kleinsten Lappalie eingefordert. Jederzeit könnte einer wie ich, der sich in beinahe extremer Weise den eigenen Kräften, mit denen er glaubt etwas ausrichten zu können, verschrieben hat, auf den «gesunden Menschenverstand» ausweichen und beispielsweise das Bei-der-Hand-Nehmen, mit dem der Khabir mich jedes Mal nach dem Absatteln willkommen heißt und ans Lagerfeuer führt, als Kinderei abtun. Doch sind es nicht gerade solche Gesten, in denen sich behutsames Zuwenden und eine Form empfindsamen Zusammenlebens offenbaren?

Man muss dem Tun, den Handgriffen und den Zeremonien, in denen sich meine Reisekameraden üben, keinen tieferen Sinn unterlegen. Die Männer sind in kleinste Handreichungen verliebt; in Hilfsdienste, mit denen sie sich gegenseitig beschenken, und sie sehen mit Wohlwollen, wenn ich mich an diesem Ritual mit ebensolchen Gesten beteilige. Das und nicht Buchstaben oder Bilder hält ihre Welt zusammen, wirkt der Vernichtung des Bewusstseins in der alles beherrschenden Leere entgegen. So kommt es, dass ich immer wieder Gelegenheit zum Griff in meine Reiseapotheke erhalte, während die Schürfwunde, die seit El-Dush auf meinem Handrücken eitert, unbehandelt bleibt.

Das Brennholz braucht man zum Brotbacken. Bei allem Überfluss, den diese Karawane mit sich führt, haben die Männer keinen Butangaskocher und auch kein Blechstück; Utensilien, mit denen sich die Herstellung des Fladenbrotes auf umweltschonende Weise erledigen ließe. Zwar genieße ich die üppigen Mahlzeiten und lausche dem Sprechgesang des Imams aus dem Kofferradio, doch wenn all das nicht wäre, würde es mir auch nicht fehlen.

Wir passieren ein Grab. Suleman erzählt, drei Stunden im Norden wären ein Dutzend Libyer mit ihren Kamelen verdurstet. Und ein paar Kilometer weiter westlich sei eine sudanesische Karawane vom gleichen Schicksal ereilt worden. Wir ziehen auf einer mit Alamat gekennzeichneten Strecke in Richtung Südwest und entfernen uns mit jedem Schritt weiter vom Darb el-'Arbain. Ob es sich bei unserem Weg um eine alte Trasse handelt, kann ich auf die Schnelle nicht herausfinden. Ich laufe, muss das Tempo halten, das meine Reisegefährten vorgeben. Im Februar 1935 hatte Almásy Bidi Wad Awad befragt, einen bekannten Karawanenführer der Bedajat, und von einer antiken Karawanenstraße erfahren, die von Selima nach Bir Bidi führt.

Die Männer reiten. Irgendwann kreuzt Ali Muhamed Hamid Massaud mit einem Kamel am Halfter meine Spur.

«Dein Weg ist weit», sagt er. «Setz dich eine Weile auf El-Feig.»

Ali ist der Einzige, der seinen Kamelen Namen gegeben hat. Für mich ist das Reiten anstrengender als das Laufen.

Am Spätnachmittag deponieren die Männer eine Tagesration Kraftfutter für den Rückweg. Die Karawane bewegt sich forsch voran. Während der letzten Marschstunde herrscht außerordentliche Stille. Die Tiere haben selbst ihre Schritte beschleunigt, wie fast immer vor Einbruch der Dämmerung. Das ist die Zeit, in der sie nicht durch Rufe angefeuert werden müssen.

«*Lela tauwila* … es wird eine lange Nacht», sagt der Khabir, als wir schließlich halten und sich der Koch daranmacht, die Gazelle zu zerlegen. Lau ist die Luft.

Am Lagerfeuer. Flammen vermischen sich mit Mondlicht und beleuchten die Szene. Ich bin Gleicher unter Gleichen; mit meinen Reisegefährten durch gemeinsame Anstrengung und durch die Tiere verbunden.

Essen im Kreis; *fatir* mit Bratensoße. Suleiman verteilt das Fleisch. Als das Mahl vorüber ist, breitet der Khabir die Arme aus, wendet die Innenflächen seiner Hände gen Himmel und dankt Allah. Alle tun es, und auch ich murmele «*Allah karim*». Über uns glitzern die Sterne.

Morgens muss ich früher als meine Kameraden auf den Beinen sein. Noch während meine Kamele ihre Kraftfutterration hinunterschlingen, sattele ich sie. Kaum ist der Tee getrunken, geht's auch schon los. Auch heute gibt mir Ali wieder El-Feig für ein, zwei Stunden. Atma folgt dem fremden Reittier, als wäre es immer so gewesen. Kurze Mittagsrast. Sie lässt mir gerade genug Zeit, Hassan, der die schwerste Last schleppt, abzuladen, Kraftfutter zu verteilen und am gemeinsamen Essen teilzunehmen. Der Ritt auf El-Feig ist die einzige Verschnaufpause tagsüber. Um meine Hengste bei dem scharfen Tempo bei Kräften zu halten, gebe ich ihnen dreimal am Tag Hirse. Das Kamelfutter schwindet schneller als geplant.

Während des Rittes frage ich meine Reisegefährten, warum sie das Salz von so weit herholen müssen, wenn es doch welches in El-Shab und in Selima gäbe.

Das sei gewöhnliches Alaun. Als Geschmacksstoffbeigabe für Kautabak wäre das Salz aus dem Wadi Atrun begehrter, entgegnet der Khabir. Schon zu Zeiten, als die Ar-Raschida noch am Rande des Niltals lebten, seien sie zu der fernen Salzlagerstätte gezogen. Und dann führt mich Hassan Achmed in das ökonomische Einmaleins der Karawane ein. Für beste Qualität aus Bir Oyo bekäme man bis zu zwei ägyptische Pfund pro Kilo. Ein Kamel trage 150 Kilo. Diesmal sei jeder der Männer mit elf Kamelen angerückt. Macht 3300 Pfund pro Mann. Auf dem Rückweg werde, der schweren Lasten wegen, zu Fuß gegangen.

Salech Ibrahim ist mit Hassans Rechnung nicht einverstanden. Er erklärt mir den Verdienst aus seinem Blickwinkel. Jedes Tier trage vier Kantar. Wie viel Kilogramm ein Kantar hat, vermag er nicht zu sagen. Nur dass ein Kantar Atrun letztes Jahr achtzig Pfund gebracht habe. Zu Ende dieser Saison werde der Preis auf hundert Pfund steigen, erfahre ich. Wenn man mit dem Verkauf bis dahin warte, ergäbe sich bei elf Kamelen ein Betrag von 4400 Pfund. Während Salech Zahlen und Gewichte aneinander reiht, kramt er ein Stück Atrun aus seiner Satteltasche. Er hat es zum Vergleich mitgenommen, damit er beim Salzbrechen auch wirklich nur erste Qualität auswählt.

«Der eine sagt 3300 Pfund, der andere 4400 Pfund. Was stimmt denn nun?», werfe ich ein.

Keiner sieht darin einen Widerspruch. Und Ali Muhamed Hamid lässt mich wissen, dass er zweimal im Jahr nach Bir Oyo ziehe und danach 6000 Pfund in der Tasche habe. Was soll's; die Kamele tragen die Lasten und sorgen dafür, dass die Träume der Männer wahr werden. Meine Reisegefährten kommen mit ihren Kalkulationen zurecht. Für den einfachen ägyptischen Mann ist das, was sie sich zusammenspekulieren, ein schöner Verdienst – brutto, versteht sich. Denn mit dem Abzug der Kosten nehmen es die Leute nicht so genau. Hirse bauen sie selbst an. Brot, Fisch und Fleisch äßen sie auch, wenn sie zu Hause blieben. Und auch Abstriche wie dieser fallen kaum ins Gewicht: Manch ein Kamel ist von einem Verwandten ausgeliehen. Der Erlös, den seine Ladung erzielt, wird geteilt. Verende das Leihkamel unterwegs, erhielte der Eigentümer keine Entschädigung. Bisher sei ein solcher Fall aber noch nicht vorgekommen.

Von El-Feigs Rücken lasse ich den Blick über die Karawane schweifen. Unter den Tieren sind auffallend viele Stuten. Sie sind zierlich gebaut. Zwei Kamele lahmen. Ob sie alle vier Kantar werden tragen können? Die beiden Fußkranken hätten sich ihr Gebrechen urplötzlich während des Marsches zugezogen, sagt Suleman und meint:

«Nur Allah weiß warum.» Nur Er allein bestimme, wann sie wieder gesunden würden.

Noch ehe der Djebel Hamadtullah in Sicht kommt, passieren wir einsam in der Landschaft stehende Tundub-Bäume. Heuschrecken schwirren vorüber. Die Karawane befindet sich einen Tagesmarsch vor Bir Bidi. Suleman fragt mich, ob es ratsam sei, den Brunnen in der Dämmerung anzusteuern.

«An Brunnen wie Bir Bidi sollte man vormittags eintreffen, damit genügend Zeit bleibt, sich noch bei Tageslicht möglichst weit von ihm zu entfernen», fasse ich meine im Sudan gesammelten Erfahrungen zusammen. Später geht der Khabir von Lager zu Lager und bespricht sich mit den anderen. Auf diesem Marsch gibt es keinen, dessen Meinung nicht eingeholt wird.

Zur Nachtrast etabliert sich die gewohnte Formation; fünf getrennte Lager. Im Halbkreis um jedes Camp die Kamele. Über die Lagergrenzen hinweg Unterhaltung und Lachen, während die Fesselung und Fütterung der Tiere vor sich geht. Dann kehrt Stille ein. Sie umrahmt die von Lager zu Lager hallenden Geräusche.

Wir brechen in aller Frühe auf und ziehen in rasantem Tempo in Richtung Bir Bidi. Ich habe Mühe, mit meinen Tieren Anschluss zu halten. Mit jedem Schritt falle ich zurück. Als wir auf Höhe des vorletzten Trupps angelangt sind, kommt Ali mit El-Feig und fordert mich zum Reiten auf. El-Feigs Sattel besteht nur aus einer Lage dünner Bretter. Nicht einmal eine Decke liegt darauf. Weil mein Hinterteil wund geritten ist, muss ich nach einer Stunde wieder runter.

Bis zur Mittagspause legen wir 34 Kilometer zurück. Nach dem Abstieg ins Wadi Husein erreichen wir den Brunnen. Es ist Spätnachmittag. Kurz zuvor hatten wir frische Spuren gekreuzt. Fährten von Leuten zu Fuß. Viele davon ohne Schuhwerk; nur wenige Kamelhufabdrücke. Der Treck war an Bir Bidi vorbeigezogen. Er hält auf das Uweinat-Massiv zu. Wahrscheinlich handelt es sich um sudanesische Tagelöhner, die sich nach Libyen einschmuggeln wollen.

Am Brunnen. Ich sehe nichts als ein paar zerbeulte Blecheimer auf flachem Sand. Weiter weg erheben sich weiße Felsen, ein Gebüsch und eine Palme. Das Bild wird von einer niedrigen Front aus Seekreide eingerahmt. Fast zwei Meter tief schachten die Männer, bis sie auf Wasser treffen und die Kamele abgetränkt werden können. Für die Weiterreise fülle ich siebzig Liter in meine Kanister. 1933 war Almásy hier gewesen und hatte die geographische Position der Wasserstelle ermittelt. Damals befanden sich nahe der Tränke ein paar Hütten der Goran.

Mitten in der Zubereitung des Abendessens schiebt der Koch mit

einer hastigen Handbewegung Sand übers Feuer. Jemand hatte Lichtschein im Osten gesichtet und mit unterdrückter Stimme gerufen:
«Schweigt! Banditen sind im Anmarsch.»

Sie würden nicht mit angeschalteter Taschenlampe über uns herfallen, denke ich mir und verscharre dennoch Geld und Papiere, während ich in Richtung der Gefahr schaue, die nicht näher kommen will.
Schließlich stellt sich heraus, dass das Licht von einem gerade aufge-
henden Stern stammt. Suleman teilt Nachtwachen ein. Ich stehe zusammen mit Achmed Eid und Hassan Achmed auf Posten. Nichts
rührt sich. Während des Lauschens und des Ausschauhaltens bieten
mir die beiden hundert Kilo Kraftfutter im Tausch für meine Kamera.
Um Mitternacht, die Offerte noch im Ohr, krieche ich beruhigt in den
Schlafsack.

Am anderen Morgen geht Muhamed Suleman mit geschultertem
Gewehr voraus. Der Späher hat meinen Feldstecher mitgenommen.
Als wir ihn einholen, sagt er, er habe Rauch in der Nähe einer Busch-
gruppe gesehen. Die alten Geschichten von Überfällen auf Karawanen, von Raub und Gemetzel spuken in den Hirnen meiner Kameraden. Im Laufe der Jahre sind auch neue hinzugekommen.

Zwei Palmen heben sich aus dem gerippten Weiß flacher Kalk-
und Seekreidefelsen. Suleman und Salech reiten in Richtung des
Qualmes, von dem ich nichts ausmachen kann. Wir passieren abgestorbenes Gebüsch und sammeln Brennmaterial. Dann kreuzen wir
die Spuren eines weiteren Trecks. Wieder sind es viele Leute, die barfuß in Richtung Libyen laufen. Jemand hebt Kamelkötel auf und zer-
krümelt sie zwischen den Fingern. In dem Kot ist kein einziges Kraft-
futterkorn. Nur mit Stroh hat man die Tiere abgefüttert. Was würde
passieren, wenn ich einem Trupp solch bettelarmer Leute allein begegnete? Spuren nackter Füße wie Warnschilder. Jeder einzelne Abdruck macht mir klar, dass der Weg nach Al Fashir versperrt ist.

Letzte Nacht hatte ich im Schein der Taschenlampe A. J. Arkells
Southern Route To Kufra überflogen. Der Brite gibt darin einen Bericht des Khabirs der Karawane Ali Dinars wieder, die in den Jahren
1915/16 von Al Fashir über Mellit, Malha, Bir Natrun, Merga, Bir Bidi

und Djebel Anuar (das Uweinat-Massiv) nach Kufra gelangte. Die Karawane hatte aus 37 Männern (darunter zwölf Soldaten des Sultans), 150 Kamelstuten und acht Sklaven bestanden. Die beiden letzten Posten sollten für Carambal-Gewehre und andere Schusswaffen, für Silber- und Goldschmuck eingehandelt werden. Ab Malha kamen 18 Kamele als Verstärkung hinzu. Die Karawane verlor insgesamt zwanzig Lasttiere. Noch bevor sie Bir Natrun erreichte, waren zwei Sklaven und zwei Soldaten verdurstet. Auf dem Rückweg schlossen sich dem Treck 22 Händler aus dem Fessan an. Der Marsch bis zum Djebel Meidob dauerte 54 Tage. Ganz offensichtlich sind die Trupps Arbeit suchender Barfüßler auf dieser seit langem begangenen Strecke unterwegs.

Die Zeit für die Mittagsrast ist so knapp bemessen, dass mir einer der Männer beim Beladen zu Hilfe kommen muss.

In verschärftem Tempo geht's weiter nach Westen. Suleman und Saleh traben auf ihren Tieren voraus, um die Lage bei Bir Oyo zu erkunden. Bald danach passieren wir die Stelle, an der sich der versandete Brunnen befinden soll. Wenig später, mitten im Nichts, auf einer von weißen Krusten durchsetzten Sandfläche, die im großen Halbkreis von einer Höhenlinie und ein paar Felsen eingerahmt wird, kommt unser Treck zum Halt. Den Männern ist die Erleichterung darüber, dass die Gegend frei von den Spuren anderer ist, in die Gesichter geschrieben. Nach 19 Tagen sind sie angekommen. Ich bin, von El-Dush aus gerechnet, seit 26 Tagen unterwegs. Meine Tiere brauchen nach dem forschen Marsch eine Verschnaufpause. Wie lange werden wir im Schutz der Salzkarawane hier, wo nichts wächst, bleiben können?

Erst einmal lehnen wir uns zurück und trinken Tee. Noch ehe die Sonne untergeht, machen sich die zehn mit Hacken und Schaufeln auf zum Salz. Atrun bester Qualität liegt in etwa drei viertel Meter Tiefe. Jeder für sich in seinem Loch buddelnd, rücken die Männer der bis zu 35 Zentimeter dicken, weißkristallinen Salzscholle zu Leibe. Man merkt ihnen an, dass das Graben und das Brechen des Salzes nicht ihre Sache sind. Sie stöhnen ohne Unterlass und strecken ihre

Rücken. Und dennoch haben sie nach einem Tag bereits ein Drittel der Fracht aus dem Boden geholt. Später werden sie die Bruchstücke zerkleinern und das Salz in die Packtaschen füllen.

Während der Mittagshitze liegen meine Kameraden erschöpft im Schatten des Gepäcks, rauchen, essen, trinken Tee und lauschen der Musik aus dem Kofferradio. Sie erzählen viel von zu Hause. Es geht um Liebe und um das Weib, das, auch wenn es eingesperrt ist, sie ganz und gar beherrscht. Nur die Frau – als erster, zweiter, dritter, vierter Mensch an ihrer Seite – kann ihr Leben zur Blüte bringen. Das glauben sie, und darauf sind sie angewiesen.

Was für eine Arbeitsstätte das ist! Draußen sein. Das Reden darüber ist das eine, sich hier aufhalten und schuften das andere. Wüste, Weite, Stille. Die Männer kratzen mit ihren Werkzeugen an einer alles überwältigenden Landschaft. Kein einziges Geräusch. Hin und wieder löst sich ein Staubwölkchen aus einer der Kuhlen und verflüchtigt sich im Nirgendwo.

Vor fünf Jahren hatte eine Expedition der Freien Universität Berlin in Bir Oyo das 4500 Jahre alte Skelett eines Flusspferdes aus einer Süßwassermolluskensedimentschicht geborgen. Der Fund irritiert mich. Empfindungen der Zeitlosigkeit, der Eindruck des Unendlichen: Sind all das nur Projektionen meiner Sehnsucht auf eine Landschaft, die unbeirrt von meinen Gefühlen in den Jahrzehntausende währenden Pendelschlägen ihrer eigenen Geschichte schwingt? Die platte Wüste: Sie ist der Ort, an dem sich eine radikale Verminderung von Kausalvorgängen vollzogen hat; verlangsamte und minimalisierte Prozesse, die meinem Ich unabweislich gegenüberstehen und mein Dasein bestimmen. Dieses Weniger an Einflussnahme, an Eindrücken und an Veränderung ist wohltuend. Es erzeugt die Illusion von Freiheit und Frieden, schafft Gefühlsdichte und einen Grad von Authentizität, die ich sonst nirgendwo auf der Welt erfahren habe. Ich muss es zur Kenntnis nehmen: Durch dieses Wenige stapfte einst ein Flusspferd.

Es gibt eine Chronologie der Ereignisse; auch hier, wo die Zeit stehen geblieben zu sein scheint. Die Diagnosen der Geowissenschaftler legen nahe, dass sich dieser totenstarre Teil der Wüste noch bis in die früharabische Zeit hinein im Randbereich der zentralafrikanischen Regenfälle befunden hat. Und: dass Bir Oyo, Wadi Husein und Merga zusammen mit einem siebzig Kilometer weiter südwestlich gelegenen, etwa 13 000 Quadratkilometer großen Gewässersystem einst zu einer Seen- und Sumpflandschaft mitten in der Sahara gehört hatten, deren größte Ausdehnung mit 25 500 Quadratkilometern berechnet wurde. Während der letzten Feuchtphase – von 6000 bis 1800 v. Chr. – erstreckte sich dieses Biotop von der Stelle, an der meine Reisegefährten gerade Salz brechen, bis an die östlichen Ausläufer des Ennedi. Es bot äthiopiden Großsäugern, Wasserschildkröten, Krokodilen und Süßwasserfischen einen Lebensraum.

Waren dies die «Sümpfe der Cheloniden» bzw. der «See der Schildkröten» des Ptolemäus? Ich blättere in meiner Reisebibliothek. Auf einer von Ewald Banse im Jahre 1914 entworfenen Landkarte ist der Ort der Cheloniden (Locus Chelonidae) nordwestlich von Merga angegeben; ziemlich genau dort, wo unsere Salzkarawane lagert. Auch wenn die Karte des Geographen und Orientforschers an manchen Stellen stark verzeichnet ist, so fasst sie doch die Angaben der frühen Reisenden und Forscher – von Pater Krump über Rohlfs, Nachtigal, Fresnel, Ball und Beadnell bis Harding King – zusammen und gibt selbst für den Djebel Uweinat, der in der lokalen Überlieferung Djebel Nawus bzw. Djebel en-Nari (Feuerberg) genannt wurde, zehn Jahre vor der Entdeckung des Massivs durch Hassanein Bey eine Position an. Das spricht für sorgfältigen Umgang auch mit solchen Mitteilungen, die Banse nur vom Hörensagen erreichten.

Nach allem, was man heute weiß, stand die Senke von Bir Oyo über die Mourdi-Depression mit dem Tschadbecken in Verbindung; ebenso wie sie über alte Seenlandschaften bei Atrun und Djebel Rahib mit dem Wadi Howar verbunden war, jenem «Fluss des Ptolemäus», der nach der Beschreibung des Ibn Chaldun von West nach Ost strömte und der als eine Kette sumpfiger Seen und Feuchtgebiete noch bis circa 2000 v. Chr. an den Nil bei Alt-Dongola heranreichte. Die Funde der Geologen und Prähistoriker belegen, dass alte Legenden, die sich um verschollene Oasen, geheimnisvolle Berge und längst trockengefallene Flüsse und Seen in der Wüste ranken, einen wahren Kern enthalten, dass selbst der Fluss des Ptolemäus kein Phantasiegebilde, sondern Teil einer fast 4000 Kilometer langen Verkehrsader gewesen war, die es noch in geschichtlicher Zeit erlaubte, die Sahara vom Nil bis zum Niger bequemen Fußes zu durchqueren.

Auf dieser Route waren die Entfernungen zwischen den Wasser- und Weidestellen gering. Ganz im Gegensatz dazu die Etappen durch die Libysche Sandsee. Sie war auch damals Vollwüste. Nach ihrer Durchquerung musste den Trecks antiker Eselkarawanen, die – wenn sie etwa von Dakhla nach West- und Zentralafrika zogen – ab Höhe des Südrandes des Gilf Kebir (23. Breitengrad) das Gebiet absoluter Dürre hinter sich gebracht hatten, der Rest des langen Weges wie ein Spaziergang erschienen sein. Dass die Verbindung zwischen Darfur und dem Djebel Uweinat nach Kufra heute noch intakt ist, belegen die frischen Fußspuren, die wir gekreuzt hatten. Weil für den von Süden kommenden Wanderer der Einstieg in die Vollwüste heutzutage am Ptolemäischen Fluss und damit 600 Kilometer weiter südlich beginnt, ist die Strecke nur noch mit Hilfe von Kamelen zu bewältigen.

Ich packe die Landkarten weg. Starkwind und Sandtreiben behindern den Abbau des Salzes. Während die Männer schuften, halte ich die Kamele vom Sturm auf das Gepäck ab. Die Tiere sind kniegefesselt. Hunger lässt sie alle naselang zu den zylindrischen Tragetaschen robben. Daraus bekommen sie nur eine einzige Kraftfutterration am Tag. Wenn die Zeit der Fütterung heranrückt, sind sie nicht mehr zu bremsen, und es gehört eine Menge Geschick dazu, den Tieren, ohne dass es zu Balgereien kommt, die Futterbeutel über die Mäuler zu streifen.

Hassan darf eine Stute decken. Ohne Zögern besteigt er das vor ihm in Sitzposition gebrachte Tier, stößt während der Begattung sanfte Blubberlaute aus und lässt die Unterlippe breit und schleimig herabhängen. Es dauert seine Zeit, bis er ermattet in den Sand kippt. Der Hengst blüht dank der neuen Beschäftigung sichtlich auf.

Nach dem Abendbrot stimmt Hassan Achmed Massaud ein Lied an. In Kharga tritt er bei Hochzeiten als Sänger auf. Die Männer lauschen. Später teilt Suleman die Nachtwachen ein. Mich spart er diesmal aus. Achmed Eid will wissen, wie viel meine Fotokamera wert sei, auf die er ein Auge geworfen hat. Nachdem ich einen Betrag genannt habe, fährt Suleman dazwischen, sagt, für alle hörbar:

«In dieser Wüste gibt es keine Preise; auch für dich nicht, Carlo. Ich will hier draußen keinen Handel.»

Der Khabir schlägt mir vor, von jedem der Männer das entgegenzunehmen, was sie an Kraftfutter entbehren können; Worte, die ihn, kaum dass sie ausgesprochen sind, weit über die kleinen Schachzüge des Alltagshandelns hinausheben. Schweigen. Unerwartetes Gewahrwerden einer paradoxen Situation. Während ich tagtäglich aus dem Vollen schöpfe, herrscht ringsum Knappheit. Sie wird aus Höflichkeit bemäntelt. Jedermann sieht mich dreimal am Tag bei der Fütterung meiner Tiere, während die Kamele der Salzkarawane Kohldampf schieben. Jedermann weiß aber auch, dass ein Weg vor mir liegt, den keiner der Beduinen – sei es allein oder im Trupp – zu begehen wagen würde.

Sich selbst und die Ziele, die man verfolgt, wichtig nehmen. Was ist das anderes als ein absurdes Aufbegehren gegen die Nichtigkeit der eigenen Existenz? Wie wenig der Mensch gilt, macht mir die Wüste jeden Moment überdeutlich klar. Trotz dieses Faktums sind meine Träume in dieser Karawane aufgehoben.

Tags darauf drückt mir Achmed Eid 25 Kilo Durra in die Hände. Muhamed Suleman Achmed überrascht mich mit einer Fünfzig-Kilo-Gabe, und Salech Ibrahim Muhamed Massaud füllt das Gefäß zum Wasserschöpfen mit Getreide ab, häuft die Körner sorgsam auf den vollen Behälter, bis sie über den Rand rieseln. Viermal tut er das. Hassan Achmed Massaud und Hamid Ibrahim Massaud folgen seinem Beispiel, und der Khabir füllt mir den letzten, halb leeren Sack vollends auf. Als wäre das Maß noch nicht voll, schenkt mir Suleman einen Zehn-Tages-Proviant Doppelbackbrot.

Kraftfutter im Überfluss. Zusammen mit meinen 110 Kilo Restvorrat sind gut 250 Kilo beisammen. Wer hätte das gedacht! Am Ende der Welt; an einem Ort, an dem ich es nie für möglich gehalten hätte, derart «auftanken» zu können. In meiner Euphorie fasse ich den Entschluss, die Geste der Männer zu erwidern. Als ich ein drei viertel Jahr später in Khartoum und Bagdad mit Ferngläsern, Schlafsäcken, Kameras, Leuchtspurmunition und Kompass einrücke, wird in jedem Haus, das ich betrete, ein Schaf geschlachtet und zu meinen Ehren ein Festessen gegeben.

Abschied am Abend. Ich möchte anderntags noch vor Sonnenaufgang los. Zu dieser Zeit schlafen die Männer noch. Man gibt mir Ermahnungen mit auf den Weg, verweist noch einmal auf das Schicksal von Renem Mubarak und Abd el-Satar.

«Du bist zu gut zu deinen Kamelen», sagt Suleman und legt mir ans Herz, immer ein Tier gefesselt am Lager zu halten, falls ich auf eine Weide stoßen sollte.

«Dann hast du wenigstens eine Chance, wenn die Tiere durchbrennen sollten. Ohne Kamel bist du tot», erklärt mir der Khabir, was ich ohnehin weiß, und fügt hinzu: «Hüte dich vor den Goran.»

Weil er Sanktionen wegen des unerlaubten Grenzübertritts befürchtet, verspreche ich ihm, zehn Jahre über unsere Begegnung Stillschweigen zu bewahren.

Nur Saleh ist munter, als wir in der Frühe des 25. Januar 1987 aufbrechen. Noch einmal Umarmungen. Ob er mich eine Wegstunde begleiten solle, fragt der Wächter. Ich verweise auf mein Fotostativ und die beiden über meiner Brust gekreuzten Patronengurte. Sie sind mit leeren Hülsen gespickt. Saleh lächelt. Kuss auf die Wange, und dann laufe ich los.

Wieder kreuzen wir frische Fußspuren in Richtung Libyen. Bei ihrem Anblick kommt Angst auf. Keine Nacht sind die Abdrücke alt. Die Karawane wandert über festen, glatten Sand. Manchmal wird er von feinem Schotter unterbrochen. Rechter Hand der Steilabfall des Wadi Husein. Nach drei Stunden ist die Hauptrasse von Al Fashir zum Djebel Uweinat überquert. Unzählige Fußspuren zeugen von regem Verkehr auf der mit steinernen Alamat besetzten Strecke.

Muhattah Jaqub: die ersten Funde auf dem lang gesuchten Pfad

Hieroglyphentext am Pharaonen-Nuktar

Mrj-Inschrift

Mrj-Inschrift

Muhattah Jaqub in unberührtem Zustand

Am Morgen: Freilegen der im Sand eingewehten Krüge

Wohin? Von Muhattah Jaqub aus 2,3 Kilometer östlich finde ich die ersten Spuren des antiken Pfades.

Der Pfad führt mich nach Muhattah el-Homareen.

Unter dieser «Kommission» Amphorenhälften (Halbschalen) befindet sich der
Strick (3230 +/– 50 Jahre alt).

Meine Hände umschließen eine der Krughälften – auf ihr ein sitzender
bzw. liegender Esel.

Der Eselkarawanenweg hat sich auf sechs Spuren verbreitert.

Neolithische Petroglyphen am Fels: Darstellung einer Menschengruppe aus 13 Frauen (?) und einem Mann (?)

Muhattah Harding King

Amphorendepot in Muhattah Amphorae

Gamal, Muhamed und Nafr (v. l. n. r.) bringen mir mit dem Pick-up Nachschub an den Rand der Wüste.

Ein Beispiel dafür, wie geradlinig der antike Karawanenweg gezogen ist. Die Schlussfolgerung: Nur Esel, nicht aber Kamele können diesen Weg «getreten» haben.

Nur weg von den Fährten! Das ist mein einziger Gedanke. Selbst wenn man ein friedliches Szenario unterstellte, wäre ich wahrscheinlich genötigt, dem ersten Barfüßler-Trupp die Hälfte des Kraftfutters abzugeben und, vielleicht, auch ein Kamel. Und beim nächsten Aufeinandertreffen würde sich der Vorgang wiederholen. Spätestens dann wäre ich am Ende.

Viereinhalb Tage sind seit der letzten Tränkung verstrichen. Die Zeitspanne kommt mir jetzt, während meine Gedanken nach vorn gerichtet sind, wie eine Ewigkeit vor. An dem Wasserloch, das Suleman und seine Leute ausgehoben hatten, in Bir Bidi, sollten die Tiere vor dem Rückmarsch nach Ägypten noch einmal abgetränkt werden. Doch dorthin versperrt mir die Angst den Weg. Die frischen Spuren der Barfüßler machen alle ursprünglichen Absichten zunichte. Bis zur ersten Quelle auf ägyptischer Seite sind es 1360 Kilometer. In meinen Kanistern schwappen ganze 65 Liter. Suleman hatte, wohl wissend, was mir bevorstehen würde, darauf bestanden, dass ich, solange ich mich bei der Salzkarawane aufhielt, von seinem Vorrat nahm.

Was hilft es, Alternativen zu erwägen? Ich habe keine, weil ich nicht zurückgehen kann. Wegen der vielen, am Bettelstab durch die Wüste ziehenden Menschen kommt auch ein Marsch nach El-'Atrun nicht in Frage. Nur eins geht: Ich muss alles auf eine Karte setzen und Burg et-Tuyur erreichen.

Kurs 55 Grad. Wieder laufen wir durch eine Landschaft, die keinen Halt fürs Auge gibt. Tasten von Stein zu Stein. Faustgroße Brocken werden von wabernden Wellen aufsteigender Bodenhitze länglich verzerrt. In die Irre geleitete Einbildungskraft, Nachhall der Beklemmung, die mich beim Anblick der Fußspuren überkam, suggeriert mir, jemand reite aus dem Hitzeflimmer geradewegs auf mich zu. Angesichts solcher Erscheinungen zucke ich zusammen, versuche, die Gänsehaut in meinem Nacken zu glätten, indem ich die Angst machenden Beobachtungen in den Bereich rein physikalischer Phänomene der Lichtbrechung verweise; in eine Sphäre, die nichts mit mir persönlich, nichts mit Freund oder Feind zu tun hat. Das hilft ein wenig. Die letzte Stunde des Tages laufen wir auf eine flammend rote

Fata Morgana zu. Sie wird mit sinkender Sonne kleiner und fällt schließlich in sich zusammen.

Vom Nuseib el-Hudud spannt sich eine eisesblaue Hügellinie nach Ostnordost. Von dort setzt Starkwind ein und vertreibt die Hitze. Wir stoßen auf einen *Shell*-Tin, das erste Wegzeichen der Prendergast-Route von 1934. Von hier sind es zweidreiviertel Tage bis zum Wadi Shaw; eine Strecke, die in meiner Erinnerung als mühseliger Weg über nachgebenden Pistengrund und als kräftezehrendes Anstemmen gegen Treibsand und eiskalten Wind gespeichert ist.

Schweres Gehen. Hassan läuft neben mir, brav wie ein Lamm. Nur selten stöhnt er unter seiner Last. Seit dem Decken in Bir Oyo ist der Hengst die unbestrittene Nummer eins unter den Kamelen. Wir folgen der Trasse, deren schwaches Gefurche mit den Benzinkanistern der Briten markiert ist. Wegzeichen in einem leeren Land. Es ist nach allen Richtungen gleich hoch und zerrissen, und was markant vom Horizont absticht, taucht nach wenigen Metern in die Bedeutungslosigkeit Tausender, ähnlich aussehender Objekte ab. Manchmal erweckt die Landschaft den Eindruck vollkommener Flachheit. Dennoch bleibt der Horizont ringsum eingeengt. Die lang gedehnten Sand- und Geröllwellen sind stets noch so hoch, dass sie den Blick in die Ferne versperren.

Weil ich nur einen Versuch habe, in solch einem Gelände den unscheinbaren Felsblock in 170 Kilometer Entfernung, der zufällig den Namen Burg et-Tuyur erhalten hat, punktgenau anzusteuern, kommt mir mein Unternehmen ziemlich waghalsig vor. Hätten wir mehr Wasser dabei, wäre es etwas anderes. Selbstgespräche im Konjunktiv. Die Kamele hören geduldig zu, spitzen die Ohren, lauschen meinen Worten und meinem Gesang, ohne aus dem Tritt zu geraten.

Die Prendergast-Trasse ist deutlich zu erkennen. Ich vertraue mich der Piste an, auch wenn der Weg mühselig ist. Als Schutz vor dem kalten Wind habe ich eine Skihose übergezogen, die Jacke zugeknöpft. Das Wetter ist unsere Chance; falls ich die Wasserkanister in Burg et-Tuyur finde.

Rast im Schutz eines Tundub-Baumes. Die Kamele verschmähen

das Geäst. Der Baum hat seine Wurzeln unweit einer Bodenwelle geschlagen. Von dort aus fällt der Blick über flaches, quer geripptes Land. Und verliert sich in einer endlos gedehnten Welt aus Sand und Stein. Ausgebrannte Einöde. Durch den Feldstecher betrachtet, sieht sie undurchdringlich aus. Wie eine kahle Wand aus Geröllbrocken und Himmel. Eine Sanddüne schimmert rötlich in der schrägen Sonne. Wind pfeift. Was würde passieren, wenn er zum Geheule ansetzte?

Ein einziges Mal sichten wir abgestorbenes Gras. Hassan zieht wie wild dorthin, doch nach wenigen Happen rührt er nichts mehr an. Selbst im Hunger bleibt das Tier wählerisch. Im Lee der Büschel haften Sandverwehungen. Nicht mehr als vier Fuß weit hält das Gras den Sand fest.

Wir kreuzen einen Kamelpfad. Die Gegend nach alten Wegen absuchen; nach einer Karawanenstraße, auf deren spärliche Spuren wir schon einmal zuvor gestoßen sind? Wohin würde uns der Weg führen? Vielleicht zu dem sagenumwobenen Owana? Keiner hat den Flecken, der auf der Banse'schen Karte nach dem ersten Wegviertel zwischen dem Djebel Uweinat und Selima vermerkt ist, je gesehen. Ein Brunnen, zwei Dumpalmen und eine Weide sollen sich dort befinden. Die Stelle werde nach Regenfällen von Wildeseln und Antilopen aufgesucht. Ist etwas dran an diesem Gerücht? Ließe sich auch nur ein Bruchstück der Wahrheit finden, wäre belegt, dass es einmal eine Karawanenroute von Merga direkt nach Dakhla gab.

Eine halbe Stunde später stehen wir an einem Steilabfall und blicken auf die felsgeränderten Schlängelbänder des Wadi Shaw. Eine Aussicht, die sich nach all dem flachen Gewelle schlagartig und tief einprägt. Das Trockental ist ohne Vegetation. Doch es birgt ein Wasserdepot der Kölner Ur- und Frühgeschichtler. Rettendes Nass. Ich beschließe, einen Rasttag einzulegen und die steinzeitlichen Felsgravuren an den Wadiwänden zu bestaunen.

Eintragungen in mein Tagebuch: Notizen über Wasserverbrauch, Streckenkilometer, Wetter und über das Verhalten der Tiere verweben sich mit meinen Gefühlen; Empfindungen, die ich festhalte. Kurzschrift fürs Emotionale. Ich brauche die Verarbeitung auf dem

Papier. Eigentlich weiß ich nur eins: Tag und Nacht, Schlaf und Erwachen lösen einander ab, als würden sie sich in alle Ewigkeit fortsetzen.

Ich besteige einen Hügel. Der Boden unter mir ist mit Fahrzeugspuren übersät. Der Anblick bedrückt. Es ist, als wäre der Wüste Gewalt angetan worden. Mit dem Feldstecher ertaste ich eine abgestorbene Tamariske. Äste wie bleiche Knochen. Wieder kommt Starkwind auf. Sandfahnen verschleiern das Gemetzel der Reifen.

Im Windschatten meines Camps herrscht schweißtreibende Hitze. Ich flicke zerrissene Taschen und Säcke und grabe dann nach den Trinkwasserkanistern der Kölner. Sie sind auf Anhieb gefunden. Einen Verschluss öffne ich. Der Behälter ist randvoll gefüllt mit glasklarer Flüssigkeit. Sorgfältig verschließe ich ihn wieder und bedecke die Stelle mit Sand.

Von hier möchte ich kein Wasser mitnehmen. Die Kamele sind seit Bir Oyo gut gelaufen, und Hassan hatte mich mehrmals während des Marsches von der Spitze verdrängt. Das Gras aus Selima, das ich vor ihre Mäuler werfe, verschlingen sie ohne Würgen. Und weil der Kamelmist von nur halb verdauten Durrakörnern gespickt ist, fressen die Tiere das Kraftfutter ein zweites Mal.

Kartenstudium. Unser Lager liegt in einem grandiosen Spalt unseres Planeten; Keil im Flachen des Erdenrund, vierzig Kilometer lang und 250 Meter breit. Hier bin ich, und kein Vergleich drängt sich auf. Dunkel heben sich die schattenbelegten Felsen vom hell-pastösen Sand der Senke und ihrer ins Sonnenlicht getauchten Flanken ab. Von Burg et-Tuyur zum Uweinat sind es 365 Kilometer. Von dort bis Bir Abu Minqar noch einmal 650.

Im Winter 1927 hatten Newbold und Shaw einen Tausend-Meilen-Marsch von El-Obeid über Merga und Selima zum Nil bei Abri absolviert. Darunter waren zwei wasserlose Teilstrecken von 385 und 445 Kilometern. Ihre Karawane bestand aus 28 Männern und 37 Kamelen. Kein einziges Tier ging verloren.

Ich bin allein. Mein Weg ist weiter. 1015 wasserlose Kilometer sind zu bewältigen. Ich kann den Sprung zum anderen Ufer nur wagen, wenn jedes einzelne Glied der Karawane ein Drängen zum Vorwärts entwickelt hat; einen Schwung, der bei allen gleich stark und von Dauer ist. Erst dann fließt die Karawane im Gleichtakt endlos dahin, und wir befänden uns in Übereinstimmung mit dem zeitlosen Zustand der Welt, durch die wir uns bewegen. Wie ein Sternbild auf seiner Bahn.

Immerhin: Die im Wadi Shaw vergrabenen Kanister gewähren einen Ausweg in Richtung Dongola für den Fall, dass wir, nachdem circa 200 Kilo Wasserlast in Burg et-Tuyur zugeladen sind, vor dem großen Gebirge scheitern sollten. Ein paar Tage noch habe ich Zeit, die Verfassung der Tiere zu prüfen und das Wetter zu beobachten. Erst dann muss ein unwiderruflicher Entschluss gefasst werden.

Über Nacht setzt Starkwind mit kräftigen Böen und Sandtreiben ein. Windstille in der Frühe. Noch vor Sonnenaufgang sind wir unterwegs. An diesem Tag laufen wir vierzig Kilometer. Unterwegs bricht ein Tankverschluss. Schätzungsweise zwei Liter Wasser gehen verloren.

Die Prendergast-Route zieht sich monoton dahin. Flachsand, soweit das Auge reicht. Am Südhimmel kündigen Wolkenstreifen einen Wetterwechsel an. Ob ein Sandsturm aufkommen wird? Mich interessiert nur die Richtung, aus der er zuschlagen könnte.

Nachtrast an einem Tin. Er ist mit dem gleichen Text wie immer beschriftet: «*Shell Motor Spirit – Asiatic Petroleum Company Limited – highly inflamable*». Ich studiere die Aufschrift, als könne sie mir helfen. Die Nacht bleibt lau, und auch der Morgen ist warm. Luft spiegelt sich im Windhauch, der ohne Richtung ist, staut sich, als wäre sie siedendes Wasser, an fernen Dünen zu bizarren Arkaden, frisst an von ihr selbst erschaffenen schroffen Kanten, bis sich die Verwerfungen in der Dünnsäure weiter, schilfiger Seen auflösen. Die Sicht trübt ein.

Auch wenn das Laufen anstrengend ist und wir immer wieder auf den alten Spuren einbrechen, klammere ich mich an die Piste. Nach all dem, was sich in Erfahrung bringen ließ, soll Burg et-Tuyur ein Fels wie jeder andere sein. Erst wenn dieser Fleck erreicht und das Wasser gefunden ist, kann ich abschweifen und meine Schritte lenken, wohin ich möchte.

Irgendwann am Vormittag tauchen zwei niedrige Felsen im Hitzeflimmer auf. Und dann mache ich mit dem Feldstecher den steinernen Wegweiser auf einem der beiden Rücken aus. Newbold und Shaw hatten den Alam eigenhändig errichtet. Burg et-Tuyur ist erreicht.

Es soll eine Sprache der Steine gegeben haben. Ihr Zeichenvorrat und ihre Syntax reichten aus, um einfache Witze an den Mann zu bringen. Steinsetzungen; stumme Späße der Beduinen in der Libyschen Wüste; zur Belustigung derjenigen, die als Nächste vorbeikommen würden. Burg et-Tuyur war für Tausende von Jahren niemandes Ziel. Bis die beiden britischen Wüstenforscher mit ihren Kamelen hier festmachten. Durch dieses Ereignis gelangte der Felsen in die Schlagzeilen. Danach kamen die Autofahrer.

Im Alam der Briten steckt eine Weinflasche. Sie ist, neben einem Tin-Stapel aus dem Zweiten Weltkrieg, der einzige Witz, den die zivilisierte Welt an diesem von stehender Hitze flach in den Sand gehämmerten Hügel hinterlassen hat. Die Weinflasche enthält eine Visitenkarte von Vance Haynes und ein paar Zettel. Ich nehme die gedruckte Botschaft an mich und ersetze sie durch eine eigene Notiz. Dann inspiziere ich, einen Steinwurf vom Felsen entfernt, den Tin-Stapel der Alliierten. Sieben Kanister sollen noch mit Wasser gefüllt sein. Das hatte Haynes in einem seiner Forschungsberichte am Rande vermerkt. Vergeblich suche ich danach, finde nichts außer der gescheckten Kuh an der Südwestecke des größeren Felsens. Sie hat Burg et-Tuyur berühmt gemacht. Die Darstellung entstammt dem Neolithikum; ein starkes Indiz dafür, dass es in dieser Gegend einmal Weideflächen gegeben hat.

Zum Abtränken der Tiere hatte ich auf das Wasser aus dem Zweiten Weltkrieg gesetzt. Ein Vögelchen flattert herbei, stelzt ganz nah zu mir, um in meinem Schatten still zu sterben. Leben – zu schwach, dem Druck der Leere standzuhalten. Es sucht Nähe; zu anderem Leben; bis zum letzten Atemzug. «Vogelfelsen» heißt Burg et-Tuyur in der Übersetzung.

Der Prähistoriker Rudolph Kuper hatte mir ein Foto von der Stelle, an der sein Wasserdepot vergraben ist, mitgegeben. Bis zum Sonnenuntergang durchwühle ich ein zwei Mannlängen großes Quadrat, ohne auch nur auf einen einzigen Kanister zu stoßen.

Ermattet vom Misserfolg. Gedanken kreuzen und queren sich, verlieren sich in Berechnungen, von denen keine einzige aufgehen will. Dass ich mit dem Foto nichts anzufangen weiß! Hat jemand vor uns das Depot geräumt? Mutmaßungen laufen im Kreis. Sie machen mich zum Spielball einer leeren Welt. Tröstlich zu wissen, dass in siebzig Kilometer Entfernung Wasser unter dem Sand vergraben liegt. Hätte ich es nicht mit eigenen Augen gesehen, ich könnte jetzt nicht daran glauben.

Erst wenn wir nicht zurückmüssen, wird Burg et-Tuyur zum Meilenstein. Der Felsen ist der Ort, an dem mein Alleinsein plastische Gestalt annimmt. Er ist das Gipfelkreuz meiner Einsamkeit. Überall ist die Wüste von ihr durchwoben. Doch dies hier ist die Stelle, an der sie sich verdichtet, an der sie zu fester Form gerinnt. Mit Händen greifbar ist sie. Hier fällt sie doppelt auf und doppelt ins Gewicht. Ich bette eine schwarzgrau gesprenkelte Vogelfeder zwischen die Seiten meines Tagebuches; Memento mori; Beleg für den Eintritt in eine Sphäre, die meinem übertriebenen Bedürfnis nach Individualität hemmungslosen Auslauf verschaffen wird; Erinnerung an eine Landschaft, die voll gefüllt ist mit Schweigen; an einen Raum, in dem sich nichts bewegt; an einen Felsen, der reglos herumliegt, einfach da ist und ausharrt – auf ewige Zeit; der unwirklich ist und doch präsent – als Flucht- und Haltepunkt in totenstarrer, flacher Weite.

Als die Sonne trüb und glasig über den Horizont steigt, habe ich die blauen Mauserkanister der Kölner gefunden. Zehn sind es, und jeder ist randvoll mit Wasser. Blasses Licht. Wind pfeift. Zur Feier des Tages säubere ich den Topf, mit dem ich im Sand gewühlt habe, und koche einen Pott Ostfriesentee.

Von Bir Bidi sind noch 46 Liter übrig; macht einen Verbrauch von 2,7 Litern täglich. Für den Weitermarsch lege ich 3,5 Liter pro Tag zugrunde. Noch ganze 15 Dosen Thunfisch, 15 Corned-Beef- und 20 Tomatenmarkkonserven sind in der Provianttasche. Dazu Brot, Haferflocken, Suppenwürfel, Reis, *mulukhiya* und ein paar Fertigsuppen. Wenn das verbraucht ist, wird mir nichts anderes übrig bleiben, als das Kraftfutter mit den Tieren zu teilen. Ungewöhnlich wäre das nicht. Aus Durramehl wird Fladenbrot gebacken.

Atmas Vorderfußballen sind ins Rötliche verfärbt. Noch lahmt der Hengst nicht. Zehn Tage sind die Tiere ohne zu saufen ausgekommen. Ihr Durst ist nach viereinviertel Kanistern gelöscht. Das sind 127,5 Liter. Es ist Mittag, 34 Grad im Schatten. Ich belade die Tiere probeweise, bringe auch die sechs verbliebenen Mauserkanister auf ihre Rücken. Insgesamt beträgt die Last, die die drei von hier ab tragen müssen, etwas mehr als 555 Kilo.

Zu Sonnenuntergang sind es immer noch 28 Grad. Der Wind hat sich gelegt. Bei solch einer Wetterlage wäre es sträflich, Abstriche bei der Wasserversorgung zu machen. Wir müssen das kostbare Nass bis auf den letzten Tropfen mitnehmen, auch um die Tiere unterwegs noch einmal abzutränken. «Kostbares Nass» – an diesem Ort ist es keine Floskel.

Das Depot der Kölner ist geleert. Ich habe kein schlechtes Gewissen. Trotzdem lasse ich eine Nachricht für Rudolph Kuper zurück:

«... angesichts einer Temperatur von 34 Grad und des weiten Weges über den Djebel Uweinat nach Farafra, sah ich mich genötigt, 10 Kanister – wahrscheinlich das gesamte Depot – zu entleeren. Die Kamele mußten hier abgetränkt werden, da ich bei Bir Oyo kein Wasser fand und weiter östlich das Land voll mit bewaffneten (?) armen Leuten ist, die zu Fuß auf Arbeitssuche Richtung Libyen ziehen und nur wenige Kamele bei sich haben ... Gründe, die es mir angeraten erscheinen ließen, diese Gegend schleunigst zu verlassen ... Ich bin Ihnen zu großem Dank verpflichtet und werde mein Bestmögliches tun, um den ‹Gefallen›, den Sie mir mit der Nennung Ihrer Depots getan haben, zu vergelten.»

Zwei Jahre später, als ich die beiden einzigen Tropfsteinhöhlen in der Sahara wieder fand und in einer von ihnen steinzeitliche Petroglyphen an einem Stalagmiten entdeckte – Artefakte, die Gerhard Rohlfs und seine Begleiter im Winter 1873 fast mit ihren Schultern streiften, ohne sie zu bemerken –, konnte ich mein Versprechen an die Kölner Ur- und Frühgeschichtler mit der Übergabe des Fundes, der auch benachbarte neolithische Siedlungen einschloss, in angemessener Weise erfüllen.

Wegen der vielen frischen Spuren, die ich gesichtet hatte, möchte ich den Djebel Uweinat nicht direkt angehen. Jetzt, wo die Karawane voll aufgetankt ist, können wir es uns erlauben, den Berg auf Umwegen zu erreichen; so, wie es die verschlungenen Geleise der Karawanenrouten mir immer wieder ans Herz gelegt haben. Wege wie diese sind für mich Prägestempel früheren Laufens. Es ist ein auf ideale Anpassung an die Landschaft bedachtes Dahingleiten, ein einfühlsames Sich-vorwärts-Bewegen, das einen vollkommenen, einen sinnlichen Bezug zur Welt und zu ihrer Geschichte hat.

Aufbruch in Richtung Owana. Wir laufen nach Norden. Die Tiere sind bis an ihre äußersten Grenzen belastet. Ich will ihre Kraft nicht im Auf und Ab der Dünen verschleißen, die sich linker Hand reihen. Der eingeschlagene Kurs führt über weit auseinander gezogene Sandwellen. Während die Kamele mit dem Auspendeln ihrer Ladung beschäftigt sind, gleiten wir langsam über einen stillen Ozean; über ein Meer aus Sand, dessen flache Dünung ruhig über den Horizont schwappt. Nur im Westen stauen sich Sandwirbel; als sei es Brandung, die am Felsen in einer Untiefe kocht. Nach zwei Stunden eine letzte Rückpeilung auf Burg et-Tuyur. Die beiden Felsen, die nur noch Ahnung sind, stehen auf 170 Grad.

Seit Bagnolds Tagen trägt das Sandmeer, durch das wir wandern, den Namen «Selima Sandsheet». Ungefähr 80 000 Quadratkilometer groß ist das Gebiet. Es erstreckt sich bis zu den Ausläufern des Gilf Kebir; ein flacher Raum, 350 Kilometer lang und 280 Kilometer breit, in dem alles Leben erstarrt ist. Hügel, Felsen, Flächen und Flüsse: von der Firnis der Ewigkeit überzogen. Nur Wolken, Sonne und Gestirne – und ab und zu ein Wanderfalke – ziehen ihre Bahn. Wie die Karawane. In dieser heißen, stillstehenden Welt festigt sich ein Gefühl bis zur Gewissheit: das einmal erreichte Momentum könne während des langen Marsches aufrechterhalten werden.

Wir durchqueren den Dünenzug, betreten leicht gewellte Flächen, die mit Sand und feinen Kieseln bestreut sind. Bläulicher Schimmer sammelt sich blass und flach in den Mulden; Abglanz des Äthers unter flimmerndem fernem Weiß. Froh bin ich, dass die Sonne in meinem Rücken steht. Hassan läuft in ruhigem Takt. Oft kommt er mit seinem Kopf an meine Wange.

Lange bevor der Glutofen am Himmel seinen höchsten Stand erreicht hat, verwischen blendende Lichtfluten alle Konturen. Wabernde Blässe vermengt sich mit dem aufgedunsenen, porösen Hellgelb der sonnendurchglühten Sandmassen und zerfließt zu einem einzigen Spiegelbild der Leere. Nirgendwo mehr Halt; selbst am Horizont nicht, wo gläsernes Gewoge die Grenzlinie zwischen Himmel und Erde zerfrisst. In dieser Horizontlosigkeit, in diesem absoluten Nichts, verliert sich allmählich die Wahrnehmung. Vakuum im Kopf. Leer und ausgebrannt von der Hitze und von der Anstrengung des Laufens bin ich. Im Zustand absoluter Entblößung. Dem totalen Anspruch der Wüste ausgeliefert und trotzdem wie im Rausch. Alle paar Minuten hebe ich den Peilkompass ans Auge; Navigationsversuche, die mir lächerlich erscheinen. Owana ist ein Punkt im Nichts, der selbst ein Nichts ist; wahrscheinlich kein Deut mehr als eine auf alten Landkarten festgehaltene Fata Morgana. Ich halte dennoch Kurs, will am 27. Längengrad in Reichweite der ägyptischen Grenze sein und nach dem von zwei Felshügeln gekrönten Steilrand Ausschau halten, an dessen Fuß die geheimnisvolle Oase liegen soll.

Während der Mittagspause käuen die Kamele wieder. Das Geräusch lässt meine Unsicherheit schwinden. Stehende Luft erzwingt eine lange Rast. Ich lege mich in das bisschen Schatten, den Kambyses wirft, und lausche den Wiederkäuerklängen. Bei diesem Wetter macht nur eins Sinn: den Spätnachmittag abzuwarten und in der Dunkelheit die fehlenden Kilometer nachzuholen.

Wir kreuzen frische Autospuren, und dann läuft die Karawane in die laue Nacht hinein. Peilen mit Kompass und Taschenlampe. Bis Myriaden von Sternen ihr filigranes Koordinatennetz über den Himmel spannen. Kräftiger Wind setzt ein. Laue Luft massiert meine Haut und trocknet den Schweiß.

Die Brise kommt aus Nordnordost. Anderntags wird sie stärker. Wir laufen 340 Grad. Rechter Hand reihen sich flache Felsrippen. Von dort steigt ein Falkenpärchen auf. Weißes Brustgefieder glänzt im Licht. Die Falken ernähren sich von der Jagd auf Zugvögel. Die Wüste suchen sie zum Brüten auf.

Der Wind wird zum Sturm. Ich habe Mühe, schräg gegen ihn anzukommen. Land unter. Wir stapfen durch ein hüfthohes Fluidum aus Sand. Es fegt über den Boden und verwischt die wenigen Strukturen, an die ich mich eben noch klammern konnte. Trotzdem weiter. Laufen in einer flächendeckenden, aschfahlen Flut. 300 Kilometer Luftlinie sind es bis zur nächsten menschlichen Ansiedlung. Der Wind pumpt das Land auf, scheint es zu heben, ehe er es in Bewegung versetzt. Milchig weiße Streifen strömen Strang neben Strang. Wenn der Sturm nachlässt, sacken Teile dieses Gewebes für Momente in sich zusammen und geben die Sicht auf den geriffelten Untergrund frei. Plötzlich abgestoppt ist das Fließen dann. In solchen Momenten wirkt die Wüste nackt und ohne jeden Glanz – als wären einem Bettler mit einem Ruck die Lumpen vom narbenübersäten Leib gerissen.

Bald lässt der Wind nach. Nordstürme wie diese bergen nur dann eine Gefahr, wenn sie die Karawane zu einem längeren Halt zwingen. Blick zurück. Unsere Spuren sind verweht. Als wären wir nie da gewesen.

Wir betreten niedriges Hügelland, das von flachen Dünen durchzogen ist. In der Ferne ein Felsen. Als wir wieder tellerebenes Gelände erreicht haben, setzt aufs Neue Sandtreiben ein. Sand wirbelt, rieselt singend an uns vorbei. Irgendwann tauchen halb im Boden steckende *Shell*-Benzinkanister aus der uferlosen Strömung auf. Sie gehören zu einer Piste, über die die Briten nach der Einnahme von Kufra im Jahre 1941 Nachschub von Wadi Halfa nach Libyen transportiert hatten. Fahrzeugspuren sind nicht mehr auszumachen. Zur ägyptischen Grenze sind es 28 Kilometer.

Im spitzen Winkel halten wir auf die Grenze zu. Über der Drift des Sandes leuchtet das Gewelle eines Dünenzuges. Flach und unendlich weit entfernt scheint er zu sein. Der Wind plustert das Gefieder eines toten Falken auf. Als wolle er die Federn des verendeten Greifvogels einzeln abzählen. Bald darauf wieder ein *Shell*-Tin. Es ist nicht gefüllt. Von woher ist es angeweht worden?

Die Karawane findet einen Einstieg in den Dünengürtel. Nach tagelangem Geradeaus über flache Sandrippen tut das sanfte Auf und Ab gut. Wir winden uns in großen Schleifen durch das Gewoge. Zwischen den Wellenbergen liegen sandfreie Inseln; flache Senken, die mit vorgeschichtlichen Feuerstellen und Werkzeugen übersät sind. Als hätte jemand das Inventar des neolithischen Menschen ganz allein für mich zur Besichtigung ausgelegt. Ich notiere die Positionen von Stein- und Schlagplätzen, versuche, das Besondere, das den Hinterlassenschaften anhaftet, zu ermitteln. Sie ermöglichen mir Einblicke in längst verblasstes Dasein. Kleine Entdeckungen. Für mich sind sie ein Ereignis.

Dann ein Holzpfahl, Autospuren, Benzinkanister und leere Konservendosen. «*Fool medames* – große Bohnen» steht auf den verblichenen Banderolen. Das sind keine Überbleibsel außergewöhnlicher Kriegsereignisse. Es ist ganz normaler Expeditionsmüll. Bis hierhin ist er vorgedrungen. Eins ist gewiss: Dabei wird es nicht bleiben. Es ist der Anfang einer Lawine, und es ist nur eine Frage der Zeit, bis das massenhaft Alltägliche der Städte, die Monokultur der Moderne, sich auch hierhin Bahn bricht.

Wind weht.

Wind
Atem der Wüste
unermüdlich zeichnest du
millionenfaches sandiges Gekräusel
das zu schauen nie langweilt
deinem zeitlosen Gesang
lauschten die Wüstenvölker von alters her
hier lebten sie und lärmten
hinweg mit dir trugst du ihr Geraune; ihr Geschrei und Gezeter
Stille

284

wie eh und je
vom Geräusche der Welt
lässt du dich nicht beirren
denn Momente nur sind es
in denen sich hektisches Treiben
von jenen, die hier schafften
vermischte mit deinem Klang
was für ein Aufheben machten sie alle!
Um nichts
und was blieb von ihnen?
Eine Hand voll vergänglicher Dinge
die mich ahnen lassen
wie kurz doch die Zeitspanne ist
in der wir wichtig sind

Ich hänge meinen Gedanken nach. Manchmal ein prüfender Blick zurück auf die Reihe der sich im Gleichmaß bewegenden Tiere. Schwingend, fast schwebend ist ihr Gang; ein ebenmäßiges, bedächtiges Gehen, dessen vollkommene Harmonie vom ruhigen Dahingleiten ihrer Schatten unterstrichen wird; Silhouetten, die wie von Stunde zu Stunde immer weiter ausgreifende, sanfte Flügelschläge über das gleißende Gelb der gerippten Flächen streichen. Und immer wieder rührt mich jenes unscheinbare, in den Ablauf ihrer Bewegungen eingebaute Zögern, ein kaum merkliches, nur für Sekundenbruchteile währendes Innehalten jedes Mal, ehe der Fuß aufsetzt. Rücksichtnahme geht von diesem Verweilen aus. Und ein Hauch von Zärtlichkeit bei der Berührung unserer Erde. Solch ein Gehen steckt an. Es mahnt, die Dinge nicht zu vereinnahmen, sie stattdessen von innen her zu kosten. Es mahnt zu schonendem Umgang mit den Kreaturen und mit sich selbst. Bald gleite ich nach Art der sudanesischen Kameltreiber mit ausholendem Schritt und elastisch schwingendem Körper über den Sand. Die Stimme des Windes löst meinen Leib aus den Beschwernissen der Welt. Rhythmus und Stimmung sind gefunden, die schmiegsames Pendeln meines Körpers und meiner Tiere hervorlocken. Der Blick verliert sich allseits in dem in durchsichtige Schleier gehüllten Meer aus Sand. Dieser Ozean trägt; er überflutet uns nicht.

Weite. Deutlich zu spüren ist sie. Hier hat sie ihr Zuhause. Sie betört die Wahrnehmung, nährt die Hoffnung, endlos laufen zu können. Wieder durchqueren wir eine Dünenkette, und bald danach sichte ich im Licht der untergehenden Sonne die Höhe 475. Obenauf ein Alam. Von hier aus zieht die Karawane in zehn Kilometer Abstand zur Grenze nach Westen.

Auf der ägyptischen Seite der Wüste türmen sich klotzige Höhen – wie Trutzburgen zur Abwehr alles Fremden. Schroff und einsam markieren sie die Uferlinie einer längst ausgedörrten, riesigen Bucht. Sie öffnet sich nach Süden hin, in Richtung endloser Sand- und Kiesfelder, aus denen hier und da niedrig-gerundete Hügel ragen, wie gestrandete, mumifizierte Wale.

Mittagsrast an einem Gazellenpfad. Das schmale Gleis strebt schnurstracks Richtung 300 Grad, hält auf die Berge hinter der Grenze zu. Wieder ist es windstill und heiß. Wie Quecksilber schiebt sich die Hitze zwischen Bodenwellen und Steine und überschwemmt den Pfad. Die Berge haben sich von den silbrigen Bodenspiegeln abgelöst. Zum Beweis ihrer Existenz werfen sie mir ihre verzogenen Konturen als schattenblasse Abschrift zu. Grandioses Spektakel; Illusion absichtslosen Zuneigens lebloser Natur. Flüchtig und doch voller Endgültigkeit ist diese Erscheinung.

Befragen des Horizonts mit dem Feldstecher. Ich halte Ausschau nach dem Steilabfall, an dessen Grund die beiden Palmen von Owana Wurzeln geschlagen haben sollen. Jeder hitzezerfranste Stein im Flimmer der Leere könnte es sein. In diesem Feuerozean tänzelt der Pfad und treibt sein Spiel mit mir.

Traum vom Brunnen, während ich schaue. Irgendwo sprießt grünes Gefächer, aus dem zwei Raben aufsteigen und mit steifem Flügelschlag auf die Karawane zuflattern. Sie umkreisen sie schließlich. Als wären es Möwen, die ein von hoher See einlaufendes Schiff, lange bevor es den schützenden Hafen erreicht, willkommen heißen. Ist es ein Trug? Ein herbeigerufenes, an anderer Stelle erlebtes Geschehnis? In den wässrigen Farben der Fata Morgana löst es sich schließlich auf. Owana; wenn es diese Oase wirklich gegeben haben sollte, käme sie jetzt nicht von alleine zu mir. Dem Pfad folgen? Wäre es eine von Eselhufen ausgetretene Spur, würde ich abschwenken. So aber wäre es unklug, bereits hier auf die ägyptische Seite zu wechseln und nach einem Brunnen Ausschau zu halten, der vielleicht nur als Durchhalteparole im Hirn eines Durstgeplagten existierte.

Harding King hatte seinem Owana den Namen «Olive Oasis» gegeben. Als er im Frühjahr 1910 in Dakhla Tauben *(palm doves)* aus südwestlicher Richtung eintreffen sah und einige abschoss, fand er einen Tag alte Olivenpartikel in ihren Mägen. Daraus schloss er zunächst, dass die «Oliven-Oase» bei N 21 Grad 30′/E 27 Grad 20′ läge. Nach der Entdeckung des Uweinat-Massivs verlegte er sie nach N 22 Grad 30′/E 26 Grad 30′. Vor zwei Tagen waren wir über die dreißigste Minute des 21. Breitengrades gezogen, und ich hatte immer wieder Ausschau gehalten. Aber bis zu den Dünenzügen in der Ferne war keine mit Olivenbäumen gefüllte Senke auszumachen. Alles war flach. Und aus dem leichten Gewelle erhoben sich nur ein paar unbedeutende Hügel. Ob es sich bei den Tauben, die Harding King beobachtete, wirklich um eine Zugvogelart gehandelt hat? Oliven reifen nicht im Frühjahr. Vielleicht hatten die Vögel auf Abfallhalden irgendwo in Dakhla Oliven gefunden und eine Runde um die Oase gedreht, um dann wieder, wie der Brite vermerkt, aus Richtung 217 Grad heimzukehren.

WIR bewegen uns weiter nach Westen. Obwohl wir zügig laufen, hat es den Anschein, als sei kein Vorwärtskommen. Unterschiedsloses Nichts breitet sich vor uns aus. Ich fixiere ein Etwas im fernen Sand. Mit Helligkeit gefüllte Ringe kreisen darum, flackern farblos wie der Schein eines hinter Wolkenschleiern abstürzenden Kometen. Bis das Licht sich im Doppelrhythmus meiner Schritte in sein Inneres frisst und das Gebilde zum Verschwinden bringt. Es taucht wieder auf, rückt nah. Und weicht zurück. Beim nächsten Hinschauen hat es sich mit metallischem Glanz gefüllt. Als sei es ein Kristall, der wächst und mitten im Größerwerden zertrümmert wird. Um danach wieder mit seinem Werden zu beginnen.

Gefangen in einem Panorama vorgetäuschter Bewegung. Oft sind solche Steine nur faustgroß, wenn wir sie endlich erreichen.

Wir stoßen auf eine Piste. Sie ist mit einem auf eine Eisenstange gespießten *Shell*-Tin markiert. Sonnenuntergang bei gefaltetem Mond. Klarheit des Abendlichts. Ein rosarotes Glühen liegt über der ganzen Breite des Westhimmels. Von der bald ins Blutrote verschobenen Horizontlinie heben sich anthrazitfarbene Hügel ab. Darüber schiebt sich eine rosige Tönung, die mit zunehmender Höhe blasser wird. Sie erfasst einen Wolkenschleier, der in gelbgrünlich getönte Himmelssphären hineinreicht und sich nach einer Weile wie ein Bündel ineinander verschlungener, pulsierender Adern feuerrot über den Himmel rollt, bis er im Indigo des sich über mir wölbenden Himmels in lichtes Grau zerfedert. Als habe der Wolkenstrang abgefärbt, erfüllt mit dem Einbruch der Dunkelheit ein blaugrauer Lichtstrom die Atmosphäre. Später die vom Mondschein kurz geworfenen, farblosen Schattenrisse der Karawane auf dem fahlen Sand. Obwohl kein Hindernis im Weg steht, verläuft die Piste nicht gradlinig.

Ist ein Tag wie der andere? Auch am nächsten Morgen senkt sich mit aufkommender Hitze Himmelsdunst herab. Als verwandele sich Luft zu fester Substanz. Der unsichtbare Stoff ist allgegenwärtig.

Irgendwann taucht über dem weiß flimmernden Horizont ein Pyramidenhügel auf. Trotz stundenlangen Gehens rückt er nicht näher. Rechts und links des Weges reihen sich die britischen Kanister. Der Hügel wird bald von einem Übermaß an Licht seiner Mächtigkeit beraubt. Am Nachmittag hat er seine Form verändert. Der Tag verstreicht in Zeitlosigkeit, bis sich die Sonnenstrahlen an der Hügelspitze brechen. Die Strahlen formen einen leuchtenden, in Rotation versetzten, nach oben offenen Trichter, der den über der Erde lagernden Dunst absaugt und ins All bläst.

Nachtlager. Es ist meine Zuflucht im Dunkeln. Fragiles Bollwerk gegen das Nichts und das Leblose ringsumher. Sechs Quadratmeter im leeren Raum, die von unseren Sachen belegt sind. Das Lager ist der Ort, an dem mein einsames Wandern für eine Weile einen Abdruck hinterlässt und mein Verlangen für einen Moment zur Ruhe kommt: die Sehnsucht nach einem Woanders; unstillbares Streben, das in fortwährender Bewegung, im Umherschweifen und im lediglich vorübergehenden Bleiben Erfüllung sucht. In Gemeinschaft mit meinen Kamelen; mit stillen Tieren, deren sanfter Drang zum «Weiter» sich so bedeutungsvoll in ihrem fließenden Dahinschreiten offenbart. Immer gleiche, federnde Schritte, Tanz im ruhigen Rhythmus – wie Perlen einer endlosen, schwankenden Kette gereiht.

Ankommen, um wieder zu gehen. Ohne festen Anspruch auf den Platz, den wir für ein paar Stunden einnehmen. Bunt gewürfeltes Gepäck, provisorisch gestapelt; so, dass es am folgenden Morgen ohne große Umstände wieder aufgeladen werden kann. Wir sind immer abreisebereit. Taschen und Sättel in Hufeisenform gegen den Wind gestellt. Schützende Bucht im Sandmeer. In ihr koche ich mein Essen. In sie hinein lege ich meine Plane. Schlafen unter freiem Himmel. Über uns glasklar und in weit ausgreifendem Schwung das helle Gesprenkel der Milchstraße, Sirius, Orion und die Plejaden. Manchmal durchs All geworfene grelle Lichtsplitter. Zum Greifen nahe. Sekundenlang markieren weißliche Räuche die Bahnen der Sternschnuppen. Der Wind streicht wie eine verlorene Seele über Sättel und Taschen. Seine Stimme fängt sich in der Umwandung meines Lagers und verwandelt dessen Form in hörbare Gestalt. Bis auch dieses Bild verklingt und ich in den Schlaf sinke.

AUFBRUCH in Eiseskälte. Die Spitze eines Steinpfeils zeigt zurück nach Osten. Hinter einer Dünenlinie schimmert der Flaum von vertrocknetem Gras. Die Tiere haben es im Nu abgeweidet. Und dann steht die Karawane auf einer Geländestufe, die den Blick nach Westen freigibt. Von hier aus zeichnen sich, flach und taubenblau, zum ersten Male die Konturen des Uweinat-Massivs gegen den Horizont ab. Der Berg ist noch 105 Kilometer entfernt, und dennoch kommt es mir vor, als läge er weiter weg, als mich meine Füße tragen.

Bald verschwimmt der einsame Koloss unter den Hammerschlägen der Mittagshitze. Kein Windhauch weht. Eine Libelle kurvt vorbei. Sie entschwindet in Richtung unscheinbarer Säulen aus dunklem Sandstein, dem «*columnar sand-stone*» der Karte. Die Karawane ist an der Stelle angelangt, von der aus Musa Ibn Nusair etwas Schwarzes, das von zwei lodernden Flammen umgeben war, gesichtet haben soll. Bei dessen Anblick habe sein Khabir gerufen:

«*Freue dich, Fürst, das ist die messingne Stadt, so ist sie mir in meinem Schatzbuche beschrieben; denn sie ist aus schwarzen Steinen gebaut und hat zwei Schlösser aus spanischem Messing, welche wie zwei Feuer einander gegenüber aussehen, und daher hat sie auch ihren Namen.*» Und ein bis zu den Achseln in eine schwarze Steinsäule eingeschlossener Dämon hatte hinzugefügt, die Bewohner von Messingstadt seien Noahs direkte Nachkömmlinge. Die Stadt läge so abgeschieden von der übrigen Welt, dass die Sintflut nicht bis dorthin gelangt sei.

Trügerische Sandspiegel blinken im Hitzedunst; heißes Geflirre, das die Leere ins Unendliche dehnt und die Hoffnung, je ihren Rand zu erreichen, in den Schemen eines in immer gleichem Abstand vor uns liegenden Sees auflöst. Vergeblichkeit allen Bemühens. Das Bedürfnis herauszufinden, was hinter dieser Leere liegen mag, ist in mir erstorben. Als sei der letzte Tropfen Wasser längst aufgebraucht.

Hassan will nicht mehr Leithengst sein. Nasales Gurren, als ich ihm seinen Wunsch erfülle und er am Ende der Karawane gehen darf. Atma übernimmt die Führung und schreitet willig voran. Die beiden anderen folgen an lockerer Leine. Wachablösung wie in Abdallahs großem Treck. Ich habe die Peitsche weggesteckt und singe. Zwischendurch Worte des Zuspruchs an meine Tiere.

Die Geschichte der Messingstadt wurde seit den Tagen des Amerikaners Covington immer wieder zum Anlass genommen, den wahren Kern freizulegen, den alte, als Fabeln und Märchen kursierende Gerüchte von Reichtümern in der Wüste in sich bergen. Covington hatte um das Jahr 1910 reiche Briten zur Finanzierung einer Expedition zu dem legendenumwobenen Ort überredet, war aber nur bis

Siwa gekommen. Im Jahr 1916 trat Paul Borchardt auf den Plan und versuchte, die Sinnlosigkeit aller Schatzsuche mit vernünftigen Argumenten zu belegen. Es half nichts. Von der Esch griff das Thema Messingstadt wieder auf und bemühte sich, den Weg zu rekonstruieren, den Musa Ibn Nusairs Karawane Ende des 7. Jahrhunderts n. Chr. zum Uweinat-Massiv genommen haben könnte. Von der Esch war Autofahrer. Wenn seine mit viel Benzindunst gewürzten Spekulationen zuträfen, wären wir jetzt auf der Anmarschroute des Emirs. Doch außer dem merkwürdigen Lichtwirbel gestern Abend habe ich keinen Geist, keine Gräber und auch keine mit Inschriften geschmückten Tore gesichtet.

Fahles Licht kündigt windiges Wetter an. Nach Sonnenuntergang erhebt sich vor uns wieder die Silhouette des Uweinat, und am nächsten Morgen treten die Umrisse des Djebel Kissu hinzu. Jetzt füllt das Gebirge Raum aus. Die Karawane hat ein Ziel. Das Fortschreiten der Zeit offenbart sich im Größerwerden der beiden Felsmassive. Näherkommen. Ein Gefühl der Dankbarkeit beflügelt mich. Begeisterung hat mich ergriffen.

Jemand hat einen Alam auf einen Hügel gesetzt. Die Karawane betritt grünlich schimmerndes Land. Es erinnert an frühere Weiden, und doch besteht es ganz aus Hornblende, Biotit, Feldspat, Quarz und Granit. Dem Glanz haftet ein Hauch von Giftigkeit an. Kein Grashalm ist zu sehen. Und dennoch soll es in dieser Gegend vor nicht allzu langer Zeit noch Schafe und Kamele gegeben haben. 1925 war Prinz Kemal el-Din auf seiner Raupenschlepper-Expedition mit nomadisierenden Goran zusammengetroffen. Und 1934 hatte Almásy in Erfahrung gebracht, dass die Tebu und die Goran in Jahren hohen Niederschlags mit ihren Rindern und Kamelen aus dem Tibesti über die Täler des Uweinat bis ins Wadi Abd el-Malik am Nordrand des Gilf Kebir gezogen waren.

Nachdem wir den «*Dark brown hill*» der Karte passiert haben, entdecke ich im zunehmend steinig werdenden Gelände Kamelmist und frische Abdrücke von Autoreifen. Gazellenspuren führen in ein Wadi mit dünner, abgestorbener Vegetation. Kaum sind die Spuren menschlicher Präsenz verdaut, taucht eine neue Fährte auf, die von fünf Leuten und ein paar Kamelen gezogen wurde. Sie hält nach 300 Grad. Dann ein von Menschenhand errichtetes steinernes Wegzeichen. Es flößt mir Beklemmung ein. In einer flachen Mulde sprießt eine spärliche Weide. Weit und breit keine Deckung. Die Piste schwenkt in Richtung Djebel Kissu. Wir verlassen sie, laufen über offenes, steiniges Vorland schnurstracks nach Westen und finden an einer flachen Hügelkette Unterschlupf für die Nacht.

Die Kamele halten sich geduckt und dicht am Lager. Immer wieder wendet Kambyses den Kopf und horcht in die mondlichtüberflutete Stille. Das Verhalten des Tieres lässt vermuten, dass Leute in der Nähe sind. Tags darauf kreuzen wir kaum zwanzig Minuten nach dem Aufbruch die taufrischen Spuren eines sechsköpfigen Trupps.

Welcher Berg ist der Ras el-Abd? Wir überqueren zwei Autopisten; kurz darauf eine weitere Trasse und dann einen mehrspurigen Kamelpfad. Dass sich durch diesen entlegenen Winkel der Welt so viel Verkehr wälzt, bringt mich aus der Fassung. An präzise Navigation, an Stehenbleiben und Verweilen ist nicht zu denken.

Wieder stoßen wir auf einen Karawanenweg. Er zeigt unzählige frische Spuren und zielt nach 325 Grad. 17 Kilometer weiter im Westen sitzen die libyschen Grenzer. Über sie hatte ich Schlimmes gehört. Wir haben keine andere Wahl, als dem Weg zu folgen. Besser, im Halbtagesabstand einem Trupp Barfüßler hinterher, als jetzt zu zögern und zu riskieren, vom nächsten Tagelöhnertreck eingeholt zu werden.

Der Weg schlängelt sich durch kahles Vorhügelland, kreuzt die Uweinat-Ringpiste der Autofahrer und mündet eine Stunde später in eine an drei Seiten von Hügeln umsäumte Ebene. Im Nordwesten ein paar Bäume. Wir haben die Ausläufer des Karkur Murr erreicht. Auf dieser öden Fläche vereinigt sich unser Weg mit einem aus Südosten kommenden Pfad. Durch eine Felsenge. Danach Blick auf verkrüppelte Akazien. Sind es die Bäume von vorhin? Eine Karawanenroute zweigt in Richtung Libyen ab. Nicht weit von der Weggabel entfernt hatten die Briten in den dreißiger Jahren einen militärischen Vorposten eingerichtet. Die Besatzung bezog ihr Wasser über einen 800 Meter langen Baumwollschlauch aus Felszisternen oberhalb einer schwer begehbaren Schlucht. Von den Aufmauerungen und Holzgerüsten dieser Leitung ist nichts übrig geblieben. Während wir, nach Nordosten schwenkend, einem Trockental aufwärts folgen, will mir der gediegene Luxus nicht aus dem Sinn, den sich die Engländer in diesem Wadi, 900 Kilometer von Asyut entfernt, geleistet hatten. Was hatte man nicht alles zum Wohlbefinden hierher geschleppt! Die Messingstadt der Soldaten bestand aus komfortablen Zelten, kompletter Küche mit kupfernen Kasserollen, englischem Porzellan, Karbidlampen und einer wohl gefüllten Bar. Eine Gummibadewanne stand zur Körperpflege bereit. Dennoch hatten sich Arkwright und seine Männer arg gelangweilt. Um die Zeit totzuschlagen, verbrüderten sie sich mit dem Feind. Regelmäßig trafen sie sich mit den Italienern zum Kartenspiel.

Wir passieren frische Feuerstellen und Kamelkadaver. Und dann steht die Karawane vor einer Felsstufe, an der es nicht weitergeht. Der Fußpfad zum Wasser führt über zwei halsbrecherische Steilstufen. Irgendwo oben in der Wand liegen die Zisternen von Karkur Murr.

Ich muss bei den Tieren bleiben. In dieser Gegend herrscht zu viel Verkehr, als dass ich herumsteigen und nach dem Brackwasser in den Felsaushöhlungen suchen könnte. Wenn überhaupt noch welches da ist. Wegen eines einzigen Blicks alles aufs Spiel setzen, dafür ist mir die Murr-Quelle nicht der geeignete Ort. Wäre ich in Not, dann wäre es etwas anderes.

Wir folgen den Spuren unserer Vorgänger. Am Ende der Schlucht führt ein Passweg auf den Scheitel der Felsbarriere. Fünf Minuten später steigen wir in eine Hochebene ab. Linker Hand vertrocknete Akazien. Grandioser Blick auf die mächtigen Felstürme des Zentral-Uweinat.

Kraftfutterverteilung. Hastig schlingen die Kamele je zwei Hände voll Körner hinunter. Schon während des Fressens hat Kambyses Schaum vor dem Maul. Das Tier muss aufstoßen. Schließlich speit es die Hirse würgend aus. Das kenne ich von Abdallahs Karawane. So verhalten sich geschwächte Kamele nach starker Belastung – wenn man ihnen Kraftfutter gibt. Die Steigungen auf der gerade absolvierten Bergstrecke hatten die Tiere mit Bravour genommen. Kambyses' Schwächeanfall gemahnt mich, einen Ruhetag einzulegen. Die Kamele haben nur ein bestimmtes Quantum Kraft. Damit muss ich haushalten.

ES ist ein berauschendes Gefühl, den Höhenweg über das Gebirge auf Anhieb gefunden zu haben. Den einzigen Hinweis darauf hat mir die Kartenskizze des Karkur Talh in Almásys Buch *Unbekannte Sahara* geliefert. Darin weist ein gestrichelter Pfeil mit dem Vermerk «*Kamelpfad nach Karkur Murr*» zum Kartenrand. Nicht im Traum hatte ich beim Lesen des Buches daran geglaubt, den Einstieg dieses seit urdenklichen Zeiten begangenen Passweges am Südrand des Massivs je zu finden.

Wo über Nacht bleiben? Ich will weg von den Geleisen des Weges und kann doch nicht anders als ihnen folgen. Der Pfad führt an vier mächtigen Felstürmen entlang. Sie schieben sich vor die höchsten Erhebungen des Massivs. Mauern und Simse aus Stein. Ein Felswadi trennt uns wie ein Burggraben von den Zinnen der messingnen Stadt.

Wir erreichen eine Hochfläche, und dann folgt der Abstieg ins Karkur Talh. Eine Viertelstunde später sind wir unten, ziehen das Wadi, das mit Akazien besetzt ist, aufwärts und schlagen in seiner Südkehre das Lager auf. Die Tiere fressen unentwegt am abgenagten Geäst der Bäume. Längere Trockenheit und ungezählte Mäuler vor ihnen haben kaum noch Futter übrig gelassen. Hier und da stemmen sich ausgeblichene Grasstümpfe aus dem Boden. Auch sie sind vollkommen abgeweidet.

Verweilen im Felsschatten. Ich zähle die Tage nicht, die seit der letzten Rast unter Bäumen vergangen sind, erfreue mich am Anblick des zerfransten Grüns. Dass es überhaupt da ist! Schon dies allein kommt mir wie ein Wunder vor.

Ameisen stören die Tiere. Die Plagegeister sorgen dafür, dass es auch für mich kaum Entspannung gibt. Sulemans Rat folgen und jeweils einen Hengst am Lager gefesselt halten? Das bringe ich nicht übers Herz.

Schlaf in Lauerstellung. Immer wieder äugen die Kamele gebannt wadiabwärts. Dort verläuft der Karawanenweg. Ein fast voller Mond steht über dem Felstal, an dessen Rand ich hinter einem Gesteinsbrocken in Deckung gegangen bin. Stille. Lauer Wind weht. Die Baumkronen wachsen wie aus einem Schacht heraus in den hellen Himmel; als lauschten sie den Worten eines Gottes, der ihnen verkündet, dies hier sei der Ort, an dem einst die Zeit begann. Bizarre Schatten verzaubern den nackten Fels. Ab und zu ein Rumoren in den Mägen der Tiere. Sie käuen nicht wieder. In dieser Nacht wundere ich mich darüber, mit welcher Geduld die Erde uns mit sich herumträgt.

Vogelgezwitscher. Plus fünf Grad Celsius sind es, als ich die Hengste in die Büsche schicke. Die Vögel sind spatzengroß. Sie haben pechschwarzes Gefieder, von dem eine reinweiße Kopfoberseite absticht; grelles Weiß auch an der Schwanzunterseite. Es ist Paarungszeit. Fast wie Lerchen trillern die Weißbürzelsteinschmetzer, die auch zwischen Nil und Rotem Meer verbreitet sind. Geruch von Kameldung und Ammoniakdünste hängen in den Felsen. Hundert Meter von mir entfernt das Knacken und Mahlen meiner an einer Akazie weidenden Tiere. Urlaub vom Laufen. Das tut ihnen gut. Der Vogelschwarm ist ein Fingerzeig dafür, dass es in der Nähe Wasser gibt. Vergeblich suche ich danach. Stattdessen stoße ich auf Felsbilder und Ritzzeichnungen.

ICH spüre es deutlich: Wir befinden uns auf mythischem Terrain. Ein feierliches Gefühl hat mich ergriffen, während die Karawane wie in einer Prozession von Felsbild zu Felsbild zieht. Stationen einer Wallfahrt. Sie führt mich zurück zu den Wurzeln menschlicher Gemeinschaft. Jeweils dort lade ich ab, wo die Kamele in Sichtweite des Gepäcks und der Petroglyphen an Astwerk nagen können. Die Tiere bleiben in meiner Nähe, ohne dass ich sie rufen muss.

Während ich Felsspiegel, Spalten und Überhänge untersuche, Gazellen-, Steinbock- und Giraffenherden, Enten, Strauße und langgehörnte Rinder mit der Kamera ablichte, will die Abfolge der in den Stein geritzten und gepunzten Tiere und der mit ihnen beschäftigten Frauen, Hirten und Jäger kein Ende nehmen. Am Deckengewölbe eines Überhangs schließlich scheues, auf der Flucht befindliches Großwild. Ein Tier schlägt mit den Hinterläufen aus. Es scheint getroffen. Eine Gestalt schaut stehend, in zurückgelehnter Haltung hinterher. Noch hält sie den Bogen in der ausgestreckten Linken. Die Anspannung ist bereits aus ihrem Körper entwichen. Sie scheint ihrer Beute völlig sicher. Diese Szene ist in rotbraunen Farbtönen auf den nackten Stein gemalt.

An den Galerien der Ritzzeichnungen entlang. Bevor ein Ende erreicht ist, schließlich das Glanzstück der Darstellungen aus dem Tierreich: eine mehr als zwölf Quadratmeter große Fläche, bedeckt mit Giraffen, Kulus, Oryx- und Impala-Antilopen, Springböcken, Gazellen, Straußen und anderem Wild. Ich kenne das mit viel Jägerlatein durchsetzte Bild. Hassanein Bey, der Entdecker des Uweinat, hat es 1924 zusammen mit einem Bericht über seine Aufsehen erregende Expedition im Septemberheft des *National Geographic Magazine* veröffentlicht. In seinem Buch *Rätsel der Wüste* schreibt er darüber, wie er auf die Petroglyphen aufmerksam gemacht wurde:

«*In Arkenu hatte ich mich bei einem Goran über die heutigen Bewohner Uenats erkundigt und ihn dann gefragt, ob er etwas von früheren Ansiedlern wisse. Er überraschte mich mit der Antwort: ‹Seit unvordenklichen Zeiten haben Menschen an diesem Brunnen gelebt. Sogar Geister haben einst diesen Ort bevölkert.›*

‹Geister! Woher weißt du das?› rief ich aus.

‹Nun, sie haben ihre Schrift auf den Felsen hinterlassen›, meinte er.

Voller Aufregung forschte ich weiter. Er erzählte, daß man auf den Felsen von Uenat viele Zeichnungen fände, von denen er aber keine klare Beschreibung zu liefern vermochte. Er sagte nur: ‹Es sind Bilder aller lebenden Tiere. Man weiß nicht, was für Federn jene Leute benutzt haben, denn die Bilder sind so tief in den Felsen eingeritzt, daß die Zeit sie nicht verwischen konnte.›»

Der Ägypter war mit 14 Männern und 37 Kamelen von Sollum am Mittelmeer nach El-Obeid gezogen. Er selbst ritt ein Pferd. Nirgendwo auf der Wand hat er seinen Namenszug hinterlassen. Ich fühle mich, als sei ein vor langer Zeit vereinbarter Treffpunkt, an dem ein Freund auf mich zu warten versprochen hatte, erreicht. Keine Frage, dass wir an diesem Ort übernachten werden.

Wenige Schritte weiter bewachen tanzende Krieger den Eingang zu einer höhlenartigen Vertiefung am Fuß eines glatten Sandsteinfelsens. Ihre Arme sind angehoben. Einer hält einen Speer in der Hand. Die Bilder künden von harten, glücklichen Zeiten, und die Harmonie, die sie ausstrahlen, macht sie zu Dokumenten von besonderem ästhetischem Reiz.

Und dann entdecke ich inmitten einer Gruppe tanzender Jäger und Hirtennomaden, die Gravur eines Geländefahrzeuges. «*Forschungsexpedition des Agrarministeriums – Es lebe König Faruk I.! – Es lebe Ägypten!*» ist in arabischer Schrift auf die Steinwand gekritzelt. Auf dem Fahrzeug prangt die Jahreszahl 1939. Zweimal auf dieser Wanderung bin ich bisher dem Namen des letzten Königs von Ägypten begegnet.

Unwägbarkeiten bei der Enträtselung des Gekritzels der Alten. Was habe ich nicht alles zu Gesicht bekommen! Sogar Bilder von Schildkröten. Hassanein Bey hatte Löwen gesichtet; Raubtiere, die sich vor mir versteckt halten. In diesem zoologischen Garten, der sich in erstaunlicher Vielfalt an den Felswänden ausbreitet, den Durchblick zu bewahren, das ist für den Laien nicht einfach. Was hat das Vorkommen von Schildkröten in einer der trockensten Regionen der Erde zu bedeuten? Bis auf diese gepanzerten Gesellen finden alle Tierbilder, die ich ausfindig gemacht habe, einen Platz in dem vergangenen Paradies, das ich mir ausmale. Werde ich je hinter das neolithische Einmaleins kommen?

Selbstgespräch am Spirituskocher. Es ist ein Exkurs ins Uferlose. Er entreißt mich der allgegenwärtigen Leere. Schwer ist es, etwas zu beweisen, das nahezu spurlos verschwunden ist; schwer auch, die wenigen, weit auseinander liegenden Fragmente einer Geschichte so zusammenzufügen, dass ein stimmiges Bild entsteht. Endlos könnte ich den inneren Monolog fortsetzen.

Was hat der steinzeitliche Mensch darstellen wollen? Das, was er mit eigenen Augen um sich versammelt sah? Vielleicht auch das Entfernte, das Imaginäre, den Traum? Wenn dem so gewesen ist: Welchem Zweck hatten die Bilder gedient? Waren sie bloße Surrogate? Waren sie Ausdruck von Allmachtsvorstellungen – zur Beschwörung, zur Beherrschung gar, der Welt? Waren manche von ihnen Redefiguren im Reigen der Trancetänze? Oder dienten sie der Beschreibung, der bloßen Illustration des Daseins? Aus einigen der Bildnisse sprechen Genuss und die Befriedigung stiller Freude – dass es der Hand des Künstlers gelungen war, das tagtäglich Erlebte in den Stein zu bannen. Für mich besteht kein Zweifel, dass in dieser Gegend Menschen gelebt hatten, die, ohne Kenntnis einer Schriftsprache, das, was um sie herum passierte und dessen Teil sie waren, als Ausdruck ihres Lebensgefühls ins Gestein ritzten, während das Fleisch des erbeuteten Wildes über dem Feuer röstete, Häute gegerbt und Steinwerkzeuge und -waffen hergestellt wurden. Ein idealer Siedlungsplatz, der in tiefen Windungen in das rotbraune Sandgestein des Gebirges einschneidet. Neben dem Lager ein Steinkreis; als sci er gestern erst verlassen worden.

Die Nacht verläuft unruhig. Sie gehört dem Großwild, das mit Steinschlag und lange nicht gehörtem Röhren von den Höhen des Massivs ins Tal kommt. Gazellen, Mähnenschafe und Steinböcke äsen in der Schlucht, als wären sie Teil der tagsüber zu Felsenhärte erstarrten Geschöpfe; einer Vorhut, der es im Dunkeln gelungen ist, alle Kräfte zu sammeln, in Bewegung zu geraten und sich bei erstbester Gelegenheit von den steinernen Bilderfesseln zu lösen, in die Landschaft zu springen und die Freiheit wiederzugewinnen. Zweikämpfe werden ausgetragen. Hörnerschlag hallt durch das Tal und vermischt sich mit meinem Staunen. Und mit meiner Freude darüber, dass hier, mitten im Verborgenen und Abgeschiedenen, noch derart viel Wild ohne Scheu auf Wechsel ist. «Waidmannsheil» hatten sich diejenigen, die nach Hassanein Bey kamen, regelmäßig zugerufen. Dann waren sie, die um zu töten von weit her anreisten, auf Pirsch gegangen. Jagd auf das Freie und Ungebundene im Zeitalter der Konservendose. Ein Irrwitz angesichts dieser Mondnacht, die mit ihrem Atem den tagsüber versteinerten Kreaturen Blut und Leben einhaucht. Ich benötige kein zur Strecke gebrachtes Wild, um glücklich zu sein. Was ich brauche, sind Eindrücke wie jene auf den Felsbildern der Alten. Unendlich viele Zeithorizonte schieben sich zwischen jeden einzelnen von ihnen. Epochen und Augenblicke, die mein Unterwegssein, auch wenn es befristet ist, verzaubern. Allein das gewährt mir einen glasklaren Blick auf mein Leben; auf ein Dasein mit gereinigtem Sinn.

Die Hengste fürchten sich vor dem grasenden Wild. Sie sind ganz eng aneinander und ans Lager gerückt. Als ich einmal ein paar Schritte ins volle Mondlicht trete, jagt ein Steinbockrudel auf und davon. Ich habe Mühe, die erschrockenen Kamele, die in Panik davongerobbt sind, zu beruhigen. Mit dem Aufzug der Morgendämmerung ist der Spuk vorüber. Ich lausche der aus den Felsen sickernden Stille. Bis das Gezwitscher der Vögel anhebt.

DAS Felsbild, an dem wir übernachtet haben, scheint wintersüber in ewigem Schatten zu liegen. In seiner Nähe könnte ich für immer bleiben. Der Himmel ist bewölkt, und ich ertappe mich dabei, dunkle Ausbauchungen in den Wolkenstreifen, die über uns festgebunden sind, auf ihren Wassergehalt zu taxieren. Auf Regen warten? Ob er gerade hier und jetzt niedergehen würde? Verlockend ist es, darauf seine Hoffnung zu setzen. Würde man sich darauf einlassen, wäre das ein Spiel mit dem Tod.

Welch ein Leben! Endlos entfaltete es sich einst in dieser dünn besiedelten Savannen-, Busch- und Berglandschaft. Ob es viel Streit gab damals? Ich blicke auf die Abbildungen tanzender Menschen; vielleicht sind es Hirten. Keine einzige Szene der Vernichtung, nicht ein einziges Motiv ist darunter, in dem jemand einen Feind erschlägt. Anders als im Niltal brauchte man keinen Pharao, der die Unzufriedenen niederhielt und fremde Völker versklavte. Niemand, auch nicht «die Feinde», war in den engen Winkel gedrängt. Stattdessen:

unermesslicher Raum zur Entfaltung. Wenn man wollte; man konnte sich aus den Augen verlieren oder zusammensitzen, ganz nach Belieben.

Wir passieren die Stelle, an der Almásy mit seiner Wagenkolonne regelmäßig Halt gemacht hatte und sein Speisezimmer errichten ließ. Umgeben von vorgeschichtlichen Felszeichnungen hatte sich der Graf beim Dinieren wie ein König gefühlt. Davon berichten einige, die ihn besuchten.

Das Wolkenfeld hat sich in dünne Schleier aufgelöst. Hitze bricht über uns herein. Um zehn Uhr schlage ich das Mittagslager an einer mit grünen Spitzen besetzten Akazie weiter abwärts im Wadi auf. Nicht lange, und die beiden Sinai-Hengste flüchten in den von gleißendem Licht durchlöcherten Schatten entfernter Bäume. Nur Kambyses verweilt reglos unter der Sonne.

In der Geschichte von «Messingstadt» gibt es eine Passage, die mich aufhorchen lässt. Es ist die Stelle, an der Abd el-Kasus, der wegekundige Führer der Expedition, Musa Ibn Nusair folgenden Rat erteilt: «*Lass tausend Kamele mit Wasser beladen und wieder tausend mit Lebensmitteln und eben so viele mit irdenen Krügen.*»

Worauf Musa erstaunt fragt: «*Wozu dieses?*»

Abd el-Kasus' Entgegnung lautet, aufschlussreich und verwirrend zugleich:

«*Wir haben vierzig Tage durch die große Wüste von Kairawan zu gehen, wo es wenig Wasser gibt und man keine Menschen sieht; dort weht ein heftiger Samum, der die Schläuche austrocknet, weshalb das Wasser nur in Krügen aufbewahrt werden kann.*»

Girbas und Tonkrüge in einer einzigen Karawane vereint – möglicherweise ein wichtiger Hinweis. Sieht man von den Ungereimtheiten in Abd el-Kasus' Streckenführung einmal ab, so kann das nur Folgendes bedeuten: Das Wasser in den Lederschläuchen war für die Hinreise bestimmt, während dasjenige in den Krügen für später, also für den Heimweg, mitgenommen bzw. zwischengelagert oder aber als Ersatz für bereits in die Wüste geschaffte und geleerte Krüge deponiert werden sollte. In Messingstadt selbst, so lässt die ganze Geschichte befürchten, gab es kein Wasser. Dort, so geht der Text, erinnerte eine goldene Tafel mit silberner Inschrift an das Unglück, das die Stadt heimsuchte:

«Es vergingen nämlich viele Jahre, und kein Tropfen Regen fiel vom Himmel, und nichts Grünes wuchs auf der Erde. Nachdem wir unseren Vorrat verzehrt hatten, suchten wir uns Nahrung aus anderen Ländern zu verschaffen; aber die Leute, welche ausgegangen waren, um Lebensmittel zu holen, sagten, wenn sie sie mit Perlen aufgewogen und aufgemessen hätten, so wäre es ihnen auch nicht möglich gewesen, etwas herbeizuschaffen. Als nun keine Hoffnung mehr blieb, ergaben wir uns der Bestimmung und schlossen die Tore der Stadt.»

Falls Musa Ibn Nusair und die Seinen aber auf die Bäche (eine gängige Metapher im Koran zur Beschreibung des Paradieses) vertrauten, die die Stadt voller Toter durchflossen, so musste wohl der gesamte, auf 2000 Lasttiere geladene Wasservorrat für den Hinweg gedacht gewesen sein.

Äußerst selten sind die Textstellen in der alten Literatur, in denen beide Behältnisse, lederne und tönerne, in einem Atemzug genannt und in derart sinnfälligen Nutzungszusammenhang gebracht werden. Am ehesten kommen Herodots Angaben in Betracht, in denen der Altvater der Geschichtsschreibung die Einrichtung von Wasserdepots aus Tonkrügen vermeldet. Mit solchen Stapelplätzen wurden die Wege durch die Wüste seit der Perserzeit ausgestattet. Keine zwei Absätze weiter in seinem Buch erläutert der Grieche die Auffüllung und den Transport von Kamelschläuchen zur Versorgung des Kambyses-Heeres.

Geschichten aus Tausendundeiner Nacht. Es könnte sogar sein, dass sich die Textstelle von Abd el-Kasus auf Abu Ballas bezieht, das einzige Krugdepot zwischen Dakhla und dem Uweinat. Vielleicht aber ist es auch nur eine Reminiszenz an die von Herodot überlieferte Übung – der Anlage von Wasserdepots; ein Brauch, den nach den Angaben des griechischen Geschichtsschreibers die Perser bald nach der Eroberung Ägyptens intensivierten.

In der Weil'schen «Messingstadt»-Übersetzung von 1865 steht, dass das Wasser wegen der durch das heiße Klima bedingten hohen Verdunstungsverluste «*nur in Krügen a u f b e w a h r t werden kann*». Ich bin kein Arabist und möchte mich wegen der Übersetzung des Begriffs «aufbewahren» nicht auf einen Diskurs einlassen. Wenn allerdings das entsprechende Wort im altarabischen Originaltext im Deutschen zutreffend mit «aufbewahren» wiedergegeben sein sollte, liegt darin ein ganz und gar eindeutiger Hinweis auf den Gebrauch der Tonkrüge.

Das Ladeverhältnis von Wasser zu Lebensmitteln beträgt in Musa Ibn Nusairs Karawane übertriebene 2:1. Von Tierfutter und Ausrüstung, etwa Decken fürs Nachtlager, wird nicht berichtet, obwohl man doch vier Jahre unterwegs zu sein beabsichtigte und allein schon deshalb mehr Proviant und mehr Kleidungsstücke, als man auf dem Leib trug, mit sich führen musste. Zum Vergleich: Beim Aufbruch in Burg et-Tuyur bestand die Fracht meiner Karawane zu zwei Fünfteln (220 Kilo) aus Wasser und zu drei Fünfteln (335 Kilo) aus Proviant, Futter, Kleidung sowie Ausrüstung. Abdallahs großer Treck und Sulemans Salzkarawane hatten einen weit geringeren Gewichtsanteil Wasser. Allerdings führte keiner von uns 2000 bepanzerte Reiter wie Musa Ibn Nusair mit im Tross. Wenn es sich bei dem Marsch zur Messingstadt nicht um einen Eroberungszug gehandelt haben sollte, müsste von dieser Schar, die auf Pferden ritt, gut und gerne eine Null abgezogen werden. Noch zwei Vergleiche: Pater Krumps Sinnar-Karawane setzte sich aus 2000 bis 3000 Menschen, 2000 Kamelen, 300 Eseln und zwölf Pferden zusammen. Eine Schwadron Fung-Kavallerie diente ihr als Begleitschutz. Das war im Jahre 1700 gewesen. Die Krump'sche Karawane hatte sich nie weiter als 150 Kilometer westlich vom Nil entfernt.

Hassanein Bey, der außer seinem Reitpferd Baraka auch einen Hund mit auf die Expedition genommen hatte, macht aufschlussreiche Angaben über die Zusammensetzung seines Gepäcks und gibt an, dass jedes Kamel mit circa 125 Kilo beladen war. Die Karawane führte vier Zelte, ebenso viele Fotoapparate, eine Filmkamera, Unmengen an Film, einen Theodoliten, neun Gewehre, vier Revolver und 3000

Schuss Munition mit sich. Die Wasserträger unter den Kamelen trugen jeweils vier Ziegenledergirbas mit zusammen 110 Litern Wasser. Leider verrät der Ägypter nicht, wie viele Tiere mit den Girbas beladen waren. Immerhin gleicht es einem Wunder, dass sein Reitpferd den 2200-Meilen-Marsch heil überstand. Das Tier wurde, wenn das Wasser knapp war, alle zwei Tage mit 14 Litern abgetränkt. Ansonsten bekam es 9 Liter pro Tag. Und Hafer. Die Kamele erhielten zweimal am Tag eine Ration getrockneter Datteln. Hund und Pferd: ein außergewöhnlicher Luxus bei der Verfolgung eines weit gesteckten Zieles. Einige Kamele mussten dafür mit dem Leben bezahlen. Aus all dem, was der Entdecker des Uweinat mitteilt, lässt sich folgern, dass der Anteil des mitgeführten Wassers kaum mehr als die Hälfte des Gesamtladegewichts seiner Karawane betragen hat.

Diese Angaben mögen ausreichender Beleg dafür sein, dass die zur Messingstadt ziehende Karawane des Musa Ibn Nusair einen unerklärlichen Überschuss an Wasser beförderte. Dieses überzählige Quantum hätte allerdings nie und nimmer ausgereicht, 2000 Pferde bis zum Uweinat abzutränken. Wozu sonst also, als zur Ausrüstung eines oder mehrerer Wasserdepots, hätten die irdenen Gefäße dienen sollen? Musas Karawane startete in Oberägypten, und man wird sicherlich erst am letzten Brunnen, vor dem Eintritt in den weiten, wasserlosen Teil der Wüste, sämtliche Ziegenlederschläuche und auch die Krüge gefüllt haben.

Wo das war?

Das ist die Frage. Wie Borchardt mutmaßt, könnte es sich bei der Metapher der messingnen Stadt auch um eine in den Uweinat verlagerte Projektion eines Ortes im fernen Benin handeln. In Benin gab es Gebäude mit einer Bewehrung aus Bronzeplatten. Ob nun Uweinat oder Benin, für beide Ziele könnte die letzte Wasserschöpfstelle, die von dem großen Treck angelaufen wurde, irgendwo im Süden von Kharga oder aber in Dakhla gelegen haben. Die Erzählung lässt sich deuten, als habe die Absicht bestanden, einen Teil des Wegs den Darb el-'Arbain entlangzuziehen – wegen der vierzig Tage.

Warum gerade vierzig? Man hätte auch eine andere Zahl als Zeitangabe wählen können, um die Schwierigkeiten und die Länge des Marsches, der bevorstand, zu illustrieren. Aus der Reisebeschreibung des Rabbi Benjamin von Tudela wissen wir, dass es im Mittelalter eine mäßig frequentierte Handelsstraße von Assuan/Oberägypten zur Oase Djanet in Algerien gegeben hatte. Für das Teilstück Dakhla–Djanet benötigte man 55 Tage, für den gesamten Weg 77 bzw. 62 Tage nach einer anderen Lesart. Letzteres wären genau zwei Monate. Auf Musas Frage: «*Wie lange müssen wir ausbleiben?*», antwortet Abd el-Kasus: «*Wir brauchen zwei Jahre hin und ebenso viel zurück.*»

Die Erwähnung der «vierzig Tage» bzw. der «zwei Jahre» legt den Schluss nahe, dass der unbekannte Verfasser der Geschichte von der Messingstadt auf Reisebeschreibungen zurückgegriffen hat, die zu seinen Lebzeiten in Ägypten kursierten; und zwar auf die Berichte von Kaufleuten und Karawanenführern, die ihr tagtägliches Brot damit verdienten, die Libysche Wüste in all ihren Teilen zu durchqueren. Lässt dies den Schluss zu, «Messingstadt» sei kein reines Märchen?

Schon von der Esch hat darauf hingewiesen, dass «Messingstadt» mit altüberkommenen, bereits zur Zeit ihrer Aufzeichnung nicht mehr umfassend verständlichen Weisheiten durchsetzt ist. Demnach war sich der unbekannte Autor nicht genau bewusst, wovon er schrieb. Vielleicht bin ich seit dem Abschied von Abd el-Hamid in Khartoum mit meinen Tieren auf den Spuren von Abd el-Kasus gewandelt. Und: Es könnte durchaus sein, dass der längst verblichene Märchenerzähler Fragmente eines Wissens aufgegriffen und verarbeitet hat, das, den praktischen Zwecken und Erfordernissen seiner Zeit bereits weitgehend enthoben, aus einer historischen Epoche zu ihm gedrungen war, in der die Libysche Wüste zwar nicht mehr bewohnt, aber noch mit Eseln durchquert werden konnte. Möglicherweise hat der Chronist des Zuges zur Messingstadt die Esel durch Kamele ersetzt; das damals schon gebräuchliche Transportmittel für den Wüstenfernverkehr.

Noch im Alten Reich waren Herchufs mit Tauschlasten beladene Eselkarawanen zwischen sieben Monaten und einem Jahr unterwegs gewesen. Auf seiner dritten Handelsexpedition folgte der Edelmann dem Herrscher von Jam bei dessen Vorstoß ins Land der Libyer – «*bis in die westliche Ecke des Himmels*». Ägyptologen haben versucht, diese Ortsangabe zu dechiffrieren. Elmar Edel legt 15 Kilometer als Tagespensum für eine mehrhundertköpfige Eselkarawane zugrunde und tippt – vage genug – auf das Steppengebiet westlich des Nils zwischen Kerma und Alt-Dongola. Aber: Warum sollte sich die «*westliche Ecke des Himmels*» nicht in El-'Atrun, in Merga oder am Uweinat-Massiv befunden haben? Immerhin stießen die Kölner Ur- und Frühgeschichtler nordwestlich von El-'Atrun auf eine weiträumige Senke mit verkohlten Baumstümpfen, auf Knochen, Scherben und Siedlungsplätze, die auf 2300 v. Chr. datiert wurden. Nach Ansicht von Stefan Kröpelin lässt der gleichmäßige Abbrand des ehemals ausgedehnten Baumbestandes auf systematische Plünderung und Brandschatzung im Gefolge einer militärischen Strafaktion schließen.

Aus ihrem ursprünglichen Zusammenhang gerissene alte Wahrheiten. Bei ihrer Anpassung an spätere Gegebenheiten und an die eigenen Vermutungen hat jeder seinen Versuch. «Messingstadt» wurde erst im 16. Jahrhundert in die Erzählungen aus *Tausendundeiner Nacht* aufgenommen. Der Reisebericht des Rabbi Benjamin von Tudela stammt aus der zweiten Hälfte des 12. Jahrhunderts.

Was Eseln auf den Wüstenfernmärschen der Alten abverlangt wurde, davon machen wir uns heute keinen rechten Begriff, und deshalb werden die meisten unserer Vermutungen zur Leistungsfähigkeit von Eseln und der Reichweite ihrer Karawanen weit entfernt von der damaligen Realität liegen. Zur Kenntnis nehmen können wir nur, was beispielsweise Theodoro Krump, der als erster Europäer seinen Fuß auf den Darb el-'Arbain setzte, in beredten Worten von den Quälereien, denen Mensch und Tier auf dieser strapaziösen Route ausgeliefert waren, berichtet: In der Höhe von Selima «*waren die Barbariner selbst vor lauter Hunger halb gestorben, sie mußten auch in denen Wüsten, wie vorangegangene Tag etliche Esel stechen lassen, weilen solche vor Hunger nicht mehr gehen, vil weniger was tragen kunten, welches gewiß ein grosses Elend anzusehen*».

Und aus dem Munde von Ateje Achmed Abd el-Nabi vernahm ich, dass dessen Großvater mit zwei Eseln den Tariq Bahrein entlanggezogen sei – von Farafra über El-Bahrein nach Siwa, um, wie er angab, den Mahdi zu sehen. Die Reise habe acht Tage gedauert; fünf davon hätte die Wegstrecke zwischen 'Ain Dalla und El-Bahrein beansprucht, eine wasserlose, vielerorts in weichem Gelände verlaufende Trasse. Der Großvater sei zu Fuß gegangen, weil die Esel mit dem Gepäckschleppen bis an die Grenze ihrer Kräfte belastet waren. Ein Reittier habe sich der Mann nicht leisten können. Mittags sei jeder Esel mit einem Becher Wasser und einer Hand voll Stroh abgespeist worden.

In Farafra gibt es Stimmen, die behaupten, zu Olims Zeiten hätte man auch die weitaus schwierigere, 280 Kilometer lange Direttissima durch die große Sandsee, von 'Ain Dalla nach Siwa, ausschließlich mit Hilfe von Eseln bewältigt. Ich hege wenig Zweifel an solchen Darstellungen, denn ich weiß von Viehschmugglern aus Gharb el-Mawhub/ Dakhla, die Esel als Wasserträger einsetzen und Kühe nach Asyut treiben. Das sind 295 reine Wüstenkilometer. Diese Trecks finden in den Wintermonaten statt, jeweils mit Beginn des abnehmenden Mondes. Über Märsche wie sie Abd el-Hamids ältester Sohn Ranem unternommen hat, von Kharga nach Sohag, wird wegen der geringen Entfernung (175 Kilometer) kaum ein Wort verloren. Auf seiner Tour seien sieben Männer, 32 Esel und 73 Kühe vier Tage und vier Nächte unterwegs gewesen; zwei Kühe seien verendet, sagte mir Ranem. Rinder- und Eselkadaver säumen jeden dieser Schmuggelwege. Dass solche Transporte früher weitaus größere Strecken überwanden, darauf deuten Aussagen, die Harding King 1910 in Qasr Dakhla aufzeichnete. Ein halbes Dutzend Männer berichtete ihm von mysteriösen Kühen, die manchmal aus der Wüste nach Dakhla kamen:

«Cows, I was told, had several times come into the oasis from the desert. They were very wild, but otherwise exactly like the cows of the oasis. They came ... from the south-west; but the whole desert there was covered with sand and no one could go there. The last cows had come in only seventeen years before.»

Hierbei kann es sich nur um an aride Klimabedingungen ange-
passte, verwilderte Rinder gehandelt haben. Wurden sie, wie im West-
Sudan noch heute üblich, in Herden durch die Wüste getrieben; in
Konvois, aus denen sie dann ausbrachen? Oder entliefen sie, wenn sie
über längere Zeit unbeaufsichtigt auf der Weide waren? Leider gibt es
kein einziges Foto von den Tieren, die den *bagger baladi*, den um 1900
in Dakhla verbreiteten Hauskühen, aufs Haar geglichen haben sollen.
Dann wäre ein Abgleich mit den im Karkur Talh abgebildeten Rindern möglich.

Vor dem Hintergrund solcher Laufleistungen scheint es fast be-
langlos, dass die Rohlfs'sche Karawane, die im Dezember 1873 vom
Niltal nach Farafra zog, östlich des Abu-Muharik-Dünenzugs auf die
Spuren von drei Männern und zwei Eseln stieß. Die wasserlose Strecke misst 220 Kilometer. Ein ähnliches Vorkommnis vermeldet die
Expedition von der Strecke Farafra–Dakhla, dem schwierigen, über
viel Weichsand und nachgebenden Grund führenden Tariq bahr ar-
rimal, dessen wasserloses Teilstück zwischen Bir Dikka und Qasr
Dakhla 150 Kilometer misst. Und auch die Spuren von 17 Eseln, denen der Brite Jennings-Bramley im Oktober 1896 von Siwa nach Bahariya folgte, zeigen, dass es noch um die Jahrhundertwende üblich
war, sich mit den kleinen zähen Lasttieren auf einen langen Weg
durch die Wüste zu machen.

Blanke Not brachte die Menschen dazu, sich in solcher Besetzung
auf die Reise zu begeben. Einer meiner Gewährsleute in Farafra, Abd
el-Asis Abd el-Nabi Machmud, berichtete mir, noch bis etwa 1930
habe der Hunger Leute aus Siwa bis nach Dakhla getrieben, wo sie
Waren und Schmuggelgut gegen Lebensmittel einzutauschen pfleg-
ten. Aus seiner Kindheit habe er die Siwaner, die auf der Durchreise in
Farafra Station machten, noch gut in Erinnerung. Auch den Farfaro-
nis sei es damals nicht gut gegangen. Man habe jede Chance wahrgenommen, sei jedem Wink in der Hoffnung nachgegangen, das eigene
Los verbessern zu können. Wegen der weit verbreiteten Armut sei auf
den mörderischen Strecken kaum ein Kamel zum Einsatz gekommen,
hatte Abd el-Asis erklärt. Zu jener Zeit hätte es in Farafra ohnehin nur

zwei oder drei Höckertiere gegeben, denn alles, was sich die einfachen Leute damals leisten konnten, seien Esel gewesen.

Kampf um das tägliche Brot, wie er bereits im Jahre 1873/74 von Gerhard Rohlfs in diesem verarmten Landstrich Ägyptens beobachtet worden war. Dass es um die Lebensverhältnisse in Farafra während der Spätantike nicht viel besser bestellt war, illustriert eine Deckenmalerei in einer Katakombe südlich des Hauptortes, die als einzige Reit- bzw. Lasttiere zwei Esel zeigt. Erst mit den Tiefbohrungen nach Brunnen, die Anfang der sechziger Jahre von der Regierung veranlasst wurden, haben sich die Lebensbedingungen in der Oase verbessert.

All das Transportieren von Lebensmitteln, von Hoffnung und von Habseligkeiten wird durch die Ereignisse des Winters 1930/31 in den Schatten gestellt, als während des «*harb italian* – des italienischen Krieges» ganze Familien mit Kind und Kegel, mit Kamelen, Eseln und Ziegenherden, aufgelöst in kleine Gruppen, geradewegs von Kufra nach Farafra flüchteten. Trotz immenser Vorbereitungen war Gerhard Rohlfs in Gegenrichtung auf einer Parallelstrecke kläglich gescheitert. Sechs der Flüchtlinge seien in Farafra sesshaft geworden und hätten dort geheiratet. Das hatte mir Abd el-Asis gesagt. Der überwiegende Teil sei weitermarschiert. Die Flüchtlinge hätten so viele Ziegen mitgebracht, dass es kein Grünfutter mehr in Farafra gegeben habe. Das zwang die Leute zum Abmarsch. Schließlich hatte mich Omer Ali Hafis zu den Kalkfelsen östlich von Guschna geführt.

«Hier haben sie ihre Zelte aufgeschlagen», hatte er mit Gewissheit in der Stimme verkündet und den Sand zur Seite geschoben. Eine dicke Lage alter, grauweißlicher Ziegenkötel kam zum Vorschein.

«Und hier waren ihre Ziegenverhaue. Glaubst du's jetzt?»

«Dass die durchgekommen sind!», hatte ich gestaunt und konnte das Gesehene dennoch nicht für bare Münze nehmen. Bis ich einen Vermerk darüber in Bagnolds *Journeys in the Libyan Desert 1929 and 1930* fand und damit Gewissheit über das für unmöglich gehaltene Geschehen erlangte.

Im Geröllhang des Hügels von Abu Ballas ist das Bild einer Kuh mit lyraförmigen Hörnern, die ein Kälbchen säugt, in den Fels geritzt.

Die Gravierung verrät eine altägyptische Handschrift und weicht damit deutlich vom Darstellungsstil der vorgeschichtlichen libyschen Rinderzüchter ab. Vielleicht wurden noch im Mittleren Reich Rinder aus dem fernen Südwesten, also vom Gilf Kebir, vom Uweinat, von Kufra oder vom Tibesti nach Dakhla und weiter zum Niltal getrieben – in Begleitung von Eseln.

ZURÜCK zu den Eselkarawanen der Alten. Die Entfernung zwischen Dakhla und Abu Ballas beträgt 180 Kilometer, die zwischen Dakhla und dem Wadi el-Bakht (Gilf Kebir) 185 Kilometer und jene zwischen Letzterem und dem Uweinat-Massiv 180 Kilometer. Die Gesamtstrecke wäre also fast auf den Kilometer genau gedrittelt, wobei in der Umgebung des Wadi el-Bakht und am Uweinat, so, wie ich mir die Landschaft vorstelle, nicht nur Wasser, sondern auch Weideplätze für ein längeres Atemholen der erschöpften Lasttiere zur Verfügung standen. Hält man sich vor Augen, was über die Leistungsfähigkeit der Wüstenesel bekannt ist, dann wäre die Route Dakhla–Djebel Uweinat durchaus in drei jeweils vier bis maximal zwölf Tages- oder Nachtmärsche umfassenden Etappen für die Eselkarawanen früherer Tage zu bewältigen gewesen.

Der Beweis dafür? Wie immer bei solch vagen Spekulationen liegt er in der Wüste verborgen. Und das beträchtliche Spektrum überlieferter oder angenommener Marschpensen für Eselkarawanen macht es schwer, die divergierenden Einzelmeinungen ohne empirische Überprüfung zu einer einzigen stichhaltigen Aussage zu verdichten. Das jedenfalls nehme ich mir vor: Bis Abu Ballas will ich alles daransetzen, einen Zipfel dieser längst untergegangenen Fahrenszeit aus dem Sand hervorzuziehen.

Noch einmal suche ich die Felswände ab. Seit einiger Zeit sind vorgeschichtliche Hirtendarstellungen bekannt, die die Verwendung von ziegenledernen Wasserschläuchen und deren Transport per Esel bzw. per Ochse im auslaufenden Neolithikum belegen. Warum sollte nicht ein solches Bild auch hier zu finden sein? Statt seiner finde ich Abbildungen von Kamelen.

Bei seinem Blitzbesuch im Karkur Talh hatte Hassanein Bey keine einzige Petroglyphe eines Schwielensohlers zu Gesicht bekommen. Das ließ ihn auf ein hohes Alter der Uweinat-Ritzzeichnungen tippen. Immerhin: Seine falschen Folgerungen führten zu einem richtigen Befund. Die Kameldarstellungen sind allesamt jüngeren Datums. Für diese Einschätzung spricht, dass der Untergrund, der mit Kamelpiktogrammen bedeckt ist, deutlich heller und damit frischer ist als die Punzungen und Ritzungen der in unmittelbarer Nachbarschaft befindlichen vorgeschichtlichen, mit erdfarbener Patina überzogenen Rinder-, Straußen- und Giraffendarstellungen. Die Höckertiere sind in allen möglichen Varianten in den Fels gebannt: einzeln, in Begleitung eines Wanderers, als ungeordnete Reihung einer sich fortbewegenden, von Menschen geleiteten Karawane und als Reittiere, die eine Viehherde bewachen helfen.

Hassanein Bey traf auf etwa 150 in den Tälern des Uweinat lebende Tebu und Goran. Warum sollten sie oder ihre Vorfahren nicht die Urheber der Zeichnungen gewesen sein; der beeindruckenden Momentaufnahmen, die mir, vollkommen authentisch, ein unstetes, an den letzten Wassertropfen sich klammerndes Wanderhirtenleben offenbaren? Wie Bagnold mitteilt, hatten sich die Goran bis zum Jahre 1930 mit ihren Herden am Fuß dieses Gebirges halten können.

ICH fotografiere weiter. Meine Tiere bleiben dicht bei mir. Das erleichtert die Arbeit und bestätigt die Zusammengehörigkeit. Als wollten sich Mensch und Tier wieder und wieder der gegenseitigen Anhänglichkeit vor dem Marsch hinaus ins Nichts vergewissern. Das Unbändige ist aus meinen Hengsten heraus. Ob's an der Hitze liegt?

Eintrag ins Tagebuch: «*Wasserverbrauch 4,0 l; Summe 38,0 l (10 Tge).*»

Seit wir am Uweinat sind, trinke ich zu viel. Doch: Um zu funktionieren, braucht mein Körper die Menge, die er verlangt. Ich bin kein Beduine, dessen Ahnen Jahrtausende Zeit hatten, sich an Trockenheit und Hitze anzupassen. Und auch ein Buschmann, der Knollenwurzeln ausgräbt, Späne davon abschabt und daraus mit bloßer Hand ein paar Tropfen quetscht, kann mir nicht als Vorbild dienen.

Lieber laufen als dürsten – oder Wasser finden. Ich mache einen letzten Versuch. Während ich nach feuchten Stellen im Sand Ausschau halte, kommen mir Bilder vor Augen, die sich in der Kalahari, 5000 Kilometer weiter im Süden des schwarzen Kontinents, während jeder Trockenperiode abspielen. Derjenige, der weit weg vom Wasser auf Jagd ist und sich nicht auf das Handwerk des Buschmannes versteht, verlässt sich auf Paviane. Sie haben immer einen geheimen Wasservorrat, der sich anzapfen lässt – wenn der Affe sein Versteck preisgibt. Dazu gräbt der Jäger einen Hohlraum in einen der vielen Gänge eines verlassenen Termitenhügels und bugsiert Wildmelonensamen hinein. Dann legt er sich auf die Lauer. Der Pavian greift voller Neugierde in die Vertiefung und packt die Faust so voll, dass sie nicht mehr durch den Tunnel passt. Das Tier erliegt seinem Sammelzwang, ist gefangen, weil es die Samen nicht fallen lassen kann. Und dann wird der in der Falle sitzende Affe von seinem Verfolger mit Salzklümpchen gefüttert. Der brennende Durst, der sich bald nach dem Genuss der Leckerei einstellt, lässt das Tier alle Vorsicht vergessen. Es führt den Jäger schnurstracks zum Leben spendenden Nass.

Ich mache mir keine Illusionen. Hier gibt es keine Affen; nur Gazellen- und Wildschaffährten. Und die führen überallhin.

An einem mit einer Goran-Karawane geschmückten Felsabsatz stelle ich meine Kamele zu einem Gruppenbild auf. Abschiedsfoto. Ob ich je noch einmal bis hierhin werde laufen können?

Talabwärts an der Westwand des Karkur entlang. Eine herabgestürzte Felsplatte ragt wie ein Grabstein aus dem Wadigrund. Auch sie ist mit Ritzzeichnungen überzogen. Ist es eine der sieben Tafeln, die die märchenhafte Karawane aus *Tausendundeiner Nacht* an der Seite des Berges, welche der messingnen Stadt gegenübergelegen hatte, sichtete? Nicht weit davon entfernt, in der Tiefe eines Talbogens, Kleiderfetzen, fünf Lastsättel, mit Salz und mit Zucker gefüllte Stoffbeutel, Tragnetze und emailliertes Blechgeschirr, das nicht mehr zusammengeräumt und gesäubert wurde. Spuren eines überhasteten

Aufbruchs beim Nahen einer ägyptischen Militärpatrouille? Einen der Sättel lade ich auf. Einen weiteren zerlege ich in Einzelteile und verstaue sie im Gepäck.

Blick auf eine an den Rand gedrückte Vegetation. Halb verdorrt sind die wenigen Krüppelakazien, die den Gluthauch der staubtrockenen Winde überstanden haben. Vereinzeltes Grün sprießt aus ihrem Geäst; wehrt sich durch bloßes Dasein gegen den Untergang. Ob das reichen wird? Die Bäume stehen zu weit auseinander, als dass der knochige Schatten des einen je den Stamm des anderen umarmen könnte. Das Stoppelgras ist gänzlich abgeraspelt und unter dem Sand begraben. Leben bevölkerte einst die weit ausgebreitete Savanne und das Buschland. Jetzt ist es wie von einem Keulenschlag ausgelöscht und zu kleinen Haufen zusammengekehrt. Stille liegt über den Knochensplittern. Landschaft, in der der Rhythmus von Wachsen, Werden und Vergehen zum Erliegen gekommen ist. Raubeinige Tagelöhnerhorden werden dafür sorgen, dass auch dieser Kehricht zu blasser Erinnerung wird.

Noch eine halbe Stunde bis zur Grenze. Autospuren stricheln in ostnordöstlicher Richtung über einen flachen Sandanstieg aus dem Tal. Blick zurück. Wie eine aus einem Stück gegossene Bastion erhebt sich der zentrale Höhenrücken des Uweinat über Sand und Gestein. Musa Ibn Nusair hatte einen Offizier auf Erkundungsritt geschickt. Nach zwei Tagen war der Mann wiedergekommen. Er hatte die Stadt einmal umrundet, ohne eine Öffnung in dem Festungswerk gefunden zu haben. Schließlich gelang es, über eine lange Leiter in die Stadt zu klettern. Zu Füßen eines elfenbeinernen Thrones wurde man schließlich auf die Probe gestellt. Dort saß ein Mädchen, tot. Es hatte Gazellenaugen, trug eine Perlenkette von unermesslichem Wert und war in ein ganz mit Edelsteinen besetztes Kleid gehüllt. Der Emir wollte den Schmuck, und als er danach griff, wurde er durch das Schwert eines schwarzen «Säulenheiligen» gerichtet. Die anderen kamen mit ihrer Habsucht davon. Mit Kostbarkeiten beladen verließen sie die Stadt. Einen ganzen Monat brauchte man bis zu einem hohen Berg, auf dem in Häute gekleidete Schwarze in Höhlen hausten. Der

König der Schwarzen bewirtete die Ankömmlinge freundlich und erzählte ihnen von einer Erscheinung: «*Jeden Donnerstag steigt eine Feuersäule gegen den Himmel auf, und wir sehen einen Mann auf dem Wasser gehen.*»

Drei Tage später ließ der Herrscher auf Musas Wunsch hin Taucher kommen. Sie bargen drei mit den salomonischen Siegeln verschlossene, kupferne Flaschen aus der Tiefe des «Meeres» und überreichten sie den Gästen. Damit war der Reisezweck der wundersamen Expedition erfüllt. Reich beschenkt trat man den Rückweg an.

Über die Richtung, die Musas Karawane ab der messingnen Stadt eingeschlagen hat, verliert die Erzählung kein einziges Wort. Wer nach Bagdad via Kairo wollte, hatte wahrscheinlich nur die Wahl zwischen Siwa, Farafra (via Gilf Kebir, Wadi Abd el-Malik) und Dakhla (via Abu Ballas), wenn er nicht den Weg, den er gekommen war, zurückwollte.

Ich schiebe das Märchen beiseite, beschäftige mich wieder mit meinem Lieblingsthema, den Eselkarawanen der Antike, und lasse, mitten im Laufen, erst einmal die Nordroute und das, was ich darüber weiß, Revue passieren. War die gewaltige Distanz vom Uweinat nach Siwa je mit einer Huftierkarawane zu bewältigen? Ich bin überzeugt davon. Ein bloßer Blick auf die Landkarte offenbart eine Lösung für den wohl schwierigsten Geländeabschnitt auf dieser Trasse: vom Djebel Uweinat zum «*old camp site*»-West, dort, wo die 26-Grad-57-Minuten-Linie nördlicher Breite sich mit der 47. Minute des 25. Längengrades schneidet.

In den nach Nordwesten ausgerichteten Steilabfällen des Gilf sind zwei Pässe, «*steep camel pass*» und «*el Aqaba*» eingetragen, die nach dem Dafürhalten der britischen Kartographen für Kamele und für Autos geeignet sind. Wenn dem so ist, dann waren diese Anstiege erst recht mit Eseln begehbar. Hinzu kommt, dass entlang der Fronten des Gilf und in dem Gebirge selbst genügend Stellen ausfindig gemacht wurden, an denen sich, wie im Wadi Abd el-Malik, am Djebel Arkenu und am Uweinat, nach Regenfällen Wasser sammelte; kostbares Nass, das möglicherweise noch im Altertum die Eselkarawanen versorgte.

Wasserbecken und Seen dieser Art erreichten oft eine Tiefe von mehreren Metern. Auch wenn diese Gewässer von der Wissenschaft als Überbleibsel der letzten Feuchtphase (ca. 8000–3000 v. Chr.) eingeschätzt werden und damit als versiegte Wasserreservoire einer abgeschlossenen Epoche gelten, so ist es doch verwunderlich, dass auch unter dem gegenwärtigen Klima solche, wie der mehr als zwei Meter tiefe See im Oberlauf des Wadi el-Maftuh am Ostrand des Gilf, sich im Winter 1988, ein Jahr nach unserem Gewaltmarsch, überhaupt hatten ausbilden können. Eins dieser von Zeit zu Zeit von Starkregen aufgefüllten Gewässer befand sich in unmittelbarer Nähe der von Almásy entdeckten Höhle der Schwimmer; ein Fund, der belegt, dass die auf den Felswänden der Höhle dargestellten Figuren keine Ausgeburt der Phantasie steinzeitlicher Künstler waren, sondern dass das Schwimmen in Nähe der Felsbilder tatsächlich möglich gewesen sein muss. Wer in den Schluchten des Gilf tauchen und schwimmen konnte, dem wird es auch gelungen sein, ein Wasserloch für die Tragtiere einer Karawane auszuheben.

Das lässt sich nicht bestreiten: Nach Jahrtausenden eines feuchten, wenn auch labilen Gleichgewichts wurde es in dem Gebiet, das vor mir liegt, zunehmend trockener. Die Niederschläge reichten zur Grundwasserbildung nicht mehr aus. An diesen Klimawandel konnte sich der Mensch bis etwa 3000 v. Chr. anpassen. Danach musste er den größten Teil seines Lebensraums in der offenen Wüste aufgeben. Die Räumung großflächiger, von Trockenstarre heimgesuchter Regionen, die Migration und – in der Folge – die Konzentration der aus der Wüste verschlagenen Bevölkerung am Nil scheinen auch Auslöser für die Reichsgründung im alten Ägypten gewesen zu sein.

Als Rückzugsgebiete abseits des Nils blieben die Oasensenken der Libyschen Wüste, der Uweinat, der 1416 Meter hohe Djebel Arkenu und der Gilf Kebir. Die drei Gebirge lösten hin und wieder Niederschläge aus. Damit ermöglichte die kurzzeitige Luftfeuchtigkeit der schütteren Vegetation im engen Umfeld der Felsmassen das Überleben. Rudimente dieses Bewuchses sind auf der britischen Karte von 1943 vermerkt. Im Jahre 1932 stießen Almásy und Clayton an der

Nordostecke des Gilf, auf der Höhe des Plateaus, auf zwei Pfade, die mit steinernen Wegzeichen markiert waren. In einer Schlucht hatte man eine der Trassen durch Aufschichtungen von Geröllbrocken begehbar gemacht. Die Wege nehmen ihren Lauf von Norden nach Südosten. Almásy setzte sich auf ihre Spur, fand einen Kuhkadaver, Windschirme, Feuerstellen und betrat schließlich die von ihm bereits überflogenen Felsschluchten der Wadis Hamra, Abd el-Malik und Talh. Sie liegen sämtlich an den nördlichen Ausläufern des Gilf. Im Cañon des Wadi Abd el-Malik durchschritt er eine 24 Kilometer lange, mit Akazien, Salambüschen und verdorrtem Gras bedeckte Vegetationszone, fand nach ein paar Spatenstichen eine der beiden Quellen. Damit war nachgewiesen, dass noch in diesem Jahrhundert, neben einem Weg von Kufra aus, eine Marschlinie «Uweinat–Arkenu–Djebel Babein–Wadi Hamra–Wadi Abd el-Malik» existiert hatte. Ob sich dieser Weg früher einmal weiter nach Norden in Richtung Siwa, El-Bahrein oder 'Ain Dalla fortgesetzt hatte?

Nichts lässt sich gegen die Auffassung der Klimaforscher vorbringen, wonach die flache Wüste nördlich des Wendekreises vor etwa 5000 Jahren ihr heutiges Erscheinungsbild erreichte. Dennoch: Wegen der Existenz gebirgiger Rückzugsinseln bleibt es wahrscheinlich, dass die Etappe «Uweinat–Siwa» früher einmal in Teilstücke zerfiel, die allesamt wesentlich kürzer gewesen sein müssen als die doppelte Länge des Weges von Dakhla nach Abu Ballas. Das sind 360 Kilometer; die Entfernung, die man benötigt hätte, um die aus dem Mittleren Reich datierten Tonkrüge am Abu Ballas von Dakhla aus mit Hilfe von Eseln nachzufüllen. Später wird man dieser durch die starren Einöden eines der trockensten Gebiete der Erde führenden und von den Hufen der Esel ausgetretenen Marschroute auch mit Kamelen gefolgt sein. Das illustriert beispielsweise der Bericht über eine ebenfalls das Uweinat-Massiv als Etappenziel ansteuernde Karawane des Sultans von Wadai, die im Jahre 1809/10 mit Mann und Kamel in der Ost-Sahara unterging. Und vielleicht ist auch die Karawane des Kalifen Abd el-Malik Ibn Marwan um die Wende des siebten nachchristlichen Jahrhunderts auf einem alten Handelsweg entlanggezogen, an dem das «*old camp site*»-West der britischen Karte liegt. Weit ab davon kann sie sich kaum bewegt haben, denn das «Bild der Schwimmer», das Almásy in einer Höhle des Wadi Sura fand, am Südwestabfall des Gilf Kebir, fast 200 Kilometer vom Djebel Uweinat entfernt, und das nach von der Eschs Vermutung in der Erzählung von der Messingstadt als «*Meerestöchter*» bzw. «*als wunderbare Geschöpfe des Meeres in Menschengestalt*» wieder auftaucht, mag ein Indiz dafür sein, dass zu einer nicht näher bestimmten Zeit Wasser in Hülle und Fülle am Rande des Gilf Kebir vorhanden war. Von diesem Reservoir bzw. von dessen Darstellung im «Bild der Schwimmer» musste der Verfasser von *Tausendundeiner Nacht* gehört haben, weil die Erinnerung an solch ein Kuriosum inmitten des abgelegensten Teils der Libyschen Wüste nie ganz in Vergessenheit geraten war.

Wäre die Stelle, an der die Männer der Eselkarawanen einst Wasser schöpften, in der Gegend des «Bildes der Schwimmer» zu suchen, dann gäbe es eine Erklärung dafür, auf welche Weise die Kunde davon auf dem verschlungenen Weg über viele Jahrhunderte bis zu dem unbekannten arabischen Geschichtenaufschreiber der *Alf Laila w' Laila* gelangt sein könnte: durch die Karawanenleute selbst, deren wasserlose Marschstrecke sich zwischen dem Djebel Uweinat und «*old camp site*»-West halbiert hätte.

Der Gilf, dessen Plateau mitsamt seinen Ausläufern eine Fläche von circa 26 000 Quadratkilometern bedeckt, ist nach Norden hin für Karawanen durchlässig. Die Distanz von der letzten Quelle im Wadi Abd el-Malik bis «*old camp site*»-West der britischen Karte beträgt 300 Kilometer. Von dort bis Siwa sind es 260 Kilometer. Ob mit Vegetation gefüllte Lehmpfannen, frühere Süßwasserseen, dazwischenliegen? Man müsste die Strecke abgehen, um zu erkunden, ob diese Entfernungen je mit Eseln zu bewältigen gewesen waren.

Dass meine Überlegungen zu möglichen, längst verschollenen Wegen zwischen Siwa und dem Uweinat-Massiv einen realen historischen Bezug haben, belegt im Übrigen auch eine Stelle bei Herodot. Im «Nilquellen-Gespräch» berichtet der Altvater der Geschichtsschreibung von einer Unterredung, die zwischen Etearchos, dem Kö-

316

nig von Siwa, und mehreren, das Orakel besuchenden Kyrenern stattgefunden hatte. Aus dieser Unterhaltung hätten die Kyrener erfahren, dass die Nasamonen, eine libysche Völkerschaft, einst fünf wagemutige junge Männer aus ihrer Mitte «*ausgelost hätten, die die Wüste Libyens erforschen und womöglich weiter hinaus als die Früheren etwas Neues entdecken sollten … Oberhalb des Meeres und der Meeresanwohner landeinwärts … ist das Land der wilden Tiere, und noch weiter oben, jenseits dieser Wildnis, ist Sand und furchtbarste Dürre und völlige Wüste. Jene jungen Leute also, von ihren Genossen ausgesendet, zogen, mit Wasser und Speisen wohl versehen, anfangs durch den bewohnten Landstrich, darauf kamen sie in die Wildnis, und nach dieser durchwanderten sie die Wüste in Richtung Westen. So ging es viele Tage lang durch eine weite Sandwüste; endlich erblickten sie eines Tages Bäume in einer Ebene, und wie sie hinzueilten und von den Früchten der Bäume aßen, kamen kleine Männer über sie … und führten sie fort … Man führte sie durch gewaltige Sümpfe, bis sie endlich in eine Stadt gelangten, deren Bewohner alle so klein waren wie ihre Führer und von schwarzer Farbe. Bei der Stadt floß ein großer Strom von Westen her nach Sonnenaufgang, und in ihm befanden sich Krokodile … Von dem Fluß aber, der dort vorbeiströmt, vermutete schon Etearchos, es könnte der Nil sein …*»*

Es mag sein, dass in dem von Herodot zitierten Gespräch der Oberlauf des Nils entsprechend der im Altertum gängigen Auffassung irrigerweise nach Westen verbogen worden ist; und damit ebenso die Reiseroute der fünf. Dennoch ist dem Bericht klar zu entnehmen, dass der wagemutige Trupp die Sahara erfolgreich durchquerte. Ob man schließlich am Tschadsee ankam, am Niger oder am Ptolemäischen Fluss, der zu damaliger Zeit noch Wasser führte, Krokodile beheimatete und von Westen nach Osten floss, lässt sich heute nicht mehr mit Bestimmtheit sagen. Jedenfalls geht aus der Schilderung hervor, dass es früher einmal eine Verbindung zwischen Siwa und Schwarzafrika gegeben hat und dass dieser Weg nicht unbedingt über die Oasenkette in der Westwüste Ägyptens führte. Und auch das dürfte kein Zufall sein, dass nämlich Herodot das Gespräch über die Nilquellen in eine Hunderte Kilometer vom großen Strom entfernte Oase verlegt. Der Grund dafür ist wohl am ehesten in handfesten ökonomischen Interessen zu sehen, die sich bereits zu Herodots Zeiten als Handelsbeziehungen zwischen Siwa und Kyrene sowie Nubien und Zentralafrika manifestierten.

D I E Wüste ist ein nimmer trockenfallendes Gefäß für meine Phantasie. Doch: Die Erzählungen aus *Tausendundeiner Nacht* und aus Herodots Geschichtsbuch und das Weiterspinnen der darin ausgelegten Fäden sind das eine, das Laufen ist das andere. Der britische Offizier N. B. De Lancey Forth berichtet im *Geographical Journal* des Jahres 1930 von einem pensionierten schwarzen Postboten, der während seiner aktiven Zeit im Alleingang und per Kamel Briefe zwischen Siwa und Kufra transportiert habe. Die wasserlose Strecke misst gut 600 Kilometer. Und nach Bagnold *(Libyan Sands)* soll ein Musa Ibn Nasr um 700 n. Chr. einen Kamelritt in gerader Richtung von Siwa nach Süden absolviert haben. Am siebten Tag hätte er die eisernen Tore einer Stadt erreicht. Es kann sich nur um den Ort gehandelt haben, von dem Wilkinson in den zwanziger Jahren des 19. Jahrhunderts hörte, er sei mit Palmen, Quellen und einer Ruine bestückt.

Doch jetzt ist 1987. Ich muss mich auf das konzentrieren, was vor uns liegt, darf nicht in Richtung Siwa abschweifen und mich in Tüfteleien verlieren, zu deren Überprüfung mir Wasser, Proviant und Kraft fehlen. Unbetretenes Terrain breitet sich vor uns aus, und niemand ist da, der mir helfen könnte, Antworten auf die Fragen zu finden, die sich mir in den Weg stellen. Auch für die Ägyptologie ist die Gegend ein weißer Fleck. Ihn ganz allein mit Inhalt füllen, ob das gelingen wird? Nur das ist bisher zur Gewissheit geworden: Unser Marsch gleicht einer Wanderung durch ein Meer von Spekulationen, von denen manche sich durch bloßes Laufen erledigen werden. Und wenn ich dennoch Glück haben und irgendwo auf unserem Weg nach Abu Ballas ein paar alte Scherben oder einen Eselhufnagel in den Händen halten würde, es wäre ein Triumph.

Der untere Teil des Karkur Talh endet in einem weit ausfächernden flachen Trichter. Ein paar hundert Meter voraus, mitten im Tal, mahnt ein zerfetzter Kamelkadaver zur Vorsicht. Wir biegen nach Osten ab und gewinnen über sanft ansteigende Sandflächen an Höhe. Hinter uns bleibt das Wadi zurück, dessen Akazienbestand sich in immer dünner werdender Linie hinaus in die Ebene zieht.

Wir stoßen auf frische Autospuren. Von ihnen geht ein eigentümlicher Magnetismus aus. Ich ertappe mich dabei, wie ich mich daran klammere. Wir folgen den Spuren, und nach einer Weile sichte ich wieder Fährten von Kamelen und barfüßigen Wanderern. Weshalb sind die, deren Fußstapfen mich schon vor Tagen erschrocken hatten, hier entlanggezogen? Es gibt nur eine Erklärung: wegen der Minen, denen das Kamel zum Opfer gefallen ist, hatte man es nicht gewagt, den direkten Weg nach Kufra einzuschlagen.

In der Klarheit des Abendlichts hat die Karawane eine Höhenlinie erreicht. Wie eine Mauer grenzt jetzt das Massiv des Uweinat den Himmel gegen den Sand ab. In der Ferne, unten am Rand des Gebirges, markiert, spielzeugklein, eine Akazie die Stelle, an der der Austritt des Karkur Talh in der Ebene endet. Das letzte Zeichen Leben bis Bir Abu Minqar. Es ist schwer, sich im Gelände zurechtzufinden, nichts scheint mit den Kartendaten übereinzustimmen. Keine Piste. Wäre nicht der Berg, es gäbe keinen Halt.

Anderntags treffen wir auf die auf der Karte angegebene Trasse. Wir folgen ihr und erreichen in ziemlicher Kälte die Höhe 717. Mitten auf dem Weg, von Autoreifen halb zerstört, Nester mit Straußeneiern. Mit kältesteifen Fingern grabe ich zwei der Eier aus. Sie sind noch ganz. Rußgeschwärzte Ovale an ihren Unterseiten künden davon, dass sie den Hirten von einst als Küchengerätschaften dienten. Rudolph Kuper hat ähnliche, weiter nordöstlich gefundene «Gelege» auf ein Alter von 7000 Jahren datiert.

Nur wenig weiter, am Lagerplatz der Militärpatrouillen, liegt neben einem Haufen leerer Konservendosen ein zugeschnürter, flacher Sack. Atma lässt sich fallen. Während ich im Küchenbeutel nach dem Messer suche, scheuert der Hengst mit dem Unterkiefer über das Bündel. Seine Art der Besitzergreifung. Als die Verschnürung aufgeschnitten ist, kommen trockenharte, weiße Fladenbrote zum Vorschein. Nachschub zur richtigen Zeit, denn mein Brotvorrat neigt sich dem Ende zu. Die Hälfte der Fladen erhalten die Hengste als Dankeschön. Der Rest verschwindet in der Proviranttasche.

Auf einem Sattel hinter der Anhöhe steht ein Petroleumfass. Wenn darin Wasser wäre! Der Vorrat würde uns einen Ausflug auf das Plateau des Gilf Kebir und vielleicht zur Höhle der Schwimmer ermöglichen. Von dem Wasser, das die Karawane mit sich schleppt, sind die Kamele noch nicht abgetränkt worden.

Das Fass markiert eine Pistengabel. Es ist leer. Frische Spuren im Sand erzählen die Geschichte eines raschen Aufbruchs. Sechs Männer haben sich warm gelaufen. Neben ihren Fährten die Reifenrillen zweier Jeeps. Morgentraining von Soldaten. Das Kommando dazu wurde wohl noch in der Dunkelheit gegeben. Wie sonst wäre es zu erklären, dass man den Brotsack vergaß.

Von hier weisen die meisten Fahrzeugspuren nach Norden; nur wenige, auch die der sechs Läufer, zielen in die Richtung, in die ich will. Ich folge ihren Spuren und freue mich über die Nachlässigkeit der Ägypter. Als die Fährten der Sportsmänner zu sehr nach Osten abdriften, halten wir auf den «small crater» der Karte zu. Wir erreichen den längst erloschenen Vulkankegel um die Mittagszeit. Wegen vieler Schlangenspuren wage ich es nicht, herumzulaufen. Im Norden ragen die beiden Felstürme von «Peter and Paul» aus dem Sand. Und 25 Kilometer im Nordwesten ist die auf der Karte eingetragene «group of craters» klar auszumachen. Wo aber ist die Piste? Wir laufen weiter. Rechter Hand die Höhe 964. Vor uns auf der weiten, welligen Fläche einige verstreut liegende, flache Hügel. Dahinter, genau auf Kurs, die Basaltfelsen der Karte. Am Nachmittag erreichen wir eine Fasslinie und überqueren eine Piste, die augenscheinlich vom Sudan in den Gilf Kebir läuft, an «Peter and Paul» vorbei.

Ich sichte eine wie mit dem Lineal von Norden nach Süden gezogene Motorradspur. Sie ist nicht sehr alt. Das Zweirad wurde von drei Militärfahrzeugen verfolgt. Bald treffen wir auf erste Lkw-Spuren und schließlich auf die Piste, nach der ich lange vergeblich Ausschau gehalten hatte. Breit ist sie und vollkommen von Autoreifen zerpflügt. Wir folgen ihr trotzdem und stapfen über den aufgewühlten Grund, denn noch einmal – wie bei Burg et-Tuyur – will ich einen winzigen Punkt in der Ferne ansteuern: Abu Ballas; ein Unternehmen, das ohne die Hilfe des Weges zum Scheitern verurteilt ist. Von einer antiken Karawanenstraße war bisher nicht das Geringste auszumachen. Stattdessen sichte ich zwischen den Fahrzeugspuren fünf oder sechs Büschel abgestorbenen Grases. Einzeln reiße ich sie aus und übergebe sie den Tieren. Weil Hassan nur noch ein langsames Tempo anschlagen will, wird Atma wieder Leitkamel. Rechts unseres Kurses erstreckt sich steiniges Gelände. Atma späht unentwegt dorthin. Vermutet der Hengst Fressbares zwischen den Felsblöcken? Auf einer Höhenstufe machen wir im Schutz eines sandeingewehten Steinwalls Nachtrast. Ob er von Menschenhand aufgeschichtet wurde? Mir fehlt die Kraft, das Gebilde näher zu untersuchen. Letzter Blick auf das Uweinat-Massiv und auf «*Peter and Paul*».

Der Weg läuft steiler nach Norden, als es die Karte anzeigt. Die Karawane marschiert durch steiniges Hügelland. Namenlose Erhebungen überragen Rippungen dicht gestaffelter Felsen. Die Tiere geben ihr Bestes, und auch ich muss alle meine Kräfte zusammennehmen. In diesem unübersichtlichen Gelände wurde hier und da ein Alam gesetzt. Aus welcher Zeit sie stammen und wer sie errichtet hat, lässt sich im Vorübergehen nicht entscheiden. Ob die Autospuren einen alten Pfad überlagern? Zur Mittagszeit taucht der Plateauabfall an der Südspitze des Gilf auf. Er wird von der Sonne beschienen und ist dennoch ganz unspektakulär. Wir machen Rast. Während des Essens setzt Wolkentrübung ein, und die ganze Pracht ist dahin. Die Silhouette des Gilf mit dem Kemal-el-Din-Monument, einer schlichten Gedenkplatte irgendwo an seinem Fuße, wirkt jetzt fahl und nichtssagend; ein Effekt, der immer dann eintritt, wenn der Himmel über der Wüste verblasst.

Wir folgen der Trasse, die auf eine Ansammlung von Hügeln zuhält. In der Ferne, auf der anderen Seite der großen Ebene, die sich vor uns auftut, erkenne ich die Höhe 602. Am liebsten würde ich auf sie zuhalten. Doch die Piste hält mich fest. In diesem unbekannten Gelände schlägt ihre «magnetische Kraft» jeden Versuch zurück, die Spuren, auf die die Karawane gestellt ist, zu verlassen. Auch wenn ich über das wirr-weiche Gefurche und den nachgebenden Grund fluche und hoffe, sie endlich hinter uns zu lassen, so kehre ich nach jedem Ausbruchsversuch reumütig zu ihr zurück. Doch als die Piste wieder einmal den Kartenkurs verlässt und sich weites, flaches Land rechter Hand des stark nach Osten ausladenden Plateaus sucht, bahne ich mir meinen eigenen Weg. Acht Kilometer hinter der Höhe 602 schlagen wir bei Regenwolkenstimmung das Nachtlager auf.

Wenn es regnen würde! Wasser auffangen wie Gerhard Rohlfs? Mit einem Schlag wäre man aus den Zwängen, die mir Knappheit und Angst auferlegen, befreit, könnte man die Tiere abtränken und seines Weges ziehen, so, wie man will. Das Kraftfutter würde für einen längeren Marsch reichen. Hoffnungen, Träume, Phantasien? In der Wüste werden sie schnell auf das reduziert, was sie sind. Allerdings braucht die Messlatte für die Beurteilung einer Wunschvorstellung erst dann angelegt zu werden, wenn der Eintritt der äußeren, oft nicht vorhersehbaren Ereignisse erfolgt. Erst dann entscheidet das Quantum an Kraft, das bei der Karawane verblieben ist, über die praktische Umsetzung des Erdachten. Ob nun Planspiel oder Spinnerei, bis dahin bleibt jede Idee gleich gut.

Zum ersten Mal seit dem Verlassen des Uweinat hat die Karawane für eine Weile angenehmen, festen Laufgrund unter sich. Wir halten auf die Südecke des Plateaus zu und schwenken dann, als wir diese in Schlängellinien um flache Hügelzüge beinahe erreicht haben, in die Leere, die sich östlich davon auftut. Nach zehn Laufminuten ein weiterer Lagerplatz des Militärs. Wieder liegt viel Abfall herum; darunter auch Brauchbares: eine halbe Packung Plätzchen und ein Koppel mit Wasserflasche. In ihr schwappt ein halber Liter Flüssigkeit. Wenn auch kein Regentropfen gefallen ist, so hat das Schicksal doch kostbares Nass für mich bereitgehalten. Von hier schwenkt die Trasse nach Osten. Ob sie nach Bir Sahara führt?

Wir finden ein Bündel alter, sandverwehter Autospuren, die auf das Plateau zuhalten. Ihnen folgen wir, durchbrechen das Klippen-vorland und machen auf einer flachen Anhöhe Mittagsrast. Dann weiter. In gewundenen Bahnen geht's durch Hügelfronten und sand-verwehte, breite Schneisen. Linker Hand, noch weit voraus, taucht eine Hügelgruppe auf. «*Eight Bells*» höre ich meine trocken-heisere Stimme, noch ehe das Wahrgenommene richtig erfasst ist. Den Peil-kompass ans Auge, die Karte unter den Kompass geschoben. Beim Laufen. Ja, es stimmt. Froh bin ich, dass wir diese Landmarke als Etap-penziel im Visier haben. Wir halten mit Kurs zehn Grad geradewegs auf die beiden östlichen Hügel der Gruppe zu.

Zum Greifen nah scheinen die Hügel zu sein. Doch nach dem Er-klimmen einer Bodenwelle taucht immer wieder eine weitere flache Mulde, ein Hügelzug oder eine Sandebene auf und schiebt sich vor das Ziel. Als sei das Land vor uns in fortwährender Ausdehnung begriffen, während es sich nach allen anderen Richtungen hin zusammenzieht und verdichtet. Solch eine Wahrnehmung ist psychischer Natur. Doch ich kann mich ihrer nicht erwehren. Symbolisiert sie, wie schwer es mir fällt, mein Ziel zu erreichen? Die Karawane setzt unablässig Schritt vor Schritt. Doch das Laufen bleibt ein Auf-der-Stelle-Treten.

In der Ferne, im Nordnordwesten, die fünf Spitzhügel der Karte; Wegzeichen auf der Trasse zum Gilf. Es tut gut, die von den briti-schen Kartographen hervorgehobenen Geländepunkte mit den mar-kanten Erscheinungen in der Landschaft in Deckung bringen zu kön-nen. Nicht nur, dass dieser fortwährend durchgeführte Abgleich während des Laufens für Beschäftigung sorgt; der Vorgang selbst und sein positives Resultat wirken enorm stabilisierend auf die Seele. Nach Sonnenuntergang treffen wir schließlich an einem der acht Hü-gel von «*Eight Bells*» ein. Wir haben heute gute 55 Kilometer zurück-gelegt. Ich bin zu erschöpft, um im Umfeld der Hügel noch irgend-etwas zu erkunden.

AM anderen Morgen ist das Schweigen der Wüste intensiver als sonst. Windstille. Nebel. Prüfend fährt die Hand über die Satteltas-chen und über das Fell der Tiere. Sie registriert nicht die geringste

Feuchtigkeit. Irgendwo in weiter Ferne hat offenbar ein Sturm getobt, in dessen düstere Ausläufer wir hineingeraten sind. Die Klippe im Norden ist circa acht Kilometer entfernt. Am Abend war sie noch deutlich zu erkennen. Jetzt ist sie nicht mehr auszumachen.

Schlechte Aussichten. Auf besseres Wetter können wir nicht warten. Wir müssen weiter. Welch ein Glück, dass wir die im Osten durch flaches Gelände führende Militärpiste verlassen und direkt auf «*Eight Bells*» zugehalten hatten. Unter diesen Wetterbedingungen hätten wir keinen Meter dort draußen gehen können. Denn in dem sich endlos zum Nil hin öffnenden faden Nichts hätten mich die Sandnebel in vollkommene Lähmung versetzt.

Sichtweite fünf Kilometer. Wer gewohnt ist, in Europa seine Kreise zu ziehen, macht sich keine Vorstellung davon, was ein Blickfeld von fünf Kilometern in einer Landschaft bedeutet, in der die meisten sichtbaren Wegmarken sechzig Kilometer und mehr voneinander entfernt sind. Ich hatte auf moderne Navigationshilfen verzichtet, bin nur mit Karten und Kompass unterwegs. Diese Entscheidung bedauere ich nicht.

Wir laufen in Richtung der tags zuvor gesichteten Senke und überqueren bald eine mit *Shell*-Tins markierte Piste, die auf den Gilf zuhält. «*Eight Bells*» ist vom Nebel verschluckt. Als die Karawane schließlich auf eine nach Nordosten strebende Trasse stößt, tauchen, schwach und blässlich, die Konturen der Klippe und drei kleinere Hügel auf. Ich kann es kaum glauben, dass der eingeschlagene Weg so, wie auf der Karte vermerkt, daran vorbeiführt. Wir folgen dem Weg. Er ist mit wenigen *Shell*-Tins gekennzeichnet.

Durch einen von Hügelschemen begrenzten Engpass und dann an der zerrissenen Vorfront des Gilf entlang. Die Grenzlinie des Gebirges lässt sich nur ahnen. Allenthalben ragen schaurig schön verwischte Schattenrisse der wie vom Erdboden abgesprengten Bergrücken aus dem Sanddunst. Als wir auf dem Scheitel eines Höhenzuges angelangt sind, gabelt sich die Piste. Wir folgen dem linken, nahe der Front des Gilf entlangführenden Zweig, bis vor der Karawane ein Fass auftaucht. Es liegt auf einem Hügel und ist gegen Wegrollen gesichert.

Es ist voll. An einer Drahtschlaufe hat jemand einen Vierkantschraubenschlüssel befestigt. Der Verschluss ist angerostet. Er lässt sich nicht öffnen. Als ich mit einem Stein darauf hämmere, verbiegt sich der Schlüssel. Es ist ein Fass älteren Datums; vielleicht aus dem Zweiten Weltkrieg. Nahebei ein aufgeschlitzter *Shell*-Tin, gefüllt mit brasilianischem Corned Beef und alten Brotresten. Sämtliche Konserven sind aufgeplatzt. Kein Mensch, kein Tier hat sich daran über die Jahre zu schaffen gemacht.

Ich muss wissen, was in dem Fass ist. In meiner Werkzeugtasche ist ein Meißel. Den setze ich an. Es zischt. Dieselgeruch.

Der Fund hat mich abgelenkt, und so vergesse ich, in meinem Streckenheft festzuhalten, wie lange mich das Aufstemmen des Fasses beschäftigt hat; eine Nachlässigkeit, die mir, da ohnehin kaum etwas zu sehen ist, zunächst nicht der Rede wert erscheint. Wir folgen den alten Spuren, die sich bald darauf in einem breiten, sanft abwärts führenden sandverwehten Wadi verlieren, und tasten uns durch den Dunst an ein paar blechernen Wegweisern entlang. Kurz darauf stoßen wir auf einen Lagerplatz des britischen Militärs. Auf gut erhaltenen eisernen Proviantkisten steht «BM 1941».

Zu der nicht protokollierten Zeit von vorhin kommt weitere ohne Plan und Ziel hinzu, bis schließlich mein Orientierungssinn, das Gefühl für unsere ungefähre Position, durcheinander geraten ist. Sichtweite nahe null. Wie weit sind wir vorangekommen? Einen Fingerbreit oder eine Meile? Ob es jetzt helfen würde, die Wegemaße anderer zu Rate zu ziehen, z. B. die aus dem Reisebericht des Benjamin von Tudela, in dem vermerkt ist, eine Tagesreise zu Land betrage zwischen vier und fünf Parasangen, wobei die Parasange zu vier Meilen, die Meile zu acht griechischen Stadien, das griechische Stadium zu 250 hebräischen Ellen, endlich die große hebräische Elle zu 48 Daumenbreiten und die kleine hebräische Elle zu 24 Daumenbreiten bestimmt sei; schließlich die Daumenbreite ein Drittel größer als die Fingerbreite berechnet werde? Und als letzter Hinweis: dass Benjamin von Tudela die während eines Tages zurückgelegte Entfernung als eine Tagesreise angesehen wissen wollte. Scharfsinn oder Scharlatanerie? Um sich seines Weges sicher zu sein, wird ein Reisender im 12. Jahrhundert n. Chr. alle diese Entfernungsmaße benötigt haben. Und wohin immer ihn seine Schritte führten, Benjamin hatte alles, was er sah und hörte, aufgeschrieben. Von ihm weiß ich, dass unweit der Gegend, die wir gerade durchwandern, einst Karawanen vom Lande Gana nach Ägypten gezogen waren. Jene, die die lange Reise glücklich vollendeten, brachten Eisen, Erz, Gold und kostbare Perlen zum Land am Nil. Warum also sollten wir – ohne solche Schätze beladen – nicht auch ankommen?

Wir gehen bergab, sichten aber keine Tins mehr. Mehrere Peilversuche auf die schemenhaften Umrisse überhoch wirkender Hügel führen zu keinem verwertbaren Ergebnis. Im Sandnebel gestrandet. Wie in einem gewaltigen Spinnennetz zappelnd komme ich mir vor. Mit jedem Schritt tappen wir tiefer hinein ins Ungewisse. Den Blick immer wieder auf die Karte geheftet, den Feldstecher und den Kompass vors Auge gehalten. Zähes Ringen in absoluter Lautlosigkeit. Unaufhörlich die immer wieder zum Scheitern verurteilten Versuche, Witterung aufzunehmen – von Deutbarem, von Greifbarem in den bis ans Ende der Welt ausgedehnten Gespinsten unseres nebeligen Verlieses. Schließlich lugt ein Blechbehälter aus dem Dunst. Er ist nicht gefüllt, nur angeweht und somit wertlos für die Orientierung. Im Zickzack weiter. An einem Hügel, der keine Nachbarn hat, treffen wir auf Steinmänner und Tins. Und auf viele Autospuren. Aufatmen. Ich sinke zu Boden. Mittagsrast. Nachdem ich mich erholt habe, folgt der Versuch, die Notizen im Streckenheft zu ordnen und die bereinigten Marschdaten in die Karte zu übertragen. Mehr als eine vage Annahme kommt dabei nicht heraus. Ein paar Schritte bewege ich mich um das Lager, betaste die Alamat, sichte Scherben. Bei normaler Witterung hätte mich der Fund in seinen Bann gezogen.

Die Piste schwenkt zu stark nach Osten. Ich traue mich nicht, in das strukturlose Nichts hinauszumarschieren; ein Nichts, das sich nicht austasten und nicht ergründen lässt. Nahe den Eingängen der Schluchten und Wadis am Gilf entlangzuziehen, ist ebenso wenig ratsam, denn einige sollen vermint sein.

Wir haben uns verlaufen und sind dennoch nicht auf einem anderen Planeten gelandet. Wenn der Durchblick wieder da ist, wird sich herausstellen, dass die Abweichung vom rechten Weg geringfügig war. So war es bisher immer, sage ich mir zur Beruhigung und versuche, kühlen Kopf zu behalten. Im Nachhinein rekonstruierte Gewissheit. Ich hätte sie gern jetzt.

Hin und wieder stoßen wir auf Autospuren und Tins. Sie weisen keinen Weg. Dann zwei ockergelbe Dieselfässer. Zusammen mit einer auf einem Hügel postierten Tonne markieren sie eine Piste, auf der die Karawane endlich vorankommt.

Alle Zeichen, die der Himmel aussendet, deuten auf Sturm. Um einen Teil der verloren gegangenen Zeit wieder aufzuholen, laufen wir bis in die Nacht hinein. Eigentlich ist es keine Aufholjagd, sondern ein Anstemmen gegen Naturgewalten, die noch gar nicht richtig in Aufruhr geraten sind. Das bringt, egal, wie ich es drehe und wende, vierzig Kilometer für diesen Tag, der der 15. Februar 1987 ist.

ANDERNTAGS frischt der Wind auf, ohne dass es viel klarer wird. Wir folgen der Piste, die sich in beträchtlicher Breite durch steiniges Gelände schlängelt. Zwei- oder dreimal stoßen wir auf mit roten Karrees versehene Schilder. Die Chiffre zu entschlüsseln, gelingt mir nicht.

Wieder verschlechtert sich die Sicht, und mit ihr verflüchtigen sich die Vorboten des Sturms. Zum Glück zeigen sich kurz vor «Land unter» die Konturen eines Hügelkopfes. Darauf halten wir zu. Und als wir das Gebilde erreicht haben, erblicke ich darauf einen Alam. Weiter voraus, im Dunst, ein hoher spitzer Hügel. Zu welchem Bezugsfeld in Raum und Zeit er gehört, darüber ist ebenso wenig Klarheit zu gewinnen wie über den Alam, denn weitere Wegzeichen bleiben im Nebel verborgen. Immerhin erinnert mich der von Menschenhand aufgeschichtete Steinhaufen an das, was ich mir vorgenommen hatte: die Suche nach Überresten antiker Karawanenstraßen. Wie dies aber bei solchem Wetter bewerkstelligen? Ich bin zu sehr mit dem Überleben beschäftigt, als dass ich mich mitten im fahlen Dunst um Karawanen der Vergangenheit kümmern könnte. Als wenig später eine *Shell*-Tin-Reihe auftaucht, ist dies kein Anlass zum Jubel. Der Fund markiert ziemlich genau den Zeitpunkt, an dem ich den Glauben an meine Orientierungsfähigkeit verloren habe.

Dünenzüge breiten sich vor uns aus. Verläuft die Trasse durch die steilen Wellen aus Sand? Wir durchschreiten die erste Dünenreihe. Dahinter ein Tin mit der Aufschrift «*Air Fuel*». Weitere Markierungen sind nicht zu sehen. Ob die Kamele ahnen, dass wir verloren sind? Wir marschieren noch einen Kilometer, und dann mache ich Mittagsrast.

Was tun? Ohne Sicht können wir uns nicht tiefer in die Sandfelder wagen. Einfach auf Kompasskurs laufen in der Hoffnung, die nächste Autopiste werde uns abfangen? Wenn sie schlecht markiert ist, wäre man mit ein paar Schritten über sie hinweg, ohne sie bemerkt zu haben. Ich fasse einen Entschluss. Zurück zur Piste mit den Ölfässern. Es ist das erste Mal, dass mich die Umstände zwingen, vom Prinzip des «Vorwärts ohne Zurück» abzuweichen.

Als die Sicht aufklart, erblicke ich hohe, markante Hügel. Stehen sie in der Gegend des El-'Aqab el-Qadim, oder gehören sie zu einer Formation 15 Kilometer nordöstlich davon? Erst jetzt, als es mir nicht gelingt, die Erhebungen mit dem, was in der Karte verzeichnet ist, in Übereinstimmung zu bringen, überfällt mich der große Schrecken.

Wir passieren einen im Sand gestrandeten Weltkriegstruck. Er ist mit Minen beladen. In dem Augenblick, in dem am Horizont eine Dreierhügelgruppe auftaucht, weicht die Angst. Landschaft und Darstellungen auf der Karte haben sich wie von selbst wieder gefunden. Alle Strapazen sind vergessen. Eine halbe Marschstunde voraus ein langer Dünenzug, der sich in einer flachen Mulde auflöst. Auch er ist auf der Karte verzeichnet. Trotz des Nebels hat die Karawane 95 Kilometer zurückgelegt, in gut zweieinviertel Tagen.

Über tellerebenen Sand. Wir bleiben auf der Piste. Sie ist nur mit wenigen Fässern markiert. Auch auf große Entfernung heben sich die Tonnen deutlich vom blassen Gelb des Untergrundes ab, blinken wie Warnlichter im Doppelrhythmus der Schritte. Wenn einmal für längere Zeit keine Pistenmarkierung zu sehen ist, greife ich mir einen der wenigen Steine, die sich im gleißenden Hitzeflimmer von der verwaschenen Linie des Horizonts abheben, als Halt fürs Auge heraus; Gegenstände, die oft nur daumengroß sind. Sie fallen mit jedem Schritt, den man ihnen näher kommt, vom Horizont ab. Alles, was sich von der Trennlinie zwischen Himmel und Erde entfernt, verliert seine Wichtigkeit.

Es ist nicht leicht, die zentimeterhohen Objekte, deren sachtes Auf und Ab beim Gehen über die Ebene als größer und wieder kleiner werdende, in schwachem Anthrazit zerfließende und sich wieder schließende Kreise und Flimmerstreifen wahrgenommen wird, im Visier zu behalten. Gleißend hell ist es. Als sei der glühende Rand des Erdkerns bloßgelegt. Trotz Sonnenbrille überfordert das Ansteuern der winzigen, immer wieder verschwimmenden Punkte die Konzentration. Vorwärts tasten, ein mühseliger Prozess für die Sinne, die nach Halt suchen und, wenn sie diesen nicht finden können, zu tanzen und zu torkeln beginnen. Irgendwann verliert sich die Wahrnehmung in den sich auflösenden Grenzen zwischen Land und Himmel. Ich habe Gleichgewichtsstörungen. Als sei die Karawane im horizontlosen Weiß flimmernden Schnees versunken.

Am folgenden Tag rückt die Zeit heran, zu der eine quer zu unserem Kurs verlaufende Piste zu kreuzen ist. Nichts zeigt ihre Existenz an. Im Zickzack durch Felsgeröll und über Fahnen aus Sand. Als das Gelände leicht bergan strebt, gelangen wir an eine von Hügeln flankierte Passage. Das Land scheint nach rechts hin abzukippen. Mit einem Male, mitten im Geröll, erblicke ich die gewundenen Gleise eines Karawanenweges; Nachweis dafür, dass man sich zwischen Dakhla und dem Uweinat früher einmal per Höckertier bewegt hatte. Ob vor den Kamelkarawanen auch Eseltrecks auf dieser Strecke verkehrten? Durch bloßes Schauen lässt sich das nicht herausfinden. Ich halte das Geschlängel in meinem Streckenheft fest, suche eine Weile nach Scherben, finde nichts. Das überrascht mich nicht. Eine präzise Erkundung wäre zeitaufwendig und könnte nur durch den Einsatz mehrerer Augenpaare beschleunigt werden. Nur dann ließe sich flächendeckend das ertasten, was an Hinterlassenschaften aus früherer Zeit in dieser Gegend so unauffällig und so weit verstreut herumliegt. Der Einsatz von Kraftfahrzeugen wäre – außer zum Transport von Wasser und Proviant – bei diesem Vorhaben wenig hilfreich. Wie oft hatte ich erlebt, dass ein Autofahrer, selbst wenn er auf der Suche danach gewesen war, mit abgestumpften Sinnen über einen verblassten Pfad hinwegbrauste. Durch diese Erfahrung belehrt, glaube ich daran, dass ich die Wege, nach denen ich Ausschau halte, vor allem deswegen finde, weil ich mich der gleichen Fortbewegungsart bediene wie die Alten. Das Wandern erschließt mir ihre Gedankengänge. Ich kann nachvollziehen, was beispielsweise bei der Umgehung von Hindernissen oder bei der Auswahl von Rastplätzen früher den Ausschlag gab. Im Aufsatz von Paul Borchardt lese ich nach, was der Führer Hadj Hossein dem französischen Konsul M. Fresnel im Jahre 1846 mitgeteilt hatte. Danach war der berühmte Khabir drei Tage lang einer uralten Straße von Kufra aus in Richtung Dakhla gefolgt und auf ungewöhnlich große Mengen von Glas gestoßen.

Informationen aus dritter Hand. Haben sie für die gerade gefundene Trasse eine Bedeutung? Um dieser Frage nachzugehen, fehlen mir Zeit und Nerven. Seit dem Herumtappen im Nebel hat mich innere Unruhe ergriffen. Sie sorgt dafür, dass der Weg und die während der letzten Tage gesichteten Alamat zusammen mit ein paar Scherben in Höhe des Wadi Wassa lediglich als Notiz für später in meinem Streckenheft festgehalten sind. Mehr kann ich auf dieser Wanderung nicht ausrichten.

Der Tag wird heiß. Um Atma vorwärts zu bewegen, muss ihm ein Unterkieferknebel angelegt werden. Mein Vorhaben, die Tiere erst in Abu Ballas zu tränken, wird nicht durchzuhalten sein.

Ich kenne das Szenario beim Verdursten eines Kamels. Zunächst: Ein Kamel, dem es während der kalten Jahreszeit an Wasser mangelt, verdurstet nicht, es verhungert. Die Höckertiere sind Wiederkäuer, und da das im ersten Durchgang zerkleinerte Futter zur zweiten Aufbereitung aus dem Vormagen ins Maul befördert werden muss, ist Flüssigkeit vonnöten; Magensäfte, die – wenn das Tier Durst leidet –

330

für die Verdauungsprozesse im Körper nicht mehr in ausreichendem Maße zur Verfügung stehen. So wird das Tier schwächer und schwächer und verendet schließlich mit blockiertem Magen, während sein Kreislauf dank des enormen Wasserspeichervermögens der roten Blutkörperchen noch intakt ist. Das ist eine der Erklärungen dafür, weswegen sich gerade an Brunnen – mehr als anderswo in der Wüste – die Kamelkadaver häufen. Als würden die Tiere die Nähe zum Wasser fürs Sterben suchen. Man hat das Letzte aus ihnen herausgeholt, um dort anzukommen. Doch wenn die Zeit überschritten ist, kann das Leben spendende Nass den Kamelen nicht mehr helfen. Entkräftet, wie sie sind, lässt sich der Wiederkäuerprozess nicht mehr in Gang setzen. Opfer wie diese möchte ich auf unserem Marsch vermeiden.

Ob das Wasser für uns alle reichen wird? Ich hatte mir die Tiere in den letzten Tagen genauer unter dem Gesichtspunkt des Überlebens angesehen und war zu dem Schluss gekommen, die beiden Sinai-Kamele zu bevorzugen. Kambyses bekäme weniger Wasser, und wenn er damit nicht zurecht käme, müsste ich ihn der Wüste übergeben.

Nach einem farbenprächtigen Sonnenuntergang, in dem strahlendes Rot, Blau und Violett die Unermesslichkeit des freien Landes glasklar ausleuchten und schließlich vom stillen Glanz der Magentatöne abgelöst werden, bis auch diese ihr inneres Leuchten verlieren, steigen wir über einen steilen Sandpass in eine kreisförmige Mulde ab. Darin liegt ein verwesender Kamelkadaver. Er mahnt mich, den Tieren das Leben spendende Nass nicht länger vorzuenthalten. Die Kamele ahnen das Ereignis, lange bevor es stattfindet. Ich muss ihnen Kniefesseln anlegen, damit sie, ungestüm, wie sie sind, die Wasserkanister nicht zu Bruch gehen lassen. Zwar ist die Tränkung die Hauptsache, aber wichtig ist auch die Ermittlung des Wasserkonsums pro Tier. Die Verbrauchswerte benötige ich zu meiner eigenen Übersicht. Aus Burg et-Tuyur sind 155 Liter übrig. Sechzig Liter sind für mich reserviert – genug Wasser, um bis Bir Abu Minqar zu gelangen. Macht neunzig Liter für die Kamele.

Hassan ist als Erster an der Reihe. Er säuft ganz ruhig. Nach vier Eimern setzt er ab. Danach stürzt sich Atma auf das Wasser. Ich habe

Mühe, die Eimer festzuhalten. Das Tier säuft hastig, verschluckt sich und speit einen Teil der Flüssigkeit prustend und würgend wieder aus. Dass es genug hat, merke ich zu Ende des vierten Eimers beim allerletzten Zug. Kambyses hat ruhig abgewartet. Er säuft nur zweieinviertel Eimer, sodass der Rest unter den Sinais zur Verteilung gelangt. Ihr Nachdurst ist damit nicht gestillt.

Nach der Tränkung kommt es mir vor, als hätte ich eine große Schuld gegenüber den Tieren abgetragen. Ihre Lasten sind ab jetzt neunzig Kilo leichter. 18 Tage ohne zu saufen hatten sie durchgehalten. Das macht mich zuversichtlich und stärkt den Glauben an die Wiederholbarkeit des Vollbrachten. Wenn das, was hinter uns liegt, die kommende Wegstrecke wäre, würde die Karawane den Rest der wasserlosen Strecke bis Bir Abu Minqar mühelos meistern.

E S sollte noch zwei Tage dauern, bis wir Abu Ballas erreichten. Irgendwann hatte sich die Piste in drei Wege verzweigt und sich schließlich im weiten, sandverwehten Gelände verloren. Ich lasse mich davon nicht irritieren. Eine Satellitenaufnahme von der Gegend habe ich dabei. Darauf erscheint Abu Ballas als eine von vielen Erhebungen in einem Meer von Felshügeln.

Über ein niedriges Plateau voller Sand. Danach eine Strecke rotbrauner, rissiger Muttererde. «Playa» nennen die Klimaforscher solches Terrain. Der Ausdruck steht für Geländepartien mit angeschwemmten, fruchtbaren Sedimenten. Solche Areale dienten dem vorgeschichtlichen Menschen als Anbau- und Siedlungsflächen. Noch ehe ich meinen Blick auf steinzeitliche Werkzeuge und Waffen hefte, sorgen Tupfer weißer Sandsteinfelsen für Ablenkung.

Wir überqueren ein Serirfeld und anschließend eine Sandfläche. Ihre Ausläufer züngeln in hügelübersätes Gelände. Kurz vor Eintritt in die Erhebungen kreuzt die Karawane zwei frische Autospuren. Sind es die Reifenabdrücke einer Militärstreife? Nach den Informationen, die mir Bohnenberger unwissentlich gab, müsste es eine Fata Morgana sein. Doch die Spuren sind da. Gegen die Tatsache ihrer Existenz lässt sich nicht das Geringste unternehmen.

Linker Hand ein mächtiger zerfurchter Hügelrücken. In seinem Lee ist Sand bis fast zum Gipfelgrat angeweht. Als wälzten sich gelblich rote Lavaströme durch das schorfige Anthrazit seiner Flanken. Im weiten Umkreis ist er die höchste Erhebung und trägt dennoch keinen Alam. Wir passieren die Höhen 545, 488 und 452 der Karte. Auf keiner von ihnen befindet sich eine Steinsetzung. Dann endlich sichte ich zwei mit Alamat besetzte Hügel. Sie gleichen denen von Abu Ballas fast aufs Haar. Weil sie zu früh aufgetaucht sind, ziehen wir in einiger Entfernung an ihnen vorüber. Zartblaue, formlose Schemen reihen sich am nördlichen Horizont. Ob sie zusammengehören? Vor mir spannt sich eine uferlose blendend weiße Fläche, hinter der sich einzelne schwarze Hügelkuppen ducken. Als sie näher rücken, leuchtet ihre vom Flugsand eingewehte gelbe Basis.

Stunden später schreitet die Karawane über feinen, festen Sand. Flach wie eine Kuchenplatte ist das Terrain. Im Norden die zarte Kontur einer Höhenstufe; vor dem Bug und hinter dem Heck des Konvois ferne Hügel und im Süden, zum Greifen nahe, ein paar flache Felsen. Das ist alles, was sich dem Auge bietet; als seien die Gewalten, die Kontinente verschieben, Vulkane ausbrechen und die Erde beben lassen, hier seit Jahrmillionen zum Erliegen gekommen. Und mit einem Male wird auch dieses wenige wie von Geisterhand weggezogen. Rundum sind nur noch Sand und Himmel. Als sei die Welt in Fluten flüssigen Siliziums untergegangen. Eine halbe Stunde vergeht, ehe alles, was vom Sand verschluckt scheint, wieder freigegeben wird.

Nach all der strapaziösen Lauferei möchte ich endlich den Hügel mit dem antiken Krugdepot erreichen; einen Platz, an dem wir mitten im Nichts auf Spuren und Zeugnisse jener treffen werden, deren unstetes Wanderleben von Eindrücken, Dingen und Träumen bestimmt wurde, welche – Tausende Jahre später – auch mich bewegen. Die Spuren meiner Vorgänger: Strebten sie anfangs nicht ziellos und flächendeckend in alle Teile der Wüste, solange diese noch begrünt war? Bis das freie Umherschweifen durch abnehmende Niederschläge in die engen Bahnen des Durstes gepresst wurde; Korridore der

Kommunikation und des Handels, über die, als sich das Pharaonenreich zu formieren begann, eine ganze Zivilisation ins Niltal getragen wurde. An einer dieser Routen liegt das Krugdepot von Abu Ballas. Wohin führte der verschwundene Weg? Würde ich je einen Bruchteil dieses Geheimnisses lüften können? Allein das ist schon ein Geschenk: dass ich mit meinen Tieren so nahe an den geschichtsträchtigen Platz herangekommen bin.

DIE Karawane zieht weiter. Noch ehe anderntags die beiden Hügel ins erste Licht der Morgensonne getaucht sind, kreuzen wir eine mit *Shell*-Tins besetzte Piste, und dann sichte ich die antiken Krugscherben. Wir umrunden den Felsen, von dem mir Rudolph Kuper ein Farbfoto mitgegeben hatte, und schlagen circa hundert Meter vom Hügel das Lager auf.

Eine wahre Invasion ist vor kurzem über den Ort hereingebrochen. Froh bin ich, von einem Zusammentreffen mit wem auch immer verschont geblieben zu sein. Ich besteige den Nachbarhügel. In der Ferne ertönt leises Summen. Bald tauchen im Rund des Feldstechers zwei Geländefahrzeuge auf. Sie halten auf Abu Ballas zu.

Die Fahrzeuge haben mich erreicht, ehe ich zurück bei den Tieren bin. Ein Wagen mit grün berocktem ägyptischem Militär ist vor mir aufgefahren, der andere hat mich von der Seite her ins Visier genommen; Vorsichtsmaßnahme, um bei Eröffnen des Feuers nicht unter eigenen Beschuss zu geraten. Aus den voll beladenen Landrovern ragen Zeltstangen. Schließlich steigen drei Offiziere und sechs Soldaten aus. Man kommt auf mich zu.

«*Assalame aleikum*», rufe ich.

Ein mehrstimmiges «*W'aleikum as-salam w'rahmet Allah w'barakatu* – Und mit dir sei Gesundheit, Gottes Gnade und Segen» hallt mir entgegen.

Schon die nächsten Worte werden auf Englisch gewechselt. Die Offiziere machen einen besonnenen Eindruck.

«Woher kommst du?», fragt der Kommandant. Er ist Oberst und heißt Muhamed Hedeija. Man war meinen Spuren gefolgt und weiß offenbar mehr über mich, als man im ersten Augenblick offenbaren möchte.

Ich ahne, dass es jetzt auf jedes Wort ankommt, und halte mich ziemlich genau an die Wahrheit, antworte: «Von Kharga», wobei meine Rechte im großen Halbkreis über den Südhorizont fährt. Danach füge ich hinzu: «Ihr könnt den Stempel in meinem Pass sehen.»

Die Offiziere wollen es genauer wissen. Und jetzt sage ich ohne Umschweife, dass meine letzte Etappe der Djebel Uweinat gewesen sei. Diese Äußerung scheint sie erst einmal zufrieden zu stellen.

Man interessiert sich für mein Gepäck. Es wird genauestens untersucht; auch Schriftstücke und Landkarten. Aber weder meine Sudanblätter noch das Schreiben der deutschen Botschaft an den Militärattaché in Khartoum werden zu meinem Nachteil ausgelegt. Zum Glück gelingt es mir, meinen Zweitpass mit dem Sudan-Visum und die Streckenkarten mit meinen handschriftlichen Eintragungen zu verbergen. Während das Gepäck kontrolliert wird, reicht mir ein Soldat einen über dem Holzfeuer aufgewärmten *aish-balladi*-Fladen. Und ein anderer beglückt mich mit einer geschälten Apfelsine. Die Mannschaft scheint von vornherein auf meiner Seite zu sein, und auch den Offizieren merke ich an, dass sie mir freundlich gesinnt sind. Als ich ihnen mitteile, ich hätte irgendwo im Gepäck eine Genehmigung, blicke ich in zufriedene Gesichter.

Der Rangzweite des Trupps, ein Drei-Sterne-Offizier mit Namen Achmed Fahem Shaban, ist Armeekartograph. Er kann es noch immer nicht glauben, dass ich zu Fuß vom Uweinat bis hierhin gelangt bin, und will Genaueres über die von der Karawane zurückgelegte Strecke hören. Dass wir das schwierige Gebiet nördlich von *«Eight Bells»* erfolgreich durchquert haben, erscheint ihm wie ein Wunder. Ich zeige meine 1:500 000er Karte und den Kompass, verweise auf den Sandnebel. Im Gegenzug offenbart mein Gegenüber, dass sich das Militär in dieser Gegend selbst bei gutem Wetter regelmäßig verfahre. Die Ängste, die mich im Sandnebel bei *«Eight Bells»* beherrscht hatten, waren also nicht von ungefähr aufgekommen.

Offensichtlich war uns die Patrouille nicht auf Schritt und Tritt gefolgt, und so wage ich es, die Frage nach unserer Hin-Route zum Djebel Uweinat mit «nördlich der Sudangrenze» zu beantworten. Anstatt die Aussage anhand meiner Karteneintragungen zu überprüfen, will Muhamed Hedeija Auskunft über meinen Sockenverschleiß. Er schmunzelt, nachdem er die Antwort vernommen hat, und lässt einen Soldaten die von mir in der Wüste vergrabenen Gegenstände vorzeigen. Selbst leere Dosen und abgebrannte Streichhölzer sind darunter. Die Männer hatten ganze Arbeit geleistet und alles eingesammelt.

Man hält nicht damit hinter dem Berg, dass man von meiner Leistung beeindruckt sei. Über Tage hinweg hatte man meine Fußspuren neben den Abdrücken der Kamele gesehen und wusste, dass ich vom Uweinat aus keinen Meter geritten war. Und auch ein Feuer hätte ich nie gemacht, fügt Muhamed Hedeija erstaunt hinzu. Ich packe meinen *Tralinga*-Spirituskocher aus, und als der Oberst äußert, einen solchen bei Bohnenberger bestellen zu wollen, steht für mich fest, dass ich ihm das Gerät am Ende der Expedition zukommen lassen werde.

Als ich meine Bekanntschaft mit dem deutschen Ingenieur erwähne, staune ich nicht schlecht über die magische Wirkung, die dessen Name in unserer Runde entfaltet. Dieser Effekt und der Respekt, den man mir zollt, sind augenscheinlich der Schlüssel für meine bevorzugte, gegen das Gesetz verstoßende Behandlung. Noch kurz vor Weihnachten sei ich bei dem Ehepaar am Abu Tartur zu Gast gewesen und kenne seinen Freund seit einer Begegnung in Deutschland, antworte ich auf die entsprechende Frage und bin, kaum dass ich geendet habe, auch der Freund des Offiziers.

Die Genehmigung, die ich schließlich vorlege, gestattet mir eine Fahrt mit dem Auto von Marsa Matruh nach Siwa. Sie wird von den Herren als nicht ausreichend erachtet. Man zieht sich zurück und erörtert den Fall. Einen Wortfetzen schnappe ich auf: « … er konnte es ja nicht wissen …», sagt eine Stimme zur anderen. Man hält mir zugute, dass ich den auf Arabisch verfassten Text nicht hatte verstehen können.

336

Jetzt ist es zu spät für eine Belehrung. Wenn niemand zum Funkgerät greift und übergeordnete Stellen konsultiert, bin ich mitsamt meinen Tieren gerettet. Dass man mir aus der Runde der Offiziere keine Auflagen für den Weitermarsch erteilen würde, liegt nach Muhamed Hedeijas sanftem Hinweis, statt in Richtung Farafra zu gehen, lieber den kürzesten Weg einzuschlagen und Dakhla anzusteuern, in der Luft.

Schließlich tritt der Oberst an mich heran. Er war eine Weile allein im Sand auf und ab gelaufen und hatte nachgedacht. Jetzt stellt er die alles entscheidende Frage:

«Hast du den 22. Breitengrad überschritten?»

Ich antworte, wohl wissend, dass er einen solchen unerlaubten Grenzübertritt nicht hätte durchgehen lassen können, mit einem klaren «Nein», und damit ist der Weg über Regenfeld nach Bir Abu Minqar und Farafra frei. Keiner von uns ahnt in diesem Moment, dass der Oberst dadurch, dass er mich nicht festnehmen, sondern weiterziehen lässt, später vor ein Militärgericht gestellt, degradiert und aus der Armee entlassen werden wird und dass es, in der Folge, zu einem unrühmlichen Zusammentreffen mit Frau Bohnenberger kommen würde. Als ich im darauf folgenden Herbst auf dem Wege zu den Kameraden der Salzkarawane mit Taschen voller Geschenke im *Hibishotel* von Kharga übernachte, macht mir die Frau des Ingenieurs Vorhaltungen. Ich hätte ihren Mann vor den Offizieren ungerechtfertigter Weise als meinen Freund ausgegeben.

«Ist er etwa mein Feind?», wird meine Antwort lauten, zu der ich hinzufügen werde: «Hätten Sie nicht auch alles getan, um Ihren Dackel, den Sie so gern haben wie ich meine Kamele, vor dem Tod durch Erschießen zu retten?»

I C H bringe das Gespräch auf das verendete Kamel, das wir vor zwei Tagen passiert haben.

«*Some try it and fail*», sagt einer der Offiziere und fügt hinzu, man habe scharfe Ohren. Die Männer lächeln. Später finde ich heraus, dass man auf mich durch einen in der Wüste versteckten Detektor aufmerksam geworden sei; eine Art Geophon, welches kleinste Erschütterungen in seinem Umkreis aufzeichnet und an die Einsatzzentrale übermittelt. Wegen des Alarmsignals hätte man außerhalb des normalen Plans auf die Schnelle eine Patrouillenfahrt organisieren müssen. Dass ich aufgespürt worden war, ist das Ergebnis von Militärtechnik und modernen Observationsverfahren; Mittel und Methoden, von denen ich als einer, der sich bei seinen Wanderungen altertümlicher Hilfen bedient, im Vorhinein keine Kenntnis haben konnte. Und Bohnenberger, einer der Beweger der Moderne, selbst wohl auch nicht.

Die menschlichen Spuren am Uweinat-Massiv seien für sie ein Rätsel, sagen die Offiziere. Sie halten sie für Schleichwege von Waffenschmugglern; eine Ansicht, die ich nicht teile. Über die von den Grenzgängern verursachten Zerstörungen, gefällte Bäume im Karkur Talh, ärgern auch sie sich.

«Du bist kurz vor unserem Minenfeld nach Osten abgebogen», sagt Muhamed Hedeija zum Schluss.

«Du hast Glück gehabt. Tausend Meter weiter, und du wärst verblutet.» Das Feld sei nur für Eingeweihte markiert.

«Wir wollen uns die Eindringlinge aus Libyen und aus dem Sudan vom Hals halten», rechtfertigen die Herren die Verlegung der todbringenden Sprengladungen, mit denen sie die bettelarmen Barfüßigen zur Einsicht bringen möchten. Trotzdem schafften es die Sudanesen immer wieder, das Minenfeld zu umgehen. Nur ein einziges Kamel habe es erwischt. Das hätte ich ja gesehen, geht die Unterhaltung weiter. Dass die Spuren der Karawanen zwei Meter an der äußersten Mine des Feldes vorbeiliefen und bisher kein einziger Gesetzesbrecher zu Schaden gekommen sei, bleibt ihnen ein Rätsel. So viel ist gewiss: Irgendwann werde man das Minenfeld vergrößern oder gar einen ständigen Posten an dem fernen Gebirge einrichten. Aus den Beschriftungen der Zucker- und Mehlsäcke, die man sichergestellt hatte, ginge hervor, dass der Proviant aus Libyen stamme. Im Übrigen habe man Informationen, dass ein verbrecherischer Trupp in drei Wochen zurück in den Sudan ziehen wolle. Dann würde man Mittel und Wege finden, um ihn auf frischer Tat zu ertappen.

Die Offiziere machen Aufnahmen von unserer denkwürdigen Begegnung, lassen sich auch von mir ablichten. Später, auf meinem Weitermarsch nach Siwa, werde ich am Militärposten von 'Ain Dalla wieder auf Achmed Fahem Shaban treffen, und der Offizier wird mir ein Bild, auf dem ich mit abgemagertem Gesicht vor dem Felshügel von Abu Ballas zu sehen bin, als Erinnerung überreichen.

Die Männer wollen weiter, fragen, ob sie mir zum Abschied noch einen Gefallen tun könnten. Ich erbitte etwas Zucker. Man gibt mir die Hälfte des mitgeführten Vorrats und überschüttet mich dann mit Tomaten, Zwiebeln, Brot und Apfelsinen. Und mit Joghurt. Auf dem Plastikbecher ist das Produktionsdatum 17.2. aufgedruckt.

«Das hättest du besser nicht gesehen», sagt der Kommandeur zum Schluss, denn damit ist offenkundig, wie lange die Patrouille gebraucht hatte, um mich zu stellen.

Dass ich an diesem Ort, an dem die Karawanen der Antike mit Wasser und Proviant versorgt wurden, auf derart unerwartete Weise mit Lebensmitteln beschenkt werde, grenzt an ein Wunder. Wasser? Wir versuchen, den Tieren auf die Schnelle ein paar Liter aus den Reserven des Militärs vorzusetzen. Doch die Kamele sind zu nervös, um auch nur einen einzigen Tropfen davon aufzunehmen. Immerhin, mit der Flüssigkeit, die die Kamele verschmähen, wasche ich mir zum ersten Male seit Burg et-Tuyur Gesicht und Hände.

Die Tiere gerettet, ich selbst nicht verhaftet, sondern beschenkt. Als die Fahrzeuge verschwunden sind und wieder Ruhe eingekehrt ist, kann ich mein Glück kaum fassen. Nur das von den Soldaten entfachte Feuer schwelt neben meinem Lager, und wären nicht die frischen Autospuren, ich hätte beim Anblick der Nahrungsmittel leicht in den Glauben verfallen können, ein extraterrestrischer Partyservice sei zu mir herabgestoßen und hätte mich mit auserlesenen Gaumenfreuden überrascht.

LAUER Wind fängt sich in den Felsen. Ich lausche seinem Atem. Wie ein Lockruf klingen das Säuseln und das gelegentliche Fauchen, mit denen er versucht, die Steine zum Sprechen zu bringen. Bis schließlich der Fels seinen Einflüsterungen erliegt und leise seine Geschichte zu raunen beginnt. Vom einstigen Leben, das sich bunt und vielfältig einmal hier versammelt hatte. Menschliches Dasein in gewaltiger Zeitspanne, gerafft und verewigt in zwei Bildern. Sie geben Zeugnis vom Treiben der Alten und von der Erschaffung der Wüste: Doch die berühmte säugende Kuh mit ihrem Kälbchen und den Bogenschützen, der gerade eine Gazelle erlegt, sehe ich nicht. Kemal el-Din hatte die beiden Felsgravierungen an den Geröllhalden des Abu Ballas entdeckt. Besonders die Jagdszene liefert eindeutige Indizien für einen kulturgeschichtlichen Bezug zum alten Ägypten. Könnte es sein, dass die Krüge am Abu Ballas Bestandteil eines Wasserdepots für Esel- und Viehkarawanen im auslaufenden Alten Reich waren? Das sagt die Literatur:

Nach dem Dafürhalten der Archäologen ist der Fund von Abu Ballas unzweifelhaft alten Datums. Der Ägyptologe L. Franchet hat einen Teil der Krüge durch Formvergleich in die 12. Dynastie datiert. Bei dem aus dem Mittleren Reich stammenden Material, auf dem vereinzelt Besitzzeichen ungeklärter Provenienz eingeritzt sind, fand sich eine weitere Partie sorgfältig ausgeführter Gefäße und Amphoren, deren Gestalt – weil sie noch in sehr viel späterer Zeit nach antiken Mustern angefertigt worden sein könnten – keinen unmittelbaren Anhaltspunkt auf das Entstehungsalter liefert. Indem sie die zeitliche Herkunft der bauchigen Tonkrüge in das Alte Reich legen, bringen manche Experten das Krugdepot gar in Zusammenhang mit den Aktivitäten der in Dakhla residierenden Gaufürsten der 6. Dynastie. Diese Statthalter, die allem Anschein nach wie Kleinkönige in der Oase und deren Dependancen geherrscht hatten, unterhielten vermutlich auch Handelsverbindungen nach Westen und nach Süden; Wege des Warenaustauschs, die aufgrund des im dritten Jahrtausend v. Chr. in großen Teilen der Libyschen Wüste bereits weit fortgeschrittenen ariden Klimas nur durch die Anlage von Wasserdepots aufrechtzuerhalten waren. Gestützt wird diese Vermutung durch einen in 'Ain Asyl/Dakhla gefundenen, auf die 6. Dynastie datierten und von der französischen Ägyptologin Paule

Posener-Kriéger übersetzten Brief, in dem sich der Absender beklagt, dass die zur Vorbereitung der Reise des Gouverneurs nach Demy-iw (Stadt der Insel) angeforderten Krüge noch nicht an ihrem Bestimmungsort angelangt seien. Explizit führt es der Text zwar nicht aus, aber allem Anschein nach waren die Gefäße für Depots vorgesehen, die ein gefahrloses Durchqueren der Wüste ermöglichen sollten. Die Materialuntersuchungen geben noch einen weiteren Hinweis: Ein Teil der Krüge, die dickwandigen, ovoiden Gefäßtypen, deren Form eine Datierung auf die Frühzeit oder das Alte Reich nahe legt, besteht aus «Nilton», ein anderer Teil soll aus Dakhla stammen. Die Gefäße müssen also früher einmal von weit her – von dort, wo auch immer Nilton verarbeitet worden ist –, zumindest aber von Dakhla nach Abu Ballas gebracht worden sein; und zwar ganz sicher nicht als Leergut.

Seit Lieutenant Moore und J. Ball im Jahre 1916 das antike Depot am Abu Ballas entdeckten, rätselt man darüber, warum an solch einem abgelegenen Platz Hunderte von großen Krügen gestapelt worden sind. Almásy, der die tönernen Gefäße als Wasserbehälter deutete, brachte das Depot mit einer heute verschollenen Ostwestroute (Dakhla–Kufra) in Verbindung. Hans Rothert, ein Mitglied der Frobenius-Expeditionen der Jahre 1933 und 1934/35 (*11.* und *12. Deutsche Innerafrikanische Forschungs-Expedition*) sah die Krüge als Teil eines alten Handelsdepots. Danach hätten die Behältnisse höchstwahrscheinlich der Aufbewahrung von Getreide gedient. Solch ein Stapelplatz sei erforderlich gewesen, weil am Abu Ballas die Kufra-Dakhla-Route mit einer Strecke zusammenstoße, die, vom Ennedi/Tibesti-Raum und vom Sudan kommend, über den Djebel Uweinat nach Dakhla führte. Allerdings gelang es keinem der beiden Forscher, ihre Vermutungen durch das Auffinden weiterer Depots entlang der von ihnen behaupteten Streckenführungen zu erhärten. Andere wiederum haben das Krugdepot als Versorgungsstation für das Heer des Kambyses gedeutet. Solch eine Hypothese erscheint mir zu phantastisch. Wenn man den Scherbenhügel schon mit den Aktivitäten des Perserkönigs in Verbindung bringen will, träfe eher Folgendes zu:

341

Abu Ballas könnte als klassische *muhattah*, als Wasserstation und Rastplatz also, für Handelskarawanen gedient haben, die, unter Umgehung der nahezu perfekten, von der Topographie begünstigten Riegelstellung, welche die Perser entlang der Oasenkette in der ägyptischen Westwüste vom Nil bis Dakhla/Bir Abu Minqar aufgebaut hatten, sich zwischen Nubien und Siwa/Kyrene durch die tiefe Wüste bewegten. Abu Ballas, der Vater der Wasserkrüge, war weit genug von den persischen Linien entfernt und damit den scharfen Augen der Kontrolleure entzogen, sodass es sich gelohnt haben könnte, die Direttissima Selima–Siwa gebührensparend zu bereisen und auf diesem Wege den kaum fünfzig Meter hohen, auf jeder Landkarte verzeichneten Hügel anzulaufen.

Eine weitere Hypothese sieht in Abu Ballas einen Stützpunkt räuberischer Nomaden, die noch im letzten Jahrhundert von dort aus ihre Überfälle auf die ägyptischen Oasen unternommen haben sollen. Diese Annahme könnte dadurch unterstützt werden, dass mit den Krügen ganz offensichtlich sorgsam umgegangen wurde, dass sie fein säuberlich um den Fuß des Felshügels abgestellt wurden; eine Verfahrensweise, die in auffallendem Gegensatz zu der während der Antike und auch späterhin an den Muhattat geübten Praxis steht. Damals wurde, so nimmt man an, in der Wüste nicht mehr benötigtes, tönernes Leergut gewohnheitsmäßig zerschlagen.

Indes hält es Ball für durchaus möglich, dass die Gesamtdistanz von Dakhla zum Djebel Uweinat von schwer beladenen Kamelkarawanen ohne Zwischenstopp und Wasseraufnahme in zehn bis elf Tagen zu bewältigen war; eine Einschätzung, die Abu Ballas als Versorgungsstation für den Wüstenfernverkehr per Kamel sowie für Raubzüge der Tebu und der Nomaden aus dem Sudan für überflüssig erklärt. Der britische Geologe legt hierbei das landläufig von den beduinischen Fernkarawanen absolvierte, durchschnittliche Tagesmarschpensum von 55 Kilometern zugrunde; ein Wert, der wiederum von seinem Landsmann Harding King bezweifelt wird. Dieser reduziert die auf langen, wasserlosen Strecken möglichen Tagesetappen auf «realistische» vierzig Kilometer und liefert sich, weil damit die Reisedauer von Dakhla zu den Regenquellen am Uweinat um fünf Tage verlängert wird, selbst das Argument, das ein Krugdepot, einen Brunnen oder eine kleine Oase, an der sich die Karawanen mit Wasser versorgen konnten, postuliert.

Hätte es diese Stationen in passenden Abständen gegeben, wäre dann der lange Weg zum Djebel Uweinat für Eselkarawanen gangbar gewesen? Bis heute ist kein einziger Fund gemacht worden, der Esel als «Schiffe der Libyschen Wüste» vor der Einführung des Kamels bewiesen hätte. Ich schlage in meinen Reisenotizen nach. Auf dieser Wanderung absolvierte meine Karawane bisher 43,7 Kilometer pro Tag. Rohlfs' stark belastete Kamele legten im Tagesschnitt 35 Kilometer zurück.

Wie Geier kreisen meine Gedanken über sich widersprechenden Theorien und Befunden – über längst Vergangenem. Der Hügel, in gleißendes Mondlicht getaucht, schweigt dazu.

Schließlich setze ich aus den Vermutungen meiner Vorgänger ein stimmiges Bild zusammen. Es besteht aus Mosaiksteinchen, die allesamt in sich schlüssig sind, und dennoch steht es auf wackeligen Beinen: Bei den Krügen von Abu Ballas handelt es sich wahrscheinlich um ein Depot, das von Dakhla aus gepflegt und ständig nachgefüllt wurde und das während der persischen Besatzungszeit möglicherweise auch der Versorgung der Karawanen diente, die unter Umgehung des persischen Sperrriegels von Nubien und dem Sudan durch die Wüste via Siwa nach Kyrene zogen. Und auch jene, die diese Wassertransporte organisiert und durchgeführt haben, lassen sich namhaft machen. Herodot selbst nennt sie: die Samier, Griechen von der Insel Samos, die sich in Kharga niedergelassen hatten. Nichts spricht gegen die Vermutung, dass auch an den anderen Stationen entlang des «Oasenweges» Samier sesshaft geworden waren und dass sie im Laufe der Zeit maßgeblichen Einfluss auf den über diese Karawanenstraße strömenden Warenverkehr gewonnen hatten – bis die Perser kamen und sie von den Quellen des raschen und reichen Profits verdrängten.

Es ist kaum anzunehmen, dass die griechischen Händler und deren Zuarbeiter sich tatenlos in ihr Schicksal, das ihnen die neuen Herren auferlegten, ergeben haben. Um ihre alten Pfründe wenigstens zum Teil vor dem Zugriff der Perser zu retten, werden sie und ihre beduinischen Helfer sowie die in Meroe, Siwa und Kyrene ansässigen Organisatoren des Sudanhandels nichts unversucht gelassen haben, um außerhalb der Reichweite des übermächtigen persischen Armes neue Karawanenstraßen zu eröffnen. Eine dieser Routen könnte über Abu Ballas geführt haben.

Andererseits: Ich will die Hypothese von der Existenz einer Weggabel bei Abu Ballas gar nicht ins Reich der Fabel verweisen. Es wird sie gegeben haben; ebenso, wie einmal ein weit verzweigtes Netz alter Handelsstraßen existierte, das die Wüste zwischen Ägypten und den Sudanländern lange vor der Einführung des Kamels überspannte. Doch kann des Rätsels Lösung, die Erklärung, warum so viele Krüge am Abu Ballas lagern, nicht auch eine andere sein; eine, die über Almásys und Rotherts Annahmen hinausgeht? Für mich gibt es solch eine Antwort. Ob ich den Beweis dafür je werde erbringen können?

Es ist vorstellbar, dass auf eine Entfernung von 160 Kilometern die Anlage eines Wasserdepots mit Hilfe von E s e l n im Prinzip möglich war und dass dieses Unternehmen bei den niedrigen Preisen, zu denen geistige und körperliche Anstrengungen in der Antike gehandelt wurden, nicht die ungeheuer aufwendige Affäre darstellte, für die es die meisten halten. Ein erster Schritt, das Geheimnis, das der «Vater der Krüge» über die Jahrtausende für sich bewahrt hat, zu lüften, wäre getan, wenn man die Etappen einer Eselkarawane für die Strecke Dakhla–Abu Ballas sowohl für den Hin- als auch für den Rückweg empirisch ermittelte. Man gewönne dadurch eine präzise Vorstellung über die Länge der Tagesmärsche und das Verhältnis von Nutzlast zu Leergewicht und wüsste, wie viel Liter Wasser pro Esel nach jeder Deponierung am Abu Ballas zur Versorgung der durch die tiefe Wüste ziehenden Karawanen verbleiben konnten. Doch wo ist der Weg, den man mit den Eseln beschreiten könnte? Dieser Weg müsste zuerst gefunden werden.

Mit diesen Spekulationen vergeht die Nacht. Am anderen Mittag lagert die Karawane auf der Höhe von El-Burg und zieht dann in forschem Tempo weiter nach Nordnordwest. Als Abu Ballas fast zwei Tage hinter uns liegt, beginne ich, nach der kleinen Steinpyramide Ausschau zu halten, die irgendwo vor uns hinter den Wellen aus Schutt und Sand verborgen liegt. Erst als wir bis auf wenige hundert Meter herangekommen sind, zeichnet sie sich gegen den Himmel ab; mannshoch aufgetürmtes Geröll, das einen flachen Schotterrücken krönt. Unser Etappenziel ist erreicht. Ziemlich unscheinbar der Steinhaufen und doch eines der Gipfelkreuze für den Wanderer im östlichen Teil der Sahara. Auf diesen Punkt hatte ich mit den Kamelen zugehalten, und nun bin ich erleichtert, dass wir ihn gefunden haben.

Der erste Hinweis, dass wir nicht falsch gelaufen waren, tauchte eine Stunde vorher auf. Ein Benzinfass aus dem Jahre 1923. Durch unruhiges Flackern, das sich nach und nach mit dunkelgrauem Gesprenkel füllte, machte es sich am flachen Horizont bemerkbar, das einzige Objekt weit und breit in einer Welt, die bloß aus Himmel, Sand und Steinen bestand. Bis sich seine Konturen verfestigten und ich erkennen konnte, was es war.

Welch ein Trost geht jedes Mal von solchen Wegmarken aus! Mitten in der Leere dieses Stück Metall; mitten in der uferlosen Weite ein Zeichen, dem in anderen Gegenden der Erde, dort, wo alles und jedes markiert, erklärt und abgesichert ist, wohl kaum jemand große Aufmerksamkeit widmen würde. Doch hier, im Bannkreis des Todes, war das Fass mehr als nur ein vager Fingerzeig auf einen Pfad, der sich nicht zu erkennen gab; war die Tonne für mich mit enormer Bedeutung gefüllt. Weil sie, so einzeln und so verloren, wie sie dastand, auf die Taten eines anderen hinwies; weil sie mit deutlicher Sprache davon kündete, dass einmal ein beseeltes Wesen, ein Individuum mit energischer, klar gerichteter Kraft, mit einem Willen, und damit ein mir irgendwie verwandter Mensch, sich hier aufgehalten hatte; ein Mensch, in dessen Absichten, Handlungen und Motiven (weil seine lange zurückliegenden Taten der Verklärung durch die Nachwelt anheim gefallen sind) ich mich nach wochenlangem Marsch wieder erkennen konnte. Ich hatte die Tonne betastet und gespürt, wie Ruhe in mir einkehrte. Wenig später vier nach Norden gerichtete, schnurgerade Linien im weichen Serir. Raupenschlepperspuren. Da wusste ich: Sie würden mich zu meinem Ziel führen.

Der Marsch war anstrengend gewesen. 87 Kilometer in zwei Tagen; von der zuvor zurückgelegten Strecke ganz zu schweigen. Zerschlissen von den Strapazen des Tages lade ich ab, stelle Sättel und Taschen zusammen, baue mein Lager. Danach füttere ich die Tiere und streichele ihnen übers Fell. Ich koche Tee, betrachte den Steinhaufen vor mir, der von der Sonne, die knapp über einer Düne steht, angestrahlt wird. Das Datum heute: der 23. Februar 1987. Ich trinke die braune Flüssigkeit, nage an einem Kanten Hartbrot. Das macht mich wieder fit.

GENAU vor 63 Jahren, am 23. Februar 1924, war Prinz Kemal el-Din Hussein mit seinen Kegresse-Citroën-Raupenschleppern hier gewesen und hatte die Pyramide aus Stein bestaunt. Das Benzinfass und die vier Kettenfahrzeugspuren, im Feinschotter deutlich sichtbar, sind Überbleibsel seiner Expedition. Ihm, dem ägyptischen Thronfolger, der auf Amt und Würden verzichtet hatte, um sich der Großwildjagd und der Erforschung der Wüste zu widmen, war es erklärtes Ziel, tief ins Niemandsland vorzustoßen, zu diesem Punkt, an dem wir jetzt lagern. Weil er eine Flasche bergen wollte. Mehr als das hatte er sich nicht in den Kopf gesetzt. Um den Wunsch standesgemäß zu realisieren, musste er einen gewaltigen Aufwand betreiben. Kemal el-Dins Blechkarawane bestand aus drei Citroën-Raupenschlepper- und neun Ford-Fahrzeugen. Darunter ein Tanklastwagen mit 5000 Liter Fassungsvermögen, ein Radiowagen für den Empfang der Zeitzeichen, die man zur astronomischen Positionsbestimmung benötigte, und ein Instrumentenwagen, der Astrolab, Zeiss-Theodolit und Kreiselkompass beherbergte.

Kemal el-Din hatte Erfolg. Er fand die Flasche. Ihr Etikett war noch lesbar, obwohl seit ihrer Deponierung fünfzig Jahre vergangen waren. Die Aufschrift verriet Kennerschaft. Guter deutscher Rotwein, wie der Prinz bemerkte. Die Flasche barg ein Stück blau liniertes beschriebenes Quartpapier. Der Text hatte folgenden Wortlaut:

«Lagerplatz der von Gerhard Rohlfs geleiteten Expedition in die libysche Wüste.

Auf diesem Punkte, dessen Breite = 25° 11′10″ und dessen Länge = 14° 42′0″ von Berlin astronomisch bestimmt, und dessen Meereshöhe = 450 Meter barometrisch gemessen worden ist, hat die Expedition vom 2. – 5. Februar 1874 in der Stärke von 7 Mann mit 15 Kamelen gelagert. Wegen eines am 2. und 3. Februar gefallenen Regens, welcher 16 Millimeter Wasserhöhe lieferte, wurde diese Gegend ‹Regenfeld› benannt.

Regenfeld den 5. Februar 1874

Dr. Gerhard Rohlfs, kgl. Preuss. Forschungsgesandter

Dr. Karl Zittel, Professor der Geologie an der Universität München

W. Jordan, Professor der Vermessungskunde in Karlsruhe»

Regenfeld ist zu Ehren der Rohlfs'schen Expedition noch heute auf modernen Landkarten vermerkt. Der Prinz fertigte eine Abschrift von dem Dokument, fügte seinen Bericht über dessen Auffindung hinzu und siegelte die beiden Texte, die er in einer Champagnerflasche in der Steinpyramide unterbrachte. Das Original nahm er mit, ließ es rahmen und stellte es in eine Vitrine.

Champagnerflaschen, Weinflaschen … Die Herren hatten üppig gelebt, ganz gleich, ob sie mit dem Kamel oder mit dem Auto hierher gekommen waren. Mein Restproviant nach knapp zwei Monaten ununterbrochenen Aufenthalts im Gelände? Drei Sardinendosen, ein Hühnerbrühwürfel, eine Hand voll Makkaroni, einige Brotkanten und eine Dose Tomatenmark.

Es hat keinen Sinn, die Steinpyramide nach alten Nachrichten zu durchstöbern. Von der couragierten Fahrt des Prinzen inspiriert, fand bald so mancher Abenteurer durch einfachen Druck aufs Gaspedal seinen Weg nach Regenfeld, dem Ort, der durch die Namen Rohlfs, Zittel, Jordan und Kemal el-Din wie kein zweiter mit der Erforschung der Libyschen Wüste verknüpft ist, der zugleich aber auch einen Punkt des Scheiterns markiert. Hier musste Rohlfs wegen zu schwer beladener Kamele seinen Vorstoß nach Kufra abbrechen und mit Siwa als Alternative vorlieb nehmen. Allen Luxus über Bord werfen, um dennoch das ursprünglich avisierte Ziel zu erreichen, das hatte mein Landsmann gar nicht erst in Erwägung gezogen.

IN der Nacht kommt Wind aus Nordwest auf. Er treibt Wolken vor sich her, und als ich morgens aus dem Schlafsack krieche, fallen aus dem dicht verhangenen Himmel einige Tropfen. Regenfeld. Kaum zu glauben, dass das, was einmal Anlass für die Namensgebung war, sich 113 Jahre nach Rohlfs wiederholen würde.

Noch 145 Kilometer bis Bir Abu Minqar. Wir ziehen durch eine Landschaft, die allein von Wind und extremen Temperaturschwankungen geformt wurde, und die daher, weil sich so wenig ändert, vollkommen zeitlos erscheint. Was sind vier Tage in einer solchen Gegend, in der Raum und Zeit brachliegen und immer wieder zu neuen Deutungen der Welt und der in ihr verborgenen Geheimnisse anregen; in der wir bald nach dem Verlassen von Regenfeld mit jedem Schritt im Weichschutt versinken? Die Zeit bis zum Brunnen verstreicht, und dennoch scheint sie stehen geblieben zu sein.

Als Zeugen der erstarrten Zeit, die sich an fernen Ufern wie ein Strom erkalteter Lava gegen den Wellenschlag des Lebens stemmt, liegen allerorten verstreut steinzeitliche Werkzeuge und Waffen. Dutzende ovaler Mahlplatten zähle ich, auf denen der neolithische Mensch Getreidekörner zu Mehl zerrieben hatte. All diese Gerätschaften liegen blank auf der Erde. Geschichte, greifbar nahe. Und ich bin ihr einziger Betrachter.

Wir verfehlen den «Pinnacle – noticeable from South». Es sind nur noch siebzig Kilometer bis zum Brunnen, und deswegen kümmert es mich nicht. Bald tut sich vor uns ein Meer lang gezogener, von Nordnordwest nach Südsüdost ausgerichteter Dünen auf, deren Talrinnen mit stahlfarben schimmerndem Gesteinsschutt angefüllt sind. Die Dünen sind etwa achtzig Meter hoch. Sie gehören zu derselben Formation wie jene, an denen Rohlfs scheiterte. Um nach Bir Abu Minqar zu gelangen, müssen wir über sie hinweg.

Rohlfs beschrieb die Dünenlandschaft folgendermaßen:

«... *traurige Aussichten ... in Abständen von 2 bis 4 Kilom. folgte eine Dünenkette der anderen und jede Kette war über 100 Meter hoch ... Sanddünen mit Sand dazwischen ... Alle liefen von Norden nach Süden ... also ein Sandocean, das war das Einzige, was uns das weitere Vordringen zur Unmöglichkeit machen konnte. Gebirge hätte man übersteigen können ... feindliche Bewohner waren ... überhaupt nicht zu fürchten, für Lebensmittel und Wasser war Sorge getragen – aber ein ununterbrochenes Sandmeer machte alles zu Schanden! ... Hätten wir versucht, in gerader westlicher Richtung weiter zu gehen, so* [wären wir in vier Tagen vielleicht; C.B.] *... 65 Kilom. weiter westlich gewesen; aber was dann? Die Thiere hätten vielleicht nach einer mehrtägigen Rast noch 50 Kilom. weiter machen können, das wäre aber auch sicher alles gewesen, was man ihnen hätte ansinnen können. Und wie dann wieder zurückkommen? Das Kamel, so stark, so geduldig es auch ist, hat doch nur eine bestimmte Summe von Kräften und wenn man gesehen hat, wie schwer es demselben wird, Sanddünen zu übersteigen, wird man begreifen, dass es die größte Thorheit gewesen wäre, sich in ein solches Sandmeer hineinzuwagen. Wir hatten keinen Grund, die Thiere irgendwie zu schonen, und dass dies überhaupt nicht geschehen ist, geht wohl zur Genüge daraus hervor, dass wir 20 Kamele verloren.*»

Doch die Dünen sind nicht unbezwingbar – vorausgesetzt, es findet sich eine Passage durch die auf den breiten Walrücken aufsitzenden «Schwerter»; den oft haushohen Mauern aus Sand, die für Kamel und Esel unüberwindlich sind. Und auf solche Durchlässe stößt man häufig – vor allem, wenn man einen Kurs wählt, der die Wellen des Sandmeeres im spitzen Winkel schneidet. Rohlfs wollte mit dem Kopf durch die Wand – auf gerader Linie, quer zu den Dünen nach Kufra. Aus Sorge, seine Tiere in der Knochenarbeit des ständigen und steilen Auf und Ab zu verschleißen, musste er seinen Plan schließlich fallen lassen und sich der Topographie des Geländes anpassen. Ab Regenfeld folgte er dem Lauf der Dünen in Richtung Siwa und befand sich damit, ohne es zu ahnen, auf einer Linie, die Abu Ballas über die beiden «*old camp sites*» der britischen Karte mit der Jupiter-Ammon-

Oase verbindet. Auf dieser für meine Untersuchungen interessanten Route sahen Rohlfs und seine Begleiter weder Alamat, noch stießen sie auf Scherben.

Ich bin nicht der Einzige, der ohne zeitraubendes Zickzack die zwischen Dakhla und Kufra gelegenen Dünenungeheuer bezwingen kann. Kurz nach der Jahrhundertwende beschrieben Araber den Weg von Bir Abu Minqar nach Libyen, eine Route, die etwas weiter nördlich der Rohlfs'schen durch ein Gebiet verläuft, in dem die Dünen noch ein wenig höher sind:

«Der Weg dauert 13 Tage. Der erste Tag geht über Flugsand bis an den Fuß einer Reihe von acht großen Dünenketten, die in sechs außerordentlich schwierigen Marschtagen überschritten werden. Die nächsten fünf Tage führen über ebenes, leicht beschreitbares Serir (kiesige Wüste). Am 13. Tag wird der Brunnen Bir Abu Nachele (Vater der Dattelpalmen) erreicht, und von hier marschiert man in einem halben Tage zu den Gärten von Kufra.»

KURZ nach Beginn der Nachmittagsetappe des 26. Februar erklimmen wir den letzten der hohen Dünenzüge, von dessen Scheitel sich ein Anblick bietet, der mich tief Atem holen und dann niedersinken lässt. Das ganze Panorama des nördlichen und östlichen Ufers der Ausbuchtung der Libyschen Sandsee bei Bir Abu Minqar liegt – spielzeugklein und fern – zu unseren Füßen. Und in dem Halbkreis, den die Steilkante bildet, spannen sich wie Harfensaiten die endlosen Wellen der Dünen. Welch ein Empfang für einen, der aus der Ferne kommt! Es ist wie ein Willkommenheißen mit weit ausgebreiteten, offenen Armen.

Die Kamele lassen sich nieder, ohne dass ich sie dazu aufgefordert habe; ich nehme es als Hinweis, auf diesem Dach der Welt zu bleiben und 23 Kilometer von Bir Abu Minqar entfernt, einem Außenposten der Zivilisation, der keinerlei Verlockung für mich bereithält, die Nacht zu verbringen.

Am nächsten Tag erreichen wir den Brunnen. Das Agul an der Wasserstelle ist abgegrast. Weil Raufutter für die Tiere wichtiger ist als Wasser, machen wir uns, kaum dass wir angekommen sind, wieder auf und ziehen nach Osten. Gut fünf Kilometer entfernt ducken sich Baracken hinter eingezäuntem Grün: die Siedlung für die Funktionäre eines Tropfenbewässerungsprojekts. Nahebei findet sich Fressbares für die Kamele.

Von den Baracken her tönen Stimmen. Mehrere Regierungsangestellte sind in eine Streiterei verwickelt. Als sie mich erblicken, lassen sie einen Moment davon ab. Niemand ist überrascht. Lebensmittel hätten sie nicht zu verkaufen, und ein Geschäft gäbe es auch nicht, sagen sie. Ich biete das Doppelte, dann das Vierfache für Ölsardinen, Zucker und Milchpulver. Schließlich erklärt einer, der gerade dabei ist, nasse Wäsche auf einer Holzbrüstung zum Trocknen auszubreiten:

«Was wir nicht haben, kannst du auch nicht von uns kaufen. Alles, was du brauchst, bekommst du in Farafra.»

Bis dahin sind es noch achtzig Kilometer. Zum Trost reicht mir jemand einen 250-Gramm-Karton Fetakäse, ein paar Makkaroni und Fladenbrote.

Die Weide, auf der wir lagern, ist kein Garten Eden. Dort, wo die dunkelbraune aufgebrochene Erde von staubtrockenem Gekrümel abgelöst wird, wachsen zwischen vereinzelten Binsengrasbüscheln entlang der feuchten Randzone, aber noch im Trockenen blassgrüne Kriechpflanzen (Citrullus clocynthis), die apfelsinengroße, kürbisähnliche Früchte tragen. Die Beduinen nennen diese Pflanze *handal*. Schon im alten Ägypten wusste man um die giftige Wirkung der Frucht, und ich selbst hatte in der Ostwüste mit ansehen müssen, wie eins meiner Kamele, das auf mein Drängen hin probeweise in einen der kleinen Kürbisse gebissen hatte, um ihn sogleich wieder auszuspucken, zwei Tage lang an schweren Durchfällen litt. Durch diesen Vorfall gewarnt, treibe ich die drei Hengste, die dem gefährlichen Bewuchs zu nahe gekommen sind, behutsam davon weg. Sie würden zwar nie aus eigener Initiative an dem Zeug knabbern, denke ich mir, aber sicher ist sicher.

Kambyses steht am anderen Ende der Weide, und mit einem Mal

sehe ich, wie er seinen Kopf hebt und eine *handal*-Frucht zwischen den Kiefern dreht, bis sie zerkracht. Nichts wie hin und das Maul des Hengstes aufgerissen. Es ist zu spät. Das Tier hat den Kürbis hinuntergeschlungen.

Als wir am nächsten Morgen in Richtung Farafra aufbrechen wollen und ich Kambyses von seinem Ruheplatz auf der Weide hole, ist die Kotlache in der Umgebung seines Hinterteils nicht zu übersehen. Er wird schwächer. Obwohl ich auf der Hut bin, bespritzt er mich während des Marsches mit flüssigen Exkrementen, die in kurzen Abständen explosionsartig aus seinem After schießen. Kein Veterinär weit und breit. Und gäbe es einen in Farafra, der nicht gerade in Urlaub wäre, er könnte dem Kamel doch nicht helfen. Die Karawane hat sich in einen Trauerzug verwandelt.

Auf dem ganzen gefährlichen Marsch durch den Sudan hatte ich nur ein Taschenmesser und zuletzt, in den Dünen vor Abu Minqar, mein Nähzeug verloren. Jetzt, wo wir in Sicherheit sind, sollte noch ein Kamel die Verluste erhöhen. So, wie Kambyses ans Werk gegangen war, steht für mich fest, dass er nicht aus Versehen die giftige Frucht gefressen hat, sondern aus eigenem Antrieb aus dem Leben scheiden wollte.

Ich will den Hengst nicht verlieren, krame schließlich in meiner Reiseapotheke und flöße ihm, als der Durchfall immer schlimmer wird, nach und nach all das *Imodium* ein, das ich mit mir führe. Es hilft nichts. Das letzte Mal, dass ich das schwache Tier auf die Beine kriege, ist in 'Ain Haidia, und als wir am 4. März vor dem Haus meines Freundes Fuad Omer Said in Farafra eintreffen, bricht der Hengst endgültig zusammen. Kambyses' Zustand erstickt all meinen Jubel.

Mit meiner Vermutung, dass in der Oase und in ihren Dependancen niemand aufzutreiben ist, der das sterbenskranke Tier therapieren kann, sollte ich Recht behalten. Kaum sind Hassan und Atma abgeladen und das Gepäck in Fuads Haus verstaut, sitze ich auf einem Lkw und fahre Richtung Kairo, um von dort Rat und Rettung zu holen.

Stunden des Chaos in der Millionenmetropole. Totgeweiht seien

Kamele, die große Mengen *handal* gefressen hätten, sagt mir schließlich ein freundlicher Professor, den ich bis in einen der Operationsräume der tierärztlichen Fakultät der Kairo-Universität verfolgt habe. Ein interessanter Fall. Ich solle Kambyses mal vorbeibringen. Sofort mache ich mich auf den Rückweg, doch ich komme zu spät. Fuad zeigt mir die Stelle, an der Kambyses liegt. Man hatte um seine Läufe ein Seil gebunden und ihn mit dem Pick-up in die Wüste östlich des Dorfes geschleift. Fliegenschwärme sitzen auf seiner von Hundezähnen zerfetzten Bauchdecke. Sein Hintern ist aufgerissen, ein Auge ausgehackt. Ich mache ein paar Fotos von dem Kadaver. Dann fahren wir zurück zum Ort. Hassan begrüßt mich mit sanftem Brummen, und auch Atma beschnuppert mich, freut sich, dass ich wieder da bin.

S O will ich den Marsch nicht beenden. Wegen des wechselhaften Wetters bin ich unschlüssig, ob ich so kurz vor Beginn der Frühjahrsstürme weiter nach Siwa ziehen soll. Vielleicht ist es am besten, zum Ausklang dieser Wanderung mit den Tieren einen Monat auf einer einsamen Weide zu verbringen, sage ich mir und entscheide mich dann doch für den Weitermarsch. Ein neues, ein letztes Kapitel dieser Expedition soll noch aufgeschlagen werden.

In Farafra gibt es für mich keinen Rückzugsraum; kein Zimmer, keinen einzigen Flecken, an dem ich ungestört sein kann. Bei allem, was ich tue, bin ich von Leuten umringt. So schön das Leben als quasi öffentliche Person für den Moment ist, so kräftezehrend ist es auch. Und obwohl ich doch lange genug allein in der Wüste gewesen war, keimt der Wunsch nach der stillen, weiten Landschaft wieder auf. Milchpulver hatte ich in Kairo beschafft. Die restlichen Dinge sind rasch besorgt. Am 11. März brechen wir in Richtung Siwa auf.

Kräftiger Wind bläst aus Westen warme Luft heran. Der Kälteeinbruch der letzten Tage scheint vorüber, und die Wüste wird meine Bronchitis rasch kurieren. Streicheln des Windes, Stille, unbegrenzter Blick. Es ist wie eine Befreiung. Hassan läuft an lockerer Leine; oft überholt er mich. Man merkt ihm an, dass es ihm Spaß macht, wieder mit seinen Tellerhufen auszugreifen. Vor dem Quss-Abu-Said-Plateau wirbeln weiße Staubtrichter. Sie reichen nicht bis zu den Wolken, die in rascher Folge über das Himmelsblau ziehen.

Plötzlich galoppiert Atma los, rechts an mir vorbei, während Hassan, dem Beispiel seines Kameraden folgend, ganz dicht linker Hand vorbeigeht und mir die Satteltaschen ins Kreuz schlägt. Ein harter Hieb, ein Zug, und das Führungsseil ist aus der Hand gerissen. Und dann, noch halbwegs froh darüber, dass ich nicht unter die Hufe der Tiere geraten bin, sehe ich die beiden Hengste davonjagen, sehe, wie Futtereimer und Spirituskanister über Bord gehen. Hassan wird durch die im Rhythmus des Galopps auf- und niederschlagenden Taschen immer wieder aufs Neue erschreckt und angetrieben. Und nur selten verfängt sich das unter dem Tier herschleifende Kopfseil. Wenn es darauf tritt, wird es augenblicklich abgebremst. Bald wechseln die Kamele in den Trab. Einen viertel Kilometer hinter mir reitet ein Mann auf seinem Esel; die Ursache für die wilde Angst der beiden.

Ich laufe hinter den Tieren her. Um Eimer und Spiritus werde ich mich später kümmern. Die Kamele halten auf die Neubausiedlung von Abu Nuss zu. Nach rechts ins sumpfige Gelände können sie nicht ausbrechen. Ich versuche, ihnen den Weg abzuschneiden. Hassan merkt's, beschleunigt und gewinnt.

Ich schaue mich um. Der Eselsreiter hat die über Bord gegangenen Ausrüstungsgegenstände erreicht und sammelt sie seelenruhig ein. Dann verschluckt ihn das Gelände. An den Häusern bringt Hundegebell die Kamele zum Stehen und mich in ihre Nähe. Bis Atma seinen Kollegen mit den Nüstern anstupst und ihn zum Weiterlaufen antreibt – in Richtung des Schulhofes; eines Areals, das an drei Seiten von Flachbauten eingerahmt wird. Zwei, drei Halbwüchsige stehen am Rand des Platzes.

«Haltet die Tiere – am Seil. Sie beißen nicht!», rufe ich völlig außer Puste und versuche, die ängstlich gewordenen Jugendlichen von der Flucht abzuhalten. Ein Junge tänzelt schließlich wie ein Boxer hin und her, ein anderer wirft mit Blechdosen. Die Kamele drehen bei. Es gelingt mir, Hassans Kopfseil zu erhaschen.

Einladung zum Tee. Besser wäre ich geblieben. Ich bin zu erschöpft und zu verschwitzt, um auch nur einen klaren Gedanken zu fassen, drehe taumelnd wieder ab, um nach den verlorenen Sachen zu schauen. Hassan, durch das Rennen und die Angst noch immer in Aufregung, hat Durchfall. Schwarze Schweißperlen tropfen aus seinem Nackenfell. Der Hengst wendet seinen Schädel nach der Seite, um der Gefahr, die nicht vorhanden ist, ins Auge zu schauen. Ein paar Mal noch versucht er loszugaloppieren. Ich halte ihn fest am kurzen Seil. Früher hatte ich Tiere, die Schutz bei mir suchten, wenn sie sich ängstigten. Trotz aller Anhänglichkeit treibt der Fluchtinstinkt die beiden Sinais von mir weg.

Meine Sachen sind verschwunden, der Eselsreiter auch. Spiritus gibt es nur in Kairo. Fürs Kochen werde ich Brennholz sammeln müssen.

Am nächsten Tag sind wir auf dem El-Quss-Abu-Said-Plateau. Es herrscht Sandnebel. So nahe an einer menschlichen Siedlung ist er kein Problem. Bald tauchen im milchigen Einerlei weiße Kalkfelsen und Tamariskenhügel auf. Wir überqueren die Militärpiste nach 'Ain Dalla und erreichen Bir el-Obeiyid. Als wir im Lee des ersten bewachsenen Hügels sind, setzt stoßweiser kalter Wind ein. Holz ist da, und so versuche ich, ein Feuer zu entfachen. Es ist mein erstes Holzfeuer auf dieser Expedition. Bei klarem Wetter hätten mich die lodernden Flammen so dicht neben der Militärpiste verraten.

Die Kamele grasen abwechselnd am Palmgebüsch in Brunnennähe. Während eins frisst, liegt das andere gefesselt am Lager. Der Brunnen ist versandet und wie das Tränkbecken von Zementwänden eingefasst. Während der Nacht lichtet sich der Nebel. Um uns ein in trübes Mondlicht getauchtes, in allen Abstufungen von Weiß, Grau und Anthrazit schimmerndes Märchenland, in dem die hier und da sich aus dem Boden stemmenden Kalkfelsen wie von innen heraus leuchten.

Der Wind hat gedreht. Er bläst jetzt sanft aus Süden. Blutrot, im bleiernen Glanz des Sanddunstes, geht die Sonne auf. Während wir durch eine mit Kalkfelsen wenig spektakulär besetzte, milchige Land-

schaft ziehen, verschlechtert sich die Sicht. Bis gegen neun Uhr unvermittelt ein eiskalter Südsturm einsetzt. Windböen zausen an den
Kleidern, durchkämmen das Kamelfell und fahren über das Gepäck.

«Als das Heer von jener Stadt Oasis aus … vorrückte und etwa bis
zur Hälfte des Weges gekommen sei, hätte sich zu der Zeit, als sie das
Frühmahl nahmen, der Südwind mit unmäßiger Heftigkeit erhoben
und sie unter den Sanddünen, die er vor sich hertrieb, begraben …»,
rezitiere ich die mir seit Jahren vertraute Stelle bei Herodot, während
mir Sandkörner ins Gesicht peitschen. Das schmerzt. Überall rieselt,
schleift und faucht es, und von dort her, wo der Sand nicht über blanke Kalkflächen und -kanten schmirgelt, klingt es gleichmäßig, rauscht
es dunkel. Die Tiere stemmen sich gegen den Wind, der sie nordwärts
schiebt. Mehr noch als die Rümpfe halten ihre Schädel gegen die auf
sie einwirkenden Kräfte, was den Eindruck erweckt, ihre ganze Gestalt sei sichelförmig gemeißelt.

Wir gelangen an einen flachen Kalkbuckel mit abgeschrägtem
Überhang. Gerade genug Schutz für die Karawane. Während wir auf
das Ende des Sturmes warten, decken uns Leewirbel mit Flugsand ein.
Als stünde auf der Felsplatte ein Arbeitstrupp und schaufele unentwegt Sand auf Mensch und Tier. Und zugleich saust rechts und links
des Gesteins, wie aus Turbinen beschleunigt, Körnerhagel vorbei, ver-
quirlt schließlich mit dem aschfarbenen Dunst.

Der Sturm ist ein *rih bu muraifiq.* Er dreht mit dem Sonnenstand
von 170 Grad am Morgen auf 220 Grad gegen 13 Uhr und nötigt
mich, unser Lager Zug um Zug um den Felsen herum zu verlegen.
Mit der Drehung des Windes steigen die Temperaturen, bis sie un-
erträgliche Werte erreichen. Der abrupte Temperaturanstieg und die
durch Myriaden von Sandpartikeln verursachte elektrische Aufla-
dung der Luft verursachen Kopfschmerzen, machen schlapp und
schläfrig, sodass ich dicht neben den Tieren einnicke. Auch die Kamele liegen den ganzen Tag matt herum und schniefen mit zugehalte-
nen Nüstern gekränkt durch die Nase. Ihnen scheint das Wetter
schwer zu schaffen zu machen, und um sie zu trösten, setze ich mich
neben ihre flach auf den Sand gelegten Schädel, rede beruhigend auf

sie ein und streichele über ihr Fell. Stürme wie diese sollen über Nacht einschlafen.

Gegen 15 Uhr ist die Sicht auf weniger als 300 Meter gesunken. Will mich der Wettergott, wie einst das Heer des Kambyses, davon abhalten, nach Siwa zu ziehen? Unter solchen Witterungsbedingungen ist eher nachzuvollziehen, wie es dem Perserheer, bar jeder Deckung, mitten im Dünenmeer ergangen sein musste.

Der heiße Wind vereitelt einen Direktmarsch nach Siwa. Es führt kein Weg daran vorbei, ich muss die Dalla-Quelle anlaufen und dort die Tiere tränken. Um 21 Uhr messe ich 29 Grad. Über Nacht dreht der Wind weiter, und am anderen Morgen deckt uns Treibsand aus Nordost ein. Trotz der Eiseskälte, die jetzt herrscht, befürchte ich, dass es mit den stabilen Wetterlagen vorbei ist. Dann lichtet sich der Nebel. Wir machen einen Schwenk und halten auf den Djebel Hayalla zu. Vor dem Berg, auf einem Hügel, ein Alam aus brustkorbgroßen Steinplatten. Sie sind ohne Sorgfalt geschichtet.

Windstille und Hitze haben eingesetzt, als wir auf Höhe des Djebel Hayalla sind und eine frische Fahrzeugspur kreuzen. Im selben Moment erblicke ich das Postenhäuschen am Berg. Ich sehe, wie Soldaten auf die Ladefläche eines Fahrzeugs klettern und das Gefährt schließlich auf uns zustottert. Keine 200 Meter von uns entfernt springen Uniformierte mit dem Gewehr im Anschlag ab, und dann fallen Schüsse.

«Bewahrt die Ruhe. Ich bin nur einer, und ihr seid viele», rufe ich den Männern zu und hebe die Hände, was sie nur noch mutiger zu machen scheint. Schließlich feuert einer gar einen Schuss in meine Richtung ab.

Die Kamele, die das Weite gesucht haben, werden von den Soldaten mit Mühe eingefangen. Dann erfolgt die Gepäckkontrolle. Man hat es auf Waffen und Drogen abgesehen. Weil die Wasserentkeimungstabletten weiß sind, werden sie für Heroinpillen gehalten. Einspruch ist zwecklos. Schließlich bitte ich den Anführer der Einheit, die Karawane wenigstens zum Militärstützpunkt von 'Ain Dalla ziehen zu lassen. Das wird nach einiger Überlegung gewährt. Zur Sicherheit werde ich von einem Soldaten begleitet. Wir schwingen uns auf die Kamele. Das Auto fährt voraus, hält alle zwei Kilometer und wartet, bis wir auf seiner Höhe sind. Niemand glaubt an meine Ungefährlichkeit. Irgendwann sichte ich einen Jeep, der aus Richtung 'Ain Dalla kommt. Der Chef des Postens hat sich höchstpersönlich ins Gelände fahren lassen. Man befiehlt dem Soldaten abzusitzen. Der Kommandeur greift dessen Waffe und reitet auf Atma mit mir die restlichen Kilometer zum Stützpunkt. Er heißt Hamdi.

Wir erreichen 'Ain Dalla gegen 20 Uhr. Rufe in der Dunkelheit. Irgendjemand will die Parole wissen. Der Kommandeur brüllt: «*Chai fii? –* Ist Tee da?» Auch das noch! Wir werden eingelassen. Während ich mit dem Absatteln und dem Füttern der Tiere beschäftigt bin, merke ich, wie außerordentlich gut mir die ganze Geschichte gefallen hat.

Man bittet mich ins Hauptquartier. Es ist ein muffiger, fensterloser Raum, in dem Hamdi hinter einem zerbeulten Metallschreibtisch sitzt. Jemand hat die Zimmerdecke mit roten Stoffbahnen dekoriert. Die Verkleidung fällt vor der hinteren Wand von der Decke herab und geht dort in einen Vorhang über.

Es braucht seine Zeit, bis ein einwandfreier Text für einen Funkspruch formuliert ist. Während der Offizier und ich auf eine Antwort warten, wird uns Abendessen serviert, und anschließend beugen sich unsere Köpfe über ein Schachbrett. Nach der zweiten Partie betritt der Funker mit einer Kladde den Raum und reicht sie dem Captain. Die vorgesetzte Behörde in Kharga hat sich mit folgender Nachricht gemeldet:

«Carlo Bergmann ist es gestattet, jeden Weg, den er zu gehen beliebt, einzuschlagen. Oberst Muhamed Hedeija.»

Welch ein Geschenk! Würde ich den Freibrief so spät in der Saison in Meilen umsetzen können?

Tränkung der Tiere. Sie hören gar nicht auf zu saufen, und als sie endlich genug Wasser gefasst haben, sind ihre Bäuche so prall, dass es zu riskant gewesen wäre, sofort loszuziehen. Noch einmal ein Diner; diesmal sind alle Offiziere versammelt. Der Kommandant erscheint im Schlafanzug. Er war extra aus diesem Anlass geweckt worden. Nach dem Essen besteht er auf einer Partie Schach. Als ein Soldat das Spiel mit der Meldung unterbricht, die Kamele seien im Begriff, auf und davon zu laufen, bin ich von den Fesseln der Konvention befreit. Ich fange die Tiere ein, und eine halbe Stunde später betreten wir einen zehnspurigen Karawanenweg, der uns durch die dunstige Dalla-Senke in Richtung Steilabfall führt. Tonscherben am Wegesrand. Oben auf dem Plateau machen wir Nachtrast.

W I E D E R bin ich auf der Suche nach den Spuren des verschollenen Perserheeres. Auch der deutsche Vermessungsingenieur Hansjoachim von der Esch fahndete in dieser Gegend schon danach; und zuletzt Gary Chafetz, ein Amerikaner, der die Erkundung ganz systematisch betrieben hatte. Zur Finanzierung seiner Suche brachte er – das hörte man damals gerüchteweise in Kairo – sogar Anteilsscheine unters Volk. Der *Geological Survey of Egypt* stellte die notwendige Ausrüstung. Man montierte Metalldetektoren an Geländewagen, und mit diesen Fahrzeugen und viel Sprit setzte Chafetz im Winter 1983/ 84 die Dollarmillionen seiner Anleger auf Nimmerwiedersehen in den Wüstensand. Chafetz, der im Vorfeld seiner Expedition eine gewaltige Pressekampagne inszeniert hatte und von dem man danach nie wieder etwas hörte, stieß im Verlaufe seiner Erkundung nur auf das, was von der Esch Mitte der dreißiger Jahre zwischen den Dünen dreißig Kilometer südwestlich des Salzsees von El-Bahrein bereits entdeckt hatte: sechs übergroße Steinpyramiden. Weil diese aus sorgsam geschichteten, schweren Steinplatten bestehenden Alamat aufgrund ihrer Größe aus dem Rahmen des Üblichen fielen, stufte sie der deutsche Ingenieur mit der ihm eigenen, überschäumenden Phantasie kurzerhand als «antik» ein, um sie einen Atemzug später als Wegweiser für den Heereszug des Kambyses zu qualifizieren. Ebendiese Alamat hat Gary Chafetz abgeräumt und als einzige Trophäen seiner Kambyses-Jagd ins ferne Amerika zur «weiteren Untersuchung» entführt.

Der Karawanenweg, auf dem wir uns bewegen, besteht aus mehr

als siebzig Geleisen. Er ist deutlich mit Alamat markiert. Trotz der Spuren fällt das Gehen schwer. Weil mir das Wetter Sorgen macht, schwenken wir bei «*Three sand peaks*» von der Trasse ab und halten auf den «*Sandstone Knoll*» der Karte zu. Lieber einen Geländeschnitt machen und abwarten, was sich am Himmel tut, als sich zu weit in das trockenstarre Land hinauswagen. Wir überqueren eine weitere, mit zahlreichen Alamat gekennzeichnete Karawanenstraße. Nach allen Richtungen hin ragen Steinmänner aus dem Schutt. Weil es ihrer zu viele sind, stiften sie eher Verwirrung, als bei der Orientierung zu helfen.

Von der Weggabel, die von der Esch in *Weenak* erwähnt, gibt es keine Spur. Noch einmal kreuzen wir eine Autopiste. Dann stehen wir an einem mit mehreren Alamat besetzten Hügel. Wir passieren Kamelgerippe und eine Erhebung, an deren Fuß zwei Tonkrüge in Scherben liegen. Nicht weit davon entfernt verläuft eine breite Trasse. Autoreifen haben die Geleise des alten Weges bis zur Unkenntlichkeit zerschnitten. Auch an dieser Strecke befinden sich deutlich gesetzte Wegzeichen.

Mittagsrast. Was tun in diesem Irrgarten? Der Wind ist wieder eingeschlafen. Die Luft kocht. Ich blicke zurück in die Richtung, aus der wir gekommen sind. Viel ist nicht zu sehen. Schattenlose Leere. Sie kreist uns ein. Hitzeflimmer, grell-graues Einerlei, im Osten und Westen flankiert vom blassen Gelb der Dünenstreifen. Wolkenloser Himmel spannt sich darüber. Ob wir jetzt in der Nähe der Stelle sind, an der von der Esch vor mehr als fünfzig Jahren die Weggabel sichtete? Wie leicht kann sich in solch einem Gelände ein Fehler in die Kompasstraverse einschleichen.

Während eines Rundgangs stoße ich auf leere Konservendosen und einen *Shell*-Tin. Der Abfall markiert die Stelle, an der jemand zu Weltkriegszeiten seine Zelte aufgeschlagen hatte. Das Blech ist dort, wo es Kontakt mit dem Sand hatte, durchgerostet. Angesichts dieses Befundes fällt die Antwort auf die Frage, was wohl von den Schuppenpanzern, den Streitäxten, Schwertern, Dolchen und eisenbeschlagenen Keulen der Krieger, die im Heer des Perserkönigs Dienst taten und deren Gebeine längst zu Staub verfallen sind, nach mehr als 2500 Jahren übrig geblieben sein könnte, vernichtend aus: nicht viel mehr als ein Häufchen Rost, da und dort, vermischt mit Sand.

Man müsste bis vor die Tore Siwas ziehen, dorthin, wo die Perser nie ankamen, sage ich zu mir selbst und male mir das Ritual aus, dem ich mich nach dem Eintreffen unterwerfen würde. Entledigen der schmutzigen Reisekleider, Waschen und Überstreifen einer neuen Djalabeja. Dann der Gang zum Tempel – die Tiere im Schlepptau. Inmitten seiner Mauern das Allerheiligste. Ja, gäbe es noch das Götterbild von Amun, dem «Herrn der Ratschläge», vor dem schon Alexander der Große kniete, ich würde es dem mazedonischen Eroberer gleichtun. Und dann würde ich dem im Sanktuar eingesperrten Gott die Frage nach dem Verbleib des Perserheeres zur Beantwortung vorlegen.

Wieder ertappe ich mich dabei, dass meine Gedanken um eine Frage kreisen, die ich schon tausendmal gestellt habe, ohne zu einer Antwort gelangt zu sein: ob Herodots Bericht überhaupt ernst zu nehmen ist. Stützte sich der antike Geschichtsschreiber auf wahre historische Begebenheiten, oder handelt es sich um eine rein literarische Schöpfung, die nur aus griechischer Sicht zu verstehen ist, aus der Gegnerschaft zu allem Persischen? Gefangen in einem Labyrinth, in dem sich Tatsachen, Mythen und Legenden mangels exakt belegbarer Vorgänge und Fakten kaum mehr auseinander halten lassen; ein für den spekulativen Geist gefährliches Terrain, der Nährboden für alle möglichen Phantastereien. Wenn ich mir dessen bewusst werde: Meine Befreiungsversuche (ich muss es gestehen) enden regelmäßig mit einer Parteinahme für die «Tatsachen», so vage und nebulös die auch sein mögen. Und eine dieser Tatsachen ist mein Felsbildfund unter dem Überhang bei 'Ain Amur.

Kartenstudium im schmalen Schatten des Gepäcks. In welcher Richtung weitersuchen? Was hatte ich bisher gesichtet? Resümee des Erreichten: hier und da Kamelknochen, ein paar unbeschriftete Scherben, aufgerichtete Steine und übereinander getürmtes Geröll; Alamat, die Wegweiser und Markierungen der Karawanenstraßen.

Längst nicht mehr begangene Wege, die, einer wie der andere, in nordwestliche Richtung streben. Wie alt sie sind? Kein Mensch vermag das genau zu sagen. Es fehlt an Inschriften, um darauf eine schlüssige Antwort zu geben.

Ich spüre es: Die «Soldaten von 'Ain Amur» spornen mich an, nun endlich auch schriftliche Zeugnisse zu finden, die sie hinterlassen haben könnten. Und der vor drei Monaten gemachte Fund vermittelt mir die Überzeugung, dass meine Suche nach den Persern, an der andere schon gescheitert sind, keiner reinen Träumerei entspringt, dass sie nicht die Verrücktheit eines Besessenen ist.

Schweiß läuft mir übers Gesicht, während die Hitze mit jedem Celsiusgrad, den sie ansteigt, die Zonen des Durstes wachsen lässt. Noch einmal prüfe ich unsere schwindenden Möglichkeiten angesichts des herannahenden Sommers. Die Blicke der Kamele ruhen auf mir, als wollten sie mich streicheln. Das Wetter ist zu einem unkalkulierbaren Faktor geworden.

Wir erreichen die *Sandstone Knoll* der Karte. Zwei Alamat weisen in Richtung 330 Grad. Weil ich auf diesem Kurs keine Wegzeichen mehr ausmachen kann, gebe ich es auf, von der Eschs Beschreibung zu folgen. Ich stehe an einem Wendepunkt. Vor uns leeres Land; Weite, die sich aus dem Nichts heraus aufrollt, die sich mit jedem unserer Schritte fortsetzen und vermehren wird – immerzu. Grenzenlos scheint sie zu sein. Dass ich nach mehreren tausend Kilometern Wanderschaft mit der Hälfte meiner Tiere überhaupt bis hierher gekommen bin! Im Nachhinein sieht das Vollbrachte wie ein Kinderspiel aus. Doch was jetzt noch vor uns liegt, scheint mir unmöglich. Die Wüste sträubt sich gegen jede unserer Bewegungen. Wie verriegelt liegt sie vor uns. Warum müssen wir zu dieser Jahreszeit über Stock und Stein laufen, durch dieses Land, das wie ein Schwamm all unsere Kräfte aufsaugt? Ich wünsche mir sehnlichst, von all dem Suchen und Ausschauhalten loszukommen. Und ich stelle mir vor, wie herrlich es sein müsste, endlich wieder geräuschlos und ohne Gestolper dahinzugleiten und den alten, von den Tritten der Kamele in den Boden gezogenen Geleisen einer Karawanenstraße ohne Absicht zu folgen.

Und ich fiebere danach, den Blick endlich von den Steinen lösen zu können und wieder frei umherschweifen zu lassen.

Als ich mit den Tieren auf einer Düne wandere, sehe ich eine bleigraue Sandwalze vor uns. Sie ist etwa 500 Meter hoch und löscht über dem gesamten nördlichen Horizont das Licht aus.

Die Front wälzt sich auf uns zu. Gut, dass sie aus Norden kommt, denke ich, und schon hat uns der Sandhagel erreicht. Hinter einer kniehohen Felskante finden wir Schutz. Atma stößt vor Angst eigentümliche Grunzlaute aus. Immer wieder blickt er in das Gestöber, als ob von dort weitere Gefahr drohe. Hassan verhält sich ruhig.

Ich liege hinter dem Schutzwall und lasse meinen Blick über das leichenblasse, sandvernebelte Land schweifen, beobachte das stoßweise Atmen der Materie im Rhythmus des Windes. Kurze Intervalle der Ruhe lösen Phasen ab, in denen sich Erde und Himmel zu vereinigen scheinen. Bei dieser Hochzeit füllt der wirbelnde Hagel den Raum vollkommen mit seinem Knistern, Rieseln und Rauschen aus. Gesang der Sandperlen. Die Geräusche haben keine bestimmte Quelle.

Unser Lagerplatz ist gut gewählt. Rechts und links fegt dicht über dem Boden der Treibsand, während wir im Lee der flachen Felsstufe nur von oben her mit feinem Sand und Staub bestreut werden. Über den nahen Dünen zieht ein heller Film gleitenden Sandes. Sonst ist das Licht der Dämmerung gleichmäßig über Himmel und Sandgewelle verteilt, die Temperatur merklich gefallen. Ungewöhnlich, dass ein Sturm wie dieser am Spätnachmittag losbricht. Wird er lange anhalten?

Der Wind bläst die ganze Nacht und dreht von Nord nach Nordost. Mit jeder Böe, die an meinem Schlafsack rüttelt, überfällt uns Körnerhagel. Blick nach oben. Im milchigen Nebel über mir ist ein kreisrunder Ausschnitt frei. Er ist wie ein Fenster geöffnet, und in diesem Himmelsausschnitt steht, ruhig und fest, mein Sternbild.

Der Entschluss zum Rückmarsch ist gefallen. Wenn ein Sandsturm den anderen jagt, ist hier draußen nichts auszurichten. Ein langsam dahinziehendes Gefährt wie die Karawane braucht Muße, die es erlaubt, in einem so weiträumigen Gebiet wie diesem mehr als nur ein hastiges Aneinanderreihen von Befunden zu besorgen; Zeit, die von der Natur nicht mehr gewährt wird. Der Nordost treibt dunkle Wolken heran. Am anderen Morgen fällt eine Hand voll schwerer Regentropfen.

Eineinhalb Tage später sind wir wieder in 'Ain Dalla. Es ist wie beim letzten Mal. Wieder saufen sich die Tiere pralle Bäuche an, sodass kein rasches Fortkommen ist. Achmed Fahem Shaban, der Kartograph aus Muhamed Hedeijas Patrouille ist da, begrüßt mich herzlich.

Ein Soldat hat den Quellhügel erklommen und rezitiert mit klarer Stimme den Gebetsaufruf der Muslime. Sprechgesang hallt über den winzigen Grünfleck, der bereits zu Römerzeiten und wohl auch schon lange davor als wichtige Wasserstation fungierte. Es ist ein Ruf, der mitten in der flachen, von fernen Klippenrändern, dem Djebel Sufra und von Sand gesäumten Senke unser aller Dasein ins Kleine, Unbedeutende und Kurzatmige zieht. Angesichts der Weite und der Grandiosität der Wüste, angesichts des Charakters des Menschen auch, ist es ein Jammer, dass dieser Gesang nichts bewirkt.

AUF dem Weg, den wir gekommen sind, will ich nicht nach Farafra zurück. Wir machen eine Runde um den El-Quss Abu Said, umgehen die Südspitze des Plateaus im großen Halbkreis.

Gewaltige Quellwolkentürme schieben sich vor die Sonne. Gefunkel und Glühen an ihren Rändern. Durch Fenster in den Dampfgebilden flutet Licht auf die in trüber Tönung abwartend daliegende Wüste. Später in der Nacht klatschen Regentropfen auf den Sand. Schweres Gehen – auch für all jene, die sich ganz offensichtlich vor uns auf dieser Route bewegt hatten. Die Karawane stapft Richtung Süden; über Feinschutt und über Dünen. Irgendwann sichte ich einen Alam. Er ist mehr als mannshoch und von der Bauart wie die von von der Esch weiter im Norden gefundenen. Wie ein Denkmal, das die Jahrtausende überstanden hat, steht er da. Er trägt keine Inschrift.

Das Thermometer zeigt 46 Grad. Als die Karawane südlich des Abu-Minqar-Brunnens in den Dünenfeldern der Großen Libyschen

Sandsee auf einem Walrücken über Nacht rastet, schlägt ein Sturm zu. Ich habe das Lagerhufeisen gegen den zur Zeit der Dämmerung vorherrschenden Südostwind ausgerichtet und werde im Stockfinsteren von einem heftigen Nordwest geweckt. Sand fegt in den offenen Halbkreis der Lagerburg. Es ist unerträglich heiß. Noch ehe ich auf die Beine komme, drückt der Sturm meine Siebensachen mit Urgewalt auseinander. Ich habe alle Hände voll zu tun, das Gepäck notdürftig zu sichern. Schlafsack und leere Satteltaschen fliegen auf Nimmerwiedersehen im Sandhagel davon.

Der Sturm hat für den Durchbruch kalter Luftmassen gesorgt. Wir schwenken nach Osten ab, setzen über die Asphaltpiste, die Dakhla mit Farafra verbindet, und tauchen in eine Landschaft ein, die von schmalen Cañons durchzogen und voller Kalkhügel ist. Ihr Südrand wird von einer wenig spektakulär abbrechenden Höhenstufe begrenzt. In Richtung Farafra lichtet sich das Hügelland mehr und mehr. Hier machen wir zum Ausklang der Expedition einen Spaziergang. Und genau jetzt, zu einem Zeitpunkt, zu dem ich keinerlei Bedürfnis mehr verspüre, noch irgendetwas zu erkunden, werde ich fündig.

An einem alten Lagerplatz springen mir quasi im Vorübergehen ein Sammelsurium von Ritzzeichnungen (darunter eine feinfühlig ziselierte Lotusblüte) aus der Pharaonenzeit und mehrere teils in hieratischer, teils in klassischer Hieroglyphenschrift ausgeführte Texte ins Auge. Unter letzteren ist eine kurze Notiz über eine militärische Bewegung. Ein Offizier namens Seti Schepses vermeldet, dass er im vierten Regierungsjahr des … (die Stelle ist nicht mehr zu dechiffrieren) mit seinen Gefolgsleuten an Ort und Stelle zugegen gewesen sei. Um wessen viertes Regierungsjahr mag es sich gehandelt haben? Waren Seti Schepsis und seine Mannen allein oder als Teil einer größeren Truppenbewegung unterwegs gewesen? Für das Erstere fällt mir die Inschrift auf einer Niltal-Stele aus dem Mittleren Reich ein, in der ein Vorsteher der westlichen Wüstenpolizei auf der Suche nach einem Flüchtigen alle Wege im Umkreis der Oase Dakhla nachgegangen ist: «*Ich bin zur westlichen Oase gelangt, habe alle ihre Wege durchsucht und den Flüchtling zurückgebracht, den ich dort fand. Die Truppe blieb wohlbehalten, und es gab bei ihr keinen Verlust.*»

Und wenn das Letztere zuträfe: Bildeten Seti Schepsis und seine Leute eine Abteilung im Rahmen eines größeren Unternehmens, eines Heereszuges etwa? Sicher scheint nur, dass ein solcher Heereszug – wie aus altägyptischen Annalen und Tempeltexten geläufig – «den Weg über die Oasenroute» genommen und beträchtliche Zeit vor der persischen Invasion Ägyptens stattgefunden haben muss.

Den sensationellen Fund habe ich Klaus Peter Kuhlmann übergeben. Er hat die von mir entdeckten Texte in Arbeit und wird zu gegebener Zeit eine Übersetzung und eine Interpretation dazu liefern.

DIE ROUTE DER TÖNERNEN KRÜGE

DAS RÄTSEL VON ABU BALLAS
MEINE EXPEDITIONEN IM FRÜHJAHR 1999 UND
IM WINTER 1999/2000
«Meine Sehnsucht nach der Wüste wächst ... Meine Einsamkeit
ist ungebrochen ... Wilde Stille hüllt mich widerstandslos ein.
Schönheit und Friede sind mit mir, wohin ich auch gehe.»

(Everett Ruess)

DAS Erlebnis am Abu Ballas, der Zugriff durch das ägyptische Militär und die daran anschließende Mondnacht, in der ich über das Geheimnis des «Vaters der Tonkrüge» nachsann, waren mir über die Jahre nicht aus dem Sinn gegangen. Immer wieder hatte ich nach Möglichkeiten gesucht, dorthin zurückzukehren, um das Rätsel, das den berühmten Scherbenhügel umgibt, zu lösen. Doch all meine Anträge auf Genehmigung zum Betreten des militärischen Sperrbezirks, in dem der «*Pottery Hill*» liegt, wurden von den ägyptischen Behörden abgelehnt. Anfang Januar 1999 wollte es der Zufall, dass ich mit Dr. Daniel R. McBride, dem Direktor des kanadischen Instituts in Kairo, zusammentraf. Er war bereit, eine Erlaubnis zu beschaffen, wenn ich ihn mit in die Wüste nähme. Wir verabredeten uns für den 3. Februar in der Außenstelle der ägyptischen Altertümerverwaltung in Kharga. Als ich zum vereinbarten Termin eintraf, erfuhr ich von Mansur Osman, dem Leiter der Dienststelle, dass das kanadische Institut in Auflösung begriffen und sein Direktor entlassen worden sei. Der Beamte interessierte sich für das Vorhaben. Ich berichtete in aller Offenheit von meinen Vermutungen und legte meine Pläne dar. Dieser Aufrichtigkeit ist es zu verdanken, dass mir Mansur Osman im Laufe des Gesprächs den entscheidenden Tipp gab, sodass ich es wagen konnte, mich ohne Furcht vor Verhaftung auf den Weg zu machen.

ALS die Karawane am Morgen des 23. Februar 1999 von der Freifläche vor meinem Lehmziegelhaus am Fuße des «*Very steep camel pass*» bei Bir Hamsa, Gharb el-Mawhub, startet, herrscht Starkwind. Sturmböen reißen an den Palmen und zeichnen wie mit Peitschenhieben geschlagene Striemen in das niedergedrückte Grün der Felder. Die Tiere wittern Gefahr, sind nervös, trippeln auf der Stelle, bocken und wollen ihre Ladung abwerfen. Es bleibt nichts anderes übrig, als Selim und Chalil, die Neffen meines Freundes Muhamed, der mitgehen soll, zu bitten, für eine Weile Rashid und Ashan zu führen, und zu hoffen, dass sich die Kamele nach den ersten Metern wieder beruhigen. Muhamed hält Muskat am kurzen Seil, und ich gehe mit Fatima voran.

Bald legt sich die Nervosität der Tiere. Ich bin mit Muhamed allein. Wir umgehen Bir Itneen, und dann haben wir das Ende der Vegetationszone erreicht. Es dauert nicht lange, da stoßen wir auf die von den Feldern verschluckte alte Karawanenstraße. Scherben unbestimmten Alters überall am Wegesrand.

Die Wüste. Ich bin wieder in meinem Element. Dieses Land ist mein Land: Es gewährt Abstand, erlaubt das Meiden des Normalen und lässt mich mit meiner Karawane all jene Plätze umschiffen, auf denen sich das mittlere Maß an Meinungen, Lebensstilen und Lebensläufen tummelt.

MUHAMED bleibt zurück. Er hat eine schwere Angina. Als die Asphaltstraße Bir Abu Minqar–Dakhla hinter uns liegt, sagt er, er könne mich in diesem Zustand nicht weiter begleiten. Mit seinen Sachen unter dem Arm kehrt er um. Ab diesem Moment bin ich allein mit den Tieren.

Die Karawane folgt den Schlängellinien des Pfades, der manchmal vollkommen ausbleicht und verschwindet, um dann wie aus dem Nichts wieder aufzutauchen. Wir passieren die Stelle, an der Gerhard Rohlfs am 27. Januar 1874 einen Karawanenweg sichtete. Mein Landsmann schreibt:

«Erwähnen muss ich noch, dass wir gleich nach unserem Aufbruche um 8 ½ Uhr eine große von Norden nach Süden gehende Karawanenstrasse, an dieser Stelle aus über 30 nebeneinander sich herschlängelnden Pfaden bestehend, kreuzten. Es ist diess die grosse äußere Karawanenstrasse, welche um alle Oasen herumführt. Zittel und ich kreuzten

Doppelsteinreihen bei Muhattah el-Askeri

Fatima und Amur (v. l. n. r.)

Ein Depot am Wegesrand: vier zer-
brochene Krüge, markiert durch
auffällige Steinsetzungen

Die berühmte Jagdszene
am Abu Ballas

Wenn die Sonne untergeht, erstrahlt die vom Mittagslicht ausgebleichte Wüste
in ihrem Glanz.

Landschaft südwestlich von Abu Ballas. Windwolkenfahnen kündigen eine
Wetteränderung an. Wird es Sturm geben?

Der Pfad führt über eine Geröllpartie in eine mit weißem Sand gefüllte Ebene.

Amur und Rashid (v. l. n. r.) knabbern an spärlichem Bewuchs unmittelbar neben den antiken Krügen von Khasin Berlin.

Als die Karawane aus den Bergen strebt, gelangt sie in ein breites Wadi, an dessen Ufer vom Sandgebläse des Windes abrasierte Krüge (Halbschalen) und Gebrauchskeramik liegen (Muhattah Fatima).

Das Wetter ist umgeschlagen. Aus dichten Wolken fallen ein paar schwere Regentropfen.

Am Oberlauf des Wadi el-Bakht: Die Tiere liegen gefesselt auf der grünen Weide. Aus Angst vor dem unbekannten Tal wären sie mir beinahe davongelaufen.

Nach einer Woche Suche ein erstaunlicher Fund. Geradewegs läuft die Karawane auf ein paar Scherben zu.

Eine hebe ich auf. Sie ist als einzige gut erhalten – und vom Jaqub-Typ.

Der Steilsturz des Kalksteinplateaus der Libyschen Wüste zieht sich nördlich der Oase Dakhla hin.

Wieder im Angesicht der Klippe südlich von Mut/Dakhla. Hier befindet sich Muhattah Amur – mit Petroglyphen von Sandalen, in ihnen Schriftzüge der Karawanenleute, die einst über den Uweinat ins Tschadbecken zogen.

Altägyptische Schriftzeichen in Muhattah Amur

Landschaft südwestlich von Dakhla. Sand und Sandstein. Darüber Himmelsblau und Wolken wie Duft

Altägyptische Petroglyphe am Khasin nordwestlich des Pharaonen-Nuktars. Mann mit Schurz und Vulven. Männereinsamkeit, Sehnsucht nach dem Weib. Eine der vielen Variationen ein und desselben Themas

dieselbe, als wir von Sittrah nach Farafrah kamen, später marschirte ich ein Stück Weges südlich von Farafrah auf derselben und zuverlässige Leute gaben mir eine Route von Mut, Galamun und Machsarah nach dem südlichen Theile von Chargeh an, die Fortsetzung derjenigen, welche wir hier kreuzten und an welcher Jordan das verlassene Araberlager gefunden hatte. Uebrigens bemerkten wir ziemlich frische Kamelspuren, nach Norden führend, auf dieser Strasse, vielleicht von den Senussi herrührend. Es ist dies wohl auch derselbe Weg, auf den von alten Zeiten her die Rhasien der Maghrebiner sich bewegen, wenn sie einen Raubzug gegen eine der Oasen planten. Ungesehen, ungehört kann man sich auf dieser grossen Strasse bei Siuah vorbeibewegen, man braucht Baharieh oder Farafrah nicht zu berühren, wenn man nach Dachel oder Chargeh will. Dies gab dann Veranlassung für die Oasen-Bewohner von von Westen direct hergekommenen Karawanen zu fabeln, aber aus der libyschen Wüste oder doch durch das Sandmeer derselben hat meiner Meinung nach nie eine Karawane kommen können.»

Die Trasse, mit der sich Rohlfs so ausführlich beschäftigt, ist die, auf der sich meine Karawane bewegt. Nachdem zwei ihrer Abzweige nach Osten passiert sind, führt sie uns, vom «*Very steep camel pass*» und damit auf direkter Linie von Farafra und Siwa kommend, eineinviertel Tage später zu einem außergewöhnlichen Ort.

Fast wären wir daran vorbeigelaufen. Wir hatten das Ende der sich im Lee des Djebel Edmonstone ausbreitenden Ebene erreicht. Noch ehe wir einen sanften Anstieg erklimmen konnten, der, von niedrigen, hier und da mit einfachen Alamat besetzten Hügeln gekrönt, in ein nur mühsam zu passierendes, zwischen rotbraune Sandsteinfelsen und Steinhaufen eingelagertes, quadratkilometergroßes Weichschuttgebiet überleitet, überquerten wir eine unauffällige Reihe kleiner Steine. Dass da was gewesen war, hatte ich zwar gesehen, maß dem Gesehenen aber erst Schritte später eine Bedeutung zu. Zurück, Abladen der Tiere.

Die Anordnung, die aus vier flachen, etwa sieben Zentimeter hohen Steinplättchen und einem an ihr Westende gelegten, circa dreißig Zentimeter hohen Hauptstein besteht, ist ungefähr zweieinhalb Meter lang und nach 245 Grad ausgerichtet. Die wenigen, auf der hinter uns liegenden Ebene gesichteten Alamat hatten selten eine Höhe von zehn Zentimetern übertroffen. Was ist also das Besondere hieran? Und doch kommt mir das Arrangement hier, wo sich der Weg im weichen Grund verliert, so vor, als wolle es mir einen Hinweis geben.

Ich mache einen Rundgang, bewege mich langsam in die Richtung, in die der Steinpfeil weist. Und dann stockt mir der Atem. Ich stehe zwischen zwei Felshügeln und blicke auf eine Ansammlung von Tonkrügen, die zum Teil noch vollständig erhalten sind.

Bei den Krügen handelt es sich um typische «Dakhla-Tönnchen», kleine fassförmige Behälter mit hoher Ausgusstülle. Man hat die Gefäße in drei Abteilungen abgestellt. In Karrees gelegte Steine grenzen eine Abteilung von der anderen ab. All das sieht sehr alt und nach militärischer Ordnung aus, auch wenn manche Krüge und Krugteile über die Einzäunung hinaus verstreut liegen. Ich bin auf einen Kontrollposten *(nuktar)* der pharaonischen «Wüstenpolizei» gestoßen, die einzige bisher entdeckte Anlage dieser Art in der Westwüste Ägyptens.

Im Lee des Felsens, etwa in Manneshöhe, ist ein Absatz frei geräumt. Um die Freifläche – dort, wo es nötig schien – sind Steine als Schutzwall gegen den Wind aufgeschichtet. Die acht oder neun Tönnchen, die an der windgeschützten Stelle liegen, sind bestens erhalten, und es scheint, als wären sie während der letzten tausend Jahre von keiner Menschenhand berührt worden. Zwischen den tönernen Behältern liegen zwei roh bearbeitete Kopfstützen aus Sandstein; eine davon ist mit einem Streifenmuster verziert. Wenig später ziehe ich ein weiteres Exemplar aus einem Hohlraum in der Umwallung. Auf diese Kopfstütze hat jemand ein Wasm geritzt. Es mutet an wie ein angefangenes altägyptisches Hauszeichen und lässt sich daher als «das ist mein Bereich» deuten.

Rätselraten über das Alter des Fundes. Auf dem winzigen Gipfelplateau, das den Felshügel krönt, befinden sich Petroglyphen. Sie unterscheiden sich in ihrem Darstellungsstil deutlich von den neolithischen Felszeichnungen, die ich gute acht Kilometer weiter im Norden auf ebensolch einer Gipfelplattform entdeckt habe. Dort war, neben anderem, auch ein Springbock abgebildet. Hier blicke ich auf die Ritzzeichnung eines Einäugigen, der einen Stab in der Hand hält. Daneben die Abbilder von Straußen, Ibissen und eines Schakals sowie ein säuberlich ausgearbeiteter Fußabdruck. Ganz offensichtlich hatten diejenigen, die sich hier aufhielten, Zeit im Übermaß. Denn auch an ihrem Schlafplatz sind Verzierungen angebracht: eine «Katz-und-(Wüstenspring-)Maus»-Gravur und eine Gestalt mit Penistasche.

Wenn man einen Text fände … murmele ich vor mich hin, und in dem Moment fällt mein Blick auf eine kleine Steinplatte, die jemand – als sei es erst gestern geschehen – in Brusthöhe lose auf einen Absatz in der Felswand gestellt hat, die die frei geräumte Fläche an ihrem östlichen Ende begrenzt. Auf dem Stück Stein prangt ein Linienzug mit Hieroglyphen; eine Anrufung des Gottes Amun.

Die Steinplatte scheint abgebrochen zu sein. Vorsichtig suche ich nach dem fehlenden Teil. Auf ihm muss sich der Text fortsetzen. Ich finde es nicht. Um nichts durcheinander zu bringen, gebe ich schließlich auf, verteile Fladenbrote als Belohnung an die Tiere und hoffe darauf, dass sich Archäologen für den Fund begeistern lassen werden.

Wie war es möglich, dass ein solcher Ort bis heute unentdeckt bleiben konnte? Er befindet sich nur gute zwanzig Kilometer von Mut entfernt in der Nähe der schon in Rohlfs'schen Tagen bekannten, südwestlich der Oasenmetropole gelegenen Steinbrüche. Dafür gibt es nur eine Erklärung. Sie stammt von meinem deutschen Vorgänger und hat, übertragen auf heute und den Allradantrieb, nach wie vor Gültigkeit. Rohlfs schreibt:

«Der Mangel an Kamelen in der Oase ist jedenfalls der Hauptgrund, weswegen die Bewohner derselben so wenig das Bedürfnis fühlen, über die Außenwelt sich zu unterrichten, eben weil ihnen die Mittel der Fortbewegung abgehen. Das Interesse derselben für Alles, was nicht in ihrem nächsten Bereiche liegt, ist so gering, dass die meisten Bewohner von Gassr nicht nach den 1½ Stunden westlich von der Stadt gelegenen

*monumentalen Ruinen von Der el-hedjar gekommen waren, ja dass
kein Einziger je den ca. 2 ½ Stunden im W. gelegenen Berg-Edmonstone
besucht hatte.»*

Drei der vier Kamele meiner Karawane kommen frisch von der Weide. Weil sie auf dem Brachland bei Gharb el-Mawhub jeden Tag zu saufen und Durst machenden Maisschrot zu fressen bekamen, ist es wenig wahrscheinlich, dass sie aus dem Stand heraus für längere Zeit ohne Wasser auskommen werden. Ich hatte daher den ersten Streckenteil der Wanderung als Um- und Eingewöhnungsphase für die drei geplant und mit Muhamed einen Treffpunkt am Rande der nach Bir Terfawi führenden Asphaltpiste vereinbart. Dorthin sollten Wasser, Stroh und Kraftfutter gebracht werden.

Ab dem Pharaonen-Nuktar ist kein Weg mehr auszumachen. Dort, wo durch Karawanen sich sonst Spuren des einstigen Verkehrs tief einschneiden und sich tausend Jahre halten, sind diese vom Weichschutt, durch den wir stapfen, wie Wasser von Löschpapier aufgesogen. Keine Alamat; schließlich ein Lagerplatz mit alten Scherben und dann, drei Stunden vor Mrj, meinem ersten Ziel, der Fundstelle eines Hieroglyphentextes, wieder Rudimente des Weges. Sie leiten uns durch eine Folge abrupt abfallender Bruchkanten und über einen Hügelzug hinab in flaches Land, aus dem, ehe es sich in Richtung endlosen Serirs nach Süden öffnet, eine Vielzahl skurril geformter Sandsteinzeugen aufragt. An einem dieser Felsen ist, unter arg verblassten steinzeitlichen Ritzbildern, die Inschrift des Mrj in klarer, tief eingeschnittener Gravierung angebracht. Dass der Text im Gegensatz zu den höher gelegenen lithischen Petroglyphen vom Zahn der Zeit kaum angegriffen scheint, lässt erahnen, welch große Zeitspanne zwischen den Ritzzeichnungen und den Hieroglyphen liegt.

Mit dem Erreichen des Inschriftenfelsens ist, von einigen Streckenkilometern abgesehen, wo der Weg für immer verschollen ist, der Nachweis für die Existenz einer alten, vom *«Very steep camel pass»* (also von Farafra) bis hierhin führenden Karawanenstraße erbracht und mit Hilfe von 35 GPS-Koordinaten belegt. Wohin der Weg führt? Wohin anders als nach Süden, in das «Land der Schwarzen»?

ZUR vereinbarten Zeit rollt der Pick-up mit Muhamed, Nafer und Gamal heran. Nahebei, am Straßenrand, ein Hinweisschild, das in die Ödnis weist. Auf ihm steht in arabischen Lettern: Abu Ballas 210 Kilometer; Mut 30 Kilometer. Während wir die Tiere, die vor Durst kaum zu halten sind, abtränken, verhaspeln wir uns in Zahlen. Meine Freunde hatten weiter nordwärts zwei ähnliche Schilder gesehen und monieren, dass die Entfernungsangaben für Mut nicht mit den Werten übereinstimmten, die der Tacho angezeigt habe.

«Die Kilometer sind mir egal, für mich zählt die Entfernung in Tagen – und zwar nach Abu Ballas», beende ich schließlich die Diskussion, und Gamal sagt mit einem spöttischen Lächeln:

«Du bist eben ein waschechter Beduine, Carlo.»

Da ich besorgt bin über den gewaltigen Wasserkonsum der Tiere, verabreden wir uns erneut für den 11. März. Bis dahin, so hatte ich überschlagen, müsste die Strecke nach Abu Ballas, dem Ziel meiner Wanderung, und zurück zur Straße zu schaffen sein. Während wir Worte wechseln, ahne ich nicht, dass mir innerhalb eines Monats eine Reihe spektakulärer Entdeckungen gelingen wird. Erstmals führe ich ein GPS mit mir, Technik, die ich bis jetzt vehement abgelehnt hatte. Und wenn wir zurückkehren, werden meine Funde durch 400 präzise Koordinaten festgehalten sein.

Tränkung, Nachtränkung, Zwangstränkung. Fünfeinhalb Stunden dauert die Prozedur. Danach ruhen die Tiere mit prallen Bäuchen auf dem von Asphaltresten durchsetzten Sand. Ein halbes Dutzend Bündel *bersim* und einen Sack Stroh hatten sie verschlungen. Kaum sind die leeren Wasserkanister eingesammelt, sind meine Freunde auf und davon.

WAS hatte ich in der Hand, als sich die Karawane auf den Weg machte? Drei Wochen lang war ich mit vier Kamelen südlich der Oasen Kharga und Dakhla unterwegs gewesen und hatte alte, wohl in den Sudan führende Wegstrecken in der Hoffnung in Augenschein genommen, auf einen Abzweig in Richtung Abu Ballas zu stoßen. Zum Einfühlen in schwierige Geländeverhältnisse war dies eine gute

Übung. Sie ermüdete drei der vier Kamele, die mit mir waren, aber sie brachte nicht den gewünschten Erfolg.

Klaus Peter Kuhlmann, Ägyptologe am Deutschen Archäologischen Institut in Kairo, hatte mir die geographischen Koordinaten einer im Jahre 1992 von der Frankfurter Tourismusunternehmerin Wally Lama dreißig Kilometer südlich von Dakhla entdeckten Felsinschrift aus dem alten Ägypten gegeben. Die Fundstelle war sieben lange Jahre, bis zur Veröffentlichung der Übersetzung des kurzen Hieroglyphentextes, geheim gehalten worden. Die Passage, die der Ägyptologe Günther Burkard entschlüsselte und auf die 6. bzw. die 12. Dynastie datierte, lautet: «*Regierungsjahr 22; es geht hinaus der Proviantmeister Mrj, um die Oasenbewohner zu treffen.*»

Über die Gründe und den Ort des Zusammentreffens hat uns Mrj nichts hinterlassen. Vier Jahre zuvor hatte ich die Inschrift in Monods Buch *Desert Libyque* gesehen. Sie war dem berühmten französischen Wüstenforscher zum Abdruck überlassen worden. Während ich mit Peter in seinem Kairoer Büro zusammensaß und wir über Mrj und dessen Reise sprachen, äußerte mein Freund die Vermutung, dass der markante Fels, der die Inschrift birgt, am Rande eines nicht mehr sichtbaren, alten Weges läge; einer Trasse, die womöglich Balat, die ehemalige Hauptstadt der Oase Dakhla, mit Abu Ballas verbinde. Von diesem Moment an war klar, dass ich dem Wahrheitskern dieser Hypothese auf den Grund gehen musste.

Über die antiken Handels- und Kommunikationswege von und nach Dakhla ist seit den Tagen Edmonstones, des ersten europäischen Besuchers der nilfernen Oase, seit der Rohlfs'schen Expedition und den Streifzügen Harding Kings wenig Neues in Erfahrung gebracht worden. Welche Bedeutung der Oase im antiken Fernverkehr zwischen Nubien und dem Mittelmeerraum einerseits sowie zwischen dem Niltal, dem Maghreb und Zentralafrika andererseits zukam, ist bis heute nicht geklärt. Allein dass Dakhla seit der 6. Dynastie Gouverneurssitz war und dass der Oase damit ein bedeutenderer politischer Rang im alten Ägypten als bisher angenommen zugesprochen werden muss, ist seit den Grabungen von Achmed

Fakhry in den dreißiger Jahren und den daran anknüpfenden Explorationen kanadischer und französischer Archäologen zur Gewissheit geworden. Im Verlauf dieser Grabungen wurde unlängst in der Nähe von Balat ein Tontäfelchen gefunden, auf dem eine schriftliche Beschwerde festgehalten ist. Jemand klagt darüber, dass das Steingut, welches benötigt werde, um den Weg des Gouverneurs vorzubereiten, noch nicht eingetroffen sei. Dieses Ostrakon gilt als Beleg dafür, dass die Oasengouverneure der 6. Dynastie regelmäßig Reisen durch die Wüste unternahmen. Dass man damals, von Balat aus gesehen, auch in südwestliche Richtung, also in Richtung Abu Ballas und darüber hinaus, vorgedrungen war, belegt die Mrj-Inschrift. Seit der Entdeckung von Abu Ballas (*«Pottery Hill»*) durch Moore und Ball im Jahre 1917 rätselt die Wissenschaft, wie, wann und durch wen die dickwandigen, ovoid geformten Tonkrüge mit je einem Fassungsvermögen von bis zu dreißig Litern zu dem Ort, der sich ungefähr 160 Kilometer südwestlich der Oase Dakhla «in der Mitte von nirgendwo» befindet, transportiert worden sind.

Hatte Prinz Kemal el-Din im Jahre 1923 noch angenommen, die ungefähr 300 Krüge, die er zählte, stammten aus neuerer Zeit und die auf ihnen eingravierten Markierungen (Krugmarken) wären solche, wie sie unter den Bidayat im Sudan Verwendung finden, so ergab eine am Max-Planck-Institut der Universität Heidelberg im Jahre 1988 durchgeführte TL-Datierung, dass das Krugmaterial aus der Zeit des Mittleren Reiches (12.–17. Dynastie) stammt. Wie und auf welchem Weg die Krüge nach Abu Ballas kamen, ist bis heute ein Geheimnis geblieben.

Abu Ballas ist auf fast jeder Landkarte vermerkt. Obwohl kein Pfad in der Nähe des Hügels ausgemacht werden konnte, hat Almásy das Krugdepot in Zusammenhang mit der sagenumwobenen Oase Zerzura (das von ihm im Norden des Gilf Kebir entdeckte Wadi Abd el-Malik) gebracht und die Vermutung geäußert, Abu Ballas habe als Wasserstation auf der Strecke Dakhla–Wadi Abd el-Malik–Kufra gedient. Andere mutmaßten, die Krüge seien Relikte eines Wasserdepots auf einer Route von Dakhla zum Djebel Uweinat und wären zur

Überbrückung einer 650 Kilometer langen, auch damals schon wasserlosen Vollwüstenstrecke genutzt worden.

Das Haupttransportmittel im alten Ägypten vor den Feldzügen
der Perser waren Esel. Ist es nun für manch einen schon kaum vorstellbar, dass Kamele eine solche Extremstrecke als schwer beladene
Lasttiere in Handelskarawanen bewältigten, so scheint der Gedanke,
auf dieser Gewalttour seien statt der Kamele Esel eingesetzt worden,
vollkommen absurd. Trotz dieser auf den ersten Blick unmöglich er-
scheinenden Mutmaßung formulierte ich in Anlehnung an Newbold
(1920), Borchardt (1925) und Fresnel (1850) die Hypothese, dass die
Karawanen der alten Ägypter die tiefe Wüste mit Hilfe von Eseln
durchquerten, um Fernziele in Wadai, Borkou und im Tschadbecken
zu erreichen.

In den Jahren 1909 bis 1911 unternahm Harding King mehrere
Versuche, um alte, von Dakhla zum Djebel Uweinat führende Wege
aufzuspüren. Auf einer dieser Erkundungen fand er steinerne Wegzeichen, Spuren einer Kamelkarawanenstrecke und eine Reibschale
(murhaka). Allerdings hat diese Trasse nichts mit dem Depot am
«*Pottery Hill*» zu tun, denn Harding King berichtet über keinerlei
Scherbenfunde, geschweige denn von Tonkrugmaterial des Abu-Ballas-Typs. Auch führte der von ihm entdeckte Weg nicht zu dem berühmten Hügel. Überhaupt waren in Harding Kings Suchkalkül Esel
und Eselpfade nicht inkorporiert.

Der letzte Versuch, das Geheimnis von Abu Ballas zu lüften, wurde von Theodore Monod 1993 und in den darauf folgenden Jahren
unternommen – leider ohne Erfolg.

Schon in Deutschland hatte ich das wenige, was von meinen Vor-
gängern über die alten Wege zusammengetragen worden war, in meine *Survey-of-Egypt*-Karte mit dem Maßstab 1:500 000 übertragen,
wobei besonders die von Rohlfs und von Harding King hinterlassenen
Informationen meine Aufmerksamkeit erweckten. Wenn ich diese mit
den bereits in der Karte vorhandenen Eintragungen und mit meinen
eigenen Beobachtungen zusammenbrachte, vor allem mit jenen, die
ich am «*Very steep camel pass*», also keine zwei Kilometer vor meiner

376

Haustür, gemacht hatte, wo ich am Fuß des Passes u. a. eine mit schöner Lotusblütenverzierung versehene Scherbe und Getreidekörner aus der Amarna-Periode sowie oben, am Kopf des Passes, eine in Farbe ausgeführte, stark in Mitleidenschaft gezogene pharaonische Männerfigurengravur entdeckt hatte; wenn ich dies alles miteinander verband, dann ergaben sich bei der Verlängerung der Linien ins Blaue hinein Schnittpunkte inmitten der Wüste; mögliche Kreuzungen alter Wege, an denen am ehesten Krugdepots und Spuren längst untergegangener Zeiten zu erwarten waren. Und noch eine Beobachtung bestärkte mich, zunächst meine Kreise auf dem Papier zu ziehen und damit die Fragen herauszuarbeiten, die ich auf dieser Expedition lösen wollte: Ehe der von der Klippe bei Gharb el-Mawhub herabfallende Passweg sich in kultiviertem Land verliert, gabelt er sich in Richtung Mawhub und Deir el-Hagar sowie in Richtung des Südwesthanges des Djebel Edmonstone, strebt also in wasserloses Gebiet. Wie ist es zu erklären, dass zu Zeiten Amenophis' IV. lange Strecken begangen wurden, die nicht auf schnellstem Wege zum nächsten Brunnen führten?

Jenseits des Dünengürtels, der sich westlich der von Mut nach Bir Terfawi führenden Asphaltstraße entlangzieht, ragen die Markierungen eines Karawanenweges aus dem flachen Sand. Alamat in antiker Setzung. Sie weisen von Mut nach Süden. Diese Trasse unterscheidet sich deutlich von dem regellosen Geschlängel, das sich östlich des Dünenzugs bis hin zur Teerpiste breit macht. Dort sind nachlässig aufgeschichtete Wegweiser planlos über das Land verteilt, während jenseits der Dünen eine sparsame und dennoch klare Zeichensetzung vorherrscht. Welche der beiden Trassen ist die ältere; welche ist der Weg, der auf den Karten Harding Kings und Borchardts vermerkt ist? Er soll Mut über Bir Terfawi mit El-Sheb und Selima verbinden, und ein siebter Sinn sagt mir, dass auch diese Trasse einst von Eselkarawanen frequentiert wurde.

DIE Lasten meiner Kamele sind zu schwer. Den Tieren fehlt das Training, das sie auf Höchstleistungen vorbereitet und das im Raum Dakhla mangels menschenleerer Weideflächen in der Wüste, die man als Übungsziel ansteuern könnte, nicht durchgeführt werden kann. Noch ehe wir wieder in Nähe des Mrj-Felsens sind, geht Muskat zweimal zu Boden. Mitten im Laufen geschieht das. Und als die Karawane westlich des Inschriftenfelsens zum Abladen hält, plumpst Rashid, ohne das Kommando abzuwarten, kraftlos in den Sand.

Es ist ungewöhnlich heiß. Vorsichtshalber hatte ich zusätzliches Wasser für das Abtränken der Kamele unterwegs mitgenommen. Umpacken und die Ladung anders verteilen geht nicht, denn jedes Tier ist bis an die Grenze des Vertretbaren belastet. Einen Teil des Proviants bereits nach den ersten Kilometern aufgeben? Während ich darüber nachgrübele und den Tieren beim Zermahlen des Kraftfutters zuschaue, fällt mir auf, dass Fatima das Kauen eingestellt hat und den Kopf hängen lässt. Ihr Futterbeutel ist noch halb voll; Anzeichen von Schwäche auch bei der Stute. Damit scheint Abu Ballas in unerreichbare Ferne gerückt.

SCHON beim ersten Besuch war mir in der Umgebung von Mrj das Kreuz und Quer alter Wege aufgefallen. Liegt der Fels, an dem ich zwei arabische Inschriften fand, am Schnittpunkt mehrerer alter Routen? Um das herauszufinden, mache ich einen Geländeschnitt – in brütender Mittagshitze, zu Fuß – und lasse die Kamele am Lager zurück.

Nur eine halbe Stunde braucht es, bis sieben Trassen ausgemacht sind. Zwei davon sind spärlich mit Alamat markiert. Ihre Spuren weisen in Richtung 215 bzw. 230 Grad. Welchen Weg gehen? Was ich brauche, ist ein Pfad – deutlich sichtbar, mit Alamat gekennzeichnet und Fundstätte von Scherben des Abu-Ballas-Typs. Hohe Ansprüche sind das. Und: Wer schon hat in der Wüste drei Wünsche frei?

Ich laufe los, folge der Spur in Richtung 215 Grad. Es ist nicht leicht, den Weg, der anfangs gut alamiert ist, im Auge zu behalten. Und obwohl es Mühe macht, ihm nachzugehen, so stößt doch mein Fuß genau 3,26 Kilometer von Mrj entfernt auf zwei dickwandige Tonscherben, die, wenn sie auch keinen ovoiden, sondern einen eher gestreckten Krugtyp mit kleiner Standfläche erahnen lassen, dem am

Abu Ballas gelagerten Material stark ähneln. Ich kann mein Glück kaum fassen, sehe die Karawane schon, sicher von den Hinterlassenschaften aus der Pharaonenzeit geleitet, vor dem berühmten Depot des «Vaters der Tonkrüge» aufmarschieren.

Zurück zum Lager. Rashid und Muskat käuen wieder; ein Zeichen, das mir Zuversicht einflößt. Wolken ziehen auf. Als gegen halb vier die Hitze abgeklungen ist, setzt sich die Karawane in Bewegung.

Wir kommen langsam voran. Weil ich den Ehrgeiz habe, jede Kleinigkeit mit dem GPS zu erfassen und die gewonnenen Koordinaten sicherheitshalber sofort in mein Streckenheft eintrage, übersehe ich fast die grandiose Schönheit der Landschaft, die nach dem Überschreiten einer Höhenlinie vor mir liegt. Weiter nördlich scheint ein Hügelzug in Auflösung begriffen. Aus dessen Vorland, durch das der Weg führt, ragen bizarre Zeugenfelsen aus Sandstein auf, als habe Dalí sie in die Wüste gesetzt. Einer der Felshügel, der sich abseits des Weges erhebt, hat in seinem Gipfelbereich ein Loch. Das Gebilde zieht mich an wie ein Magnet. Autospuren in seinem Umfeld. Auch für andere war der Fels Blickfang.

An diesem Tag kommen wir bis zu dem Dünenstrang, in dessen Nähe, 27 Kilometer weiter nördlich, das Pharaonen-Nuktar liegt. Die Sandberge sind hier nicht mehr sehr hoch, und weil sie weit auseinander gezogen sind, wäre die Durchquerung des Dünengürtels für die Eselkarawanen der Antike an dieser Stelle kein Problem gewesen; vorausgesetzt, dass der Sand zu altägyptischer Zeit bereits bis hierhin vorgedrungen war.

Hinter dem Dünenzug erstreckt sich tellerflaches Land. Auf unserem Kurs sind keine Alamat. Wir kreuzen eine Hand voll Karawanenstraßen, die von Dakhla in Richtung Süden streben. Eine weist mehr als fünfzig Geleise auf. Dass diese Trassen hier auftauchen, überrascht mich und nimmt mir das Gespür für unseren Weg.

Die Karawane steuert auf eine flache Hügellinie zu. Als sie erreicht ist, sichte ich hier und da einen Alam. Keinem der steinernen Zeichen ist ein Hinweis abzuringen auf die Richtung, die es anzeigen soll. Endlich, nach kräftezehrendem Auf und Ab im Gewelle namenloser

Erhebungen, erreichen wir offenes Gelände. Eine merkwürdige Steinsetzung auf einer niedrigen Anhöhe springt mir ins Auge. Jemand hat drei Steinplatten aufrecht hintereinander gestellt. Bringt man sie wie Kimme und Korn in Linie, weisen sie nach 235 Grad. Das ist die Richtung nach Abu Ballas.

Ganz zweifellos ist die Anordnung eine Peilmarke. Sie signalisiert jedem, der über die vor uns liegende Ebene zu einem der Durchlässe in den im Südwesten sich auftürmenden Hügeln strebt, ob er vom Kurs abgewichen ist, und gibt dem orientierungslos gewordenen Sucher einen Fingerzeig für den rechten Weg.

Wir folgen dem steinernen Signal nicht, denn eine andere Attraktion schlägt mich in ihren Bann. Es ist, als werde die Seite einer mir wohl bekannten Geschichte aufgeschlagen: der Erzählung von der Messingstadt in *Tausendundeiner Nacht*. Im Feldstecherrund zeichnet sich, über dem Hitzegeflirre schwebend, eine schwarze Säule ab.

Als wir endlich davor stehen, hat sie viel von ihrem Zauber verloren. Das Gebilde ist nicht hoch und auch nicht rund. Und ich frage mich, wie es passieren konnte, dass es mich derart unwiderstehlich angezogen hat. Auf dem schwarzen Sandsteinblock hat jemand zwei Steinscheite platziert. Sie deuten in die Richtung der Marschlinie, die wir am Steinpfeil verlassen hatten. Wir sind zu weit gelaufen, um den Irrtum im Schnellgang zu korrigieren. Wegeloses Gelände. Wenn wir jetzt wieder einen Pfad finden, wird es ein anderer sein.

Rast an einer Hügelgruppe. Nach Süden spannt sich endlos flaches Land. Von bleichem Hitzeschimmer überzogen, ergreift es die Seele und saugt sie in die Ewigkeit. Nahebei ein Monolith aus weißem Sandstein.

Wieder nagt der Zweifel an mir. Ob wir Abu Ballas je erreichen? Andererseits: Ich war schon da. Pures Ankommen, ein zweites Mal; das macht keinen Sinn. Nur wenn die Karawane auf alten Spuren dorthin gelangte, würde das Eintreffen zum Ereignis. Anstatt möglichst viel Strecke hinter sich zu bringen, wäre allein vernünftig, alle Kräfte auf die Suche nach dem Weg zu konzentrieren und den Pfad

Meter für Meter aus seinem Dornröschenschlaf zu wecken. Ich ahne es: Ich halte den Zipfel eines großen Geheimnisses in den Händen, und es liegt ganz allein an mir, es vollends zu lüften.

Um die Tiere zu entlasten, lege ich ein Depot an. Fünfzig Liter Wasser in zwei Kanistern. Wir sind vierzig Kilometer von Mrj entfernt. Jemand vor mir hatte offenbar den gleichen Einfall gehabt. Dicht an dem Monolithen liegen rote Scherben. Auf einem Absatz im Leebereich des Nachbarhügels entdecke ich ein leeres *khasin*, ein Krugdepot, das mit den Ritzzeichnungen eines Straußes, eines Ibis, eines Fisches und eines *ws*-Zepters geschmückt ist; Hinweis auf altägyptischen Besuch. Selbst an diesem Ort, an dem ich mich fern aller Welt wähnte, treffe ich auf Spuren der Vergangenheit. Sie versöhnen mich mit meinem Schicksal.

Während der nächsten zweieinhalb Tage stoßen wir fast bis zum 28. Längengrad vor, ohne fündig zu werden. Ich habe nicht gezählt, wie viele Hügel ich in dieser Zeit angesteuert und wie viele davon ich bestiegen habe, um nachzuschauen, ob ein aufrecht stehender Stein auf dem Gipfel Ergebnis eines Verwitterungsprozesses ist oder von Menschenhand gesetzt wurde. Manchmal blieben Zweifel, und möglicherweise wurde einer Beurteilung der Vorzug gegeben, die von dem Wunsch geprägt war, es möge Letzteres vorliegen. All das half nichts.

Nördlich unseres Kurses winkte hin und wieder ein Alam auf einer entfernten Anhöhe. Ob es vielleicht gar keiner war? Überall konnten wir nicht hin. Ich nahm mir vor, auf dem Rückweg ein paar Kilometer versetzt nach Norden zu laufen.

Das hatten wir immerhin gefunden: eine Hand voll Scherben und das Rudiment einer Karawanenstraße, die auf einen ausgetrockneten, in einer Lehmsenke gelegenen kleinen See zuhielt. Nach sporadischen Regenfällen könnte das Gewässer gut zum Auffüllen leerer Krüge genutzt worden sein. Kurze Wege zum Wasser in diesem Fall, statt das kostbare Nass von Dakhla heranzukarren. Schuppen und Lamellen aus aufgebrochenem, gelbem Lehm und deutlich konturierte, von kleinen Rinnsalen gezogene Furchen zeugten davon, dass vor nicht allzu langer Zeit Niederschlag gefallen war. Scherben im Sediment fand ich nicht.

Die Karawane steuert eine zweite schwarze Säule an. In diesem eintönigen Gelände ist sie eine Sensation. Enttäuschung, als wir sie zur Mittagszeit erreicht haben. Auch sie ist nicht rund und viel kleiner, als sie von weitem wirkte.

Fatima verweigert das Kraftfutter. Ich denke nicht lange nach, tränke die Tiere. Aus Einsicht in das Notwendige verteile ich das Wasser, das für das Erreichen des erträumten Ziels reserviert war. Die Stute erhält zwei volle Eimer, die anderen jeweils einen. Danach kaut Fatima wieder Sorghumkörner. Am Westhimmel ziehen, drohend und schön zugleich, Windwolken auf. Abu Ballas liegt, uneinnehmbar für uns, 57 Kilometer entfernt auf 235 Grad.

Die Karawane ist gescheitert und hatte dennoch Erfolg. Das, was in den letzten Tagen gefunden wurde, ist mehr als alles in den Jahren zuvor Entdeckte zusammengenommen und Beleg genug, dass es einst, vor Einführung des Kamels, einen Weg gegeben hatte, der Abu Ballas mit Dakhla verband.

Während die Tiere in der Mittagshitze dösen, brüte ich über meinen Notizen und der Landkarte. Ein Gedanke will mir nicht aus dem Kopf. Was wäre, wenn die von Harding King aufgefundenen und die auf der britischen Karte eingetragenen «old roads» ebenso wie der von Rohlfs beim Djebel Edmonstone entdeckte und von uns weiterverfolgte Weg in Zusammenhang stünden? Und es auch eine Verbindung mit Abu Ballas gäbe?

Am «Very steep camel pass» hatte man unterhalb des letzten Anstiegs, vor dem Erreichen der Anhöhe, mit großem Aufwand mächtige Steinwälle errichtet. Um den Pass zu sperren und illegalen Handel zu unterbinden? Um das Land im Norden gegen Angriffe der Blemyer zu verteidigen? Vieles spricht für die erste Version. Weil im Passbereich, außer riesigen Scherbenmengen, keine einzige Steinstruktur zu finden ist, die auf die Anlage eines Militärpostens deuten könnte, weist die Bewallung eher darauf hin, dass man, derart weit von der nächsten Wasserstelle entfernt, den Aufwand scheute bzw. nicht in der Lage war, den Pass rund um die Uhr zu besetzen. Und weil man dies nicht konnte, sperrte man ihn. Wer das befahl? Wann? Um darüber zu befinden, müsste man einen der Wälle abtragen und die Felswand freilegen, an der ich das Bild eines pharaonischen Soldaten (?) entdeckte. Allerdings ist auch ohne eine solche Untersuchung klar: Der Pass war eins der wenigen Schlupflöcher in den sich wie eine unüberwindliche Mauer von Bir Abu Minqar bis Kharga hinziehenden Steilstürzen des Kalksteinplateaus der Libyschen Wüste, und irgendwann einmal hatte es irgendeiner Obrigkeit nicht gepasst, dass dieses Schlupfloch von Schmugglern genutzt wurde. Fest steht nur, dass der Anstieg im Alten Reich noch nicht verbarrikadiert war. Wie sonst wären der Königsname aus der 3. Dynastie und weitere Alte-Reich-Schriftfragmente sowie die Darstellungen «libyscher Jäger» zu erklären, die ich am Wegesrand nordwestlich des Passes schon vor Jahren aufgespürt hatte? Hinterlassenschaften wie diese legen die Vermutung nahe, dass die Trasse damals eine offizielle Verbindungsstrecke zwischen Farafra und Dakhla und kein Schmuggelpfad war. Mich würde es nicht wundern, wenn wir auf der Suche nach dem verschollenen Eselkarawanenweg auf eine Karawanenstraße stießen, die aus der Richtung des *«Very steep camel pass»* kommend in den Sudan oder gar in den Tschad strebt. Wäre das die Trasse, die Idrisi für die Strecke von Siwa ins «Reich der Schwarzen» angegeben hat? Sie soll nur sechs Stationen besessen haben.

Mit dem letzten Gedankengang bin ich ins Zeitalter des Kamels abgeglitten. Ich versuche, meine Überlegungen wieder in jene Periode der ägyptischen Geschichte zu lenken, während der eine imposante Kultur auf dem Rücken der Esel errichtet wurde. Spekulationen darüber, wie die Transporte mit Hilfe der kleinen zähen Lasttiere auf der Strecke Dakhla–Abu Ballas–Gilf Kebir–Uweinat abgewickelt worden sein könnten, hatte ich schon auf meiner Expedition 1986/87 angestellt.

Um die Anlage von Wegen durch die tiefe Wüste und den organisierten Verkehr darauf nachvollziehen zu können, stehen nach allem, was ich weiß, vier Erklärungen zur Auswahl.

Die *Tausendundeine-Nacht*-Regel lautet: «*Lass tausend Kamele mit Wasser beladen und wieder tausend mit Lebensmitteln und ebenso viele mit irdenen Krügen.*»

Ungezählte Male hatte ich dieses Zitat gedreht und gewendet, um hinter den verborgenen Sinn der Anweisung des Abd el-Kasus zu kommen. Jetzt, bei der Suche nach dem Eselkarawanenweg und einer Antwort auf die Frage, wie das Krugdepot am Abu Ballas mit Wasser versorgt wurde, interpretiere ich den Text so: Tönerne Gefäße dienten zur Langzeitaufbewahrung von Wasser. Wie die Männer in Sulemans Salzkarawane werden auch ihre Altvorderen für den Rückweg Stapelplätze mit Kraftfutter eingerichtet haben. Daher müssten sowohl vor als auch hinter Abu Ballas entsprechend den Tagesetappen, die schwer beladene Esel zu bewältigen imstande waren, Krugdepots für Wasser und Proviant angelegt worden sein. Einen Teil der Krüge, die die tausend Märchenkamele trugen, müsste man daher, zu Zwischendepots zusammengestellt, auf dem Weg von Dakhla nach Abu Ballas finden können. Diese Krüge wurden von denen, die dürsteten, geleert und später (von anderen?) mit Wasser aus Girbas nachgefüllt; Lederschläuche, die das zweite Tausend Kamele getragen hatte. So kam man mit immer leichter werdender Last voran und hatte gleichzeitig für den Rückweg vorgesorgt. Demgemäß müsste es eine «Linie der Wasserdepots» bis zum Gilf Kebir bzw. dem Uweinat mit einer der Gauß'schen Normalverteilung nahe kommenden Krugdichte über die gesamte brunnenlose Strecke geben.

Allerdings lässt sich das Transportproblem durch folgende Annahme variieren: Um Lasten zu minimieren, wäre aus der Sicht der damals Verantwortlichen die Einrichtung einer Krugmanufaktur irgendwo am anderen Ende der Wüste sicherlich wünschenswert gewesen. Auf den ersten Blick käme dafür am ehesten wohl eine Handelsfaktorei oder ein größerer bewohnter Stapelplatz am Uweinat in Frage. Träfe diese Spekulation zu, dann hätte sich die Versorgung für den «Nachhauseweg» einfacher gestaltet mit der Folge, dass in den Depots zwei von der Materialbeschaffenheit her grundsätzlich verschiedene Wasserkrugtypen genau bestimmbarer Herkunft zu finden sein müssten.

Allerdings, die Karawane des Musa Ibn Nusair war keine Handelskarawane. Sie war eine einmalige Aktion. Nimmt sie daher Bezug auf das Schema altägyptischer Wüstenexpeditionen?

Die zweite denkbare Erklärung beruht auf der Einschätzung des Ägyptologen Elmar Edel. Aus seiner Beschäftigung mit den Reiseberichten des Herchuf zieht Edel den Schluss, der durchschnittliche Tagesweg einer Karawane mit einigen hundert Eseln habe unter Vernachlässigung der Rasttage 15 Kilometer betragen. Wenn als Marschgeschwindigkeit des Heeres Thutmosis' III. zwanzig Tageskilometer angegeben werden, dann sind 15 Kilometer ein guter Näherungswert.

Ich ziehe eine Gerade von der Stelle, an der wir vor Tagen die Spuren des Karawanenwegs verloren hatten, bis nach Abu Ballas und trage darauf jeweils 15 Kilometer lange Stücke ein. Unser Mittagslager befindet sich leicht südlich der Bleistiftlinie; genau zwischen zwei möglichen Standorten von Krugdepots. Eine Hoffnung bleibt: Die Strecke Mrj–Abu Ballas lässt sich fast genau in zehn 15-Kilometer-Abschnitte teilen.

Der dritte Erklärungsversuch greift die Gegebenheiten auf der ptolemäischen Handelsroute von Coptos nach Berenike durch die Ostwüste Ägyptens auf. Aus ihnen lässt sich das «ptolemäische Maß» ableiten, das als Entfernung zwischen den Wasserstationen (Hydreumata) durchschnittlich 19 Kilometer ausweist. Allerdings wurden auf dieser Strecke nach herrschender Meinung Kamele und kaum Esel eingesetzt.

Als vierte Option ist das neuägyptische Maß des *nuss tariq* («des halben Weges») denkbar. Eine alte Obsession nach Einteilung, Ordnung und Beherrschung der Welt verschafft dem Prinzip des *nuss tariq* auch heute noch Geltung. So sind beispielsweise am Rande asphaltierter Wüstenstrecken regelmäßig Halbwegstationen (Raststätten) eingerichtet, und eine Verordnung der Regierung hat erst kürzlich dafür gesorgt, dass Unfallstationen und Ambulanzen an ebensolchen Punkten der westlichen Wüstenstraße errichtet wurden.

Nuss tariq – war Abu Ballas solch ein Ort? Auf dem halben Weg nach nirgendwo? Oder erzwang die immense Entfernung durch die leere Wüste ein Abweichen von diesem Prinzip? Hatte man den Weg gedrittelt oder gar geviertelt?

Aus Büchern deduzierte Wahrheiten, ergänzt durch eigene Vermutungen. Sie bleiben ohne Entsprechung im trockenstarren Land. Immerhin: Fresnel hatte 1810 in Erfahrung bringen können, dass eine alte Karawanenstraße vom Djebel el-Nari (Uweinat) zu den ägyptischen Oasen existiert. Im Februar 1987 hatte ich ein kurzes Wegstück dieser Trasse mit eigenen Augen gesehen. Theoretische Herleitungen und ihre Folgerungen auf dem Papier. Meine Landkarte ist von Bleistiftstrichen bedeckt. Und dennoch fördert das unübersichtliche Liniengewirr die Hoffnung, macht mich entschlossener, die Anstrengungen zu verstärken. Blick nach Norden. Wenn nicht dort, wo sonst müsste das, wonach ich suche, jetzt noch zu finden sein?

Einen Tag später sichte ich abseits unseres Kurses einen markanten Alam. Wir schwenken ab und durchbrechen alle Barrikaden, die imaginäre Bleistiftlinien in der Landschaft errichtet haben. Bald darauf zieht die Karawane im Lee eines Felshügels an Scherben, Krughälften und vollständig erhaltenen, halb im Sand begrabenen tönernen Gefäßen vorbei. Erste Reaktion: Wegschauen. Eine innere Stimme meldet sich, sagt: «Das kann kein Krugdepot sein!» Zweifel, dass das, was hier herumliegt, der Lohn für all mein Bemühen ist. Als der Hügel hinter uns ist, fasse ich mir ein Herz und blicke zurück. Alles liegt noch da. Ich kehre um und lade ab. Morgen feiert mein Sohn seinen sechsten Geburtstag.

Ich bin von der Schönheit der Landschaft ergriffen. Von schroffen, auf erhöhtem Gelände im Norden stehenden Felshügeln lösen sich Sandwellen und ordnen sich zu Sicheldünen, die kettengleich ineinander greifen, bis sie sich auflösen und der Sand sich in die Ebene ergießt. Die hellgelbe Fläche wird erst weit im Süden von einer dünnen Linie niedriger Hügel eingefasst. Einer dieser Dünenstränge umspült mit seinen goldenen Schattierungen die Muhattah (Wegstation) an ihrer Westseite und hat wohl den Großteil der Krüge für immer unter sich begraben.

Nachdem die Tiere eine Sonderration Kraftfutter hinuntergeschlungen haben und ich ihnen, um in Ruhe arbeiten zu können, Maulkörbe übergestreift habe, lichte ich die Fundstelle, unberührt, wie sie ist, aus allen Perspektiven ab. Eigentlich sind es zwei Fundplätze, denn auch der Nachbarhügel ist scherbenübersät. Dort liegt unter einem Felsüberhang, der als Khasin genutzt wurde, das gut erhaltene Drittel eines Kruges. Auf ihm ein antikes Wasm und – das Fragment eines altarabischen Schriftzuges! Ist das die Bestätigung des Rabbi Benjamin von Tudela, der in seiner Reisebeschreibung eine Handelsstraße von Assuan zur algerischen Oase Djanet erwähnt? Während ich, um den Text zu komplettieren, fieberhaft nach weiteren Krugteilen suche, verfestigt sich in mir der Glaube an die Richtigkeit der aus der zweiten Hälfte des 12. Jahrhunderts stammenden Überlieferung.

Und noch etwas kommt mir beim Anblick des arabischen Schriftfragments in den Sinn, eine Passage aus *Weenak – die Karawane ruft*, in der von der Esch unter Bezugnahme auf Herodot folgende Meinung kundtut: «*Ich halte es nicht für ausgeschlossen, daß die Quelle, aus der der Verfasser* [von *Tausendundeiner Nacht*, C. B.] *die Kunde von den Krügen geschöpft hat, in vorislamischer Zeit zu suchen ist und sich in Form eines unbestimmten Gerüchts in den libyschen Oasen erhalten hatte.*»

Hier liegt der Beweis, dass es anders war. Man hatte die Krüge gesehen! Es waren arabische Reisende, die davon berichten konnten, und so ist es auch wahrscheinlich, dass man in den Oasen und anderswo konkretes Wissen von den Orten hatte, an denen die Krüge abgestellt worden waren.

Ich verfasse ein Inventar der antiken Hinterlassenschaften, zähle 22 ovoide Krüge etwa 150 Meter südlich der Erhebung und 17 auf halbem Wege dahin. Während manche Behältnisse der äußeren Gruppe nahezu unversehrt erhalten sind (einige weisen gar eine polierte Oberfläche auf), sind jene, die näher am Felsen liegen, aufgrund der Einwirkung Kármán'scher Wirbel weitgehend zerfallen. Wenn man die Scherben, mit denen der etwa fünf Meter hohe Schutthang im Lee des Felsens übersät ist, zusammensetzte, kämen leicht weitere dreißig Krüge hinzu. Manche davon scheinen eine lang gezogene, in einen schmalen, runden Fuß zulaufende Form gehabt zu haben. Und ein paar Scherben, die sich auf einem Absatz in circa fünf Meter Höhe befinden, lassen sich zu einem großen, bottichförmigen Gefäß zusammenfügen. War dies ein Kochtopf oder ein Behältnis zum Einlagern von Lebensmitteln? Ob auf diesem Absatz einst eine «Feldküche» eingerichtet war? Darauf deuten zwei im Halbkreis an die Felswand angebaute niedrige Steinwälle hin; «Behausungen», die – möglicherweise – mit einem organischen Überbau versehen waren. In ihrer Nähe Reihen von in den Fels geritzten Strichgruppen. Als hätte hier jemand seine Tage abgezählt. All das deutet auf einen längeren Aufenthalt derjenigen hin, die hierher abkommandiert waren. Am Fuß des Felsens Steinwerkzeuge. Ihr Gebrauch ist in Ägypten bis in die Römerzeit belegt. Ich suche vergeblich nach einer Inschrift. Dicht neben einem mysteriösen Zeichen, das an eine stilisierte Kopfstütze gemahnt, ritze ich schließlich folgenden Text ins Gestein:

«*discovered by Carlo Bergmann + 4 camels*
March 5th 1999, a hot day
because of my son's 6th birthday
I name this place ‹Muhattah Jacub›»

Später wird mich Klaus Peter Kuhlmann auf einen Schreibfehler aufmerksam machen. Weil die arabische Form von Jacob in der Transkription nicht mit «c», sondern mit «q» geschrieben wird, muss ich noch einmal wegen der Korrektur hin.

Zu Ehren von Jacobs Geburtstag bleiben wir über Nacht. In der Stille des vergehenden Tages überkommt mich die wehmütige Erinnerung an die zwei Monate, die ich mit meinem Sohn und Barbara, seiner Mutter, meiner Lebensgefährtin, im Wadi Karawein verbracht hatte. Im Winter 1995/96 lagerten wir rund 65 Kilometer östlich von Farafra in der Einsamkeit; in einem Tal, das lange Jahre mein Paradies war – bis die Straße gebaut wurde, welche die unberührte Landschaft an das Wegenetz der motorisierten Welt anschloss.

Jacob war damals noch keine zwei Jahre alt. Ihn wollten wir mit der Wüste vertraut machen, ihrer Endlosigkeit und Stille, ihm den hautnahen Kontakt zu Kamelen und den spielerischen Umgang mit Wind und Sand ermöglichen. Vor Beginn seines ersten großen Abenteuers war Jacob von zwei Kairoer Ärzten auf Herz und Nieren geprüft worden.

Es war mehr als eine halbe Tonne Gewicht – Wasser, Windeln, Kraftfutter, Zelte und Proviant, in 27 Satteltaschen verstaut –, die ich auf die Kamele wuchtete, und als wir uns schließlich in Bewegung gesetzt hatten, ließen wir das letzte bisschen Komfort hinter uns zurück. Nach viereinhalb Tagen hatten wir unser Ziel erreicht und unser Zelt aufgeschlagen. Nachdem Brennholz gesammelt war, nahm mit der ersten Mahlzeit, die im Topf über dem Lagerfeuer köchelte, unser Robinson-Crusoe-Leben im Wadi Karawein seinen Anfang.

Jacob fand sofort Gefallen an dem Flecken. Sand und noch einmal Sand und nichts, was seinen Bewegungsdrang hemmte. Das war nach seinem Geschmack.

Feuerholz konnten wir bald fast gänzlich einsparen, denn die Kamele brachten das Brennmaterial mit, wenn sie von der Weide kamen. Kameldung. Er fiel in Form kleiner Eierbriketts am Nachtlager unserer Wüstenschiffe gleich neben dem Zelt an. Nach zwei Tagen war er trocken. Dann sammelten Jacob und ich die Kötel mit bloßen Händen ein. Alles wurde so weit wie irgend möglich verwertet. Das abgestorbene Geäst unserer Lagerpalme diente als Anmachholz. Später, als wir den Platz verließen, war es erst gut zur Hälfte aufgebraucht. Die Fruchtkapseln der Palme benutzte Jacob als Spielzeug; Boote, in die er seine Plüschtiere setzte. Und aus den Fruchtdoldenstängeln der Palme bastelten wir einen Schlitten, vor den wir Sahara spannten – zu Fahrten in die Dünen. Jacob hatte eigene Werkzeuge. Beim Beschneiden und Trimmen der Palme sägte der Junge eifrig mit.

Wir lebten in einem riesengroßen, schalltoten Raum. Er war nach allen Seiten offen. Und dennoch: Weil wir nicht einmal die Kamele hörten, die sich, hundert Meter von unserem Zelt entfernt, tagein, tagaus auf unserer kleinen Weide auf und ab bewegten, kam es uns vor, als seien wir, wie Fische in einem Aquarium, durch Glasscheiben von der Außenwelt getrennt. Irritation für die Sinne. Über Tage hinweg drang kein einziges Geräusch von draußen zu uns. Unser eigenes Lärmen blieb ohne Echo. Die Wahrnehmung tastete nach Öffnungen im hermetisch Abgeschlossenen und konnte dennoch die schallschluckenden Grenzen nicht ausfindig machen, die die Geräusche der Welt so wirkungsvoll von uns abhielten. Jacobs helle Stimme, sein abgehacktes Mundharmonikaspiel, unser Reden, Lachen und Schreien und das Knistern des Feuers, das war alles, was von unserem Treiben ausging; selbst gemachte Geräusche, die die Wüste im Augenblick ihrer Entstehung verschluckte. Nur gelegentlich stellten sich der Schrei eines Fenneks oder das Gekrächze eines Raben gegen unseren Lärm. Wir hatten kein Radio mitgenommen oder sonst einen Gegenstand, mit dem wir zur belebten Welt hätten in Kontakt treten, etwas erfahren oder mitteilen können.

Wenn Jacob am Morgen aus dem Zelt tapste und den Rauch bestaunte, der vom Lagerfeuer aufstieg und sich über die Spitzen der Tamariskenäste legte, um von dort wie ein Schleier herabzufallen und in Richtung Weide über den Sand zu fließen, dann kam es mir jedes Mal so vor, als erblickte unser Sohn zum ersten Male die Welt. «Da, da, da.» Mit dem ausgestreckten Arm zeigte er auf die in weiße, durchsichtige Nebel gehüllten Kamele, bis die Sonne hinter dem Horizont hervorbrach und dem Mysterium des ersten Lichtes ein Ende bereitete. Wir bestätigten jedes Mal seine «Entdeckungen», und das vereinte uns in der Freude am Hervorheben und am Bestaunen des immer wieder Gleichen; dessen, was sich durch den Hinweis unseres Sohnes so wohltuend vom stillstehenden Bild unserer Umgebung abhob und uns dadurch, weil sich Jacob damit befasste, neu erschien.

Sein von Tag zu Tag wachsendes Interesse an der Welt strebte danach, die Dinge und die Vorgänge, die er sah, zu begreifen und in Erfahrung umzusetzen. Er suchte keinen Zeitvertreib, er suchte Betätigung – fortlaufend. Deshalb wollte er bei allem, was wir taten, mit einbezogen sein. Er wollte malen, er wollte seine Plüschtiere füttern, er wollte Feuer machen, wollte kochen, Geschirr spülen, Wäsche waschen und die Tiere tränken, basteln wollte er und Wasser holen. Und weil er voller Entdeckerdrang war, wollte er die Gegend, in der wir unser Zelt aufgeschlagen hatten, erkunden, wollte Dünen besteigen und zu fernen Palmengruppen aufbrechen. Mit Mamas Hilfe schulterte er manchmal seinen Rucksack, rief mit einem verschmitzten Lächeln «Tschüss» und winkte uns zu, als wäre es das letzte Mal. Wenn wir dann sein Lebewohl erwiderten, drehte er sich um und ging seines Weges – nicht weit –, um das Ritual zu wiederholen; bis ihn ein Hinweis auf die gefährlichen «Misch» (Mäuse) und die bösen «Zssst» (Schlangen) zur Umkehr bewegte. Er kannte die Behausungen dieser Tiere; Löcher im Sand, um die er einen großen Bogen machte. Das hatten wir ihm beigebracht. Und so nahm Jacob damit vorlieb, im Lee unserer Lagerpalme einem Fetzen Papier hinterherzulaufen, der, durch unberechenbare Wirbel angetrieben, obskure Flugbewegungen vollführte. Ein Riesenspaß für den Kleinen, der bis zur Erschöpfung dem Stück Papier hinterherrannte und der wollte, dass sich Papa an der Jagd beteiligte. Bis unseren Sohn die Müdigkeit überkam und wir eine Weile Ruhe vor ihm hatten.

In solchen Momenten stellte ich mir vor, was wohl wäre, wenn wir in Karawein vier oder fünf Jahre blieben, ohne einer Menschenseele zu begegnen, um dann in die bevölkerte Welt zurückzukehren und unseren Sohn in eine ganz normale Grundschule zu schicken. «Unverantwortlich», sagte Barbara. Ich sei ein Träumer und solle mir nicht solche Hirngespinste zusammenbrauen.

Während wir zum Ende unseres Aufenthalts unsere Siebensachen packten, turnte Jacob quietschvergnügt auf einem Sattel; als sei er in wilde Reiterspiele verwickelt.

«Abfahrt!», rief er, doch unter ihm bewegte sich kein Kamel, war nur Sand. Bis wir ihn auf Saharas Rücken setzten. Als das Tier in umständlicher Prozedur aufstand und Jacob sich im Sattel sicher fühlte, rief mir der Kleine von oben «Abfahrt!» zu. Auf die Frage: «Wo willst du denn hin? Zu Mama?», antwortete er: «Nein», und wies in Richtung Klippe. Jacobs erste Reitübung endete mit einem Abwurfversuch der nervös gewordenen Stute. Tage später, kurz vor Farafra, forderte er mich auf, ihm das Kopfseil von Kadifa zu übergeben. Und dann führte unser Dreikäsehoch die Riesenstute, die ihm mit gesenktem Kopf willig wie ein Lamm folgte, ohne Papas Hilfe von der Weide zum Lager.

Beim Lebewohl vor einigen Monaten war von der damaligen Freude nichts mehr zu verspüren gewesen. Meine Lebensgefährtin, erbost darüber, dass ich zehn Tage früher als geplant in Richtung Sahara aufgebrochen war, hatte mich mit der Bemerkung verabschiedet, sie lege keinen Wert auf Post von mir aus Ägypten. Ein böses Omen.

N O C H ist kein einziger Krug angerührt. Während ich auf das Ende der 24. Stunde warte, verliere ich mich in Spekulationen über die Anzahl der Behältnisse, die, vollständig unter dem Sand verborgen, an diesem Ort lagern. Und dann: «Auch wenn ich mit Engelszungen rede, wird keiner in Europa die Bedeutung des Fundes erkennen! – Wenigstens ein paar eindrucksvolle Bilder schießen, damit jemand anspringt und die Geschichte druckt.» Das sind meine Gedanken.

Noch bevor die Sonne aufgegangen ist, sind die Krüge der äußersten Gruppe vom Sand befreit und nebeneinander gestapelt. Selbstauslöserfotos im ersten Morgenlicht. Anschließend halte ich alle auf Behältnissen und auf Scherben entdeckten Krugmarken auf Film fest.

Wir müssen weiter. Gut zwei Kilometer von dem antiken Krugdepot entfernt gelangt die Karawane an flache Hügel, von denen einige mit Alamat besetzt sind. Autospuren. Man sieht es deutlich: Die Fahrer haben hier gestoppt, sind ausgestiegen, haben Ausschau gehalten und diskutiert. Weil man sich keinen Reim aus den Steinsetzungen machen konnte, ist man wieder abgedreht.

Keine hundert Meter von den Reifenspuren entfernt leuchtet der antike Weg. Zunächst sind es zwei unauffällige Gleise. Später werden es mehr. Der Pfad, der gut mit Alamat markiert ist und dessen ferne Rillenränder im Hitzeflimmer «hochgezogen» werden, führt uns, acht Kilometer von Muhattah Jaqub entfernt, zu einer Stelle mitten im Flachen. Sie ist mit 75 Tongefäßen übersät. Auch hier kein einziger Abdruck eines Autoreifens.

Die Krüge, die wegen jahrtausendelang währenden Abriebs durch das Sandstrahlgebläse des Windes nur noch Halbschalen sind, unterscheiden sich von den in Muhattah Jaqub gelagerten. Ausnahmslos alle hatten Henkel und weisen Drehriefen auf – anscheinend Hybridformen; Tonwaren im Übergang von der ovoiden zur Amphorenform. Und noch etwas drängt sich auf: Sie dienten allem Anschein nach nicht als Transportbehältnisse für Wasser, sondern bargen wahrscheinlich Handelsgüter. Zu ihrer Herstellung wurde eine andere Tonart als für die Keramik des Abu-Ballas-Typs verwandt. Ist das eine Bestätigung meiner Vermutung, wonach im Südwesten, am anderen Ende dieser Trasse, Töpfereien und Brennöfen für «die zweite Hälfte» des auf dieser Strecke benötigten Verpackungsmaterials gesorgt hatten?

Ich entschließe mich, alle Halbschalen umzudrehen. Vielleicht lässt sich auf ihrer unversehrten Seite irgendein Herkunftshinweis finden. Kein einziger Krug trägt ein Wasm. Fünf Halbschalen liegen zusammen und erwecken den Eindruck, als gehörten sie zu einer «Kommission». Sie wende ich zuletzt. Was zum Vorschein kommt, sind zwei Eselmotive. Die Umrisse der liegenden Tiergestalten sind nicht geritzt, sondern mit dem Finger in den noch feuchten Ton gezogen worden. Solch eine Verkörperung von Lastenträgern kann kein Zufall sein. Ohne einen Gedanken an aufwendige Altersbestimmungsverfahren zu verschwenden, rufe ich triumphierend: «Mittleres Reich!» Welch eine Kostbarkeit. Was tun mit dem Fund? Die Krüge müssen auf jeden Fall an Ort und Stelle bleiben. Ich drehe sie alle wieder in ihre ursprüngliche Lage.

In die Mulde des Kruges mit den Eseldarstellungen ist Sand nachgerutscht. Damit die Abbildungen nicht Schaden nehmen, scharre ich die Vertiefung mit der Hand wieder aus. Da! Mein Mittelfinger bleibt an etwas hängen. Es ist etwas Geflochtenes; ein dünnes Seil! Es sieht so aus wie die Schnüre und Stricke aus den Pharaonengräbern im Niltal; Material, das ich hinter Glas im Nationalmuseum am Midan Tahrir gesehen hatte. Unter dem Seil befindet sich eine Lage Stroh. Wieder rufe ich «Mittleres Reich!» und mache einen Freudensprung. Es ist, als hätte man eine Nadel im Heuhaufen gefunden; organisches Material, das in unzweideutigem Zusammenhang mit den tönernen Gefäßen steht. Ob das Stroh aus Sattelkissen oder Polstern stammt? Ob unter dem Sand der physische Nachweis für das komplette Geschirr eines Esels begraben liegt? Von den Darstellungen in den alten Gräbern kennt man das Riemenzeug von Zug- und Tragtieren. Aber real, konserviert, in freier Natur, das wäre eine Sensation. Vorsichtig schließe ich die Fundstelle. Später wird die Herstellungszeit des Strickes mit 1230 (+/– 50) v. Chr. ermittelt werden. Damit fällt der Fund in die Ramessidenzeit (Neues Reich).

Wo den Namen eingravieren, den ich diesem Fundplatz gegeben habe? Außer einer langen Windschirmreihe und fünf Tränkbecken, Steinsetzungen in Rechteckform, die mit je einem Lederstück ausgefüllt wurden, um sie anschließend für die Lasttiere mit Wasser zu füllen, ist nichts da, und auch darauf lässt sich «Muhattah el-Homareen» (Wegstation der zwei Esel) nicht verewigen.

Wir gelangen an den Rand einer breiten, nach Nordosten abfallenden Senke. Der Weg verliert sich, und bald gibt es keine Alamat mehr. Ungefähr einen Kilometer von Muhattah el-Homareen entfernt kreuzen wir zwei Autospuren und eine halbe Stunde später die Fußabdrücke einer kleinen Karawane. Vier Kamele und ein Mann. Noch ganz im Taumel der Freude braucht es seine Zeit, bis mir ein Licht aufgeht und ich unsere Spuren vom Hinweg wieder erkenne.

Ein Kreis hat sich geschlossen. Wir stehen am Südende eines Hügelriegels, der sich wie ein Bollwerk in den Abwärtslauf des Sandes stellt. Kein Alam krönt ihn, und doch liegen in seinem Windschatten Scherben. Ob der Lagerplatz mit der Eselkarawanenroute zu tun hat? Vor Tagen hatten wir 2,5 Kilometer südsüdwestlich von hier an einem unscheinbaren Wegzeichen gelagert. Nahebei ein Windschirm. Auch in entgegengesetzter Richtung, weiter im Norden, waren wir bei der Suche nach dem alten Weg auf die Spurenbündel einer Karawanenstraße gestoßen. Vielleicht handelt es sich um die Strecke, die, leicht verzeichnet, auf der britischen Karte als gestrichelte Linie eingetragen ist und auf mein Haus am «*Very steep camel pass*» zuhält.

Das ist meine Erfahrung bisher: Die Alten hatten die Wege, wenn sie durch die Ebenen führten, fast immer nur flüchtig markiert. Was mag der Grund dafür gewesen sein? Waren die Konvois, weil kein Hindernis da war, zu schnell, als dass jemand sich die Zeit hätte nehmen können, um abseits im Sand nach Steinen zu wühlen und sie übereinander zu schichten? War es der Entschluss, von einer kleinen Gruppe Khubara gefasst, ein Geheimnis zu hüten und Wissen für sich zu behalten, um es von Generation zu Generation an Auserwählte weiterzureichen? Auch Herchuf hat sich in Reiseberichten seiner Expeditionen gerühmt, ohne der Nachwelt verwertbare Hinweise auf die von ihm begangenen Pfade zu hinterlassen. Alles, was er darüber wusste, nahm er mit in sein Grab. Erinnerungen an Abdallahs Karawane kommen auf. Damals hatten die Männer Wegzeichen nur dann repariert, aufgestockt oder neu errichtet, wenn die Karawane an einem Hindernis ins Stocken geraten war. Vielleicht ist das, was ich selbst erlebt hatte, zurückversetzt um Tausende von Jahren, noch die beste Erklärung.

Wir durchschreiten einen Gürtel bizarrer Sandsteinfelsen. Mitten in der Felspassage liegen zwei Scherben vom Abu-Ballas-Typ. Der Fund ist Labsal für die angespannten Sinne. Wieder in der weiten Ebene, sichte ich zwei Alamat auf dunklen Hügeln am Horizont. Darauf halten wir zu, ohne den Pfad zu erblicken. Wir sind seit beinahe drei Kilometern ohne Weg, als wir kurz vor Sonnenuntergang auf abgestorbenes Gebüsch treffen. Dessen ausgebleichte Skelette heben sich wie Elfenbein vom schwarzen Samt des Schutts ab, der Hügel und Senken überzieht. Als das wenige Helle von den Tieren verschlungen ist, stirbt der Tag.

Über diese Weide führt der Weg mit deutlicher Zeichensetzung. Bald hebt sich die Trasse wieder vom Geröll ab. Fünf Spurrillen sind es. An manchen Stellen vermitteln sie den Eindruck, als könnten sie nur von Eselhufen gezogen worden sein. Dann, am Rande einer Senke, lösen sie sich in grauem Weichschutt auf.

Wo ist die Fortsetzung des Pfades? Zwei Stunden stapfen wir umher, ohne auch nur den geringsten Hinweis zu entdecken. Während ich mit jedem Schritt im «trockenen Morast» versinke, kommt mir ein Gedanke: Für schwer beladene Esel wäre der weiche Grund das Ende gewesen. Die Karawanen von damals hatten nur eine Wahl: Sie mussten die Senke über den sie einfassenden Hügelsaum umgehen.

Die Kamele haben Durst. Wir müssen zu unserem Wasserdepot. Einen Versuch noch, um meine Mutmaßung zu überprüfen! Wir halten auf eine Hügelgruppe zu, die der Stelle, an der der Weg abbrach, am nächsten ist. Im Anstieg liegen die Scherben zweier Krüge. Und oben, im Lee einer der Erhebungen, erblicke ich die Überreste dreier spitz zulaufender Tonbehältnisse. Sie sind von der gleichen Machart wie jene im «Feldküchenbereich» von Muhattah Jaqub. Daneben ein grünes Scherbenstück mit einem «XI» als Wasm. Es wurde bereits bei der Herstellung in den feuchten Ton gedrückt. Zauber der Vergangenheit, wenn auch in Form zerbrochener Krüge. Ein wundervoller Anblick inmitten dieser unwirtlichen Welt aus Sand und Stein. Die Artefakte bestätigen meine Hypothese, weil sich zu zeigen beginnt, dass die alten Ägypter im Abstand von Halbtages- bzw. Tagesetappen Depots für ihre Eselkarawanen eingerichtet hatten. Ich brenne darauf, mehr davon zu entdecken, doch ich muss die Tiere tränken. Als wir den Platz verlassen, ahne ich nicht, dass sich an unerwarteter Stelle, im Luv des Hügels, mitten im Freien und Ungeschützten, verdeckt im Geröll, eine ganze Ladung amphorenähnlicher Krüge und, kaum hundert Meter davon entfernt in dem vom Hügel nach Nordosten abfallenden Hang, Scherben vom Abu-Ballas-Typ befinden. Dies alles werde ich erst beim nächsten Erkundungsgang, nach dem Wasserfassen am Asphalt, ausfindig machen, und dann wird der Ort den Namen «Muhattah Amphorae» erhalten.

Amphoren der hier gefundenen Art hatten einst auch am Fuß des Südhanges des Abu Ballas gelegen. Auf einem Foto im *Geographical Journal* von 1927 sind sie neben den ovoiden Krugformen deutlich zu erkennen.

Es ist ein Tropfen auf den heißen Stein, den ich den Tieren aus den beiden Wasserkanistern, die wir zurückgelassen hatten, anbieten kann. Mehr als das ist nicht da. Mehr als das kann ich nicht verteilen. Jedes Kamel erhält eineinhalb Eimer vom kostbaren Nass. Wie oft hatte ich diese beiden Worte zu Papier gebracht. Sie sind eine Floskel – für andere, nicht für mich. Für diejenigen, die Angst vor dem Verdursten nicht kennen.

Wir laufen in Richtung Teerstraße und suchen weiter nach dem Weg. An einem Hügel stoßen wir auf steinzeitliche Felsgravuren. Neben einer Giraffenherde ist auch Familienleben abgebildet. Ich zähle 13 stilisierte Frauengestalten und einen Mann. Ob er glücklich war? Und sie, die Frauen?

Um den auf dem Hinweg verloren gegangenen Pfad wieder zu finden, macht die Karawane einen Schnitt durch das Gelände nach Norden. Mit Erfolg. Als es Nacht wird, lagern wir an einem rötlichen Sandsteinfelsen. In seinem Windschatten liegt eine gedrehte Scherbe.

Wir passieren eine abgestorbene Tamariske und gelangen an einen Platz, der mit drei flachen Hügeln besetzt ist. Auf ihnen befinden sich runde, von Menschenhand gelegte Steinstrukturen. Im Sediment, am Fuße eines der Hügel, stecken Abu-Ballas-Scherben. Das ist ein Fund nach meinem Geschmack. Kurz zuvor hatten wir eine Siedlung mit 47 Steinkreisen passiert. Sie waren im großen Rundbogen um einen «Innenhof» gruppiert. Nahebei eine weitere, wie mit dem Zirkel gezogene kreisrunde Anlage. Erst im darauf folgenden Herbst, wenn ich eine Gruppe Wissenschaftler zu meinen Entdeckungen führe, wird Klaus Peter Kuhlmann dort Scherben finden. Den Fundort taufe ich «Khasin el-Agais» (Depot der Alten).

Wir schreiten durch ein Wadi, in dem hin und wieder eine Scherbe aufblinkt. Hatte man hier Wasser geschöpft? Danach deutliche Wegspuren im Schutt. Ich zähle zwölf Geleise, sichte Alamat und Scherben. Wir gelangen bis etwa fünf Kilometer vor die Dünen, an denen sich auf dem Hinweg der Pfad im Nichts aufgelöst hatte.

Die Trasse ist auf ewig verblasst. Nachdem wir die Sandzüge überquert haben, stoßen wir auf einen Pfad und schließlich auf einen Lagerplatz meiner Vorgänger; ganz zweifellos ein Mittagsrastplatz. Wie anders wären zwei jeweils parallel laufende, kurze Steinwälle zu interpretieren, die in Nordsüdrichtung aufgereiht sind und über die allenthalben ein Steinscheit gelegt ist? Unberührt seit Jahrtausenden zeugen diese Anordnungen davon, wie unter ihnen jeweils ein Mann Schutz vor den sengenden Strahlen der Sonne fand, indem er eine Decke oder ein Kleidungsstück über seinen Unterschlupf spannte und sich vom kühlenden Nordwind umfächern ließ.

Die Trasse, auf der wir jetzt gehen, ist nicht jene des Hinwegs. Sie verläuft ungefähr einen Kilometer südlich davon und endet bald in der Ebene aus Weichschutt, die sich von Mrj in Richtung Sudan erstreckt. Wir sind ohne Weg. Und dennoch finde ich Scherben des bekannten Typs an zwei Hügeln, die auf der imaginären Verlängerungslinie der verblassten Karawanenstraße liegen.

Wir kreuzen mehrere Karawanenrouten in Richtung Sudan und erreichen am 11. März 1999 den verabredeten Treffpunkt. Muhamed, Nafer und Gamal sind zur Stelle. Wie gut es tut, Freunde zu haben, auf die Verlass ist. Dass sie zur vereinbarten Zeit da sind, kommt mir nach Tagen der Suche im leeren Land wie ein Wunder vor. Von meinen Funden berichte ich nicht. Als Erstes werfen wir ein paar Bündel grünen Klee vor die Mäuler der Tiere. Dann öffne ich *Coca-Cola*-Flaschen. Davon hatte ich einen halben Kasten geordert. Keinem von uns schmeckt die braune Brühe.

«Dann eben eine Waschmaschine, Muhamed, für deine Frau», rufe ich halb aus Verlegenheit. Irgendwie möchte ich meine Helfer an meinen Entdeckungen teilhaben lassen.

Muhamed versteht nicht recht.

«Waschmaschine? Wie kommt er darauf?», höre ich ihn fragen. Seine Begleiter blicken wie abwesend über den Sand. Die drei scheinen mich für verrückt zu halten.

Wir hieven Kanister vom Pick-up und tränken die durstigen Tiere mit insgesamt 180 Litern.

I C H will noch einmal nach Südwesten, bis Muhattah el-Homareen, und die Stellen, an denen wir den Weg verfehlt hatten, ein zweites Mal absuchen. Wieder übernachten wir in den Dünen westlich der Straße. Anderntags die erste Schwalbe. Sie schießt in knapp bemessenen Bogenlinien über das Himmelsblau in Richtung Dakhla. Bis zum Dünenzug, an dem der antike Mittagsrastplatz liegt, folgen wir unseren Spuren. Wüstenspringmäuse haben sich darauf eingerichtet. Sie zehren vom Kot der Kamele. Hinter den Dünen halten wir auf eine Alamat-Linie zu, die ich auf dem Rückmarsch zur Straße nicht weit im Norden gesichtet hatte. Bald ist ein weiterer alter Trassenstrang gefunden. Er kommt aus Richtung Mut und strebt durch niedriges Felshügelland nach 215 bis 220 Grad. Am Wegesrand drei Steinhaufen. Sind es Gräber? In ihrer Nähe hat jemand einen riesigen Windschirm am Rand eines Felskanals aufgeschichtet. War hier einst eine Wasserschöpfstelle? Weit und breit keine Scherben.

Als wir, 34 Kilometer von Mrj entfernt, am Spätnachmittag des 13. März eine weitere Wegstation entdecken, habe ich die Gewissheit, dass es gelingen wird, die bisher noch nicht aufgespürten Teile der alten Trasse im dritten Anlauf ausfindig zu machen. Im Lee des Felshügels, an dem Scherben des Abu-Ballas-Typs liegen, befinden sich auch zwei in ihrer Mitte durchlöcherte, tönerne Ringscheiben; rätselhafte Artefakte, die überall in der Westwüste Ägyptens vorkommen. Zu welchem Zweck diese Scheiben einst kegelstumpfförmigen, gut handbreithohen Keramikgebilden aufgelegt wurden, konnte bis heute nicht geklärt werden. Immerhin gelang es Rudolph Kuper, solche «Keramikringe» auf 3300–2900 v. Chr. und damit auf die frühdynastische Periode zu datieren. Wenn auch ihre Funktion nicht klar ist, so spricht doch vieles dafür, dass diese meist mit Wasms markierten Artefakte Überbleibsel von Techniken und Methoden sind, die in der Frühzeit der ägyptischen Hochkultur angewandt wurden, um in der Wüste zu überleben. Über den Ringscheiben, an der Felswand, ein ins Gestein geritztes Hakenkreuz. Es ähnelt denen, die sich auf einem metallenen Schaufelblatt befinden, das ich einige Kilometer vom Pharaonen-Nuktar entfernt gefunden hatte. Das Werkzeug schien mir sehr alt. Ob es aus Eisen ist? Dann könnte es nicht von vor der 18. Dynastie stammen.

Spekulationen im Auf und Ab der Zeiten. Ich schiebe sie beiseite.

Auf einem Rundgang entdecke ich einen vielspurigen Kamelkarawanenweg. Er kommt aus Richtung «*Very steep camel pass*» und strebt nach 160 bis 170 Grad. Damit ist erklärt, warum an dieser Muhattah, die ich «Muhattah arba' mafariq» (Wegkreuzungsstation) taufe, sämtliche Krüge zerschlagen sind. Dass der Platz den Karawanen der Spätzeit als Lager gedient hatte, beweisen ein in der Nähe des Hakenkreuzes angebrachter arabischer Namenszug und eine handgeschmiedete Nadel. Sie liegt im Geröll und ist zwanzig Zentimeter lang.

Von der Hügelspitze aus sieht man den Kamelkarawanenweg nicht, wohl aber, wie aus dem Lehrbuch, die antike Eseltrasse. Als ich den Nachbarhügel erklimme, der sich markant und steil jenseits der Kamelpiste erhebt, stellt sich heraus, dass auf seinem Plateau ein Steinkreis von vier Metern Durchmesser angelegt wurde. Bruchstücke roter Gebrauchskeramik finden sich in Luv.

Zwei Kilometer im Nordosten von Muhattah arba' mafariq, am Rande der antiken Straße, beginnt eine Reihe von Steinsetzungen; Doppelreihen der Art, wie sie Rohlfs zwischen Farafra und Dakhla gesichtet hatte. Mein Landsmann merkt dazu an:

«*Wir befanden uns noch immer auf der grossen Straße* [von 'Ain Sheikh Murzuk nach El-Qasr, C. B.] *und von Zeit zu Zeit fanden wir höchst sonderbar gelegte länglichrunde Steinreihen, wie Hadj Mohammed meinte, von den Soldaten des Omar Masseri angelegt, um darein das Futter für die Kamele zu schütten … Omar Masseri, ein bedeutender Araber-Schich … der Uled Ali … welcher in der Gegend des Fajum sein Zelt hat.*»

Mir kommen die Steinreihen wesentlich älter vor, und auch dem Zweck, den ihnen Rohlfs' Begleiter unterschob, haben sie mit Sicherheit nicht gedient. Da sich auf dem Eselkarawanenweg keine jüngeren Relikte als jene aus der Pharaonenzeit befinden, stammen die Steinsetzungen wohl aus derselben Periode wie die Scherben vom Abu-Ballas-Typ.

Die Karawane folgt der vom Arba'-mafariq-Hügel aus gesichteten Trasse in Richtung Südwest, zieht an einem von der Natur geformten Menschenpaar aus Stein vorbei.

«Musas Auge fiel dann auf zwei Statuen ... die einen Menschen vor-
stellte, der bis zu den Achseln in der Säule steckte ... das Mädchen sah
ihn mit Gazellenaugen an ...»
Textfragmente aus *Tausendundeiner Nacht.* Sie schwirren mir
noch lange nach dem Anblick der wundersamen Gesteinsformation
durch den Kopf, bis die Karawane nach 6,5 Kilometern an der nächsten Wegstation, zwei unauffällig am Rande einer Ebene gelegenen
Sandsteinfelsen, Halt macht. Blick auf die Landkarte. Wir sind 111
Kilometer von Abu Ballas, 30,8 Kilometer von Muhattah Jaqub, 22,8
Kilometer von Muhattah el-Homareen und 6,8 Kilometer von
Muhattah Amphorae entfernt. Nach allem, was sich herausfinden
lässt, war hier in den vergangenen Jahren niemand näher vorbeigekommen als Harding King. Daher ist es Ehrensache, den Ort nach
dem letzten kamelreisenden britischen Wüstenforscher mit «Muhattah Harding King» zu benennen.

Der Platz ist scherbenübersät. Kein einziges Gefäß ist heil geblieben. Ich fertige eine Liste der Krugmarken an, die ich auf Scherben-
stücken finde, vergleiche die Zeichen mit denen der anderen Fundplätze. Einige Motive wiederholen sich. An der Nordseite des
östlichen Felsens entdecke ich schließlich die Ritzzeichnung eines
Löwen (?) und wieder ein Hakenkreuz. Als ich die Inschrift
«discovered by Carlo Bergmann + 4 camels
March 14th 1999
I name this place ‹Muhattah Harding King›»
in einen Felsspiegel ritzen will, bemerke ich die fast gänzlich abge-
schliffenen Konturen eines Esels. Und darunter, an einer in den Sand
gerammten Steinplatte, befindet sich, kaum noch erkennbar, ein weiteres Exemplar dieser Gattung. Wir warten bis zum anderen Tag, bis
das Morgenlicht die Umrisse der Tiere aus dem Stein hebt und ich sie
fotografieren kann.

Welch ein Triumph! Es ist gelungen, den gesamten Karawanenweg von Mrj bis Muhattah Jaqub Meter für Meter darzustellen. Und
es ist geglückt, Bildnachweise für die Vermutung zu liefern, dass der
Weg, der durch eine bereits im Alten Reich vollkommen trockene

401

Wüste führte, dass dieser lange Weg mit Eseln begangen wurde. Wir machen uns auf den Rückmarsch. Mein ursprüngliches Ziel Abu Ballas bleibt für diese Expedition außerhalb unserer Reichweite.

Jedoch noch einer Vermutung gilt es nachzugehen: Wo setzt der «Zubringer» zu dieser Trasse an, die «Nebenstrecke» nach Qalamun und Der el-Hedjar? Wird sie, falls ich sie finde, auf das an den Dünen gelegene Pharaonen-Nuktar zuhalten?

Von einer Hügelbank aus, die wir drei Marschstunden nordöstlich von Muhattah arba' mafariq passiert hatten und die mit ihren steilen Flanken und den 16 Steinkreisen obenauf wie eine Festung anmutet, hatte ich einen Alam mitten im wegelosen Terrain bemerkt. War dies das Zeichen, das den Abzweig markiert? Als wir wieder vor der «Hügelfestung» stehen und ich die Umgebung mit dem Feldstecher absuche, sichte ich das unscheinbare Steinmal auf 18 Grad. Keine einzige Spur nach dorthin hat sich erhalten. Auch wenn nicht viel zu sehen ist, bin ich mir sicher, dass sich hier einst der Weg teilte. Denn an der Gabel liegt ein halber Krug vom Abu-Ballas-Typ. Die GPS-Abfrage für die Position des Pharaonen-Nuktars ergibt 14 Grad, 38 Kilometer. Der Weg nach Mrj strebt in Richtung vierzig Grad. Wir folgen dem Zeichen. Bis wir einen lang gestreckten, auf der Karte vermerkten Hügelzug erreichen, passiert die Karawane nur einen einzigen Alam. Mein Glaube, für das geringste Zeichen eine Witterung zu haben, ist beinahe ins Wanken geraten, da taucht in der Hügelfront voraus ein weiterer Alam auf. Und als wir den Höhenzug erklommen haben, liegt der Weg vor uns. Bald erhebt sich links des Pfades ein auffälliger, quaderförmig geschichteter Steinhaufen. Ist es ein Grab? Von hier aus strebt der Weg mit deutlich sichtbaren Geleisen dicht am Südabfall des Höhenzuges entlang – bis zu seinem abrupten Ende. Unten in der Tiefe setzen sich die Geleise fort – in Richtung Mrj.

Das Hügelplateau ist von unzähligen Pfaden überzogen. Am Fuße seines Osthanges befinden sich zwei Steinkreissiedlungen. Auf seiner Höhe eine dritte. Einen ganzen Tag dauert es, bis die Trasse nach Qalamun bzw. Der el-Hedjar gefunden ist. Wir steigen an der

Ostflanke eines versandeten Cañons auf gut sichtbarem Pfad in nördlicher Richtung vom Plateau ab. Schmal und fast gradlinig, wie von einem Rechen gezogen, ziehen sich die Spurrillen der alten Strecke durch den steinig-felsigen Grund. Es ist eine Passage, die auch den letzten Zweifler davon überzeugen würde, dass es sich bei dem beschrittenen Weg um eine Esel- und nicht um eine Kamelkarawanenstraße handelt. Gegenüber, auf der anderen Seite der Schlucht, deren Steilwände bis zu 25 Meter tief abfallen, eine weitere Steinkreisanlage. Sie ist auf einer Felszunge hoch über dem Cañon errichtet. Grandioser Blick über Hügelhänge und hinab ins Tal. Keine einzige Bewegung blieb denen verborgen, die hier ihre Zelte aufgeschlagen hatten. Auch dieser Siedlungsplatz ist gänzlich ohne Scherben.

Am Ausgang des Cañons verliert sich der Weg in einem eine Wanderstunde breiten, quer zu unserer Richtung abfließenden, flachen Wadi. Mittendrin ein von weitem sichtbarer Felsblock mit einem sauber gesetzten, leeren Khasin und einer Steinumwallung, die einst als «Schlafstelle» gedient haben könnte. Die beiden roten Scherben, die darin liegen, sind nicht vom Abu-Ballas-Typ. Ich lasse mich davon nicht beirren, halte den Kurs. Schließlich stehen wir an einer weiteren «Hügelfestung». Zum Pharaonen-Nuktar sind es noch zwanzig Kilometer. Meine Wanderschuhe sind zerfetzt.

Unweit der «Festung» staut sich der vom Djebel Edmonstone kommende Dünenzug an einer Hügelfront und fächert auf einer Breite von circa sieben Kilometern aus. Blick über das Sandmeer. Ich habe ein flaues Gefühl. Wie durchkommen? Falls es den Sand in dieser Gegend zur Pharaonenzeit schon gegeben haben sollte: Wie hatten die Alten das Hindernis mit ihren Eseln bewältigt? Waren sie ausgewichen und hatten die Dünen umgangen? Kein einziges Wegzeichen deutet in die Richtung des Weichschutts östlich der Dünen; einem Gelände, in dem in den ersten Tagen der Expedition das Vorwärtskommen so mühevoll gewesen war.

In einem Durchlass zwischen zwei Hügeln finde ich schließlich in Form einer Steinreihe die Information, die mir weiterhilft. Die Reihung sagt mir: Wage den Sprung. Gehe in den Sand und weiche nicht nach Osten aus!

Der Sand erweist sich als begehbar. Bis einige Barchanenreihen zu überwinden sind, ist er sehr fest und glatt. Der Dünengürtel selbst also ist die Passage, die Alternative zum Weichschutt rechts und links des Sandes. Galt das auch für Esel? Eselkarawanen mit Hunderten von Lasttieren hätten den Sand in kürzester Zeit in gelben Brei verwandelt. Darin hätten sich die nachfolgenden Tiere rasch erschöpft. Weil der Wind die Spuren der Vorgänger bald überdeckt hätte, wären nachfolgende Karawanen dem «trockenen Morast» hilflos ausgeliefert gewesen. Es gibt nur eine Lösung für dieses Problem: Womöglich hatten wegekundige Führer die Karawanen sicher und ohne großen Kräfteverschleiß durch den Dünengürtel geleitet.

Eine Textstelle aus Zittels erstem Brief an Rohlfs kommt mir in den Sinn:

«Hurra nach Kufara! Ich bin seit gestern zweifellos auf der älteren Kufara'er Karawanenstrasse, was durch alte Wegzeichen bewiesen wird, welchen ich folge … Mein Weg ist fast nur durch Steinzeichen, nicht durch Palmstöcke bezeichnet.»

Palmstöcke als Wegzeichen. Mitten in den Dünengebirgen wird man mit diesem Material vorlieb genommen haben, um weich getretene Sandpartien zu markieren. Alles Spekulation, sagt eine Stimme in mir. Du musst laufen, bis der Beweis erbracht ist.

Kurz nach der Entdeckung des Nuktars hatte ich auf einem Hügel in Dünennähe einen zylinderförmigen Alam ausgemacht. Ob er etwas mit den Aktivitäten in der Antike zu tun hat? Auf jeden Fall liegt er auf Kurs.

Als wir ihn erreicht haben, stellt sich heraus, dass es ein von den Briten errichteter trigonometrischer Punkt ist. An ihm verbringt die Karawane die Nacht. Im Dunkeln umkreist uns ein Fennek. Ich gebe ihm Corned Beef und Brotstangen zu fressen. Er ängstigt die Kamele, die sich eng um mein Lager scharen.

Wir sind drei Kilometer vom Nuktar entfernt. Was hatte ich hier erwartet? Blick durch den Feldstecher, während ich meinen Gedanken freien Lauf lasse. Eigentlich ist nichts Auffälliges zu sehen. Nur flache Hügel und leerer Raum dazwischen. Und Sand. Doch dann zieht ein Stein auf einem Felsen meine Aufmerksamkeit an. Er liegt genau auf seinem Scheitel. Die Erhebung ist keine 800 Meter vom Lager entfernt. In Hanglage vereinzelt Krugscherben. Keine einzige der Autospuren, die den trigonometrischen Punkt umkreisen, führt zu dem Hügel mit einem augenscheinlich antiken Krugdepot, in dessen Felsspiegel Wasms graviert sind.

In eine lose Steinplatte sind Vaginen sowie ein männlicher Kopf und Oberkörper geritzt. Eine der Variationen des ewig gleichen Themas. Wo ist der Unterleib des Menschen? Schließlich finde ich ihn auf einem Stück Stein. Die Figur ist mit einem altägyptischen Schurz bekleidet.

Weil sich die im Fels eingravierten Wasms wiederholen, tippe ich auf eine «Firma», eine «Spedition», eine «Arbeitskolonne», die hier exklusiv für ihren Auftrag Wasserkrüge und Frachtgut gelagert haben könnte. War dies auch der Ort, an dem «Lotsen» auf Karawanen warteten, um sie sicher durch den Sand zu führen?

Rekapitulation des bisher Gesichteten: Es ist verwunderlich, dass die Mehrzahl der ovoiden Krüge Wasms tragen, während alle übrigen irdenen Gefäße frei davon sind. Im alten Ägypten war der Außenhandel ein staatliches Monopol. War somit das in den ovoiden Gefäßen in die Wüste transportierte Nass «regierungseigenes Wasser»? In diesem Fall wären die auf die Krüge geritzten Wasms keine Besitzzeichen, sondern die Krugmarken einzelner Arbeitskolonnen; Markierungen, die die Verantwortlichkeiten für den Transport und das Nachfüllen klärten. Als Besitzzeichen im Sinne von Eigentum zählte allein die Kartusche des Pharaos oder die des Oasengouverneurs. Sie wäre, wenn überhaupt, auf den Behältnissen, die mit Ware gefüllt außer Landes gingen, oder als Siegelmarke an Krugdeckeln oder -stopfen angebracht worden.

Was für Erzeugnisse hatte man auf diesem langen Weg transportiert? Bis ein voller Krug mit Gütern gefunden ist, lässt sich nur so viel sagen: Die Ware muss die Strapazen wert gewesen. Und auch

405

das scheint klar: Die entdeckte antike Trasse war kein illegales Nebengleis, das den hauptsächlich über die Nilroute abgewickelten und überwachten Afrikahandel der Pharaonen mittels eines Paralleltransfers durch die Wüste aushöhlte. Hätten Schieber und Schmuggler die Krugdepots angelegt, wären sie versteckt und nicht für jedermann einsehbar am Wegesrand eingerichtet worden.

Auch auf dem Nachbarhügel liegt ein Stein. Bringt man ihn mit jenem auf dem Khasin-Hügel in Deckung, ergibt sich eine Visierlinie von 17 Grad. Das ist die Richtung nach Der el-Hedjar.

«Vor etwa einem Jahrhunderte wurde die Oase Dachel öfter durch Raubzüge eines aus dem fernen Südwesten kommenden Nomadenstammes belästigt. Um diesen Angriffen ein Ende zu machen, siedelte die Mameluken-Regierung eine Militär-Colonie, die Surbagi, in Galamun an … Diese Surbagi zerstörten an dem von den Räubern benutzten Wege auf 7–8 Tagesreisen Entfernung alle Brunnen [die Rohlfs fälschlicherweise vermutete, C. B.] *und blieb diese Straße, welche früher auch dem Verkehr mit Dar-For gedient hatte … seitdem verlassen»*, berichtet Rohlfs. Bis zu diesem Khasin-Hügel sind die Surbagi auf jeden Fall gekommen. Sie haben ganze Arbeit geleistet. Es wird schwer werden, meine Vermutungen durch archäologische Befunde zu belegen.

24. MÄRZ 1999: Ich bin in Kairo, im Büro von Klaus Peter Kuhlmann. Ich berichte über die Ergebnisse der Expedition, äußere die Vermutung, dass eine Organisation von beträchtlicher Größe mit der Proviantierung auf der Abu-Ballas-Strecke betraut war, teile mit, dass organisches Material für eine C-14-Analyse bereitstehe, erkläre, dass ich im kommenden Winter den weiteren Verlauf des Weges herausfinden wolle und dass ich an der Auswertung und der Beurteilung meiner Entdeckungen durch die Fachwelt interessiert sei.

Peter gratuliert. Dann beurteilt er die Sachlage ganz nüchtern. Das DAI habe kein Geld, könne auch nicht aus dem Stand heraus tätig werden. Die Antragsprozeduren für eine Grabungsgenehmigung seien umständlich und zeitraubend. Ein gutes Jahr müsse man dafür veranschlagen. Ausgang ungewiss.

«Du hast einen tollen Fund gemacht, Carlo. Nun musst du jemanden in Deutschland für deine Sache begeistern», sagt er.

Mein Freund weiß, wovon er spricht. Er gräbt mit knappen Mitteln den Orakeltempel in Siwa aus. Trotz einer glänzenden Veröffentlichung über das Ammoneion gerät er mangels Sponsoren immer wieder an den Rand der Pleite.

Meine Vermutung, dass die Karawanenstraße über Abu Ballas zum Djebel Uweinat führt, findet Peter nicht abwegig. Erst als ich, nach der Funktion des Weges befragt, eine Handelskarawanenroute als wahrscheinlich erachte, wird er skeptisch und verweist auf das altägyptische Schrifttum, in dem bisher kein einziger Hinweis auf Handelsrouten in Richtung Westen bzw. Südwesten gefunden wurde. Wenn überhaupt, käme nur eine militärische Funktion in Betracht, etwa eine Postenkette, die zur Beobachtung der Libyer oder zum Abfangen von Kurieren, Spionen oder Schmugglern angelegt worden sei.

«Warum hätten die Ägypter via Uweinat oder Kufra etwas holen sollen, was einfacher über Nubien zu beziehen war?», fragt er schließlich.

Ein Einwand, den ich nicht entkräften kann. Aber: Der Weg ist nun einmal da, und die Krüge sind es auch. Und die Indizien, die dafür sprechen, dass mit Eseln nicht nur sporadisch 650 Vollwüstenkilometer zurückgelegt wurden, lassen sich nicht übersehen. Auch das Argument, im alten Schrifttum gäbe es keinen Vermerk auf die Abu-Ballas-Uweinat-Strecke, überzeugt mich nicht. Selbst der Darb el-'Arbain, der mit seiner Hauptrasse ebenfalls nicht nach Nubien, sondern nach Al Fashir zielt und über den, wie viele vermuten, schon zu Zeiten der Pharaonen Fernhandel abgewickelt wurde, findet nirgendwo Erwähnung; oder besser: Es ist darüber aus den alten Texten nichts herausgelesen worden. Für die Gottkönige und ihren Hofstaat wird es nicht wichtig gewesen sein, immer zu wissen, woher genau die Schätze kamen, die sie zum Statuserhalt so notwendig brauchten, und auf welchem Wege diese Kostbarkeiten herangekarrt wurden; ebenso wie es vor hundert Jahren die Damenwelt wenig interessierte, dass die Stützen ihrer Korsetts aus Walfischknochen bestanden und allein deswegen unzählige der großen Schwimmsäuger blutig massakriert wurden.

«Die Krugdepots liegen alle in Senken. Wäre man auf Späherposten aus gewesen, hätte man Hügel im hohen Gelände ausgewählt. Bei Muhattah arba' mafariq stößt man übrigens auf Relikte dreier parallel verlaufender Trassen; jede zwischen drei und acht Spuren breit. Früher müssen es mehr Gleise gewesen sein», werfe ich ein, «weder ich noch sonst jemand weiß, wozu genau ein solch mörderischer Aufwand getrieben wurde. Darüber kann nur eine Grabung Aufschluss geben.»

Je weiter ich mich von dem leeren Land, das ich liebe, entferne, desto kleiner und unbedeutender scheinen all die Dinge zu werden, die mir dort wichtig sind – wenn ich sie durch die Augen anderer betrachte.

Peter bringt mich zum Ausgang.

«Viel Glück. Wenn es dir gelingt, eine Expedition auf die Beine zu stellen, komme ich mit und sehe mir deine Funde an», sagt er zum Abschied.

Zurück in Deutschland. Meine Lebensgefährtin hat sich dem erstbesten Millionär an den Hals geworfen; einem Touristen, den ich zwecks Finanzierung des Unterhalts für meine Familie mit in die Wüste genommen hatte. Nun drängt sie mich aus dem Haus, in dem wir gemeinsam wohnen wollten und das ich ihr zu einem Drittel finanziert hatte. Ich versuche, einen klaren Kopf zu behalten, schreibe an *National Geographic* und an *GEO*. Den Briefen sind zwei Selbstauslöserfotos beigelegt. *National Geographic* antwortet nicht. Dann die Stimme von Uwe George am Telefon. Uwe erzählt von seiner Expedition, die er zusammen mit Stefan Kröpelin nach Qunianga Serir und ins Ennedi-Gebirge unternommen hat. Stefan ist Mitarbeiter von Rudolph Kuper, dem Leiter des Heinrich-Barth-Instituts an der Universität Köln und Patenonkel meines Sohnes. Ob er Stefan in meine Entdeckungen einweihen dürfe, fragt Uwe zum Schluss. Er will sich über die Bedeutung des Gefundenen vergewissern.

Ich brauche mein Geld von Barbara zurück. Die entsprechende Aufforderung quittiert sie mit der Bemerkung, ich könne meinen Rückzahlungsanspruch nicht beweisen, weil kein schriftlicher Vertrag vorläge. Und anlässlich eines Notartermins erklärt sie, sie wolle den gemeinsamen Sohn von einem neuen Vater adoptieren lassen. Das ist der Augenblick, in dem ich zum ersten Male in meinem Leben rotsehe. Zusammen mit Jacob mache ich mich auf die Suche nach einer neuen Bleibe. Wie bei all dem Chaos die für den kommenden Winter geplante Expedition auf die Beine gestellt und finanziert werden soll, davon habe ich keinen blassen Schimmer mehr. Am Tag nach meinem Auszug zieht der Neue samt seinen Möbeln ein.

AM 16. August 1999 liegen die Unterlagen und Stellungnahmen, die *GEO* zur Einschätzung meiner Funde angefordert hat, in Hamburg vor. Wenige Tage später wird ein Vertrag unterzeichnet. *GEO* erhält die Erstveröffentlichungsrechte für die Entdeckungsgeschichte und finanziert die für den Winter 1999/2000 geplante Expedition.

Die Zeit ist gekommen, um Rudolph Kuper in meine Geschichte einzuweihen. Zusammen mit Winfried Zahn, dem zweiten Patenonkel von Jacob und Betreuer meiner Kamele nach dem Anschlag bei Leipzig, mache ich mich auf den Weg zum Heinrich-Barth-Institut. Rudolph ist da und Stefan auch. Begrüßung, Umarmung; wie war's? Wie geht's Jacob?

Im März hatte Rudolph zweimal meine Spuren westlich von Dakhla gekreuzt. Er zeigt uns die Stellen auf der Karte. Wir setzen uns zum Tee, und Rudolph greift ein Thema auf, das er fast immer, wenn er mich sieht, anschneidet: seinen Testmarsch nach Abu Ballas per Esel. Er habe schon ein Lasttier gekauft und es an seinem Haus in Dakhla untergebracht, das seine Basis in Ägypten ist.

«Ich bin bereit dazu, schon seit Jahren. Aber wir brauchen wüstentaugliche Tiere», gebe ich zu bedenken, «und die bekommt man nicht so einfach in den ägyptischen Oasen.»

«Nun gut», sagt er, und dann rekapituliert er noch einmal, worum es ihm bei dem seit Jahren geplanten Feldversuch geht: Er will das Ladeschema herausfinden, das es den Alten ermöglichte, 160 Kilometer bis Abu Ballas zu ziehen, dort Wasser zu deponieren und danach ohne Verluste an Mensch und Tier wieder in Dakhla einzutreffen. Seine Vorstellung läuft darauf hinaus, dass die Strecke in einem Durchmarsch bewältigt wurde und dass ein Drittel der jeweils mitgeführten Ladung als Nutzlast und damit zum Verbleib in Abu Ballas bestimmt war.

«Du musst aber laufen, und das nicht zu knapp. Die alten Ägypter sind, wie du weißt, nicht geritten, sondern in aller Regel zu Fuß gegangen. Wenn wir nicht marschieren, kommen wir zu keinem realistischen Ergebnis», lasse ich ihn wissen.

Rudolph blickt mich an.

«Und dann», fahre ich fort, «brauchen wir einen Weg. Wir können nicht aufs Geratewohl losmarschieren. Das haben die Leute früher auch nicht getan. Die wussten, was vor ihnen lag und wo sie entlanggingen. Im Übrigen sind die nicht in einem Rutsch nach Abu Ballas marschiert.»

«Woher weißt du das?», fragt er.

«Wir würden das nicht schaffen, und die Alten haben es auch nicht geschafft. Elmar Edel gibt übrigens 15 Kilometer als durchschnittliches Tagespensum für die Eselkarawanen der Antike an», gebe ich zur Antwort.

«Das steht auf dem Papier», entgegnet er.

«Aber es stimmt – ungefähr», sage ich und überlege, während mein Blick über die gespannten Gesichter von Winfried und Stefan huscht, ob es des Guten nicht schon zu viel sei. Auf Rudolphs «Wieso?» lasse ich die Katze aus dem Sack, sage: «Weil ich es gesehen habe.»

«Wo?», will er wissen.

«Zwischen Abu Ballas und Dakhla. Ich war dort. Du hast ja meine Spuren gesehen. Es gibt eine Karawanenstraße und, wahrscheinlich, eine ganze Kette von Muhattat.»

Ich versuche, die Worte so ruhig wie möglich in den Raum zu stellen, und dann lege ich Abzüge von meinen Dias auf den Tisch.

Rudolph greift nach den Bildern, schaut sie sich an und bekommt große Augen. Er scheint in der gleichen aufgewühlten Stimmung zu sein, in der ich war, als ich die Scherbenfelder und die Krüge in der Wüste sah. Stefan, von der Bürde der Geheimhaltung befreit, ist erleichtert und strahlt. In Rudolphs Büro treffe ich erstmals auf jenes Maß an Begeisterung, das auch in mir steckt. Von diesem Moment an weiß ich, dass meine Entdeckungen in guten Händen sind.

Überzeugungsarbeit zu leisten, ist hier nicht notwendig. Es geht nur noch um die Umsetzung des Projekts. Rudolph ist seit mehr als zwanzig Jahren in der ägyptischen und der sudanesischen Wüste tätig. Zusammen mit Stefan und anderen gilt sein Augenmerk derzeit dem Kultur- und Landschaftswandel im ariden Afrika. Für den kommenden Winter ist das Expeditionsprogramm bereits zusammengezimmert. Das muss jetzt umgestellt werden.

Keine Frage, dass meiner Bitte entsprochen wird, man möge Wasser, Kraftfutter und Stroh in der Wüste deponieren, damit ich die Suche nach dem antiken Weg weiter vorantreiben kann. Und damit ich keine Probleme beim Betreten des Militärsperrbezirks bekomme, erklärt mich Rudolph kurzerhand zum Mitarbeiter des Heinrich-Barth-Instituts. Damit profitiere ich von der Generalgenehmigung, die dem Institut zur Erforschung der Wüste von der ägyptischen Regierung eingeräumt worden ist.

Ob ich auch nichts angerührt hätte, will Rudolph zum Schluss von mir wissen.

«Ich muss die nächste Tour finanzieren. Wenn ich alles liegen gelassen hätte wie gefunden, hätte ich keine guten Fotos machen können, und Bilder, die nichts hergeben, locken keinen hinter dem Ofen hervor. Deshalb habe ich ein paar Krüge bewegt. Die Aufnahmen vom Zustand davor werde ich dir noch aushändigen», versuche ich zu erklären.

Rudolph revanchiert sich für das in Aussicht gestellte Bildmaterial mit einer Aufnahme, die 1982 von Berliner Geologen geschossen wurde. Sie zeigt einige gut erhaltene Krüge im Lee eines von zwei eineinhalb Meter hohen Sandsteinfelsen. Im Hintergrund der knappe Ausschnitt einer flachen Hügelkette.

411

«Das kann überall sein», sage ich.

«Wir haben jahrelang vergeblich danach gesucht», gibt er zur Antwort und fährt fort: «Lama und Monod sind von uns informiert worden. Auch sie haben viel getan, um den Platz zu finden – ohne Ergebnis. Schade, dass sich Herr Pohlmann nicht mehr genau erinnern konnte. Das Depot soll nicht weit vom Nordostrand des Gilf entfernt liegen. Vielleicht hast du Glück.»

«Ich werde es finden», erwidere ich. Auch wenn das in Frage kommende Gebiet im günstigsten Fall zwanzig mal dreißig Kilometer und im ungünstigsten fünfzig mal hundert Kilometer misst, bin ich mir sicher, dass ich die Krüge im kommenden Winter aufspüren werde. Wir verabreden uns für die Zeit vom 14. bis 17. November, um meine Fundstellen mit dem Geländewagen in Augenschein zu nehmen. Dabei soll festgelegt werden, wo gegraben werden soll.

13. NOVEMBER 1999: Klaus Peter Kuhlmann hat Laurent Bavay, einen Keramikspezialisten von der Université Libre de Bruxelles, für die Begutachtung der Funde gewinnen können. Zusammen mit Uwe George fahren wir in Peters Toyota auf der neuen Straße, die westlich des Nils durch die Wüste in Richtung Asyut getrieben wurde. Schon bald werden wir von einer Sondereinheit der Polizei gestoppt. Man nötigt uns Begleitschutz auf; einen dunkelblauen Pick-up mit Maschinengewehr obenauf. Weil dieses Fahrzeug nicht über neunzig Stundenkilometer hinauskommt, gibt Peter irgendwann Gas und schüttelt die ungebetene Hilfe ab. In der Nacht erreichen wir Rudolphs Haus in Dakhla, und am folgenden Morgen brechen wir zusammen mit einem weiteren Geländewagen und einem Allrad-Truck in Richtung Abu Ballas auf. Der Kleinlaster hat auch Nachschub für den bevorstehenden Marsch meiner Karawane geladen: 21 Zwanzig-Liter-Kanister mit Wasser, zwei Sack trockene Bohnen und zwei Sack Sorghum.

In der Nähe von *«Two sugar loaf hills»*, wie die Erhebung auf der Karte benannt ist, treffen wir auf zwei weitere Fahrzeuge und deren Besatzung. Das Team ist komplett, insgesamt zehn Personen: Außer uns vieren zählen dazu Rudolph Kuper, Stefan Kröpelin, Baldur Gabriel, Jörg Linstätter, Erich Classen und Karim Sharam, der Expeditionszeichner. Bald taucht der «Vater der Tonkrüge» vor uns auf. Während sich Laurent in die Krugscherben vertieft, gehe ich zu der Stelle, an der ich im Februar 1987 gelagert hatte. Unter dem Sand getrockneter Kamelmist. Drei Kötel nehme ich als Erinnerungsstücke mit. Anlässlich meines Besuchs in Hamburg hatte der *GEO*-Chefredakteur angemerkt, dass für den Abdruck meiner Geschichte in dem Magazin die vollständige Erforschung der alten Trasse, von Dakhla bis Abu Ballas, vonnöten sei. Das war mir in Deutschland als realisierbar erschienen. Jetzt, beim Anblick der Leere und der wenigen Hügel, die in ihr schwimmen, bin ich meiner Sache nicht mehr so sicher. Ob sich in dieser sandgefüllten Weite zu Fuß überhaupt etwas finden lässt, frage ich mich und blicke vom Gipfel des Abu Ballas auf die vielen Autospuren, die wie offene Lassoschlingen über den Felshügel geworfen sind und deren Seilenden ferner Dunst mit mattem Sandgelb verwischt. Ich stehe mehr unter Druck, als ich erwartet habe.

Ich hatte vorgehabt, die Fahrzeugkolonne jeweils von Süden an die von mir entdeckten Krugdepots heranzuführen. Das noch nicht untersuchte Gelände sollte spurenfrei bleiben; einerseits, um mir die Arbeit zu erleichtern, und andererseits, um weitere Entdeckungen für mich zu reservieren. So war es mit Rudolph vereinbart. Um meiner Verpflichtung gegenüber *GEO* nachzukommen, entschließe ich mich, die imaginäre Verbindungslinie zwischen Abu Ballas und Muhattah Jaqub dreimal zu queren. Nachdem ein Depot angelegt ist, lotse ich, vom Beifahrersitz aus, den Konvoi durch unwegsames Gelände. Wir passieren einige Steinmale. Um herauszufinden, in welche Richtung sie weisen, sind wir zu schnell. Nach dem zweiten Geländeschnitt halten wir schließlich an einer Steinkreissiedlung. Rätselraten unter den Fachleuten, ob es sich überhaupt um eine anthropogene Struktur handelt.

«Das ist Geologie», höre ich jemanden sagen. Dann meldet sich Prof. Gabriel zu Wort und gibt «ein altes Dorf oder eine militärische Anlage» zu Protokoll.

Als wir beim dritten Versuch auf einen größeren Alam treffen, bin ich mir sicher, dass wir, 27 Kilometer von Muhattah Jaqub entfernt, die alte Trasse gefunden haben. Drei Kilometer weiter im Nordosten erhebt sich ein sehr viel auffälligeres Steinmal. Es ist auf einem flachen Hügel errichtet. Als wir vor ihm stehen, sagt Uwe George: «Carlo, jetzt ist dein Weg bewiesen. Das ist kein Schmuggelpfad!» Der Alam ist knapp 2,5 Meter hoch und sehr breit gebaut. In Lee sind zwei Steinwangen zur Verbesserung des Windschutzes angefügt. Am Rand der glatten Sandschicht, die die windgeschützte Stelle ausfüllt, schimmern Scherben, und am Ostfuß des Hügels findet jemand das zum Alam gehörige Krugdepot. Es enthält annähernd fünfzig Krüge. Wir sind 24,7 Kilometer von Muhattah Jaqub entfernt. Der antike Weg, von dem ein Gleis deutlich sichtbar ist, hält darauf zu.

Peter schaut mich erwartungsvoll an. Er will den Namen hören, den die Station tragen soll. Mir geht das alles zu schnell. Schließlich springt er mir bei und schlägt «Muhattah Umm el-Alamat» (Mutter der Wegzeichen) vor. Da es der größte Alam ist, den ich je gesehen habe, bin ich mit seinem Vorschlag einverstanden.

«Nichts anrühren», ruft Rudolph. Weil der Platz über die Jahrhunderte unberührt geblieben ist, soll hier im Februar gegraben werden. Dann werden unter dem Sand, im Freiraum zwischen den beiden Steinwangen, eine Feuerstelle zum Vorschein kommen und Dattelkerne, die einst rings um das Feuer verstreut wurden, sowie ein Eselmotiv auf einer Krughälfte aus dem Depot am Fuß des Hügels. Die Darstellung soll denen in Muhattah el-Homareen aufs Haar gleichen.

«Wir lassen von einem Spezialisten herausfinden, ob die drei Esel von ein und demselben Töpfer gefertigt worden sind», wird Rudolph nach meiner Rückkehr in Köln verkünden und hinzufügen: «Viele Krugteile weisen Riefungen auf und haben keine Ähnlichkeit mit der bauchigen Alte-Reich-Keramik. Weil manche Stücke Dellen haben, handelt es sich nicht um erstklassige Ware, sondern um Fehlbrände und Wegwerfkeramik. Damals hat es mit dem Ex-und-hopp angefangen.»

Doch wer schon nimmt, wenn er durch die Wüste zieht, sein

bestes Porzellan mit? Ich tue es nicht und auch kein Beduine. Und wenn das Gegenteil im Alten Reich gang und gäbe gewesen war, dann hatte es sicher Gründe.

Das gesamte tönerne Inventar von Umm el-Alamat wird von Rudolph und seinen Leuten nach Dakhla gebracht und von einem Keramikspezialisten auf das Neue Reich datiert werden.

IM besten Nachmittagslicht erreichen wir Muhattah Jaqub. Die Schönheit des Ortes zieht alle in ihren Bann. Ein stiller Zauber geht von ihm aus.

Ich korrigiere meinen Fehler. Stefan ermittelt die Höhe des Felsens mit 24 Metern, und Peter stellt fest, manche der Krüge seien geschlemmt. Von diesem Verfahren rühre die glatt-glänzende Oberfläche. Einmütig ist die Ansicht, dass die Krugmarken nach dem Herstellungsprozess eingeritzt worden sind, doch die Meinungen darüber, wann das geschah, gehen auseinander. Abweichend zur Meinung von Kemal el-Din, die einige Male gedreht und gewendet wird, meint Rudolph «in uralter Zeit»; eine Ansicht, die angesichts der Patina auf den Ritzungen wohl stimmt. Laurent begutachtet die Scherben ringsum. Zu einer präzisen Aussage will er sich nicht durchringen. Er sagt nur, Stücke aus verschiedenen Perioden; vom Neuen Reich bis in die arabische Zeit. Letzteres versieht er mit einem Fragezeichen.

Dass hier gegraben werden muss, steht für Rudolph außer Frage.

Später wird ein von ihm herangezogener zweiter Keramiksachverständiger die ovoiden Krüge auf die 6. Dynastie und die spitzbodigen Gefäße auf das Neue Reich datieren.

Wie ich das nur habe finden können, fragt Uwe, als die gut acht Kilometer weiter im Nordosten gelegene Muhattah el-Homareen erreicht ist.

«Wenn du dem Weg folgst, führt er dich hin», gebe ich zur Antwort und weise auf die unscheinbare Reihe winziger Alamat. Doch keiner will mir glauben, dass dies der Pfad ist.

Von den vielen Halbschalen im Nichts geht etwas Spektakuläres aus. Als ich den Krug mit den beiden Eselmotiven anhebe, entlädt sich das Staunen im zigfachen Klicken der Kameras. Rudolph verkündet, dies sei der dritte Fundort, an dem gegraben werden müsse.

Die tönerne Ware sei typisch für die Keramik des Neuen Reiches, auch wenn sie in der Form nicht lehrbuchgerecht nachempfunden sei, sagt Laurent. Die dünne Wandstärke stimme, und die Form der Ausgüsse ließe auf die Prä-Amarna-Periode schließen. Alles, was der Experte in die Zeit vor der Einführung des Kamels datiert, ist mir recht.

Das organische Material, das sich unter dem «Homareen-Krug» befindet, lassen wir unangetastet. Während der Grabung wird sich herausstellen, dass es sich um die Reste einer Matte, eines Kissens, eines Korbes, einer Tasche oder eines Sattels handelt. Weil das Material das stabilisierende Mittel, das ihm zugesetzt wird, nicht aufnimmt, wird es in diesem Winter nicht geborgen werden können. Weiterer Aufwand wird also vonnöten sein, um das seltene Stück zu bergen. An dem Objekt befinden sich neun Schnüre.

«Neues Reich! Hundert Prozent! Mitte zweites Jahrtausend!», ruft Laurent, als wir wenig später die tönernen Funde in Muhattah Amphorae betrachten. Die Worte sprudeln aus ihm heraus und klingen wie Freudengeheul. Es handele sich um typische Weinamphoren. Mitunter sei damit im Niltal auch Öl transportiert worden. Spekulationen darüber, ob auf der Abu-Ballas-Route Wein in Richtung Kufra gesandt worden sei, führen zu keinem Ergebnis. Nur so viel ist gewiss: Howard Carter hat Wein aus den Oasen in der Westwüste Ägyptens in den Grabkammern des Tutanchamun gefunden. Rebsaft dieser Provenienz wurde einst ein hoher Wert beigemessen.

Die wenigen Scherbenstücke am Khasin der Alten (Khasin el-Agais) beurteilt Laurent als Scherben des Abu-Ballas-Typs und die Dakhla-Tönnchen am Pharaonen-Nuktar als römisch. Die Hälse dieser Gefäße seien deswegen so lang, weil beim Transport eine Schlinge um den Hals des leeren Kruges angebracht wurde, um ihn über kurze Entfernungen am Eselsattel anzuhängen.

In der Umwallung des Schlafplatzes, nahe der Stelle, an der ich die

416

dritte Kopfstütze gefunden hatte, sichte ich eine dünne, rotbraune Scherbe. Laurent identifiziert sie als Bruchstück einer Tasse; typische Gebrauchskeramik aus der Perserzeit.

Stefan murmelt «sensationell». Später wird der von Rudolph herangezogene Keramikspezialist Laurents «persisch» verwerfen und an dessen Stelle «Altes Reich» setzen. Die Tönnchen wird der «zweite Mann» auf die Spätzeit, frühestens auf 550 v. Chr. datieren. Wenigstens die wären dann aus der Zeit des Kambyses. Der gesamten Keramik steht der Abtransport nach Dakhla bevor. Das Pharaonen-Nuktar erweist sich damit als ein militärischer Kontroll- und Beobachtungsposten, der im Alten Reich angelegt und während der Zeit der Perserherrschaft in den Oasen der ägyptischen Westwüste reaktiviert wurde.

Auch am Khasin-Hügel, meinem letzten Fundplatz, entdeckt Laurent neben einer Scherbe, die dem Abu-Ballas-Typ zuzurechnen sei, Scherbenstücke von Dakhla-Tönnchen. Der Fundplatz steht damit nicht nur mit der Ballas-Strecke in Verbindung, sondern auch im zeitlichen Zusammenhang mit dem Geschehen am Pharaonen-Nuktar.

Beruhigt, meine Entdeckungen dem besten Team mit der besten Ausrüstung zur Bearbeitung überlassen zu haben, verabschiede ich mich von Rudolph und seinen Leuten und fahre mit Peter, Uwe und Laurent zu meinem Haus. Meine Begleiter wollen nach all dem Motorenlärm nun doch einmal meine Kamele sehen.

AM 8. Januar 2000 bin ich endlich wieder unterwegs. Mit mir sind Fatima, Amur, Maqfi und Rashid. Die Tiere sind schwer beladen. Amur trägt 165 Kilo, Maqfi 185 Kilo, Rashid, der seit dem vergangenen Herbst pausenlos im Einsatz war und abgemagert wirkt, ist mit 120 Kilo bepackt, und Fatima, die am lockeren Seil neben mir laufen und mich entlasten soll, hat 90 Kilo auf dem Rücken. Alles in allem ergibt dies ein Gewicht von 560 Kilo. Für einen Mann, der sich aufgemacht hat, um systematisch zu suchen und zu forschen, ist das zu viel.

Ich wäre am liebsten nur mit zwei, höchstens mit drei Höckertieren losgezogen. Doch ich hatte so lange Kanister und Proviant für die zweimonatige Expedition im Vorraum meines Hauses zusammengestellt, bis vier Kamele gerade ausreichten, um die Lasten zu schultern. All das Gepäck war vom ersten Schritt an Beruhigung für die Nerven und zugleich Strafe für den Rücken, weil es dreimal am Tag auf- und abzuladen war.

Ich hätte mir die Sache einfacher machen und die Lasten, den Futter- und den Wasserverbrauch der Tiere als Optimierungsproblem betrachten können. Dann wäre vielleicht herausgekommen, dass das vierte Kamel über die Dauer der Expedition mehr getrocknete Bohnen und Sorghum frisst, als wir an zusätzlichem Kraftfutter mit uns schleppen. Doch einer wie ich, der allein und auf lange Zeit in menschenleeren Weiten umherschweift, verlässt sich nicht gern auf solche Berechnungen. Denn es bedarf nur eines heißen Südwindes, und alle Zahlenspiele sind über den Haufen geworfen. Einen solchen hatte ich im Vorjahr erlebt. Er hatte Amur fast das Leben gekostet. Um Ereignissen wie diesem vorzubeugen, soll die Karawane bis zu dem Zeitpunkt, zu dem sie sich auf den Rückweg macht, vor allem mit Wasser immer bis an die Grenze ihrer Belastung beladen sein.

Vorsicht war auch deshalb geboten, weil am Tage des Abmarschs noch nicht das ganze für die Depots vorgesehene Wasser und Kraftfutter mit Rudolphs Fahrzeugen in die Wüste geschafft worden war. Wer konnte mir garantieren, dass es je dorthin gelangte? Gruner + Jahr hatte mich zwar mit einem Satellitentelefon ausgestattet, denn Uwe George wollte noch einmal im Gelände vorbeischauen. Aber sich diesem Gerät auf Gedeih und Verderb auszuliefern, widerstrebte mir zutiefst. So war ich denn zuvor mit den Kamelen draußen bei Muhattah arba' mafariq gewesen und hatte Wasser, Kraftfutter und Stroh deponiert. Bei dieser Gelegenheit hatte ich zusammen mit einer Touristin den an der Muhattah vorbeiführenden Kamelkarawanenweg in nördlicher Richtung abgeschritten. Die Trasse war bald nach Nordwesten abgeschwenkt und, Kilometer später, in die Hügelfront eingetreten, die die Rohlfs'schen Dünenzüge auf ihrer Drift nach Süden als erstes Hindernis aufhält. Damit war herausgefunden, dass dieser Weg, auf dem wir einen Krug aus der Römerzeit fanden, nicht wie vermutet vom «*Very steep camel pass*», sondern aus Richtung Mut bzw. Qasr in den Sudan strebt.

Weil wir zur Vorbereitung dieser Aktion an der Straße nahe dem Flughafen Dakhla Wasser fassen und die Tiere abtränken mussten, bot sich die Chance, noch einmal das Gelände zwischen Mrj und dem Asphalt abzusuchen. Der Mühe war Erfolg beschieden. Ich entdeckte eine weitere Wegstation. Sie liegt nur gut sechs Kilometer von Mrj entfernt und erstreckt sich über drei kleine Felshügel. Zu dem gewohnten Inventar aus Scherben des Abu-Ballas-Typs, Gebrauchskeramik, einer Eselpetroglyphe und in den Fels geritzten Wasms kommen hier ein gut erhaltenes Ensemble aus gelochtem Keramikring und Tonscheibe, dünnwandige Krugscherben mit Rillenmuster aus der Römerzeit sowie ein Besteck hinzu, das aus Zange, Federzange, einem zwanzig Zentimeter langen, beidendig flach geschmiedeten Bohreisen und dem Bruchstück eines Reibsteins besteht. Das Reibsteinstück ist aus Diorit; Material, das ich vom Djebel Uweinat her kenne. War das Werkzeug vom letzten Goran-Trupp zurückgelassen worden? Weil südlich der Hügel lange Doppelsteinreihen ausgelegt sind, die sich um einen Felsblock zentrieren, der als Podest gedient haben könnte, hatte diese Anordnung auf mich den Eindruck eines Appellplatzes gemacht. Ich taufte die Station daher «Muhattah el-Askeri» (Wegstation des Soldaten).

AM 12. Januar befinden wir uns westlich von Muhattah Jaqub und folgen den Spuren des antiken Weges in südwestlicher Richtung. Es war nicht leicht gewesen, den Einstieg in die Strecke zu finden. Sie setzt sich nicht als einfache Verlängerung des im letzten Frühjahr ermittelten Trassenteils fort, sondern beginnt zwei Kilometer weiter im Süden. Dort, am Rande der die Jaqub-Ebene begrenzenden Hügel, befindet sich der erste Alam und ihm gegenüber, im Windschutz eines Hanges, liegt, halb im Sand begraben, ein etwa 150 Jahre alter, bleicher Schädel eines Kamels; Beweis dafür, dass dieser Teil der Strecke zu Rohlfs'schen Tagen noch frequentiert wurde.

Meine Tiere laufen brav in Reih und Glied. Auch Maqfi hat Tritt gefasst. Anfangs war er mehrfach mitten im Marsch zu Boden gegangen, bis er sich schließlich an die ihm aufgebürdete Last gewöhnt hatte, zu der zwei pralle Strohsäcke aus Arba' mafariq hinzugekommen waren.

Manchmal ein Wegzeichen, das nur aus einer einzigen aufrecht gestellten Sandsteinplatte besteht. Eine davon hat das Strahlgebläse des Windes dünn wie eine Rasierklinge geschliffen. Filigran, wie sie ist, erscheint sie wie in schwerelosen Zustand überführt. Letzter Auftrag an die Nachfolgenden, angenagt, erodiert und hinfällig geworden; ein fast nicht mehr greifbarer Eindruck vom 3000 Jahre währenden Kommen und Gehen der Zeit.

An Steinmalen wie diesem wird mir vor Augen geführt, warum diejenigen, die vor mir per Kraftfahrzeug nach diesem Weg gesucht hatten, nichts fanden. In dieser Landschaft, in der die Ziele fern gerückt sind, liegt das Großartige im Kleinen und Unscheinbaren. Die, die diese Trasse einst entlanggezogen waren, hatten nicht die Kraft und die Muße zur Errichtung lehrbuchgerechter, kastenförmiger Alamat (wie sie für das alte Ägypten typisch gewesen sein sollen). Sie waren mit dem Laufen beschäftigt.

Mehrere der flachen Hügelrücken, die sich südlich entlang des Pfades reihen, sind an ihren Flanken mit Steinkreisen und Windschirmen belegt. Dann, nach dem Durchschreiten einer Hochfläche, drei in Rechteckform gesetzte wadenhohe Steinanordnungen. Sind es Gräber? Wir durchqueren ein Dünenfeld. Auf vom Sand umdrifteten Hügeln steht hin und wieder ein Alam.

Nach meinen Kalkulationen hätte schon nach dem ersten Drittel der Strecke Jaqub–Umm el-Alamat ein weiteres Krugdepot erreicht sein müssen. Erst auf dem Rückweg werde ich acht Kilometer Luftlinie südwestlich von Muhattah Jaqub auf Scherben stoßen. Wenn es hier, nach dem zweiten Drittel der Strecke, ein Depot gegeben haben sollte, dann wird es wohl unter den Sandbergen begraben sein.

Bald nach den Dünen passieren wir eine Steinreihe. Sie weist nach 233 Grad. Hin und wieder ein Windschirm. In diesem Bereich besteht die Trasse aus sechs Gleisen. Eine Stunde später, der Pfad hat sich wieder auf eine einzige Spur verjüngt, ist Umm el-Alamat erreicht.

Fennek- und Mäusespuren im Umfeld meines Depots lassen nichts Gutes ahnen. Ich schiebe Steine beiseite und sehe das Malheur. Die beiden Kraftfuttersäcke, die hier eingelagert wurden, sind angenagt. Ein Sack ist halb leer.

WIR bleiben einen halben Tag. Ich mache einen Rundgang. Zwei Kilometer in südlicher Richtung stoße ich auf ein Steingatter. Es ist mehr als einen halben Kilometer lang und an manchen Stellen kniehoch; hoch genug, um damit eine mittels Hundehatz gejagte Gazellenherde vom Kurs abzubringen und in die gewünschte Richtung zu lenken. Eineinhalb Kilometer südlich davon, auf einem Kegelstumpfhügel, dessen Silhouette wie ein Vulkan anmutet, hat jemand einen Steinkreis aufgeschichtet. Aus seiner Umwallung ragt ein steinerner Scheit. Zwei weitere Steinkreise befinden sich auf einer 1,4 Kilometer südöstlich von Umm el-Alamat gelegenen Hügelbank. Und eineinhalb Kilometer im Norden leuchtet ein Alam auf einem Hügel. All das spricht eine deutliche Sprache und lässt nur einen Schluss zu: Umm el-Alamat lag im Zentrum eines Jagdgebietes.

Steingatter der aufgefundenen Art sind verschiedentlich in der Libyschen Wüste gefunden worden. Bisher gibt es keine gesicherten Erkenntnisse darüber, aus welcher Zeit sie stammen. Gerne hätte ich den Sand aus den Steinkreisen geräumt und nach Scherben gesucht. Doch ich will mein Versprechen, das ich Rudolph Kuper gegeben hatte, halten und neue Fundplätze unberührt lassen. Läge hier bzw. an den Steingattern Keramik der bekannten Art, wäre erwiesen, dass bei Umm el-Alamat zu pharaonischer Zeit und nicht nur im Neolithikum Jagdaktivitäten in größerem Stil stattgefunden haben. Wäre dem so gewesen, dann wäre auch die außergewöhnliche Größe des Umm-el-Alamat-Steinmales erklärt, an dessen Westfuß sich eine circa 15 Meter lange Steinlegung durch ein Wadi spannt.

Mir fällt eine Stelle bei Herodot ein: «*Obgleich Ägypten an den Grenzen Libyens liegt, ist es doch nicht sonderlich reich an Tieren …*» Das war der Sachstand Mitte des 5. Jahrhunderts vor Christus. Heißt das nicht im Umkehrschluss, dass in Libyen (und in seiner Wüste) damals noch Wild beheimatet war? Dass es Jagdgründe gegeben hatte, zu denen man aufgebrochen war, weil das Wild in Niltalnähe und im Umfeld der Oasen schon ausgerottet war?

Das jedenfalls steht für mich fest: In Umm el-Alamat hat einer gesessen und die Krüge bewacht. Der Wächter des Wassers. Und vielleicht war dieser Wächter auch Mitglied einer Jagdgesellschaft gewesen.

Außer Umm el-Alamat waren auch Jaqub, Abu Ballas und el-Askeri ständig besetzt. Das legt die an diesen Plätzen aufgefundene Gebrauchskeramik nahe. Der antike Karawanenweg, der diese Krugdepots miteinander verbindet, weist stellenweise bis zu zehn Gleise auf. Von einer vereinzelten Militäraktion während der Zeit der 6. Dynastie, die tausend Jahre später im Neuen Reich noch einmal wiederholt worden ist, können so viele Gleise nicht herrühren. Sie sind das Resultat einer über längere Zeit erfolgten kontinuierlichen oder saisonalen Nutzung.

Nachdem wir mehrere flache Senken gequert haben, in denen das Aufspüren des Pfades schwierig ist, stoßen wir auf einen Windschirm, der sich entgegen der üblichen Orientierung nach Norden öffnet. Diese Anordnung ist eines der wenigen Beispiele dafür, dass man einst vor dem Südwind Schutz gesucht hat. Jedes Mal, wenn ich solch eine Steinsetzung zu Gesicht bekomme, schießt mir die Passage Herodots durch den Kopf: «*… hätte sich … zu der Zeit, da sie das Frühmal nahmen, der Südwind mit unmäßiger Heftigkeit erhoben, und sie unter den Sanddünen, die er vor sich hertrieb, begraben …*» Jene Textstelle, die vom Untergang des Perserheeres erzählt.

Eine halbe Stunde später sichte ich einige hundert Meter abseits des Weges einen einzelnen, noch gut erhaltenen Krug. Seiner Form nach entspricht er den Gefäßen in el-Homareen. Drei Kilometer weiter, auf einem Höhenrücken, von dem aus sandgefüllte, steile Einschnitte abfallen und das tiefer gelegene Land im Süden als bis ins Endlose sich erstreckende gelbe Fläche sichtbar wird, stoße ich auf einem Streifzug während der Mittagsrast auf einen aus einer Talausblasung ragenden, markanten Sandsteinfelsen. In dessen Luv ist ein Hakenkreuz ins Gestein geritzt. An seiner windgeschützten Seite liegt ein dickwandiges Krugteil vom Abu-Ballas-Typ. Das Depot liegt 300 Meter vom Weg entfernt. Nur wenige Meter abseits des Pfades befindet sich eine auffällige Ansammlung von aufgerichteten Steinen. Weist sie auf den Depotfelsen hin? Als ich genauer hinschaue, entdecke ich zwischen den Steinen die Überreste von vier Krügen. Ich taufe den Platz zu Ehren eines Kamels, das bei der Expedition im letzten Frühjahr dabei war, auf den Namen «Khasin Ashan».

An diesem Tag kommen wir nicht weit. Nachdem uns der Weg aus dem Hügelland herausgeführt hat, hält er auf zwei Anhöhen zu, die wie Wächter vor dem bergigen Gelände stehen. Nach Süden hin spannt sich tellerflaches, sandgelb gefärbtes Terrain, und im Westen türmt sich eine Düne auf. Sie versperrt den Blick in Richtung Abu Ballas. Diese Düne hatten wir mit dem Fahrzeugkonvoi überquert.

Hier muss etwas sein, meldet sich mein siebter Sinn, ehe sich die Eingebung zu Worten geformt hat.

Als ich den westlichen der beiden Hügel besteige, kann ich das, was ich sehe, kaum glauben. Nicht nur dass auf einem Absatz in Lee, circa vier Meter über dem Grund, Gebrauchskeramik liegt, die auf eine «Feldküche» an dieser Stelle schließen lässt; nicht nur dass unterhalb dieses Ortes Scherben des Abu-Ballas-Typs zwischen den Felsen liegen; nein, auch bis fast in zehn Meter Höhe waren an der steilen Ostflanke des Berges einst Krüge verstaut worden. Warum man hier diese Mühe auf sich genommen hatte, während bei Abu Ballas Hunderte solcher Gefäße am Fuß des «Vaters der Krüge» aufgereiht waren, hinter dieses Rätsel mag kommen, wer will. Hatte man etwa so dicht am Rande des Hügellandes im Norden Angst vor wilden Tieren gehabt?

Ich will auf den Gipfel des Berges. Als ich ein Stück Steilwand durch einen Kamin ersteige und einen geröllübersäten Hang erreiche, erblicke ich die Tiergestalten. Auf etwa zwanzig flachen, lose in der Schräge liegenden Steinplatten sind Giraffen, Strauße, Gazellen und Springböcke in flächiger Gravur angebracht. Fast die ganze aus dem Neolithikum bekannte Steppenfauna ist vertreten. Der Zoo zieht sich, immer spärlicher werdend, bis 25 Meter über dem Grund zum Gipfel hinauf, der von einem umgestürzten kleinen Alam gekrönt ist. Auch der Nachbarhügel ist mit einem solchen besetzt und mit «Petroglyphen zum Wegtragen» geschmückt. Der Ort hatte über die Zeiten als Behausung, als «Hochsitz» zur Beobachtung des Wildes und als Lagerplatz für durchreisende Karawanen gedient. Weil die Krüge derart weit in den Steilhang hinauf gestapelt worden sind, gebe ich dem Berg den Namen «Khasin el-'Ali» (Hochdepot).

Wie setzt sich der Weg fort? Ich besteige die Düne, sichte keinen einzigen Alam in Richtung Abu Ballas. Und doch muss der antike Pfad nach dorthin führen, denn der Arm eines zwischen den beiden Khasin-Hügeln gelegten doppelreihigen Steinwinkels weist genau nach 240 Grad.

Von der «Feldküche» aus kann man ein deutlich gesetztes Steinmal auf einer kleinen Felsinsel an einer Einschnürung der nach Süden sich bis zum Horizont erstreckenden Ebene sehen. Hat das Zeichen etwas mit dem antiken Weg zu tun? Als der Alam nach vier Kilometern erreicht ist, erblicke ich an der Südostflanke des Felsens Scherben des bekannten Typs, ein Khasin in drei Meter Höhe und, am Südwestende, zwei Windschirme. In Luv geriffelte, sandzerblasene Tönnchen, wie sie ab 400 v. Chr. in der Oase Dakhla hergestellt wurden. Sie haben einen Durchmesser von 32 Zentimetern und sind 45 Zentimeter lang. Zwischen ihnen und dem Abu-Ballas-Material liegt eine Zeitspanne von mehr als 2000 Jahren. Keine hundert Meter von dem Fund entfernt verengen Steingatter den Übergang in die sandige, spärlich mit Hügeln besetzte Weite. In ihrer Nähe, an einem flachen Schuttrücken, befinden sich ebenfalls Steinlinien und ein großer Windschirm. Scherben, Steingatter, Windschirme! Handgreifliche Beweise, dass all dies mit Jagdaktivitäten während der Pharaonenzeit zu tun hat.

Später werde ich, als ich von Khasin el-'Ali 25 Kilometer nach

Ostsüdosten laufe, um mein dort liegen gelassenes Taschenmesser aufzulesen, noch an einer anderen Stelle am Südrand der El-'Ali-Ebene Steinkreise auf einer Hügelbank finden. Das Wild, das einst in dieser Region graste oder sie durchzog, hatte unter lückenloser Beobachtung gestanden.

Auf 212 Grad, in Fortsetzung unseres Laufkurses, winkt ein Alam auf einem markanten Pyramidenfelsen. Als wir näher herangerückt sind, stellt sich heraus, dass das Steinmal natürlichen Ursprungs ist. Ehe wir in die vom Wind ausgehobene, mondsichelförmige Vertiefung am Fuß des Felsens absteigen, passieren wir zwei mit «Köpfen» versehene Doppelsteinreihen. Sie sind auf dem Scheitel einer flachen Schuttbank ausgelegt und bilden eine Art Eingangstor.

An der Südseite des Felsens zeichnen sich die Umrisse von Amphoren und ovoiden Krügen mit kleiner Standfläche im Sediment ab. Bedingt durch hohen Abrieb sind nur Viertelbehältnisse und Halbschalen übrig geblieben. Ich zähle 27 Gefäße. An der Nordostflanke des Felsens ein Scherbenfeld. Dort sind die Windgeschwindigkeiten weitaus höher, und die Jahrtausende während Rasur hat die etwa fünfzig bis siebzig Krüge, die hier gelagert waren, vollkommen zerstört.

Die Lage der beiden Krugfelder entspricht jener am Abu Ballas. An einer Felswand über dem Erosionsschutt ritze ich deshalb Folgendes ein:

«‹Bint Ballas›
by Carlo Bergmann + 4 camels
15. 1. 2000»

Eineinhalb Tage bewegt sich die Karawane in mehreren, immer weiter gezogenen Halbkreisen, zwischen Südost und Südwest um den Dreh- und Angelpunkt «Tochter der Krüge» (Bint Ballas) pendelnd, und hält nach der Fortsetzung des Weges in Richtung 212 Grad Ausschau. Doch auch 17 Kilometer vom Fundort entfernt ist kein Pfad auszumachen. Nach Abbruch der Suche stoßen wir auf einem flachen, mit Hügeln besetzten Plateau eineinhalb Kilometer westnordwestlich von Bint Ballas auf ein weit verzweigtes System von Steingattern und 500 Meter nördlich davon auf einen kleinen Steinkreis, aus dem ein hüfthoher Scheit ragt. Ein weiteres Jagdrevier, das mit Bint Ballas in Verbindung stand.

In den alten Texten, auf Grab- und Tempelreliefs ist überliefert, wie gejagt wurde. Wenn auch nirgendwo Jagdveranstaltungen in der tiefen Wüste dargestellt worden sind, so lässt sich doch Folgendes aus den Überlieferungen extrahieren: Die Jagd organisierte ein Team erfahrener Berufsjäger, die von Jagdhunden *(tesems)* unterstützt wurden. Die Jäger trieben Großwild in Fallen oder fingen es mit dem Lasso. Das sind Methoden, die auf prähistorische Zeiten zurückgehen. Gegen Ende des Alten Reiches verbreitete sich die Gewohnheit, Wild mit Pfeil und Bogen zu erlegen. Glaubt man den Bildszenen, war das in den früheren Perioden allein dem Pharao vorbehalten gewesen.

Bereits im Alten Reich wurden Jagdareale eingezäunt. In Nubien fand man die Überreste einer Einzäunung mit den Abmessungen 300 mal 600 Meter. Sie gehörte zu einem königlichen Jagdpark und wurde auf die Regierungszeit Amenophis' III. datiert. Jagdparks wie dieser lassen sich nicht maßstabsgetreu in die offene Wüste übertragen. In dieser Glutzone, die allenfalls hier und da mit Grasteppichen und Buschwerk bewachsen war, lauerten Jäger dem Wild an Felsen, Wadis und Engpässen auf. Hügel wurden als Ausguck und Hinterhalt genutzt. Nachdem der Pfeil abgeschossen war, verfolgte der Jäger das waidwunde Tier mit seinen *tesems,* die es stellten.

Bei der organisierten Hatz mit Hunden trieben die *tesems* das Wild (z. B. eine Gazellenherde) in Richtung der Steingatter, an deren Durchlass die Lassowerfer und Bogenschützen Stellung bezogen hatten. Sie verließen sich auf den Mann im Ausguck, weil sie selbst versteckt bleiben mussten. Der gab den Hundeführern ein Zeichen, wenn Wild kam und die Hunde losgelassen werden konnten. Ein solcher Beobachter könnte sich auch in dem Steinkreis mit dem hüfthohen Steinscheit verborgen gehalten haben.

Als wir wieder zurück am Khasin el-'Ali sind und von dort aus den Weg nach Abu Ballas aufnehmen, will mir das Thema «Jagd» nicht aus dem Kopf. Ich suche Belege, um meine neuen Entdeckungen in Übereinstimmung mit meinen Vermutungen und der «Theorie» zu bringen. Was spricht für, was spricht gegen meine Jagdausflugshypothese?

Da ist zunächst einmal die beträchtliche Entfernung. Von Balat bis Khasin el-'Ali sind es immerhin 170 Kilometer. Gab es keine Jagdgründe dichter an der Oase? Vielleicht ist diese Frage falsch gestellt, weil im alten Ägypten ein anderes Weltverständnis herrschte und infolgedessen ein anderer Umgang mit der Wirklichkeit, als wir ihn heute pflegen. So war die Jagd eines der Mittel, mit dem sich der Pharao seiner Gefolgschaft präsentierte. Als derjenige, der für das Leben seiner Untertanen verantwortlich war, musste er als Krieger, als Jäger und Wettkämpfer seine physische Überlegenheit beweisen. Das Erlegen von Wild, insbesondere von Raubtieren, war für einen ägyptischen Monarchen Heldentat und persönlicher Triumph, der dem siegreichen Ausgang einer Schlacht gleichkam. Damit demonstrierte er, dass er wieder einmal die Oberhand über das Chaos behalten hatte. Wie Jagddarstellungen in den Gräbern anderer Würdenträger belegen, eiferten diese dem Beispiel ihres Herrschers nach. In der ersten Zwischenzeit gab Pharao Merikare den Anstoß zu dem besonderen Wettstreit, dass nämlich ein Monarch die Leistungen seines Vorgängers zu übertreffen habe, mit der Folge, dass jeder Hofstaat Rekorde auf allen Gebieten anstrebte. Insofern wäre nicht verwunderlich, wenn der weite Weg zu den Jagdgründen einerseits als ein besonderer Nachweis für Tapferkeit, Ausdauer und die Fähigkeit, es mit übel wollenden Kräften erfolgreich aufnehmen zu können, gedient hätte sowie andererseits als Beleg für das Überbieten der Leistungen der Vorfahren gewertet wurde.

Anders als in Homareen, wo sich der mit den Eselmotiven geschmückte Krug in dem unter ihm befindlichen Gegenstand deutlich abgedrückt hat, ist bei dem vier Kilometer südlich von Khasin el-'Ali gelegenen Alam ein enger zeitlicher Zusammenhang zwischen Steingattern und Scherben des Abu-Ballas-Typs nicht erwiesen. Zu Untersuchungsmethoden, mit denen man das herausfinden könnte, habe ich keinen Zugang. Abgesehen von der Gefahr einer unstatthaften Vermischung zweier zeitlich weit auseinander liegender Ereignisse sprechen folgende Fakten und Rückschlüsse für die Jagdausflugshypothese: Nicht eine einmalige Militäraktion, sondern das Ereignis der Jagd als zeitlich begrenzte, sich aber über Jahrhunderte wiederholende Begebenheit hat für die vielgleisige Ausbildung des Weges gesorgt. Temporäre Jagdausflüge würden die Anzahl der Krüge in den Depots erklären. Für die Aufrechterhaltung des Verkehrs auf einer stark frequentierten Handelsroute wären es wahrscheinlich zu wenige. Zu den Hauptdepots waren für eine befristete Zeit Wächter abkommandiert. Jene «Wächter des Wassers» hatten durch Rückmeldung nach Dakhla dafür zu sorgen, dass Nachschub herbeigeschafft und sinnvoll auf die Depots verteilt wurde. Sie sicherten die für den Rückweg gelagerten Vorräte, damit die Jagdpartie nicht verdurstete, und regelten die Zuteilung an andere zwischenzeitlich eintreffende Reisende. Im Wesentlichen mussten nur Wasser, Grundnahrungsmittel und Kraftfutter deponiert werden. Dörrfleisch brachte man von der Jagd mit – für Mensch und *tesem*. Das für die Lasttiere bestimmte Futter befand sich in entsprechend gekennzeichneten Behältern. Das ist der Grund, warum die Krüge schon bei ihrer Herstellung mit Eselmotiven versehen wurden. Dass das Hügelland und die damalige Sandsteppe von Wild frequentiert wurden, belegen unzählige, noch gut sichtbare Tierpfade. Das Felsbild am Abu Ballas ist ein starkes Indiz dafür, dass Krugdepots zum Zwecke der Veranstaltung von Jagden angelegt wurden. Warum sollte am «Vater der Krüge» eine Jagdszene abgebildet sein, die nicht tatsächlich stattgefunden hat? Wäre der Weg aus Anlass einer Militäraktion angelegt worden, wäre zu erwarten gewesen, dass ein kriegerisches Motiv (beispielsweise die Standarddarstellung «Der Pharao erschlägt seine Feinde») an irgendeiner Felswand zum Vorschein gekommen wäre. Doch einzig der Gazellen jagende Bogenschütze mit seinen Hunden spricht zu uns Nachfolgenden. Dass in der Jagdszene eine Gazelle und kein anderes Wild dargestellt ist, harmoniert mit der Erkenntnis, dass sich nur diese Tierart von niedrigen Steingattern vom Kurs abbringen und ins Visier von Jägern lenken lässt. Insofern dürfte es sich bei dem Felsbild am Abu Ballas um eine bewusste und nicht um eine zufällige Bildkomposition handeln. Auch die abseitige Lage von Bint Ballas könnte als Beleg für meine These gelten. Wäre der Weg zu anderen als Jagdzwecken benutzt worden, wäre wohl niemand auf die Idee verfallen und hätte eine acht Kilometer lange Stichstraße mit totem Ende im Süden angelegt. Scherben in unmittelbarer Nähe von Steingattern belegen, dass das Wild vermutlich von Khasin el-'Ali aus per Hatz in Richtung Bint Ballas getrieben wurde. Auch Khasin Ashan liegt abseits, südlich des Weges (und damit unter dem Wind) in einer Schlucht und gibt einen geeigneten Hinterhalt für Jagdzwecke ab. Vom Erwerbssinn getriebene Handelskarawanen ziehen gradlinig durch die Wüste und haben an Abstechern wie nach Bint Ballas kein Interesse. Allenfalls wäre vorstellbar, dass sie Jagden nebenbei veranstalteten. Nicht zuletzt sprechen die unregelmäßigen, von der durchschnittlichen Tagesmarschleistung eines Esels abweichenden Abstände zwischen den Muhattat gegen die militärische oder kommerzielle Nutzung der Trasse. Demnach können bei der Anlage der Depots auch andere Gesichtspunkte eine Rolle gespielt haben.

Nur 7,5 Kilometer von Khasin el-'Ali entfernt treffen wir auf einen Felsen, in dessen Lee-Aushöhlung wieder Scherben vom Abu-Ballas-Typ liegen. Nachdem quer zur Marschrichtung verlaufende Dünen und ein Hügelzug, in dessen Hang die Gleise des Pfades deutlich hervorspringen, überwunden sind, haben wir offenes, flaches Terrain vor uns, das auf beiden Seiten weiträumig von den sich nach und nach auflösenden Ausläufern des Hügellandes, das wir durchquert hatten, flankiert wird. Die letzte Erhebung vor dem Eintritt in die Abu-Ballas-Ebene ist eine mit Steinkreisen belegte «Hügelfestung». Von ihrem Gipfel aus ist «*Pottery Hill*» zu sehen. Eineinhalb Kilometer von der Festung entfernt stoßen wir auf Steinlegungen, die den Grundrissen von Häusern ähneln. Vielleicht sind quadratisch angeordnete, kleine Steine ein Hinweis darauf, dass an solchen Stellen Pfosten in den Boden gerammt waren. Für eine Karawanserei oder für ein Jagdquartier?

Ehe wir nach Abu Ballas ziehen, unternehmen wir einen Tagesausflug in nördliche Richtung, um die Steinkreissiedlung näher in Augenschein zu nehmen, die auf der Konvoifahrt gesichtet wurde. Auch jetzt passiert die Karawane lange Steingatter und stoppt schließlich an dem Buntsandsteinfelsen, der sich 200 Meter nördlich der Siedlung erhebt. Er ist über und über mit Felsbildern geschmückt. Ob der Flecken an einer Nebenstrecke des antiken Pfades liegt? Darauf deuten einige Alamat hin. Das herauszufinden, ist eine Aufgabe für später, wenn der Hauptweg bis zu seinem Ende erforscht ist.

In Richtung des «Vaters der Tonkrüge» finden sich nur wenige Alamat, und in der Ebene ist kein Weg mehr auszumachen. Ist dies der Grund dafür, dass es nach der Entdeckung des «*Pottery Hill*» nicht gelang, weitere Depots ausfindig zu machen? Drei Kilometer südwestlich der Steinlegungen ein Windschirm. Das ist, außer ein paar Steinmalen und drei weiteren Windschirmen sieben Kilometer vor dem antiken Krugdepot, alles, was auf der 25 Kilometer langen Strecke durch die Ebene an Überbleibseln aus den Tagen der Pharaonen noch aufzufinden ist.

AM 19. Januar 2000 ist Abu Ballas erreicht. Bei einer ersten Inspektion des Krugdepotfelsens sichte ich nahe der Petroglyphe mit der antiken Jagdszene ein ins Gestein geritztes altägyptisches Hauszeichen und daneben zwei parallel angeordnete Kerben; Wasms, die mir von anderen Fundorten her bekannt sind. Auf einem windgeschützten Absatz sechs Meter über Grund liegen Scherben. Tönerne Bruchstücke auch im Hang darunter. Das lässt auf einen «Feldküchenplatz» schließen.

Der Jäger ist mit Schurz und Gürtel bekleidet. Eine Straußenfeder schmückt seinen Kopf. Er hält ein Bündel Pfeile in der linken Hand, in der rechten einen Bogen. Die Linke ist zurückgenommen, der Pfeil gerade abgeschossen. Das Geschoss hat eine Gazelle im Nacken getroffen. Zwei Jagdhunde, der eine mit Halsband, haben das angeschlagene Tier gestellt. Hatte man an diesem Ort Wild zur Strecke gebracht? Oder ging man erst von hier aus zur Jagd? Unmittelbar am

Krugdepothügel wird es mitunter geschäftig zugegangen sein. Es mag sein, dass lautstarke Wortwechsel, aber auch Eselsgeblöke die Tiere der Wüste aufgeschreckt und vertrieben haben. Andererseits: Als ich mit Sulemans Salzkarawane nach Bir Oyo gezogen war, hatte einer der Männer keine zwei Kilometer von der Karawane entfernt eine Gazelle erlegt.

Abu Ballas liegt in einer Niederung. Während mein Blick über die ins Endlose gedehnte, kaum wahrnehmbare flache Mulde schweift, versuche ich, mir vorzustellen, wie es hier, wo weit und breit nichts anderes als Sand und ein paar Hügel sind, in der Antike ausgesehen haben mag. Ein Bogenschütze brauchte Deckung, wenn er dem Wild nachstellen wollte. Hatte es einst vielleicht doch Grasteppiche und Buschwerk gegeben? Die Klimaforscher sind skeptisch, denn Nachweise für Vegetation sind in dieser Gegend bisher nicht erbracht worden.

Wo verläuft der Weg? Ich besteige das Gipfelplateau und halte Ausschau. Im Rund des Feldstechers sind Alamat auf 114, 117, 220 und 225 Grad auszumachen; dazu ein unscheinbarer Steinhaufen auf 242 Grad. Er befindet sich auf einer etwa drei Kilometer entfernten Schutthalde. Ob er überhaupt ein Alam ist? Verbindet man jeweils zwei der drei Wegzeichen, die auf dem Gipfel errichtet worden sind, dann weisen sie in Richtung 214 bzw. 34, 198 bzw. 18 und 222 bzw. 42 Grad. Zweifel, ob diese Setzungen den touristischen Ansturm der letzten Jahre unbeeinträchtigt überstanden haben. Während ich meine Beobachtungen ins Streckenheft eintrage, flattert ein Schmetterling herbei und setzt sich auf den Seitenrand. Über mir ein Kondensstreifen und das verhaltene Dröhnen eines Passagierjets.

Wir bleiben über Nacht. Lange streichele ich die Tiere und rede ihnen gut zu. Sie ruhen dicht an meinem Lager und blicken mich in Erwartung weiterer Futtergaben an. Doch in einer Gegend, in der kein Grashalm wächst, gilt es, mit dem Futter zu haushalten.

Ich kann nicht einschlafen. Die Ungewissheit über die Fortsetzung des Weges hält meine Gedanken in Gang. Alle Richtungen auszuprobieren, die die vom Gipfelplateau gesichteten Alamat angeben, würde zwei Wochen dauern und hohen Kräfteverschleiß bedeuten. Wir sind an dem Punkt angelangt, an dem meine Hypothese erstmals auf dem Prüfstand steht; die Annahme nämlich, dass die aufgefundene antike Trasse über Abu Ballas und das Uweinat-Massiv ins Tschadbecken führt.

Abwägen der Argumente, die für eine andere Streckenführung sprechen. In Anlehnung an Almásy tippt Rudolph Kuper auf Kufra als Zielort der antiken Karawanen und führt dafür die vermutliche Lage des von Berliner Geologen fotografierten, aber nicht kartographierten Krugdepots ins Feld. Es soll sich ungefähr zwanzig Kilometer vom Ausgang des Wadi Mashi und damit nicht weit von den beiden «*Cairns*» der britischen Karte befinden. Was hat es mit diesen beiden Steinmalen auf sich? Und was mit jenem, der Größe von Umm el-Alamat nahe kommenden Wegzeichen, das Rudolph bei einer seiner ersten Expeditionen auf den Höhen des nördlichen Gilf gesichtet, aber nicht auf seiner Karte festgehalten hatte? Das alles sind starke Hinweise, die sich nicht einfach ignorieren lassen. Sie würden sich, falls sie sich bewahrheiteten, mit der Aussage des Benjamin von Tudela decken. Hinzu kommt, dass Vincenzo de Michele, Mineraloge an der Universität von Bologna, kürzlich einen Skarabäus aus dem Grab des Tutanchamun untersucht und sein Material als libysches Wüstenglas identifiziert hat. Die einzige Stelle in der Sahara, an der Wüstenglas vorkommt, befindet sich nördlich des Gilf. Von dort aus muss das Material im 14. Jahrhundert v. Chr. seinen Weg in die Schatzkammern des jungen Pharao gefunden haben. War der Transport des seltenen Rohstoffes über Abu Ballas erfolgt? Falls ja, müsste die antike Trasse am «Vater der Tonkrüge» einen Schwenk machen und sich deutlicher nach Westen ausrichten.

Einen Exkurs in ganz andere Richtung, nämlich von Abu Ballas nach Süden, schlug von der Esch im Rahmen seiner Bemühungen vor, die Geschichte der Messingstadt aus *Tausendundeiner Nacht* mit den geographischen Gegebenheiten in der Libyschen Wüste in Deckung zu bringen. Demnach wäre die Karawane des Musa Ibn Nusair von unserem augenblicklichen Rastplatz aus der Mittagssonne gefolgt und erst nach dem Überschreiten der Grenze zum heutigen Sudan im rechten Winkel nach Westen zum Uweinat abgebogen.

Zickzackkurs statt eines direkten Weges? Das immerhin weiß ich sicher: Einer, dem die Füße schmerzen, der dürstet und darbt, läuft nicht mal eben 175 zusätzliche Kilometer in einem Neunzig-Grad-Winkel, um von Abu Ballas auf einer ebenen, bequemen Trasse, der so genannten Nordroute vom Niltal nach Uweinat, zu dem abgelegenen Gebirge zu gelangen. Spekulationen wie diese sind benzindunstgeschwängerte und mit schönem Wortklang zu Papier gebrachte Träumereien von Autofahrern; von Leuten, die es gewohnt sind, Gas zu geben, und die nicht laufen. Solche Maschinen-Menschen kennen keine tagelange Anstrengung, an der der ganze Körper beteiligt ist, und deshalb können sie sich gar nicht vorstellen, dass jemand auf kürzestem Wege ein fernes Ziel erreichen möchte. Andererseits: Südlich von Abu Ballas, ungefähr dreißig Kilometer vor der sudanesischen Grenze, ist auf der britischen Karte ein Scherbenhügel verzeichnet; und 55 Kilometer südsüdöstlich von «*Pottery Hill*» hatte Harding King in der Nähe des von ihm so benannten Djebel el-Bayed einen Alam und einen Windschirm entdeckt.

Und noch eine Frage beschäftigt mich. Könnte es sein, dass der Weg in Abu Ballas zu Ende ist? Dann wäre der «Vater der Tonkrüge» eine Art Kopfstation. Und wenn nicht? Dann war das Krugdepot ein wichtiges Etappenziel. Auf einem Weg, der sich gradlinig fortsetzt? Warum also nicht erst einmal in der bisherigen Marschrichtung weiterlaufen? Nur ich, niemand sonst, kennt diesen Kurs.

ICH hatte davon gehört, aber dem Gerücht keinen Glauben geschenkt. Als gegen Mittag Motorenlärm ertönt, bald danach zwei Fahrzeuge aus Südwesten nahen und, südlich des Felshügels, in Richtung Dakhla donnern, ist es zur Gewissheit geworden. Die 22. Ralley Paris–Dakar, die zum ersten Mal quer durch die Sahara zum Endziel Dakhla führt, kommt wie eine Heimsuchung über uns. Hubschrauber überfliegen knatternd das Lager. Dann ein Flugzeug und weitere Rennwagen. Schließlich brausen Motorräder vorbei, gefolgt von

Lkws. Eine ganze Horde Menschen auf ihren Maschinen, in wilder Raserei begriffen.

Die Veranstaltung dauert den ganzen Tag. Und die darauf folgende Nacht. Manchmal verfährt sich ein Motorrad und kommt ganz dicht an den Abu Ballas heran. Dann schrecken die Kamele hoch. Einer der von der Rennstrecke geratenen Fahrer hatte mich im Hang des Felshügels bemerkt, sich auf seinem Motorrad aufgerichtet, den Kopf gewendet und den Arm zum Gruß gehoben. Dass er im spurenzerfurchten Sand, bei all dem Tempo, die Hand vom Lenker genommen hatte, um mir zuzuwinken! Das ist eine Geste, die mich stark berührt.

In diesem Höllenlärm ist an die Fortsetzung der Wanderung nicht zu denken. Durch das Motorsportereignis, dessen einziger Zuschauer ich bin, sind wir genötigt, noch eine Nacht am Abu Ballas zu verbringen. Als wir anderntags aufbrechen, bin ich in gedrückter Stimmung. Lange kann ich die Schwermut, die mich befallen hat, nicht abschütteln. Warum durch eine Gegend stapfen, die tausendfach von Autoreifen zerstört ist? Die durchzogen ist von den Konvoipisten der Alliierten und von Fassreihen des ägyptischen Militärs und die auch jetzt keinen Frieden findet. Entlang der Rennpiste rumpeln Versorgungstrucks und Werkstattwagen. Wieder Fluglärm über uns. Diese Landschaft, die eigentlich unter Denkmalschutz stehen sollte, wird durch den Reißwolf der Vermarktung gejagt, vernichtet und in Öde verwandelt – in eine durch den Menschen verwüstete Wüste.

Im Morgendunst kann man den vom Gipfel des Abu Ballas auf 240 Grad gesichteten Steinhaufen nicht mehr ausmachen, von dem ich annehme, dass er den Kurs bezeichnet. Kommt es in diesem Spurenwirrwarr noch darauf an? Bloß weg von hier! Beinahe ist es egal, wohin. Am Fuße des Abu-Ballas-Stufenlandes, 25 Kilometer im Südwesten, hat Rudolph Kuper Wasser und Kraftfutter für uns abgestellt. Es ist das am weitesten vorgeschobene Depot. Dorthin laufen wir zuerst.

Nachdem eine Steinabdeckung beiseite geräumt ist, kommen 16 Kanister Wasser und zwei schwere Kraftfuttersäcke zum Vorschein.

Wie gut das tut, diesen Schatz mit den Händen zu betasten. Noch brauchen wir nichts davon. Auch wenn der Vorrat nicht für die gesamte Dauer des Vormarschs reichen wird, er gibt doch langen Atem. Am 5. Februar, dem Tag, an dem Uwe George die Durchsage unserer Position erwartet, werde ich weiteren Nachschub erbitten müssen.

Auf meiner Expedition 1986/87 hatte ich 15 Kilometer südlich des Depots mehrere auffällig gesetzte Wegzeichen gesichtet. Damals konnte ich es mir nicht leisten, vom abgesteckten Kurs abzuweichen und die Steinmale in Augenschein zu nehmen. Das soll jetzt nachgeholt werden, denn seit dem Verlassen von Abu Ballas ist die Karawane an keinem einzigen antiken Alam mehr vorbeigekommen.

Eineinhalb Tage dauert der Ausflug. Er bringt nicht das erhoffte Ergebnis. Zwar finde ich die Wegzeichen von damals. Doch wie alte Autospuren, *Shell*-Tins und Konservendosen aus dem Zweiten Weltkrieg belegen, gehören sie zu einer Piste, die in den Tagen Montgomerys befahren wurde. Allein das ist als wichtiger Fund in meinem Streckenheft vermerkt: die Entdeckung einer Steinkreisanlage, deren Behausungen mit Feuerstellen, neolithischen Werkzeugen und Waffen, Straußeneischalen und Knochenresten bedeckt ist; die einzige bisher gesichtete Siedlungsstruktur mit komplettem Inventar. Sie liegt im Südhang einer Senke, die sich unterhalb des Abu-Ballas-Scarp entlangzieht und der Harding King den Namen «Wadi esh Shabur» (Nebeltal) gegeben hat. Vor 7000 Jahren waren in dieser Gegend Rinder, Schafe, Mendesantilopen, Strauße, Dorcasgazellen, Hasen und Schakale heimisch. Ob die Knochen über weitere Tierarten Auskunft geben können?

Später wird man in Köln sagen, dass die Bearbeitung dieses interessanten Platzes im Rahmen einer Magisterarbeit durchaus angebracht sei, dass sich aber noch kein Student der Ur- und Frühgeschichte bereit erklärt habe, dafür eine Zeit lang in der Wüste zu verbringen.

Wo ist der Weg? Wenn er nicht im Süden verläuft, dann vielleicht weiter nördlich. Die Karawane erklimmt wieder die Höhen des Abu-Ballas-Scarp und versucht sich im Hügelland westsüdwestlich des

«Vaters der Tonkrüge». Nach einem erfolglosen Vorstoß bis 24 Grad 25 Minuten nördlicher Breite treffen wir, schon auf dem Rückweg begriffen, am Morgen des 25. Januar auf den antiken Pfad. Die GPS-Abfrage ergibt: Abu Ballas 61 Grad; 21,3 Kilometer. Vom Krugdepot-hügel aus gesehen ist das ein Kurs von 241 Grad. Der Weg hat also tatsächlich die Richtung beibehalten, die er seit Khasin el-'Ali einge-schlagen hat. Vor Begeisterung falle ich Fatima um den Hals, lade ab und verteile eine Sonderration Kraftfutter an die Tiere. Ende Febru-ar, wenn wir die 21,3-Kilometer-Lücke schließen werden, werde ich die gleiche Erfahrung wie östlich des «Vaters der Tonkrüge» machen, dass nämlich dieses Wegstück nur äußerst spärlich mit unscheinba-ren Steinmalen markiert ist.

Wir folgen der alten Trasse in Richtung Südwesten. Ihre Gleise sind meist vom Sand verweht. Sie treten nur im Anstieg von Hügeln, dort, wo sich Sand wegen hoher Windgeschwindigkeiten nicht halten kann, zum Vorschein. Die Linie der Alamat ist gut sichtbar. Bis sie am Rand des Scarps endet. Von hier aus kann der Weg nur bergab ins Wadi esh Shabur führen. Ein halber Tag vergeht, bis wir an einem zweiten, durch alte Markierungen gekennzeichneten Abstieg stehen. Weil am Fuß der Steilstufe nichts mehr auszumachen ist und die Tie-re Durst haben, breche ich die Suche ab und steuere unser Depot an.

SCHWER beladen bricht die Karawane am Nachmittag des 26. Ja-nuar in Richtung Gilf Kebir auf. Fast das gesamte im Depot gelagerte Kraftfutter und ein Teil des Wassers sind auf den Rücken der Kamele. Ich habe mich für einen weit ausgreifenden Vorstoß entschieden. Denn die Chance, den verloren gegangenen Weg am Fuße des Abu-Ballas-Stufenlandes wieder aufzunehmen, ist gering. Daher soll die Strecke quasi von hinten aufgerollt werden; von einer Stelle am Aus-gang des Wadi Wassa, an der ich im Jahre 1987 Scherben gesichtet hatte. Um rasch voranzukommen, zieht die Karawane in einigem Abstand von der Piste und südöstlich von Hügelketten über tellerfla-ches, leicht ansteigendes Gelände, legt bis Sonnenuntergang 16 Kilo-meter und am darauf folgenden Tag vierzig Kilometer zurück. Nachdem ein Hügelzug durchquert ist, setzt am Nachmittag dieses Tages Sandsturm aus Norden ein. Schlagartig wird es kalt. Um beim Laufen nicht zu frieren, ziehe ich mir eine zweite lange Hose über. Flächendeckendes Sandtreiben. Nirgendwo ein Schutz vor der wolkigen, wie Dampf über den Boden wallenden Sanddrift. Wind pfeift in den Seilen wie in der Takelage eines Schiffes. Das Geriesel, Gezischel und Geschleife des Flugsandes kommt von allüberall her. Und kein Mensch im Umkreis von 200 Kilometern. Unbändige Freude hat mich ergriffen. Kalter Wind enthebt mich aller Grenzen, katapultiert mich ins Schrankenlose und lässt mich, den einsamen Wanderer, das Draußensein feiern.

Als ich die Tiere für die Nacht abladen will, fegt eine Böe über uns hinweg. Vom scharfen Zischen des Treibsandes erschreckt, brennen drei von ihnen durch. Wäre Amur nicht bereits gefesselt gewesen, wären die Ausreißer auf Nimmerwiedersehen verschwunden. Später, in der Dunkelheit, verschlingt der am Lager Gebliebene meine Socken.

Das kalte Wetter ist unsere Chance. Mit ihm hat sich ein Tor nach Westen geöffnet. Ein Abstecher in Richtung Wadi Mashi ist nun möglich. Nachdem wir am 28. Januar gut vierzig Kilometer hinter uns gebracht haben, erreichen wir nach weiteren 22 Kilometern am Mittag des 29. Januar, vier Stunden vom Ausgang des Wadi Mashi entfernt, die 700er Höhenlinie der Karte. Unsere Karawane ist weder auf eine Spur der alten Trasse noch auf ein verschollenes Depot gestoßen.

Während ich die Schwarzweißkopie von dem Fundplatz der Berliner, die mir Rudolph Kuper mitgegeben hatte, studiere, die Landschaft betrachte und mir noch einmal die Silhouetten der Hügel vergegenwärtige, an denen die Karawane vorübergezogen ist, wird mir eins klar: Das Foto, das Pohlmann mit Drauflicht am frühen Nachmittag geschossen hat, kann in der Gegend, die wir durchquert haben, nicht gemacht worden sein. Denn immer wären die markanten Hügelzüge im Norden und einzelne Erhebungen wie die Höhe 614 mit aufs Bild gekommen. Es sei denn, auch dieses Krugdepot befände sich in einer Senke. Eine solche Niederung müsste aber so tief ausgeblasen sein, dass ihr Rand das Bergland im Norden zum Verschwinden brächte.

Die Karawane setzt ihren Vorstoß zu den beiden «*Cairns*» (Alamat) der britischen Karte fort, ohne auf die von Rudolph Kuper vermutete alte Trasse, die über Abu Ballas nach Kufra laufen soll, zu stoßen. Im Bereich der «*Many small hills and short dune lines*» wird das Vordringen nach Westen durch quer zur Marschrichtung verlaufende Sandgebirge derart erschwert, dass ich im Streckenheft notiere: «*Hier ist niemand freiwillig in NO-SW-Richtung durch, auch nicht in der Antike; und wenn, dann waren es einzelne, jedenfalls kein organisierter Verkehr!*» Bald nach dieser Eintragung erblicke ich im Feldstecherrund den südlichen der beiden *cairns*. Dass er da ist in diesem Gewürfel von dunklen Hügeln und den Schwertern aus Sand. Dass er auf einem niedrigen Hügel und nicht auf dem höchsten steht. Dass er sich schwarz wie die Nacht vor einem düsteren Höhenzug aufbaut. Das alles kommt mir so unglaublich vor. Doch dieses Objekt, das mich zum Staunen bringt, ist keine Fata Morgana. Es ist gegenwärtig, ist menschengemacht; es lässt sich betasten; und will mir dennoch keine Auskunft geben.

Nachdem der zweite *cairn* passiert ist, rollt sich vor uns das endlose Gewelle einer schier unermesslichen Sandsee auf. Wie ein Sperrriegel hat sich der Sand vor den Nordzugang zum Gilf Kebir gelegt. Für Esel war hier kein Durchkommen. Wir sind 133 Kilometer von Abu Ballas entfernt und stehen auf der Verlängerung unserer 240-Grad-Marschlinie. Es macht keinen Sinn, weiter vorzudringen. Um nicht dem Vorwurf vorschnellen Urteilens ausgesetzt zu sein, zieht die Karawane um fünf Kilometer nach Norden versetzt, parallel zum Hinweg, in Richtung Ostsüdost über hohes Gelände und hält, quasi aus der Vogelperspektive, noch einmal nach einer Kufra-Trasse und nach im Süden gelegenen Senken Ausschau. Fast vierzig Kilometer lang erblicke ich nicht die geringste Auffälligkeit. Bis Abu Ballas auf sechzig Grad steht und wir die Verlängerung der 220-Grad-Marschlinie erreicht haben. Ihr folgt die Karawane in Richtung Südwest.

Am 31. Januar, kurz vor Sonnenuntergang, sichte ich schließlich einen Alam und den antiken Weg. Mehrere flache Hügel in seiner Nähe sind mit Windschirmen belegt. Keine Frage, dass wir den spärlich alamierten Spuren nachgehen. Sie führen uns nach 18 Kilometern über einen Pass in eine mit schütterem Gras bewachsene Senke. Und zu dem Felsen, in dessen Windschatten Pohlmann vor 18 Jahren einige gut erhaltene Krüge fotografiert hat. Die Niederung ist gerade so tief, dass alle in der weiteren Umgebung aufragenden Hügel zum Abtauchen gebracht sind; bis auf einen: denjenigen, der auf dem Foto abgebildet ist. Mit diesem Fund dürfte entschieden sein, dass die Abu-Ballas-Trasse nicht nach Kufra führt.

Mein Blick schweift über das zwischen Sand und verwittertem Geröll hervorlugende Grün. Was für eine Überraschung! In einem totenstarren Land, in dem kein Grashalm wächst, auf einmal eine Weide. Wenn das kein Fingerzeig ist! Den seltenen Bewuchs vor Augen, wird eine Ahnung zur Gewissheit: dass es kein Zufall sein kann, dass in Senken wie dieser (ebenso wie in den Niederungen von Abu Ballas, Khasin el-'Ali und den Muhattat arba' mafariq, Harding King und Jaqub) Krugdepots angelegt worden sind. Die Packtiere in den antiken Karawanen benötigten Raufutter, und das fand man wohl am ehesten in solchen Eintiefungen.

Bei einem Rundgang entdecke ich auf einer Felsbank einen nach Norden offenen Windschirm. Ein Platz mit Rundumsicht; zur Beobachtung grasender Lasttiere? Nach der Anzahl der Scherben zu schließen, von denen einige dem Abu-Ballas-Typ entsprechen, waren hier einmal zwischen acht und zehn Krüge deponiert. Die Gefäße, die noch erhalten sind, haben genau die Position inne, die Pohlmann auf seinem Foto festgehalten hat.

Hier bleiben wir über Nacht. Ich hole die Tiere von der Weide, lade sie ab und schicke sie wieder ins Gras. Während die Kamele mit Inbrunst an den grünen Büscheln rupfen, ritze ich zur Erinnerung an das Berliner Geologenteam, das das Depot zuerst sichtete,

«‹Khasin Berlin›
by Carlo Bergmann + 4 camels
1. 2. 2000»

in den Felsen. Zu Sonnenuntergang galoppieren die Tiere mit gehobbelten Vorderläufen auf mich zu und verlangen ihre Ration Kraftfutter.

Wohin der Weg von hier aus führt, ist nicht schwer zu erraten. Kaum hat die Karawane die Niederung verlassen, tauchen auf 221 Grad zwei Kegelhügel auf, deren Grundflächen miteinander verschmelzen. Die «Zwei Brüste»! In ihrer Nähe hatte Almásy am 20. Mai 1942 drei Kanister Benzin und zwei Kanister Wasser deponiert, als er mit den Spionen Eppler und Sandstede auf gewagter Fahrt durch die Wüste war und sie am Nil bei Asyut absetzte. Bald sind die Schlängellinien verblasst, und auch kein Alam weist mehr auf den Weg hin. Wir überqueren eine Düne und sichten an der Südostflanke des Doppelkegels, gut acht Kilometer von Khasin Berlin entfernt, Windschirme und Scherben. In diesem Krugdepot ist nicht ein einziges Gefäß heil geblieben.

Nach Süden erstreckt sich Weide ohne Ende. Der gelbgrüne Gizzu-Grasteppich breitet sich über mehrere Quadratkilometer aus, zieht um die Basis der beiden Kegelhügel und setzt sich bis zu den Tälern des Gilf fort. Schnell sind die Tiere abgeladen, gehobbelt und ins Futter geschickt. Bald grasen sie, spielzeugklein, weit draußen im Flachen. Ich atme auf beim Anblick dieses Bildes. Es ist wie ein befreiender Seufzer. Weil eine Last von mir gewichen ist. Menschenleeres Land. Einsamkeit – von der doppelten Ausdehnung Deutschlands. Und mittendrin ein Hirte, ich, mit seinen Tieren. In dieser Glutzone aus flimmernder Luft, zerborstenem Geröll und Sandfeldern; in diesem Niemandsland, das zu den trockensten und leblosesten Teilen der Sahara zählt, gibt es einen Platz, diesen hier, über den mein Auge gleitet und der für meine Herde bestellt wurde. Sich selbst versorgen können, wenigstens teilweise. Das ist mehr, als ich erwarten konnte. Karge Weide. Begrünte Fläche abseits der bewohnten Welt. Für mich sind das unzählbare Quadratkilometer Freiheit.

Ich taufe den Scherbenplatz auf den Namen des Kamels, das die Küchen- und Provianttaschen trägt, und ritze

«‹Muhattah Rashid›
by C. B. + 4 camels
2. 2. 2000»

in den spröden Fels unter einem Felsüberhang, dem einzigen, vom
Nordwind ausgeblasenen Schattenplatz in Scherbennähe. Auch hier
liegt das winzige Bruchstück eines Abu-Ballas-Kruges. Während ich
das Gestein mit dem Taschenmesser bearbeite, wundere ich mich
darüber, dass die Mehrzahl der bisher aufgefundenen Wegstationen
an zwei Hügeln angelegt worden ist. Ist dies ein Hinweis auf eine
Hierarchie, hier der Lagerplatz des Fußvolkes, dort jener der Vorgesetzten oder Führer?

Im Unterschied zu allen zuvor entdeckten Depots wurde Muhattah Rashid nicht im Windschatten eines Felsens, sondern im Luv der
vorherrschenden Windrichtung eingerichtet. Das lässt den Schluss
zu, dass in der Pharaonenzeit Treibsand in diesem Gebiet kein Problem war und dass man den Wind willkommen hieß. An einem der
Windschirme liegen zwischen vollkommen zerblasenen Scherben
auch ein Reibstein und die Hälfte einer Mahlplatte. Die «Feldküche»
ist gefunden; Indiz dafür, dass man sich für längere Zeit aufgehalten
hatte. Ein paar hundert Schritte entfernt, im Lee eines Felsens, ragen
Scherben aus dem Sand. Eine davon trägt ein Wasm.

Das grasbestandene Land erinnert mich an die endlosen, mit
schütterem Bewuchs bedeckten Flächen des Dar Hamar. Sie hatte ich
mit Abdallahs großer Karawane durchquert. Je stärker die Erinnerung an jenen Marsch aufkommt, desto weniger kann ich mich von
der Vorstellung lösen, dass all das, was sich vor meinem Auge auftut,
einst Weideland war; eine Sandsteppe, die von gelegentlichen Regenfällen im Umkreis der Steilhänge des Gilf bewässert wurde. Das Indiz
dafür? Nach Khasin Berlin gibt es keinen einzigen Alam mehr. Auch
im Dar Hamar hatte es keine Wegzeichen gegeben. Denn Alamat setzt
man nicht ins Gras. Nur dort, wo reine Wüste war, errichtete man
Steinmale.

Wir ziehen weiter. Auch wenn kein Alam mehr zu sehen ist, behalten wir den seit Khasin Berlin eingeschlagenen Kurs bei. Das ver-

blichene Grün, über das die Karawane schreitet, beruhigt, lässt uns langsamer gehen. Die schüttere Grasnarbe ist von Mauselöchern durchbohrt. Winzige Flugsandfahnen kleben an den Gräsern, in denen der Wind singt. Ein Fennek kreuzt unseren Weg. Könnte es nicht auch vor 3200 Jahren so gewesen sein? Das weiß ich immerhin: Die in der Libyschen Wüste tätigen Archäologen haben bei der Bearbeitung ihrer Fundplätze bisher kein adäquates Verfahren zum Aufspüren und zur Isolierung von im Sediment eingeschlossenen Graspollen angewandt. Wer nicht danach sucht, kann der dann finden?

Im ersten Licht steigt die schmale Sichel des Mondes mit Venus über den Rand des Gilf-Kebir-Plateaus empor. Am Fuß der sich bis zu 150 Meter über Grund erhebenden riesigen Sandsteintafel hatten wir die Nacht verbracht. Die eingeschlagene Marschrichtung beibehaltend, zieht die Karawane auf der Suche nach dem Weg über das Plateau bis zum Oberlauf des Wadi el-Bakht. Die Hochebene ist von unzähligen Wildpfaden durchzogen. Keine der Spuren ist mit Steinmalen markiert.

Wir steigen herab in das enge, felsige Tal, überqueren eine Düne, biegen um eine Ecke und erblicken, auf einem jäh abfallenden Sanddamm stehend, einen Wadiabschnitt, in dem üppiges Buschwerk wuchert. Zilla spinoza, in Blüte begriffen; violette Tupfer im saftigen Grün. Die Pflanzen sind Lieblingsfutter für Kamele.

Beim Abstieg durch den Sand vollführt Rashid Angstgaloppsprünge und steckt damit die anderen an. Nur mit lautem Gebrüll, das sich an den steilen Hängen bricht, gelingt es, die Tiere unter Kontrolle zu halten. Bis sie beim Abladen erneut außer Rand und Band geraten und mir fast durchbrennen. Das enge Felstal flößt ihnen Furcht ein. Statt ihre Mäuler ins Grün zu senken, blicken sie in Richtung der nächsten Trockenflussbiegung und lauschen. Als würde dort der Teufel lauern. Doch das Einzige, was von dort kommen könnte, wären Gazellen, deren frische Hufabdrücke in den Sand gezeichnet sind. Indes, alles Wild weit und breit wird durch unseren Lärm längst verscheucht sein.

Plötzlich stiebt Sand auf. Getrampel. Ehe ich mich versehe, suchen die Kamele das Weite. Die Tiere sind gehobbelt. Beim Versuch, die Düne zu erklimmen, verlangsamt sich ihre Flucht. Es gelingt mir, sie einzuholen und mit der Peitsche zur Raison zu bringen. Dann setze ich mich zu ihnen ans Buschwerk, reiße Zweige davon ab, schmatze ihnen vor und überrede schließlich eins nach dem anderen, ins Grün zu beißen. Nach dem dritten Fluchtversuch und dem darauf folgenden Peitscheneinsatz scheint die Lektion verstanden. Ich lasse die Tiere jeweils zu zweit grasen, während die beiden anderen, durch Agale gefesselt, reglos neben meinem Lager verharren. Sehr viel fressen die Tiere nicht.

In dieser Lage kann ich nichts riskieren. Wir sind unten in dem engen Tal, können weder wieder hinauf noch vor oder zurück. Es bleibt nur eins: einen Rasttag einlegen und den Tieren Zeit lassen zur Eingewöhnung in die ungewohnte Umgebung.

Der Tag auf der Weide vergeht, ohne dass sich die Angst der Kamele legt. Es ist der 5. Februar. Zur vereinbarten Zeit greife ich zum Satellitentelefon und versuche, Uwe George zu erreichen. Doch es bedarf zahlloser Versuche, bis am Abend des 9. Februar eine Verbindung zur Redaktion in Hamburg hergestellt sein wird. Nur gut, dass ich mich nicht auf dieses Gerät verlassen habe. Wie leicht hätte es zur tödlichen Falle werden können.

Fast rückwärts laufend; die Tiere fest im Blick; die Peitsche hoch erhoben; Fatima, die meine Ausrüstung, Notproviant, zwanzig Liter Wasser und ebenso viele Kilo Kraftfutter trägt, nahe an mich herangezogen; so steige, stolpere und tänzele ich über Stock und Stein und vor der Karawane her, als wir am Morgen des 6. Februar den Aufbruch wagen. Es gelingt, die Tiere in langsamem Lauftempo zu halten und mit Stimmeneinsatz und ein paar Peitschenhieben mehrfaches plötzliches Lospreschen von Maqfi und Rashid zu verhindern. Als sich das Wadi nach dem nächsten Dünenzug weitet, ist die größte Gefahr überstanden. Nach und nach beruhigt mein Gesang die verstörten Tiergemüter, und allmählich findet die Karawane wieder ihr gewohntes Gleichmaß.

Die Kamele haben Durst. Soll ich ein Depot der Kölner Forscher öffnen? Rudolph Kuper hatte mir ans Herz gelegt, seine Vorräte nur im Notfall zu leeren. Wann es glücken wird, mit ihm in telefonischen Kontakt zu treten, das steht noch in den Sternen. Wir wollen zum Wadi Wassa. Wie ich es auch drehe und wende: Mit dem Wasser, das wir mit uns führen, werden wir nicht auskommen.

In Rudolphs Depot sind achtzig Liter. Die Kamele rangeln um den letzten Tropfen Flüssigkeit, wollen mehr. Das ist ein Signal, das nicht übersehen werden darf. Sollte es bis zum Abend des 7. Februar nicht gelingen, Nachschub herbeizutelefonieren, um die Tiere ordentlich nachzutränken, bleibt nichts anderes übrig, als sich auf den Rückweg zu machen.

Zur Mittagsstunde des 7. Februar erreicht die Karawane die vor dem Ausgang des Wadi Wassa gelegene Höhe 630. Auf Anhieb funktioniert es nicht, sich in einer Gegend zu orientieren, die man 13 Jahre zuvor nur durch einen Sandnebel wahrnehmen konnte. Schließlich stimmen einige der von der Erinnerung reproduzierten Konturen (die sämtlich zu groß geraten sind) mit dem, was ich sehe, überein. Ich packe das Telefon weg und mache einen Erkundungsgang, finde nichts.

Das viele erfolglose Tastendrücken hat mich nervös gemacht. Dass ich an der Strippe hänge wie ein Süchtiger, besetzt mein Hirn allzu sehr. Ob es an der fehlenden inneren Ruhe liegt, weswegen ich meinen Lagerplatz vom 15. Februar 1987 nicht wieder finde? Als ich zurück bei den Tieren bin, hat Fatima ihr Kopfseil verschlungen. Es ist aus daumendickem Plastik und vier Meter lang. Zum wievielten Male ich den schleimtriefenden Strick mit blanken Händen aus Schlund und Vormagen der Stute ziehe, gezählt habe ich es nicht. Immer noch besser, als wenn sie das Seil gekappt und verfrühstückt hätte, sage ich mir und gebe dem beleidigten Tier einen Klaps.

S O schnell will ich mich nicht geschlagen geben. Wir ziehen im großen Halbkreis um die Höhe 630. Als wir am Abend fünf Kilometer südwestlich der Höhe lagern und das Telefonieren wieder nicht klappt, ist das Ende der vorwärts gerichteten Suche eingeläutet.

Ich bin nicht enttäuscht. Nur erschöpft. Der Kampf mit den Tieren im Oberlauf des Wadi el-Bakht, an einem Flecken, der unter normalen Umständen ein Paradies hätte sein können, hat mich ausgelaugt und ernüchtert. Dass die Tiere, wenn sie von Ängsten befallen werden, nicht bei mir Schutz suchen, dass sie stattdessen hartnäckig ihrem Fluchtinstinkt folgen und das Weite suchen, das hat mir eine Illusion genommen: die Idee von der Karawane als einem innigen Verbund zwischen Mensch und Tier, begründet auf einem (von mir so gesehenen) «natürlichen», weil von der Stunde ihrer Geburt an, und vollkommen folgerichtigen Fundament des Aufeinanderangewiesenseins. Während die Kamele von mir wegstrebten, gaben sie mir zu verstehen, dass die Karawane eine Illusion ist – die meine. Und wieder weiß ich es und sage: Ja! Wie alles im Leben. Es wird seine Zeit brauchen, bis das repariert ist, was auf der Weide im Wadi el-Bakht ramponiert wurde. Für den, der so leben will wie ich, gibt es keine andere Wahl, als sich wieder und wieder mit Freude in diese Sisyphusarbeit zu versenken. Es ist ein Tun zum eigenen Wohle.

Wir machen uns auf den Rückweg. Ich tüftle an der Frage, wo entlang diejenigen, die Jahrtausende vor mir mit ihren Eseln durch dieses Gelände gezogen waren, gelaufen sein mögen. Das Spurengewirr zahlloser Autoreifen und die von den Soldaten der Alliiertenkonvois hinterlassenen Steinsetzungen stiften Irritation. Fast jeder dieser Alamat muss überprüft werden. Auch wenn er am Rande einer Konvoiroute steht, könnte er doch auch alt sein und einen antiken Weg kennzeichnen.

Seit wir ihn in den frühen Mittagsstunden sichteten, haben wir auf den «Cone» der Karte zugehalten. Jetzt, eine Stunde vor Sonnenuntergang, nachdem sich ein Tagespensum von 35 Kilometern angesammelt hat, bin ich mir nicht sicher, ob das angepeilte Ziel noch zu erreichen ist. Ich bin erschöpft. Wo das Lager aufschlagen? Ungefähr eine Laufstunde entfernt ist eine Ausbuchtung in dem flachen Vorhügelland des Bergkegels. Darauf halten wir zu. Und während ich Schritt vor Schritt setze, will es mir vorkommen, als habe jeder, der vor uns hier entlanggelaufen und zu müde gewesen war, um ans Ziel zu gelangen, die gleiche Wahl getroffen.

Bald quert die Karawane flache, aus dem Wadi el-Maftuh heraustretende Drainagen. Als die letzte passiert ist, laufen wir unweit der Uferböschung auf vier Scherbenstücke zu. Drei davon sind vom Zahn der Zeit restlos zerfressen. Beim vierten habe ich Glück. Es ist gut erhalten, dick und braun getönt. Seine Außenseite ist geglättet; geschlemmt, wie ein Teil der Krüge in Muhattah Jaqub.

Ich mache einen Freudensprung. Dass es das gibt – in Gedanken versunken, zurückversetzt in der Zeit; und dann tritt das Vorgestellte tatsächlich ein; sechs lange Tage nach dem letzten Fund!

Vollkommen im Flachen liegen diese Scherben. Sie bedecken nicht einmal einen Quadratmeter. Ringsum die Endlosigkeit des Himmels und die der Wüste. Wir ziehen noch bis zu der angepeilten flachen Felsbank. Bis in die Dunkelheit hinein suche ich die Gegend nach weiteren Scherben, nach Windschirmen und Krügen ab. Ich finde nichts. Gleichwohl ist mit der Scherbe des Jaqub-Typs der Nachweis erbracht, dass der Abu-Ballas-Weg bei Muhattah Rashid einen leichten Schlenker nach Süden macht, um am Fuße des Gilf Kebir entlang, nicht aber über dessen Höhen, seinem Ziel entgegenzustreben. Es soll nicht lange dauern, bis dieser Befund durch einen weiteren Scherbenfund bekräftigt wird. Schon am nächsten Morgen entdecke ich an der Südflanke des «*Cone*» Bruchstücke eines sehr alten dickwandigen, tönernen Gefäßes. Sie sind stark verwittert.

DUNKLE Wolken ziehen auf, als wir auf der Weide bei Muhattah Rashid lagern. Wegen der Ungewissheit über die Versorgung mit Nachschub sammle ich Gras und presse es in Säcke. Als ich beim Füllen des letzten Sacks in ziemlicher Entfernung vom Lager bin, nutzt Rashid die Gelegenheit und fällt über das Kraftfutter her. Laufen, schimpfen, Peitsche schwingen. Der Wallach ist schlauer und hat, noch ehe ich in Reichweite bin, Reißaus genommen. Am Abend klappt die Verbindung nach Deutschland. Ich gebe meine Position durch, und dann teile ich der *GEO*-Chefsekretärin mit, dass sich

Rashid voll beladen auf die Seite gelegt und den gesamten Vorrat an tetraverpacktem Fetakäse zerquetscht habe. Um zu retten, was zu retten war, hätte ich tagelang fast nur von Fetakäse gelebt, den ich aus den platt gedrückten Packungen und aus den Plastiktüten, in die sie eingewickelt waren, herausgeklaubt hätte. Am anderen Ende der Leitung zeigt Frau Reinecke Verständnis und notiert meine Wunschliste, die sich wegen des Malheurs auf mehr als zehn Positionen verlängert hat.

«Herr Bergmann, Kamele legt man doch nicht auf Käsepackungen!», höre ich noch, und dass Uwe George auch in der Libyschen Wüste sei. Dann ist der Kontakt in die gediegene G + J-Bürowelt abgerissen.

Ich mache mir keine Illusionen, halte meinen Fall für hoffnungslos. Und als am nächsten Morgen Regen einsetzt, ist das Telefonat vergessen.

Bei dichter Wolkendecke ziehen wir los und passieren Khasin Berlin. Der Himmel klart auf. Zwölf Kilometer vom Krugdepot entfernt überquert die Karawane einen Doppeldünenzug. Als wir auf seiner Ostseite angelangt sind, höre ich jemanden «Carlo» rufen. Ich sichte einen Menschen auf dem Dünenkamm. Im ersten Augenblick glaube ich, es könne sich nur um eine Einbildung handeln und gehe, ganz nach Beduinenart, weiter. Doch dann höre ich meinen Namen ein zweites Mal und halte an.

Noch ist das Gepäck nicht ganz abgeladen, da stoppt ein Geländewagen nahebei. Wenig später ein zweiter. Und dann umarmen wir uns, Stefan Kröpelin, Uwe George und ich. Freudiges Händeschütteln auch mit Christian Jung, der in seinem Karosseriebaubetrieb einen der Geländewagen expeditionstauglich gemacht hat, mit Dr. Wolf-Dieter Käppler, einem Designer und Multimedia-Experten, und mit Raoul Schrott, dem österreichischen Schriftsteller, der mit den Worten «Dr. Bergmann, I presume?» auf mich zukommt. Anspielung auf die berühmte Anrede, mit der der amerikanische Journalist Morton Stanley den verschollen geglaubten britischen Forscher David Livingstone am Ufer des Tanganjikasees begrüßte und zur Aufgabe seiner insgesamt sieben Jahre währenden Expedition (1866–1873) bewegen wollte. Der ausgezehrte Livingstone ließ sich nicht umstimmen.

Gücklicherweise haben die Männer Wasser, Stroh und Kraftfutter mitgebracht. Zuerst tränken wir die Tiere. Sie saufen noch einmal so viel wie vor drei Tagen. Weil sich die fünf auf dem Weg in die Große Sandsee befanden, als sie der Anruf aus Hamburg erreichte, hatten sie meine Bestellungen nicht ausführen können. Zum Trost stellt Raoul aus ihren Küchenvorräten ein Carepaket für mich zusammen. All das geht blitzschnell, und ich habe Mühe, mit den Eindrücken und Ereignissen, die auf mich einstürmen, Schritt zu halten.

Ab dem Moment, als eine Plane an die beiden im rechten Winkel gegen den Nordwind gestellten Fahrzeuge gespannt, Kabel gelegt, ein Tisch aufgeklappt und Stühle herbeigeschafft sind und wir uns im hellen Lampenlicht zum Abendessen versammelt haben, ist keine Wüste mehr da. Dafür aber Menschen mit freudigen Gesichtern. Lebewesen, die reden und mit denen ich sprechen kann. Ich berichte über neu Entdecktes. Ungläubiges Staunen darüber, dass das Pohlmann'sche Krugdepot ganz in der Nähe sei, und der Beschluss, am nächsten Morgen gemeinsam dorthin zu fahren. Spät im Dunkeln kehre ich zurück zu meinem Lager, streichele die Tiere und sinke in den Schlaf.

Am anderen Mittag macht Uwe George Aufnahmen von der Karawane. Wir nehmen Abschied voneinander. Nach der Tour durch die Große Sandsee will man mir überschüssige Lebensmittel überlassen. Wir verabreden uns für den Spätnachmittag des 18. Februar am nächstgelegenen Depot. Bis dahin hoffe ich, die Lücke zwischen hier und dem Steinmal, das ich auf der Höhe des Abu-Ballas-Stufenlandes gesichtet hatte, geschlossen zu haben.

Als die sieben Tage, die mir zur Erkundung des etwa neunzig Kilometer langen Wegstücks bleiben, verstrichen sind und ich mit den Männern im Wadi esh Shabur wieder zusammentreffe, ist der Streckenverlauf der jahrtausendealten Trasse – von den Scherben am Ausgang des Wadi el-Maftuh bis hin zur Muhattah el-Askeri – enträtselt. Vom letzten Treffpunkt an der Düne streben die Gleise des antiken Weges, nur spärlich von Windschirmen und Steinkreisen flankiert, wie mit dem Lineal gezogen über flaches Land, bis sie die Vorhügel des auf der Karte mit «*Rough sandstone, many small hills*» bezeichneten Berglandes im spitzen Winkel anschneiden. Im waghalsigen Auf und Ab, über Gefälle, das schwer beladene Kamele nur mühsam hätten bewältigen können, geht es über steile Hänge mit verwittertem Geröll, über dunkelrot eingefärbte Halden und durch steinige Wadis. Wäre dieses Wegstück, dessen Gleise immer wieder aus dem Gesteinsschutt hervortreten, nicht deutlich mit Alamat gekennzeichnet gewesen, hätte man nicht glauben mögen, dass eine solch schwierige Bergpassage erste Wahl für die Eselkarawanen der Antike gewesen war. Denn östlich davon, kaum einen halben Kilometer entfernt, erstreckt sich vollkommen ebenes Gelände. Als der Weg bald danach ganz in die Hügel eintritt und eine Passhöhe erklimmt, springt der sechzig Kilometer entfernte Doppelkegelhügel bei Muhattah Rashid wie ein von mächtiger Hand vor die Ränder des Gilf gestelltes Wahrzeichen ins Auge.

Dass man so konsequent hohes Hügelland aufgesucht und, so gut es ging, den Weg durch die flache Wüste abgekürzt hatte, kann nur damit erklärt werden, dass in den Bergen eher Raufutter für die Esel und, zuweilen, wohl auch Wasser zu finden gewesen war. Versandete Wasserlöcher sichte ich nicht und auch keine Scherben. Wenig später gelangen wir auf eine Hochfläche. Aus ihr erheben sich Hügel in weit auseinander gestellter Abfolge; Felder aus Sand dazwischen. Nach Nordosten und Osten führen breite Schneisen hinab in die flache Wüste, die sich eine Wanderstunde entfernt wie ein breiter Pinselstrich vor den Horizont legt. Kein einziger Alam mehr; Indiz dafür, dass hier einst eine Hochweide gewesen war?

Als es noch 85 Kilometer bis Abu Ballas sind, ist eine Lehmsenke erreicht. Sie könnte in früherer Zeit Weide- und Wasserstelle gewesen sein. Eine halbe Stunde weiter ein dunkler Sandsteinhügel mit leerem Khasin. Dann ein mit einer Steinwange versehener Felsüberhang, der für drei Leute Schutz gegen Wind und Wetter bot. Ab dieser

Stelle bietet der Weg, der gut alamiert ist, bis auf ein paar Steinkreise nichts Auffälliges.

Seit Khasin Berlin habe ich keine einzige Scherbe zu Gesicht bekommen. Das sind 59 Kilometer ohne Krugdepot. Schon geraume Zeit rätsele ich darüber, wie die alten Reisenden das Wasserproblem auf diesem Teilstück des Weges gelöst hatten, ob sie wirklich «aus dem Vollen» der Wadis schöpfen konnten, und wenn nicht, wo die Kruglager, die man angelegt hatte, geblieben sind. Hatte ich sie übersehen? Oder sind sie von Wasserfluten nach einem Jahrhundertregen davongespült worden? Und wenn solche Depots nicht eingerichtet worden waren, wo sind dann die gefüllten Steinkreise, auf denen die Ziegenlederschläuche abgelegt wurden, damit Erdreich oder Sand nicht das Wasser aufsogen? Keine einzige solcher Steinlegungen befindet sich an der Strecke.

Es muss eine Erklärung dafür geben. Vielleicht kann der Text einer Stele des Pharao Taharqa weiterhelfen. Danach war der Gottkönig mit seinem Streitwagen im Winter 684 v. Chr. zur Inspektion einer Truppeneinheit erschienen. Ihr hatte er tägliches Lauftraining befohlen. Um den Leistungsstand der Kampfläufer zu testen, wurde ein Rennen von Memphis nach Faiyum und zurück veranstaltet, bei dem der Pharao einen Teil der Strecke mitlief. Wolfgang Decker, Ägyptologe und Professor für Sportgeschichte an der Sporthochschule in Köln, hat die altägyptischen Zeitangaben ins Heute übersetzt und ermittelt, dass der ungefähr fünfzig Kilometer lange, in der Nacht zurückgelegte Hinweg in vier Stunden absolviert wurde. Der Rückweg, den man nach zweistündiger Pause antrat, dauerte nach Einschätzung des Experten fünf Stunden. Demnach wären die schnellsten Elitekampfverbände zu Zeiten der Kuschiten-Dynastie in der Lage gewesen, ohne Inanspruchnahme von Lasttieren und ohne eine ausgefeilte Infrastruktur eine Distanz von hundert Kilometern in elf Stunden zu bewältigen. Was für eine gut trainierte, schlagkräftige Soforteingreiftruppe zutrifft, gilt das auch für Jagdpartien oder Handelskarawanen? Oder laufen wir tatsächlich auf Spuren, die von Soldaten getreten worden sind?

Wenn ich die militärische Verwendung des Weges in Betracht ziehe, dann dürfte in dieses Bild passen, dass die Regierungszeit Ramses' II. (1279–1213 v. Chr.) – in dessen und seines Nachfolgers Amtsperiode fällt die ermittelte Herstellungszeit des Strickes aus el-Homareen – eine der am stärksten auf Expansion ausgerichteten Epochen des Pharaonenreichs war. Zur Kontrolle des libyschen Küstenstreifens ließ der Pharao eine Kette von Festungen bis 200 Kilometer westlich des Deltas anlegen. 1236 v. Chr. gab er den Befehl, Oasen in der Libyschen Wüste (wahrscheinlich Kurkur, Dunqul und Selima) zum Zwecke der Rekrutierung von Zwangsarbeitern für seine Tempelbauten zu überfallen. Eine andere Militäraktion gegen Libyen soll schon im Jahre 1274 stattgefunden haben. Sein Nachfolger Merenptah (1213–1203 v. Chr.) ließ im Jahre 1209 v. Chr. zum Angriff gegen die Libyer blasen, die bis Farafra vorgedrungen waren. Und Ramses III. (1183–1152 v. Chr.) schlug libysche Verbände in zwei Schlachten. Möglicherweise hat daher die antike Trasse, auf der die Karawane entlangzieht, doch etwas mit einem Vorstoß in «Feindesland» zu tun, sei es mit einem Feldzug oder mit Aktivitäten zur Beobachtung der Bewegungen der Libyer.

Wir gelangen auf eine Passhöhe. Grandioser Blick über das Hügelgewelle im Nordwesten und, nach Osten und Nordosten hin, auf das sandfarbene Pastell der flachen Wüste, das sich bis zu den durch die Entfernung ins Miniaturhafte verwandelten, schroff aufragenden Höhen des mondsichelförmig vor dem nördlichen Horizont liegenden Abu-Ballas-Stufenlandes spannt. Noch vor Erreichen der Niederung heben sich im Sediment eingebettete, ovoide, grau verblichene Formen vom Einerlei des Laufgrundes ab. Es sind zwischen 10 und 15 durch Windrasur zu Halbschalen geschliffene Krüge des Abu-Ballas-Typs. Sie liegen vollkommen im Freien und Flachen am Südufer eines breiten Wadis. Zwischen den Gefäßen Steinwerkzeuge, ein Abschlag aus weißem Material und ein Reibstein. Indiz dafür, dass an diesem Ort eine «Feldküche» eingerichtet war, die nicht vor Treibsand geschützt werden musste.

Das gegenüberliegende Wadiufer wird von einer niedrigen Hügelkette gesäumt. An ihrem Fuß, auf einer Länge von mehr als 300 Metern, ragen Scherben vom Abu-Ballas- und vom Jaqub-Typ sowie tönerne Waren im Übergang von der ovoiden zur Amphorenform aus dem Sand; ein Artefakt trägt eine Krugmarke. «Hinter» den Hügeln, am Rand eines sich nördlich der Erhebungen entlangziehenden kleinen Trockenbettes, findet sich die besterhaltene Ware, einige fast noch komplette Krüge. Zu Ehren meiner Leitstute gebe ich dem Fundort den Namen «Muhattah Fatima», den ich auf einer Felsplatte am Nordufer des Wadis verewige.

Beim Anblick der vielen, atypisch über ein so großes Areal verstreuten tönernen Artefakte und bei der Betrachtung der von den Höhen des Hügellandes herabführenden Trockenflussläufe drängt sich die Vorstellung von Wasser und Weide geradezu auf. Für mich steht fest, dass an diesem Wadisystem nicht nur Wasser in Krügen abgestellt, sondern auch geschöpft wurde. Wo das war? Um das herauszufinden, müsste man graben.

Das ist mir immerhin aufgefallen: Im hohen Hügelland, drei Kilometer von Muhattah Fatima entfernt, gibt es ein abflussloses Becken, das, wie ein riesiger Trichter geformt, Regenwasser gesammelt haben könnte. Und an einem vier Meter hohen Gesteinsquerschnitt unten am Rand der Ebene habe ich ermittelt, dass sich zwischen den deutlich voneinander abgehobenen, horizontalen Schichtungen des Buntsandsteins dünne schluffig-tonige Lagen befinden, die im Kontakt mit Wasser eine klebrige, Wasser abweisende Substanz ergeben. Offenbar gibt es Stauhorizonte im Gestein dieser Gegend. So liegt die Vermutung nahe, dass die im Sandstein eingelagerten Tonschichten unterirdisch das über den Hügeln niedergegangene und im Gestein versickerte Regenwasser in Richtung Muhattah Fatima führten, wo es entweder aus Schichtquellen hervortrat oder ergraben werden musste.

Bei Muhattah Fatima schwenkt der Weg auf Nordnordost und schmiegt sich an die flachen Erosionsschuttlagen, die von den Hügeln zur Linken sanft in das Wadi esh Shabur abfallen. Bis der Pfad schließlich selbst den Sprung ins Flache wagt. Ab da sind nur noch gelegentlich Alamat auf einzelnen sandumspülten Hügeln auszumachen. Eine dieser Erhebungen ist mit einem Steinkreis belegt. Daneben ein Alam. Sein oberster Stein scheppert leise im Wind. Eine Glocke am Ende der Welt. Das Geräusch erschreckt die Tiere.

22 Kilometer von Muhattah Fatima, im Südhang des Wadi esh Shabur, stoßen wir auf einem Absatz im Lee eines Hügels, dessen Gipfelplateau mit Steinkreisen belegt ist, wieder auf Scherben. Sie sind dickwandig und von rotbrauner Farbe. Einen Steinwurf entfernt erhebt sich ein markanter Buntsandsteinfelsen. An dessen Fuß ist mittels einer halbkreisförmigen Steinkonstruktion und durch Scherben ein Khasin ausgewiesen. Eines der Bruchstücke ist mit einem altägyptischen *pr*-Zeichen versehen. Die beiden Erhebungen stehen am Oberlauf eines Nebenwadis. Da es auch hier für mich ausgemacht ist, dass ein Wasserloch in der Nähe war, ritze ich

«‹Muhattah el-Bir›
by Carlo Bergmann + 4 camels
20. 2. 2000»

ins Gestein: Brunnenstation.

Sobald die Trasse die Ausläufer der von den Höhen des Abu-Ballas-Stufenlandes abfallenden Fels- und Schutthalden erreicht hat, strebt sie ohne Umschweife in dieses zerrissene Vorland und führt den Wanderer mit deutlich gesetzten Alamat auf kürzestem Weg zum Aufstieg auf die Höhen des Scarp. Unterhalb davon ein flacher Fels inmitten einer Lehmpfanne, auf dessen Scheitel ein Stein aufliegt; Hinweis dafür, dass hier einst Wasser geschöpft wurde?

«I was told of an Arab who found a cliff … somewhere south of Dakhla – the bearing given me was very vague – and who saw from the top of this scarp a large oasis … the oasis mentioned lies at the foot of a cliff facing towards south», schreibt Harding King im *Geographical Journal* 1925. Abu Ballas liegt 35 Kilometer von hier entfernt im Nordosten. Das dortige Krugdepot hatte Ball in Verbindung mit dem legendenumwobenen Zerzura gebracht, einer bis dahin unentdeckten Oase oder Wasserstelle, und gemutmaßt, dass ein solcher Fleck vielleicht nur eine Ansammlung tönerner Behältnisse, und zwar jener am *«Pottery Hill»*, gewesen sei. Ich kenne keine andere

Steilstufe, auf die die Beschreibung, die Harding King gegeben wurde, so gut passt wie auf das Abu-Ballas-Stufenland. Wo sonst, wenn nicht hier in diesen durch Einschnitte und steil abfallende Schluchten gespeisten Lehmpfannen wäre die «Oliven-Oase» zu suchen?

Auf halber Passhöhe ist das Plateau eines wie eine Festung anmutenden Felshügels mit sieben großen Steinkreisen belegt. Abu Ballas ist 29 Kilometer entfernt.

Habe ich auf dem Streckenabschnitt Muhattah el-Bir–Khasin Berlin vielleicht doch Scherbenplätze übersehen? Die Frage lässt mir keine Ruhe. Wir machen kehrt und marschieren noch einmal dorthin. Ohne fündig zu werden.

Auf dem Rückweg. Wir passieren die von den Archäologen geräumten Muhattat Jaqub und el-Homareen. Bar jeglicher Hinterlassenschaft aus der Vergangenheit ist die Magie dieser Plätze dahin. Am 7. März erreichen wir Muhattah el-Askeri. Weil der Reiz, den Weg, der hier nicht mehr sichtbar ist, in Richtung Nordost weiter zu verfolgen, stärker ist als meine Mattigkeit, machen wir uns zur letzten Etappe auf, schreiten an einem auffälligen Arrangement von Windschirmen vorbei und gelangen am 8. März an einen Felshügel mitten in den Sanddünen zehn Kilometer südlich der Oasenhauptstadt Mut. Unten, auf einem Absatz im Lee, und im Steilhang darüber Scherben vom Abu-Ballas-Typ und Gebrauchskeramik. Über das schon bekannte Inventar hinaus kommen im Gipfelbereich altarabische, griechische und Hieroglyphentextfragmente, möglicherweise Bruchstücke einer Stele, die Petroglyphe einer Person mit Lendenschurz, Tierdarstellungen (kein Esel) und die Umrisszeichnungen von Sandalen hinzu. In die Sandalen sind Schriftzeichen geritzt. Sind es Namen derer, die einst den langen Weg gelaufen sind? Im Feldküchenbereich der Station hinterlasse ich zu Ehren meines Lieblingskamels:

«‹*Muhattah Amur*›
by Carlo Bergmann + 4 camels
8. 3. 2000
to Abu Ballas 169 km»

454

Als sich wenige hundert Meter vom Hügel entfernt Fatima die Nüstern am Maschendrahtzaun des Flughafens Dakhla platt drückt, ist das Ende der Erkundung besiegelt. Der antike Weg wurde mit der Startbahn überbaut.

Wohin jetzt? Ausgelaugt, wie ich bin, möchte ich am liebsten Schluss machen und sofort zu meinem Haus. Doch mir fehlt der Schwung, mit den Tieren nach Nordwesten abzudrehen und die 120 Kilometer bis zum Fuß des «Very steep camel pass» hinter mich zu bringen. Es ist der 9. März, morgens. In mein Streckenheft sind ein paar Sätze gekritzelt, die ganz gut als Schlusswort am Ende der Expedition stehen könnten:

«Das ist alles, was einer allein, in dessen Schlepptau sich vier nicht immer fügsame Kamele befinden, in zwei mal zwei Monaten herauszufinden vermag. Die Ängste der Tiere machten den Weg beschwerlich. Die Freude an ihnen und die willkommene Ablenkung von der Suche, die sie mir schenkten, machten den Weg leicht. Denn das Suchen und Finden ist es nicht, was mich in dieser unbewohnten Welt, in der kaum etwas wächst und in der kein Wasser ist, hält. Es ist das tagtägliche Zusammensein mit meinen Tieren. Mit ihnen hineinzugehen in den endlosen, leeren Raum, ins Unwägbare und ins Unbestimmte, weit weg zu sein von allem menschlichen Gerangel. Das ist das Glück.»

Für den Fall einer Notlage hatte ich vorgesorgt. Mit Muhamed war vereinbart, dass er am 12. März um die Mittagszeit an der Teerstraße südlich des Flughafens auf die Karawane wartet. Bis dahin sind es noch geschlagene dreieinhalb Tage. Was tun? Hier können wir nicht rumsitzen. Und so erkunde ich mehr aus Verlegenheit, denn aus wirklichem Interesse die Gegend östlich des Flughafens. In diesem Areal wird sich herausstellen, ob die Vermutung Klaus Peter Kuhlmanns, die Abu-Ballas-Trasse hätte ihren Ausgangspunkt in Balat gehabt, richtig ist.

Sieben Kilometer jenseits der Landepiste treffen wir auf eine kleine Gruppierung niedriger Felsen. Einer davon hat ein Khasin. Zwei Scherbenstücke der bekannten Art liegen nahebei. Und 18 Kilometer von Balat entfernt, in Sichtweite des Städtchens, das einst die Metropole der Oase gewesen war, stehen wir schließlich an dem Ort, einem Tafelfelshügel, an dem die erste Wegstation nach Verlassen der Felder eingerichtet worden war.

Maqfi ist als einziges der vier Kamele, die mit mir sind, noch nicht im Fels verewigt, und so benenne ich die Station nach ihm, ritze, nicht ohne Stolz, ins Gestein:

«Ich kam, schaute und fand:
‹Muhattah Maqfi›
by Carlo Bergmann + 4 camels
10. 3. 2000
To Abu Ballas 187 km
To Muhattah Rashid 339 km
To Muhattah Jaqub 108 km
To Muhattah el-Bir 230 km
To Muhattah Fatima 251 km»

Neben der Fundstätte, einer beträchtlichen Anzahl von Scherben des Abu-Ballas-Typs, sind am Westfuß des Hügels, an einem mit Steinwangen ausgebauten Schattenplatz, Gravuren in den Fels geritzt, u. a. Sandalen und, gleich dreimal, das Motiv «Weintraube über Kelch» (?). Ein lange nicht mehr benutzter, scherbenübersäter Fußpfad, der an vereinzelten, im Steilhang angebrachten Petroglyphen vorbeiführt, bringt mich auf das Plateau hinauf. Dort empfängt mich als roh ausgeführte Ritzzeichnung der Wüstengott Seth. Die Freifläche ist mit Petroglyphen und einigen wenigen altägyptischen Textfragmenten übersät. Ich sichte Sandalen, Tiere, Wasms, eine Männerfigur mit Lendenschurz, zwei Davidsterne, einen sauber ausgeschmirgelten Fuß mit deutlich ausgeprägten Zehen und weitere, nicht auf Anhieb dechiffrierbare Ornamentik. Der Darstellungsdrang jener, die sich hier aufgehalten hatten, machte auch vor den Steinen, die zu einem Windschirm aufgeschichtet sind, nicht Halt. Und auffällige Bohrungen legen die Vermutung nahe, dass einst ein Gestänge mit Schatten spendendem Dach einen Großteil des Plateaus, von dem man einen unverstellten Blick bis Muhattah Amur hat, überspannte.

Eine zunächst spärliche, dann dichter werdende Kette von Wegzeichen, von denen eines in typisch altägyptischer Bauweise quaderförmig aus Steinplatten geschichtet wurde, führt von Muhattah Maqfi in Richtung 'Ain el-Safra und damit in gerader Linie nach Balat. Als fünfeinhalb Kilometer vor der Quelle von Fahrzeugreifen zerwühltes Terrain sichtbar wird, zugeweht mit Papierfetzen und Plastiktüten, und Motorenlärm an mein Ohr dringt, macht die Karawane kehrt. Eine Woche später werde ich zusammen mit Muhamed in Gamals Pick-up nach 'Ain el-Safra fahren und bei N 25 31' 07,6"/E 29 13' 00,4" auf einen etwa drei Meter hohen Ruinenhügel stoßen, der inmitten eines circa zehn Hektar großen Scherbenfeldes liegt. Auch wenn dort auf die Schnelle keine Abu-Ballas-Keramik gefunden werden konnte, so ist für mich unverkennbar, dass von diesem in Trümmern liegenden Ort oder von einer anderen nahen Siedlung sich die Eselkarawanen der Antike auf den langen Marsch durch die Wüste gemacht hatten.

Und noch etwas ist mit Bestimmtheit zu sagen: Nachdem die Route bis zum Gilf Kebir feststeht und sich anhand der aufgefundenen Krugdepots abzuzeichnen beginnt, wie die Marschetappen auf dem langen Weg verteilt waren, ist die Meinung, das Kruglager von Abu Ballas sei einst von Schmugglern angelegt worden, um über eine geheime Karawanenroute Luxusgüter aus dem Herzen Afrikas unter Umgehung altägyptischer Zollstationen zu den Ufern des Mittelmeeres zu schleusen, widerlegt. Eine Karawanenroute, die hochoffiziell in Balat bzw. 'Ain el-Safra und damit unter dem wachsamen Auge der Oasengouverneure beginnt, kann, zumindest während der 6. Dynastie, nicht heimlich betrieben worden sein. Von 'Ain el-Safra aus ist Muhattah Maqfi deutlich zu sehen. Wenn dort einst sogar ein Schatten spendendes Dach das Hügelplateau überspannte, dann saßen darunter vielleicht gar Beamte der Oasenherrscher, um die ankommenden Karawanen und deren Ladung zu registrieren. Es waren also die wie Kleinkönige herrschenden Oasengouverneure selbst, die den Handel oder die Raubzüge organisierten und überwachten; jene Aktivitäten, die aus dem Tschadbecken die unermesslichen Kostbarkeiten unter irrwitzigen Strapazen in die Oasen und ins Niltal schwemmten: Pantherfelle, Ebenholz, Gold, Straußenfedern, Elfenbein … Damit ist die Abu-Ballas-Trasse neben dem Darb el-'Arbain die zweite und weitaus schwierigere Extremroute durch die tiefe Wüste, über die der staatsmonopolistisch überwachte Afrikahandel abgewickelt wurde. Sie ist die Seidenstraße der alten Ägypter. Dass sich dieser «Handel» in Form gewaltsamer Expropriation vollzog, dagegen spricht die Aussage des Mrj, «*der Proviantmeister geht hinaus, um die Oasenbewohner zu treffen*», aus der sich kein Vollzug einer Zwangsmaßnahme herauslesen lässt. Dass die Abu-Ballas-Trasse, einmal eingerichtet, immer dann, wenn die Zentralmacht schwächelte, von Schacherern und Handelspiraten frequentiert wurde, liegt auf der Hand. Wie das aufgefundene arabische Textfragment und die Kamelknochen beweisen, haben solche, aber ganz sicherlich auch staatlich lizenzierte Handelsunternehmungen von und nach dem Tschadbecken bis ins letzte Jahrhundert angedauert.

Dem nigerianischen Arabisten Terence Walz ist es im Rahmen einer Dissertation gelungen, alte amtliche Unterlagen über den Handel, der von 1700–1820 zwischen Ägypten und dem Sudan über den Darb el-'Arbain abgewickelt wurde, aufzufinden und zu übersetzen. Vielleicht gibt es irgendwo im Verborgenen noch Aufzeichnungen in staatlicher Hand, mit deren Hilfe sich der Handel zwischen Bornou und Wadai einerseits und Ägypten andererseits rekonstruieren ließe und die neben der Mitteilung des Benjamin von Tudela weitere Hinweise auf die zu islamischer Zeit von den Karawanen beschrittenen Routen geben könnten. Ich bin kein Bücherwurm. Und in verstaubten Unterlagen der religiösen Gerichte und der ägyptischen Zollverwaltung herumzustöbern, mag denen, die des klassischen Arabisch mächtig sind, vorbehalten bleiben.

Muhamed ist mit drei Helfern und einem Lkw angerückt. Die Männer verteilen Klee an die Tiere und locken sie dann mit dem Grün auf die Ladefläche. Zu Sonnenuntergang begrüßt mich der Rest meiner Herde vor meinem Haus. Und tags darauf legt sich Kadifa vor meine Füße und bringt ein Stutfohlen zur Welt. Als hätte sie mit dem Gebären auf mich gewartet. Ich gebe der Kleinen den Namen Karima.

VOM 29. März bis zum 3. April 2000 tagt der achte Weltkongress der Ägyptologie im *Mena House* nahe den Pyramiden. Auf der Veranstaltung soll die Bekanntgabe meiner Entdeckungen durch Rudolph Kuper erfolgen. Sein Vortrag ist mit *The Abu Ballas Trail: Pharaonic Advances into the Libyan Desert* betitelt. Bei dieser Veranstaltung möchte ich anwesend sein.

Am 18. April 1874 hatten Gerhard Rohlfs und die Mitglieder seiner Expedition auf einer Sitzung des *Institut Égyptien* über die Ergebnisse ihrer Erkundungen im Beisein des berühmten Ägyptologen Brugsch berichtet. Die Vorstellung meiner Funde vor erlauchtem internationalem Fachpublikum mutet mich wie eine würdige Analogie zu damals an. Und als krönender Abschluss einer erfolgreichen Suche.

In Kairo höre ich, dass der Eintrittspreis für den auf den 2. April terminierten Vortrag 200 Dollar beträgt. Mein Flugticket, in dem der Rückflug nach Deutschland für den 27. März vorgesehen war, will *Austrian Airways* nicht umschreiben. Stattdessen empfiehlt mir die Airline den Kauf eines neuen Flugscheins. Woher das Geld nehmen? In meinem Portemonnaie dümpeln noch ganze 150 ägyptische Pfund und ein Hundert-Dollar-Schein. Ehe ich die Abu-Ballas-Expedition startete, hatte ich Touristen durch die Wüste geführt, wofür ich noch kein Geld gesehen hatte. Ich versuche, beim ägyptischen Vertragspartner des deutschen Reisebüros wenigstens einen Teil des mir zustehenden Honorars zu erhalten. Vergeblich. Am Gängelband von anderen. Der Weg zum Kongress ist mir verlegt. Rudolph Kuper kann mir nicht helfen, er ist noch in Dakhla.

ICH steige ins Flugzeug, und als es Höhe gewonnen und die engen, überfüllten Menschenquartiere überflogen hat, erblicke ich die Wüste. Von oben zeigt sie sich mir als fahle, dunstbeflorte Fläche, die zum Erdenrund hin zerfließt. Als Ehrfurcht gebietende Leere. Als Ewigkeit aus Sand und Stein. Als Ort der Stille, des Friedens und der Freiheit. Als Stätte der Berührung; dort, wo meine Sehnsucht dem Erhabenen begegnet und die Allgewalt des Unendlichen betastet. Als Hort der Zuflucht und Geborgenheit.

Als wäre die Wüste schon immer meine Heimat gewesen.

DANKSAGUNG

Dass mir das Privileg zuteil wurde, einen wesentlichen Teil meines Lebens abseits der ausgetretenen Allerweltspfade führen zu können, habe ich der Nachsicht, dem Interesse, der Zuneigung und auch der materiellen Unterstützung einiger weniger zu verdanken.

Außer den im Text erwähnten Personen gilt mein Dank meinem Freund Jürgen R. R. Bohse, Köln, der – als wäre es sein eigenes Anliegen – vom ersten Tage an Anteil an meinen Unternehmungen in Nordostafrika nahm. Und wenn meine Expeditionen an mangelnden finanziellen Mitteln zu scheitern drohten, ließ er es sich nicht nehmen, mir unter die Arme zu greifen.

Muhamed Hedeija, Oberst im ägyptischen Heer und Wüsten-Enthusiast, der mich mit seinen Soldaten 1987 am Abu Ballas Pottery Hill stellte, ist es zu verdanken, dass ich nach langen Jahren des Abwartens einen zweiten Versuch in Richtung Abu Ballas wagen und das Rätsel der tönernen Krüge lösen konnte. Entgegen seinen Befehlen erschoss er damals meine Kamele nicht und ließ mich laufen. Das brachte ihm ein Militärgerichtsverfahren, die Degradierung und den Ausschluss aus der Armee ein.

Klaus Bockelmann richtete mir bei Bab el-Gasmund, Dakhla, ein Depot ein. Zehn Jahre später verhalf mir das darin gelagerte Wasser, meinen im Sandmeer niedergegangenen Hengst Muskat am Leben zu erhalten und nach Farafra zu bringen.

Klaus Peter Kuhlmann, Ägyptologe am DAI in Kairo, stand mir ein Jahrzehnt mit freundschaftlichem Rat und Tat zur Seite. Dank seines enormen Wissens fühlte ich mich auch in der tiefen Wüste wie an eine altertumskundliche Datenbank angeschlossen.

Als ich an meinem Geburtsort im deutschen Osten einem heimtückischen Anschlag mit beinahe tödlichem Ausgang zum Opfer fiel, sorgte Winfried Zahn, Köln, im Winter 1996/97 für meine Kamele und den Fortbestand meiner Karawane. In dieser schwierigen Situation sprang Jürgen Knuth, Taucha, als Verwalter meines Gutshofes in Sehlis ein.

461

Peter Klaver und Peter van Rooyen, Veterinäre im Amsterdamer Zoo, stellten vier meiner Hengste durch Kastration ruhig. Mit diesem Eingriff bewahrten sie die Tiere vor dem Messer des Metzgers.

Dass ich nach Jahren einsamen Lebens wieder ein Stück Wegs in die Betriebsamkeit der Stadt zurückfand, ohne die Wüste als Heimat zu verlieren, habe ich Arita Baaijens und Mary Taylor zu verdanken; zwei Frauen, die mich mit viel Verständnis und Liebe an sich zogen und mich in die Stimmung versetzten, meine Erlebnisse, Erfahrungen und Entdeckungen, die ich auf meinen langen Märschen machte, zu diesem Buch zusammenzufassen.

Während meiner Aufenthalte in der Wüste nahmen sich Marlene Bergmann, Peter Zeller und Victor Nolte meiner Angelegenheiten in Köln an. Winfried und Helga Zahn sahen die Druckfahnen zu diesem Buch durch. Karin Schneider, Berlin, redigierte das Manuskript. Und mein Sohn Jacob transportierte die Endfassung des Textes in seinem Rucksack von Kairo nach Köln.

Der größte Teil des Manuskripts ist auf den Weiden von Labakha und 'Ain el-Ghazal (Kharga), Wadi Hennis, Wadi el-Maqfi und Bir Karawein (Farafra) entstanden. Während ich schrieb, grasten meine Kamele, durch ihren Appetit auf trockene Bohnen lose an mich gebunden, oft in weiter Ferne und hielten Sichtkontakt zu mir, indem sie sich ab und an auf eine Bodenwelle stellten und mir die Breitseite ihrer Körper zukehrten. Spätnachmittags kamen sie manchmal von selbst zu meiner Lagerdecke und holten sich ihre Belohnung ab. Hirtenexistenz in weitem, menschenleerem Land. Zeitlosigkeit, während der mir von Mabrouka, Arabella und Sahara sechs Fohlen geschenkt wurden.

Während der letzten Jahre hat sich die Wüste verändert. So sind Stille und Einsamkeit von Bir Karawein dahin. Landvermesser haben das Wadi in Planquadrate aufgeteilt. Tiefbrunnen wurden gebohrt. Ein mobiles Asphaltwerk wurde errichtet, und heute durchzieht ein kilometerlanges Straßennetz die Gegend. Das Tal ist für den Wassermelonenanbau und zur Besiedlung freigegeben. Nachts schwirren Moskitos umher. Grillen zirpen. Tagsüber Fliegenschwärme. Wie lange noch wird es den Luxus der großen, offenen Räume und freie Weidegründe inmitten der Wüste geben, auf denen ich mit meinen Kamelen Lager aufschlagen kann?

Bir Karawein, den 19. September 1991
Bir Karawein, den 21. November 1997
Kairo, den 15. Oktober 2000